Le secret en matière fiscale

Finances publiques/Public finance
Collection dirigée par/ Collection directed by Thierry Lambert

Les finances publiques connaissent un développement important et se diversifient. Cette discipline couvre notamment les finances de l'État, le droit public financier, le droit fiscal, les finances communautaires, les finances locales, les finances sociales, les finances internationales et comparées, les procédures fiscales ainsi que le droit douanier. Ces questions peuvent être envisagées dans un cadre national, communautaire ou mondial.

La présente collection a pour vocation de publier des travaux originaux (thèses, essais, colloques...) ou de facture plus classique (manuels, commentaires de textes, recueils de documents...).

Elle a aussi pour ambition de rééditer des ouvrages aujourd'hui introuvables, mais fort utiles, dès lors qu'ils s'imposent comme référence et qu'ils sont agrémentés d'une préface substantielle.

Public finance steadily developing and diversifying. This discipline more particulary covers state finance, public finance law, tax law, EU finance, local finance, social finance, international and comparative finance, tax procedures and customs law. Those questions can be considered within a national community or global framework.

The aim of this collection is to publish original works (theses, essays, symposiums...) or more traditional ones (textbooks text analyses, collections of documents ...).

In addition, it is meant to re-publish books which are currently untraceable no matter how useful provided they stand as genuine references and contain substantial prefaces.

Dernières parutions

Gbandi NADJOMBE, *La fiscalité privilégiée en propriété industrielle. Contribution à la cohérence d'une fiscalité au service de l'innovation*, 2022.
Jean-Bosco KAOMBA MUTUMBA, *La gestion des finances publiques en République démocratique du Congo*, 2021.
Vincent DREZET, Ophélie VILDEY, *Notre argent public, pour mieux vivre ensemble*, 2020.
Mohamed HARAKAT, *Finances publiques et réformes de l'État, le cas du Maroc*, 2020.
Mathurin MBOUNOU-NGOPO, *La fiscalité et l'impératif de développement du Centrafrique,* 2019.
Emmanuel JOANNARD-LARDANT, *L'établissement de la preuve fiscale : essai de droit processuel*, 2019.
Dominique VILLEMOT, *Le débat fiscal : une passion française,* 2019.

Jennyfer PILOTIN

Le secret en matière fiscale

Préface de Marc Pelletier

L'Harmattan

5-7, rue de l'Ecole-Polytechnique, 75005 Paris

http://www.editions-harmattan.fr

ISBN : 978-2-14-026442-9
EAN : 9782140264429

Préface

Le secret a ceci de singulier qu'il est à l'image d'une bulle de savon portée par le vent. À peine est-il effleuré qu'il disparaît, sans possibilité de le reconstituer… Cette métaphore illustre bien les difficultés qui ont pu être rencontrées lors du travail de recherche et d'analyse dans le cadre du projet doctoral de Madame Pilotin.

« Le secret en matière fiscale » est à l'évidence un beau sujet de thèse. Un de ceux qui, par leur transversalité et les représentations qui s'y attachent, peuvent autant donner le tournis à leur auteur que décontenancer le lecteur. Selon son profil, ses attentes, ce dernier y trouvera des développements qui le satisferont ou, à l'inverse, déplorera de ne pas trouver davantage d'éléments sur telle thématique ou telle autre qu'il espérait approfondir.

Le premier mérite de Madame Pilotin est d'avoir osé entreprendre une recherche consacrée à un sujet aussi vaste et tentaculaire qui, curieusement, n'avait jamais été abordé de front par la doctrine fiscaliste. A une époque où le secret a une connotation sulfureuse, il faut saluer le courage d'une jeune chercheuse qui, initialement plus attirée par la notion de transparence, a su s'emparer d'une telle thématique.

Un autre mérite de Madame Pilotin est d'avoir proposé, dans sa première partie, une conceptualisation de la notion de secret en identifiant trois éléments constitutifs de cet objet si particulier – l'élément matériel, l'élément personnel et l'élément intentionnel. Cet effort de conceptualisation sera utile à l'ensemble des juristes, au-delà de la seule communauté des fiscalistes.

La seconde partie de la thèse, consacrée au régime du secret, était probablement la plus difficile à mener à raison de la profusion de questions que suscite la notion – large – de secret retenue dans la première partie. Quelles règles régissent les différents types de secrets susceptibles d'être mobilisés ou, à l'inverse, affectés par l'application de la norme fiscale ? Madame Pilotin a fait le choix d'articuler sa démonstration autour d'un seul acteur de l'application de la norme fiscale – l'administration – en distinguant selon que le secret est opposé par ou à cette dernière. Sur ce point, certains pourront probablement regretter que des aspects du sujet n'aient pas été suffisamment abordés, notamment sous l'angle opérationnel des conséquences à tirer de la méconnaissance de secrets. D'autres s'étonneront de la neutralité axiologique de la thèse qui ne revendique pas explicitement une prise de position pour ou contre le secret en matière fiscale. Pour autant, ces choix relèvent d'une démarche cohérente en termes de recherche et d'un parti-pris conscient de Mme Pilotin.

Sa thèse ouvrira certainement des pistes de réflexion sur un thème qui a historiquement une dimension essentielle dans les régimes libéraux et qui connaît actuellement d'importantes évolutions – bien évidemment abordées dans cette thèse.

Aussi peut-on souhaiter à ceux qui nous lisent une stimulante lecture ; qu'elle ouvre les perspectives que nous avons eu plaisir à découvrir en dirigeant ce projet doctoral.

Marc Pelletier
Professeur à l'Université Paris 8
Co-directeur du CRJP8

Liste des abréviations principales

AJDA	Actualité juridique droit administratif
Arch. phil. dr.	Archives de philosophie du droit
art.	article
Ass.	Assemblée du contentieux du Conseil d'État
BDCF	Bulletins des conclusions fiscales
BF	Bulletin fiscal
BOFiP	Bulletin officiel des finances publiques – impôts
Bull. civ.	Bulletin des arrêts de la Cour de cassation : Chambres civiles
Bull. crim.	Bulletin des arrêts de la Cour de cassation : Chambre criminelle
CA	Cour d'appel
CAA	Cour administrative d'appel
CADA	Commission d'accès aux documents administratifs
CEDH	Convention européenne des droits de l'homme ou suivant les cas Cour européenne des droits de l'homme
CGI	Code général des impôts
CIF	Commission des infractions fiscales
CJCE	Cour de justice des Communautés européennes
CJUE	Cour de justice de l'Union européenne
Cahiers cons. const.	Cahiers du Conseil constitutionnel
chron.	chronique
Civ.	Chambre civique de la Cour de cassation
CNIL	Commission nationale de l'informatique et des libertés
coll.	collection
Com.	Chambre commerciale de la Cour de cassation
concl.	conclusions
cons.	considérant
Conv. EDH	Convention européenne des droits de l'homme
coord.	sous la coordination de
CSG	Contribution sociale généralisée
ctx	contentieux
D.	Recueil Dalloz
DDHC	Déclaration des droits de l'homme et du citoyen
DGDDI	Direction générale des douanes et droits indirects
DGFiP	Direction générale des Finances publiques
dir.	sous la direction de
Dr. adm.	Revue de droit administratif

Dr. des sociétés	Revue de droit des sociétés
Dr. fisc.	Revue de droit fiscal
Dr. pénal	Revue de droit pénal
Dr. soc.	Revue de droit social
éd.	édition
ETNC	États et territoires non coopératifs
Fasc.	Fascicule
IS	impôts sur les sociétés
Ibid.	Même lieu
Infra	Plus bas
JCP A	Juris-Classeur périodique, édition Administrations et Collectivités territoriales
JCP G	Juris-Classeur périodique, édition générale
JDI	Journal du droit international
JOCE/EU	Journal officiel de la Communauté européenne/de l'Union européenne
JORF	Journal officiel de la République française
LGDJ	Librairie générale de droit et de jurisprudence
JCl	Juris-Classeur
LGP	La Gazette du Palais
LPA	Les Petites affiches
LPF	Livre des procédures fiscales
n°	numéro
OCDE	Organisation de coopération et de développement économiques
op. cit.	ouvrage cité
p.	page
PUAM	Presses universitaires d'Aix-Marseille
PUF	Presses universitaires de France
Plén.	Plénière
pp.	pages
préc.	précité
RDP	Revue du droit public et de la science politique
REIDF	Revue européenne et internationale de droit fiscal
RFDC	Revue française du droit constitutionnel
RFFP	Revue française de finances publiques
RFP	Revue fiscale du patrimoine
RIDC	Revue internationale de droit comparé
RIDE	Revue internationale de droit économique
RJF	Revue de jurisprudence fiscale
RSF	Revue de science financière
RTD.civ.	Revue trimestrielle de droit civique
RTDE	Revue trimestrielle de droit européen
Rec.	Recueil des décisions d'une juridiction

	(suivant le contexte : Recueil Lebon pour le Conseil d'État, Recueil des décisions du Conseil constitutionnel, Recueil des décisions de la CJCE/CJUE)
req.	requête
Rev. adm.	Revue administrative
Rev. crit. DIP	Revue critique de droit international privé
S.	Sirey
s.	suivant(e)s
Sect.	Section du contentieux du Conseil d'État
Supra	Plus haut
T.	Tome
TFUE	Traité sur le fonctionnement de l'Union européenne
TVA	Taxe sur la valeur ajoutée
trad.	traduction
UE	Union européenne
V.	Voir
Vol.	Volume

Sommaire général

Introduction générale

« *Tout le monde convient que le secret doit être inviolable mais on ne convient pas toujours de sa nature et de son importance*[1] ».

1. En tant que phénomène universel, le secret est devenu un véritable objet de recherche pluridisciplinaire. Dans de nombreuses disciplines scientifiques, cette notion est mise en perspective avec son antonyme, la transparence. Elles sont inexorablement liées comme les faces d'une même pièce. Secret et transparence s'opposent ainsi constamment comme le bien et le mal, la lumière et l'obscurité. Cet antagonisme s'observe à l'aune des rapports humains. Par exemple, la vie des Romains dans l'Antiquité contraste de beaucoup avec celle de l'homme de l'époque contemporaine : alors que la première avait pour coutume de s'étaler au grand jour et de se dévoiler entièrement, la seconde a eu pour tendance de se dissimuler à la vue de tous[2].

2. En effet, le patrimoine des Romains était connu de tous et il permettait aux censeurs de classer les citoyens suivant leur fortune afin de mesurer leurs honorabilités[3]. Cette publicité s'est cependant peu à peu

---

[1] La Rochefoucauld (F. de), *Réflexions ou sentences et maximes morales*, Paris, Lefèbvre, coll. des Classiques français, 1844, 384 p., p. 134.

[2] Pount-Bézy (J.), *Le secret des affaires commerciales devant le fisc*, Thèse de droit, Toulouse, éd. E.-B. Soubiron, 1926, 226 p., p. 20.

[3] Bur (C.), « Normes et autorité, une introduction », *Hypothèses*, Vol. 15, n° 1, 2012, pp. 165-177, p. 167 : La société romaine était régie par le « *regimen morum* » : il s'agissait d'une hiérarchie des citoyens mise en place, à la fin du IVe siècle avant J.-C., par les censeurs dans le respect des mœurs ancestrales. Au sommet, se trouvaient deux catégories sociales : d'abord les sénateurs (au nombre de 300 puis 600 à partir de 81-80 avant J.-C.), dont la fonction principale était de conseiller avec autorité les magistrats. De ce fait, ils gouvernaient Rome. La deuxième catégorie était ensuite constituée des chevaliers (ils étaient environ 1.800), les citoyens les plus riches. Le *census*, qui découle de ce système hiérarchique, aboutissait à la division des citoyens en « classes », et à l'intérieur de chacune, en groupe d'âges : *juniores* (jusqu'à 46 ans) et *seniores* de l'autre. Ces classes sont considérées comme des « rangs d'appelés » pour l'armée, organisées selon la richesse, c'est-à-dire, le capital possédé. La finalité du *census* était à l'origine militaire et fiscale. En effet, seuls les membres des classes étaient soumis au service militaire et aux charges financières. Pour plus de précisions, lire Nicolet (C.), « Les classes dirigeantes romaines sous la République : ordre sénatorial et ordre équestre », *Annales. Économies, Sociétés, Civilisations*, 32e année, n° 4, 1977, pp. 726-755.

atténuée. Certains régimes politiques ont par ailleurs été particulièrement marqués par le secret, de l'organisation des institutions aux décisions des autorités administratives et judiciaires. Aujourd'hui, le législateur instaure de plus en plus d'obligations de divulgation d'informations qui étaient auparavant couvertes par le secret. Toutefois, tenant compte de son importance, il en autorise le maintien afin de protéger les intérêts en présence, qu'ils soient d'ordre privé ou public.

3. Mais qu'est-ce que le secret ? D'emblée, nous constatons qu'il est une notion polysémique et omniprésente dans le langage courant. Il est d'abord un adjectif : « *pensées secrètes* », « *vie secrète* », « *sociétés secrètes* », « *code secret* », « *police secrète* », « *document secret* », « *services secrets* », « *armes secrètes*[1] »... C'est aussi un substantif désignant un ensemble d'informations ou de connaissances dont l'accès est limité à un nombre restreint de personnes et qui ne doit pas être révélé : « *garder un secret* », « *confier un secret* », « *trahir un secret* », « *des nœuds secrets* », « *violer un secret* », « *être du secret* » ou « *dans le secret* », « *sous le sceau du secret* »... Lequel se décline sous la forme de multiples secrets : « *secrets de famille* », « *secrets d'État* », « *secret défense* », « *les secrets du métier* », « *secrets de fabrique* », « *secret des affaires* »... Dont ceux qui concernent les professionnels : « *le secret de la confession* », « *le secret de l'avocat* », « *le secret du journaliste* », « *le secret médical* », « *du notaire* », « *du commissaire aux comptes* », « *du banquier* »... Ainsi qualifié ou défini, le secret révèle son aspect à la fois technique et fonctionnel. Dans le dictionnaire, il renvoie aux synonymes suivants : le silence, la discrétion, la confidentialité, l'opacité, ou encore aux adjectifs tels qu'impénétrable, hermétique, ésotérique, occulte, caché, retiré, dissimulé, clandestin, ignoré[2]. Il peut également être vu comme l'expression de l'abstention ou encore de l'intimité. Dans une certaine mesure, il pourrait être considéré comme un mot très rassurant. *A contrario*, la notion de secret peut revêtir une connotation péjorative et désigner ce qui est opaque, clandestin ou ténébreux. Elle est ainsi un mot ambivalent, tantôt porteur d'obscurité, tantôt porteur de lumière[3]. Pour la comprendre, intéressons-nous d'abord à son étymologie[4].

---

[1] Varaut (J.-M.), « Secret et transparence », *LGP*, 14 septembre 2002, n° 257, p. 2.

[2] Le Robert, *Dictionnaire des synonymes, nuances et contraires*, éd. Le Robert, coll. Les Usuels, 2011, 1140 p., p. 917.

[3] Bredin (J.-D.), « Secret, transparence et démocratie », *Revue Pouvoirs,* 2001/2, février 2001, n° 97, pp. 5-15.

[4] Lévy (A.), « Évaluation étymologique et sémantique du mot "secret" », *Nouvelle revue de psychanalyse*, n° 14, 1976, pp. 117–129.

4. Le mot *secret* peut être traduit en grec ancien par « *aporritos* », c'est-à-dire « *ce qui doit être séparé de la parole, ce qui est indicible*[1] ». Il dérive du verbe latin *secernere*, qui exprime l'idée de séparation, de discernement et de ce qui doit être distingué[2]. Il tire aussi son origine de *secretum* signifiant « *séparé, caché, confidentiel, isolé, mis à part*[3] ». C'est donc ce qui est hors de la connaissance ou de la vie ordinaire, quelque chose d'obscur, souvent de négatif mais pouvant se révéler nécessaire.

5. Si, dans le langage courant, les synonymes du mot *secret* tendent à être employés indifféremment, en droit, ils n'ont pas la même signification. Notre étude traitera toutefois de la confidentialité pour désigner le secret[4]. Tous deux attribuent à une information une propriété confidentielle : son accès est réservé aux personnes autorisées qui ont interdiction de la révéler à quiconque[5]. En ce sens, l'information confidentielle ou secrète est connue d'un nombre limité de personnes. L'appréhension du secret passe d'abord par la compréhension de son concept, c'est-à-dire la manière dont on se le représente dans notre société et dans son rapport vis-à-vis des personnes, mais également passe par la compréhension de son « phénomène », c'est-à-dire par l'étude de ses effets. Il paraît nécessaire de savoir ce que peut signifier un secret dans une sphère intime[6], ou encore au sein d'un groupe de personnes, car certaines professions sont assujetties à une véritable culture du secret.

6. Le droit fiscal tient compte des secrets. Ses nombreuses inclusions sont ainsi observées dans la matière fiscale : les secrets professionnels, les secrets du contribuable tels que celui de la vie privée, celui des affaires, les secrets de la puissance publique… À travers eux, nous observons les multiples liaisons de la fiscalité avec les autres disciplines juridiques. Le

---

[1] Bailly (A), *Le Grand Bailly - Dictionnaire Grec-Français*, Hachette Éducation, 2000, 2272 p., p. 109.

[2] Iten (J.-L.), « Le secret et la liberté d'expression », *La liberté d'expression et ses juges, Nouveaux enjeux, Nouvelles perspectives*, Colloque international de Beyrouth, 2 et 3 mars 2017, pp. 245-269, p. 247.

[3] Gaffiot (F.), *Le Gaffiot de Poche - Dictionnaire Latin-Français*, Hachette, 2012, 822 p., p. 675.

[4] La confidentialité, définie par l'Organisation internationale de normalisation (ISO) est « *le fait de s'assurer que l'information n'est accessible qu'à ceux dont l'accès est autorisé* ». Il s'agit principalement d'un principe éthique associé à plusieurs professions, notamment dans les domaines de la médecine, du droit, de la vente, de l'informatique, de la religion ou encore du journalisme.

[5] Cornu (G.), *Vocabulaire juridique*, Paris, PUF, 12e éd., 2018, 1104 p., p. 231, Définition de « *Confidentialité* ».

[6] Sauvaget (D.) et Skrzypek (C.), « Secret partagé et préservation de l'intime », *Empan*, Vol. 77, n° 1, 2010, pp. 58-61 ; Bénéteau (M.), « Le secret professionnel, un rempart pour l'intime ou un secret de Polichinelle ? », *Empan*, Vol. 77, n° 1, 2010, pp. 31-34.

secret constitue une sorte de « pont » entre ces matières. Toutefois, leur diversité est telle qu'il est difficile de définir un socle commun de règles alors que nombre de caractéristiques les lient. L'intérêt et la pertinence d'étudier le secret en matière fiscale seront développés (**Section I**), puis un cadre conceptuel et méthodologique établira les conditions de notre recherche (**Section II**).

Section I. L'intérêt de l'étude du secret en matière fiscale

7. Pour démontrer l'intérêt d'un tel sujet, nous effectuerons d'abord un état des lieux de la recherche (**§ 1**). Pour en comprendre en effet la pertinence, il nous paraît nécessaire d'analyser les études scientifiques menées sur le secret afin de les mettre en perspective avec la matière fiscale. Ensuite, il conviendra de présenter le projet de cette recherche au regard du droit fiscal positif et de certains éléments de droit comparé notamment (**§ 2**).

§ 1. L'état de la recherche

8. D'importants parallèles peuvent être faits entre les disciplines de sciences sociales dans les études dédiées au secret. Historiquement, le droit traite du sujet assez tardivement alors que les autres sciences l'ont déjà théorisé (**I**). Dans les études qui ont été menées, le secret est constamment mis en balance avec la notion de transparence qu'il conviendra de définir (**II**). Enfin, en nous intéressant aux détenteurs du secret, nous pourrons dresser les contours de notre recherche (**III**).

I. L'étude du secret dans les diverses disciplines scientifiques

9. Aussi loin que remontent les premières traces écrites de son existence, le secret est reconnu dans la pratique médicale dès le IVe siècle avant J.-C. Hippocrate, considéré unanimement comme le père de la médecine[1], fonde à Cos, son île natale, une école de médecine qui exige de ses étudiants qu'ils prononcent, ce que nous appelons le fameux « Serment d'Hippocrate ». Ce dernier, code d'éthique et de déontologie mettant le patient au centre des préoccupations, est toujours prononcé en Occident par les jeunes médecins entrant en exercice. Ils déclarent notamment : « *Admis(e) dans l'intimité des personnes, je tairai les secrets qui me seront confiés. Reçu(e) à l'intérieur des maisons, je respecterai les secrets des*

---

[1] Né vers 460 avant J.-C., Hippocrate est celui qui, pour la première fois, fit de la médecine une science. Son savoir du corps humain était certes limité, mais ce qu'il dispensa en matière d'hygiène et d'alimentation fut reconnu. Quelques soixantes livres, écrits en ionien, lui sont attribués ; ils composent la collection hippocratique.

foyers et ma conduite ne servira pas à corrompre les mœurs[1] ». Ou encore « *Ce que tu as appris de ton malade, tu le tairas dans toute circonstance [...]. Les choses que dans l'exercice ou même hors l'exercice de mon art, je pourrais voir ou entendre sur l'existence des hommes et qui ne peuvent pas être divulguées au dehors, je les tairai* ».

10. Les sciences sociales et humaines s'intéressent au secret et cherchent à en étudier les effets. Dès le XIXe siècle, la sociologie est ainsi l'une des premières à en analyser la notion et le sens. Georg Simmel, l'un de ses pères fondateurs, a étudié l'importance du secret dans la vie sociale et ses effets sur les formes sociales. Il rappelle alors que si la société est « *conditionnée par le fait de parler* », de communiquer, elle est aussi « *modelée par la capacité de se taire*[2] ». Le secret a été appréhendé en sociologie dans son sens le plus large : il est la « *limitation de la connaissance réciproque* » et peut être traduit soit par le non-dit, le mensonge, la connivence ou l'intime[3]. Dans ce dernier cas, la médecine psychiatrique insiste sur le caractère nécessaire et structurant du secret car il permettrait de garantir les aspects de notre intimité. Chaque âge possède ses secrets qui appartiennent à toutes les facettes de notre existence : premiers amours, souvenirs...Toutefois, ce qui est caché excite toujours la curiosité mais suscite également la méfiance ou l'hostilité.

11. L'anthropologie s'est aussi saisie du phénomène du secret en le mettant en perspective avec la *question du pouvoir*. Selon la tradition anthropologique, telle qu'elle a été développée par les africanistes – Georges Balandier, par exemple –, *transparence* et *secret* sont deux notions qui s'articulent[4], plus qu'elles ne s'excluent[5], lorsqu'il s'agit d'établir le rapport entre secret et pouvoir. En effet, le secret évoque une connaissance enfouie, dissimulée de tous alors que la transparence est la qualité de ce qui laisse

---

[1] En 2012, le Serment d'Hippocrate fut quelque peu modifié par le Conseil national de l'Ordre des médecins : « *Je jure par Apollon, médecin, par Esculape, par Hygie et Panacée, par tous les dieux et toutes les déesses, les prenant à témoin que [...] quoi que je voie ou entende dans la société, pendant l'exercice ou même hors de l'exercice de ma profession, je tairai ce qui n'a jamais besoin d'être divulgué, regardant la discrétion comme un devoir en pareil cas* ». Il est à noter que le serment ne dispose pas d'une valeur juridique mais symbolique. Toutefois, sous l'Ancien Droit, les tribunaux imposaient aux médecins, chirurgiens et apothicaires « *de ne pas abuser de la confiance qu'on leur a[vait] faite et de garder exactement et fidèlement le secret des choses qui [étaient] venues à leur connaissance* ».

[2] Simmel (G.), Waltier (P.), *Secret et sociétés secrètes,* Circé, 1996, 128 p., trad. de l'ouvrage de Simmel (G.), *Aufsätze und Abhandlungen, 1901-1908*, T. 2, éd. Suhrkamp Verlag KG, 1993.

[3] Lemarchand (F.), « Vers une dictature de la transparence : secret et démocratie », *Éthique publique*, 2014, Vol. 16, n° 1.

[4] Lemarchand (F.), *ibid.*

[5] V. Balandier (G.), *Le pouvoir sur scènes*, Paris, Fayard, 2006, 248 p., p. 6.

apparaître la réalité tout entière, de ce qui exprime la vérité sans l'altérer[1]. Seul son détenteur la possède[2] mais c'est au détriment des autres, qui l'ignorent donc et se retrouvent en position de faiblesse, voire sont dominés. De la même façon qu'un secret peut être du fait d'une personne, il peut aussi être instauré par plusieurs, dans le cas d'un intérêt commun à préserver. En matière militaire par exemple, certaines opérations telles que la prise de Troie ou le Débarquement de Normandie du 6 juin 1944 ont ainsi été couronnées de succès[3]. Sous un angle mystique et sectaire, certains mouvements[4] se sont développés autour d'un secret composé d'idées et de rituels devant rester inaccessibles et incompréhensibles à toute autre personne non initiée[5]. Ainsi, le secret marque la frontière entre ceux qui le

---

[1] Le Petit Robert, *Dictionnaire de la langue française*, Paris, éd. Dictionnaires Le Robert, 2012, 2837 p., p. 2605.

[2] Dans l'œil du pouvoir, Michel Foucault précise à cet égard : « *une peur a hanté la seconde moitié du XVIII*e *siècle : c'est l'espace sombre, l'écran d'obscurité qui fait obstacle à l'entière visibilité des choses, des gens, des vérités. Dissoudre les fragments de nuit qui s'opposent à la lumière, faire qu'il n'y ait plus d'espace sombre dans la société, démolir ces chambres noires où se fomentent l'arbitraire politique, les caprices du monarque [...]. Le nouvel ordre politique et moral ne peut s'instaurer sans leur effacement* », *in* Foucault (M.), *Dits et écrits II*, 1976-1988, Gallimard, 2001, 1736 p., pp. 196-197.

[3] Bègue (G.), *Confidentialité et prévention de la criminalité financière, étude de droit comparé*, Bruylant, coll. Droit et Économie, 2017, 1018 p., p. 72 ; Mosse (C.), Schnapp-Gourbeillon (A.), *Précis d'histoire grecque,* Armand Colin, 2e éd., 2009, 374 p., pp. 108-110 ; Perrault (G.), *Le secret du Jour,* Fayard, 1964, 3e éd., 348 p.

[4] Haboubi (C.), *Le secret en droit des assurances,* Thèse de droit, Lyon, Université Jean Moulin, 2009, 476 p., p. 10 : Nous pouvons citer à titre d'exemple, le gnosticisme dont l'enseignement était secret. Lire sur le sujet Silke (Y. de), *Histoire de la divination*, Larousse, 2001, 248 p., p. 147.

[5] Haboubi (C.), *ibid.* Pythagore (569-475 avant J.-C.) fut le premier à créer une secte : la « *fraternité pythagoricienne* » compta 218 à 600 élèves et perdura 150 ans. L'un de ses disciples fut d'ailleurs Hippocrate de Cos, considéré comme le père fondateur du secret médical (460-377 avant J.-C.). Les mathématiques étaient enseignées à chaque étudiant. Il devait faire au préalable don de toutes ses possessions au fond commun de l'école (qu'il récupérait à la sortie), à la seule condition qu'il parvienne à réussir le « test du secret ». C'est Pythagore lui-même qui était chargé de vérifier si l'élève était capable de garder le silence. Deux groupes de disciples étaient ensuite formés puis séparés dans une salle par un rideau : les ésotériques au côté du maître pour le restant de leur vie, et les exotériques de l'autre côté, destinés à partir. Les documents étudiés étaient eux aussi soumis au secret. Ils sont d'ailleurs rédigés dans un langage accessible aux seuls initiés : composé de *sumbola* (symboles) et d'*ainigmata* (énigmes). La transmission du savoir se faisait à l'oral et séparément à chaque élève. Par exemple, les acousmaticiens avaient les résultats mais pas les démonstrations, les mathématiciens avaient les résultats et les démonstrations. Toutefois, cette organisation par le secret absolu des nombres a entraîné la fin de la fraternité dont la rétention du savoir n'était pas acceptée par les

détiennent et ceux qui l'ignorent ; ces derniers, exclus des arcanes du pouvoir et des stratégies politiques, ne pourront y prétendre. À défaut d'être les manipulateurs, ils resteront manipulés[1]. Ce simple fait crée une situation d'inégalité notamment s'il existe un intérêt à la révélation du secret ou du partage de la connaissance ou de l'information dissimulée. La devise de Louis XI était d'ailleurs « *qui ne sait dissimuler, ne sait régner*[2] ». En cela, le secret caractérise le pouvoir lorsque la transparence se révèle être « *la parfaite accessibilité de l'information*[3] ».

12. D'autre part, le secret apparaît comme indispensable à l'exercice d'une fonction ou d'une profession. Ainsi, selon le droit canonique, sont tenues au secret[4] « *les personnes qui, d'une façon ou d'une autre, ont eu*

---

esprits brillants et cartésiens, souvent recalés au test du secret. Cylon, qui se vit ainsi refuser l'entrée de l'école pour ne pas avoir su « tenir sa langue », provoqua la révolte du peuple de Crotone contre le sanctuaire secret. Il résulta la destruction de l'école de la fraternité pythagoricienne ainsi que la fuite de tous ses membres. V. pour plus de précisions Ghyca (M.), *Philosophie et mystique du nombre*, Paris, Payot, 1992, 281 p.

[1] Platon, *La République*, GF Flammarion, 1966, Titre II, 377 b, 378 b, p. 127 : Pour Platon, certaines vérités publiques ne devaient être connues que de l'élite des citoyens. Ces vérités devraient soit être « *ensevelies dans le silence* » soit « *se faire en secret devant le plus petit nombre possible d'auditeurs, afin qu'il y ait aussi peu d'initiés que possible* ».

[2] Haboubi (C.), *op. cit.*, p. 11 : Louis XI est l'un des premiers monarques à ériger le sens du secret au service de la politique, en créant « *son conseil privé, constitué des intimes à qui le roi avait accordé sa confiance, discutait avec lui de la politique du royaume et partageait le secret de ses décisions* », de même cultivait-il avec passion l'art de l'espionnage « *de curieux personnages arrivaient à Orléans où ils avaient de longs entretiens avec le roi avant de disparaître[...] ; d'autres hommes encore entretenaient des relations secrètes avec le roi de France et surveillaient attentivement les premiers signes de troubles qui se manifestaient en Normandie [...]. Le roi était au courant des moindres faits et gestes de son frère [...]* ». V. Kendall (P. M.), *Louis XI*, Fayard/Pluriel, 1978, 704 p., p. 269.

[3] Dictionnaire, *Le Petit Larousse illustré 1993*, Paris, Dictionnaire encyclopédique, 1993, 1785 p., p. 1026.

[4] À l'époque de Jésus, la confession auprès du prêtre n'était pas secrète. Elle ne le devient qu'à partir de l'interprétation faite de la parole de Jésus à un croyant : « *garde toi bien de rien dire à personne, mais va te montrer au prêtre et offre pour ta purification ce que Moïse à prescrit : ils auront là un témoignage* ». (V. La Bible Marc I,44 et Luc IV, 14). Il faut cependant attendre que le Concile de Carthage pose au IVe siècle, le principe de la protection du secret de la confession. Au XVIe siècle, le Concile de Trente entérine le principe du secret absolu de sorte que, pour les prêtres, à partir de 1579, et les pasteurs, près de vingt ans plus tard, au moment de l'édit de Nantes, il devient un élément constitutif de leur ministère. « *Les ministres, anciens et diacres de ladite religion ne pourront être contraints de répondre en justice en qualité de témoins pour les choses qui auront été révélées en leurs consistoires lorsqu'il s'agit de censures, sinon que ce fût pour chose concernant la*

connaissance des déclarations faites au Tribunal de la confession[1] ». Les croyants détiennent eux aussi un secret, c'est-à-dire un péché à confesser, pour obtenir l'absolution, une faute devant être expiée[2]. Le confesseur doit alors préserver le secret, assurer son inviolabilité[3].

13. Du point de vue de notre étude, remarquons que le concept intéresse particulièrement la matière juridique : comme marqueur des rapports humains, il ne pouvait être ignoré du droit qui l'a très tôt intégré dans la pratique juridique par la technique romaine du *fideicommis*[4] et du *pactum fiduciae*[5]. Il est alors manifeste que le secret sur le plan juridique est défini

---

personne du Roi ou la conservation de son État ». Les ordonnances royales suivent les canons de l'Église, sanctionnant sévèrement ceux qui divulguent le secret de la confession à l'exception toutefois de ce qui est relatif aux crimes de lèse-majesté ou complots contre l'État.

[1] Mangenot (E.), *Dictionnaire de Théologie Catholique*, Paris, éd. Letouzey et Ané, 1908-1909, 65 000 p., pp. 959-974, Définition de la « *Confession (science acquise en)* » et Concile de Latran, IVe, Canon 21. Dès le IVe siècle, la pratique de la confession privée est courante. Les prêtres qui divulguent un secret sont punis sévèrement, comme le prévoit le canon 21 du IVe Concile de Latran en 1215 : « *Celui qui aura découvert le péché qu'il aura connu par la voie de la confession sera, par notre ordonnance, non seulement déposé de la dignité sacerdotale mais encore enfermé dans un monastère d'étroite observance, pour y faire pénitence le reste de ses jours* ».

[2] Ne dit-on pas en effet qu'une « *faute avouée est une faute à demi pardonnée* ».

[3] Un arrêt du Parlement de Paris du 23 octobre 1580 rappelle d'ailleurs qu'un confesseur ne peut être contraint de révéler la confession qui lui aura été faite, même s'il s'agit d'un crime. Dans un arrêt du 4 décembre 1891, la Cour de cassation considère que cette règle s'applique même si le secret a été révélé par le confessé au prête catholique en dehors de la confession : « *cette circonstance ne saurait changer la nature du secret dont ils sont dépositaires si les faits leur ont été confiés dans l'exercice exclusif de leur ministère sacerdotal et à raison de ce ministère* ». Cette jurisprudence a été confirmé au sujet des pasteurs de l'Église Réformée de France (Tribunal correctionnel de Bordeaux, 24 avril 1977). Ainsi, le secret professionnel s'applique aux confidences reçues ou non dans le cadre de la confession dès lors qu'« *elles s'adressent à l'homme d'Église dans l'exercice de son ministère* » (V. Le Bivic (J.), « Le secret professionnel et le ministre du culte », *Les Cahiers de l'école pastorale*, n° 50, 2003).

[4] Le *Fideicommis* est une disposition testamentaire par laquelle le stipulant charge une autre personne appelée bénéficiaire de transmettre un bien, ou tout ou partie de son patrimoine à une tierce personne spécifiquement nommée dans l'acte.

[5] Witz (C.), *La fiducie en droit privé français*, Paris, Économica, 1981, 351 p., pp. 15-42 ; Bureau (A.), *Le contrat de fiducie : étude de droit comparé Allemagne, France, Luxembourg*, Juripôle de Lorraine, Mémoire de droit comparé, § 2 : « *D'origine romaine, la fiducia se présentait sous la forme d'un pacte (pactum fiduciae) adjoint à un transfert temporaire de propriété. On la retrouve dans notre Ancien Droit, où elle se manifestait timidement sous la forme des substitutions fidéicommissaires, lesquelles obligeaient l'héritier ou le légataire à*

par un ensemble de droits et d'obligations. Autrement dit, il en découle un ensemble normatif conférant des droits et imposant des obligations[1]. Par exemple, le secret administratif apparaît comme l'obligation empêchant l'administration de faire connaître les motifs de ses décisions ou de communiquer certains documents[2]. Il peut être dérogé au secret professionnel lorsque la loi impose ou autorise la révélation de l'information confidentielle. Ainsi, quand l'agent public a connaissance de privations ou de sévices sur une personne, il a l'obligation d'en informer les autorités judiciaires, médicales ou administratives. Le secret peut aussi être sanctionné par le législateur : par exemple, en droit des contrats, celui-ci, entendu au sens de « silence », donne lieu à des dommages et intérêts en matière civile. C'est le cas de la réticence dolosive, qui constitue le fait d'omettre volontairement de communiquer une information au cocontractant, l'empêchant ainsi de contracter en toute connaissance de cause. Le secret doit donc laisser place, lorsque la loi l'exige, à la transparence qui implique l'accès à l'information.

II. L'étude du secret au regard de son antonyme : la transparence

14. Bien que reconnue dans de nombreux systèmes juridiques[3], la transparence ne constitue pas un terme juridique. Le droit ne la définit pas[4]. D'ailleurs, la notion de publicité lui a longtemps été préférée. « *La transparence ne présuppose pas un accès réel à l'information*

---

conserver les biens transmis et à les retransférer à son décès à un tiers désignés d'avance ». Après avoir été écartées du Code civil, elles furent finalement interdites en 1792. En effet, il n'était plus concevable de perpétuer une situation qui relevait du Moyen-Âge, qui rendait toujours plus fortes des familles, grâce à l'incessibilité de leur patrimoine que les descendances se transmettaient.

[1] Pfersmann (O.), « Norme de secret, normes secrètes et État moderne », *Cités*, Vol. 26, n° 2, 2006, pp. 115-126.

[2] Cornu (G.), *Vocabulaire juridique*, *op. cit.*, p. 949, Définition de « *Secret (administratif)* ».

[3] Guinchard (S.) et Debard (T.), *Lexique des termes juridiques 2017-2018*, Dalloz, 25e éd., 2017, 1214 p., p. 984 : « *Au sens figuré, la transparence est un principe d'organisation de la société démocratique. Consacré en droit positif, par exemple en droit européen par l'article 11 du TFUE, il reçoit des applications diverses (processus électoraux, accès aux documents administratifs, marchés publics, financement de la vie politique...) mais rencontre également des limites (secret d'État, protection de la vie privée, secret des affaires)* ».

[4] Rakotovahiny (M.-A.), « La transparence dans les procédures collectives », *in* Krynen (J.), (dir.), *Le Droit saisi par la Morale*, 337 p., pp. 295-306, p. 295 ; Marchand (J.), « Réflexions sur le principe de transparence », *RDP*, 1er mai 2014, n° 3, p. 677.

permettant la formation d'une opinion publique. En revanche, la publicité signifie que l'information est réellement diffusée, qu'elle est prise en compte et qu'elle participe à la formation des points de vue. Si la transparence est une condition de la publicité, elle n'en est pas la garantie[1] ». La publicité apparaît comme une notion plus exigeante que celle de transparence, puisque la première présuppose la seconde. Néanmoins, la transparence bénéficie d'une acception plus étendue que celle de publicité.

15. Inscrit dans les lois ou les codes de déontologie de plus de quatre-vingts pays[2], le principe de transparence recouvre l'idée d'éthique, de sincérité et de contrôle du pouvoir[3]. Véritable vertu cardinale des sociétés modernes et démocratiques[4], il est devenu indispensable à l'exercice de droits essentiels tels que l'égalité de traitement, le droit à l'information[5],

---

[1] Naurin (D.), « *Transparency, Publicity, Accountability – The missing links* », *Swiss Political Science Review*, 2006, pp. 91-92 cité par Baume (S.), « La transparence dans la conduite des affaires publiques. Origine et sens d'une exigence », *Dossier sur la transparence, Raison publique*, juillet 2011, https://www.raison-publique.fr/article459.html (consulté le 11 avril 2018).

[2] Rainaud (J.-M.), « La transparence en droit comparé », *in* Rideau (J.), (dir.), *La transparence dans l'Union européenne : mythe ou principe juridique ?,* Paris, LGDJ, 1999, 282 p., pp. 237-253. Pour une analyse en droit comparé à partir d'un droit étranger : Pasquier (M.), *Le principe de transparence en Suisse et dans le monde*, Presses polytechniques et universitaires romandes, mars 2013, 286 p.

[3] Rakotovahiny (M.-A.), « La transparence dans les procédures collectives », *op. cit.,* p. 295 : « *Communément, la transparence est d'abord un phénomène physique. C'est la qualité d'un corps qui laisse passer la lumière et distinguer avec netteté ce qui est derrière lui. Au figuré, c'est la qualité de ce qui laisse paraître la réalité tout entière, de ce qui exprime la vérité sans l'altérer. Mais la transparence est surtout une manifestation de la Morale, d'une évolution de la Morale, vers une éthique de la communication* ». Lire également Delvolvé (P.), « Transparence administrative », Colloque de Deauville, organisé les 19-20 Juin 1993, *Revue de jurisprudence commerciale*, 1993, n° spécial, p. 24 ; Saint-Alary-Houin (C.), « La moralisation des procédures collectives, regards sur la jurisprudence récente », Mélanges Farjat, p. 503 ; Vignal (N.), *La transparence en droit privé des contrats, Approche critique de l'exigence*, PUAM, 1998, 352 p., p. 17, « préface » de Jacques Mestre.

[4] Rideau (J.), « Jeux d'ombres et de lumières en Europe » *in* Rideau (J.), *La transparence dans l'Union européenne : mythe ou principe juridique ?,* Paris, LGDJ, 1999, 282 p., p. 6. Le Conseil constitutionnel lui refuse toutefois la qualité de « *principe général à valeur constitutionnel* » (Conseil constitutionnel, 20 janvier 1993, n° 92-316 DC, *Loi relative à la prévention de la corruption et à la transparence de la vie économique et des procédures publiques*, *Rec.* 1993, p. 14 ; Conseil constitutionnel, 21 janvier 1994, n° 93-335 DC, *Loi portant diverses dispositions en matière d'urbanisme et de construction*, *Rec.* 1994, p. 40).

[5] Giroux (G.), « Le droit du public à l'information », *Communication. Information Médias Théories*, Vol. 6, n° 1,1983, pp. 24-42.

l'accès aux documents administratifs, la sécurité juridique et l'intelligibilité de la loi[1]. Aujourd'hui, les valeurs que la transparence véhicule font qu'elle imprègne l'ensemble des sphères sociétales. Par exemple en matière économique, journalistique, financière, administratif ou même artistique : « *Tous les pans de notre société affichent une quête grandissante de transparence, que ce soit dans la conduite des relations internationales (tel que l'illustre le scandale du site Wikileaks), dans les médias (à l'image du « Buisson gate » ou de la collecte des écoutes téléphoniques de la NSA…), dans le domaine de la santé (à l'instar de l'affaire du Médiator), dans le monde architectural (avec la multiplication des créations de bâtiments transparents), dans la sphère professionnelle (avec le développement des « open spaces ») ou encore dans le monde associatif (avec la signature d'une charte de la transparence garantissant le bon emploi des dons)*[2] ».

16. À l'instar du secret, la transparence gouverne fondamentalement notre société[3]. Elle se trouve aussi profondément liée à la fondation de l'État de droit dont l'émergence a été rendue possible par un mouvement commencé par les Lumières au nom de la transparence, laquelle a ensuite traversé le XIXe siècle[4]. Chez les philosophes des Lumières[5], elle est un sujet d'étude récurrent mis en rapport avec la publicité, la vérité ou

---

[1] Certains auteurs considèrent que « *le droit à la transparence fait partie de la troisième génération des droits de l'homme* » (V. Holleaux (A.), « Les lois de la troisième génération des droits de l'Homme ; ébauche d'étude comparative », *Revue française d'Administration publique*, n° 15, juillet-septembre 1980, p. 528 ; Braibant (G.), « Droit d'accès et droit à l'information », *in Services publics et libertés, mélanges offerts au professeur Robert-Édouard Charlier*, Paris, éd. Émile Paul, 1981, 895 p., p. 703). D'autres, comme Jean Rivéro, estime que ce droit est « *trop vague* » pour figurer parmi les droits de l'homme. (V. Rivero (J.), « Rapport de synthèse : La transparence administrative en Europe », *Annuaire eur. adm. publ.*, 1990, p. 307).

[2] Mével (F.), Jeanjean-Lemoine (J.), « La transparence : vertu démocratique ou vie privée en péril », *La Revue des juristes de Sciences Po*, n° 9, 31 mai 2014, pp. 150-157, p. 151.

[3] Massis (T.), « La transparence et le secret. Champ social, débat de conscience », *Études* 6/2001, juin 2001, T. 394, pp. 751-761.

[4] Marchand (J.), « Le droit d'alerter : entre transparence et secret » *in* Dossier thématique n° 1 : Les lanceurs d'alerte et les droits de l'Homme, Fondements théoriques de l'alerte éthique, *La Revue des droits de l'homme* : Revue du Centre de recherches et d'études sur les droits fondamentaux, 27 juin 2016.

[5] Bernier (P.), « Transparence », *in* Côte (L.), Savard (J.-F.), (dir.), *Le Dictionnaire encyclopédique de l'administration publique*, [en ligne] : « *L'expression de transparence se veut complémentaire aux idées nouvelles (démocratie, intérêt général, droits fondamentaux) débattues à cette période. L'expression est emblématique de la capacité des institutions et des gouvernants d'incarner tant la lettre que l'esprit des principes d'égalité et de légalité, au cœur de la notion d'État de droit alors en gestation* ».

l'opinion publique. Pour Montesquieu ou Kant, l'idée d'une société sans plus aucun privilège pour le pouvoir royal qui cultive le secret, repose davantage sur un idéal politique fondé sur l'intelligibilité. Les philosophes des Lumières utilisent ainsi la transparence contre le pouvoir afin d'en éclairer les arcanes et en déjouer les secrets[1]. Kant en précise l'importance en l'érigeant en principe vertueux qui a pour fonction de garantir que la politique « *plie bien les genoux devant la morale*[2] ». La transparence, élément essentiel des dispositifs de contrôle démocratique, est alors élevé au rang d'« *axiome fondamental de la légalité*[3] ». Elle signifie que « *toutes les actions se rapportant au droit d'autrui, dont la maxime est incompatible avec la publicité, sont injustes*[4] ». Pour Jürgen Habermas, sensible à la pensée de Kant, « *de même que la pratique du secret sert la conservation du pouvoir fondé sur l'arbitraire, la Publicité est au service d'une législation qui cherche à s'imposer en prenant pour base la raison*[5] ». Allant dans ce sens, le modèle de prison panoptique[6] que Jérémy Bentham élabore à la fin du XVIIIe siècle, concrétise un « *pouvoir par transparence*[7] » qui va être

---

[1] Marchand (J.), « Réflexions sur le principe de transparence », *RDP*, 1er mai 2014, n° 3, p. 677.

[2] Kant (E.), *Vers la paix perpétuelle*, Konigsberg, 1796, 160 p., p. 99.

[3] Frydman (B.), « La transparence un concept opaque ? », *Journal des tribunaux*, 2007/6265, p. 300.

[4] Kant (E.), *op. cit.*, p. 100.

[5] Habermas (J.), *L'Espace public : Archéologie de la publicité comme dimension constitutive de la société bourgeoise*, 1990, Paris, Payot, 322 p., p. 93.

[6] Lire Bentham (J.), *Panoptique*, éd. Mille et Une Nuits, La Petite Collection, 72 p. : Le Panoptique de Jérémy Bentham est un modèle architectural de construction qui permet de « tout voir » (ce que veut dire précisément le terme de panoptique). À l'origine, c'est une prison dont l'organisation sociale et politique serait adaptée aux sociétés modernes et dont les objectifs seraient la plus grande liberté d'action économique, la recherche de la plus grande efficacité productive et la plus grande sécurité possible. Le modèle idéal de prison, tel que développé par Jérémy Bentham, représente un type de société obéissant au principe du panoptisme : chacun surveille autrui et est surveillé par autrui. Cette forte dimension sécuritaire de la vie sociale se retrouve d'ailleurs dans de nombreux pays avec le développement de la vidéosurveillance. Cette technologie dissuade les comportements délictueux et prévient toute déviance. Lire pour plus de précisions : Laval (C.), « Surveiller et prévenir. La nouvelle société panoptique », *Revue du Mouvement anti-utilitariste dans les sciences sociales*, La Découverte, Vol. 40, n° 2, 2012, pp. 47-72 ; Forest (D.), « Considérations actuelles sur la société de surveillance », *LGP*, 30 avril 2009, n° 120, p. 8.

[7] Michel Foucault décrit la prison panoptique de la manière la plus parlante : « *à la périphérie un bâtiment en anneau ; au centre une tour ; celle-ci est percée de larges fenêtres qui ouvrent sur la face intérieure de l'anneau ; le bâtiment périphérique est divisé en cellules, dont chacune traverse toute l'épaisseur du bâtiment ; elles ont deux fenêtres, l'une vers l'intérieur, correspondant aux fenêtres de la tour ; l'autre,*

transposé à la sphère politique[1]. Selon lui, les garanties contre les abus de pouvoir doivent ainsi reposer sur la transparence de l'action politique soumise au contrôle de l'opinion publique.

17. Ces théories se vérifient notamment avec les scandales de ces dernières décennies tels que le sang contaminé, la « vache folle » ou la catastrophe de Tchernobyl. Ébranlant la confiance que les citoyens pouvaient placer dans les institutions, ces désastres sanitaires ont contribué, dès les années 1990, à développer l'exigence de transparence dans leur fonctionnement[2]. Les citoyens doivent désormais être tenus informés de ce qui les concerne, c'est-à-dire des affaires de l'État ou encore de la politique. Toute demande d'informations, peut s'effectuer dans tous les domaines de l'action publique, confortant ainsi, le principe fondamental de l'article 15 de la Déclaration des droits de l'homme et du citoyen disposant que « *la société a le droit de demander compte à tout agent public de son administration* ». La transparence administrative a essentiellement été améliorée par la reconnaissance et l'extension des droits des usagers face à l'administration et la création d'autorités administratives indépendantes (CADA, CNIL). Dans les années 1970, ont été votées les premières lois de transparence qui ont eu pour objectif principal de promouvoir un véritable droit d'accès des citoyens à diverses informations, contribuant ainsi à changer, auprès de l'opinion publique, l'image d'une administration opaque qu'on lui prêtait autrefois. Le législateur a également permis l'accès aux documents administratifs[3] en développant la motivation des actes administratifs[4]. L'information est désormais un droit opposable à l'administration[5]. En plus de s'affirmer

---

donnant sur l'extérieur, permet à la lumière de traverser la cellule de part en part. Il suffit alors de placer un surveillant dans la tour centrale, et dans chaque cellule d'enfermer un fou, un malade, un condamné, un ouvrier ou un écolier. [...] Le dispositif panoptique aménage des unités spatiales qui permettent de voir sans arrêt et de reconnaître aussitôt » (Foucault (M.), *Surveiller et punir. Naissance de la prison*, Paris, Gallimard, 1975, 360 p., pp. 233-34).

[1] Foucault (M.), *Naissance de la biopolitique. Cours au Collège de France 1978-1979*, Paris, Gallimard, 2004, 368 p., p. 69.

[2] Depuis la charte des services publics du 18 mars 1992, la transparence fait partie des nouveaux « principes d'action du service public » avec la responsabilité, la simplicité et l'accessibilité. V. *Charte des services publics*, La Documentation française, 18 mars 1992, 211 p., p. 29.

[3] Loi n° 78-753 du 17 juillet 1978 portant diverses mesures d'amélioration des relations entre l'administration et le public et diverses dispositions d'ordre administratif, social et fiscal.

[4] Loi n° 79-587 du 11 juillet 1979 relative à la motivation des actes administratifs et à l'amélioration des relations entre l'administration et le public.

[5] Si le Conseil d'État a considéré que le droit d'accès aux documents administratifs était une garantie fondamentale pour l'exercice des libertés publiques, il a dénié l'existence « *d'un prétendu principe général de concertation et de transparence des*

profondément dans l'action administrative, la transparence est érigée en vertu morale de la politique. La loi n° 88-227 du 11 mars 1988 relative à la transparence financière de la vie politique prévoit ainsi un dispositif de contrôle des situations patrimoniales des membres du gouvernement[1] : la Commission pour la transparence financière de la vie politique (CTFVP) doit contrôler leurs déclarations[2]. Le pouvoir exécutif élabore par la suite deux projets de lois afin de rénover l'arsenal juridique encadrant la transparence de la vie publique, étant donné qu'il est perçu comme inadapté. La CTFVP, qui a œuvré vingt-cinq ans, est alors remplacée par un organisme aux pouvoirs et aux moyens accrus[3] : les lois organique n° 2013-906 et ordinaire n° 2013-907 du 11 octobre 2013[4] créent la Haute autorité pour la transparence de la vie publique (HATVP) chargée d'examiner les déclarations de situation patrimoniale et les déclarations d'intérêts de huit mille personnalités au moins[5]. La HATVP est désormais placée au centre du

---

décisions administratives » (Conseil d'État, 23 février 2005, *Association coordination nationale Natura 2000*, n° 241796, *Rec.* p. 578, *JCP* 2001, II, 10574, note David).

[1] Dès les années 1970, le terme « transparence » apparaît explicitement en matière administrative. V. Fouquette-L'Anglais (L.), « De la transparence aux États-Unis. Tyrannie ou vertu : la transparence politique est-elle une garantie d'une meilleure démocratie ? », *Fondation Jean-Charles Bonenfant*, juin 2010 : La transparence est érigée en idéologie dominante depuis la *Glasnost* menée par Mikhaïl Gorbatchev en 1985 jusqu'au programme présidentiel de Barack Obama où elle « *est proposée comme l'ultime recours aux dysfonctionnements politiques, sociaux ou démocratiques* ».

[2] Toutefois, les moyens dont elle disposait étaient notoirement insuffisants : « *Globalement, les moyens matériels, financiers et humains (numériquement parlant) mis à disposition de ces deux organismes [CTFVP et SCPC] paraissent dérisoires, leurs membres actuels tentant néanmoins de travailler dans une grande indépendance d'esprit* » (Phélippeau (E.), « Système national d'intégrité. Le dispositif français de transparence et d'intégrité de la vie publique et économique », *Transparency International France*, 2012, 243 p., p. 154).

[3] Lire également : Biroste (D.), « La HATVP : l'autorité de contrôle de la transparence de la vie publique », *LPA*, 22 juillet 2015, n° 145, p. 7.

[4] Conseil constitutionnel, 9 octobre 2013, n° 2013-675 DC et n° 2013-676 DC, *Loi organique relative à la transparence de la vie publique et Loi relative à la transparence de la vie publique*, *JCP G* 28 octobre 2013, 2020, note Gicquel (J.-E.) ; *JCP* 2014, p. 27, note Verpeaux (M.) ; RFDC octobre-décembre 2014, p. 665, note Ghévontian (R.).

[5] L'affaire Cahuzac a également entraîné l'adoption : d'une part, de la loi n° 2013-1117 du 6 décembre 2013 relative à la lutte contre la fraude fiscale et la grande délinquance économique et financière, traduisant en la matière davantage de sévérité et de détermination ; d'autre part, de la loi n° 2013-1115 du 6 décembre 2013 relative au procureur de la République financier. L'objectif est d'améliorer

dispositif visant à garantir la transparence de la vie publique[1]. Ce mécanisme comprend trois missions essentielles[2] : la prévention des conflits d'intérêts, la surveillance de l'évolution des situations patrimoniales des principaux dirigeants publics et le signalement au parquet des manquements constatés.

18. La transparence s'étend en outre aux politiques et aux législations fiscales. Les nombreux scandales financiers et fiscaux de cette dernière décennie tels que *Luxleaks*[3], *Swiss Leaks*[4], les *Panama Papers*[5], ou encore les *Paradise Papers*[6] ont fortement contribué à la prise de conscience que l'opacité des informations fiscales était susceptible de favoriser la fraude et l'évasion fiscales. Le secret revêt dès lors une connotation négative en matière fiscale car il renvoie à l'idée de dissimulation. Les États ont compris que *la transparence*[7] pouvait apporter de véritables solutions contre l'érosion

---

l'efficacité de la lutte contre la corruption et la fraude fiscale, aux niveaux national, européen et international.

[1] Le Groupe des États contre la corruption (GRECO) du Conseil de l'Europe salue les performances de la HATVP et les avancées de la France dans ce domaine. V. Group of States against Corruption (GRECO), *Deuxième rapport de conformité intérimaire sur la France : transparence du financement des partis politiques*, 12 mars 2015, 22 p., p. 21.

[2] Loi n° 2013-907 du 11 octobre 2013, article 20.

[3] « *Luxleaks* » désigne le scandale révélé en 2014 concernant le système d'évasion fiscale de « *tax rulings* » négociés directement par les filiales luxembourgeoises des grands cabinets d'audit avec l'administration fiscale du Luxembourg. Il permettait ainsi à 340 multinationales de déroger au régime fiscal de droit commun grâce à des avantages fiscaux.

[4] Il s'agit d'un système international de fraude fiscale et de blanchiment d'argent mis en lumière en 2015. La filiale suisse de la banque britannique HSBC aurait ainsi fourni des services financiers à des clients liés à des activités criminelles dont certains fortement soupçonnés de financer Al-Qaeda. Ce système a notamment été organisé par l'intermédiaire de sociétés-écrans basées au Panama et aux îles Vierges britanniques.

[5] En 2016, le Consortium international des journalistes d'investigation (ICIJ) révélait, grâce à la fuite de plus de 11,5 millions de documents confidentiels issus du cabinet d'avocats panaméen Mossack Fonseca, une liste de noms de personnalités ayant cherché à cacher leur patrimoine à l'étranger, qu'il s'agisse d'hommes politiques de premier plan, comme des chefs d'États, de sportifs de renom, de vedettes, voire d'individus sanctionnés par le droit international.

[6] Le scandale des « *Paradise Papers* », apparaît en novembre 2017. Les révélations font état de sept millions de documents issus d'une fuite massive (*leak* en anglais) de données en provenance d'un cabinet international d'avocats, Appleby, basé aux Bermudes. De nombreux montages d'optimisation fiscale ont été mis en place par le cabinet pour le compte de de multinationales et célébrités planétaires.

[7] La notion telle que développée dans notre propos ne doit pas être confondue avec celle de « *transparence fiscale* » des personnes morales. Cette dernière est bien une notion juridique, appartenant au vocabulaire du droit fiscal apparue pour la première fois dans une loi du 15 mars 1963 (Loi n° 63-254 du 15 mars 1963, portant réforme

de leurs bases taxables se traduisant en millions voire en milliards de pertes de fonds publics[1]. Au nom de la *transparence en matière fiscale*, sont adoptées des mesures visant d'une part, à lutter contre l'opacité de dispositifs fiscaux mis en place par les opérateurs économiques pour dissimuler leurs revenus et leurs capitaux ; d'autre part, à combattre les effets dommageables du système fiscal d'un État ou d'un territoire appliquant un régime fiscal privilégié[2] . Il peut s'agir, par exemple, de mesures édictant des normes mondiales d'échange automatique (ou sur demande) de renseignement ou de mesures renforçant la coopération internationale entre les administrations fiscales. La transparence cherche aussi à garantir que la législation fiscale soit appliquée de manière cohérente et soit accessible à tous les contribuables. Elle impose que les informations nécessaires aux autorités fiscales pour établir la situation d'un contribuable soient disponibles et communicables. Enfin, la transparence fiscale comporte une importante dimension internationale : les renseignements recueillis doivent pouvoir être échangés et envoyés à une juridiction étrangère[3]. La transparence fiscale s'applique donc aussi bien à l'échelle du droit interne que du droit international et européen. « *Les trois critères – disponibilité, accessibilité et échange – forment la nomenclature de base de la transparence fiscale*[4] ».

19. Dès 2008, a ainsi été crée à l'initiative de l'OCDE, le *Forum mondial sur la transparence et l'échange de renseignements à des fins*

---

de l'enregistrement, du timbre et de la fiscalité immobilière). Elle renvoie à la « *situation au regard du fisc des sociétés qui sont réputées ne pas avoir de personnalité distincte de celle de leurs membres pour l'application des impôts directs, des droits d'enregistrement et des taxes assimilées* » (Cornu (G.), *Vocabulaire juridique, op. cit.*, p. 1038, Définition de « Transparence »). Lire aussi Pellas (J.-R.), « La transparence fiscale du contribuable : l'éloge d'une norme éthique », *RFFP*, 1er novembre 2017, n° 140, p. 75.

[1] OCDE, *Exposé des actions 2015, Projet OCDE/G20 sur l'érosion de la base d'imposition et le transfert de bénéfices,* Éditions OCDE, 2015, § 2 : L'OCDE pose un constat alarmant selon lequel le manque à gagner imputable aux pratiques de BEPS est estimé entre 4 % et 10 % du montant des recettes tirées de l'impôt sur les bénéfices des sociétés au niveau mondial, soit 100 à 240 milliards de dollars par an.

[2] Rakotovahiny (M.-A.), « La transparence dans les procédures collectives », *op. cit.*, p. 297 : La transparence est pratiquée de diverses façons : charger des agents d'une mission d'investigation, interdire au débiteur d'agir avec dissimulation. Lire aussi Huet (J.), « Le secret commercial et la transparence de l'information », *LPA*, 15 février 1988, n° 20, p. 12.

[3] Vidal (J.-P.), « La transparence fiscale du contribuable dans un contexte international : faut-il prévoir la fin de l'évasion fiscale internationale ? », *RFFP*, 1er novembre 2017, n° 140, p. 89.

[4] Robert (E.), « Chapitre 4. Transparence fiscale », *in* Hunault (M.), (dir.), *La Lutte contre la corruption, le blanchiment, la fraude fiscale*, Presses de Sciences Po, 2017, 232 p., pp. 117-135, p. 117.

fiscales ; ses missions principales sont de préserver les finances publiques en luttant contre l'évasion fiscale et de promouvoir la transparence fiscale mondiale. Le Forum s'assure également de l'examen et du suivi de la mise en œuvre et du respect de ses mesures par ses membres. Dans la continuité de ses travaux, a émergé le projet BEPS (*Base erosion and profit shifting*) lors du sommet du G20 de juin 2012. Présenté le 19 juillet 2013, ce plan détaille quinze actions ayant pour objectif de neutraliser les pratiques d'érosion de la base imposable et le transfert des bénéfices. Son ampleur est telle qu'il constitue *« un tournant dans l'histoire de la fiscalité internationale, et représente l'initiative la plus importante engagée depuis un siècle pour moderniser et coordonner les politiques fiscales [des] pays*[1] ». Ce mouvement est aussi renforcé par l'action de l'Union européenne. Par exemple, le 28 janvier 2016, la Commission européenne a présenté son paquet *« anti-évitement fiscal »* s'inscrivant dans la lignée du projet BEPS[2]. Il est composé de mesures législatives, nouvelles pour certaines, et non législatives et précise, en la complétant, ou en la mettant à jour, la stratégie esquissée par l'Union européenne, en particulier après le scandale *Luxleaks*. L'ensemble des éléments qui constituent le « paquet » de la Commission européenne vise à lutter contre l'optimisation fiscale agressive, à améliorer la transparence au sein de l'Union européenne ainsi que les conditions d'une concurrence fiscale juste et équitable[3]. Par le truchement de ses nombreuses directives, les mesures du projets BEPS vont ainsi être appliquées[4]. Celles-ci vont surtout imposer de nouvelles obligations de divulgation au détriment des secrets des contribuables. Aujourd'hui, en matière fiscale, la transparence devient donc manifestement le principe, voire la norme éthique,

---

[1] Saint-Amans (P.), Robert (E.), « Le projet BEPS et la longue marche en direction d'une fiscalité globale pour l'économie du XXIe siècle », *Dr. fisc.* 2015, n° 49, étude 709, n° 1.

[2] V. Maitrot de La Motte (A.), « La Commission européenne publie un « paquet sur la lutte contre l'évasion fiscale », *Dr. fisc.* 2016, n° 5, étude 137.

[3] Assemblée nationale, *Rapport d'information déposé par la Commission des affaires européennes (1) sur le paquet anti-évitement fiscal de la Commission européenne* (COM(2016) 23 final), (COM(2016) 24 final), (COM(2016) 25 final), (COM(2016) 26 final), (COM(2016) 198 final), 17 mai 2016 https://www.assemblee-nationale.fr/14/pdf/europe/rap-info/i3751.pdf

[4] Par exemple la Directive (UE) 2016/1164 du Conseil du 12 juillet 2016 établissant des règles pour lutter contre les pratiques d'évasion fiscale qui ont une incidence directe sur le fonctionnement du marché intérieur ; Directive (UE) 2018/822 du Conseil du 25 mai 2018 modifiant la directive 2011/16/UE en ce qui concerne l'échange automatique et obligatoire d'informations dans le domaine fiscal en rapport avec les dispositifs transfrontières devant faire l'objet d'une déclaration ; Directive (UE) 2016/2258 du Conseil du 6 décembre 2016 modifiant la directive 2011/16/UE en ce qui concerne l'accès des autorités fiscales aux informations relatives à la lutte contre le blanchiment de capitaux…

tandis que le secret se mue en exception. Outre sa mise en perspective avec la transparence, le secret en matière fiscale doit être étudié en considération de ses divers détenteurs.

III. L'étude des détenteurs du secret en matière fiscale

20. Dans le domaine de la fiscalité, les détenteurs potentiels d'un secret sont légion. Mais le rapport juridique principal est celui qui lie l'administration fiscale, le contribuable et les tiers.

21. Dans cette relation tripartite, l'administration fiscale a longtemps été ancrée dans le secret, de sa création aux décisions qu'elle opposait aux administrés. Ce n'est que depuis l'entrée en vigueur des lois régissant les droits des relations des citoyens avec l'administration à la fin des années 1960[1] que le législateur a consenti à tempérer la portée de son secret et mis en place un rapprochement entre l'administration et les administrés. L'amélioration des relations entre ces acteurs et la transparence de l'action administrative deviennent, en effet, sous la Ve République, des enjeux majeurs des politiques publiques[2]. L'administration doit, par exemple, motiver en faits et en droit les décisions prises à l'encontre des citoyens ou des agents de la fonction publique[3], communiquer les documents demandés par l'administré[4] ou encore permettre l'accès aux documents administratifs

---

[1] Loi n° 78-753 du 17 juillet 1978 portant diverses mesures d'amélioration des relations entre l'administration et le public et diverses dispositions d'ordre administratif, social et fiscal dont les règles d'accès ont été harmonisées par la loi n° 2000-321 du 12 avril 2000 relative aux droits des citoyens dans leurs relations avec les administrations. Cette loi doit être complétée par la loi n° 78-17 du 6 janvier 1978 relative à l'informatique, aux fichiers et aux libertés et la loi n° 79-18 du 3 janvier 1979 sur les archives. Depuis 2016, le Code des relations entre le public et l'administration cherche à rassembler les règles générales applicables à la procédure administrative non contentieuse en codifiant notamment les dispositions des lois précitées. Ce code est destiné à être la *lex generalis* des relations du public avec l'administration.

[2] Espagno-Abadie (D.), « Une histoire courte des relations entre l'administration et le public mise à la portée de tout le monde », *Journal du droit administratif*, 6 juillet 2016, dossier 02 [en ligne].

[3] La loi n° 79-587 du 11 juillet 1979 étend de manière substantielle l'obligation de faire connaître au destinataire d'une décision administrative les motifs qui la justifient.

[4] Pour assurer la transparence, la loi n° 78-753 du 17 juillet 1978 est capitale. Grâce à elle, tout un chacun peut demander à un service public de lui communiquer des documents administratifs le concernant.

versés aux archives[1]. Le contribuable cherche, quant à lui, à opposer le secret afin de protéger sa vie privée ou d'échapper à l'impôt. Dans cette dernière hypothèse, le secret est perçu négativement : il est l'alibi du mensonge par opposition à la transparence qui représente la preuve de l'honnêteté. Or, les secrets peuvent être légitimes et ne pas sous-entendre que leur détenteur est un fraudeur. C'est le cas des secrets professionnels. Dans le cadre d'une relation professionnelle, les tiers deviennent les dépositaires des secrets des contribuables. Il peut s'agir de l'avocat, du médecin, de l'expert-comptable, du notaire, du banquier… Même si ces derniers sont assujettis à des obligations légales au secret professionnel, leur opposabilité à l'administration fiscale est strictement limitée et encadrée par la loi et la jurisprudence[2]. Ils sont, en effet, eux-mêmes astreints à des obligations fiscales déclaratives qui sont susceptibles de contenir des informations sur les contribuables.

22. Peu de secrets sont donc opposables à l'administration fiscale œuvrant dans l'exercice de ses prérogatives de puissance publique. Parmi eux, les atteintes légitimes autorisées par le législateur. Par exemple, l'administration a le droit de connaître les affaires couvertes du secret des personnes morales ou physiques se livrant à une activité économique pour

---

[1] V. la loi n° 79-18 du 3 janvier 1979 qui rationalise et libéralise l'accès aux documents administratifs versés aux archives. Le Conseil constitutionnel consacre le « droit d'accès aux documents d'archives publiques ». V. à cet effet, Conseil constitutionnel, 15 septembre 2017, n° 2017-655 QPC, *M. François G.* [Accès aux archives publiques émanant du président de la République, du Premier ministre et des autres membres du gouvernement], *JORF*, 17 septembre 2017, n° 23, *AJDA* 2017 ; p. 1752 ; *ibid.*, p. 2310, note Quiriny (B.) ; *D.* 2017, p. 1764, et les obs. ; *Constitutions* 2017, p. 502 ; *ibid.*, p. 599, note Hutier (S.), cons. 4 : « *Aux termes de l'article 15 de la Déclaration de 1789 : « La société a le droit de demander compte à tout agent public de son administration ». Est garanti par cette disposition le droit d'accès aux documents d'archives publiques. Il est loisible au législateur d'apporter à ce droit des limitations liées à des exigences constitutionnelles ou justifiées par l'intérêt général, à la condition qu'il n'en résulte pas d'atteintes disproportionnées au regard de l'objectif poursuivi* ». Lire aussi à ce propos, Pelletier (M.), « Chronique de Droit constitutionnel fiscal 2018 », *Dr. fisc.* 2019, n° 13, étude 213, note 16 : Le Conseil constitutionnel fait ainsi naître une exigence de transparence de l'action administrative, en rattachant aux dispositions de l'article 15 de la DDHC, le droit d'accès aux archives publiques. Grâce à sa « *plasticité* », l'article 15 de la Déclaration de 1789 pourrait contribuer à renforcer la « *qualité* » de l'action administrative et constituer un fondement juridique à de nouvelles obligations.

[2] Iten (J.-L.), « Le secret et la liberté d'expression », *La liberté d'expression et ses juges, Nouveaux enjeux, Nouvelles perspectives*, Colloque international de Beyrouth, 2 et 3 mars 2017, pp. 245-269, p. 247 : Le législateur et le juge font preuve d'un certain pragmatisme lorsqu'ils sont confrontés à un conflit de normes. Le secret peut en effet être consacré dans la législation mais il peut être amené à céder devant d'autres considérations méritant d'être privilégiées.

leur réclamer leur contribution aux charges publiques. Elle est ainsi l'une des rares personnes à pouvoir porter atteinte au secret des affaires afin de recouvrer ses créances publiques. De même, pour établir de manière exacte la situation fiscale du contribuable, elle doit avoir accès à des informations couvertes par le secret bancaire. Par ricochet, elle en devient aussi dépositaire.

23. Étant donné la diversité des détenteurs de secrets, de nombreuses connexions peuvent s'établir entre le droit fiscal et les autres matières juridiques. La fiscalité irrigue en effet tous les pans de la vie économique : la matière fiscale s'illustre notamment en droit des affaires et en droit bancaire lorsque interviennent les questions de la détermination de l'assiette imposable, du recouvrement de l'impôt, de la recherche des infractions fiscales ou de la lutte contre la fraude et l'évasion fiscales... En droit public, elle touche nécessairement au droit administratif quand il s'agit d'avoir accès à l'information, et plus largement aux droits des administrés dans leur relation avec l'administration. Dans toutes ces branches, il existe un secret. L'étude du sujet fait donc apparaître que, en matière fiscale, il n'y pas un seul secret mais plusieurs : le secret bancaire, le secret des affaires, le secret des agents des services fiscaux, le secret administratif, le secret du lanceur d'alerte, le secret de l'avocat... Certains de ces secrets sont d'intérêt public, d'autres d'intérêt privé ; certains prétendent servir à la fois des intérêts publics et privés. Tous mettent ainsi en évidence la déclinaison d'un même problème lié au secret professionnel qui trouve à s'appliquer en matière fiscale[1]. Les études menées sur le sujet sont éparses et relativement incomplètes[2]. Il conviendrait alors de poser un cadre normatif unifié qui prendrait racine dans cette matière juridique. Pour nourrir la réflexion juridique, notre recherche répondra à un objectif et une stratégie scientifique dont il sera présenté le projet.

§ 2. Le projet de la recherche

24. Il est essentiel de définir et de préciser le cadre de la recherche en circonscrivant son champ d'étude au droit fiscal positif (**I**). Parce que le secret est universel et que la fiscalité comprend des éléments d'extranéité,

---

[1] Lire aussi Loiseau (G.), « Les secrets de la vie privée et la liberté d'expression », Rapport de Synthèse *in* Actes du colloque annuel de La Semaine juridique, *Le secret à l'ère de la transparence*, *JCP G* 2012, hors-série supplément au n° 47, pp. 44-47, p. 44 ; Verny (E.), « La notion de secret professionnel », *Revue du droit sanitaire et social*, 2015, pp. 395-406.

[2] V. par exemple : Pount-Bézy (J.), *Le secret des affaires commerciales devant le fisc*, Thèse de droit, Toulouse, éd. E.-B. Soubiron, 1926, 226 p. ; Afschrift (T.), *La levée du secret bancaire fiscal*, Larcier, 2011, 158 p.

des analyses de droit comparé doivent obligatoirement être incluses dans notre périmètre de recherche (**II**).

I. Une analyse du droit fiscal positif

25. Le projet de recherche, délimité par le titre du sujet, est la matière fiscale. Il faut l'entendre comme le droit fiscal positif, lequel est formellement défini comme l'ensemble des règles de droit en vigueur dans un pays à un moment donné, relatives aux impôts[1], à leur assiette, à leur liquidation et leur recouvrement[2]. Il s'agit donc d'analyser le droit fiscal français. La matière fiscale inclut toutes les règles de droit de la fiscalité dans son sens le plus étendu. Autrement dit, il convient de tenir compte dans leur globalité, des normes en vigueur relatives à la définition, la perception des impôts et des autres prélèvements obligatoires. Cela implique d'analyser aussi les diverses liasons du droit fiscal avec les autres disciplines juridiques. Par exemple, le droit pénal, lorsqu'il s'agit d'étudier le volet répressif des infractions fiscales ou la violation même du secret[3] ; le droit administratif et la procédure administrative lorsque les droits des contribuables rentrent en considération dans la mise en œuvre des procédures d'imposition ; le droit de l'Union européenne et le droit international quant aux normes ayant une incidence sur le secret en matière fiscale... L'étude du droit fiscal positif sera menée au regard des domaines recouverts par ses divers secrets : ceux qui lui sont spécifiques et ceux qui s'appliquent autant à la matière fiscale qu'à d'autres disciplines juridiques.

26. Le projet de la recherche doit, en outre, comporter un volet historico-juridique ; car, pour comprendre l'importance du secret du point de vue de ses effets et de ses enjeux actuels, il est impératif d'analyser ses origines, notamment ses sources législatives. C'est dans le Code pénal de 1791 qu'il apparaît pour la première fois, avec le secret des correspondances, puis à l'article 378 du Code pénal de 1810, sous la forme d'une obligation légale au secret professionnel : « *les médecins, chirurgiens et autres officiers de santé, ainsi que les pharmaciens, les sages-femmes, et toutes autres personnes dépositaires, par état ou profession, des secrets qu'on leur confie, qui, hors le cas où la loi les oblige à se porter dénonciateurs, auront révélé ces secrets, seront punis d'un emprisonnement d'un mois à six mois, et d'une*

---

[1] V. Lamarque (J.), *Droit fiscal général*, Litec, coll. Les cours de droit, 1998, 728 p., p. 3.

[2] Cornu (G.), *Vocabulaire juridique, op. cit.*, p. 463, Définition de « *Fiscal (Droit)* » ; p. 779, Définition de « *Positif (Droit)* ».

[3] Ghica-Lemarchand (C.), « La responsabilité pénale de la violation du secret professionnel », *Revue de droit sanitaire et social*, 2015, pp. 419-436.

amende de cent francs à cinq cents francs[1] ». Si le secret en matière fiscale – à ce stade, il est fait référence notamment à celui pesant sur les agents des organes des finances publiques – a implicitement été codifié sous l'égide de ce secret professionnel dès le début du XIXe siècle, les premières traces de son application remontent à des temps plus anciens. Traditionnellement et historiquement, le secret a longtemps caractérisé la relation entre le contribuable et l'administration. Les administrés, ou « assujettis », ont subi, notamment sous l'Ancien Régime, des décisions établies unilatéralement et arbitrairement. La Révolution française de 1789 et la Déclaration des droits de l'homme et du citoyen ont alors marqué un tournant dans les droits des contribuables. L'égalité devant l'impôt et le consentement de l'impôt[2] deviennent les principes fondateurs à valeur constitutionnelle du droit fiscal. Plus d'un siècle plus tard, reconnaissant son importance, le législateur consacre la notion de *secret* en droit fiscal pour la première fois et de manière explicite à l'article 23 de la loi du 15 juillet 1914 portant fixation du budget général des dépenses et des recettes de l'exercice 1914[3]. Cependant, elle ne doit pas être confondue avec le secret administratif qui empêche l'administration fiscale de communiquer les motifs de ses décisions ou certains documents[4] ; ou encore avec le secret de l'impôt, qui interdit la publication des rôles des impôts assis par voie de déclaration, bien que l'article L. 111 du Livre des procédures fiscales prévoit la publicité de l'impôt. La présente recherche s'évertuera donc à bien distinguer les

---

[1] On retrouve la première codification légale de la notion de *secret* dans le premier et plus ancien Code pénal entré en vigueur en 1791. Il ne s'agit, toutefois, que du secret de la correspondance qui figurait à l'article 23 : « *Quiconque sera convaincu d'avoir volontairement et sciemment supprimé une lettre confiée à la poste, ou d'en avoir brisé le cachet et violé le secret, sera puni de la peine de la dégradation civique. Si le crime est commis, soit en vertu d'un ordre émané du pouvoir exécutif, soit par un agent du service des postes, le ministre qui en aura donné ou contresigné l'ordre, quiconque l'aura exécuté, ou l'agent du service des postes qui, sans ordre, aura commis ledit crime, sera puni de la peine de deux années de gêne* ».

[2] La notion est à dissocier du « consentement à l'impôt » davantage empreint de considérations socio-psychologiques. V. Gicquel (J.-E.), « Que reste-t-il du pouvoir budgétaire des parlements nationaux ? », *Rev. UE* 2019, p. 605 ; Beltrame (P.), « Le consentement de l'impôt : Devenir d'un grand principe », *RFFP* 1995, n° 51, p. 88.

[3] Article 23 de la loi du 15 juillet 1914 instituant l'impôt général sur le revenu : « *Tous avis et communications échangés entre les agents de l'administration ou adressées par eux aux contribuables et concernant l'impôt sur le revenu doivent être transmis sous enveloppe fermée. [...] Est tenue au secret professionnel, dans les termes de l'article 378 du Code pénal, et passible des peines prévues audit article, toute personne appelée, à l'occasion de ses fonctions ou attributions, à l'intervenir dans l'établissement, la perception ou le contentieux de l'impôt* ».

[4] Cornu (G.), *Vocabulaire juridique, op. cit.*, p. 949, Définition de « *Secret (administratif)* ».

différents secrets mais également toutes les notions périphériques trouvant à s'appliquer en droit et ayant leur propre sens juridique comme le silence ou la discrétion.

27. Par ailleurs, notre projet de recherche abordera notamment la relation entre l'administration, le contribuable et les tiers ; l'opposabilité de leurs secrets ; la portée de l'intervention et le rôle du juge dans cette relation ainsi que la mise en perspective récurrente du secret avec la transparence en matière fiscale. Il s'agit en définitive de mener une analyse à la fois descriptive et critique du droit fiscal positif en considération du secret et de toutes les normes qui ont un effet sur sa portée. Enfin, cette analyse se veut enrichie d'éléments de droit fiscal comparé.

II. Des éléments de droit comparé

28. Certains thèmes abordés dans la thèse appellent à développer des analyses en droit comparé[1]. En effet, des dispositifs fiscaux contiennent des éléments d'extranéité rendant complexes l'établissement et le recouvrement de l'imposition. La tâche est plus difficile encore quand les États dans lesquels il s'appliquent, ne communiquent pas les informations nécessaires à la détermination de l'assiette imposable aux États de résidence des bénéficiaires de l'impôt. Ces cas de figure s'observent particulièrement dans les États ou territoires dits non coopératifs (ETNC) pratiquant une fiscalité privilégiée. Afin de lutter contre l'opacité entourant l'information fiscale et favorisant par conséquent l'évasion et la fraude fiscales, des obligations de divulgation ont été instaurées entre administrations fiscales, par exemple aux intermédiaires fiscaux, aux entreprises (en ce qui concerne leur politique de prix de transfert…).

29. Précisons que l'étude n'a pas vocation à traiter des problématiques liées aux conflits de lois provoqués par la présence d'un élément d'extranéité. Dès lors que son existence est avérée, le droit étranger peut être sollicité dans la résolution de la situation litigieuse[2]. Le rôle du juge fiscal

---

[1] Goltzberg (S.), « Chapitre premier. L'approche comparatiste », *in Le droit comparé*, PUF, 2018, pp. 7-34, p. 9 : « *Le droit comparé suppose la comparabilité de deux droits, comparabilité facilitée par leur proximité et leur parenté. En revanche, il est possible de mettre en regard deux cultures juridiques nullement apparentées, comme le droit musulman et le droit chinois* ».

[2] V. notamment, Gutmann (D.), « Le juge fiscal et la loi étrangère », *Mélanges en l'honneur de Cyril David*, LGDJ, 2005, 448 p., p. 191 et s. : Dans le silence des parties quant à l'existence d'éléments d'extranéité, l'application d'office du droit étranger ne s'impose que pour les questions relevant du domaine des droits indisponibles, Civ. 1ère, 26 mai 1999, n° 96-16.361, *Mutuelles du Mans*, JurisData n° 1999-002102 ; *Bull. civ.*, I, n° 172 et n° 97-16.684, *Belaïd,* JurisData n° 1999-

est alors déterminant dans la mise en œuvre de la règle de conflit correspondante[1]. En revanche, la présente recherche analyse les mesures fiscales qui ont pu justifier l'instauration de mesures attentatoires au secret, leurs caractéristiques communes dont celle de l'opacité comme facteur de concurrence fiscale dommageable. L'une des exigences essentielles de cette démarche scientifique est d'abord de démontrer les effets néfastes du secret notamment dans l'économie, la concurrence fiscale et les finances publiques. Des éléments de droit comparé sont en outre nécessaires pour illustrer la coordination des politiques fiscales à l'échelle internationale dans la lutte contre la fraude et l'évasion fiscales. Il s'agit de mettre en évidence les différences de traitements juridiques relatifs à la portée du secret. Partant de ces analyses, il pourrait être établi quelles sont les mesures étrangères ou les mesures de droit français qui concilient le mieux les intérêts en présence. Mais le recours à ces éléments ne sera pas systématique car la recherche se veut une étude axée sur le droit fiscal positif français. Pour qu'elle soit claire et cohérente, seuls certains thèmes ayant une dimension internationale peuvent se prêter à ce type d'analyses juridiques : par exemple, les *tax rulings* (les rescrits en droit français) dans le cadre de la lutte contre l'évasion fiscale ou encore l'opposabilité du secret bancaire en ce qui concerne les comptes bancaires détenus par les résidents fiscaux français. L'approche comparatiste appliquée à ces sujets contribue ainsi à une meilleure connaissance de l'état du droit relatif au secret en matière fiscale à travers l'espace et le temps[2]. Afin de mener à bien le projet de recherche, il convient maintenant de détailler la méthodologie de l'étude du secret en matière fiscale.

002103 ; *Bull. civ.*, I, n° 174 ; *JCP G* 1999, II, 10192, note Mélin (F.) ; *Rev. crit. DIP* 1999, p. 707, note Muir Watt (H.) ; *GAJDIP*, n° 77 et 78.

[1] Fohrer-Dedeurwaerder (E.), « Le juge fiscal et les questions préalables entachées d'extranéité - À propos de trois décisions récentes du juge fiscal », *Dr. fisc.* 2016, n° 48, comm. 604.

[2] Fohrer-Dedeurwaerder (E.), *ibid.*

Section II. La méthodologie de l'étude du secret en matière fiscale

30. Le sujet et le champ d'application de l'étude ayant été définis, il convient de présenter les enjeux et la problématique du présent projet de recherche (**§ 1**). Ceux-ci mèneront naturellement à introduire les axes de recherche de la thèse (**§ 2**).

§ 1. « Le secret en matière fiscale » : les enjeux et la problématique de l'étude

31. Avant la codification d'un véritable droit des relations entre les administrés et l'administration[1], le principe qui gouvernait la vie politique et administrative a longtemps été celui du secret. La transparence en constituait l'exception[2]. La démocratie s'est cependant construite contre le secret des pouvoirs si bien que, aujourd'hui, ce paradigme tend à se renverser[3]. Si le législateur conçoit aisément que des secrets soient protégés de toutes intrusions dans la sphère publique et privée, il veut désormais rendre

---

[1] V. *Infra :* Partie II, Titre II, Chapitre I, Section I, § 1. Pour rappel la loi n° 78-17 du 6 janvier 1978 relative à l'informatique, aux fichiers et aux libertés ; la loi n° 78-753 du 17 juillet 1978 portant diverses mesures d'amélioration des relations entre l'administration et le public ; la loi n° 79-18 du 3 janvier 1979 sur les archives ; la loi n° 79-587 du 11 juillet 1979 relative à la motivation des actes administratifs et à l'amélioration des relations entre l'administration et le public et la loi n° 2000-321 du 12 avril 2000 relative aux droits des citoyens dans leurs relations avec les administrations. L'ordonnance n° 2015-1341 du 23 octobre 2015 et le décret n° 2015-1342 du 23 octobre 2015 procèdent à la codification, à droit constant, des dispositions législatives et réglementaires du Code des relations entre le public et l'administration, entré en vigueur le 1er janvier 2016. Celui-ci codifie les dispositions législatives précitées.

[2] Lire pour plus de précisions : Marchand (J.), « Réflexions sur le principe de transparence », *RDP*, 1er mai 2014, n° 3, p. 677.

[3] Iten (J.-L.), « Le secret et la liberté d'expression », *La liberté d'expression et ses juges, Nouveaux enjeux, Nouvelles perspectives*, Colloque international de Beyrouth, 2 et 3 mars 2017, pp. 245-269, p. 246 : « *Nos sociétés contemporaines aspirent plus que jamais à la transparence, si bien que l'existence même du secret est de plus en plus contestée* ». V. également exposé d'ouverture de Sauvé (J.-M.), « Transparence, valeurs de l'action publique et intérêt général », *Culture du secret contre transparence sans limite : quel équilibre pour garantir l'intérêt général*, Colloque organisé par Transparence Internationale, juillet 2011.

transparente l'action publique reléguant ainsi le secret au rang d'exception. Les restrictions à l'accès aux documents administratifs – garantie fondamentale accordée aux citoyens pour l'exercice de leurs libertés[1]– sont considérées comme des dérogations[2]. La transparence de l'action administrative est une garantie pour les contribuables car elle les protège des décisions arbitraires prises à leur encontre. Elle représente toutefois une contrainte en ce que l'administration se doit d'avoir une action irréprochable dans son rapport avec l'administré, sous peine d'être critiquée et discréditée. Pourtant, il lui est difficile, voire impossible de parvenir pleinement à cet objectif car certaines de ses missions nécessitent la mise en œuvre secrète de ses prérogatives de puissance publique, par exemple, dans le cadre de la recherche d'infractions fiscales[3]. Leurs révélations risqueraient ainsi d'entraver son action, d'où l'importance de garantir leur confidentialité.

32. En outre, dans l'économie, la fonction du secret est primordiale dans la protection des données confidentielles des entreprises notamment avec le secret des affaires et le secret fiscal[4]. Le danger d'une totale transparence fausserait en effet la concurrence, la rendant ainsi déloyale et entraînerait l'effondrement des marchés[5]. Le secret doit donc être garanti face aux nombreuses obligations de divulgation[6] instaurées afin de lutter contre les activités illicites telles que le financement du terrorisme, le blanchiment de capitaux[7], la corruption, la fraude fiscale[8]… De même, ces atteintes doivent être justifiées et proportionnées au but visé, car ce qui affecte l'économie a

---

[1] Conseil d'État, 29 avril 2002, n° 228830, *Ullmann*, *Rec.* 2002, p. 156 ; *RFDA* 2003, p. 135, concl. Piveteau.

[2] Warufsel (B.), « Les secrets protégés par la loi, limite au principe de transparence », *Revue générale nucléaire*, 2003, n° 1, janvier-février, pp. 62-66.

[3] Morange (G.), « Le secret en droit public français », *D.* 1978, chron., p. 1.

[4] Kessler (D.), « L'entreprise entre transparence et secret », *Revue Pouvoirs,* 2001/2, n° 97, pp. 33-46.

[5] *Transparence et concurrence*, Cycle de conférences de la Cour de cassation, *Revue Lamy de la concurrence*, octobre/novembre 2007, n° 13 : il faut clarifier les conditions économiques dans lesquelles la transparence doit être promue dans la mesure où la production d'information peut se révéler être anticoncurrentielle.

[6] Elles prennent diverses formes. Par exemple, il peut s'agit d'obligations documentaires en matière de prix de transfert, d'obligations déclaratives à TRACFIN en cas de soupçon de blanchiment ou de financement occulte. V. *Lutte contre la fraude fiscale et son blanchiment : l'action de Tracfin*, Entretien avec Bruno Dalles, directeur de TRACFIN, *RFP* 2018, n° 9, étude 22.

[7] Deboissy (F.), « Blanchiment de fraude fiscale : après le flux le reflux ? », *Dr. fisc.* 2019, n° 198, étude 198 ; Goguel-Nyegaard (S.), « Blanchiment de fraude fiscale, les glissements dérangeants de la répression », *AJP* 2016, p. 186.

[8] Claverie-Roussel (C.), « Le délit de fraude fiscale et les délits voisins », *Dr. fisc.* 2014, n° 46, étude 622.

nécessairement des répercussions sur la fiscalité et inversement[1]. Le secret est donc consubstantiel à une économie de marché et à une concurrence libre et loyale[2], au même titre que la transparence, qui régule les comportements entre les opérateurs économiques[3].

33. La transparence comme le secret, présentent ainsi des effets bénéfiques mais poussés à l'excès, ils ont des conséquences néfastes. En effet, « *une saine transparence ne doit pas avoir pour projet d'anéantir la discrétion, la réserve, la rétention, le secret, mais de se concilier aussi harmonieusement que possible avec eux. [...]. Le bienfait de la transparence n'est sensible que dans le contraste qu'offre sa permanente confrontation au secret*[4] ». Le Professeur Jean Carbonnier évoquait en ce sens, les possibles dérives de la transparence en notant que « *la transparence cristal peut dégénérer en transparence chicane*[5] ». Elle annihilerait les effets positifs du secret, du point de vue tant de l'exercice des libertés individuelles que des moyens mis en œuvre de manière confidentielle par l'État, par exemple, dans la lutte contre les infractions fiscales ou le recouvrement de fonds publics. Elle pourrait être également perçue comme indiscrète, inopportune voire

---

[1] Geerolf (F.), Grjebine (T.), « IV. Effets macroéconomiques des politiques fiscales : Keynes, le retour », *in* CEPII, *L'économie mondiale 2019*, éd. La Découverte, 2018, 128 p., pp. 53-65.

[2] Neau-Leduc (P.), « Secret bancaire et frontière », *RD banc. fin.*, n° 1, janvier 2010, dossier n° 2 ; Pereira (B.), « Blanchiment, soupçon et sécurité financière », *RIDE*, T. XXV, n° 1, 2011, pp. 43-73.

[3] Fasterling (B.), Duhamel (J.-C.), « Le *Comply or explain* : la transparence conformiste en droit des sociétés », *RIDE*, T. XXIII, n° 2, 2009, pp. 129-157 : « *Par la transposition de la directive 2006/46/CE, la France a introduit en droit positif le mécanisme de communication sociétaire dit "comply or explain". Ce faisant, le droit des sociétés français s'acclimate à un mode de transparenceconformiste. Les sociétés cotées doivent déclarer chaque année, dans leur rapport de gouvernance, dans quelle mesure elles appliquent les principes de bonne conduite contenus dans le Code AFEP-MEDEF ; elles doivent par ailleurs se justifier des règles qu'elles n'entendent pas appliquer* ». La transparence constitue ainsi le meilleur moyen d'instaurer une bonne gouvernance mais aussi un outil de promotion de l'éthique des affaires et de responsabilité sociale de l'entreprise. Lire aussi Duhamel (J.-C.), « La transparence : outil de conciliation de la finance et du management », *Revue française de gestion*, 2009/8, n° 198-199, pp. 59-75 ; Assemblée nationale, *Rapport d'information sur la transparence de la gouvernance des grandes entreprises*, 20 février 2013, n° 737, 161 p.

[4] Lepage (A.), « Avant-propos », *in* Cour de cassation, *Le droit de savoir*, Rapport annuel de la Cour de cassation, 2010, 610 p., pp. 65-92.

[5] Carbonnier (J.), « Propos introductifs », *in* Colloque Deauville « La transparence », *RJC* 1993, n° spécial, p. 9, spéc. p. 13.

inquisitrice[1]. La transparence pourrait ainsi abolir la frontière entre ce qui relève du public et ce qui appartient à la sphère privée. Aujourd'hui, quels que soient les impératifs sur lesquels il repose, le secret est de plus en plus soumis aux coups de boutoir de la société de l'information, à l'exigence de transparence à laquelle aspire toute société démocratique[2]. Un excès de transparence peut nuire à la liberté aussi bien qu'un secret peut risquer de porter atteinte à l'intérêt général. La démocratie serait alors pour le moins fragilisée[3]. Pire, pour le philosophe allemand Byung-Chul Han, notre humanité serait condamnée par la fin du secret et l'avènement de cette folie contemporaine qu'est la transparence totale. Selon lui, « *la transparence est devenue une obligation systématique qui atteint tous les niveaux de la société et qui provient d'un changement de fond dans notre société. Elle supprime la différence et empêche la spontanéité, la capacité de créer de nouveaux événements, la liberté. Les capacités propres à l'homme ont en effet besoin d'un espace secret pour pouvoir advenir. Un nouveau mot pour 'mise-au-pas' : transparence*[4] ».

34. Il ne paraît donc pas judicieux d'avoir une vision manichéenne du secret en matière fiscale car si ses effets peuvent accentuer des phénomènes illégaux d'évasion et de fraude fiscales, il constitue un rempart contre certaines atteintes aux libertés et droits individuels inhérents au contribuable. Il est également nécessaire de trouver un juste équilibre entre les obligations fiscales et les droits du contribuable. En effet, le consentement de l'impôt ainsi que le choix politique d'un système fiscal reposant en grande partie sur la technique de la déclaration, impliquent que le contribuable doive, en contrepartie, se conformer à certaines mesures administratives de contrôle[5], tout en se voyant garantir le respect de ses droits et libertés fondamentaux[6]. Plus qu'un rapport, en apparence, antagoniste au droit à l'information, le secret peut être analysé dans un rapport de complémentarité avec celui-ci dans une société démocratique. Le secret est primordial, aussi bien pour l'administration, pour qui il est « *le ressort de son action et le gage de son*

[1] Mével (F.), Jeanjean-Lemoine (J.), « La transparence : vertu démocratique ou vie privée en péril », *La Revue des juristes de Sciences Po*, n° 9, 31 mai 2014, pp. 150-157, p. 152.

[2] Mazeaud (D.), « Rapport de synthèse du colloque : Le secret et le droit », *LPA*, 14 novembre 2016, n° 226-227, p. 85.

[3] Carcassonne (G.), « Le trouble de la transparence », *Revue Pouvoirs*, n° 97, 2001, p. 23.

[4] Pour plus de précisions, lire Byung-Chul (H.), *La société de transparence,* PUF, Hors collection, 2017, 96 p., p. 11 et s.

[5] Lambert (T.), Drié (J.-C.), *Procédures de contrôle fiscal, la voie de l'équilibre*, L'Harmattan, coll. Finances Publiques, 2005, 384 p., pp. 206-208 et pp. 291-293.

[6] Gutmann (D.), « Dossier : La lutte contre la fraude fiscale », *Cahier de droit de l'entreprise*, mars-avril 2011, p. 20.

efficacité[1] », que pour le contribuable qui cherche à préserver les secrets de sa vie privée[2]. Il convient, dès lors, de s'interroger sur les limites dans lesquelles devrait être cantonné le secret en matière fiscale, sans toutefois, compromettre les besoins de transparence de la société, notamment le droit et l'accès à l'information.

35. Mais cette interrogation met en exergue la difficile conciliation de nombreux droits et obligations, ainsi que celle des intérêts publics et privés[3]. De plus en plus, la transparence oblige les contribuables à divulguer des informations confidentielles. Toutefois, elle crée une logique asymétrique dans laquelle les rapports entre ces derniers et l'administration fiscale deviendraient déséquilibrés. S'il est vrai que l'exigence de transparence s'impose à ces deux acteurs, l'administration continue de garder secrètes certaines informations. Il est donc intéressant de se demander si entre le contribuable et l'administration, le rapport de force reste le même dans un litige les opposant, notamment lors de la communication de pièces sensibles couvertes par le secret professionnel. Autrement dit, luttent-ils à armes égales dans le cadre éventuel d'une procédure contentieuse[4] ? De nombreuses questions quant au rapport juridique opposant le contribuable à l'administration se posent alors : dans quelle mesure chaque partie peut-elle se prévaloir du secret ? À qui l'administration peut-elle s'adresser pour obtenir les informations fiscales nécessaires à la détermination de l'assiette imposable ? Cette question amène à s'intéresser de près à l'opposabilité du secret professionnel des tiers dans la mise en œuvre des procédures d'imposition. Certains d'entre eux, comme le secret bancaire, ont vu leur champ d'application se réduire drastiquement à l'égard de l'administration fiscale[5].

36. De même, pourrions-nous nous interroger sur les informations privées à valeur commerciale que détiennent les entreprises et auxquelles peut avoir accès l'administration fiscale, notamment en ce qui concerne leur collecte ainsi que leur traitement juridique[6]. Nous traiterons donc les

---

[1] Lambert (T.), « L'Administration fiscale et le secret », *BF Francis Lefebvre*, 2005, 6/05, pp. 447-453, p. 447.

[2] Le Moal (A.), *Le secret en droit fiscal français*, Lille, coll. Mémoire, Université du droit et de la santé de Lille, 2015, 120 p., p. 15.

[3] Le Moal (A.), *ibid.*, p. 16 ; Geffroy (J.-B.), *Grands problèmes fiscaux contemporains*, Paris, PUF, Droit Fondamental, 1993, 671 p., p. 281.

[4] Laumonier (A.), *La coopération fiscale entre États dans la lutte contre la fraude et l'évasion fiscales internationales*, LGDJ, Thèse, Bibliothèque de finances publiques et fiscalité, 2017, 546 p., p. 16.

[5] V. aussi Bourgain (A.), « Vers la fin du secret bancaire dans les centres financiers *offshores* : une question d'éthique et de concurrence fiscale », *Revue d'économie financière*, Vol. 119, n° 3, 2015, pp. 287-302.

[6] Article 2 « *Définitions* » de la Directive (UE) 2016/943 du Parlement européen et du Conseil du 8 juin 2016 sur la protection des savoir-faire et des informations

problématiques afférentes au secret des affaires sur le plan de la fiscalité. Nécessairement, elles nous conduisent à nous intéresser à la législation en vigueur sur la protection des lanceurs d'alerte car la divulgation d'informations faisant état de pratiques fiscales illégales révèle une contradiction sur le plan juridique et moral. Ces « dénonciateurs » sont en effet soumis à une obligation légale au secret professionnel en violation de laquelle ils peuvent se voir condamner[1]. Or, la divulgation vise un objectif d'intérêt général qui est celui de lutter contre la fraude et l'évasion fiscales. Une réflexion sur cette contradiction encore mal appréhendée se révèle donc utile et exige de se pencher sur la persistance du caractère secret des informations présentant une incidence fiscale lorsqu'elles heurteraient sensiblement l'intérêt public.

37. Enfin, avec l'essor des nouvelles technologies de l'information et de la communication, des enjeux apparaissent et introduisent des problématiques juridiques relatives aux droits et libertés fondamentaux du contribuable mais également aux moyens technologiques accentuant la fraude et l'évasion fiscales. Les limites traditionnelles du secret, qui ont été posées par la loi et la jurisprudence, sont amenées à évoluer et être redéfinies.

38. En définitive, la problématique centrale du sujet consiste à établir le champ d'application du secret en matière fiscale, dans les divers rapports juridiques et dans sa mise en perspective avec la transparence. Cette analyse s'effectuera aussi bien en droit fiscal qu'au regard de ses interactions avec les autres disciplines juridiques : le droit administratif, le droit des affaires, le droit bancaire, le droit pénal, le droit international public, le droit de l'Union européenne... Partant de cela, il convient maintenant de présenter les axes de recherche de la thèse qui permettront de répondre à la problématique du sujet.

§ 2. Les axes de recherche

39. La notion de secret irrigue la matière fiscale. Les dispositions la concernant sont éparses : elles figurent dans le Livre des procédures fiscales,

---

commerciales non divulgués contre l'obtention, l'utilisation et la divulgation illicites. Quand une information n'est ni publique ni facilement consultable ; quand elle est secrète du fait de sa « valeur commerciale » ; quand il existe des raisons satisfaisantes à la tenir secrète, alors le droit des affaires la protège.

[1] Iten (J.-L.), « Le secret et la liberté d'expression », *La liberté d'expression et ses juges, Nouveaux enjeux, Nouvelles perspectives*, Colloque international de Beyrouth, 2 et 3 mars 2017, pp. 245-269, p. 246 ; Lochak (D.), « L'alerte éthique : entre dénonciation et désobéissance », *AJDA* 2014, pp. 2236-2248 ; Lagrée (J.), « Éthique et partage du secret », *Revue de droit sanitaire et social*, 2015, pp. 465-473.

le Code pénal, le Code civil, le Code monétaire et financier, le Code des relations entre le public et l'administration... Certains secrets tirent leurs origines du droit fiscal alors que d'autres voient simplement leur domaine d'application étendu à la matière fiscale. Malgré leur multiplicité, ils ont des caractéristiques communes. Par exemple, tout secret suppose un détenteur et une information à protéger. Certaines spécificités en matière fiscale peuvent être mises en évidence comme le fait que les secrets de notre sujet d'étude couvrent généralement des informations nécessaires à l'établissement et au recouvrement de l'imposition du contribuable.

40. En outre, tout secret pour être légitime doit être garanti et justifié par la protection d'un intérêt d'ordre public ou privé reconnu par la loi. Son respect est garanti par le juge. De même, toute atteinte au secret doit être expressément prévue et autorisée[1] par le législateur sous peine d'être sanctionnée[2]. Aujourd'hui, il est manifeste que « *la spécificité de l'intérêt général que poursuit le secret ne s'impose plus avec la vertu de l'évidence*[3] ». Il est en effet constamment mis en balance avec la transparence. En revanche, cette dernière doit poursuivre des objectifs utiles à la société et de manière proportionnée. Par exemple, la communication d'informations personnelles qui serait faite en vertu de dispositions légales (comme dans le cadre de la coopération avec d'autres autorités nationales ou étrangères ou l'échange automatique de données entre administrations fiscales) doit suivre les principes de la finalité (uniquement pour les besoins de l'exacte détermination de la matière imposable)[4] et de la proportionnalité, c'est-à-dire dans la stricte limite des besoins de cette finalité[5]. Sinon, elle se heurterait sensiblement au domaine de la vie privée, constitutionnellement et

---

[1] Article 226-14 du Code pénal.

[2] Article 226-13 du Code pénal.

[3] Warusfel (B.), « Les secrets protégés par la loi, limite à la transparence », *Revue générale du nucléaire*, 2003, n° 1, pp. 62-66, p. 64.

[4] Sur la finalité de l'obligation d'information et de communication : V. Conseil d'État, 7 mai 1980, n° 8255, *Dr. fisc.* 1981, n° 22, comm. 1170 et Conseil d'État, 14 mai 1986, n° 59950, *Dr. fisc.* 1986, n° 40, comm. 1674, concl. Racine (P.-F.). Sur l'étendue de l'obligation : V. Conseil d'État, 31 octobre 1990, n° 51223, *Association Centre des infirmières danoises diplômées*, *Dr. fisc.* 1991, n° 9, comm. 451 ; *RJF* 12/90, n° 876. Conseil d'État, 29 décembre 2000, n° 209523, *Rouch*, *Dr. fisc.* 2002, n° 6, comm. 110, concl. Mignon (E.) ; *RJF* 3/01, n° 341 ; *BDCF* 3/2001, n° 42, concl. Mignon (E.).

[5] CJUE, 16 mai 2017, Affaire C-682/15, *Berlioz Investment Fund*, *Dr. fisc.* 2017, n° 42, étude 506 ; *AJDA* 2017, 1081, tribune Gautier-Melleray (M.) ; *Ibid.*, p. 1709, chron. Bonneville (P.), Broussy (E.), Cassagnabère (H.) et Gänser (C.) ; *RTDE* 2018, p. 345, obs. Coutron (L.). V. aussi Cour de justice de l'Union européenne, *Communiqué de presse n° 53/17 Luxembourg* du 16 mai 2017 ; Affaire C-682/15, *Berlioz Investment Fund SA/Directeur de l'administration des contributions directes*.

conventionnellement protégée. En effet, « *si la répression de la fraude fiscale est une nécessité, la protection des données personnelles ne l'est pas moins et l'individu doit alors pouvoir conserver un droit à une part de secret*[1] ». Il apparaît donc que la transparence et le secret doivent faire l'objet d'un dosage et d'une articulation satisfaisantes[2] car ils sont tous deux nécessaires à plusieurs titres : dans le fonctionnement de l'administration, la préservation des libertés et droits fondamentaux, la lutte contre les infractions fiscales... Ils sont finalement tous deux indispensables au maintien de l'État de droit, de son caractère démocratique et des libertés qu'il protège[3].

41. Toutefois, l'analyse du secret et de la transparence en matière fiscale révèle le conflit perpétuel entre différents impératifs : par exemple, l'obligation fiscale incombant au contribuable de dévoiler la réalité de sa situation à l'administration fiscale et le respect de ses droits et libertés fondamentaux ; la contrainte faite à l'administration d'être transparente dans son rapport au contribuable, comme celle lui imposant le silence sur les moyens qu'elle utilise dans la recherche des infractions fiscales. La protection des droits et libertés fondamentaux reconnus au contribuable implique un encadrement de la compétence fiscale du législateur[4]. Mais le respect de certains droits et libertés du contribuable justifie aussi la mise en œuvre d'obligations de divulgation. Le principe d'égalité devant les charges publiques – intégrant celui d'égalité devant l'impôt[5] – est ainsi un fondement des politiques fiscales tournées vers plus de transparence. Il est une raison de l'évolution du contrôle de l'obligation fiscale pesant sur le contribuable[6]. Cela induit dès lors l'accroissement des prérogatives de puissance publique de l'administration fiscale en ce qui concerne la répression des comportements d'évitement de l'impôt, la recherche et la sanction des

---

[1] Neau-Leduc (P.), « Blanchiment, procédure fiscale et secret bancaire », *RD banc. fin.* 2015, p. 38.

[2] Belorgey (J.-M.), « L'État, entre transparence et secret », *Revue Pouvoirs*, n° 97, 2001, p. 32 ; Mazeaud (D.), « Rapport de synthèse du colloque : Le secret et le droit », *LPA*, 14 novembre 2016, n° 226-227, p. 85.

[3] Carcassonne (G.), « Le trouble de la transparence », *Revue Pouvoirs*, n° 97, 2001, p. 19 : Le secret et la transparence sont des moyens « *comme d'autres et parmi d'autres, d'atteindre les finalités supérieures que porte en elle l'idée démocratique* ». V. aussi Mével (F.), Jeanjean-Lemoine (J.), « La transparence : vertu démocratique ou vie privée en péril », *op. cit.*, p. 157.

[4] Périn-Dureau (A.), *L'obligation fiscale à l'épreuve des droits et libertés fondamentaux*, Dalloz, Nouvelle Bibliothèque de Thèses, avril 2014, 566 p., pp. 1-27, p. 26.

[5] Ayrault (L.), « Le principe d'égalité en matière fiscale », *Cahiers cons. const.*, Titre VII, n° 4, avril 2020 [En ligne] https://www.conseil-constitutionnel.fr/publications/titre-vii/le-principe-d-egalite-en-matiere-fiscale

[6] Périn-Dureau (A.), *op. cit.*, p. 24.

infractions fiscales. Le principe d'égalité légitime certaines atteintes aux droits et libertés des opérateurs économiques. De même, lorsqu'un contribuable ne s'acquitte pas de ses obligations fiscales, il y a rupture de l'égalité devant les charges publiques. Le secret, dans cette situation, est donc un obstacle à la fois à l'accomplissement de l'obligation fiscale et au respect du principe d'égalité devant les charges publiques. Il est cependant inhérent à la protection de la vie privée du contribuable ou encore à l'effectivité de ses droits de la défense tels que celui qui lui permet de garder le silence en matière pénale. Trancher formellement le conflit entre les divers intérêts en présence, sans prendre le temps de la réflexion juridique, peut conduire, d'une certaine façon, à les hiérarchiser. Ce n'est, cependant, ni l'objectif de cette étude, ni un point pertinent, car ce serait remettre en cause la portée et l'importance de protéger de manière inconditionnelle les droits et libertés fondamentaux. C'est la raison pour laquelle le rôle du juge est fondamental dans le règlement des litiges où interviennent ces problématiques. Il l'est d'autant plus face à l'évolution des nouvelles technologies utilisées par les opérateurs et la multiplication des travaux internationaux, européens et internes quant à la lutte contre la concurrence dommageable, la fraude et l'évasion fiscales. Les technologies de l'information et de la communication font, en effet, émerger de nouveaux droits au bénéfice de l'administré mais introduisent aussi de nouveaux moyens de frauder et des outils innovants de contrôle de l'imposition par l'administration. L'adaptabilité du droit face à la réalité de ces enjeux inédits est donc remise en question ; les contours du secret sont retracés en considération des nouvelles obligations de divulgation.

42. Son champ d'application doit donc être clairement délimité. Le contribuable doit savoir quelles informations peuvent ne pas lui être communiquées (celles pour lesquelles lui sera alors opposé le secret) comme celles qui lui sont accessibles. Cela nécessite dès lors que le refus de communication soit suffisamment motivé en droit. Il s'agit de dresser une frontière franche entre ce qui relève de la sphère publique et ce qui doit rester dans la sphère privée, mais non rigide au risque de menacer un certain équilibre entre les différents impératifs. Il est alors essentiel d'examiner la place qu'occupe le secret dans notre système fiscal pour rendre compte des enjeux notamment ceux liés aux libertés et droits fondamentaux qui en découlent. Pour y parvenir, il convient d'abord d'en définir la notion (**Partie I**). Toutefois, entre culture du secret et transparence exacerbée en matière fiscale, il devient de plus en plus délicat d'établir un équilibre satisfaisant entre la préservation des intérêts privés et publics. L'étude du régime du secret en matière fiscale tendra donc à mettre en évidence ces apparentes contradictions et les moyens éventuels de les surmonter (**Partie II**).

Partie I. La notion de secret en matière fiscale

43. Le droit français protège un certain nombre de secrets. La notion est, en effet, par excellence polysémique et marquée d'une forte hétérogénéité. On la retrouve dans toutes les branches du droit sans exception. Certains secrets ont des objectifs et des fondements divers, voire opposés : les uns servent des intérêts publics, les autres des intérêts privés[1]. De même, leur durée de vie peut différer : le législateur organise dans le temps la levée du secret en fonction des intérêts à protéger. Ainsi, le secret en matière de statistiques interdit, pendant soixante-quinze ans, la communication de données personnelles et familiales recueillies dans le cadre d'enquêtes statistiques[2]. Les secrets présentent, en outre, de multiples caractéristiques juridiques : certains sont qualifiés d'« *intuitu personae* », d'autres d' « *intuitu materiae* », certains rendant impossible leur classement dans l'un ou l'autre sont « *sui generis* ». Ces secrets ne bénéficient pas tous de la même portée ou de la même protection pénale.

44. Les secrets sont si divers qu'il est délicat de leur trouver des critères communs. Il n'existe pas en effet, explicitement de définition générale mettant en exergue les principales caractéristiques du secret. Parvenir à cet objectif permettrait de mieux cerner les contours d'une telle notion mais également d'identifier ses différentes fonctions. C'est la raison pour laquelle il est nécessaire de procéder à la « méthode de l'entonnoir » : nous relèverons d'abord des caractéristiques principales du secret, applicables dans toutes matières juridiques (**Titre I**), pour en analyser ensuite les particularités en droit fiscal (**Titre II**).

---

[1] Warusfel (B.), « Les secrets protégés par la loi, limite au principe de transparence », *Revue générale nucléaire*, 2003, n° 1, janvier-février, pp 62-66, p. 62.

[2] Article L. 213-2 du Code du patrimoine.

Titre I. La notion de secret en science juridique

45. Le secret occupe une place particulière dans les relations humaines, d'autant qu'il peut être partagé. Dans cette hypothèse, il commence avec la communication à un ami ou à un professionnel par l'instauration d'une relation de confiance[1]. Il peut aussi être absolu, s'agissant par exemple de faits dont son détenteur a connaissance ou qu'il a lui-même vécus et qu'il a décidé délibéremment de ne jamais dévoiler[2]. Savoir caché à autrui, il se mue en « *jardin secret*[3] », lieu de l'intimité de celui qui le détient. Dans cette perspective, il faut comprendre qu'il est intrinsèque à l'homme, à l'individu, le seul, à l'origine, qui soit porteur d'un secret. Son étude a donc nécessairement et profondément marqué les sciences humaines et sociales, c'est-à-dire l'ensemble des disciplines scientifiques qui étudient les humains et la société. Par conséquent, le secret a une place prépondérante en science juridique[4].

46. Le droit ne définit néanmoins pas le secret. C'est dans le Code pénal de 1791 qu'il apparaît pour la première fois, avec le secret des correspondances[5], puis qu'il est consacré dans le Code pénal napoléonien de 1810 avec la notion de secret professionnel. Le droit médical établit, par exemple, son champ d'application : le secret « *couvre l'ensemble des informations concernant la personne venues à la connaissance du professionnel*[6] » si bien que le droit pénal punit les cas de violation du secret professionnel. Mais de quelle manière caractérise-t-on alors un secret ? Pour

---

[1] Verdier (P.), « Histoire du secret, secret de l'histoire » *in* AFIREM, (dir.), *Secret maintenu, secret dévoilé, À propos de la maltraitance*, éd. Karthala, 1994, 431 p., pp. 125-141, p. 126.

[2] Bègue (G.), *Confidentialité et prévention de la criminalité financière, étude de droit comparé*, *op. cit.*, p. 696, n° 1578.

[3] Malaurie (P.) et Aynès (L.), *Droit des personnes*, LGDJ, 8e éd. 2015, 416 p., n° 312.

[4] Elles ont pour objet d'étude le droit en tant qu'ensemble de règles régissant la vie en société, dont le non-respect entraîne des sanctions par la puissance publique, c'est-à-dire l'ensemble des moyens dont dispose l'État pour maintenir ou rétablir l'ordre public, par le biais de la force publique, de la justice et de ses composantes

[5] La première formulation de l'obligation de secret en revanche concerne les médecins. On la fait généralement remonter à Hippocrate (de 460 à 377 avant J.-C.) « *Ce que tu as appris de ton malade, tu le tairas dans toute circonstance [...]. Les choses que dans l'exercice ou même hors l'exercice de mon art, je pourrais voir ou entendre sur l'existence des hommes et qui ne peuvent pas être divulguées au dehors, je les tairai* ».

[6] Article L. 1110-4 alinéa 2 du Code de la santé publique.

le définir, il faut en déterminer les éléments constitutifs. D'abord appréhendés par la psychologie[1], la philosophie[2] ou la sociologie[3], ils vont ensuite être analysés par le droit[4]. Nous étudierons la manière dont ces éléments sont appréhendés dans les différentes disciplines juridiques (**Chapitre I**). Toutefois, par souci de rigueur, il convient de ne pas confondre le secret avec des notions voisines comme le silence ou la discrétion. Par abus de langage, ces notions tendent en effet à s'employer indifféremment, mais juridiquement, elles doivent être distinguées (**Chapitre II**).

---

[1] Les travaux scientifiques sur le secret se multiplient dans la seconde moitié du XXe siècle. En psychologie, v. par exemple : Moissonnier (M.), « La méthode du secret dans le bakouninisme », *in* Dujardin (P.), (dir.), *Le secret*, Lyon, CNRS et Presses universitaires de Lyon, 1987, p. 171 et s. En psychanalyse, v. par exemple : Levy (A.), « Évaluation étymologique et sémantique du mot secret », *Nouvelle revue de psychanalyse*, n° 14, automne 1976, pp. 117-130 ; Nora (P.), « Simmel, le mot de passe », *Nouvelle revue de psychanalyse*, n° 14, automne 1976, pp. 307-312 ; Vincent (G.), « Une histoire du secret ? », *in* Ariès (P.) et Duby (G.), (dir.*), Histoire de la vie privée, tome 5 : de la première guerre mondiale à nos jours*, Paris, Seuil, 1987, 640 p., pp. 155-390.

[2] Par exemple : Boutang (P.), *Ontologie du secret*, Paris, PUF, 1973, 536 p. ; Popper (K.), *The open society and its ennemies*, Londres, Routledge, 1945, 808 p. Trad. de Launay (de), (M. I.), *Conjectures et réfutations. La croissance du savoir scientifique*, Paris, Payot, 1963, p. 187 et s.

[3] V. par exemple l'étude de Simmel (G.), *Secret et sociétés secrètes* (chapitre V de "Soziologie", ouvrage paru à Berlin en 1908), Circé, 1996, 128 p. Il s'agit de la traduction française d'un extrait de : "Soziologie" écrit en 1908 par Georg Simmel (1858-1918). Il a ainsi été le premier à étudier le secret en sociologie au début des années 1900.

[4] Pour l'étude générale et juridique de la notion de secret : Pontillo (F.), *Le secret et le droit*, Thèse de droit, Montpellier, Université de Montpellier I, 2002, 379 p. ou encore Recio (M.), *Le secret et le droit*, Thèse de droit, Toulouse, Université de Toulouse I, 2009, 688 p.

Chapitre I. Les éléments constitutifs du secret

47. Le secret est une connaissance ou un savoir que son détenteur a décidé de rendre délibérément inaccessible. Sa définition exige au moins la réunion de trois éléments constitutifs. D'abord, un élément matériel – dit également « objectif » –, c'est-à-dire un objet au secret : les informations d'un document, d'un produit ou d'une technique, et dont l'existence doit préalablement être établie (**Section I**). L'information doit, en effet, être constituée. Par exemple, s'il s'agit d'une donnée statistique, celle-ci doit d'abord être collectée. De plus, l'objet du secret doit formellement être identifié comme étant confidentiel ; autrement, l'ignorance de cette propriété confidentielle ne permet pas, en principe, la constitution du secret[1]. Il faut ensuite un détenteur qui entend en conserver l'exclusivité ou en empêcher la divulgation, donc un élément personnel, aussi appelé « élément subjectif » (**Section II**). Enfin, son existence sur le plan juridique[2] requiert une communication volontaire et strictement limitée de son objet à son dépositaire, celui qui le reçoit. Cette transmission d'informations peut mener un individu ou un groupe d'individus à soupçonner l'importance du secret et à vouloir se l'approprier. Celui-ci est toujours, en effet, dans l'intérêt de quelqu'un et contre quelqu'un. Ce dernier élément est qualifié d'intentionnel (**Section III**).

Section I. Un élément matériel : l'objet du secret

48. L'objet du secret se communique de diverses manières, du détenteur au dépositaire (**§ 1**). Cet élément matériel se formalise, en outre, par la richesse du contenu du secret (**§ 2**).

§ 1. Les formes de communicabilité de l'objet

49. Le secret peut être communiqué à l'oral (**I**) ou à l'écrit (**II**).

---

[1] Sauf exceptions concernant notamment les professionnels soumis à une obligation au secret : v. *Infra :* Section III, § 1, I, du présent chapitre.

[2] En ce qui concerne les secrets absolus – évoqués plus haut, v. Partie I, Titre I (phrases introductives) – qui ne sont connus que de leur détenteur, le législateur les ignore et ne prévoit pas de protection juridique. En effet, pour qu'il y ait sanction de la violation du secret, son existence doit être reconnue : c'est donc le secret partagé qui est protégé juridiquement, autrement dit, le secret professionnel.

I. Un contenu communiqué à l'oral

50. Avant la codification du secret professionnel dans le Code napoléonien et sa consécration dans les systèmes juridiques contemporains, la loi et le droit canonique reconnaissaient déjà le secret de la confession. En effet, des ordonnances royales, durant l'Ancien régime, déclaraient que « *le sceau de la confession doit être inviolable* » et que les « *confidences reçues au Tribunal de la pénitence [soient] ensevelies dans un silence éternel*[1] ». Le Concordat lui aussi allait dans le même sens. Mais, en écartant les cas où le secret portait atteinte à la sécurité de l'État, il se reposait sur un arrêt de la Chambre criminelle. En effet, le 30 novembre 1810, celle-ci affirmait : « *La religion catholique est placée sous la protection du gouvernement. Ce qui tient nécessairement à son exercice doit conséquemment être respecté et maintenu. La confession tient essentiellement au rite de cette religion ; elle cesserait d'être, dès l'instant où son inviolabilité cesserait d'être assurée. Les magistrats doivent donc respecter et faire respecter le secret de la confession et un prêtre ne peut être tenu de déposer, ni même être interrogé, hors les cas qui tiennent immédiatement à la sûreté de l'État, sur les révélations qu'il a reçues dans cet acte de religion*[2] ».

51. Le secret de la confession est en principe absolu[3]. Le droit canon le considère comme sacré : « *c'est pourquoi il est absolument interdit au confesseur de trahir en quoi que ce soit un pénitent, par des paroles ou d'une autre manière, et pour quelque cause que ce soit*[4] ». D'autres ont le même devoir : « *à l'obligation de garder le secret sont également tenus l'interprète, s'il y en a un, et aussi tous ceux qui, d'une façon ou d'une autre, ont eu par la confession connaissance des péchés*[5] ». Quant à sa nature, la jurisprudence considère que le secret de la confession est un secret professionnel[6]. Par conséquent, il ne peut y être dérogé que par des cas

---

[1] Lefebvre-Filleau (J.-P.), « Le secret de la confession dans le droit pénal français », Apostolia, Théologie et science, 15 juin 2011. Lire Thiel (M.-J.), *L'Église catholique face aux abus sexuels sur mineurs*, Bayard Culture, coll. Essais religieux divers, 2019, 720 p.

[2] Crim., 30 novembre 1810, *Bull. crim.* 2004, n° 95, Circulaire relative au secret professionnel des ministres du culte et aux perquisitions et saisies dans les lieux de culte, 11 août 2004, Crim. 2004-10 E1/11-08-2004.

[3] Roudaut (S.), « 3. Le secret dans la tradition chrétienne », *in* AFIREM, *Secret maintenu, secret dévoilé, À propos de la maltraitance*, éd. Karthala, 1994, pp. 43-51, p. 45.

[4] Article C. 983/1 du Code de Droit Canonique CIC/1983 - Canon en vigueur depuis le 27 novembre 1983.

[5] Article C. 983/2 du Code *préc.*

[6] Civ. 2ème, 23 avril 1966, *Bull. civ.* 1966, II, n° 480, 3°, p. 340 : Lors d'un jugement pour divorce, la Cour de cassation a rejeté le témoignage d'un prête qui avait

limitativement prévus par la loi, comme lorsque le secret est un obstacle à la manifestation de la vérité dans le cadre de la répression des infractions pénales[1]. D'autre part, il détient une particularité : son objet est communiqué à l'oral par ceux qui confessent leurs péchés. C'est aussi le cas entre tout professionnel et son client ou son patient à l'occasion d'un discours, de confidences, ou d'une consultation puisque, à l'origine, le secret commence avec une communication le plus souvent orale. Tel est le cas du psychiatre soumis au secret médical et qui effectue des consultations fondées la verbalisation du patient ou du psychologue, bien qu'il n'existe pas explicitement pour lui, d'obligation au secret professionnel[2].

52. Le secret est donc du fait du patient ou du client. Par exemple, l'accouchement sous X commence avec la requête orale de la mère auprès de l'équipe médicale de l'établissement de santé de son choix. « *Lors de l'accouchement, la mère peut demander que le secret de son admission et de son identité soit préservé*[3] ». Elle ne sera alors pas tenue de présenter sa pièce d'identité. De même, aucune enquête ne pourra être conduite à son sujet[4]. L'objet du secret communiqué à l'oral doit néanmoins être exprès. Il

---

recueilli les confidences d'une épouse et les avait divulgué devant la Cour « *Statuant sur les résultats d'une enquête de divorce, les juges qui constatent qu'un des témoins entendu à la requête du mari, était un prête qui avait servi d'intermédiaire entre les époux en raison de sa qualité et qu'avant de donner des conseils il avait recueilli la confession de la femme, peuvent estimer que les confidences reçues par ce témoin se rattachaient à l'exercice de son ministère, juger par suite qu'elles étaient couvertes par le secret professionnel et, en conséquence, refuser de tenir compte du témoignage* ».

[1] Il peut être levé dans trois cas : sévices ou privations sur mineur ou personne vulnérable ; violences sexuelles (si la victime autorise la levée du secret) ; et lorsqu'un individu « *détenant une arme à feu ou ayant manifesté l'intention d'en acquérir une* » présente « *un caractère dangereux pour lui-même ou pour autrui* » (Article 226-14 du Code pénal). Pour un exemple récent et inédit, v. CA de Lyon, 7 mars 2019 : un cardinal a été condamné à six mois de prison avec sursis, reconnu coupable de non-dénonciation d'agressions sexuelles sur mineurs et non-assistance à personne en danger.

[2] Crim., 26 juin 2001, n° 01-80.456, non publié au bulletin : « *si un psychologue n'a pas la qualité de médecin, cette profession est elle aussi soumise au secret professionnel établi par l'article 226-13 du Code pénal ; que, cependant, cette obligation ne s'impose que dans les relations entre le professionnel et son patient* ». V. aussi Bruyère (B.), *Les psychologues et le secret professionnel*, éd. Armand Collin, 2011, 160 p. et Cédile (G.), « Le signalement par le psychologue est-il compatible avec le respect du secret professionnel », *AJ pénal*, 2011, p. 579.

[3] Article 326 du Code civil.

[4] De même, doit être rejetée la demande d'accès aux origines quand la mère biologique a refusé, de manière orale, la levée du secret de son identité, même post-mortem. V. CAA Paris, 18 octobre 2018, n° 17PA01844, JurisData n° 2018-021477.

doit afficher une volonté non équivoque, quitte à ce qu'il soit étayé par un écrit, comme l'indique l'article L. 147-6 du CASF[1]. La loi n'impose donc pas la forme de communicabilité de l'information pour qu'elle soit reconnue en tant que « secret ». Elle en garantit la protection, peu importe la manière dont son objet a été communiqué. Dans la fonction publique par exemple, « *les fonctionnaires sont tenus au secret professionnel dans le cadre des règles instituées dans le Code pénal*[2] ». Ainsi, dans l'exercice de leurs missions, ils sont amenés à respecter cette obligation qui s'étend à tous les faits et documents dont ils ont connaissance et, parmi eux, les informations communiquées à l'oral.

53. Cette règle peut toutefois comporter quelques risques ; son objet peut, en effet, être détourné de la pensée originelle de son auteur. Le danger est plus élevé quand a lieu la révélation et que le dépositaire est le seul à même de faire la lumière sur le secret du détenteur. Après son décès, des querelles d'héritage peuvent, par exemple, apparaître ; des erreurs d'interprétations sur l'objet peuvent être commises ; pire, le dépositaire peut volontairement nier connaître le secret face aux soupçons des tiers.

54. « *Verba volant, scripta manent*[3] ». Quand il est confié oralement, le secret peut être mal compris. Aussi, pour que la loi et la jurisprudence le protègent, il est possible de le consigner et de l'étayer par écrit, ou de le transmettre par ce seul moyen.

Lire Camuzat (A.), « Accès aux origines : rejet de la demande d'accès aux origines dans le cadre de l'accouchement sous X », *Dr. fam.*, n° 1, janvier 2019, comm. 7.

[1] Camuzat (A.), « Accès aux origines : rejet de la demande d'accès aux origines dans le cadre de l'accouchement sous X », *op. cit.* Pour aller plus loin, lire Murat (P.), « L'accouchement sous X n'est pas contraire à la Convention européenne des droits de l'homme », *Dr. fam.*, n° 5, mai 2003, comm. 58. CEDH, 13 février 2003, n° 42326/98, *Odièvre c/ France*, *JCP G* 2003, II, 10049, note Sudre (F.) et Gouttenoire (A.) ; *JCP G* 2003, I, 120, note Malaurie (Ph.).

[2] Article 26 de la loi n° 83-634 du 13 juillet 1983.

[3] « *Les paroles s'envolent, les écrits restent* ». Cette locution latine célèbre est attribuée au sénateur Caius Titus s'exprimant à la Curie. Elle signifie que devrait être accordée une plus grande prudence à la formulation et au choix des mots à l'écrit, car les paroles dites à l'oral peuvent être rapidement oubliées, mal interprétées ou facilement démenties, tandis que les paroles formulées à l'écrit deviennent incontestables car attestent de leur existence. Lire aussi Bois (J.P.), *Dialogue militaire entre anciens et modernes*, Université de Nantes, Centre de recherches sur l'histoire du monde atlantique, Presses universitaires de Rennes, coll. Enquêtes et documents, 2004, 183 p.

II. Un contenu communiqué à l'écrit

55. Dans certains cas, la loi recommande voire impose la communicabilité de l'objet du secret à l'écrit. Depuis la Révolution française[1], elle a instauré le vote à bulletin secret pour garantir la démocratie[2]. Les Constitutions du 27 octobre 1946 et du 4 octobre 1958 rappellent le principe du scrutin universel et secret[3]. Dans le même sens, le Code électoral réglemente le déroulé du scrutin, c'est-à-dire l'ensemble des opérations électorales[4] et en détaille les modalités[5]. Ainsi, le secret du votant est protégé par des moyens matériels comme l'isoloir[6], des enveloppes de

---

[1] Le premier texte légal imposant au comité provisoire chargé d'organiser les opérations d'élection est le décret du 3 février 1790 « *contenant diverses dispositions relatives aux assemblées de communautés et aux assemblées primaires* » ; il pose le principe du vote secret mais doit prendre en compte l'analphabétisme d'une partie importante des citoyens actifs, comme l'article premier le prévoit : « *Dans les assemblées de communes et les assemblées primaires, les trois plus anciens d'entre ceux qui savent écrire pourront seuls inscrire au premier scrutin en présence les uns des autres, le bulletin de tout citoyen actif qui ne pourrait l'écrire lui-même ; et lorsqu'on aura nommé des scrutateurs [ceux-ci] pourront seuls, après avoir prêté le serment de bien remplir leurs fonctions et de garder le secret, écrire, pour le scrutin postérieur, le bulletin de ceux qui ne sauront pas écrire. Il ne pourra être reçu aucun autre bulletin* ».

[2] Pour plus de précisions, Grimal (P.), *L'Empire romain*, Paris, Le Livre de poche, 1993, 224 p. Lire aussi Bodineau (P.) « Aux origines des relations entre démocratie et techniques », *Le Genre humain*, Vol. 51, n° 2, 2011, pp. 27-40 : À Rome, le vote est devenu secret dès la fin du II e siècle avant J.-C. :, les votants du corps électoral de la cité sont enfermés dans un enclos au périmètre délimité par des cordes (*soepta*). Cette pratique permet de regrouper les citoyens par centuries. La centurie de la première classe, désignée par le sort, vote la première. Comme son vote est considéré comme inspiré par les dieux, les autres centuries votent souvent de la même manière. Le vote est clos dès que la majorité est obtenue. Toutefois, l'évolution politique de Rome conduira assez rapidement à la disparition de ces formes primitives de la démocratie.

[3] L'expression de « *vote secret* » émerge dès 1795 dans la constitution de l'an III. V. Article 3 de la Constitution du 27 octobre 1946 : « *Le peuple exerce [la souveraineté] par ses députés à l'Assemblée nationale, élus au scrutin universel, direct et secret.* » Article 3 de la Constitution du 4 octobre 1958 : « *Le suffrage peut être direct ou indirect dans les conditions prévues par la Constitution. Il est toujours universel, égal et secret.* »

[4] V. par exemple l'article R. 821-54 du Code de commerce ou l'article R. 315-17 de Code de l'action sociale et des familles.

[5] Pour exemples, v. l'article R. 133 ou l'article L. 59 du Code électoral.

[6] Pour une étude en droit comparé : Crook (M.) et Crook (T.), « L'isoloir universel ? La globalisation du scrutin secret au XIXe siècle », *Revue d'histoire du XIXe siècle*, 43, 2011, pp. 41-45 et Buchstein (H.), Schorderet (P.-A.), « Démocratie et secret du

vote et des bulletins de vote sans signe distinctif[1]. En outre, la loi du 30 juillet 1913 précise les conditions des scrutins. Désormais, l'électeur doit « *prendre lui-même une enveloppe – enveloppes opaques, timbrées du cachet préfectoral et uniformes – il doit se rendre isolément dans une partie de la salle aménagée pour le soustraire aux regards pendant qu'il met son bulletin dans l'enveloppe ; il fait constater au président qu'il n'y a qu'une enveloppe et introduit lui-même l'enveloppe dans l'urne*[2] ».

56. D'autre part, l'objet du secret peut être confirmé à l'écrit par ce que l'on appelle un « *accord de confidentialité*[3] » ou par une clause de confidentialité dans un contrat. Les entreprises y ont régulièrement recours pour protéger le secret des affaires[4]. En effet, aux termes de l'article L. 151-1 du Code de commerce[5], est protégée, au titre du secret des affaires, toute information qui n'est pas connue ou accessible, qui revêt une valeur commerciale, effective ou potentielle et qui est protégée en raison de sa nature. Ce dernier critère a une importance particulière dans notre propos car il signifie que la protection du secret des affaires ne s'applique pas à défaut. Il faut avoir accompli les formalités nécessaires pour protéger cette confidentialité comme « *apposer le sceau du secret, prévoir des clés aux armoires, investir dans des enveloppes Soleau*[6] *[...] rédiger des clauses de confidentialité*[7] ».

57. Cette dernière pratique n'est pas obligatoire mais fortement recommandée. Le site internet de l'INPI vise d'ailleurs, sous une rubrique spécifique intitulée « *secret* », la protection de ces données particulières (savoir-faire, idée et concept), et y préconise avec vigueur l'usage de clauses de confidentialité[8]. À défaut de prévision contractuelle, un justiciable peut

---

vote. La controverse entre scrutin public et vote secret dans les luttes électorales en Prusse » *in* Politix, *Analyses politiques allemandes*, Vol. 14, n° 55, 2001, pp. 61-84.

[1] Pour approfondir, dans le sens d'une approche historique : Lagoueyte (P.), *Candidature officielle et pratiques électorales sous le Second Empire (1852-1870)*, Thèse d'histoire, Paris I, 1990, 1622 p.

[2] V. aussi loi sur la répression des fraudes en matière électorale votée le 30 mars 1902.

[3] Également appelé « *NDA* » pour *non disclosure agreement.*

[4] *Supra :* Partie I, Titre I, Chapitre II, Section II.

[5] Issu de la loi n° 2018-670 du 30 juillet 2018 relative à la protection du secret des affaires

[6] Sans être un titre de propriété industrielle, l'enveloppe Soleau permet de dater de façon certaine la création d'une œuvre et d'identifier le déposant comme son auteur (designer, artiste, étudiant ou chercheur...). Autrement dit, elle est une preuve de l'antériorité d'une invention ou d'une œuvre littéraire ou artistique.

[7] Lucas-Puget (A.-S.), « L'opportunité des clauses de confidentialité aujourd'hui, et demain ? », *LPA*, 14 novembre 2016, n° 226-227, p. 50.

[8] Lire Lucas-Puget (A.-S.), « L'opportunité des clauses de confidentialité aujourd'hui, et demain ? », *op.cit.*

agir sur le terrain de la responsabilité délictuelle, régulièrement invoquée par l'intermédiaire d'actions en concurrence déloyale[1].

58. Les clauses de confidentialité[2] interdisent à ceux qui les ont souscrites de communiquer à des tiers certaines informations de nature commerciale, financière, technologique ou stratégique[3]. Elles sont déterminées dès la phase particulièrement délicate des négociations avec un futur partenaire ou futur acquéreur, durant lesquelles certaines informations sensibles sont divulguées avant la conclusion du contrat définitif. C'est la raison pour laquelle l'article 1112-2 du Code civil, applicable depuis le 1er octobre 2016, prévoit que la responsabilité de celui qui « *utilise ou divulgue sans autorisation une information confidentielle obtenue à l'occasion des négociations*[4] » peut être engagée dans les conditions du droit commun. Cette règle s'applique même en l'absence de signature d'accord de confidentialité : il s'agit d'une obligation légale de confidentialité. En outre, les clauses de cette nature soumettent les co-contractants à une obligation accessoire ou principale, par exemple, dans les contrats de savoir-faire ou de transfert de technologie. Elles encadrent le règlement non judiciaire des litiges, la clause de confidentialité étant « de style » dans les transactions[5]. De même, sa présence dans un acte juridique n'empêche pas la production en justice de cet acte[6]. L'obligation de confidentialité doit, en revanche, être limitée dans le temps sinon l'accord est d'une durée indéterminée et pourra

---

[1] Leblond (L.), « L'évaluation du rôle de l'action en concurrence déloyale », *LPA*, 31 juillet 2015, p. 9 ; Roubier (P.), « Théorie générale de l'action en concurrence déloyale », *RTD com.* 1948, p. 541.

[2] Caseau-Roche (C.), « La clause de confidentialité », *AJCA* 2014, p. 119 ; Vivant (M.), « Les clauses de secret », *in* IDA, *Les principales clauses des contrats conclus par les professionnels*, 1991, PUAM, 242 p., p. 101 ; Garinot (J.-M.), *Le secret des affaires*, éd. LexisNexis, 2013, 400 p., p. 221 et s., n° 263 et s.

[3] Lire aussi Garinot (J.-M.), « Clause de confidentialité, opposabilité et production en justice d'une transaction », *LPA*, 23 janvier 2014, n° 23, p. 9.

[4] Cet article est inspiré de l'article 25 du projet *Terré* : « *Indépendamment de toute rupture, l'utilisation non autorisée d'une information confidentielle obtenue à l'occasion de négociations ouvre droit à réparation dans les conditions du droit commun de la responsabilité délictuelle* » et de l'article 2.1.16 des principes UNIDROIT : « *Qu'il y ait ou non conclusion du contrat, la partie qui, au cours des négociations, reçoit une information donnée à titre confidentiel par l'autre partie, est tenue de ne pas la divulguer ni l'utiliser de façon indue à des fins personnelles. Le manquement à ce devoir est susceptible de donner lieu à une indemnité comprenant, le cas échéant, le bénéfice qu'en aura retiré l'autre partie* ».

[5] Lucas-Puget (A.-S.), « L'opportunité des clauses de confidentialité aujourd'hui, et demain ? », *op. cit. :* Il arrive que le cocontractant ne se rende pas compte de la présence d'une clause de « style », alors qu'elle est contraignante. C'est souvent par habitude qu'elle est écrite dans le contrat.

[6] Soc., 20 novembre 2013, n° 10-28582, *M. X c/ Société LGM Bureautique.*

être résilié unilatéralement par le co-contractant[1]. Par ailleurs, les caractéristiques juridiques de l'objet du secret sont diverses.

§ 2. La diversité de l'objet du secret

59. L'objet du secret présente de multiples caractéristiques. Il demeure néanmoins que l'information est celle qu'il faut à tout prix protéger. Parmi ces caractéristiques juridiques, deux catégories semblent alors émerger : l'objet du secret peut porter sur les informations privées d'une personne physique (**I**) ; il peut aussi concerner les informations afférentes à une personne morale (**II**). Toutefois, la distinction, nous le constaterons à travers notre analyse, n'est pas si évidente, certains objets se révélant *sui generis* (**III**).

I. L'objet du secret en lien avec la vie privée

60. La vie privée est « *l'intimité de l'être humain en ses divers éléments afférents notamment à sa vie familiale, à sa vie sentimentale, à son image ou à son état de santé, qui doivent être respectés en ce qu'ils ont trait à l'aspect le plus secret et le plus sacré de la personne*[2] ». Il est donc naturel que le secret qui la protège ait exclusivement un objet *intuitu personae*, c'est-à-dire possédant une visée personnelle.

61. Sur le fondement de l'article 8 § 1 de la Conv. EDH, la Cour européenne des droits de l'homme reconnaît explicitement l'existence d'un droit au respect de la vie privée aussi bien aux personnes physiques qu'aux personnes morales[3]. Si cette position est tranchée formellement s'agissant de

---

[1] Le principe de prohibition des engagements perpétuel a été consacré par le Conseil constitutionnel dans une décision du 9 novembre 1999 : Conseil constitutionnel, 9 novembre 1999, n° 99-419 DC, *JO* 16 novembre 1999, p. 16962 ; *JCP G* 1999, III, 20173. V. également Article 1210 du Code civil.

[2] CA Paris, 5 décembre 1997, *D.* 1998, *IR* 32, *Rec.* 1998, p. 32.

[3] CEDH, 2 avril 2015, n° 63629/10, *Vinci Construction et GTM Génie Civil et Services c/ France*, § 63 : JurisData n° 2015-007798 ; *JCP G* 2015, act. 479, obs. Milano (L.) ; *Rev. Lamy de la concurrence* 2015/44, p. 81, note Baillat-Devers (M.) ; *RJDA* 2015, p. 495, note Marie (A.) : la Cour considère que la fouille et la saisie de données électroniques dans les locaux d'une société commerciale est constitutive d'une atteinte au droit au respect de la vie privée et de la correspondance de cette personne morale au sens de l'article 8 de la Conv. EDH. Lire également Loiseau (G.), « Protection d'informations confidentielles vs liberté d'expression », *JCP G* 2016, n° 8, act. 216, note sous arrêt Com., 15 décembre 2015, n° 14-11.500, JurisData n° 2015-028245.

ces dernières, dans la jurisprudence de la CEDH[1] et de la CJUE[2], elle l'est moins par les juges français qui la considèrent discutable et dont les décisions sur la reconnaissance d'une vie privée à une personne morale font l'objet d'appréciations variables dans le temps. La jurisprudence judiciaire est majoritairement hostile à la possibilité pour elle de se prévaloir du droit à la vie privée. En effet, malgré quelques décisions dissidentes des juges du fond[3], la Cour de cassation estime sans ambiguïté que la personne morale ne peut se voir reconnaître juridiquement une vie privée[4]. En revanche, cette position diverge de celle du Conseil constitutionnel qui, dès 1983, a consacré le droit à la protection du domicile des personnes morales sous le prisme du droit à la vie privé[5]. Ces divergences jurisprudentielles, notamment en matière judiciaire, se justifient par le refus des juges d'octroyer à des entités abstraites un droit, par essence, inhérent à la personne humaine. La doctrine, quant à elle, approuve majoritairement la position de la Cour de cassation,

---

[1] S'agissant de la protection des correspondances des personnes morales : CEDH, 28 juin 2007, n° 62540/00, *Association for European Integration and Human Rights c/ Bulgarie*, et de leur domicile : CEDH, 16 avril 2002, n° 37971/97, *Société Colas Est c/ France*, JurisData n° 2002-191993 ; *D.* 2003, p. 1541, obs. Lepage (A.) ; *JCP E* 2003, I, 492, n° 5, note Raynaud (J.).

[2] CJCE, 14 février 2008, Aff. C-450/06, *Varec / Belgique*, *AJDA* 2008, n° 871, chron. Broussy (E.), Donnat (F.) et Lambert (C.).

[3] Par exemple, CA Limoges, 4 mars 1988, *Berthe*, JurisData n° 1988-040911 ; *Bull.* 1988, n° 267 et CA Aix-en-Provence, 10 mai 2001, JurisData n° 2001-159448 ; *D.* 2002, somm. p. 2299, obs. Lepage (A.).

[4] Civ. 1ère, 17 mars 2016, n° 15-14.072, *Canot c/ Sté Boulangerie Pre*, JurisData n° 2016-004671 ; *Rec.* 2016, p. 707 ; *RDLF* 2016, chron. n° 16, comm. Dupré de Boulois (X.) : Les données des personnes morales sont protégées par la loi (nom, domicile, correspondance, réputation). Cependant, l'article 9 du Code civil ne concerne que les personnes physiques : elles seules ont le droit de se plaindre en justice que le respect de leur vie privée a été violé. Lire également Lacroix-De Sousa (S.), « Les personnes morales privées de droit à la vie privée », *LPA*, 28 juillet 2016, n° 150, p. 17 et Mortier (R.), « Les personnes morales ne peuvent invoquer la protection de la vie privée », *Dr. des sociétés*, n° 6, 2016, comm. 98. V. aussi pour le refus de reconnaissance d'une vie privée à une association : Civ. 1ère, 16 mai 2018, n° 17-11.210, JurisData n° 2018-008613 ; *JA* 2018, p. 10, n° 585 : La présence d'un huissier dans une de ses réunions ne donne pas à une association le droit d'invoquer, en justice, une atteinte à la vie privée, si l'officier public a été autorisé par le juge à prendre part à cette assemblée et à en faire un compte-rendu.

[5] Conseil constitutionnel, 29 décembre 1983, n° 83-164 DC, *Perquisitions fiscales*, *Rec.* 1983, p. 67, cons. 28-30 ; Mazeaud (V.), « La constitutionnalisation du droit au respect de la vie privée », *Les Nouveaux Cahiers du Conseil constitutionnel* n° 48 (dossier : vie privée), juin 2015, pp. 7-20, § 10 ; Burgorgue-Larsen (L.), « L'appréhension constitutionnelle de la vie privée en Europe », *in* Sudre (F.), (dir.), *Le droit au respect de la vie privée au sens de la Convention européenne des droits de l'homme*, Bruylant, 2005, 336 p., pp. 77-111, p. 82.

refusant de « *verser dans l'anthropomorphisme*[1] », rejetant ainsi toute « *utilisation plagiaire de droits conçus pour les personnes humaines*[2] » qui servirait les intérêts d'entités non humaines. L'objet *intuitu personae* du secret, en lien avec la vie privée est donc, avant tout, rattaché à la personne physique. La personne morale, nous l'étudierons, est détentrice d'autres secrets taillés à sa mesure comme le secret des affaires[3].

62. Le respect de la vie privée justifie que soient protégées les correspondances puisqu'elles sont par nature privées et personnelles[4]. Par conséquent, elles sont couvertes par le secret[5] et la loi en sanctionne la violation[6]. Doit être considérée comme une correspondance, une information exclusivement et indirectement communiquée à un correspondant, c'est-à-dire à une personne éloignée, identifiée et sélectionnée[7]. Sa protection est, en revanche, temporaire, de l'émission à l'ouverture de la correspondance[8]. En outre, ouvrir frauduleusement une enveloppe vide ne constitue pas une violation à la vie privée. Le juge se réfère donc parfois à la qualification de

---

[1] Mortier (R.), « Les personnes morales ne peuvent invoquer la protection de la vie privée », *op. cit.*

[2] Loiseau (G.), « Protection d'informations confidentielles vs liberté d'expression », *op. cit. ;* (Du même auteur), « Des droits humains pour personnes non-humaines », *D.* 2011, p. 2558 et Campagne (N.), « Réalité et limites de la protection de la vie privée des entreprises », *RLDI*, février 2014, p. 88.

[3] V. *Infra :* Présente Section, § 2, II.

[4] Soc., 2 octobre 2001, n° 99-42.942, *Nikon*, JurisData n° 2001-011137 ; *Bull. civ.* V, n° 291.

[5] Les correspondances sont protégées à double titre en droit français : au titre du secret, par les articles 226-15 et 432-9 du Code pénal ainsi que par l'article 8 de la Convention de sauvegarde des droits de l'homme et des libertés fondamentales lequel proclame le droit de toute personne au respect « *de sa vie privée et familiale, de son domicile et de sa correspondance* ».

[6] V. Articles 226-15 et 432-9 du Code pénal.

[7] Beaussonie (G.), « Secret des correspondances », *JurisClasseur Communication*, Fasc. 3403, 1er août 2017, n° 1.

[8] La protection vise tous types de courriers : simple et électronique. Pour ces derniers, existe une abondante jurisprudence en droit social. « *La mention « personnel » confère au fichier (dossier) une protection au respect dû à la vie privée. Il appartient d'identifier ses messages comme « personnels » »* : V. Soc., 30 mai 2007, n° 05-43.102, *F-D, Société The Phone house services telecom CMC c/ B.*, Juris-Data n° 2007-039426, *RD bancaire et fin.* 2007, n° 6, comm. 233 note Caprioli (É.) : les fichiers portant une mention « personnel » ne pourront être ouverts sauf en présence du salarié et après que ce dernier a été prévenu.

vol[1]. De même, selon certains arrêts, un contenu malveillant apparaît devoir échapper à la protection du secret des correspondances[2].

63. Le respect de la vie privée peut empêcher de lever le secret des archives privées. Selon l'article L. 211-1 du Code du patrimoine, les archives sont : « *l'ensemble des documents, y compris les données, quels que soient leur date, leur lieu de conservation, leur forme et leur support, produits ou reçus par toute personne physique ou morale et par tout service ou organisme public ou privé dans l'exercice de leur activité* ». L'article 6 de la loi n° 78-753 du 17 juillet 1978 et l'article 7 de la loi n° 79-18 du 3 janvier 1979 ne sont pas les seuls à traiter des « archives secrètes », car celles-ci trouvent à s'appliquer dans de nombreux domaines. Une acception purement juridique de cette notion limiterait son usage aux informations liées à la vie privée (dont le secret médical), à la sûreté de l'État et au secret des affaires. C'est après une période allant de vingt-cinq à cent ans que des documents peuvent être communiqués. Tout dépend en effet des intérêts ou des secrets qu'ils contiennent. Ainsi, le dossier médical d'un défunt peut être rendu public vingt-cinq ans au moins après sa mort. Les registres de mariage et d'état civil ne sont communicables que s'ils ont soixante-quinze ans minimum, mais ils peuvent être rendus publics si la personne en question est décédée depuis vingt-cinq ans. Certains secrets ont ainsi un objet dont la protection est limitée dans le temps.

64. La loi protège aussi des secrets liés à la vie privée. C'est le cas du secret statistique. Défini par l'article 5 de la loi n° 51-711 du 7 juin 1951, il représente l'obligation, pendant soixante-quinze ans, de ne communiquer aucune donnée relative à la vie personnelle et familiale, et plus généralement, aux faits et comportements d'ordre privé recueillis par le biais d'une enquête statistique[3]. En somme, ce secret ne contient que des données relatives à la vie privée des personnes physiques. Le secret médical entre aussi dans cette catégorie puisqu'il couvre l'ensemble des informations privées portées à la connaissance du professionnel de santé par le patient. Il est le fondement de la confiance des malades en leurs médecins[4]. D'autre part, l'objet du secret peut être lié aux informations d'une personne morale.

---

[1] Crim., 30 novembre 1977, *Bull. crim.* 1977, n° 381 : l'absence de restitution d'une correspondance contenant un chèque a été qualifiée de vol.

[2] Crim., 17 juillet 1984, *Bull. crim.* 1984, n° 259 ; Crim., 13 mai 1992, n° 91-84.425, JurisData n° 1992-002729, *Dr. pén.* 1993, comm. 10 : la Cour précise que « *le demandeur ne saurait se faire un grief de l'enregistrement des paroles prononcées par lui [...], elles-mêmes constitutives d'une infraction pénale, lesdites paroles ne pouvant en l'espèce entrer dans le cadre des prévisions de l'article 368 du Code pénal* ».

[3] V. *Infra :* Partie II, Titre I, Chapitre II, Section II.

[4] Mouneyrat (M.-H.), « Éthique du secret et secret médical », *Pouvoirs*, n° 97 (Transparence et secret), 2001, pp. 47-61.

II. L'objet du secret lié aux informations d'une personne morale

65. Les personnes morales détiennent leurs propres secrets dont l'objet peut être qualifié d'*intuitu materiae*[1]. Ce dernier concernerait des informations liées à une chose matérielle, faite d'une substance perceptible et reconnaissable par ses propriétés physiques. Mais avec l'évolution et le développement exponentiel des nouvelles technologies, la protection de ce type d'objets s'est étendue aux choses immatérielles. L'objet *intuitu materiae* doit ainsi être compris dans son acception la plus large, et non dans son sens littéral. Il est lié à une chose dont on fait usage et qui peut constituer la propriété, la possession, d'une personne morale le plus souvent. C'est ce dernier critère qui justifie aussi que lui soit accordée une attention particulière par la loi, car sans propriété[2], il n'y a pas d'intérêt de reconnaître nécessairement un secret ; la chose peut être « captée » par tous, sans conditions.

66. Le secret des affaires s'étant substitué au secret en matière commerciale et industrielle[3] concerne les informations d'une personne morale. Afin de lutter contre l'espionnage industriel et les pratiques concurrentielles déloyales, la loi a décidé de protéger les informations économiques et financières des personnes morales, leurs stratégies financières et fiscales, ainsi que le savoir-faire lié à la fabrication ou à la constitution de procédés et de techniques. Ce secret touche donc trois domaines : les informations économiques et financières, les stratégies financières et les procédés[4].

67. Le secret des procédés, intéressant tout particulièrement notre propos, possède un objet *intuitu materiae* puisqu'il protège les techniques de fabrication et les travaux de recherche de la chose matérielle ou immatérielle. Il porte, en outre, sur les informations relatives à la fois au savoir-faire de l'entreprise et aux moyens techniques et humains que celle-ci

---

[1] La notion de secret réel peut être aussi utilisée par certains auteurs. Il s'agit d'un secret dont l'objet porte sur une chose. Lire Warusfel (B.), « Les secrets protégés par la loi », *Revue générale nucléaire*, 2003, n° 1, janvier-février, pp 62-66, p. 62.

[2] Elle désigne les droits exclusifs d'une personne sur une chose, c'est-à-dire le *fructus* : le droit de recueillir les fruits, l'*usus* : le droit d'utiliser et l'*abusus* : le droit de disposer c'est-à-dire de modifier, de céder à un autre ou de détruire en tout ou partie. En outre, l'article 544 du Code civil la définit comme « *le droit de jouir et disposer des choses de la manière la plus absolue, pourvu qu'on n'en fasse pas un usage prohibé par les lois ou par les règlements* ».

[3] V. Loi n° 2018-670 du 30 juillet 2018 relative à la protection du secret des affaires.

[4] CADA, *Les secrets protégés par la loi*, https://www.cada.fr/particulier/les-secrets-proteges-par-la-loi, (consulté le 14 novembre 2019).

emploie[1]. En découle ainsi le secret de fabrique régi par l'ancien article 418 du Code pénal[2] et instituant à la charge des salariés, des obligations générales de loyauté[3]. À ce propos, le Doyen Roubier définissait le procédé de fabrication comme « *tout moyen de fabrication qui offre un intérêt pratique ou commercial, et qui, mis en usage dans une industrie, est tenu caché aux concurrents*[4] ». Ces moyens bénéficient donc d'une protection par le secret des affaires.

68. Le secret des affaires peut être vu comme une solution de remplacement à la protection des inventions assurée par les brevets. Une multitude d'objets matériels sont des inventions : un outil de jardinage, un microprocesseur issu de la nanotechnologie... Une invention peut aussi être un produit, tel qu'un composé chimique ou un procédé permettant d'obtenir un composé chimique spécifique ; mais cela peut également être un objet immatériel comme un logiciel[5]. Le droit indique que « *sont brevetables, dans tous les domaines technologiques, les inventions nouvelles impliquant une activité inventive et susceptibles d'application industrielle*[6] ». Le brevet confère donc un droit exclusif à une invention pendant vingt ans en interdisant à un tiers de produire, importer ou vendre l'invention sans le consentement du titulaire. Sur le site de l'INPI[7], les brevets sont librement

---

[1]Le détail des matériels et matières premières, des informations sur les employés (effectif, identité, qualification), sur les techniques de vérification.

[2] Lequel disposait que : « *Tout directeur, commis, ouvrier de fabrique, qui aura communiqué à des étrangers ou à des Français résidant en pays étranger, des secrets de la fabrique où il est employé, sera puni de la réclusion, et d'une amende de cinq cents francs à vingt mille francs.*
Si ces secrets ont été communiqués à des Français résidant en France, la peine sera d'un emprisonnement de trois mois à deux ans, et d'une amende de seize francs à deux cents francs ».

[3] L'article L. 621-1 du Code de la propriété intellectuelle dispose que « *les peines frappant la violation des secrets de fabrique sont prévues à l'article L. 1227-1 du Code du travail ci-après reproduit [...] : Le fait, par un directeur ou un salarié de révéler ou de tenter de révéler un secret de fabrication est puni d'un emprisonnement de deux ans et d'une amende de 30 000 euros* ».

[4] Chavanne (A.) et Burst (J.-J.), *Droit de la propriété industrielle*, Dalloz, 4e éd. 1993, 900 p., n° 639. Lire aussi Pfeifer (M.), « La protection des secrets techniques », *LPA*, 14 novembre 2016, n° 226-227, p. 55.

[5] L'Office européen des brevets (OEB) a opéré une construction jurisprudentielle permettant de protéger les logiciels par brevet d'invention. Cette question est également traitée dans le projet de directive communautaire sous l'expression « brevetabilité des inventions mises en œuvre par ordinateur ». Lire Warusfel (B.), « L'ambiguïté de la notion de "brevetabilité du logiciel", La Propriété Intellectuelle en question(s), Regards croisés européens », Colloque 16-17 juin 2005, Litec, coll. IRPI, n° 27, 224 p., p. 165.

[6] Article L. 611-10, alinéa 1 du Code de la propriété intellectuelle.

[7] Acronyme de Institut national de la propriété industrielle.

consultables et les informations quant aux procédés de fabrication sont communiquées[1]. À l'inverse, la protection du secret d'affaires a l'avantage de ne pas être limitée dans le temps et dure tant que son objet n'a pas été dévoilé. Ce secret permet en outre, de conserver un avantage compétitif sur les concurrents qui ne sauront pas les moyens de sa fabrication[2]. Mais il existe un risque qu'un concurrent dépose un brevet pour la même invention. Il faudra alors rapporter la preuve de la possession personnelle antérieure pour pouvoir continuer à l'utiliser sans être considéré comme un contrefacteur.

69. Dans ses caractéristiques juridiques, l'objet du secret-défense peut lui aussi être qualifié d'*intuitu materiae*[3]. Il protège les informations de la personne morale publique que constitue l'État. L'article 413-9 du Code pénal dispose en effet que « *présentent un caractère de secret de la défense nationale au sens de la présente section les procédés, objets, documents, informations, réseaux informatiques, données informatisées ou fichiers intéressant la défense nationale qui ont fait l'objet de mesures de classification destinées à restreindre leur diffusion ou leur accès.*
« *Peuvent faire l'objet de telles mesures les procédés, objets, documents, informations, réseaux informatiques, données informatisées ou fichiers dont la divulgation ou auxquels l'accès est de nature à nuire à la défense nationale ou pourrait conduire à la découverte d'un secret de la défense nationale* ».

70. Il est un secret de la puissance publique dont l'objet doit être protégé indépendamment de son détenteur. En découle ainsi le secret nucléaire[4] ou encore le secret diplomatique, dit également « *secret de la conduite de la politique extérieure* » qui protège des documents ayant servi de base à des négociations internationales, analyse une situation internationale ou le comportement d'un État, ou révèle la politique extérieure de la France[5]. Toutefois, certains secrets n'ont pas « par essence » d'objet lié à la vie privée

---

[1] Il n'empêche pas les concurrents de développer des inventions comparables.

[2] *Infra :* Partie II, Titre II, Chapitre II, Section I.

[3] Pour une application du secret défense, V. Lasserre (B.), Lenoir (N.) et Stirn (B.), *La transparence administrative*, PUF, 1987, 256 p., p. 10.

[4] Sur ce propos, pour une étude complète : Larceneux (A.), Olivier-Leprince (J.), *Le secret nucléaire : information et participation citoyenne. France*, éd.s universitaires de Dijon, 2014, 427 p.

[5] François de Callières, ambassadeur de Louis XIV disait en 1716 que « *le secret est l'arme de la négociation* » (dans *De la Manière de négocier avec les souverains. De l'utilité des négociations, du choix des ambassadeurs et des envoyés et des qualités nécessaires pour réussir dans ces emplois (*1716), éd. Librairie Droz, coll. Les classiques de la pensée politique, 2002, 248 p. Lire aussi Colson (A.), « La négociation diplomatique au risque de la transparence : rôles et figures du secret envers des tiers », *Négociations*, Vol. 11, n° 1, 2009, pp. 31-41.

ou relatif aux informations d'une personne morale. La finalité qu'ils cherchent à atteindre rend difficile leur classement dans une catégorie.

III. L'objet *sui generis* du secret

71. Comme il existe une grande diversité de secrets protégés par la loi, il est difficile de les classer en deux catégories. Un secret peut, en effet, avoir un objet *intuitu personae* ou *intuitu materiae* qui n'est pas forcément lié à une personne morale. Le secret de l'instruction par exemple, s'applique aux procédures d'enquête et d'instruction ainsi qu'à ceux qui y participent (article 11 du Code de procédure pénale). Ce secret a plusieurs objectifs. D'abord, il permet d'éviter la divulgation d'informations sensibles susceptibles de porter atteinte à l'ordre public et social. Ensuite, il concourt au bon déroulement de l'enquête[1]. Ce secret a un objet *intuitu materiae* lorsqu'il porte sur l'ensemble des informations, procédés, objets, documents, données informatisées ou fichiers relatifs à l'enquête et l'instruction. Dans le cadre de la mise en examen d'une personne physique, il vise également le respect de la présomption d'innocence eu égard à sa vie privée[2]. De même, il préserve les informations liées aux parties ayant intérêt à la procédure. En ce sens, il est *intuitu personae.*

72. Le secret des délibérés devant la Cour d'assises suit la même logique : les jurés aussi sont tenus de taire les discussions qu'ils ont eues sur une affaire, même après qu'elle a été jugée, et ce conformément à l'article 304 du Code de procédure pénale, aux principes généraux du droit, à la Convention européenne des droits de l'homme et des libertés (article 6 § 1)[3].

---

[1] Rebut (D.), « Le secret de l'enquête et de l'instruction, garantie du bon déroulement du procès pénal ? », *Legicom*, Vol. 50, n° 2, 2013, pp. 87-90, p. 88.

[2] Lire pour plus de précisions : Inchauspé (D.), « Secret de l'instruction », *Juris-Classeur Procédure pénale*, 15 février 2019 ; Matsopoulou (H.), « Le secret de l'enquête et de l'instruction », *JCP G,* 19 novembre 2012, n° 47, n° hors-série ; Delga (J.), « Le secret de l'instruction et l'atteinte à la présomption d'innocence », *Communication Commerce électronique,* n° 6, juin 2007, alerte 99.

[3] Winckelmuller (F.), « Condamnation d'un juré pour violation du secret du délibéré », Commentaire de l'arrêt du Tribunal correctionnel de Meaux, 28 novembre 2013, *D. actualité,* 6 décembre 2013 : Dans la presse, un juré raconta comment un homme, reconnu coupable de viol sur mineur, avait été condamné. V. aussi « *Les jurés sont [...] immuablement tenus de garder le secret des délibérations* » (Tribunal correctionnel de Paris, 31 mars 1989, *JCP* 1989, II, 21356, note Dubreuil. V. également Tribunal correctionnel de Paris, 9 novembre 1966, *JCP* 1968, II, 15368, note de Lestang ; Crim., 25 janvier 1968, *Bull. crim.* n° 25 [à propos du procès Pétain]).

Conclusion de la Section I

73. L'objet du secret englobe une multitude de caractéristiques juridiques. Il peut être communiqué à l'oral – par exemple, les confessions au prêtre – ou à l'écrit ; la loi exigeant dans certains cas qu'il soit transmis exclusivement par ce dernier moyen. C'est le cas du vote à bulletin secret. Cet objet peut, par ailleurs, être rattaché aux informations de la vie privée d'une personne physique, porter sur une information relative à la personne morale ou être de « son propre genre ». L'information est donc au cœur du secret. Elle est protégée par le législateur en fonction des finalités recherchées et peut bénéficier d'une protection limitée dans le temps. Par exemple, le dossier médical d'un patient n'est rendu public que vingt-cinq au moins après son décès. Une multitude de secrets sont donc reconnus par le droit.

Section II. Un élément personnel : le détenteur du secret

74. Le secret suppose qu'il y ait obligatoirement un détenteur, c'est-à-dire une personne à l'origine de la communication de son objet. Le secret émane d'elle. Il la concerne. Sans cette personne, il n'y pas de secret. Il est d'ailleurs le plus légitime à en autoriser la levée. L'étude de l'objet du secret fait alors apparaître qu'il est nécessairement rattaché à une personne (**§ 1**) que le droit reconnaît comme étant « légitime » (**§ 2**).

§ 1. Un secret nécessairement rattaché à une personne

75. Si le secret a naturellement été compté parmi les droits subjectifs de la personne physique (**I**), le fait qu'il soit reconnu à une personne morale résulte d'une construction juridique et tardive (**II**).

I. Un rattachement naturel du secret à l'individu, personne physique

76. L'homme est appréhendé par le droit comme un sujet – personne physique – titulaire de droits subjectifs. Ces derniers ne sont attribués qu'aux sujets de droit, c'est-à-dire aux personnes auxquelles le droit objectif reconnaît l'existence en leur accordant la personnalité juridique, en principe de leur naissance à leur mort[1].

77. Le secret préserve la sphère d'intimité que chaque individu peut revendiquer au titre de sa vie privée[2]. En 1948, l'article 12 de la Déclaration universelle des droits de l'homme reconnaît ce droit. Deux ans plus tard, elle est suivie par la Convention européenne de sauvegarde des droits de l'homme et des libertés fondamentales (article 8, § 1). Trois autres textes entérinent ce droit à leur tour : le Pacte international relatif aux droits civils et politiques (article 17) ; la Convention internationale des droits de l'enfant (article 16) ; la Charte des droits fondamentaux de l'Union européenne (article 7). Le droit français finit par intégrer ce droit, en 1970, au Code civil (loi n° 70-643, 1er alinéa)[3]. Près de trente ans plus tard, le Conseil constitutionnel reconnaît l'importance du droit au respect de la vie privée déjà, découlant selon son analyse, de l'article 2 de la Déclaration des droits de l'homme et du citoyen de 1789[4]. Les Sages l'ont également étendu à la vidéosurveillance, au casier judiciaire, au secret médical.

78. Le droit et la liberté[5] à la vie privée et familiale comprennent ainsi un droit au secret dévolu à « *toute personne, quel que soit son rang, sa naissance, sa fortune, ses fonctions présentes ou à venir*[6] ». Personne n'est exclu du bénéfice de ce droit dont jouissent aussi bien les humbles[7] que les puissants[8]. Il est donc naturel qu'il fasse partie des droits subjectifs de la

---

1 Terré (F.), Molfessis (N.), *Introduction générale au droit*, Dalloz, Précis, 11e éd., 2019, 720 p., pp. 31-41, p. 33.

2 Pour approfondir Kayser (P.), *La protection de la vie privée par le droit. Protection du secret de la vie privée*, Économica, 3e éd., 1995, IV-605 p. ; Contamine-Raynaud (M.), « Le secret de la vie privée », *in* Lassouarn (Y.) et Lagarde (Y.), (dir.), *L'information en droit privé*, LGDJ, 1978, 588 p., p. 401 ; Martin (L.), « Le secret de la vie privée », *RTD civ.* 1959, p. 227.

3 Canas (S.), « L'influence de la fondamentalisation du droit au respect de la vie privée sur la mise en œuvre de l'article 9 du Code civil », *Cahiers cons. const.*, vol. 48, n° 3, 2015, pp. 47-58.

4 Conseil constitutionnel, 23 juillet 1999, n° 99-416 DC, *Couverture maladie universelle, RJC, I*, 1999, p. 831 ; *Rec.* p. 100.

5 La liberté à la vie privée et familiale doit s'entendre comme celle de disposer librement de cette dernière et des choix en découlant.

6 Civ. 1ère, 23 octobre 1990, n° 89-13.163 *Bull. civ.* I, n° 222 ; 27 février 2007, *D.* 2007, n° 804, obs. Delaporte-Carré (C.).

7 Civ.1ère, 24 février 1993, n° 91-13.587, *Bull. civ.* I, n° 87 ; *D.* 1993, n° 614, note Verheyde : reproduction d'images représentant des handicapés mentaux dans leur vie quotidienne ; Conseil d'État, 1er juin 1994, n° 150870, *GADS*, 2010, n° 51-52 ; *LGP* 1996, n° 2, p. 415 ; *RDSS* 1995, 106, obs. De Forges (J.-M.), *RDSS* 1996, 348, obs. Mémeteau (G.) et Harichaux (M.).

8 Civ. 1ère, 23 octobre 1990, n° 89-13.163, *Bull. civ.* I, n° 222 : révélations sur le comportement d'un jeune prince ; Civ. 1ère, 27 février 2007, n° 06-10.393, *Bull. civ.*

personne physique qui peut librement décider quels éléments de sa vie privée peuvent être couverts du secret. Il peut s'agir de l'état de grossesse[1], de la naissance, et par conséquent de la maternité[2], de la paternité naturelle[3] et de la filiation[4]. En outre, le droit au secret s'étend à la filiation d'origine en matière d'adoption plénière[5] ou encore aux méthodes éducatives et aux conditions de scolarisation d'un enfant mineur[6].

79. Le droit au secret de la personne physique protège aussi la vie conjugale et sentimentale. Elle est d'ailleurs « *le siège privilégié des secrets de la personne*[7] ». Relèvent de la vie familiale les informations relatives à la formation du couple : une cérémonie de mariage[8], l'annonce des fiançailles d'un chanteur célèbre[9], une situation de concubinage[10] et ce qui ressort de la séparation : les conditions de la rupture d'un couple[11], l'annonce d'un projet de divorce lorsqu'il n'est pas établi que les époux avaient consenti à rendre publique leur mésentente[12]. La divulgation de ces évènements profondément liés à l'intimité alimente régulièrement le contentieux judiciaire[13]. En effet, le droit au secret connaît une évolution extrêmement rapide à cause de l'apparition de la presse dite « à scandale » qui se fonde sur le droit de savoir du public[14], exacerbée par le développement de technologies s'immisçant toujours plus dans l'intimité des individus. Le contentieux judiciaire qui en

---

2007, I, n° 85, p. 73 ; *CCE* 2007, n° 97, note Lepage ; *D.* 2007, 804, obs. Delaporte-Carré (C.) ; *D.* 2007, 2771, obs. Lepage (A.), Marino (L.) et Bigot (C.) ; *RTD civ.* 2007, 309, obs. Hauser (J.) : révélation de l'existence d'un enfant naturel d'un prince.

[1] CA Paris, 27 février 1981, *Adjani c/ L'Aurore*, *Bull. avoués* 1981, n° 79, p. 13 ; *D.* 1981, somm. 457, obs. Lindon (R.).

[2] Civ. 2ème, 5 janvier 1983, n° 81-13.374, *Bull. civ.*, II, n° 4 ; *D.* 1986, IR. p. 50, obs. R. Lindon.

[3] Civ. 1ère, 27 février 2007, n° 06-10393, *Bull. civ.* 2007, I, n° 85, p. 73 ; *D.* 2007, 804, obs. Delaporte-Carré (C.).

[4] TGI Paris, 7 novembre 1968, *JCP* 1969, II, 15931, obs. Lindon (R.) ; Versailles, 1er juillet 1999, Juris-Data n° 1999-153928.

[5] Article 39 quater de la loi du 29 juillet 1881 sur la liberté de la presse.

[6] CA Paris, 1er février 1989, *D.* 1990. 48, obs. Agostini (E.), confirmé par Civ. 1ère, 23 octobre 1990, n° 89-13.163, *D.* 1990, IR. p. 270.

[7] Ravanas (J.), *JCl. Code civil*, Article 9, Fasc. 10, n° 40.

[8] CA Paris, 6 octobre 1999, *D.* 2000, somm. 268, obs. Lepage (A.).

[9] CA Paris, 21 décembre 1970, *JCP* 1971, II, 16653, note Lindon (R.).

[10] Civ. 1ère, 6 octobre 1998, n° 96-13.600, *D.* 1999, somm. 376, obs. Lemouland (J.-J.).

[11] CA Paris, 3 octobre 1986, *D.* 1987, somm. 137, obs. Lindon (R.) et Amson (D.).

[12] CA Paris, 7 octobre 1981, *D.* 1983, somm. 403, obs. Lindon (R.).

[13] Schmitt (M.), « La protection de la vie privée et la famille », *AJ Famille* 2008, p. 191.

[14] Sur le droit de savoir et ses rapports avec le secret, v. Lepage (A.), « Avant-propos », *in Le droit de savoir*, Rapport annuel de la Cour de cassation 2010, p. 65 s.

découle met en évidence que le droit au secret de la vie privée ne bénéficie pas d'une protection absolue.

80. Cette constatation naît de litiges impliquant notamment les personnalités publiques dénonçant des violations de leur vie privée. À cet égard, la Cour a considéré que « *la sphère de la vie privée d'une personnalité notoirement connue ne peut recouvrir les mêmes limites restrictives que celle d'un particulier anonyme*[1] ». La vie privée des personnes politiques par exemple, relève en pratique du « *droit du public à être pleinement informé de tout ce qui peut avoir une incidence sur la vie publique*[2] ». La Cour européenne des droits de l'Homme, saisie de ces questions liées à la contrariété de la liberté d'expression avec la vie privée a énoncé qu'il faut rechercher un « *juste équilibre à ménager entre les droits*[3] ». Elle rappelle en outre que *« si la presse ne doit pas franchir certaines limites, concernant notamment la protection de la réputation et des droits d'autrui, il lui incombe néanmoins de communiquer, dans le respect de ses devoirs et de ses responsabilités, des informations et des idées sur toutes les questions d'intérêt général* » et que, « *à sa fonction qui consiste à diffuser des informations et des idées sur de telles questions, s'ajoute le droit, pour le public, d'en recevoir*[4] ». S'agissant de la « *mise en balance du droit à la liberté d'expression et du droit au respect de la vie privée* », la CEDH rend son jugement après avoir pris soin d'analyser que l'information présente un intérêt général ; elle se fonde aussi sur le but recherché par le journaliste et évalue le renom et la conduite passée de celui sur qui porte l'information. La Cour étudie aussi la publication (le fond, la forme, ses effets) et les conditions dans lesquelles le photographe a pris les clichés parus dans la presse.

81. D'autre part, le droit au secret du détenteur, personne physique, est limité. Etant rattaché à sa vie privée et à sa personnalité, il commence à sa naissance et s'achève avec sa mort. Le droit au secret est en outre reconnu

---

[1] TGI Nanterre, 16 avril 1995, *Cantona, LGP* 1995, n° 1, p. 279 ; TGI Versailles, 27 juin 2002, *Legipresse* septembre 2002, I-110 : « *Le statut de deux époux princiers repoussait les limites de la protection légale de l'article 9* »; Bigot (C.), « Protection des droits de la personnalité et liberté de l'information », *D.* 1998, chron. p. 235 ; Civ. 1ère, 15 mai 2007, n° 06-18.448, *Bull. civ.* I, n° 191, *préc.*

[2] Derieux (E.), *JCP* 1996, II, 22589. V. Résolution du 23 janvier 1970 de l'Assemblée Consultative du Conseil de l'Europe dans laquelle est inscrite que « *les personnes qui jouent un rôle dans la vie publique ont droit à la protection de leur vie privée, sauf dans les cas où celle-ci peut avoir des incidences sur la vie publique* ».

[3] CEDH, Grande Chambre, 7 février 2012, n° 40660/08 et 60641/08, *Von Hannover c/ Allemagne*, *Légipresse* 2013, n° 301, p. 62, obs. Loiseau (G.) ; *JCP G* 2011, act. 292, obs. Blay-Grabarczyk (K.).

[4] *Ibid.*

dans une certaine mesure à l'enfant[1]. Durant sa minorité, ce droit est exercé par le ou les titulaires de l'autorité parentale[2]. En ce qui concerne l'incapable majeur, seul le tuteur peut s'opposer à une divulgation de faits ou d'images relevant de sa vie privée[3]. Mais qu'en est-il des informations couvertes du secret après la mort du détenteur ? En tant que droit de la personnalité, le droit au secret de la vie privée est intransmissible à cause de mort, de telle manière que le droit d'agir en justice « *s'éteint au décès de la personne, seule titulaire de ce droit*[4] ». Les dépositaires du secret du défunt, souvent les héritiers, ne peuvent donc dénoncer une violation subie par le défunt, car « *les morts n'ont pas de vie privée*[5] ». Cependant, la jurisprudence tempère cette solution puisqu'elle admet l'action des héritiers et des proches, non seulement en vue de faire valoir une atteinte à leur propre droit au respect de leur vie privée mais également pour le « *respect dû à la mort et à l'épreuve qui l'entoure*[6] ». En effet, la Cour de cassation a estimé que l'exploitation sans autorisation préalable de l'image de la personne, vivante ou morte, est interdite, car elle participe au sentiment d'affliction en période de deuil, lequel relève de la vie privée[7]. La solution retenue par la Cour semble s'inspirer du droit moral de l'auteur, transmissible aux héritiers de ce dernier aux termes de l'article L. 121-1 du Code de la propriété intellectuelle, pour reconnaître une protection *post mortem* à certains droits de la personnalité, comme le droit à l'image[8].

82. Le décès du détenteur interroge de manière plus spécifique sur la divulgation de faits et d'informations confidentiels en matière bancaire[9].

---

[1] Schmitt (M.), « La protection de la vie privée et la famille », *AJ Famille* 2008, *op. cit.,* p. 191.

[2] Civ. 1ère, 18 mai 1972, n° 70-13.377, *JCP* 1972, II, 17209, obs. Lindon (R.). V. également, à propos de l'indication de renseignements sur l'état de santé d'un enfant mineur et sur les soins dont il est l'objet : Civ. 2ème, 12 juillet 1966, *D.* 1967, 181, note Mimin (P.).

[3] Schmitt (M.), « La protection de la vie privée et la famille », *op. cit.*

[4] Civ. 1ère, 14 décembre 1999, n° 97-15.756, *D.* 2000, somm. 266, note Caron (C.) ; *RTD civ.* 2000, 291, note Hauser (J.). Lire aussi à ce propos Bloch (C.), « Préjudice extrapatrimonial », *D. action Droit de la responsabilité et des contrats*, 2018-2019, Chapitre 2125, n° 251.

[5] Caron (C), « Les morts n'ont pas de vie privée », *D.* 2000, p. 266, note sous arrêt Civ. 1ère, 14 décembre 1999, n° 97-15.756, *Bull.* 1999, I, n° 345 p. 224. V. aussi Civ. 2ème, 20 novembre 2003, n° 02-12.297, *G. c/ La Dépêche du midi*, *Bull.* 2003, II, n° 354 p. 288 ; *Gaz. Pal.* 2005, p. 1224, note Guerder : Les héritiers ne peuvent agir au nom de la personne décédée en invoquant une atteinte à sa vie privée.

[6] Cornu (G.), *Droit civil. Les personnes*, Domat Montchrestien, 13e éd., 2007, 256 p., n° 36.

[7] Civ. 1ère, 20 décembre 2000, n° 06-13.008, *D.* 2001, pp. 872-885, note Gridel (J.-P.).

[8] Tallon (D.), « Droits de la personnalité », *Rép. civ. Dalloz*, n° 164.

[9] Schmitt (M.), « La protection de la vie privée et la famille », *op. cit.,* p. 192.

S'était ainsi posée la question de savoir si un établissement bancaire pouvait révéler aux héritiers des informations relevant de la vie privée du *de cujus*[1]. Au décès du client, la banque est tenue de communiquer les relevés bancaires aux héritiers justifiant de leur qualité[2]. Toutefois, elle peut retenir des informations strictement personnelles dont ses collaborateurs auraient eu connaissance. Mais qu'en est-il des informations relatives au patrimoine ? Ressortent-elles de l'intimité ? Sur ce sujet, la Cour de cassation a répondu négativement dès lors que ce qui concerne la vie et la personnalité n'est pas communiqué[3]. Cette solution a été récemment intégrée dans le code de déontologie de certains établissements bancaires[4]. Le droit au secret ne s'éteint donc pas au décès de la personne qui en bénéficiait de son vivant, même à l'égard de ses ayants droit[5]. Sur le plan judiciaire, le banquier peut invoquer le « *motif légitime* » de l'intimité de la vie privée devant un juge lui ayant ordonné la communication de pièces nécessaires à la solution du litige dont il est saisi[6]. La vie privée bénéficie donc d'une double protection, résultant de l'article 9 du Code civil et de l'obligation au secret professionnel pesant sur les établissements bancaires[7]. Si dès le XIXe siècle[8] a été proclamée la reconnaissance du secret de la personne physique, tel n'a point été le cas avec celui de la personne morale.

---

[1] Le *de cujus* est la personne dont la succession est ouverte.

[2] Schmitt (M.), *ibid.*, p. 191.

[3] Civ. 1ère, 20 novembre 1990, n° 89-13.049, *Bull. civ.* I, n° 257 ; 28 mai 1991, *D.* 1992, n° 213, note Kayser (P.).

[4] V. notamment le Code de déontologie de la Banque AGF, www.agf.fr/pdf/27/code_deonto_banque_a.pdf

[5] V. Civ. 1ère, 2 juin 1993, n° 91-10.971, *Bull. civ.* I, n° 197, p. 136 sur le refus d'ouverture d'un coffre détenu par le défunt dans un établissement bancaire demandé par les héritiers.

[6] Civ. 1ère, 21 juillet 1987, n° 85-16.436, *Bull. civ.* I, n° 248, p. 181.

[7] Schmitt (M.), « La protection de la vie privée et la famille », *op. cit.*

[8] Article 378 du Code pénal napoléonien de 1810 : « *Les médecins, chirurgiens et autres officiers de santé, ainsi que les pharmaciens, les sages-femmes, et toutes autres personnes dépositaires, par état ou profession, des secrets qu'on leur confie, qui, hors le cas où la loi les oblige à se porter dénonciateurs, auront révélé ces secrets, seront punis d'un emprisonnement d'un mois à six mois, et d'une amende de cent francs à cinq cents francs* ».

II. La reconnaissance explicite et tardive du secret de la personne morale

83. Il faut comprendre dès le départ que la personne morale est une construction juridique, une fiction voire un anthropomorphisme[1]. Pour le Professeur Jacques Moreau en revanche, elle n'est ni une fiction, ni une réalité : elle est une abstraction[2]. À l'image de l'homme, on lui reconnaît donc des secrets. Pendant longtemps, ce rôle de détentrice du secret n'a pas été des plus explicites dans notre législation.

84. Pourtant, dès l'émergence des sociétés modernes, le secret accompagne la pratique politique en particulier dans le domaine de la guerre et de la préparation des opérations militaires[3]. Il est donc attaché aux arcanes du pouvoir, à l'action de l'État. Sous l'Ancien Régime, l'État se dote d'espions qui fournissent aux rois des informations précieuses, rapportées ou non de l'étranger. Le secret concerne aussi la guerre. Ainsi, les enjeux d'une bataille reposent à la fois sur les ordres du souverain, mais aussi sur les observations faites sur place[4]. Les chefs d'armée ont alors toutes les informations nécessaires pour engager le combat, selon la stratégie qui est la leur, elle-même secrètement gardée. Déjà, depuis cette époque, l'État se protège par le secret absolu, construisant même des prisons pour les bavards, les indiscrets ou les traîtres : la Bastille fait figure d'épouvante[5]. La politique française est recouverte du secret. Lors du Conseil d'en-haut, par exemple, les secrétaires d'État ont interdiction de consigner la moindre délibération. Colbert de Torcy, cependant, s'affranchit de la règle[6]. Il met en place un système d'information particulièrement efficace qui repose notamment sur

---

[1] Gridel (J.-P.), « La personne morale en droit français », *RIDC*, Études de droit contemporain, Vol. 42, n° 2, avril-juin 1990, pp. 495-512, p. 496.

[2] Moreau (J.), *Droit administratif*, Paris, PUF, coll. Droit fondamental, 1989, 576 p., n° 18.

[3] Bély (L.), « Secret et espionnage militaire au temps de Louis XIV », *Revue historique des armées*, 263, 2011, pp. 28-39, p. 28.

[4] Sur cette institutionnalisation du secret au XIXe siècle, v. en particulier, Dewerpe (A.), *Espion – Une anthropologie historique du secret d'État contemporain*, Gallimard, 1994, 478 p. ; Chrétien-Goni (J.P.), « *Institutio arcanae* - Théorie de l'institution du secret et fondement de la politique », *in* Lazzeri (C.) et Reynié (D.), (dir.), *Le pouvoir de la raison d'État*, PUF, coll. Recherches politiques, 1992, p. 152, 266 p., pp. 135-190.

[5] Bély (L.), « Secret et espionnage militaire au temps de Louis XIV », *op. cit.*, p. 28

[6] Bély (L.), *ibid.*, p. 29 ; Marquis de Torcy, *Journal du Marquis de Torcy, pour les années 1709, 1710, 1711*, éd. Frédéric Masson, Paris, Plon, 1884, 524 p., p. 456.

une nouvelle disposition : les membres du gouvernement ont le droit de recueillir tout ce qui concerne leur administration[1].

85. Malgré ces pratiques, le secret de l'État n'apparaît pas explicitement dans la législation française de l'époque. Le texte le plus ancien qui semble y faire clairement référence est l'article 80 du Code pénal napoléonien de 1810 proclamant que « *sera puni des peines exprimées en l'article 76, tout fonctionnaire public, tout agent du gouvernement, ou toute autre personne qui, chargée ou instruite officiellement ou à raison de son état, du secret d'une négociation ou d'une expédition, l'aura livré aux agents d'une puissance étrangère ou de l'ennemi* ». Dès cette période, sont prévues des sanctions aux infractions pénales d'espionnage[2] et des mesures contre les actions contraires à la sécurité extérieure de l'État[3]. Mais toutes les violations de secrets militaires et gouvernementaux n'étaient pas réprimées : l'espionnage commis en temps de paix n'était pas punissable par exemple[4]. Ce n'est que depuis l'adoption de l'article 78 du décret-loi du 29 juillet 1939 qu'a été codifiée explicitement la notion de « *secret de la défense nationale*[5] », secret d'État[6] appartenant à la personne morale de droit public. Elle détient ainsi des secrets qu'elle peut opposer à la fois en droit interne mais aussi en droit international. Dans leurs relations internationales par exemple, les institutions chargées d'apporter des solutions pacifiques aux conflits (arbitrage, conciliation, justice) font du secret une condition de leurs fonctionnements afin de mieux assurer leurs indépendances et de conférer aux États de solides garanties de confidentialité[7]. À cet égard, les entretiens menés dans le cadre diplomatique sont toujours secrets. Le secret

---

[1] Soll (J.), *The Information Master. Jean-Baptiste Colbert's Secret State intelligence System*, University of Michigan Press, Ann Arbor, 2009, 277 p., pp. 1-12 (Chapter 1 : Between public and secret spheres), p. 2.

[2] Décret de la Convention du 16 juin 1793.

[3] Articles 81 et 82 du Code pénal napoléonien de 1810.

[4] Noyer (A.), *La sûreté de l'État (1789-1965)*, LGDJ, 1966, 199 p., p. 55.

[5] Warusfel (B.), *Le secret de la défense nationale - Protection des intérêts de la nation et libertés publiques dans une société d'information*, Thèse de droit, Université Paris 5 René Descartes, 1994, 524 p., p. 36 et s. L'article a été perçu à l'époque comme une tentative de définition matérielle du secret de défense car il énumérait de manière limitative quatre catégories de renseignements que la loi considère comme des secrets de défense.

[6] Ce secret est régi par les articles 410-1 à 411-8 (réprimant les atteintes aux intérêts fondamentaux de la nation) et par les articles 413-9 à 413-12 du Code pénal actuel (réprimant les atteintes aux secrets de la défense nationale). Lire aussi pour approfondir Belorgey (J.-M.), « L'État entre transparence et secret », *Pouvoirs*, Vol. 97, n° 2, 2001, pp. 25-32.

[7] Reuter (P.), « Le droit au secret et les institutions internationales », *Annuaire français de droit international*, Vol. 2, 1956, pp. 46-65, p. 47.

diplomatique est en effet une condition de la réussite de nombreuses négociations[1].

86. Par ailleurs, les personnes morales de droit privé détiennent des secrets liés à la vie de leurs affaires. Certains auteurs considèrent que le secret des affaires devrait être rattaché à la vie privée pour que les personnes morales en bénéficient[2]. Or, « *le secret des affaires [...] n'est pas le pendant du secret de la vie privée pour les personnes physiques*[3] ». D'une part, la Cour de cassation s'est montrée catégorique sur le fait qu'une personne morale n'a pas de vie privée[4], d'autre part, il apparaît difficile d'admettre un tel parallèle[5] car les sanctions relatives aux violations du secret des affaires sont établies selon les règles de la responsabilité civile[6] et non selon la jurisprudence de l'article 9 du Code civil[7]. De même, ni la loi ni la jurisprudence ne rattachent explicitement et spécifiquement ce secret à la personne morale. Il peut donc être également invoqué par une personne physique. Précisément, la loi n° 2018-670 du 30 juillet 2018 relative à la protection du secret des affaires emploie l'expression de « *détenteur légitime* ». Mais en pratique, même si la personne morale peut opposer certains secrets aux tiers, ce sont ses représentants ou les personnes exerçant pour son compte – personnes physiques – qui sont tenus de les garder.

§ 2. Un détenteur légitime

87. Dans le langage courant, le détenteur est celui qui exerce un contrôle sur une chose dont il n'est pas nécessairement le propriétaire. Le détenteur

---

[1] Les accords d'Olso de 1993 résultent de discussions menées en secret en raison des fortes contraintes domestiques qui pesaient sur les dirigeants d'Israël et de l'OLP (Organisation de libération de la Palestine). C'est le cas aussi de la conclusion de l'accord de 2015 sur le nucléaire iranien. Lire Puybareau (B.), « Le secret, cet outil indispensable à la diplomatie », *The Conversation,* 30 septembre 2019.

[2] Par exemple Dumoulin (L.), « Les droits de la personnalité des personnes morales », *Dr. soc.* 2006, p. 1.

[3] Paclot (Y.), « Les diverses facettes du secret des affaires », *Dr. et patr.* 2002, p. 70.

[4] Paclot (Y.), *ibid.* V. *Supra :* Section I § 2 du présent chapitre.

[5] Martron (H.), *Les droits de la personnalité des personnes morales*, *Presses universitaires juridiques Université de Poitiers*, coll. De la Faculté de droit et des sciences sociales, Poitiers, 2011, spéc. n° 181 p. 218, s'appuyant sur les positions de Gavalda (C.), *Le secret des affaires*, *in Mélanges offerts à René Savatier*, Paris, Dalloz 1965, 974 p., p. 291 ; Crémieux (M.), « Le secret des affaires » *in* Loussouarn (Y.) et Lagarde (P.), (dir.), *L'information en droit privé*, Travaux de la conférence d'agrégation, Paris, LGDJ, 1978, 588 p., p. 458.

[6] Article L. 152-1 du Code de commerce.

[7] Graf (O.), *La personne morale : un non-professionnel ?,* Thèse de droit, Université Aix-Marseille, 2015, 349 p., p. 281.

du secret est donc celui qui exerce un contrôle sur l'information secrète. Ce statut particulier lui confère des droits attachés à la protection de son secret. En droit des affaires par exemple, le législateur désigne par « *détenteur légitime* » celui qui détient de manière licite un secret. Toutefois, un même secret peut être détenu par plusieurs personnes qui n'ont pas les mêmes droits (**I**). La légitimité du détenteur se formalise en outre par le fait qu'il est le plus à même à divulguer lui-même son secret (**II**).

I. Une notion ambivalente

88. En droit des affaires, « *est détenteur légitime d'un secret des affaires celui qui en a le contrôle de façon licite*[1] ». La situation recouvre une multitude de situations juridiques possibles : peuvent être visés le détenteur initial, mais aussi toutes les personnes contractuellement autorisées à le connaître, comme dans le cadre d'une communication de savoir-faire[2]. Les entreprises doivent prévoir, par exemple, dans les contrats de travail, des dispositions leur attribuant les droits sur les secrets d'affaires développés par les salariés dans le cadre de leurs fonctions. La détermination du détenteur légitime dépend donc des circonstances de développement ou d'obtention du secret ainsi que de son objet même. À cet égard, plusieurs détenteurs légitimes peuvent avoir chacun des droits sur celui-ci. Il peut s'agir du pouvoir de demander la mise en œuvre de procédures visant à sanctionner l'obtention, l'utilisation ou la divulgation illicites du secret ; de consentir à son obtention, son utilisation et sa divulgation ; d'engager des actions et demander des injonctions ; ou encore de réclamer réparation en cas de préjudice.

89. Par « *contrôle de façon licite* », on entend raisonner en termes de détention et, plus encore, de « *contrôle* » de l'information ayant une valeur commerciale[3]. Ainsi, constitue un mode d'obtention licite d'un secret des affaires, soit une découverte ou une création indépendante, soit « *l'observation, l'étude, le démontage ou le test d'un produit ou d'un objet qui a été mis à la disposition du public ou qui est de façon licite en*

---

[1] Article L. 151-2 du Code de commerce.

[2] Rapport de l'Assemblée nationale, n° 777 relatif à la loi n° 2018-670 du 30 juillet 2018 relative à la protection du secret des affaires.

[3] Berlioz (P.), « Informations secrètes de l'entreprise : une protection annoncée », *RDC* 2015, p. 124 s. : Si l'information rapporte des gains ou permet de faire des économies, elle a une valeur. Par exemple, une entreprise qui engage des frais peut en retirer une information. Or, celle-ci est considérée comme ayant une valeur si elle réduit les dépenses d'une autre entreprise qui en fait usage.

possession de la personne qui obtient l'information, sauf stipulation contractuelle interdisant ou limitant l'obtention du secret[1] ».

90. Cette approche est analogue à celle de l'article L. 121-2 du Code de la propriété intellectuelle selon lequel « *l'auteur a seul le droit de divulguer son œuvre [...] Il détermine le procédé de divulgation et fixe les conditions de celle-ci* ». Plusieurs règles figurant dans le Code de la propriété intellectuelle trouvent à s'appliquer pour déterminer, au regard du type d'informations constituant le secret d'affaires, qui est le détenteur légitime[2] : l'employeur ou le salarié, selon que l'invention relève des inventions de mission[3], des inventions hors mission attribuables[4] ou des inventions hors mission non attribuables. Ce même article prévoit, en outre, le versement au salarié d'une rémunération supplémentaire ou d'un « juste prix » si le secret porte sur une invention de mission ou une invention hors mission sur laquelle l'employeur a exercé son droit d'attribution[5].

91. En revanche, l'obtention d'un secret d'affaire est illicite sans le consentement du détenteur légitime[6], notamment si elle résulte d'un accès non autorisé à un support du secret (une copie interdite ou un fichier numérique par exemple). Il en va de même si cette obtention met en évidence un comportement déloyal et contraire aux usages en matière commerciale[7]. Par conséquent, le détenteur légitime dispose du droit de faire interdire son utilisation ou sa divulgation, ainsi que la production ou la mise sur le marché de tout produit résultant de manière significative d'une atteinte à ce secret, sans préjudice de l'octroi de dommages-intérêts.

92. Le détenteur légitime doit néanmoins être distingué des autres détenteurs qui n'ont pas nécessairement qualité à agir en justice. Par exemple, si ce dernier est un salarié, il peut avoir cédé ses œuvres à son

---

[1] Article L. 151-3 du Code de commerce (issue de la loi n° 2018-670 du 30 juillet 2018 relative à la protection du secret des affaires).

[2] Bouvet (T.), « Détermination du détenteur légitime des droits sur un secret d'affaires », *Propriété industrielle* n° 9, septembre 2018, dossier 9, point 8.

[3] INPI, « L'inventeur est un salarié », https://www.inpi.fr/fr/comprendre-la-propriete-intellectuelle/le-brevet/linventeur-est-un-salarie (consulté le 2 février 2017) : Ces inventions sont réalisées conformément aux missions données à un salarié, permanentes ou occasionnelles, ou bien en fonction des études qu'il doit conduire.

[4] INPI, *ibid.* L'expression désigne des inventions liées à une entreprise, car elles correspondant à ses activités, parce que le créateur est salarié de l'entreprise, ou bien parce qu'il s'est servi des moyens divers que celle-ci lui a fournis.

[5] INPI, *ibid.* Inventions, soit réalisées en dehors de toute mission confiée par l'employeur, soit ne présentant aucun lien avec l'entreprise.

[6] Article L. 151-5 du Code de commerce

[7] Article L. 151-4 du Code de commerce. Les cas de divulgation ont lieu pour plusieurs motifs. Il peut s'agir d'espionnage industriel, de concurrence déloyale entre entreprises, de divulgation médiatique...

employeur dans le cadre de dispositions contractuelles. De même, si un employé conçoit un logiciel dans le cadre de ses fonctions, il ne profitera pas des droits patrimoniaux de sa création : c'est l'employeur qui les obtiendra[1]. En faisant le choix de garder le secret sur sa conception, il en devient le détenteur légitime, bénéficiant de l'intégralité des droits attachés à la protection du secret des affaires. Le salarié peut agir uniquement à l'égard de son employeur en vertu de son droit moral, lequel ne peut jamais être cédé, lui permet d'interdire toute modification susceptible de dénaturer son œuvre et d'exiger que son nom soit mentionné. Il ne peut donc invoquer à l'encontre des tiers une violation du secret des affaires et demander par conséquent réparation sur ce fondement.

93. La légitimité du détenteur du secret se concrétise ainsi par l'exercice d'un ensemble de droits attachés à la protection du secret tels que le pouvoir de demander l'application des mesures, procédures et réparations prévues, de consentir à son obtention, son utilisation et sa divulgation, d'engager des actions et demander des injonctions ou encore de réclamer réparation en cas de préjudice. La légitimité du détenteur vient aussi de sa faculté à lever lui-même son secret.

II. La légitimité de la divulgation par le détenteur

94. En principe, seul le détenteur est légitime pour lever lui-même son secret. La loi et la jurisprudence ont pu reconnaître aisément des cas où ce dernier ne pouvait se voir condamner pour la divulgation de son propre secret. La jurisprudence a eu à établir, par exemple, que « *la confidentialité des correspondances entre l'avocat et son client ne s'impose qu'au premier et non au second qui, n'étant pas tenu au secret professionnel, peut décider de lever ce secret, sans y être contraint*[2] ». Il en est ainsi car le détenteur communique l'information confidentielle le plus souvent à un dépositaire agissant dans le cadre d'une activité professionnelle précise. Étant donné ses

[1] Lorsqu'un logiciel est développé par un salarié de l'entreprise, le Code de la propriété intellectuelle prévoit une exception : c'est l'employeur, personne morale, qui devient titulaire des droits d'auteur. En effet, l'article 113-9 dispose que « *les droits patrimoniaux sur les logiciels et leur documentation créés par un ou plusieurs employés dans l'exercice de leurs fonctions ou d'après les instructions de leurs employeurs sont dévolus à l'employeur qui est seul habilité à les exercer* », sauf dispositions statutaires ou stipulations contraires. Il faut pour cela, qu'un salarié de l'entreprise ait la paternité du logiciel ; qu'il l'ait inventé pendant ses heures de travail, conformément à une demande de son employeur et en assurant les fonctions qui sont les siennes.

[2] Conseil d'État, 12 décembre 2018, n° 414088, *Rec.* 2018, *Rev. Procédures* n° 2, février 2019, comm. 63, Ayrault (L.). V. *Infra :* Partie II, Titre I, Chapitre II, Section II, § 2.

fonctions, ce dernier a des obligations légales de confidentialité assorties de sanctions en cas de non-respect. C'est donc la qualité de profane du détenteur qui justifie qu'il ne soit pas, en principe, assujetti à ce type d'obligation, selon qu'il aura communiqué son secret en tant que client, patient, simple administré ou encore justiciable. Dans cette dernière hypothèse, la jurisprudence a en effet admis que « *la personne qui se prétend lésée par un crime ou un délit et qui s'est constituée partie civile devant le juge d'instruction ne peut être considérée comme concourant à la procédure d'information*[1] ». Ainsi, aux termes de l'article 11 alinéa 3 du Code de procédure pénale[2], la partie civile n'est pas tenue au secret de l'instruction puisqu'elle n'y est pas soumise. Toutefois, là encore, le dépositaire de son secret, en la personne de son conseil, ne peut divulguer, y compris devant une autre juridiction, des pièces provenant d'une information judiciaire encore couverte par le secret de l'instruction. Seul le détenteur peut donc donner son consentement à la révélation de son secret. Sa violation est caractérisée dès lors qu'il n'a pas consenti à son obtention, son utilisation ou sa divulgation[3].

95. En revanche, dans des cas limités, le détenteur ne peut divulguer son secret dans l'hypothèse où il le partage avec d'autres. Par exemple, en ce qui concerne les informations afférentes à la conception d'un produit, couvertes par le secret des affaires, l'un des codétenteurs ne pourrait prendre l'initiative de révéler l'information sans le consentement de l'autre au risque d'attenter à ses intérêts. De même, un salarié, détenteur d'une information confidentielle en lien avec les activités de l'entreprise, ne peut la divulguer. Ces cas correspondent généralement à des obligations contractuelles de confidentialité auxquelles sont soumis les détenteurs agissant dans le cadre d'une relation de travail.

96. En ce qui concerne les secrets d'ordre public, notamment les secrets de la puissance publique, le raisonnement est différent. Il existe une multitude de détenteurs qui ont autorité pour classifier des informations confidentielles. La divulgation s'effectue selon de strictes conditions posées par la loi. Un détenteur n'est donc autorisé à lever le secret que si la loi le permet. Par exemple, pour les secrets de la défense et de la sécurité

---

[1] Crim., 9 octobre 1978, n° 76-92.075 ; *D.* 1979, p. 185 ; Civ. 2ème, 21 janvier 1981, n° 79-15.686, *Bull. Civ.*, II, n° 13.

[2] Article 11 alinéa 3 du Code de procédure pénale : « *Toutefois, afin d'éviter la propagation d'informations parcellaires ou inexactes ou pour mettre fin à un trouble à l'ordre public, le procureur de la République peut, d'office et à la demande de la juridiction d'instruction ou des parties, rendre publics des éléments objectifs tirés de la procédure ne comportant aucune appréciation sur le bien-fondé des charges retenues contre les personnes mises en cause* ».

[3] Martin (D.), « Le secret d'affaires, notion en devenir », *LPA*, 31 juillet 2015, n° 152, p. 4.

nationale, deux critères doivent être respectés pour accéder à une information classifiée[1] soit « *très secret défense*[2] » soit « *secret défense*[3] » : d'abord, la demande doit être motivée par une nécessité absolue, c'est-à-dire que sans la connaissance de cette information, une mission ne peut être accomplie. C'est ce que le droit appelle le « *besoin d'en connaître* ». La demande n'est ensuite possible qu'avec une autorisation : l'« *habilitation de sécurité* ». Seules les personnes dont les fonctions sont répertoriées dans un catalogue des emplois[4] peuvent accéder à des informations classifiées. Enfin, quand l'autorité en question déclassifie une information qui n'est plus considérée comme sensible, le secret est levé. À ce titre, la communication au public d'informations ou de supports classifiés transmis aux services d'archives est organisée par un ensemble de dispositions : celles de la loi du 17 juillet 1978, celles du décret du 3 décembre 1979 relatif aux archives de défense, celles du décret du 1er décembre 1980 relatif au régime des archives du ministère des Affaires étrangères et de l'Instruction générale interministérielle (IGI) n° 1300[5], et enfin, celles du Code du patrimoine et du Code pénal.

97. Le législateur a prévu des délais de non-communicabilité du document classé secret défense. Ce n'est qu'à leur expiration que la divulgation pourra avoir lieu, après déclassification. Les informations tenues secrètes impliquent forcément des individus. Si elles sont dévoilées, leur sécurité risque d'être mise à mal[6]. C'est la raison pour laquelle un secret défense ne peut être rendu public avant cinquante[7] ou cent ans. Toutefois,

---

[1] Articles R. 2311-2 et R. 2311-3 du Code de la défense. V. aussi Instruction générale interministérielle sur la protection du secret n° 2092/DN/SIG du 19 mai 1952. Ces articles dérogent à l'article 15 de la DDHC en vertu duquel « *la société a le droit de demander compte à tout agent public de son administration* », lorsque la sécurité nationale et l'intérêt public le commandent.

[2] Article R. 2311-3 alinéa 1 du Code de la défense : « *Le niveau Très Secret-Défense est réservé aux informations et supports qui concernent les priorités gouvernementales en matière de défense et de sécurité nationale et dont la divulgation est de nature à nuire très gravement à la défense nationale* ».

[3] Article R. 2311-3 alinéa 2 du Code de la défense : « *Le niveau Secret-Défense est réservé aux informations et supports dont la divulgation est de nature à nuire gravement à la défense nationale* ».

[4] Les services de l'État, les organismes publics ou privés mettent ordinairement à jour le catalogue (notamment, article R. 2311-7 du Code de la défense).

[5] L'instruction interministérielle n° 1300 a pour objet de fixer les règles relatives à la protection des informations relevant du secret de la défense nationale.

[6] Lire pour une étude complète Warusfel (B.), *Le secret de la défense nationale - Protection des intérêts de la nation et libertés publiques dans une société d'information*, *op.cit.*

[7] Article L. 213-2 du Code du patrimoine : « *Cinquante ans à compter de la date du document ou du document le plus récent inclus dans le dossier, pour les documents dont la communication porte atteinte au secret de la défense nationale* ».

quand elles s'accompagnent de « *la diffusion d'informations permettant de concevoir, fabriquer, utiliser ou localiser des armes nucléaires, biologiques, chimiques*[1] », certaines informations ne peuvent jamais être communiquées. Le délai passé, les documents touchés par le secret défense sont déclassifiés. Parfois, cette action peut être anticipée ; la procédure est alors soumise à plusieurs étapes. D'abord, le demandeur s'adresse au service d'archives. Ce dernier informe ensuite le ministère concerné : c'est par lui que transite la demande, qui arrive alors à l'autorité chargée des documents demandés. La dérogation est alors acceptée ou non, selon la nécessité de la classification.

Conclusion de la Section II

98. Une personne physique aussi bien qu'une personne morale peuvent détenir un secret. Pour la première, le rattachement est naturel : émanant de son intimité et de sa vie privée et familiale, le secret apparaît comme une composante de ce qui constitue l'humanité. Toutefois, pour la personne morale, si les fondements d'une forme de secret ont émergé en même temps que la naissance de l'État, son secret résulte d'une construction juridique. Le détenteur est une personne qui dispose d'une information confidentielle, qui exerce son contrôle sur une chose dont elle n'est pas nécessairement le propriétaire. Il faut en effet comprendre qu'il existe, à l'image de la diversité des secrets, une multitude de détenteurs. La notion de « *détenteur légitime* » est enfin définie par le droit des affaires qui auparavant, ne lui accordait que peu d'importance. La légitimité du détenteur du secret se concrétise ainsi par l'exercice d'un ensemble de droits attachés à la protection du secret mais aussi, à la faculté qu'il possède de lever lui-même son secret sauf dispositions légales et contractuelles.

Section III. Un élément intentionnel : la communication de l'objet à son dépositaire

99. Il ne faut pas confondre le détenteur et le dépositaire. Le droit prend d'ailleurs garde à distinguer les deux notions. Ainsi, l'article 226-13 du Code pénal précise que : « *la révélation d'une information à caractère secret par une personne qui en est dépositaire soit par état ou par profession, soit en raison d'une fonction ou d'une mission temporaire, est punie d'un an*

---

[1] Article L. 213-2 du Code du patrimoine. V. Nougaret (C.), « Les archives incommunicables. Quel avenir pour une notion controversée ? », *in* Monnier (S.) et Fiorentino (K.), (dir.), *Le droit des archives publiques, entre permanence et mutations*, actes du colloque « La réforme du droit des archives » organisé par l'université de Dijon en juin 2013, L'Harmattan, 2014, 427 p., pp. 47-63.

d'emprisonnement et de 15.000 euros d'amende ». Le détenteur est celui de qui émane un secret. Le dépositaire est la personne qui le reçoit. Or, pour qu'il y ait un secret, il faut une communication. Le secret est donc paradoxalement un savoir partagé, une information accessible de manière restrictive. La communication est faite au dépositaire, gardien et protecteur de l'information sur lequel le droit va considérer qu'il pèse une obligation au secret. Il est le destinataire de l'information confidentielle dont la communication doit être volontaire (**§ 1**). En outre, elle doit être limitée (**§ 2**). Toutefois, pour que soit caractérisé un secret en son élément intentionnel, il doit exister un risque d'appropriation par les tiers. En effet, c'est en raison du caractère exclusif de la communication qu'existe et persiste ce risque (**§ 3**).

§ 1. Une communication volontaire

100. Le secret doit avoir été transmis sciemment dans un contexte particulier par son détenteur (**I**), lequel attend de son dépositaire pleine confiance dans la conservation du secret (**II**).

I. La conscience du caractère secret de l'information

101. « *Une chose inconnue n'est pas secrète, elle est seulement ignorée. Le secret commence avec la communication*[1] », mais sitôt qu'il est révélé, il n'est plus secret. « *Ce visage [. . .], tu ne le verras plus si tu le vois*[2] ». Peut-on dire qu'une personne qui détient une information mais qui ignore son caractère confidentiel a violé un secret ? Autrement dit, peut-elle invoquer la méconnaissance de cette particularité de l'information afin d'échapper à une sanction ? Le contexte de la communication va déterminer s'il y a eu ou pas violation du secret. Le droit en effet protège l'information confidentielle lorsque cette dernière a été transmise dans un contexte particulier, de sorte qu'il paraît difficile pour le dépositaire d'invoquer la méconnaissance de son caractère secret. Or, pour que celui-ci soit sanctionné, il faut qu'il y ait au départ violation d'une règle de droit.

102. Dans bien des cas, le dépositaire et le détenteur sont liés par une relation professionnelle. La loi met alors à la charge des professionnels (avocat, médecin, expert-comptable, notaire, fonctionnaire…) des obligations légales de confidentialité dont le fondement est d'ordre public. En effet, « *le secret professionnel a d'abord pour objectif d'assurer la*

---

[1] Verdier (P.) et Rosenczveig (J.-P.), *Le secret professionnel en travail social et médico-social*, Paris, Dunod, 5e éd., 2011, 192 p., p. 18.

[2] Apulée, *Eros et Psyché*, éd. Rivages, 2006, 176 p., p. 79.

crédibilité de certaines professions qui ont une fonction sociale : le droit à la santé suppose que chacun puisse s'adresser à un médecin et lui révéler sa vie intime, ses erreurs et ses douleurs, sans risquer que ces informations soient divulguées; le droit à la défense suppose que l'avocat tiendra secret ce que le client lui révèle et ne l'utilisera pas sans son accord; le droit à l'assistance suppose l'impératif de secret des assistants de service social; le droit à une information libre et pluraliste, que le journaliste pourra taire ses sources[1] ». Par conséquent, le détenteur ne peut en principe en délier le dépositaire, même s'il exprime le souhait que ce dernier révèle son secret aux tiers[2]. Les règles de droit pénal précisent bien que le secret professionnel ne s'applique à une personne que lorsqu'un texte l'indique. En l'absence de dispositions légales, le dépositaire qui aurait violé un secret après l'avoir reçu dans un cadre privé en qualité d'ami ou d'époux par exemple, ne peut être condamné. La loi tient compte généralement de sa qualité de profane.

103. Toutefois, il existe une hypothèse où le dépositaire – qui n'est soumis à aucune obligation au secret professionnel – peut être condamné pour avoir divulgué des informations confidentielles. En criminalité financière, le délit d'initié, prévu à l'article L. 465-1 du Code monétaire et financier, dont le pendant administratif est le manquement d'initié[3], est défini comme l'utilisation par une personne d'une information privilégiée pour acquérir ou vendre des instruments financiers. Les infractions boursières présentent en droit français un double visage, car elles sont réprimées à la fois en matière pénale et en matière administrative[4]. Les délits relevant du droit pénal, les personnes reconnues coupables risquent une peine de cinq ans de prison et une amende de 100 millions d'euros, « *ce montant pouvant être porté jusqu'au décuple du montant de l'avantage retiré du délit, sans que l'amende puisse être inférieure à cet avantage*[5] ». C'est l'Autorité des marchés financiers (AMF) qui constate ou non le

---

[1] Verdier (P.) « Secret professionnel et partage des informations », *Journal du droit des jeunes*, Vol. 269, n° 9, 2007, pp. 8-21, p. 9.

[2] Crim., 5 juin 1985, *Bull. crim.*, n° 218 et *Rev. sc. crim.* 1986.103, obs Levasseur : « *L'obligation au secret professionnel nécessaire à l'exercice de certaines professions est générale et absolue et il n'appartient à personne d'en affranchir les médecins. Cette règle s'impose à tous et n'opère aucune distinction entre les témoins à charge et les témoins à décharge* » ; Crim., 8 avril 1998, *Bull. crim.*, n° 138, *Dr. pénal* 1998, comm. 113. À l'inverse, par exemple, le notaire révèle les dernières volontés testamentaires du défunt aux héritiers, couvertes du secret professionnel de son vivant. Dans les limites du secret de l'instruction, l'avocat, sur demande de son client, peut révéler certaines informations.

[3] Article L. 621-15 du Code monétaire et financier.

[4] Salomon (R.), « La coexistence nécessaire d'infractions pénales et de manquements administratifs en matière d'abus de marché », *BJB* mars 2017, n° 02, p. 132.

[5] Article L. 465-1 du Code monétaire et financier.

manquement d'initié. Dans le cas où il est avéré, cette institution a le droit de sanctionner d'une amende les contrevenants. Coexistent donc le plus souvent une incrimination de nature pénale et un manquement administratif de nature para-pénale, pouvant respectivement donner lieu à une condamnation pénale, prononcée par la juridiction correctionnelle, et à une sanction administrative, prononcée par la commission des sanctions de l'AMF. Le Conseil constitutionnel ne voit rien à redire à la nature de ces deux infractions mais, le 18 mars 2015[1], les Sages ont estimé que, dans le domaine boursier aussi, il est légitime de recourir au principe *non bis in idem*[2]. De la sorte, il n'est plus possible, à l'encontre d'un prévenu, d'utiliser l'article L. 465-1 du Code monétaire et financier relatif au délit d'initié, pour des faits identiques à ceux sur lesquels la commission des sanctions de l'AMF avait antérieurement statué, de manière définitive, sur le fondement de l'article L. 621-15 du même Code[3].

104. Est initié celui qui détient une information privilégiée, c'est-à-dire une « *information précise qui n'a pas été rendue publique, qui concerne, directement ou indirectement, un ou plusieurs émetteurs d'instruments financiers, ou un ou plusieurs instruments financiers, et qui, si elle était rendue publique, serait susceptible d'avoir une influence sensible sur le cours des instruments financiers concernés ou le cours d'instruments financiers qui leur sont liés*[4] ». L'interdiction d'utiliser et de divulguer ce type d'informations porte sur les instruments financiers tels que les actions, les bons, les options ou encore les obligations, lesquels sont négociés sur un marché réglementé[5] tel qu'Euronext. Autrement dit, la personne qui détient une information privilégiée ne peut légalement prendre position sur un produit dérivé négocié de gré à gré par exemple, ou sur l'action d'une société. Dans cette perspective, on comprend que l'information soit confidentielle et doive être protégée, car son accès est strictement limité et

---

[1] Conseil constitutionnel, 18 mars 2015, n° 2014-453/454 QPC et n° 2015-462 QPC, *BJB* mai 2015, n° 1123, p. 204, note Bonneau (T.) ; *JCP G* 2015, 368, note Sudre (F.) ; *JCP G* 2015, 369, note Robert (J.-H.) ; *Dr. sociétés* 2015, comm. 94, obs. Torck (S.) ; *Dr. sociétés* 2015, comm. 99, obs. Salomon (R.).

[2] Conseil constitutionnel, 28 juillet 1989, n° 89-260 DC, *JO*, 1er août 1989, p. 9676.

[3] Crim., 20 mai 2015, n° 13-83.489, *F-D*, JurisData n° 2015-011898 ; *Dr. pénal* 2015, comm. 99, Robert (J.-H.) et *Dr. sociétés* 2015, comm. 138, Salomon (R.).

[4] Article 621-1 du Règlement Général de l'Autorité des Marchés Financiers ou « RGAMF ».

[5] Article L. 421-1 du Code monétaire et financier : « *Un marché réglementé d'instruments financiers est un système multilatéral qui assure ou facilite la rencontre, en son sein et selon des règles non discrétionnaires, de multiples intérêts acheteurs et vendeurs exprimés par des tiers pour des instruments financiers, d'une manière qui aboutisse à la conclusion de contrats portant sur les instruments financiers admis à la négociation dans le cadre des règles et systèmes de ce marché* ».

non public d'une part, et parce que sa divulgation comporte des risques sur le marché financier d'autre part.

105. Aux termes de l'article L. 621-15 du Code monétaire et financier, « *toute personne [...] sur le territoire français ou à l'étranger* », ou « *toute autre personne disposant d'une information privilégiée en connaissance de cause* » (selon ceux de l'article L. 465-1 du même Code) peut être sanctionnée sur le fondement du délit d'initié (ou du manquement d'initié), dans le cas où elle est reconnue avoir participé à une opération d'initié, ou même si elle a seulement essayé d'y prendre part ; il en va de même pour ce qui est de la manipulation de marché[1]. Une personne peut aussi être poursuivie par la justice s'il est avéré qu'elle a conseillé à un tiers de commettre cette infraction[2]. Enfin, la sanction porte aussi sur la révélation illégale d'informations de première importance[3] et sur tout écart prévu par le Code monétaire et financier (premier alinéa du II de l'article L. 621-14). La tentative de l'infraction pénale du délit d'initié est punie des mêmes peines[4]. Il ressort de ces termes que le dépositaire d'une information secrète de ce genre, qui la divulgue et en fait un usage illicite ou ne commet que cette dernière infraction n'a pas de qualité particulière aux yeux de la loi. Il peut donc être un ami ou un membre de la famille[5]. La communication de l'information s'effectue dans le cadre d'une relation présumée de confiance, le dépositaire s'engageant loyalement à conserver le secret du détenteur.

---

[1] Au sens des articles 8 ou 12 du règlement (UE) n° 596/2014 du Parlement européen et du Conseil du 16 avril 2014 sur les abus de marché (règlement relatif aux abus de marché) et abrogeant la directive 2003/6/CE du Parlement européen et du Conseil et les directives 2003/124/CE, 2003/125/CE et 2004/72/CE de la Commission européenne.

[2] *Ibid.*

[3] Article 10 du règlement *préc.*

[4] Article L. 465-1 II du Code monétaire et financier.

[5] Commission des sanctions de l'AMF, 14 décembre 2018, Procédure n° 2017/10, Décision n° 15, *LVL Médical et Air Liquide Santé International et autres :* Treize personnes étaient entendues pour délit d'initiés dans le cadre de la cession en 2012 d'une part majoritaire dans le capital de LVL Medical à Air Liquide, par la famille Lavorel. L'AMF avait mis au jour cinq réseaux d'initiés. Dans l'un, appelé le réseau « LVL Medical », était mis en cause un retraité ayant acheté des titres et recommandé à son fils de procéder ainsi pour rembourser son prêt étudiant. Sa fille était une amie d'un fils de la famille Lavorel. Les sanctions requises par le Collège de l'AMF étaient d'un montant de 1,261 million d'euros. Dans cette affaire, le juge a prononcé un total de 1,66 million d'euros de sanctions pour l'utilisation ou la divulgation ou les deux à la fois d'informations privilégiées.

II. La confiance dans la préservation du caractère secret de l'information

« *Il n'y a pas [...] de confidences sans confiance et de confiance sans secret*[1] ».

106. Le secret est nécessaire à la relation de confiance entre le détenteur et le dépositaire. Pour que la relation fonctionne, il semble qu'il faille deux conditions : que le secret soit préservé de toutes violations et que le secret partagé ne sorte pas de cette sphère. Le dépositaire est présumé être une personne de confiance, un garant de l'intégrité du caractère secret de l'information.

107. Pourtant, la notion de confiance en elle-même est difficile à appréhender. Elle émerge historiquement dans le champ de la psychologie[2] puis se répand rapidement à l'ensemble des disciplines rattachées aux sciences humaines pour devenir aujourd'hui un aspect incontournable des problématiques interorganisationnelles[3]. Cette large diffusion s'est accompagnée d'une diversité de perceptions[4]. Il n'existe donc pas de consensus sur une définition unique en sciences sociales. Toutefois, tous les sens donnés à cette notion si complexe ont une constante : la confiance est essentielle dans les échanges et dans l'analyse des organisations en tant que systèmes sociaux[5]. Cette notion est, dans le langage courant, le sentiment de sécurité de celui qui se fie à quelqu'un ou quelque chose[6]. Le droit public interne, sans lui donner de définition explicite, en tient compte pour

---

[1] Hoerni (B.), *Éthique et déontologie médicale*, Masson, coll. Abrégés, 2e éd., 2000, 115 p., p. 25.

[2] Un des premiers travaux a été celui de Deutsch (M.), « *Trust and suspicion, Journal of Conflict Resolution*, 1958 », Vol. 2, Issue 4, pp. 265–279.

[3] V. par exemple Bidault (F.) et Jarillo (J.C.), « La confiance dans les transactions économiques », *in* Bidault (F.), Gomez (P.-Y.) et Marion (G.), (dir.), *Confiance, entreprise et société, Mélanges en l'honneur de Roger Delay Termoz,* éd. ESKA, 1995, pp. 109-123, p. 113. Ils définissent la confiance « *comme la présomption que, en situation d'incertitude, l'autre partie va agir, y compris face à des circonstances imprévues, en fonction de règles de comportement que nous trouvons acceptables* ». V. aussi Koenig (G.) et Van Wijk (G.), « Alliances interentreprises : le rôle de la confiance » *in* Noel (A.), *Perspectives en management stratégique*, Paris, Économica, coll. Gestion, 1992, tome I, 441 p., pp. 305-327.

[4] Simon (É.) « La confiance dans tous ses états », *Revue française de gestion*, Vol. 175, n° 6, 2007, pp. 83-94, p. 85.

[5] Delerue (H.) et Bérard (C.), « Les dynamiques de la confiance dans les relations interorganisationnelles », *Revue française de gestion*, Vol. 175, n° 6, 2007, pp. 125-138, p. 125.

[6] Larousse, *Dictionnaire Larousse poche 2018*, Paris, éd. Anniversaire bicentenaire Pierre Larousse, 23e éd., 2017, 1 088 p., p. 221.

consolider les relations entre l'administré et l'administration[1]. Pour s'assurer de cette confiance qui, notamment, régule les échanges, le droit s'attache à faire du secret une obligation légale. Hormis l'existence d'une disposition légale ou contractuelle, la sauvegarde du secret peut résulter d'un accord tacite ou explicite entre les deux parties[2].

108. Pour sa mise en œuvre, il faut que le détenteur ait suffisamment confiance en le dépositaire pour lui révéler des éléments qui concernent l'intimité de sa vie privée. En matière médicale par exemple, le patient ne se livrera à son médecin que s'il est certain que ses révélations resteront frappées du sceau de la confidentialité[3]. Pour cette raison, il est primordial d'obliger le médecin à garder le secret sur les informations qui lui sont révélées. Cela permet en effet d'« *assurer la confiance nécessaire à l'exercice* » de sa profession[4]. Ainsi, en protégeant la vie privée du patient, on protège l'exercice de la médecine elle-même dans le respect des exigences de santé publique[5]. Outre cette fonction régulatrice des échanges, le secret a donc un intérêt d'ordre public. « *Apparaît (..) une dimension sociale qui justifie que certains États fassent du silence et de la parole adressée à un autre que le malade, non pas une affaire d'ordre contractuel*

---

[1] V. les multiples travaux de la doctrine sur les notions de sécurité juridique et de confiance légitime. Exemple Plessix (B.), « Sécurité juridique et confiance légitime », *RDP*, 1er mai 2016, n° 3, p. 799 ; Van Meerbeeck, (J.) « Relation et confiance légitime ou la face cachée du contrat », *Revue interdisciplinaire d'études juridiques*, Vol. 76, n° 1, 2016, pp. 97-118 ; Valembois (A.-L.), « La constitutionnalisation de l'exigence de sécurité juridique en droit français », *Cahiers cons. const.*, n° 17, Prix de thèse 2004, mars 2005.

[2] C'est le cas entre une confession faite par une personne à une autre dans le cadre d'un échange privé, familial, amical.

[3] Cottet (M.), « Le secret de la personne protégé par le médecin : le secret médical », *LPA*, 14 novembre 2016, n° 226-227, p. 36.

[4] La théorie de la « *confiance nécessaire* » apparaît en jurisprudence (V. notamment Crim., 11 mai 1844, *D.* 1844, 1, p. 228 ; Crim., 8 mai 1947, *Decraene*, *D.* 1948, p. 109, note Gulphe (P.) ; *JCP G* 1948, II, n° 4141, note Légal (A.) ; *RSC* 1947, p. 403, obs. Hugueney ; Crim., 8 avril 1998, n° 97-83656, *Bull. crim.*, n° 138 ; *D.* 1999, somm., p. 381, obs. Penneau (J.)) : « *L'obligation au secret professionnel, établie par l'article 226-13 du Code pénal, pour assurer la confiance nécessaire à l'exercice de certaines professions ou de certaines fonctions, s'impose aux médecins, hormis les cas où la loi en dispose autrement, comme un devoir de leur état ; que, sous cette seule réserve, elle est générale et absolue* »). Elle est également développée par la doctrine : Sargos (P.), « Les enseignements des secrets trahis de Jules Bastien-Lepage et François Mitterrand », *D.* 2009, n° 39, pp. 2625-2628, p. 2626.

[5] Kahn (A.), « Le secret médical : d'Hippocrate à internet », *D.* 2009, p. 2623 ; Sargos (P.), « Les enseignements des secrets trahis de Jules Bastien-Lepage et François Mitterrand », *op. cit.*, p. 2625 .

laissée au bon vouloir des contractants, mais une obligation d'ordre public régie par la loi[1] ». C'est la raison pour laquelle le droit s'y intéresse.

109. C'est ce qui explique d'ailleurs que les confidences faites à un ami ou à un membre de la famille dans le cadre des relations de confiance ne soient pas protégées par le droit. Le dépositaire doit revêtir une qualité particulière aux yeux de la loi. Par exemple, les confidences sur son étant de santé, faites à un ami exerçant la profession de médecin, sont couvertes par le secret professionnel, conformément aux articles L. 1110-4 et R. 4127-4 du Code de la santé publique, peu importe que le médecin ait eu une intention prophylactique ou que le patient ait lui-même révélé ces éléments à d'autres tiers[2]. En outre, la communication du secret doit strictement être limitée, sinon, le secret n'est plus du fait d'une personne à une autre ou à un groupe de personnes privilégiées, mais il devient une information dont l'accès est autorisé à tous sans conditions.

§ 2. Une communication strictement limitée

110. Le secret est communiqué dans un cadre privé. Son accès est limité à un dépositaire ou à plusieurs. Dans cette perspective, le détenteur est, en principe, libre de choisir son confident sauf s'il s'agit d'un agent de la fonction publique. Le dépositaire est alors indirectement une administration, l'État. Le secret devient une obligation professionnelle pesant sur ceux qui, dans l'exercice de leurs fonctions et missions, ont à connaître des informations sensibles sur des administrés, des clients[3] ou des patients[4]. La communication peut donc s'effectuer à destination d'un dépositaire, personne physique (**I**) ou personne morale (**II**).

I. La communication à une personne physique

111. L'objet du secret est obligatoirement communiqué à une personne physique qui, pour la loi, est le dépositaire soit par état ou par profession, soit en raison d'une fonction ou d'une mission temporaire[5]. Dans le cadre

---

[1] Verspieren (P.), « Le secret médical et ses fondements », *Laennec*, Vol. 55, n° 1, 2007, pp. 6-11, p. 10 ; Hoerni (B.), Benezech (M.), *Le secret médical. Confidentialité et discrétion en médecine*, éd. Masson, coll. Abrégés, 1996, 112 p., p. 18.

[2] Conseil d'État, 17 juin 2015, n° 385924, JurisData 2015-015809.

[3] V. article L. 311-26 du Code des assurances et article L. 612-1 du Code monétaire et financier

[4] Article L. 113-3 du Code de l'action sociale et des familles.

[5] Article 226-13 du Code pénal.

d'une relation professionnelle entre le détenteur et le dépositaire personne physique, le premier choisit en principe librement celui qui recevra ses confidences et par conséquent son secret. L'article R. 4127-6 du Code de la santé publique dispose en effet que « *le médecin doit respecter le droit que possède toute personne de choisir librement son médecin. Il doit lui faciliter l'exercice de ce droit* ». La loi garantit au patient le droit de choisir[1] ; les Sages du Conseil constitutionnel l'ont aussi consacré[2]. Le Code de la sécurité sociale (article L. 162-2) a fait de même, tout comme le Code la santé publique : « *le droit du malade au libre choix de son praticien et de son établissement de santé et de son mode de prise en charge, sous forme ambulatoire ou à domicile [...] est un principe fondamental de la législation sanitaire* » (article L. 1110-8). Il figure également dans les conventions nationales régissant les rapports entre les médecins libéraux et les caisses d'assurance maladie. Ce droit, ainsi que la liberté consentie par la loi d'en faire usage, contribue à la confiance accordée à son médecin[3]. Il en va du médecin comme du conseil : le dépositaire le choisit librement. Il s'agit là d'un droit fondamental rappelé par la Cour européenne des droits de l'homme. Dans un arrêt du 20 octobre 2015, la Cour a en effet jugé qu'il y a violation de l'article 6 § 1 de la CEDH consacrant le droit à un procès équitable lorsque la police empêche le requérant, dès le début de l'enquête, de s'entretenir avec l'avocat choisi par sa famille ou de choisir librement son propre avocat[4]. Le justiciable doit avoir cette liberté, ce droit s'exerçant aussi bien à l'occasion d'une procédure juridictionnelle (y compris la phase de réclamation avant cette procédure si elle est prévue) que dans le cadre d'une procédure administrative non juridictionnelle[5]. En droit interne, le Conseil constitutionnel s'assure de son respect en déclarant inconstitutionnelles des dispositions attentant au libre choix d'un tel dépositaire de secrets. Cela fut le cas en matière de terrorisme[6] encore que, dans ce domaine, restreindre

---

[1] Civ. 2ème, 9 mai 2018, n° 17-16.646, JurisData 2018-007734 : « *Par ailleurs, il convient de rappeler que le droit du malade au libre choix de son praticien ou/et de son établissement de santé constitue un principe de la législation sanitaire* ».

[2] Conseil constitutionnel, 22 janvier 1990, n° 89-269 DC, *Rec.* 1990, p. 33. V. cons. 27 : « *le principe du libre choix du médecin par le malade a valeur constitutionnelle, de même que son corollaire la liberté de prescription du médecin* ».

[3] Pour en savoir plus, lire Dupont (M.), « Le libre choix du médecin : son évolution depuis la loi du 4 mars 2002 », *RDSS* 2007, p. 759.

[4] CEDH, Grande Chambre, 20 octobre 2015, n° 25703/11, *Dvorski c/ Croatie ;* Berlaud (C.), *LGP*, 5 novembre 2015, n° 309, p. 31.

[5] CJUE, 7 avril 2016, n° C-460/14, *Massar c/ DAS*, JurisData n° 2016-007111, *Rev. Europe* n° 6, juin 2016, comm. n° 200 de Cazet (S.). Lire Brunel (G.), « La CJUE étend aux procédures non juridictionnelles la liberté de choix de l'avocat par l'assuré », *RGDA*, juin 2016, n° 06, p. 329.

[6] Conseil constitutionnel, 17 février 2012, n° 2011-223 QPC, *Ordre des avocats de Bastia*, cons. 7 : « *Si la liberté, pour la personne soupçonnée, de choisir son avocat*

cette liberté est admis, à condition que le législateur entoure de garanties suffisantes un tel droit. La décision rendue en la matière avait dès lors été perçue comme une atteinte à ce droit fondamental, certains dénonçant qu'« *en permettant une restriction à la liberté de choisir son avocat, le Conseil constitutionnel jette incontestablement un discrédit sur la profession d'avocat. Il considère implicitement qu'en dépit de son serment, un avocat peut agir sans conscience, indépendance ou probité*[1] ». Par ailleurs, les articles 25 et 26 de la loi n° 91-647 du 10 juillet 1991, complétés par les dispositions des articles 75 à 89 du décret n° 91-1266 du 19 décembre 1991, posent le principe du libre choix de l'auxiliaire de justice – avocats et officiers publics ou ministériels – pour le bénéficiaire de l'aide juridictionnelle[2] au début comme au cours de la procédure, de sorte que l'intéressé peut à tout moment changer de conseil[3].

112. Il s'agit d'exemples de professionnels avec lesquels un lien de confiance est nécessaire pour qu'ils mènent à bien leurs missions[4]. Outre un fondement d'ordre public, dont il a été fait écho plus haut en ce qui concerne le secret de ces types de dépositaires[5], il est manifeste que le libre choix du dépositaire pourrait avoir un fondement contractuel. En effet, la liberté contractuelle permet à chacun librement « *de contracter ou de ne pas*

---

peut, à titre exceptionnel être différée pendant la durée de la garde à vue, afin de ne pas compromettre la recherche des auteurs de crimes et délits en matière de terrorisme ou de garantir la sécurité des personnes, en adoptant les dispositions contestées, sans encadrer le pouvoir donné au juge de priver la personne gardée à vue du libre choix de son avocat, le législateur a méconnu l'étendue de sa compétence, portant atteinte aux droits de la défense », comm. par Soffer (R.), Nioré (V.), « La restriction du libre choix de l'avocat en matière de terrorisme jugée inconstitutionnelle », *LGP*, 27 mars 2012, n° 87, p. 14 : le Conseil constitutionnel a jugé inconstitutionnelles les dispositions de l'article 706-88-2 du Code de procédure pénale. L'atteinte à la liberté de choisir son avocat doit être justifiée et encadrée : le législateur doit définir les conditions et les modalités selon lesquelles une telle atteinte aux conditions d'exercice des droits de la défense peut être mise en œuvre.

[1] Chavent-Leclère (A.-S.), « L'inconstitutionnalité de la garde à vue en matière de terrorisme relativement à la désignation imposée de l'avocat », *Procédures* n° 4, avril 2012, comm. 126.

[2] V. CJUE, 10 septembre 2009, Affaire C-199/08, *Erhard Eschig*, JurisData n° 2009-016375 ; *D.* 2009, p. 2344.

[3] Réponse ministérielle n° 7916, 24 novembre 1986 ; *JCP G* 1987, IV, 13. Lire pour plus précisions : Despaquis (J.-M.), « Aide juridictionnelle », *JCl. Procédure civile*, Fasc. 500-10, 26 février 2019, § 167 et § 168.

[4] Parmi ces exemples, on peut également citer, de manière générale, les officiers publics et ministériels tels que les huissiers ou les notaires : l'article 4.2.1 du règlement national des notaires prévoit que le client est libre de choisir le notaire de son choix.

[5] V. points 54 et 58.

contracter, de choisir son cocontractant et de déterminer le contenu et la forme du contrat dans les limites fixées par la loi[1] ».

113. Les arrêts *Mercier* de 1936[2] puis *Clinique Sainte Croix* du 6 mars 1945[3] ont permis la consécration d'un contrat médical entre médecin et patient. Les soins constituent alors l'obligation principale du professionnel et en deviennent un objet déterminant. Une reconnaissance de ce genre a créé une responsabilité de nature contractuelle au profit de la victime d'une erreur médicale. La Cour de cassation n'en appelle plus à la notion de contrat médical : elle lui préfère l'article L. 1142-1 du Code de la santé publique, institué par la loi n° 2002-303 du 4 mars 2002, relative aux droits du malade et à la qualité du système de santé[4]. Ce changement produit des effets notables, car, juridiquement, la relation du médecin et du patient n'est plus contractuelle lorsque se produit une erreur médicale : elle est assimilée aux faits juridiques qui « *sont des agissements ou des événements auxquels la loi attache des effets de droit*[5] », selon le Code civil (article 1100-2). Les obligations du médecin sont désormais entièrement définies par la loi, ce qui a l'avantage de la simplification car la responsabilité médicale instituée ne distingue plus notamment selon que la victime est le patient lui-même ou un tiers, ni selon que les soins ont été prodigués dans le secteur public ou privé. Ce fondement légal améliore aussi la réparation des préjudices causés aux victimes. Toutefois, il convient de ne pas oublier que le contrat médical semblait découler plus naturellement de la relation entre le patient et le

---

[1] Article 1102 alinéa 1 du Code civil. Gahdoun (P.-Y.), *La liberté contractuelle dans la jurisprudence du Conseil constitutionnel*, Dalloz, coll. Nouvelle bibliothèque de thèses, Vol. 76, 2008, 416 p., pp. 23-30, p. 24.

[2] Civ., 20 mai 1936, n° 162-163, *Mercier*, *DP* 1936, 1, 88, rapp. Josserand et concl. Matter ; *RTD civ.* 1936. 691, obs. Demogue ; *GAJC*, 12e éd., 2008: « *Mais attendu qu'il se forme entre le médecin et son client un véritable contrat comportant, pour le praticien, l'engagement, sinon, bien évidemment, de guérir le malade, ce qui n'a d'ailleurs jamais été allégué, du moins de lui donner des soins, non pas quelconques, ainsi que parait l'énoncer le moyen du pourvoi, mais consciencieux, attentifs et, réserve faite de circonstances exceptionnelles, conformes aux données acquises de la science ; que la violation, même involontaire, de cette obligation contractuelle, est sanctionnée par une responsabilité de même nature, également contractuelle ; que l'action civile, qui réalise une telle responsabilité, ayant ainsi une source distincte du fait constitutif d'une infraction à la loi pénale et puisant son origine dans la convention préexistante, échappe à la prescription triennale de l'art. 638 du code d'instruction criminelle…*».

[3] Civ., 6 mars 1945, *Clinique Sainte Croix, D.* 1945, p. 217.

[4] Loi n° 2002-303 du 4 mars 2002 relative aux droits des malades et à la qualité du système de santé du 4 mars 2002, dite loi *Kouchner*, *JO* n° 54, 5 mars 2002, p. 4118.

[5] Bévière-Boyer (B.), « L'opportunité du maintien du contrat médical confirmée par les dispositions de l'ordonnance n° 2016-131 du 10 février 2016 portant réforme du droit des contrats, du régime général et de la preuve des obligations », *LPA*, 8 mars 2017, n° 048, p. 5.

médecin. De plus, il répondait aux caractéristiques suivantes : civil, synallagmatique[1], onéreux[2], *intuitu personae*[3] et consensuel[4]. Il respectait les conditions de validité posées à l'article 1128 du Code civil en vertu duquel, pour qu'un contrat soit valide, il faut le consentement des parties, leur capacité de contracter et un contenu licite et certain qui oblige le médecin à soigner le patient et qui contraint ce dernier à payer des honoraires en contrepartie des soins reçus[5].

114. Par ailleurs, les secrets peuvent être recueillis par des personnes physiques dans le cadre de leurs fonctions au sein d'une structure sociétaire. C'est le cas du banquier ou de l'assureur. Ces professionnels sont soumis à une obligation au secret prévue respectivement dans le Code monétaire et financier[6] et dans le Code des assurances[7]. Le dépositaire de ces secrets est choisi librement par son détenteur en fonction des « qualités » de son employeur, personne morale de droit privé. En revanche, s'agissant des personnes morales de droit public, il n'y a pas de liberté de choix. Dans l'exercice de leurs fonctions, certains agents de la fonction publique connaissent des informations confidentielles communiquées par les administrés. Ils deviennent à cet effet des dépositaires de leurs secrets notamment parce qu'ils agissent dans le cadre d'une mission de service public ; également parce que dans certains cas, la loi oblige les administrés à transmettre leurs informations.

II. La communication à une personne morale

115. La communication de l'objet du secret à une personne morale est difficilement compréhensible puisque cette dernière est assimilée à une abstraction[8]. Pourtant, l'administration, personne morale de droit public, est bien destinataire d'un secret en la personne de son agent[9] lorsqu'un

---

[1] Article 1106 du Code civil.

[2] Augendre (G.), Belaisch (F.), Byk (C.), Vaillant (M.), *Dictionnaire permanent bioéthique et biotechnologies*, Éditions législatives, 1994, 3950 p., p. 691, note 113.

[3] Contamine-Raynaud (M), *L'intuitus personae dans les contrats*, Thèse de droit, Paris II, 1974, 1660 p., p. 780.

[4] Article 1109 du Code civil.

[5] Viard (M.-F.), « Le contrat médical », *in* Taglione (C.), (dir.), *Contrat et contractualisation dans le champ éducatif, social et médico-social*, Presses de l'EHESP, 2013, 144 p., pp. 105-118, p. 105.

[6] Article L. 511-33 du Code monétaire et financier.

[7] Article L. 127-7 du Code des assurances.

[8] *Supra :* Présent Chapitre, Section II, § 1, II.

[9] Les fonctionnaires ne sont pas tous soumis à une obligation au secret professionnel. En effet, l'article 26 de la loi n° 83-634 du 13 juillet 1983 (dite Loi *Le*

administré lui communique des éléments de sa vie privée à l'occasion de démarches administratives par exemple. On peut donc considérer que la réception de l'information confidentielle par l'État s'effectue par l'intermédiaire d'une personne physique, son agent. C'est d'autant plus vrai lorsqu'un fonctionnaire viole le secret professionnel : l'État et lui peuvent être condamnés à verser une indemnité à la victime[1]. Quand les actions civile et pénale sont liées, le tribunal judiciaire peut être conduit à se prononcer. En effet, lorsque la faute d'un agent de l'État est avérée, il lui appartient de déterminer quel dédommagement doit l'État ou son agent. En revanche, lorsque la faute n'a pas de lien avec le service, la victime peut exercer une action en responsabilité contre l'agent public devant le juge judiciaire ou engager la responsabilité de l'administration devant le juge administratif[2]. Celle-ci pourra ensuite intenter une action récursoire contre l'agent fautif[3]. La juridiction administrative peut à cet effet contraindre l'État à verser une indemnité, qu'il y ait ou non action pénale[4]. Par exemple, la violation du secret professionnel par un fonctionnaire de police, d'ailleurs pénalement condamné de ce chef, a été reconnue comme une faute lourde au sens de l'article L. 141-1 du Code de l'organisation judiciaire permettant d'engager la responsabilité de l'État[5]. Précisons que l'exigence de faute lourde est aujourd'hui résiduelle dans la jurisprudence du Conseil d'État car il est difficile pour un justiciable de prouver qu'elle existe. Néanmoins, l'article L. 141-1 du Code de l'organisation judiciaire dispose que « *l'État est tenu de réparer le dommage causé par le fonctionnement défectueux du service public de la justice. Sauf dispositions particulières, cette responsabilité n'est engagée que par une faute lourde ou par un déni de justice* ». La faute lourde doit donc être prouvée en cas de dommage causé par la violation du secret professionnel.

116. Les personnes morales de droit public sont dépositaires de secrets, non pas par libre choix de leur détenteur, comme pour l'avocat ou le

---

Pors) précise que : « *Les fonctionnaires sont tenus au secret professionnel dans le cadre des règles instituées dans le Code pénal* ». Certains fontionnaires ne sont donc pas soumis au secret professionnel : c'est le cas des enseignants, agents des routes, sapeurs-forestiers, animateurs sportifs…

[1] BOI-DJC-SECR-10-10-20120912.

[2] Conseil d'État, Sect., 26 juillet 1918, n° 9595, *Époux Lemonnier*, *Rec.* p. 761.

[3] Conseil d'État, Ass. Pl., 28 juillet 1951, n° 1074, *Laruelle*, *Rec.* p. 464.

[4] Conseil d'État, 25 octobre 1935, *Époux Fleur-Santucci*, *Rec.* 1935, p. 983 : un extrait de rôle a été communiqué en violation de la loi du 15 juillet 1954 (articles 23 et 24 codifiés sous les articles L. 103 du LPF et L. 104 du LPF).

[5] CA Bordeaux, 18 avril 2008, n° 06/05468, *B. c/ G.*, JurisData n° 2008-368038 : Dans les faits, un débit de boissons appartenant à monsieur X avait été détruit volontairement par explosion. Les soupçons se sont alors portés sur les frères Z, lesquels ont été placés sur écoute téléphonique. L'enquête menée a révélé qu'ils avaient été informés de ces écoutes par Monsieur Y fonctionnaire de police.

médecin, mais par obligation. C'est en raison d'une obligation légale que le contribuable doit renseigner les informations personnelles relatives à sa situation fiscale à l'administration[1]. En revanche, cette liberté quant au choix du dépositaire demeure s'agissant des personnes morales de droit privé, telles que les établissements de crédit[2] ou les compagnies d'assurance. Nous pourrions en effet, considérer qu'elles sont destinataires de secrets par l'intermédiaire de personnes physiques exerçant pour leur compte et en leur nom. En vertu de sa liberté contractuelle[3] et de son corollaire : le libre choix de son contractant, le client choisit librement sa banque comme sa compagnie d'assurance, en tenant compte d'un ensemble de critères : le rapport qualité/prix des produits financiers ou assurantiels proposés, la réputation de l'établissement, sa localisation… Le contrat bancaire ou d'assurance est conclu en considération des « qualités » de la personne morale de droit privé et les informations personnelles communiquées par le client bénéficient d'une protection légale et contractuelle. Des sanctions pénales peuvent alors être prononcées, sur le fondement de l'article 226-13 du Code pénal, à l'encontre de l'employé fautif, personne physique, qui a violé son obligation au secret professionnel ou de son employeur, personne morale[4]. Mais en pratique, rares sont les décisions jurisprudentielles – même si l'action est admise en matière civile et pénale – qui condamnent la personne morale du délit de violation du secret professionnel[5]. En outre, à l'inverse des personnes morales de droit public, celles de droit privé sont, en principe, libres de refuser de devenir des dépositaires d'informations confidentielles. Ce refus procède de leur liberté de contracter ou de ne pas le faire[6]. Par exemple, un établissement bancaire peut rejeter la demande

---

[1] Article 174 du CGI.

[2] Article L. 312-1du Code monétaire et financier : « *I. – A droit à l'ouverture d'un compte de dépôt dans l'établissement de crédit de son choix […] Toute personne physique ou morale domiciliée en France* ».

[3] Le Conseil constitutionnel lui reconnaît valeur constitutionnelle dans sa décision : Conseil constitutionnel, 19 décembre 2000, n° 2000-437 DC, *Rec.* p. 190 ; *D.* 2001. Somm. 1766, obs. Ribes ; *LPA,* 22 décembre 2000, n° 255, p. 5, chron. Schoettl. Les Sages ont en effet admis une atteinte à « *la liberté contractuelle qui découle de l'article 4 de la Déclaration des droits de l'homme et du citoyen de 1789* ».

[4] Concernant, par exemple, les établissements de crédit ou les sociétés de financement, v. article L. 571-4 du Code monétaire et financier. Aux termes de l'article 131-39-1 du Code pénal, le juge judiciaire peut prononcer à l'encontre des personnes morales, une peine de « sanction-réparation ». C'est *« l'obligation pour le condamné de procéder, dans le délai et selon les modalités fixés par la juridiction, à l'indemnisation du préjudice de la victime* » (Article 131-8-1 du même code).

[5] Civ. 1ère, 28 octobre 2015, n° 14-23.736.

[6] Chossis (J.), *Le refus du banquier*, Thèse de droit, Université de Montpellier, 2015, 498 p., p. 42 ; Terré (F.), Lequette (Y.), Simler (P.), *Droit Civil : les obligations*, 11e éd., LGDJ, 2013, 1620 p., n° 23.

d'ouverture de compte d'une personne morale ou physique pour des motifs précisés par le législateur[1]. Cette liberté contractuelle est d'autant plus forte que les contrats bancaires ou d'assurance sont marqués d'un fort *intuitus personae*[2], c'est-à-dire qu'ils sont conclus en considération de la personne de leur cocontractant.

117. Mais lorsqu'elle est consentie entre le détenteur et le dépositaire, la communication du secret court inévitablement le risque d'être interceptée par les tiers en raison de son caractère exclusif.

§ 3. Le corollaire de la communication au détenteur : un risque d'appropriation par les tiers

118. Comme pour toute infraction pénale, la caractérisation du délit de violation d'un secret professionnel nécessite la réunion de ses éléments constitutifs : un élément légal trouvant son fondement dans l'article 226-13 du Code pénal, un élément matériel se traduisant par l'existence d'une information confidentielle par le dépositaire, enfin, un élément intentionnel qui consiste en l'intention de son auteur à la révéler. Il faut que l'agent ait eu conscience de révéler un secret et de ne pas s'être trouvé dans un des cas où la loi permet la divulgation, quel que soit le mobile qui ait pu le déterminer[3]. Ce délit ne peut être reconnu qu'à l'égard du dépositaire professionnel. Il vise à lutter contre le risque que le dépositaire donne, à des tiers malavisés, des informations sensibles dont l'appropriation pourrait être préjudiciable.

119. Outre la violation du secret professionnel, d'autres infractions peuvent être caractérisées dès lors que l'information secrète est utilisée à des fins pénalement répréhensibles ; à la condition toutefois que tous leurs éléments constitutifs[4] soient réunis. À cet effet, la possession du secret peut pousser le dépositaire à recourir au chantage. En menaçant de révéler ou d'imputer des faits de nature à porter atteinte à l'honneur ou à la considération, il obtient la révélation d'un secret[5]. En effet, « *c'est le fait de la possession et non de l'usage de la lettre qui crée l'ascendant. Avec*

---

[1] Article L. 312-1 du Code monétaire et financier.

[2] Chossis (J.), *op. cit.*, p. 49.

[3] Crim., 7 mars 1989, n° 87-90.500, *Bull. crim.* 1989, n° 109 ; *Rev. sc. crim.* 1990, p. 73.

[4] Le droit pénal spécial est l'étude de l'ensemble des infractions, notamment de leurs éléments constitutifs : généralement, pour que ces infractions soient caractérisées, doit être réunis de manière cumulative un élément moral, un élément légal et un élément matériel.

[5] Article 312-10 du Code pénal.

l'usage, l'ascendant s'évanouit[1] ». Le secret devient donc une arme puisque, couvrant l'information qu'il faut à tout prix protéger, il peut être source, voire synonyme de pouvoir. Le secret doit être entendu dans son sens le plus large : il comprend aussi bien les secrets de la vie privée[2] – le secret personnel ou le secret d'autrui[3] – que le secret professionnel ou le secret des affaires. Le dépositaire détient une information que les tiers désireraient avoir. Ce cas de figure se retrouve plus communément dans un marché concurrentiel dans lequel les concurrents d'un opérateur économique cherchent à s'approprier des informations confidentielles susceptibles de leur conférer des avantages.

120. L'appropriation de l'information peut en outre s'effectuer par le biais de l'extorsion. L'infraction trouve son élément légal en l'article 312-1 du Code pénal et se définit comme « *le fait d'obtenir par violence, menace de violences ou contrainte [...] la révélation d'un secret [...]* ». Le prévenu reconnu coupable d'extorsion encourt sept ans de prison et une amende pouvant atteindre 100.000 euros. L'existence d'un secret implique inévitablement ces risques'appropriation. L'un est donc consubstantiel à l'autre.

Conclusion de la Section III

121. Le dépositaire est présumé être une personne de confiance, un garant de la protection et de l'intégrité de l'information secrète appartenant au détenteur. Il est nécessairement une personne physique qui, en principe, est choisie librement par ce dernier, que ce soit dans le contexte d'une relation privée ou professionnelle. Dans cette dernière hypothèse, il peut s'agir d'un médecin, d'un avocat, d'un commissaire aux comptes…Le dépositiaire peut également être une personne morale de droit privé, par l'intermédiaire d'une personne physique agissant pour son compte et en son nom dans le cadre d'une relation contractuelle. C'est le cas d'un établissement bancaire ou d'une compagnie d'assurance. Le libre choix du dépositaire est en effet, une manifestation de la liberté contractuelle, en particulier, celle qui en découle de choisir librement son contractant. En revanche, s'agissant des personnes morales de droit public, la communication d'informations personnelles est souvent obligatoire et le détenteur de secrets ne dispose, par conséquent, d'aucune liberté concernant le choix de son dépositaire. Cette

---

[1] Poe (E. A.), *Le scarabée d'or : Suivi de la lettre volée*, Paris, éd. Librio, 1844, 90 p., p. 68.

[2] Pour exemple : Crim., 26 mars 2008, n° 07-87.072, JurisData 2008-043758.

[3] Soulard (C.), Chauchis (D.), « Extorsion. Chantage. Demande de fonds sous contrainte », *JCl. Pénal*, Article 312-1 à 312-15 du Code pénal, 15 mai 2018, Fasc. 20, n° 13.

communication est exclusive ; elle est strictement limitée et doit le rester face aux risques d'appropriation par les tiers. Le dépositaire peut être condamné pour avoir violé le secret du détenteur s'il est soumis à une obligation légale de confidentialité sur les informations qui lui sont confiées. Excepté cette hypothèse, seule la loi peut prévoir des sanctions à l'encontre du dépositaire ayant contrevenu à une autre règle de droit. Tel est le cas du délit d'initié ou du chantage.

Conclusion du Chapitre I

122. Pour être défini, le secret doit être caractérisé dans tous ses éléments constitutifs : un élément matériel (un objet), un élément personnel (un détenteur) ainsi qu'un élément intentionnel (une communication volontaire au dépositaire). Il renferme une information confidentielle appartenant à une personne physique ou à une personne morale qui revêt la qualité de détenteur. L'objet du secret doit donc d'abord exister, c'est-à-dire que l'information doit au préalable avoir été constituée et identifiée comme secrète. En outre, pour que son existence soit établie et que le législateur en assure la protection, il faut que cette information soit paradoxalement partagée. En effet, le secret commence avec la communication à une personne de confiance, un dépositaire pouvant être soumis par le législateur à une obligation au secret professionnel. Les secrets absolus – qui ne sont connus que de leur détenteur –, le législateur les ignore et ne prévoit pas leur protection. Une fois ces éléments réunis, l'accès au secret est protégé des tiers. Les conséquences de sa divulgation, au détriment du détenteur, sont telles que le législateur a prévu des infractions sanctionnant les cas de révélation, d'utilisation ou d'appropriation illégales de l'information. Leur codification a pour objectif de la protéger, de préserver son intégrité. Enfin, le secret détient un fondement d'ordre public auquel la loi attache de solides garanties, qu'elles soient de nature légale ou juridictionnelle.

Chapitre II. La distinction du secret et de ses notions voisines

123. La notion de secret est fréquemment assimilée au silence, à la discrétion ou encore à la réserve. Cette confusion a plusieurs justifications. D'abord, parce qu'elle est notamment définie dans le langage courant comme la « *discrétion, (le) silence qui entoure quelque chose*[1] », termes qui sont donc perçus comme des synonymes. Ensuite, le secret tout comme le silence, la réserve et la discrétion impliquent de taire certaines informations. Leur but est ainsi de les protéger. Enfin, les notions présentent certaines caractéristiques communes : elles émanent d'une personne et s'exercent à l'égard des tiers. Le droit tient toutefois à les distinguer car leur portée n'est pas la même. Elles peuvent être des obligations pour lesquelles les sanctions qui leur sont attachées en cas de non-respect varient. À cet égard, les obligations de discrétion et de réserve ne doivent pas être confondues avec l'obligation au secret professionnel dont elles sont le corollaire (**Section II**). Dans certaines circonstances, le silence doit être distingué du secret car, dans un même contexte, leurs sens diffèrent ; mais dans d'autres, l'un découle naturellement de l'autre. En effet, c'est parce qu'il existe un secret que doit être observé impérativement un silence à son sujet (**Section I**).

Section I. La distinction du secret et du silence

124. Pour le Doyen Carbonnier, le silence est « *par essence un vide*[2] ». Il est l'absence de quelque chose, de paroles, d'expressions, de mention dans un écrit, d'encadrement juridique… C'est en somme un espace où il n'y a rien. Mais il est vrai que « *la nature a horreur du vide*[3] », et le droit, à sa façon, n'y déroge pas. Celui-ci essaie tant bien que mal de combler le silence quand il ne l'engendre pas lui-même. Il tente également de le juridiciser à travers le droit au silence, mais aussi par l'imposition ou l'interdiction du silence selon les cas. Du point de vue du droit, le silence a donc toujours une justification[4]. Il change de sens selon le contexte dans lequel il est

---

[1] Le Petit Larousse illustré 1993, *Dictionnaire encyclopédique*, Paris, Larousse, 1992, 1785 p., p. 925.

[2] Carbonnier (J.), « Le silence et la gloire », *D.* 1951, chron. XXVIII, pp. 119-122, p. 121 ; Lafaix (J.-F.), « Le sens du silence », *RDP*, 1er juillet 2012, n° 4, p. 1032.

[3] Aphorisme d'Aristote.

[4] Laé (J.-F.), « Les règles du silence en droit », *Ethnologie française*, Vol. 32, n° 1, 2002, pp. 61-67.

observé. À l'image des secrets[1], le silence peut donc émaner des personnes (**§ 1**) ou encore être constaté dans les actes législatifs (**§ 2**).

§ 1. Le sens du silence des personnes

125. Le silence est l'absence de mots, à l'oral ou à l'écrit, volontaire ou involontaire de son auteur. En pratique, il est observé par des personnes physiques mais il peut également l'être par des personnes morales ; cette dernière hypothèse résultant d'une construction juridique. Le législateur leur reconnaît en effet un droit au silence dans des circonstances particulières comme en matière pénale. Il a donc des significations diverses, notamment lorsqu'il est gardé par des personnes privées (**I**). Toutefois, s'agissant du silence observé par les autorités administratives et juridictionnelles, le droit leur attribue des sens spécifiques (**II**).

I. Le silence des personnes privées

126. Le silence observé par une personne découle du secret auquel elle est tenue. Il en protège en effet l'objet (**A**). Il constitue également un droit fondamental de la défense de l'individu soupçonné ou accusé dans une procédure pénale (**B**). Le silence traduit par ailleurs l'intention véritable de son auteur notamment en matière contractuelle (**C**).

A. L'astreinte au silence par l'obligation au secret

127. « *Le secret est le frère utérin du silence*[2] ». Le silence est généralement défini par la négative ou l'absence et s'oppose à la parole[3]. « *Si les silences sont multiformes et polysémiques, silence et parole restent organiquement tissés l'un à l'autre, inséparables comme les deux faces d'une même pièce de monnaie*[4] ». Parmi les définitions qui lui sont données[5],

---

[1] V. *Supra :* Partie I, Titre I, Chapitre I, Section II.

[2] Proverbe bambara (Mali) *in* Zahan (D.), *La dialectique du verbe chez les Bambara*, Paris, La Haye, 1963, 207 p., p. 150 et Le Breton (D.), *Du Silence. Essai d'anthropologie*, Paris, Métailié, 1997, 288 p., p. 124.

[3] Barbet (D.) et Honoré (J.-P.), « Ce que se taire veut dire. Expressions et usages politiques du silence », *Mots. Les langages du politique*, Vol. 103, n° 3, 2013, pp. 7-21, p. 11.

[4] Barbet (D.) et Honoré (J.-P.), *ibid.*

[5] Ngah (N.), Marcel (U.), « Quelques réflexions sur le silence et le droit : essai de systématisation », *Les Cahiers de droit*, Vol. 56, n° 3-4, septembre–décembre 2015, pp. 575–613, p. 577 : « *Dérivé du latin silentium, lui-même tiré du verbe silere qui*

le silence est le fait de ne pas parler, de ne pas exprimer sa pensée, oralement ou par écrit. Mot neutre, il est parfois précisé par un adjectif : silence approbateur, silence complice, silence coupable, silence élogieux, silence gêné… ou il forme un oxymore : silence éloquent, pesant, voire assourdissant... Il constitue d'autre part, l'état de celui qui s'abstient de parler ou de celui qui tait sciemment des informations. Dans certains cas, il peut être un comportement édicté par la loi, devenant ainsi un impératif à respecter. Ainsi, en va-t-il du secret professionnel qui exige de son dépositaire de ne pas divulguer les secrets qui lui ont été confiés dans l'exercice ou à l'occasion de ses fonctions. Il est alors légalement tenu au silence. Manifestement, le secret entraîne le silence ; leurs rapports sont donc étroits. Le droit en effet l'exige avec l'obligation au secret. Mais cette obligation n'est pas explicite, elle est évidente, logique, voire naturelle. De même, une personne garde le silence parce qu'elle a le devoir de garder un secret. Et la loi le justifie. Quoi qu'il en soit, les deux notions remplissent la même fonction : protéger l'information, l'objet du secret. Lever le silence reviendrait automatiquement à violer le secret. Protéger le secret et le silence ne présente alors, dans certains cas, aucune différence. La violation du secret professionnel est assortie de sanctions pénales[1] ou disciplinaires. « *Celui-ci est l'objet d'une protection en tant que tel lorsqu'il est reconnu que des personnes ont le droit de ne pas donner certaines informations, et en particulier de ne pas répondre aux demandes qui leur sont adressées : aucune sanction ne peut leur être infligée ; bien plus, pourrait être sanctionné le comportement de tiers cherchant à percer le silence*[2] ».

128. Tous les secrets institués par la loi ont des points communs, comme l'obligation de non-divulgation à des tiers. Le secret impose le silence à son dépositaire, pour qui il est un devoir[3]. Toutefois, l'obligation au silence peut être contournée par le législateur. L'intérêt de la justice exige parfois que des

---

signifie « se taire », le mot « silence », apparu dans la langue française au xiie siècle, très exactement en 1190, englobe à l'heure actuelle plusieurs significations : « état de celui qui s'abstient de parler, fait de ne pas parler », « fait de ne pas exprimer sa pensée oralement », « calme, cessation de toute sorte de bruit », « interruption du son dans une phrase musicale », « absence de bruit dans un lieu », « absence de mention de quelque chose dans un écrit »… ». V. Rey-Debove (J.) et Rey (A.) (dir.), *Le Petit Robert. Dictionnaire de la langue française*, Paris, éd. Dictionnaires Le Robert, 2012, 2837 p., Définition du « *silence* ».

[1] Article 226-13 du Code pénal, déjà cité pour le secret professionnel, et l'article 413-9 pour l'atteinte au secret de la défense nationale.

[2] Delvolvé (P.), « Le secret en droit public », *RDP*, 1er juillet 2012, n° 4, p. 1171.

[3] Baudouin (J.-L.), *Secret professionnel et droit au secret dans le droit de la preuve. Étude de droit québécois comparé au droit français et à la common law*, Paris, LGDJ, Vol. 3, 1965, 250 p., p. 67: En parlant du secret professionnel, l'auteur fait référence au devoir du professionnel de garder le « *mystère du secret* ». Plus loin, il ajoute que « *[c]'est une obligation de se taire et un droit au silence* ».

informations par nature secrètes soient accessibles aux enquêteurs[1]. La loi a ainsi prévu des moyens pour déroger au secret professionnel : parmi eux, la production contrainte de pièces écrites[2]. Le silence est par ailleurs un droit fondamental de la défense d'une personne faisant l'objet de poursuites judiciaires. Il est reconnu et consacré par la loi.

B. Le droit au silence de la personne incriminée : un droit fondamental de la défense

129. « *La personne placée en garde à vue est immédiatement informée par un officier de police judiciaire ou, sous le contrôle de celui-ci, par un agent de police judiciaire [...] du droit [...] de se taire*[3] ». De même, en matière correctionnelle, le président du tribunal ou l'un de ses assesseurs « *informe le prévenu de son droit, au cours des débats, de faire des déclarations, de répondre aux questions qui lui sont posées ou de se taire*[4] ». Ce droit est reconnu aussi bien à la personne physique qu'à la personne morale qui l'exerce en la personne de son représentant[5]. Le fait pour elle de refuser ou s'abstenir de prendre la parole[6] revient de manière évidente à observer un silence. Or, dans ce cas précis, le droit au silence ne doit pas être confondu avec l'obligation au secret précitée, instituée dans des cas bien spécifiques[7]. Il s'agit ici de concepts distincts.

130. La loi pénale considère en principe que la personne mise en cause dans une procédure pénale ne devrait pas détenir de secrets dans la mesure où la recherche de la vérité constitue une finalité essentielle du procès pénal[8]. La vérité est un moyen au service de la Justice[1] de même que le droit

---

[1] Py (B.), « Secret professionnel », *Répertoire de droit pénal et de procédure pénale*, Dalloz, février 2003, Chap. 3, Sect. 1, § 106.

[2] V. Article 226-14 du Code pénal. Pour plus de précisions, v. *Infra :* Partie II, Titre II, Chapitre I, Section I, B.

[3] Article 63-1 du Code de procédure pénale.

[4] Article 406 du Code de procédure pénale.

[5] Crim., 24 mai 2016, n° 15-82.516, *Bull. crim.* 2016, n° 156. V. également article 706-41 du Code de procédure pénale.

[6] Cornu (G.), *Vocabulaire juridique*, *op. cit.*, pp. 968-969, p. 969, Définition de « *Silence* ».

[7] *Supra :* Partie I, Titre I, Chapitre II, Section I.

[8] En ce sens : Bekaert (H.), *La manifestation de la vérité dans le procès pénal*, Bruxelles, Bruylant, 1972, 367 p., pp. 10-12 ; Declercq (R.), *La preuve en matière pénale*, Bruxelles, Swinnen, Vol. 13, 1988, 109 p., p. 108 : Messieurs Bekaert et Declercq font partie de ces auteurs parmi lesquels se rangent également un grand nombre de pénalistes et pour qui la manifestation de la vérité constitue la finalité essentielle du procès pénal. V. aussi Hélie (F.), *Traité de l'instruction criminelle ou théorie du Code d'instruction criminelle*, T. II, Bruxelles, Bruylant-Christophe et

au silence est une composante primordiale du procès équitable. En matière pénale, le secret professionnel de la personne incriminée ou des personnes citées à comparaître doit donc, en principe, être levé[2] : il est en effet inopposable au juge pénal. Toutefois, deux secrets professionnels restent encore des remparts à la primauté de la manifestation de la vérité. Le législateur en dispose explicitement ainsi, limitant de ce fait le pouvoir d'appréciation du juge[3].

131. Tel est le cas du secret de la défense nationale dont l'opposabilité au juge trouve son origine dans les règles spécifiques, rappelées notamment par une circulaire du 3 janvier 2008[4]. De même, dans un arrêt du 19 novembre 2008[5], la Chambre criminelle a rejeté un moyen remettant en cause le principe même d'un secret défense opposable au juge qui répondrait à « *des règles n'offrant pas de garanties suffisantes d'objectivité et de prévisibilité* ». Les juges ont ainsi réaffirmé que ces règles de classification ne pouvaient pas, du fait de la loi, faire l'objet de contestation de la part des juges ou des justiciables[6].

132. Enfin, le secret des sources journalistiques prévu par l'article 109, alinéa 2, du Code de procédure pénale est l'un des secrets encore opposables

---

Cie, 1865, 762 p., n° 2305 : pour l'auteur, la procédure pénale n'a qu'un but, la recherche de la vérité.

[1] Mekki (M.), « Preuve et vérité », *in La preuve*. Journées internationales 2013 d'Amsterdam, Pays-Bas et Liège, Belgique, coll. Travaux Henri Capitant, Vol. LXIII, Paris / Bruxelles, LB2V et Bruylant, 2015, 1072 p., pp. 813-847, p. 814, point 2.

[2] Quelques exemples : Pour le secret médical : Crim., 8 octobre 1997, n° 94-84.801, *Bull. crim.* 1997, n° 329 : le secret professionnel des personnes exerçant dans un service éducatif, notamment portant sur les rapports de situation sur un mineur qui lui est confié est inopposable au juge des enfants ou encore au président du conseil général compétents ; Crim., 16 février 2010, n° 09-86.363, *Bull. crim.* 2010, n° 27 : inopposabilité du secret médical au juge d'instruction. Par ailleurs, la primauté du droit de la défense, dans cet arrêt, peut justifier, pour respecter le principe du contradictoire, que ce secret ne soit pas opposable aux différentes parties. Pour le secret bancaire : Crim., 27 avril 1994, n° 93-82.976, *Bull. crim.* 1994, n° 152. Pour le secret en matière fiscale, v. *Infra :* Partie II, Titre II, Chapitre I, Section I, § 2, I, B.

[3] Cour de cassation, « Le droit de savoir face aux secrets opposés par leur dépositaire : le droit de savoir et les secrets professionnels » *in Le droit de savoir*, Rapport des études 2010 de la Cour de cassation, La Documentation française, IIIe partie, 610 p., n° 2.1.2, pp. 256 -263, p. 258.

[4] Circulaire de la DACG n° CRIM 08-01/G1 du 3 janvier 2008 relative au secret de la défense nationale, NOR : JUSD0800121C.

[5] Crim., 19 novembre 2008, n° 08-80.581.

[6] Cour de cassation, « Le droit de savoir face aux secrets opposés par leur dépositaire : le droit de savoir et les secrets professionnels », *op. cit.,* p. 258.

au juge dans un procès pénal[1]. La loi n° 2010-1 du 4 janvier 2010 sur la protection du secret des sources de journalistes l'a d'ailleurs rappelé et cite une dérogation exceptionnelle quand l'exige « *un impératif prépondérant d'intérêt public et si les mesures envisagées sont strictement nécessaires et proportionnées au but légitime poursuivi. Cette atteinte ne peut en aucun cas consister en une obligation pour le journaliste de révéler ses sources*[2] ».

133. Le droit pénal distingue ainsi l'obligation au secret pesant sur certaines professions (médecins, journalistes, notaires…), ou trouvant à s'appliquer dans des domaines précis (nucléaire, défense, correspondances, statistiques…) et le droit au silence au bénéfice de toute personne incriminée – droit fondamental consacré en droit interne et protégé par la Convention européenne des droits de l'homme. En matière pénale, leur champ d'application n'est donc pas le même. Le droit au silence permet à l'individu soupçonné ou accusé de ne pas s'incriminer en divulguant des informations risquant de l'impliquer ou interprétées à tort et « extorquées » par la ruse ou fournies sous la pression. Il évite au suspect et à l'accusé de faire des déclarations hâtives ou maladroites susceptibles de leur porter injustement préjudice[3]. Il contribue à la sérénité de la justice, quelquefois mise à mal par des enquêteurs trop zélés ou des pratiques parfois irrégulières voire immorales. C'est la raison pour laquelle « *Le droit de se taire et – l'une de ses composantes – le droit de ne pas contribuer à sa propre incrimination sont des normes internationales généralement reconnues […]*[4] ».

---

[1] La protection du secret des sources journalistiques est « l'une des pierres angulaires de la liberté de la presse », liberté fondamentale de la Conv. EDH : CEDH 27 mars 1996, n° 17488/90, *Goodwin c/ Royaume-Uni*, *Rec. CEDH*, p. 1996-II, § 39 ; Sudre (F.), *Les grands arrêts de la Cour européenne des droits de l'homme*, PUF, coll. Thémis-droit, 5e éd., 2009, 950 p., p. 617 et s.

[2] Article 2 de la loi n° 2010-1 du 4 janvier 2010.

[3] Ayat (M.), « Le silence prend la parole: la percée du droit de se taire en droit pénal comparé et en droit international pénal », *Archives de politique criminelle*, Vol. 24, n° 1, 2002, pp. 251-278, p. 255.

[4] CEDH, 17 décembre 1996, n° 19187/91, *Saunders c/ Royaume-Uni*, *Rec.* 1996-VI, § 68 : « *La Cour rappelle que, même si l'article 6 de la Convention (art. 6) ne le mentionne pas expressément, le droit de se taire et – l'une de ses composantes – le droit de ne pas contribuer à sa propre incrimination sont des normes internationales généralement reconnues qui sont au cœur de la notion de procès équitable consacrée par ledit article (art. 6). Leur raison d'être tient notamment à la protection de l'accusé contre une coercition abusive de la part des autorités, ce qui évite les erreurs judiciaires et permet d'atteindre les buts de l'article 6 (art. 6) (arrêts John Murray* [CEDH, 8 février 1996, n° 18731/91, *Rec.* 1996-I, p. 49, § 45], *et Funke* [CEDH, 25 février 1993, n° 10588/83, série A n° 256-A, p. 22, § 44]). *En particulier, le droit de ne pas contribuer à sa propre incrimination présuppose que, dans une affaire pénale, l'accusation cherche à fonder son argumentation sans recourir à des éléments de preuve obtenus par la contrainte ou les pressions, au mépris de la volonté de l'accusé. En ce sens, ce droit est étroitement lié au principe*

134. D'après le Pacte international relatif aux droits civils et politiques (article 14), quiconque est inculpé dans une affaire pénale est libre de ne pas témoigner contre lui. Ce droit s'étend aussi au fait de ne pas se reconnaître coupable[1]. Il est en outre consacré dans la plupart des systèmes juridiques. Au Royaume-Uni, par exemple, il apparaît dans le Code de bonnes pratiques pour la détention, le traitement et l'interrogatoire des personnes par les officiers de police[2] : « *You do not have to say anything. But it may harm your defence if you do not mention when questioned something which you later rely on in Court. Anything you do say may be given in evidence*[3] ». Aux États-Unis, ce droit au silence a une valeur constitutionnelle, actant ainsi de son importance. Le célèbre cinquième amendement de la Constitution déclare en effet qu'aucune personne mise en cause dans une affaire pénale ne doit être forcée à témoigner contre elle-même[4]. De même, le Code de procédure pénale portugais, en son article 61-1, reconnaît à l'accusé « *en toute phase du procès* » le droit de ne pas répondre aux questions qui lui sont posées quant aux faits qu'on lui reproche ainsi que sur le contenu des déclarations qu'il aura faites à leur sujet, et ce, quelle que soit l'autorité qui en est à l'origine[5]. Enfin, au pays du Soleil levant, le droit au silence est prévu explicitement par les textes répressifs durant toutes les phases de la procédure d'investigation et de poursuite[6]. L'article 38, paragraphe 1 de la Constitution du Japon dispose en effet que nul ne peut être contraint de témoigner contre lui-même[7]. Tous ces systèmes pénaux consacrent ainsi un droit au silence avec un champ d'application qui lui est propre, destiné à

---

de la présomption d'innocence consacré à l'article 6 par. 2 de la Convention (art. 6-2) ».

[1] *Infra :* Partie II, Titre I, Chapitre II, Section I, § 1, I, A.

[2] Dans sa version originale: "*Code of practice for the detention, treatment and questioning of persons*" ou "*Pace Code C*".

[3] Code of practice C, § 10 : (trad. par) « *Vous n'êtes pas obligé de vous exprimer. Mais votre défense pourrait souffrir du fait que vous n'ayez pas mentionné, lors de votre interrogatoire, un élément que vous utiliserez à l'audience. Tout ce que vous direz pourra servir de preuve* ».

[4] Dans sa version originale: "*No person shall be [...] compelled in any criminal case to be a witness against himself*". L'arrêt « *Miranda v. Arizona* » du 13 juin 1966 (Cour Suprême des États Unis, 13 juin 1966, *Miranda v. Arizona*, 384 U.S. 436), la Cour Suprême des États-Unis consacre le droit de conserver le silence.

[5] Ayat (M.), « Le silence prend la parole: la percée du droit de se taire en droit pénal comparé et en droit international pénal », *op. cit.,* p. 260. V. également Rodriguez (A.), « La preuve en procédure pénale portugaise », *in La preuve en procédure pénale comparée*, *RIDP*, 63ème année / Vol. 63, 1992, ERES Toulouse 1992, pp. 289-319, pp. 306-307.

[6] Shiratori (Y.), « La preuve en procédure pénale japonaise », *in La preuve en procédure pénale comparée*, *op.cit.,* pp. 237-249, p. 242 et p. 244.

[7] Constitution du Japon de 1946.

préserver la présomption d'innocence de la personne incriminée et les garanties d'un procès équitable. Il n'est donc ni un aveu de culpabilité, ni considéré comme un secret. Par ailleurs, le silence de la personne a un autre sens dans les rapports contractuels puisqu'il est susceptible de traduire sa réelle intention.

C. Le silence et l'intention de son auteur dans les rapports contractuels

135. Le silence se retrouve à plusieurs étapes de la formation du contrat. Nous montrerons en effet qu'il peut être assimilé à l'acceptation tacite d'une offre (**1**). Mais lorsque le contrat est déjà formé et qu'une personne omet volontairement un fait qu'elle a l'obligation de révéler, elle fait montre de « réticence dolosive » (**2**).

1. Les cas d'acceptation tacite d'une offre de contracter

136. D'un point de vue social, le silence est parfois plus éloquent que les mots ; c'est l'absence de parole ou d'écrit. Qu'en est-il alors d'une communication qui découlerait d'un comportement, d'une manière d'agir ? Un silence pourrait-il être caractérisé ? Nous pourrions considérer qu'agir reviendrait en quelque sorte à exprimer sa pensée, ses volontés[1]. Socialement, en effet, le silence n'entraîne pas nécessairement l'inaction : une personne silencieuse peut être active. Le silence, dans les relations humaines, n'exclut pas impérativement toute intention communicative ou toute manifestation de volonté. Ainsi, le fait d'agir donne un certain sens au silence, voire permet de lever son ambiguïté[2]. Mais quelle signification lui attribuer si l'intention n'est pas explicite ? Dans cette perspective, le silence vaut-il acceptation tacite ? Un arrêt de la Cour de cassation datant du 25 mars 1870[3] et l'article 1120 du Code civil (ordonnance n° 2016-131 du 10 février 2016) ont sur ce sujet le même point de vue : un prévenu ne peut être reconnu coupable parce qu'il a décidé de se taire. Voici ce que la Cour déclare en effet : « *En droit, le silence de celui qu'on prétend obligé ne peut suffire, en l'absence de toute autre circonstances, pour faire preuve contre lui de l'obligation alléguée* ». L'article précité nuance cependant cette affirmation : « *à moins qu'il n'en résulte autrement de la loi, des usages, des relations d'affaires ou de circonstances particulières* ». Autrement dit, la loi reconnaît que le silence peut, sans équivoque, valoir acceptation selon les

---

[1] Lafaix (J.-F.), « Le sens du silence », *RDP*, 1er juillet 2012, n° 4, p. 1032.
[2] Lafaix (J.-F.), *ibid.*
[3] Civ., 25 mai 1870, *Bull.* n° 113 cité dans Terré (F.), Lequette (Y.), Capitant (H.), *Grands arrêts de la jurisprudence civile*, Dalloz, 11e éd., 2000, 675 p., n° 147.

circonstances suivantes : l'existence d'un texte spécial[1], l'établissement d'usages professionnels[2], la force de l'habitude[3], l'intérêt exclusif de celui qui se voit proposer une offre lui conférant un avantage[4] et l'existence de circonstances particulières caractérisant une acceptation. Ce dernier cas a néanmoins fait réagit la Cour de cassation : « *si, en principe, le silence ne vaut pas à lui seul acceptation, il n'en est pas de même lorsque les circonstances permettent de donner à ce silence la signification d'une acceptation*[5] ». Le silence peut donc traduire la volonté de contracter de son auteur dans le cas d'une décision tacite : « *celle qui, sans avoir été formalisée, est révélée par des agissements ultérieurs ayant pour objet d'en assurer l'exécution*[6] ». Elle n'est exprimée ni à l'écrit ni oralement, mais résulte d'une action d'exécution, non équivoque.

---

[1] Article L. 231-1 du Code des relations entre le public et l'administration.

[2] Com., 13 mai 2003, n° 00-21.555, *Bull.* 2003 IV, n° 82 p. 93 : La Cour de cassation a jugé que, s'agissant d'un contrat de vente de vin entre deux professionnels exerçant dans le même secteur d'activité, « *l'établissement et l'envoi, par le courtier au vendeur et à l'acheteur de la « lettre de confirmation » sans qu'il y ait de leur part un accord formel équivalait suivant l'usage ancien et constant en Bordelais, à une vente parfaite, sauf protestation dans un très bref délai fixé par les usages loyaux et constants de la profession à 48 heures de la réception de cette lettre dont l'envoi est à la charge du courtier* ». En vertu de cet usage, le professionnel qui a reçu une offre peut être obligé d'exprimer son refus, faute de quoi il sera réputé l'avoir acceptée.

[3] Genicon (T.), « Acceptation tacite dans une relation d'affaires habituelle : un silence circonstancié qui ne dit pas son nom », note sous Com., 15 mars 2011, n° 10-16.422, *Revue des contrats*, Lextenso, 2011, p. 795 : La jurisprudence s'est exprimée sur la relation contractuelle entre deux personnes. Même si elles concluent un accord sans engagement formel, leur contrat est formé, dans la mesure où il est régulièrement passé, et qu'il est toujours le même (contrat ayant la même nature, le même objet et le même but).

[4] Le silence vaut acceptation lorsqu'une offre n'apporte que des avantages ; par exemple, un débiteur ne peut qu'accepter la remise de dette qui lui est accordée. V. en ce sens, Cour de cassation, Chambre des requêtes, 29 mars 1938, *D.* 1939 I p. 5, note Voirin (P.). V. Ghestin (J.), *Traité de droit civil, La formation du contrat*, LGDJ, 3e éd., 1993, 976 p., n° 406.

[5] Civ. 1ère, 24 mai 2005, n° 02-15.188, *D.* 2005, *IR* p. 1729 ; *AJDA* 2005, p. 1919 ; *RTD civ.* 2005, p. 588, obs. Mestre (J.) et Fages (B.) ; *JCP* 2005, IV, 2536, et I, 194, obs. Pérès-Dourdou (C.) ; *Contrats, conc., consom.* 2005, comm. n° 165, obs. Leveneur (L.) ; *RDC* 2005, p. 1005, obs. Mazeaud (D.).

[6] Conseil d'État, Avis, 3 mai 2004, n° 262074, *Fort*, *Rec.*, p. 194 ; *AJDA* 2004, p. 1530 note Hul (S.).

137. Pour les accords tacites, l'intention d'accepter résulte de l'exécution du contrat proposé par l'offrant[1]. Malgré son silence, le destinataire de l'offre a bien eu l'intention de l'accepter, puisqu'il a exécuté le contrat proposé[2]. Par exemple, quand il est monté dans un taxi ou un autobus ou quand il a continué d'encaisser les loyers nonobstant l'expiration d'un bail. De même, malgré son silence, le pollicitant[3] peut s'exprimer par un comportement, une attitude. Tel est le cas lorsqu'un chauffeur de taxi stationne sur un emplacement dédié ou lorsqu'un vêtement est exposé dans la vitrine d'un magasin. Il en va autant quand un locataire continue d'occuper des lieux alors même que le bail a pris fin : il souhaite sans doute le proroger. L'acceptation du destinataire est alors tacite. Par ailleurs, le silence peut aussi se manifester lorsque le contrat est déjà formé. À cet effet, il peut revêtir un tout autre sens et révéler la véritable intention de celui duquel il émane.

2. Le cas de la réticence dolosive

138. Dans bien des situations, le silence peut être dangereux et ainsi revêtir une connotation péjorative. C'est le cas notamment lorsqu'il se confond avec à la dissimulation. Le législateur a alors considéré nécessaire d'instituer des obligations d'information[4], de divulgation, de renseignement pour lutter contre les conséquences préjudiciables d'un tel silence. Elles contraignent au devoir d'informer, sanctionné de diverses manières selon la qualification retenue et la matière visée. Fondées sur l'exigence de bonne foi[5]ainsi que sur les devoirs de loyauté et de coopération contractuelle[6], ces

---

[1] Aubert (J.-L.), *Notions et rôles de l'offre et de l'acceptation dans la formation du contrat*, LGDJ, 1970, spéc. § 305-311, p. 280-287 ; Chauvel (P.), « Consentement », *Répertoire droit civil*, Dalloz, 2007, § 183-187.

[2] Lafaix (J.-F.), « Le sens du silence », *RDP*, 1er juillet 2012, n° 4, p. 1032.

[3] Cornu (G.), *Vocabulaire juridique*, *op. cit.*, p. 774, Définition de « *Pollicitant* » : « *L'auteur de la pollicitation (offre), celui qui propose de contracter* ».

[4] En matière contractuelle : Fabre-Magnan (M.), *Essai d'une théorie de l'obligation d'information dans les contrats*, Paris, LGDJ, Anthologie du droit, 2014, 596 p. ; El Gharbi (M.), *L'obligation d'information dans les contrats*, thèse de doctorat, Paris, Université Paris-Est, 1994, 438 p.

[5] Com., 8 novembre 1983, n° 82-10.493, *Bull. com.* n° 298.

[6] Civ. 1ère, 10 mai 1989, *Bull. civ.* I, n° 187 : « *Manque à son obligation de contracter de bonne foi et commet ainsi un dol par réticence la banque qui, sachant que la situation de son débiteur est irrémédiablement compromise ou à tout le moins lourdement obérée, omet de porter cette information à la connaissance de la caution [l'incitant ainsi] à s'engager* ». Mestre (J.), « D'une exigence de bonne foi à un esprit de collaboration », *RTD. civ.* 1986, 97, 101 ; Picod (Y.), « Le devoir de loyauté dans l'exécution du contrat », *JCP* 1988, n° 3318 ; Morin (G.), « Le devoir

prescriptions évoquent en matière contractuelle l'interdiction de la réticence dolosive[1].

139. Il s'agit d'un silence volontaire, délibéré sur une information que le cocontractant aurait intérêt à connaître pour contracter en toute connaissance de cause. La réticence dolosive est un dol qui a été consacré par la jurisprudence, dans un arrêt du 19 mai 1958[2] : « *le dol peut être constitué par le silence d'une partie dissimulant à son cocontractant un fait qui, s'il avait été connu de lui, l'aurait empêché de contracter* ». Le législateur est attaché à l'honnêteté dans les relations contractuelles et impose que des éclaircissements soient apportés, surtout de la part d'un professionnel à un profane[3]. Voilà pourquoi des textes légaux, d'une part, lui imposent d'informer son interlocuteur. Il s'agit, par exemple, de l'article L. 111-1 du Code de consommation pour les caractéristiques principales des produits offerts ; et, pour ce qui est de certains contrats entre un fabricant et ses distributeurs (article 330-3 du Code de commerce). D'autre part, le législateur a consacré l'obligation de contracter de bonne foi[4] en exigeant que « *les contrats* [soient] *négociés, formés et exécutés de bonne foi. Cette disposition est d'ordre public*[5] ». Le dol constitue donc un vice du consentement qui justifie l'annulation du contrat par le juge.

140. L'intentionnalité de garder le silence doit toutefois être prouvée. En effet, la réticence dolosive est intentionnelle, et c'est précisément cela qui la distingue du manquement à une obligation précontractuelle d'information[6]. C'est pourquoi la Cour de cassation s'attache à relever non seulement la connaissance du fait en cause, mais également la volonté de la taire : le silence doit avoir été gardé « *intentionnellement pour tromper le contractant*

---

de coopération dans les contrats internationaux. Droit et pratique », *Droit et pratique du commerce international*, 1980, T. 6, p. 9 et s.

[1] Ghestin (J.), « La réticence, le dol et l'erreur sur les qualités substantielles », *D.* 1971, p. 247 ; Civ. 3ème, 15 janvier 1971, *Bull. civ.* III, n° 38 : « *Le dol peut être constitué par le silence d'une partie dissimulant à son cocontractant un fait qui, s'il avait été connu de lui, l'aurait empêché de contracter* » ; Civ. 3ème, 2 octobre 1974, *Bull. civ.* III, n° 330 ; Civ. 3ème, 22 juin 2005, n° 04-10415.

[2] Civ. 1ère, 19 mai 1958, *Bull. civ.* I, n° 251 et Civ. 3ème, 15 janvier 1971, n° 69-12.180.

[3] Les recueils de jurisprudence regorgent d'exemples sur la tromperie d'un professionnel. V. par exemple Civ. 1ère, 10 mai 1989, *JCP* 1989, II, 21363, note Legeais ou Civ. 1ère, 26 novembre 1991, *Bull. civ.*, I, n° 331 : a commis un dol une banque qui a recueilli la garantie d'une caution en ne l'informant pas de l'état critique de la situation financière de l'entreprise garantie.

[4] Expression apparue dans Civ. 1ère, 21 janvier 1981, *Bull. civ.*, I, n° 25.

[5] Article 1104 du Code civil.

[6] Com., 28 juin 2005, *Bull.* IV, n° 140 ; Civ. 1ère, 28 mai et 25 juin 2008, *Bull. civ.*, I, n° 132 et 184 ; *JCP* 2008, I, 218, obs. Labarthe.

et le déterminer à conclure[1] ». Il a par ailleurs une signification particulière lorsqu'il est observé par les autorités administratives et juridictionnelles.

II. Le silence des autorités administratives et juridictionnelles

141. Le silence a plusieurs sens possibles quand il est gardé par l'administration (**A**) ou lorsqu'il résulte du manquement par le juge à son devoir de rendre la justice (**B**).

A. Le silence de l'administration

142. Le principe du silence valant rejet par l'administration a longtemps été ancré dans le droit administratif. Cela, d'après une règle très ancienne qui édictait que le silence gardé pendant deux mois valait rejet de la demande exprimée par l'administré. Le décret impérial du 2 novembre 1864 l'avait introduit à l'égard des ministres statuant « *sur un recours pour excès de pouvoir contre les décisions d'autorités qui leur sont subordonnées*[2] », avant que la loi du 7 juillet 1900 ne l'étende à toutes les décisions administratives (article 3). De même, dans une jurisprudence constante, le Conseil constitutionnel a établi que, conformément à un principe général du droit[3], le silence gardé par l'administration pendant un délai déterminé valait rejet de cette demande, seul le législateur étant habilité à y déroger à condition de ne pas méconnaître des principes constitutionnels[4]. Cette position adoptée à la fois par le législateur et le juge pouvait s'expliquer à l'époque par la puissance de l'administration, encore marquée par l'Ancien Régime et sa forte tradition de confidentialité. Elle se voulait éloignée des administrés à qui elle imposait ses décisions, conformément au modèle bureaucratique. En outre, elle ne leur adressait que le résultat des décisions les concernant, sans expliquer ce qui y avait conduit[5].

143. Au début du XXe siècle, la doctrine s'est s'interrogée sur la signification de ce silence, révélant alors une divergence doctrinale quant au sens de la règle du rejet. Certains auteurs la justifiaient en invoquant « *la fiction légale* » quand d'autres préféraient l'expliquer par la « *doctrine de la*

---

[1] Civ. 1ère, 12 novembre 1987, *Bull. civ.,* I, n° 293.

[2] Plus précisément en son article 7. Soulignons que durant cette période, on était encore sous l'empire du ministre-juge.

[3] Moderne (F.), « Principes fondamentaux, principes généraux. Actualité des principes généraux du droit » : *RFDA* 1998, p. 495.

[4] Conseil constitutionnel, 26 juin 1969, n° 69-55 L, *Rec.* 1969, p. 27 sur la protection des sites ; Conseil constitutionnel, 18 janvier 1995, n° 94-352 DC, *Rec.* 1995, p. 170 sur la vidéosurveillance.

[5] *Infra :* Partie I, Titre II, Chapitre I, Section I.

présomption[1] », comme le Professeur Jean Laveissière dans sa thèse de droit, « *le Silence de l'administration*[2] ». Gaston Jèze fait partie de ces partisans de la présomption qui alléguaient que le silence observé devant l'administration marque le plus souvent la volonté de ne pas donner suite à la demande et « *par conséquent un refus qu'il était préférable de présumer*[3] ». Or, pour le courant doctrinal opposé à cette première théorie, la loi du 17 juillet 1900 instaurait une fiction obligatoire pour sauvegarder les droits des administrés et déclencher des procédures contentieuses[4]. Selon Maurice Hauriou, cette loi mettait fin au « *privilège du silence* », permettant aux administrés de revêtir le rôle de « *contrôleurs de l'administration publique*[5] ». Mais pour le Professeur Montané-de-la-Roque, cela revenait à admettre que la théorie de la fiction est de « *supposer qu'en réalité le silence ne correspond pas à un refus, mais à une apathie locomotrice de l'administration, c'est-à-dire en quelque sorte à une inertie fautive*[6] ». Toutefois, sanctionner automatiquement cette inertie pourrait entraîner des décisions contraires au droit ou aux intérêts de l'administration. Les atteintes à la sécurité juridique des administrés et le principe de légalité seraient trop importantes. C'est la raison pour laquelle le principe de la décision implicite de rejet avait d'abord été posé. Il avait pour effet d'ouvrir une voie contentieuse à l'administré en lui permettant de saisir le juge pour obtenir tant la satisfaction de ses droits que la sanction de cette inertie administrative.

144. Cependant, depuis les années 2000, l'usager profite de la modernisation et de la transparence de l'administration. Pour simplifier leurs relations, la loi n° 2013-1005 du 12 novembre 2013 a d'abord modifié l'article 21 de la loi n° 2000-321 du 12 avril 2000 qui dispose que le silence de l'administration vaut acceptation[7]. Ainsi, « *au principe selon lequel, en*

---

[1] Sorbara (J.-G.), « Le silence de l'administration », *RDP*, 1er juillet 2012, n° 4, p. 1078.

[2] Laveissière (J.), *Le silence de l'Administration,* Thèse de droit, Université de Bordeaux, 1979, 618 p.

[3] Jèze (G.), « Essai d'une théorie générale de l'abstention en droit public », *RDP*, 1905, p. 764.

[4] V. Deguergue (M.), « Le silence de l'Administration en droit administratif français », *Les Cahiers de droit*, 2015, n° 56, (3-4), pp. 389–410, p. 395.

[5] Auby (J.-M.) et Drago (R.), *Traité de contentieux administratif*, T. 2, Paris, LGDJ, 2e éd., 1975, 621 p., p. 497, n° 1284 qui citent Hauriou (M.), *Précis de droit administratif*, Paris, éd. Larose et Forcel, 4e éd., 1900, VI-896 p., p. 248 et p. 869.

[6] Montané de la Roque (P.), *L'inertie des pouvoirs publics,* Thèse de droit, Paris, Dalloz, 1950, 546 p., p. 20.

[7] Près de 1.200 procédures relèvent aujourd'hui de ce principe. Lire Ribes (D.), « Le nouveau principe « *silence de l'Administration vaut acceptation* » », *AJDA* 24 février 2014, p. 389.

droit administratif, "qui ne dit mot, refuse"[1]*, on substitue le principe, plus commun dans la vie courante, "qui ne dit mot, consent"*[2] ». Le mouvement de simplification commencé dans les années 2010 s'est poursuivi avec la création du Code des relations entre le public et l'administration (CRPA). Le principe y est inscrit, de manière semble-t-il indélibile, en son article L. 231-1. Ce qui était l'exception devient aujourd'hui le principe pour inciter l'administration à répondre avec diligence. Elle doit s'occuper sans délai des requêtes qui lui sont faites. Dans le cas contraire, l'administré en retire un droit, car sa sollicitation a été tacitement acceptée[3]. L'article L. 231-4 du CRPA prévoit toutefois des dérogations à cette règle[4]. Donc, « *par dérogation à l'article L. 231-1, le silence gardé par l'administration pendant deux mois vaut décision de rejet :*

« 1° Lorsque la demande ne tend pas à l'adoption d'une décision présentant le caractère d'une décision individuelle ;

« 2° Lorsque la demande ne s'inscrit pas dans une procédure prévue par un texte législatif ([5]) ou réglementaire ou présente le caractère d'une réclamation ou d'un recours administratif ;

« 3° Si la demande présente un caractère financier sauf, en matière de sécurité sociale, dans les cas prévus par décret ;

« 4° Dans les cas, précisés par décret en Conseil d'État, où une acceptation implicite ne serait pas compatible avec le respect des engagements internationaux et européens de la France, la protection de la sécurité nationale, la protection des libertés et des principes à valeur constitutionnelle et la sauvegarde de l'ordre public ;

« 5° Dans les relations entre l'administration et ses agents[6] ».

145. En matière fiscale par exemple, le silence de l'administration sur les demandes individuelles formulées par les contribuables ne constitue pas une prise de position formelle de sa part[7]. En effet, ne sont opposables à l'administration que les documents interprétant un texte fiscal qui prennent

---

[1] Chapus (R.), *Droit administratif général*, T. 1, Paris, LGDJ, Précis Domat, 15e éd., 2001, 1440 p., p. 33 ; Delvolvé (P.), « Le silence en droit public », *RDP*, 1er janvier 2012, p. 1171.

[2] Derosier (J.-P.), « Administration / Citoyens - La nouvelle règle « le silence vaut acceptation » si rarement applicable », *JCP A* 2014, n° 45, comm. 2305.

[3] Derosier (J.-P.), *ibid.*

[4] Anciennement, le paragraphe I de l'article 21 de la loi n° 2000-321 du 12 avril 2000 dans sa rédaction issue de la loi de novembre 2013.

[5] Conseil d'État, 26 juillet 2018, n° 414654, *Société Fnac Darty*, JurisData n° 2018-013293 ; *AJDA* 2018, 1879, obs. Nicinski ; *JCP* 2018, n° 927, note Erstein ; *RJDA* 2018, n° 948 ; *RLC* octobre 2018. 4, obs. Baudu.

[6] Article L. 231-4 du CRPA.

[7] BOI-SJ-RES-10-10-20-20200304, § 130.

position sur sa portée et son sens et qui apportent une solution claire et sans ambiguïté à un problème de droit[1]. La garantie offerte contre les changements d'interprétation au sein de la doctrine administrative, inscrite aux article L. 80 A et L. 80 B du LPF, ne joue que pour les prises de position formelle de l'administration, sur l'appréciation de situations de fait fondée sur un texte fiscal. Elle vise à assurer la sécurité juridique dans les relations entre les contribuables et l'administration fiscale. Précisons qu'en cas de décision implicite de rejet, l'intéressé dispose d'un délai de recours juridictionnel ou administratif d'un an pour la contester[2].

146. D'autres exceptions existent également par décrets[3], au point que, toutes confondues, on en compte près de 1.100. Cette nouvelle règle qui entend moderniser l'action administrative, « *vecteur de changement de logique juridique*[4] », peut donc difficilement être perçue comme un outil de simplification, tant pour l'administré que pour l'administration, « *le nombre des exceptions au principe [transformant] ce dernier en principe exceptionnel*[5] ». Le silence se retrouve par ailleurs en matière juridictionnelle, lequel peut être interdit par le législateur s'il se heurte à la fonction de rendre la justice.

B. Le silence du juge

147. Le fait de refuser de juger, conformément à sa fonction, revient à opposer aux parties un silence qui est interdit par la loi. Le juge doit en effet

---

[1] Article L. 80 A du LPF.

[2] Conseil d'État, 18 mars 2019, n° 417270, *Jounda Nguegoh*, *AJDA* 2019, p. 609 : Cette décision étend le raisonnement appliqué dans la jurisprudence « Czabaj » aux décisions implicites de rejet Autrement dit, le délai de recours « raisonnable » d'un an est opposable aux recours formés à l'encontre des décisions individuelles implicites de rejet lorsqu'il est établi que le destinataire a eu connaissance de la décision. V. Conseil d'État, Ass., 13 juillet 2016, *M. Czabaj*, n° 387763, *Rec.* p. 340, concl. Henrard ; Braibant (G.), Devolvé (P.), Genevois (B.), Long (M.), Weil (P.), *Les grands arrêts de la jurisprudence administrative,* Dalloz, 22e éd., 2019, 1048 p., n° 114, p. 822 : « *Le principe de sécurité juridique conduit à limiter en principe, à un an le délai de recours juridictionnel ou administratif contre une décision individuelle dont le destinataire a eu connaissance alors même que n'avaient pas été observées certaines formalités* ».

[3]Article L. 231-5 du Code des relations entre le public et l'administration : « *Eu égard à l'objet de certaines décisions ou pour des motifs de bonne administration, l'application de l'article L. 231-1 peut être écartée par décret en Conseil d'État et en conseil des ministres* ».

[4] Rambour (M.), « "Qui ne dit mot consent" : Quand le silence de l'administration vaut accord », *LPA*, 20 novembre 2014, n° 232, p. 3.

[5] Derosier (J.-P.), « Administration / Citoyens - La nouvelle règle « le silence vaut acceptation » si rarement applicable », *op. cit.*

statuer sur un litige de manière explicite ; il est tenu de juger. Refuser de le faire « *au prétexte du silence, de l'insuffisance ou de l'obscurité de la loi*[1] », nous l'étudierons, est un déni de justice. L'article L. 141-3 du Code de l'organisation judiciaire estime que l'infraction est caractérisée « *lorsque les juges refusent de répondre aux requêtes ou négligent de juger les affaires en état et en tour d'être jugées* ». Mais la notion a différentes définitions en droit administratif, en matière civile ou pénale.

148. En droit administratif, le déni de justice désigne « *la situation résultant de la contrariété de décisions définitives rendues au fond dans les litiges portant sur le même objet par des juridictions administrative et judiciaire, respectivement saisies*[2] ». Le déni de justice permet à une partie de saisir le Tribunal des conflits quand elle n'obtient pas satisfaction en raison d'appréciations inconciliables portées par les juridictions de chaque ordre, soit sur des éléments de fait, soit à cause d'affirmations juridiques contradictoires[3]. Il doit se produire dans le cadre d'instances portant sur le même objet[4]. En matière administrative, il ne signifie pas que le juge a refusé de trancher le litige : il a parfaitement rempli sa mission mais la décision qu'il a rendue est d'une part, contraire à celle d'un autre ordre juridictionnel, et, d'autre part, elle cherche à répondre aux problèmes de droit d'un même cas d'espèce.

149. En droit pénal, en revanche, la définition du déni de justice est tout autre. Il s'agit d'une incrimination sanctionnant toute entrave à la justice. Selon le Code civil, c'est le fait « *de dénier de rendre la justice après en avoir été requis et de persévérer dans son déni après avertissement ou injonction de ses supérieurs* ». La loi sanctionne les magistrats, les membres d'une juridiction et d'une administration qui entravent la justice quand ils ne

---

[1] Article 4 du Code civil.

[2] Cornu (G.), *Vocabulaire juridique, op. cit.*, pp. 237-238, p. 328 ; Définition de « *Déni de justice* ». V. également l'introduction de Favoreu (L.), *Du déni de justice en droit public interne*, Thèse de droit, Paris, 1962, LGDJ, 1964, 583 p., p. 27 : Selon le Professeur Louis Favoreu, le déni de justice « *s'entend de l'impossibilité pour le plaideur d'obtenir confrontation, par un juge, de sa situation aux règles de droit applicables, à la suite d'une défaillance dans l'organisation ou le fonctionnement de l'appareil juridictionnel* ».

[3] Article 12 de la loi du 24 mai 1872 relative au Tribunal des conflits : « *Le Tribunal des conflits règle le conflit d'attribution entre les deux ordres de juridiction, dans des conditions prévues par décret en Conseil d'État :*
1° Lorsque le représentant de l'État dans le département ou la collectivité a élevé le conflit dans le cas prévu à l'article 13 ; 2° Lorsque les juridictions de l'un et l'autre ordre se sont déclarées respectivement incompétentes pour connaître d'un litige ayant le même objet ; 3° Lorsqu'une juridiction de l'un ou l'autre ordre lui a renvoyé la question de compétence soulevée dans un litige ».

[4] Tribunal des conflits, 14 février 2000, n° 2929, *Ratinet*, JurisData n° 2000-111468 ; *Rec.* 2000, p. 749.

rendent pas la justice, pour quelque raison que ce soit[1]. Le fait de refuser de juger, conformément à sa fonction, revient à opposer aux parties un silence qui est pénalement sanctionné. Ainsi, pour justifier un refus de statuer, le juge ne pourrait demander que le législateur précise la portée de la loi ou demander à l'autorité administrative d'interpréter un texte réglementaire. Il ne pourrait pas davantage attendre, sans autre motif, la décision d'une autre juridiction, ou commettre un expert pour se prononcer sur un point de droit[2]. À titre d'exemple, pour le juge pénal, le délit de déni de justice est constitué dès lors qu'un magistrat a refusé de résoudre un point de droit sous prétexte d'obscurité, alors qu'il en avait reconnu la pertinence et avait ensuite déclaré faire profiter l'inculpé de l'incertitude qui était la sienne[3]. Le bénéfice du doute ne peut être accordé au prévenu quand le juge trouve que la loi est confuse. Sinon, le magistrat transgresse l'article 4 du Code civil[4]. Il en va autant s'il refuse de trancher une affaire en prétextant que les preuves lui manquent[5] ou s'il rejette une demande de dommages-intérêts pour la seule raison que les données de l'expertise ne lui permettent pas de chiffrer ceux-ci avec exactitude et sans la moindre erreur possible, alors qu'il reconnaît que la demande est fondée en son principe[6]. De plus, si le magistrat, « *après en avoir été requis*[7] », refuse de rendre la justice malgré deux sommations du requérant, il se montre là aussi coupable de déni de justice. Enfin, le silence opposé implicitement aux parties par le juge refusant de rendre la justice doit avoir été « *persistant* », c'est-à-dire que le déni a continué même après avertissement ou injonction des supérieurs[8].

150. Le législateur prévoit tout de même des exceptions au silence observé par le juge dans le cadre de sa fonction juridictionnelle, notamment lorsque celui-ci ne statue pas dans les délais impartis. Par exemple, dans le contentieux électoral, s'il ne s'est pas prononcé dans un délai qui est de deux ou trois mois, selon les cas, sur la contestation de l'élection d'un conseiller

---

[1] Article 434-7-1 du Code pénal. L'article prévoit une peine de 7.500 euros d'amende et l'interdiction de l'exercice des fonctions publiques pour une durée de cinq à vingt ans.

[2] Benmakhlouf (A.), « Déni de justice », *JCl. Pénal Code*, Article 434-7-1, Fasc. 20, juillet 2008, point n° 13.

[3] Crim., 21 octobre 1942, *DP* 1943, 1, p. 4. V. aussi Crim., 10 novembre 1959, *Bull. crim.* 1959, n° 476.

[4] Crim., 12 mars 1984, *Bull. crim.* 1984, n° 102.

[5] Civ. 2ème, 21 janvier 1993, JurisData n° 1993-001756 ; *Bull. civ.* 1993, II, n° 28. V. aussi Civ. 2ème, 5 avril 2007, n° 05-14.964, JurisData n° 2007-038337

[6] Civ., 4 février 1920, *DP* 1924, n° 1, p. 62.

[7] Article 434-7-1 du Code pénal.

[8] CA Paris, 30 juin 2004, JurisData n° 2004-257946. Les supérieurs peuvent être compris comme désignant le président du tribunal auquel appartient le juge concerné et le premier président de la cour d'appel. V. Benmakhlouf (A.), « Déni de justice », *op. cit.*, point n° 23.

départemental ou d'un conseiller municipal, le tribunal administratif est dessaisi ; les parties peuvent se pourvoir au Conseil d'État[1]. Ces exceptions peuvent être perçues comme participant à une bonne administration de la justice[2], favorisant un désengorgement des tribunaux de première instance. En effet, enfermer certaines procédures dans des délais trop courts ou intenables en pratique peut contrevenir à un « *but constitutionnel vers lequel doit tendre l'action du législateur en vue d'une plus grande effectivité des droits et libertés constitutionnels*[3] ». La bonne administration de la justice nécessite donc, dans certains cas – en raison par exemple de la complexité de l'affaire[4] ou du débat d'ordre public soulevant des questions d'ordre éthique[5] –, que certaines procédures prennent plus de temps que d'autres. Toutefois, il faut garder à l'esprit que toute personne a droit à ce que sa cause soit entendue dans un délai raisonnable et que des délais trop longs, à l'inverse, lui sont préjudiciables[6].

151. Et si, par ailleurs, le silence du juge valait un rejet ? L'hypothèse est rare, mais elle existe. C'est le cas lorsque le juge du référé administratif ne statue pas, dans un délai d'un mois, sur les garanties offertes par un contribuable pour surseoir au paiement d'un impôt[7]. Dans une décision, le Conseil d'État avait fait référence expressément à un «*jugement implicite*

---

[1] Articles R. 117 et R. 121 du Code électoral.

[2] Conseil constitutionnel, 3 décembre 2009, n° 2009-595 DC, *Loi organique relative à l'application de l'article 61-1 de la Constitution ;* Genevois (B)., « Le contrôle a priori de constitutionnalité au service du contrôle a posteriori. À propos de la décision n° 2009-595 DC du 3 décembre 2009 », *RFDA*, 2010, p. 1 : La bonne administration de la justice a été reconnue par le Conseil constitutionnel comme un objectif de valeur constitutionnelle

[3] Montalivet (P. de), *Les objectifs de valeur constitutionnelle*, Paris, Dalloz, coll. Bibliothèque parlementaire et constitutionnelle, 2006, 680 p., p. 23.

[4] Civ 1ère, 25 mai 2004, *Bull. civ.* 2004, I, n° 150 : près de quatre ans s'étaient écoulés entre la saisine du juge de l'expropriation et le jugement fixant l'indemnité. La procédure critiquée concernait une opération d'ensemble comprenant de nombreux expropriés et nécessitait un échelonnement des dates. Les plaignants dénonçaient la durée des procédures en invoquant le déni de justice et la violation de la Convention européenne des droits de l'homme mais ils ont été déboutés sur ce point : la cour d'appel a caractérisé la complexité de l'affaire justifiant ce délai.

[5] Par exemple les débats sur la fin de vie, le suicide assisté ou encore la question d'un « *acharnement thérapeutique* » au cœur de l'affaire Vincent Lambert.

[6] Civ. 1ère, 25 mars 2009, n° 07-17.575, JurisData n° 2009-047538 ; *D.* 2009, p. 122 : treize années s'étaient écoulées entre l'accident et le prononcé des droits à indemnisation. La Cour a donc jugé que cette durée excédait le délai raisonnable visé par l'article 6 de la Convention européenne des droits de l'homme, ce qui constituait un déni de justice au sens de l'article L. 781-1 du Code de l'organisation judiciaire devenu l'article L. 141-1 du même code.

[7] Article L. 279 du Livre des procédures fiscales.

résultant du silence gardé pendant plus d'un mois par le tribunal administratif[1] ». Il s'agissait en l'espèce d'un jugement implicite de rejet.

152. L'action en responsabilité contre l'État peut être invoquée pour deux raisons : si le déni de justice est caractérisé ou si la faute lourde est prouvée. Dans ces situations, en effet, la justice s'est montrée défaillante[2]. Toutefois, en pratique, la reconnaissance de ce délit pénal est rare. Cela s'explique par le fait que les éléments constitutifs de l'infraction sont difficiles à réunir, par conséquent, l'infraction n'a presque jamais donné lieu à des poursuites. Une autre explication réside dans la possibilité dont bénéficie le justiciable qui se plaint d'une omission ou d'un refus de statuer, notamment au prétexte du silence ou de l'obscurité de la loi, d'utiliser la voie du recours en cassation contre la décision critiquée[3]. Cela justifie qu'elle soit une « *incrimination inutilisée et pratiquement inutilisable*[4] ». Finalement, « *cette infraction presque jamais poursuivie a une portée plus symbolique que réelle*[5] ».

§ 2 : Le sens du silence des actes législatifs

153. Le sens du silence des actes législatifs peut renvoyer à la notion de « vide juridique ». Dans le vocabulaire juridique, elle est définie comme « *une lacune non intentionnelle du droit*[6] » dont le comblement appartient *in casu* au juge et par la suite, au législateur. À la différence du silence en matière administrative, le silence est constaté dans un acte qui résulte d'un processus législatif et qui est toujours en vigueur dans le système juridique. En effet, le silence de l'administration signifie que aucun acte administratif n'a été produit à la demande de l'administré dans le délai imparti. Il doit donc être opéré une distinction entre le silence dans l'acte lui-même – créateur d'une norme juridique[7] – et le silence du fait de l'absence d'acte.

---

[1] Conseil d'État, Sect., 9 février 1979, n° 04430, *Godard*, *Rec.* p. 51. La nouvelle version donnée à l'article L. 279 par la loi du 13 décembre 2011 ne devrait pas changer la solution.

[2] L'article L. 141-1 du Code de l'organisation judiciaire dispose que « *L'État est tenu de réparer le dommage causé par le fonctionnement défectueux du service de la justice. Sauf dispositions particulières, cette responsabilité n'est engagée que par une faute lourde ou par un déni de justice* ».

[3] Par exemple, Crim., 6 juillet 1982, *Bull. crim.* 1982, n° 181 ; *Rev. sc. crim.* 1983, p. 254, obs. Vitu (A.).

[4] Merle (R.), Vitu (A.), *Traité de droit criminel, Tome 1. Problèmes généraux de la science criminelle. Droit pénal spécial*, Cujas, 7e éd., 1997, 1068 p., n° 535.

[5] Véron (M.), *Droit pénal spécial*, Dalloz, 11e éd., 2016, 448 p., n° 602.

[6] Cornu (G.), *Vocabulaire juridique*, *op. cit.*, pp. 1073-1072, p. 1073, Définition de « *Vide juridique* ».

[7] Eisenmann (C.), *Cours de droit administratif*, LGDJ, T. I, 1982, 788 p., p. 361 et T. II, 1983, 910 p., p. 181 ; Amselek (P.), *L'acte juridique à travers la pensée de*

154. Le vide juridique renvoie en outre à la notion de « silence de la loi » qui signifie que « *le juge ne peut mettre en regard de la situation juridique qui lui est soumise un texte qui soit le principe de son raisonnement*[1] ». Par exemple, le juge recourt aux critères jurisprudentiels de qualification d'une activité de service public dans le silence de la loi[2]. Parmi ses créations d'origine prétorienne, peuvent être citées la notion de fonds libéral[3], de domaine public[4] ou encore la mise en œuvre, en matière de procédures collectives, de la pratique du règlement amiable des difficultés des entreprises[5]. Toutefois, même lorsque le juge a eu à se prononcer sur cette lacune pour la combler, nous devrions considérer qu'il y a toujours insuffisance ou silence de la loi tant que le législateur n'a pas expressément codifié la règle. En effet, l'intervention du juge n'est pas anodine, car même si elle a la vertu d'éclaircir certaines situations, elle est révélatrice d'incertitudes sur le plan législatif. La loi doit rester le premier socle sur lequel tout justiciable peut légitimement se reposer.

155. S'agissant de l'interprétation du texte législatif, le juge reste le principal interprète de la loi. Kelsen qualifie d'ailleurs d' « authentiques », les interprétations données par les « organes d'application du droit » – dont relèvent les juridictions –, « *indissociables [selon lui] des processus de création du droit et qui impliquent un acte de "volonté" par lequel l'organe d'application du droit "fait un choix entre les possibilités révélées par*

Charles Eisenmann : *La pensée juridique de Ch. Eisenmann*, Économica, 1986, 259 p., p. 31 ; Kelsen (H.), *Théorie pure du droit*, 2e éd., 1960, trad. Eisenmann (C.), 1962, Dalloz, rééd. 1999, Bruylant, LGDJ, 496 p., p. 7 : La norme est définie comme « *la signification d'un acte par lequel une conduite est ou prescrite ou permise et en particulier habilitée* ».

1 Boulanger (J.), « Rapport général : La méthode depuis le Code civil de 1804 au point de vue de l'interprétation judiciaire », *RIDC*, Vol. 2, n° 4, octobre-décembre 1950, pp. 746-757, p. 747.

2 Conseil d'État, Sect., 22 février 2007, n° 264541, *APREI*, *Rec.*, p. 92, concl. Verot (C.) ; *AJDA* 2007, p. 793, chron. Lenica (F.) et Boucher (J.).

3 Civ. 1ère, 7 novembre 2000, n° 98-17.731, JurisData n° 2000-006729 ; *Bull. civ.*, I, n° 283 ; *JCP G* 2001, II, 10452, note Vialla (F.) : arrêt fondateur énonçant que « « *si la cession de la clientèle médicale, à l'occasion de la constitution ou de la cession d'un fonds libéral d'exercice de la profession, n'est pas illicite, c'est à la condition que soit sauvegardée la liberté de choix du patient* ».

4 Pour une étude intéressante du caractère prétorien du droit de la domanialité publique, v. Hansen (P. S.), « La consécration prétorienne de la théorie de la domanialité publique globale », *JCP A* 2016, n° 9-10, 2055.

5 Bachlouch (S.), *La prévention et le règlement amiable des difficultés des entreprises en droit comparé franco-marocain*, Thèse de droit, Université Paris-Est, 2012, 375 p., p. 239, point n° 289 : la pratique est née du Tribunal de commerce de Paris.

l'interprétation à base de connaissance" [1]»[2]. L'interprétation est donc un acte de volonté qui permet d'attribuer un sens précis à un texte. En effet, « *avant leur interprétation, les textes ne sont que des abstractions, ils n'ont aucun sens, ils ne sont que des coquilles, ils comportent une série de significations possibles entre lesquelles il faut choisir*[3]». L'interprète se détache du texte en tenant compte du contexte, d'éléments extrinsèques au texte législatif. Il prend alors part activement à la production de normes. Cette conception kelsénienne s'oppose à la théorie doctrinale développant l'idée selon laquelle l'interprétation est un acte de connaissance[4]. C'est-à-dire que le juge ne devrait pas disposer d'autant de pouvoirs en tant qu'interprète : il doit en effet circonscrire son interprétation à l'énoncé même du texte, en s'aidant de diverses méthodes, de principes et de règles pratiques. Lorsqu'un texte est suffisamment clair, il est tenu de l'appliquer de manière littérale. *A contrario,* si le texte est confus ou la loi ne dit rien quant au problème de droit posé, le juge dispose de son plein pouvoir d'interprétation pour en dégager le sens ou procéder à certains raisonnements lui permettant d'obtenir une solution. Dans la première hypothèse, l'intention du législateur doit être recherchée grâce à l'interprétation téléologique. C'est-à-dire que le juge doit se fonder sur le but et les valeurs qui sous-tendent les dispositions législatives litigieuses. Dans la seconde hypothèse, il doit recourir à d'autres méthodes d'interprétation : le raisonnement par analogie[5], *a contrario*[6], *a fortiori*[1] , le syllogisme ou le

---

[1] Chevallier (J.), « Les interprètes du droit », *in La doctrine juridique*, CURAPP, PUF, 1993, 287 p., pp. 259-282, p. 259.

[2] Troper (M.). « Chapitre V. Kelsen, la théorie de l'interprétation et la structure de l'ordre juridique », *in* Troper (M.), (dir.), *Pour une théorie juridique de l'État*, PUF, 1994, 360 p., pp. 85-94.

[3] Bouix (C.), « L'interprétation de la loi par le juge », *in La loi et le juge,* XXIIe Journée d'étude de l'Institut Catholique et de la faculté de droit de Toulouse, Publications de l'Institut Catholique de Toulouse, 20 octobre 2016, 16 p., p. 3.

[4] Selon la doctrine de l'école de l'Exégèse, prônée par Aubry et Rau, chaque texte n'a qu'un seul et unique sens. Son interprétation est alors considérée comme un acte de connaissance. Halpérin (J.-L.), « Chapitre 1 - Au temps de l'Exégèse », *in Histoire du droit privé français depuis 1804*, PUF, 2012, 392 p., pp. 35-76.

[5] Cornu (G), *Vocabulaire juridique*, *op. cit.,* p. 65. Définition d'« *Analogie* » : « *Procédé classique d'interprétation rationnelle, relevant de la méthode exégétique qui consiste à étendre la solution édictée par un texte pour un cas à un cas semblable non prévu par le texte, en montrant que la raison d'appliquer la règle a la même force dans les deux cas, ce qui est démontré lorsque, dans la ratio legis , ce en quoi les cas sont semblables est déterminant pour l'application de la règle ; par dérivation, extension analogique comparable appliquée à toute règle* ».

[6] Si la loi prévoit une solution à une espèce mais non à celle qui lui est opposée, le juge adoptera la solution contraire à celle adoptée par le texte.

procédé de déduction[2]. Ainsi, si le vide juridique est un manquement juridique, un espace laissé libre que le législateur n'a pas encore comblé, nous serions tentée de le considérer comme un silence non intentionnel que l'intervention du juge pourrait lever. Mais la liberté dont il dispose pour chasser toute ambiguïté ne doit pas laisser place à l'arbitraire. C'est pourquoi ces méthodes sont mises en œuvre au regard du texte législatif en lui-même, sa logique, son esprit et sa cohérence. Celui-ci est à la fois le point de départ et les limites de toute interprétation. Les Professeurs Ost et Van de Kerchove le résument d'ailleurs parfaitement : « *l'interprétation combine la contrainte et la liberté*[3] ». Elle peut éventuellement être enrichie d'éléments extérieurs au texte législatif[4] mais ceux-ci doivent être puisés dans le système juridique lui-même[5].

156. Par ailleurs, la notion de vide juridique est à rapprocher mais à distinguer du « non-droit » défini, quant à lui, par le Doyen Carbonnier comme « *l'absence du droit dans un certain nombre de rapports humains où le droit aurait eu vocation théorique à être présent*[6] ». Il n'est pas un vide juridique résultant d'une imperfection ou d'une lacune non intentionnelle du droit ni même une violation si importante du droit au point qu'elle le mette en échec. Le vide juridique peut, au contraire, découler de la mise en œuvre de multiples situations telles que le retrait volontaire du droit dans ce qu'on appelle des « *lieux de non-droit*[7] » (lieu d'asile notamment) ou dans les « *temps de non-droit*[8] ». Dans cette perspective, nous pourrions y voir un silence volontaire. Cette fois-ci, il est intentionnel.

---

[1] Si l'espèce soumise au juge est étayée par des arguments encore plus nombreux et plus forts que le cas particulier pour lequel existe déjà un texte légal régissant sa situation, le juge appliquera la même solution.

[2] Lire pour plus de précisions : Boulanger (J.), « Rapport général : La méthode depuis le Code civil de 1804 au point de vue de l'interprétation judiciaire », *RIDC*, Vol. 2, n° 4, octobre-décembre 1950, pp. 746-757.

[3] Van De Kerchove (M.), Ost (F.) « Jeu de l'interprétation en droit », *Arch. phil. Droit*, n° 27, 1982, pp. 395-409, p. 395.

[4] Cette méthode est développée par François Gény dans son ouvrage : *Méthode d'interprétation et sources en droit privé positif : essai critique*, (préface par) Saleilles (R.), LGDJ, T. 2, 1919, 446 p., p. 75. Saleilles et Gény, relevant respectivement de l' « école de la méthode historique » et de l' « école de la libre recherche scientifique », préconisent le recours à des éléments extérieurs lorsque la méthode exégétique est inopérante. Celle-ci n'est pas à exclure pour interpréter le texte mais elle peut se révéler insuffisante.

[5] Bouix (C.), « L'interprétation de la loi par le juge », *op. cit.*, p. 11.

[6] Carbonnier (J.), « L'hypothèse du non-droit », *Arch. phil. dr.*, S., 1963, pp. 25-47, p. 25.

[7] Carbonnier (J.), *ibid.*, p. 28.

[8] Carbonnier (J.), *ibid.*, p. 29 : l'auteur cite l'exemple du Carnaval à travers l'Occident chrétien, resté partiellement une période de non-droit car il confère à ses

157. Le silence peut également avoir une signification particulière aux yeux de la loi lorsqu'il est prévu par un texte spécial : quand il est réglementé, il peut être interprété comme valant acceptation. Les contrats de location sont concernés par cette mesure, ainsi que l'indique l'article 1738 du Code civil : « *Si, à l'expiration des baux écrits, le preneur reste et est laissé en possession, il s'opère un nouveau bail dont l'effet est réglé par l'article relatif aux locations faites sans écrit* ». De même, quand un point important du contrat de travail est modifié, l'article L. 1222-6 du Code du travail énonce qu': « *à défaut de réponse dans le délai d'un mois, ou de quinze jours si l'entreprise est en redressement judiciaire ou en liquidation judiciaire, le salarié est réputé avoir accepté la modification proposée* ».

158. Lorsqu'il n'est pas expressément prévu dans un texte spécial, il peut également signifier que le législateur a entendu écarter la reconnaissance d'une obligation ou d'une prérogative spécifique, ou a refusé d'accorder une protection ou une valeur particulière au silence, en ne la consacrant pas explicitement. Ainsi, pour le Professeur Benoît Plessix, le silence du Préambule de la Constitution du 27 octobre 1946 s'agissant de la liberté d'enseignement signifiait que la majorité de l'assemblée constituante avait sciemment refusé de lui reconnaître une valeur constitutionnelle[1]. Le silence a donc bien un sens dès qu'on le rapporte à l'intention des constituants.

Conclusion de la Section I

159. En matière juridique, le silence doit être distingué du secret. Toutefois, dans certaines circonstances, ces deux notions se confondent car l'une est intrinsèque à l'autre. Il est en effet naturel d'observer un silence sur les faits et les documents dont on a connaissance lors de l'exercice de ses fonctions et pour lesquels on est soumis à une obligation au secret professionnel. Mais ces notions ont des portées distinctes. Le silence est, en matière pénale, un droit fondamental de la personne soupçonnée ou accusée d'un délit ou d'un crime et qui dispose d'un champ d'application spéficique. Le législateur considère en principe que la personne mise en cause dans une procédure pénale ne devrait pas détenir de secrets dans la mesure où la recherche de la vérité constitue une finalité essentielle du procès pénal. Son silence ne peut donc être synonyme de secret. Par ailleurs, le silence peut révéler de mauvaises intentions, notamment en matière contractuelle. C'est le cas de la réticence dolosive, un silence observé par un cocontractant de manière intentionnelle et sanctionné par le législateur. Le silence n'est pas

---

participants un droit d'insulte, se traduisant en un « *non-droit pénal, une non-répression de l'injure et de la diffamation* ». Il suspend en outre, les règlements de police interdisant les attroupements et le tapage nocturne.

[1] Plessix (B.), « Les silences du Préambule », *in* Gaudemet (Y.), (dir.), *Le Préambule de la Constitution de 1946*, éd. Panthéon-Assas, 2008, 224 p., pp. 79-81.

seulement du fait des personnes privées, il peut également être gardé par une autorité administrative ou juridictionnelle. Alors qu'en matière administrative, l'absence de réponse de l'administration dans le délai imparti traduit son acceptation sauf exceptions, en matière juridictionnelle, le silence revêt une connotation négative car il est contraire à la fonction de juger du juge. Enfin, le silence peut être constaté dans les écrits. En matière législative, il peut être synonyme de vide juridique. En cas d'incertitudes sur la mise en application du texte législatif, le juge doit alors l'interpréter.

Section II. La distinction du secret de la discrétion et de la réserve

160. Contrairement au silence, le secret, la discrétion et la réserve ont la particularité commune d'être des obligations professionnelles. Même s'ils ont tous des champs d'application spécifiques, l'obligation de discrétion tend à se confondre dans une certaine mesure avec l'obligation au secret (**§ 1**). De plus, l'une et l'autre sont plus contraignantes que l'obligation de réserve, véritable notion périphérique à celle du secret (**§ 2**).

§ 1. L'obligation de discrétion : une obligation inhérente à toute relation de travail

161. L'obligation de discrétion professionnelle dispose d'un champ d'application qui lui est propre en droit public (**I**). Le législateur l'a en effet expressément codifiée, de sorte qu'elle se distingue de l'obligation au secret professionnel ; ces obligations pesant toutes deux sur les agents de la fonction publique. En revanche, en droit privé, son champ d'application n'est clairement pas défini. Figurant souvent dans les contrats de travail de droit privé, l'obligation de discrétion donne l'impression de constituer un terme générique pour désigner la confidentialité (**II**).

I. L'obligation de discrétion en droit public : un champ d'application spécifique

162. La discrétion professionnelle est l'un des devoirs du fonctionnaire. Elle s'applique à tout ce dont il a connaissance quand il exerce ses missions (article 26 de la loi n° 84-634 du 13 juillet 1983, dite « loi Le Pors »). Elle doit aussi être observée par les agents contractuels[1] mais elle ne peut être opposée par le subordonné à son supérieur. Selon le Professeur René Chapus, « *dans les limites où elle s'impose, l'obligation exclut [pour l'agent qui y est astreint] toute divulgation de faits, informations et documents (dont la connaissance par les agents a quelque lien avec leurs fonctions) : que ce soit par déclaration orale, articles de presse ou de revue, affichage, distribution de tracts, que ce soit au profit de personnels de leur service*([2]) *ou de personnes qui lui sont extérieures*[3] ». Cette obligation légale est instaurée de sorte à protéger l'administration plutôt que ses bénéficiaires[4]. Elle vise à préserver en effet ses secrets et non ceux de l'administré garantis, quant à eux, par l'obligation de secret professionnel. Ainsi, la codification d'une telle contrainte a été guidée par des objectifs propres, liés au bon fonctionnement du service public, nécessitant une part de confidentialité dans la mise en œuvre de certaines prérogatives de puissance publique. Cela justifie qu'elle ne puisse être en principe levée que par décision expresse de l'autorité hiérarchique selon l'article 26 alinéa 2 de la loi précitée, sauf « *cas expressément prévu par la réglementation en vigueur*[5] ». En outre, l'article 40 alinéa 2 du Code de procédure pénale délie le fonctionnaire de son obligation de discrétion à condition de respecter la procédure prévue à cet effet, ce qui implique notamment de saisir uniquement le procureur[6]. Une

---

[1] Jean-Pierre (D.), « Contentieux du droit de la fonction publique et des ressources humaines - 1er trimestre 2017 (décisions de janvier à mars) », *JCP A* 2018, n° 8, chron. 2058. V. par exemple Conseil d'État, 20 mars 2017, n° 393320, *Centre de gestion de la fonction publique territoriale du Territoire de Belfort,* JurisData n° 2017-005219 ; *AJFP* 2018, p. 47 ; *AJDA* 2017, p. 606 ; *AJCT* 2017, p. 526, obs. Roux (E.) : l'obligation de discrétion professionnelle s'applique également aux agents non titulaires de la fonction publique territoriale (Loi n° 84-53, 26 janvier 1984, portant dispositions statutaires relatives à la fonction publique territoriale, art. 136 : *JO* 27 janvier 1984, p. 441), comme, en l'espèce, un agent recruté par contrat par le centre de gestion de la fonction publique territoriale et mis à la disposition d'une commune pour exercer les fonctions d'adjoint technique au sein de la police municipale.

[2] Cependant, la communication des informations entre agents est autorisée, si elle a lieu au sein de leur service et si elle permet l'accomplissement de leurs missions. V. à cet égard Conseil d'État, 10 octobre 2012, n° 347128, *Office public de l'habitat de Châtillon*, *Rec.* p. 820 ; *AJDA* 2012, 1929.

[3] Chapus (R.), *Droit administratif général*, T. II, Montchrestien, Coll. Domat Droit public, 15e éd. 2001, 798 p., p. 301.

[4] Vigouroux (C.), *Déontologie des fonctions publiques*, Paris, Dalloz, 2012, 731 p., p. 465. Pour une discussion sur le contenu de cette distinction avec le secret professionnel, voir Azouaou (P.), « L'indiscrétion des fonctionnaires », *L'Actualité juridique. Fonctions publiques*, Vol. 5, 2014, pp. 268-276.

[5] Laurent (A.), « L'agent public lanceur d'alerte : de la déontologie à la transparence ? », *RDP*, 1er juillet 2016, n° 4, p. 1095.

[6] Crim., 6 juillet 1977, *Bull. crim.,* n° 255.

nouvelle hypothèse est désormais prévue par la législation concernant les lanceurs d'alerte[1]. Mis à part ces exceptions prévues limitativement par la loi, l'obligation de discrétion professionnelle peut être perçue « *comme une sorte de devoir de loyalisme (des fonctionnaires) à l'égard de leur propre administration*[2] ».

163. Dans cette perspective, sa portée est beaucoup plus grande que l'obligation au secret (à laquelle les agents sont aussi astreints) qui ne concerne, de manière restrictive, que les informations de l'administré. En effet, l'article 26 de la loi n° 84-634 du 13 juillet 1983 n'apporte aucune précision quant au caractère secret ou non de l'information sur laquelle s'impose la discrétion : ni sur son origine (directe ou indirecte, par l'intermédiaire de tiers) ni sur la nature des documents concernés (non achevés ou préparatoires à une décision). Ainsi, selon les termes du Professeur René Chapus, une discrétion générale doit être imposée sur tous « *faits, informations et documents dont la connaissance par les agents a quelque lien avec leurs fonctions* ». L'obligation de discrétion peut être transgressée dans bien des cas : quand l'agent a divulgué des informations et des opinions émises par des collègues à l'occasion de réunions de travail[3] ou, quand il a dévoilé des informations sur eux[4]. Il en va de même lorsqu'un agent apprend, à un collègue[5] ou à un administré[6], qu'une enquête le concernant est en cours. Également, le fait d'avertir la presse qu'une enquête judiciaire est ouverte, sur la tenue du registre des délibérations, viole l'obligation de discrétion[7]. La situation est la même quand une pièce du dossier du personnel est détournée par le fonctionnaire qui en est le dépositaire. Un agent a en effet adressé à l'avocat de son ex-mari un document qui l'avantage dans le cadre d'une procédure tendant au partage de la communauté, à la suite de son divorce[8]. Enfin, l'agent qui aura informé le responsable des ressources humaines d'une commune d'un litige l'opposant à un de ses collègues, qui demandait sa mutation dans cette même mairie manquera à son obligation de discrétion professionnelle[9].

164. Mais les obligations de discrétion professionnelle et de confidentialité doivent s'articuler avec le devoir d'information du public et le principe de communication de documents administratifs prévus par la loi

---

[1] V. *Infra :* Partie I, Titre I, Chapitre II, Section II, § 2.

[2] Waline (M.), note sous Conseil d'État, Sect., 6 mars 1953, *Dlle Faucheux*, *RDP* 1953, p. 1031.

[3] CAA Nantes, 19 juin 2003, n° 99NT02904, *Noël.*

[4] TA Orléans, 4 novembre 2004, n° 02-02070, *M. D.*

[5] CAA Paris, 20 février 2001, n° 00PA01838, *Commune de Croissy-sur-Seine.*

[6] Conseil d'État, 21 novembre 2003, n° 243959, *Poukalo*, *AJDA* 2004, p. 941.

[7] Conseil d'État, 12 mai 1997, n° 132477, *Bourdiec.*

[8] CAA Nantes, 15 novembre 1989, n° 89NT01232, *Mme Perrigault.*

[9] TA Orléans, 4 novembre 2004, n° 0202070, *M. D.*, *AJFP* 2005, p. 97.

n° 78-753 du 17 juillet 1978 portant diverses mesures d'amélioration des relations entre l'administration et le public, et diverses dispositions d'ordre administratif, social et fiscal[1]. Il n'est donc pas rare que l'obligation de discrétion des fonctionnaires semble en effet parfois en conflit avec un devoir de parler[2].

165. Cette contradiction a maintes et maintes fois été abordée devant les juridictions internes et européennes. À cet effet, la Cour européenne des droits de l'homme, qui protège la liberté d'expression des agents publics, a eu l'occasion de rappeler que ces derniers sont tenus à un « *devoir de loyauté, de réserve et de discrétion envers leur employeur*[3]». La dénonciation de dysfonctionnements qui viole l'obligation de discrétion, n'est admise par la Cour qu'à la triple condition que l'agent ait agi de bonne foi, dans l'intérêt général et après avoir épuisé les recours internes[4]. La jurisprudence administrative s'est quant à elle montrée plus sévère à l'égard des fonctionnaires de police ou des gendarmes critiquant le fonctionnement de leurs services. Ainsi a-t-elle eu à prononcer la mise à la retraite d'office d'un fonctionnaire, en raison du caractère grave et réitéré des faits commis, au vu de son grade et de ses fonctions[5]. Elle a également eu à confirmer la décision de licenciement disciplinaire d'un policier avait publié sur internet des informations précises sur l'activité de la police municipale : organisation du service, dispositifs de vidéosurveillance et de vidéo-verbalisation installés dans la commune. Il avait en effet contrevenu à son obligation de discrétion professionnelle, d'autant que, dans les documents mis en ligne sur son blog ou des réseaux sociaux, il portait systématiquement l'écusson de la police municipale[6].

166. Par ailleurs, la conciliation entre liberté syndicale codifiée à l'article 8 de la loi n° 83-634 du 13 juillet 1983 et obligation de discrétion n'est pas toujours aisée. Même s'il dispose « *d'une liberté d'expression renforcée dans le cadre de la défense des intérêts professionnels des*

[1] Loi n° 78-753, 17 juillet 1978, *JO* 18 juillet 1978, p. 2851.

[2] V. Beaud (O.), « Obligation de réserve ou devoir de parler ? Deux conceptions de la fonction publique », *AJDA* 2010, p. 865.

[3] CEDH, 12 février 2008, n° 14277/04, *Guja c/ Moldavie*, JurisData n° 2008-010477 ; *JCP G* 2008, I, 167, n° 18, obs. Sudre (F.).

[4] CEDH, 12 février 2008, n° 14277/04, *Guja c/ Moldavie, préc.*

[5] Conseil d'État, 12 janvier 2011, n° 338461, *Matelly*, JurisData n° 2011-000206 ; *JCP A* 2011, act. 49 ; Conseil d'État, 23 avril 1997, n° 144038, *Bitauld*, JurisData n° 1997-05022 ; CAA Paris, 31 décembre 2014, n° 13PA00914, *Mme Souid*, *AJDA* 2015, p. 639, concl. Oriol (C.) ; CAA Paris, 18 juin 2013, n° 11PA05236, 12PA02551, *Pichon*.

[6] Conseil d'État, 20 mars 2017, n° 393320, *Centre de gestion de la fonction publique territoriale du Territoire de Belfort ; AJDA* 2017, p. 606 ; *AJFP* 2018, p. 47 ; *AJCT* 2017, p. 526, obs. Roux (E.).

personnels[1] », un fonctionnaire investi de responsabilités syndicales n'est pas libéré de son obligation de discrétion professionnelle[2], car elle concerne aussi tous les faits et documents dont il a eu connaissance en participant aux instances de la collectivité, dans le cadre de commissions administratives paritaires (CAP)[3] ; de comités techniques et, par extension, du comité d'hygiène, de sécurité et des conditions de travail (CHSCT)[4]. L'obligation de discrétion représente donc une limite à la liberté d'expression syndicale, longtemps revendiquée par les organisations syndicales[5].

167. Le juge en a précisé la portée. Par exemple, par arrêt du 5 mars 2008[6], la Chambre sociale a jugé que les publications d'un syndicat sur internet doivent tenir compte de la confidentialité des informations mises en lignes. Une raison à cela : éviter de porter préjudice aux tiers. Cette décision repose sur la Conv. EDH (article 10 § 2) et la loi n° 2004-575 du 21 juin 2004 pour la confiance dans l'économie numérique[7]. Par ailleurs, l'obligation de discrétion en droit privé est souvent contractualisée pour préserver le caractère confidentiel de certaines informations. Toutefois, la frontière avec l'obligation au secret n'est pas toujours claire.

II. L'obligation de discrétion en droit privé : un champ d'application flou

168. Comme il n'existe pas, contrairement en droit administratif, de disposition légale générale d'obligation de discrétion à l'égard des salariés, celle-ci est le plus souvent contractualisée. L'employeur peut en effet insérer expressément une telle clause dans le contrat de travail de salariés qui ont accès à des informations sensibles ou stratégiques[8]. Ces derniers doivent

---

[1] CAA Paris, 22 février 2011, n° 09PA06047.

[2] Conseil d'État, 6 mars 1953, n° 14088, *Delle Faucheux*, *Rec.* p. 124, concl. Chardeau ; *RDP* 1953, p. 1030.

[3] Décret n° 89-229 du 17 avril 1989 relatif aux commissions administratives paritaires des collectivités territoriales et de leurs établissements publics, v. article 35 alinéa 4.

[4] Décret n° 85-565 du 30 mai 1985 relatif aux comités techniques paritaires, v. article 28 alinéa 2.

[5] V. *Le droit syndical sur le lieu de travail*, Colloque de Grenoble des 24 et 25 juin 1964, *Dr. ouvrier* 1964, p. 141.

[6] Soc., 5 mars 2008, n° 06-18.907, JurisData n° 2008-043253 ; *Semaine sociale Lamy*, 19 mars 2008, p. 4, obs. Ray (J.-E.). – V. *JCl. Travail Traité*, Fasc. 12-30.

[7] Loi n° 2004-575, 21 juin 2004, *JO* 22 juin 2004.

[8] S'exprimant sur les propos d'un directeur de la comptabilité, la jurisprudence a estimé que le cadre avait commis une faute grave en rendant publiques les difficultés financières de l'entreprise qui l'emploie, et cela au point de ternir la considération que lui porte le public (Soc., 30 juin 1982, n° 80-41.114, *Bull. civ.* V, p. 314).

impérativement garder le silence à leurs propos sous peine de sanctions légales[1], disciplinaires[2] voire de rupture du contrat[3].

169. À la différence du droit public, la discrétion et le secret se confondent souvent en droit privé : il n'est pas rare que la clause de discrétion soit appelée clause de « confidentialité » selon les termes utilisés dans le contrat de travail[4], ou clause de « secret », de « discrétion », de « confidentialité », de « réserve »... Quoi qu'il en soit, elle a généralement « *pour objet d'imposer au salarié de conserver certaines informations dont il pourrait avoir connaissance à l'occasion de l'exercice de ses fonctions. Elle permet de protéger les intérêts de l'entreprise en interdisant au salarié de divulguer certaines informations essentielles*[5] ». Pour ces raisons, la frontière entre discrétion et secret n'est pas évidente en droit privé, de sorte qu'il ne semble pas pertinent de distinguer ces notions.

170. En outre, dans la plupart des cas, ces clauses s'ajoutent aux dispositions légales codifiant déjà certains secrets professionnels tels que le secret des affaires ou le secret médical. La contractualisation de ces clauses permet de consolider leur portée ou de la préciser en indiquant expressément quelles informations doivent être couvertes d'une discrétion absolue ou relative. Outre le fait que la clause œuvre à l'information du salarié dans son contrat (puisqu'il le signe en connaissance de cause), elle en façonne le champ d'application, à condition qu'elle ne déroge pas à des dispositions d'ordre public. Dans cette perspective, une clause serait rejetée si elle contrevenait au secret médical en précisant quelles informations du patient

---

[1] Sa responsabilité civile et pénale pourra être mise en cause. Il devra alors indemniser tout préjudice résultant d'une divulgation d'informations. Il ne pourra y avoir dommage et intérêts qu'à la condition de prouver la réalité et l'existence d'un préjudice pour l'entreprise (Soc., 19 mars 2008, n° 06-45.322).

[2] Sa violation peut entraîner des sanctions allant de l'avertissement au licenciement pour faute grave (Soc., 13 juillet 1989, n° 86-44.995).

[3] Soc., 26 septembre 2007, n° 06-40.812 : il est nécessaire de démontrer que ce dernier a contrevenu à la clause de confidentialité. Par exemple, lorsque le contrat de travail impose à une salariée une obligation de discrétion, celle-ci manque « *à son obligation en répondant à l'interview d'un journaliste sur la fréquentation du cinéma sans en aviser préalablement son employeur* » (Soc., 29 février 2012, n° 10-26.275). Qu'une secrétaire ouvre le courrier de son directeur, sans que celui-lui le sache, est un motif de licenciement valable et avéré (Soc., 5 mars 1987, n° 85-43.126).

[4] Par exemple, CA de Basse-Terre, 30 janvier 2017, RG 15/00904 : « *le contrat de travail signé par Mme Y... contient la clause suivante : "Discrétion : Mademoiselle Y... Dina Marie s'engage à faire preuve de la discrétion la plus absolue sur l'ensemble des renseignements qu'elle pourra recueillir à l'occasion de l'exercice de ses fonctions ou du fait de sa présence dans la Société"* ».

[5] Tricoit (J.-Ph.), « Liberté d'expression et droit social », *JCl. Communication*, Fasc. 18, décembre 2015, n° 105.

sont ou non confidentielles. L'obligation de discrétion peut néanmoins faire l'objet d'une disposition légale mais à l'égard d'une catégorie particulière de salariés. C'est le cas de l'article L. 2325-2 alinéa 2 du Code du travail énonçant que « *les membres du comité d'entreprise et les représentants syndicaux sont tenus à une obligation de discrétion à l'égard des informations revêtant un caractère confidentiel et présentées comme telles par l'employeur*[1] ».

171. Comme toute obligation de nature contractuelle, l'obligation de discrétion a des caractéristiques propres. Lorsque la clause ne fait que rappeler et préciser l'obligation légale de secret professionnel et l'obligation de discrétion exigée par la jurisprudence[2], elle n'est soumise à aucune condition particulière de validité. Elle s'applique pendant la durée du contrat de travail mais aussi après qu'il a pris fin si une clause le prévoit[3]. Elle peut contenir une mention générale de discrétion professionnelle visant tous les faits concernant l'entreprise ou prévoir des mentions particulières, c'est-à-dire viser uniquement certaines données financières, comptables, commerciales, technologiques... Lorsqu'elle ne renvoie pas à une obligation légale de secret professionnel, elle n'est valable que sous certaines conditions : comme il s'agit d'une entrave à la liberté d'expression, elle doit avoir été inscrite dans l'intérêt de l'entreprise et être proportionnelle au but recherché[4] ; par ailleurs, elle ne peut constituer un moyen détourné ou frauduleux destiné à empêcher l'exercice de droits intangibles, ceux de la défense notamment ; de même, rien ne l'autorise à s'opposer aux dispositions de l'article 10 du Code civil au terme desquelles « *chacun est tenu d'apporter son concours à la justice en vue de la manifestation de la vérité* ». À cet effet, une telle clause ne pourrait être opposée au salarié pour l'empêcher d'organiser sa défense si un contentieux du contrat de travail devait intervenir avec son employeur : « *Un salarié peut produire en justice des documents dont il a eu connaissance à l'occasion de ses fonctions, lorsque cela est strictement nécessaire à l'exercice des droits de sa défense dans le litige l'opposant à son employeur*[5] ».

---

[1] Sur la divulgation d'un procès-verbal confidentiel du comité d'entreprise : Soc., 5 mars 1997, n° 95-43.195, JurisData n° 1997-005545.

[2] Conseil d'État, 26 novembre 1990, n° 96.564, *Ministre des affaires sociales et de l'emploi c/ SA Gardinier*: Le Conseil d'État a reconnu la licéité d'une disposition du règlement intérieur rappelant « *l'obligation de discrétion professionnelle qui s'oppose à la divulgation de renseignements confidentiels* ».

[3] Soc., 19 mars 2008, n° 06-45322.

[4] Article L. 1121-1 du Code du travail : « *Nul ne peut apporter aux droits des personnes et aux libertés individuelles et collectives de restrictions qui ne seraient pas justifiées par la nature de la tâche à accomplir ni proportionnées au but recherché* ».

[5] Soc., 30 juin 2004, n° 02-41.720 et 02-41.771.

172. La clause de discrétion ne doit pas en revanche être confondue avec la clause de non-concurrence, laquelle vise à empêcher que le salarié mette des compétences acquises dans l'entreprise au service d'un concurrent[1]. En effet, la clause de discrétion – qui impose au salarié de ne pas révéler d'informations sur son ancien employeur – ne nécessite pas, à la différence de la clause de non-concurrence, que lui soit versée une contrepartie financière au salarié. Celle-ci est obligatoire (à la signature d'un contrat contenant une clause de non-concurrence) même si aucune convention collective ne la prévoit[2]. C'est là une condition de validité de la clause[3]. À son sujet, la jurisprudence a indiqué que la stipulation minorant le montant de la contrepartie financière (selon la rupture du contrat), même en présence d'une convention collective, devait être réputée non écrite[4]. Par ailleurs, contrairement à l'obligation de discrétion, l'interdiction contenue dans l'obligation de non-concurrence ne vaut qu'à partir de la rupture du contrat, est obligatoirement limitée dans le temps et restreinte à une zone géographique précise.

173. La question d'une contrepartie financière à la signature d'une clause de discrétion avait pu être soulevée devant la juridiction prud'homale car elle et la clause de non-concurrence sont proches ; elles cherchent en effet à empêcher l'employé de communiquer des informations sur son ancien employeur. Mais la différence réside dans le champ d'application couvert par la clause. Dans une décision du 15 octobre 2014, la Cour de cassation a jugé que « *la clause [de discrétion] ne portait pas atteinte au libre exercice par le salarié d'une activité professionnelle, mais se bornait à imposer la confidentialité des informations détenues par lui et concernant la société*[5] ». Il est donc légitime de considérer qu'il faille, à l'inverse, prévoir une contrepartie financière à toute clause qui porterait atteinte au libre exercice, par le salarié, d'une activité professionnelle : celle qui limiterait sa liberté de communiquer des informations ou celle qui l'empêcherait d'utiliser un savoir acquis auprès de son ancien employeur. C'est le cas de la clause dite de « *respect de clientèle* », assimilée à une véritable clause de non-

---

1 Soc., 2 octobre 2001, n° 99-42.942, JurisData n° 2001-011137 ; *Bull. civ.* 2001, V, n° 291: la clause de discrétion ne peut pas se confondre avec les exigences d'une clause de non-concurrence, à peine de dénaturation.

2 Soc., 2 mars 2005, n° 03-42.321, *JCP* 2005, p. 1125, obs. Béal (S.) et Giroud (A.).

3 Soc., 10 juillet 2002, n° 00-45387 et n° 99-43334 : Une clause de non-concurrence ne comportant pas de contrepartie financière est nulle. Il en va de même si le montant de la contrepartie est dérisoire car cela équivaut à une absence de contrepartie (V. aussi Soc., 16 mai 2012, n° 11-10.760).

4 Soc., 18 janvier 2018, n° 15-24.002, *D.* 2018 p. 173 ; *Dr. soc.* 2018, p. 396.

5 Soc., 15 octobre 2014, n° 13-11.524, *Bull.* 2014, V, n° 240.

concurrence[1]. Puisqu'elle réduit la concurrence en interdisant au salarié d'exploiter la clientèle de son ancien employeur, elle doit en respecter les conditions[2] et par conséquent être accompagnée d'une contrepartie financière[3]. La Cour de cassation avait relevé, pour procéder à cette assimilation, le caractère drastique de l'interdiction qui doit s'appliquer, « *y compris dans le cas où des clients de l'employeur envisageraient spontanément, en dehors de toute sollicitation ou démarchage, de contracter sous quelque forme que ce soit avec l'ancien salarié* », la clause litigieuse n'ayant donc d'autre objet que d'empêcher l'ancien salarié de développer une activité concurrente[4]. Le critère primordial pour le versement ou non d'une contrepartie financière est donc l'atteinte au libre exercice d'une activité professionnelle par le salarié. Pour la clause de discrétion, il n'y a pas de conditions contrairement à la clause de clientèle ou de non-concurrence. Mais cette atteinte ne donne pas forcément droit à une contrepartie financière en ce qui concerne la clause de non-sollicitation.

174. La jurisprudence s'est ainsi prononcée sur cette question dès que cette clause est mise en œuvre et insérée, non pas dans le contrat de travail, mais dans une convention passée entre l'employeur et ses clients ou partenaires, pour leur interdire d'embaucher son personnel[5]. Si l'autonomie de la clause de non-sollicitation par rapport à la clause de non concurrence est reconnue par la Chambre sociale, elle ne peut justifier toute atteinte à la liberté du travail. Par conséquent, le salarié, empêché d'être engagé pendant un temps et souffrant d'une « *atteinte à sa liberté de travailler* », paraît autorisé à « *se prévaloir du trouble qu'est susceptible de lui causer une*

---

[1] V. notamment Depincé (M.), « La clause de non-concurrence post-contractuelle et ses alternatives », *RTD com.* 2009, p. 259 ; Castronovo (M.), « Clause de clientèle et clause de non-concurrence », *RDT* 2010, p. 507.

[2] Renaud (S.), « La clause de respect de clientèle, succédané de la clause de non-concurrence », dossier « - Chronique des clauses sensibles du contrat de travail - » des *Cahiers sociaux du barreau de Paris*, juillet 2014, n° 265, p. 459.

[3] Soc., 27 octobre 2009, n° 08-41501, *Bull. civ.* V, n° 232 ; *L'Essentiel Droit des Contrats*, décembre 2009, n° 11, p. 3, obs. Guerlin (G.) ; *Contrats, conc. consom.* 2009, comm. 228, obs. Malaurie-Vignal (M.) ; *JCP G* 2010, 24, note Corrignan-Carsin (D.) ; *JCP S*, 2010, 1055, note Bossu (B.) ; *Dr. soc.* 2010, p. 120, obs. Mouly (J.): « *Mais attendu qu'ayant relevé, par motifs propres et adoptés, que la « clause de clientèle » contenait une interdiction, y compris dans le cas où des clients de l'employeur envisageraient spontanément, en dehors de toute sollicitation ou démarchage, de contracter directement ou indirectement avec l'ancienne salariée, et retenu que dans ce cas, il ne peut être considéré que l'intéressée manque de loyauté à l'égard de son ancien employeur, la cour d'appel en a exactement déduit que cette clause s'analysait en une clause de non-concurrence, illicite car dépourvue de contrepartie financière et non limitée dans le temps et dans l'espace* ».

[4] Soc., 15 février 2012, n° 10-21328. V. Soc., 3 juillet 2013, n° 12-19465.

[5] V. notammeny Bénilsi (S.), « La clause de non-sollicitation », *JCP S*, 2007, 1976.

clause de non-sollicitation ne comportant pas de contrepartie financière[1] ». La difficulté en revanche est que la clause de non-sollicitation est localisée dans une convention conclue entre « *sociétés commerciales en rapports d'affaires*[2] » de sorte que « *l'effet restrictif développé à l'endroit du salarié n'est qu'indirect*[3] », celui-ci étant tiers à la convention. En l'état actuel de la jurisprudence, aucune décision n'exige qu'une contrepartie financière soit accordée lorsque le contrat prévoit une clause de non-sollicitation[4]. Présente ou non, cette dernière est licite. Il semblerait donc que l'exigence de contrepartie financière, conséquemment à l'atteinte à la liberté d'exercer, nécessite que la clause soit insérée directement dans le contrat de travail du salarié. À l'inverse de la discrétion et du secret professionnels, la réserve semblerait avoir une portée coercitive moindre, même si elle entretient des liaisons étroites avec ces notions voisines.

§ 2. L'obligation de réserve : une portée coercitive tempérée par la liberté d'expression

175. Si le secret, la discrétion et la réserve ont pour caractéristique commune d'être des obligations limitant la liberté d'expression de celui qui en est titulaire, l'obligation de réserve a ses spécificités liées à son origine **(I)** et son champ d'application **(II)**.

I. Une obligation d'origine jurisprudentielle peinant à être codifiée

176. En droit public[5], les obligations de discrétion et de secret professionnels, contrairement à l'obligation de réserve, ont été codifiées par

[1] Com., 10 mai 2006, n° 04-10149, *Bull. civ.* V, n° 116 ; *JCP S* 2006, 1642, p. 23, obs. Vatinet (R.) ; *Contrats, conc. consom.*, 2006, comm. n° 164, obs. Malaurie-Vignal (M.) ; *JCP G* 2006, I, 176, n° 14, obs. Grosser (P.) ; *D.* 2006, *A.J,* p. 1526, obs. Chevrier (E.) ; *Jur.*, p. 2923, obs. Gomy (M.) ; *D.* 2007, somm., p. 179, obs. Condemine (D.).

[2] CA Lyon, 12 juillet 2005, *JCP E* 2006, p. 726, note Stoffel-Munck (Ph.) ; *D.* 2006, somm. p. 2923, n° 1, obs. Gomy (M.).

[3] Renaud (S.), « La clause de respect de clientèle, succédané de la clause de non-concurrence », dossier « - Chronique des clauses sensibles du contrat de travail - », *op. cit.*

[4] Soc., 2 mars 2011, n° 09-40.547, *Contrats, conc., consom.* 2011, comm. 139, obs. Malaurie-Vignal (M.) ; *Dr. soc.* 2011, p. 860, obs. Mouly (J.).

[5] Nous n'étudierons pas l'obligation de réserve en droit privé car, nous l'avons vu plus haut, elle entretient une confusion avec le secret et la discrétion selon la

la loi n° 84-634 du 13 juillet 1983 portant droits et obligations des fonctionnaires[1]. Celle-ci présente en effet une certaine originalité en ce qu'elle constitue une création prétorienne[2] découlant d'une part, du principe de neutralité du service public qui l'empêche de fonder ses décisions sur l'appartenance politique, philosophique, ou religieuse des usagers[3] ; et, d'autre part, du principe de laïcité qui interdit aux agents de l'État de manifester leurs croyances religieuses dans le cadre du service[4]. L'obligation de réserve, concernant aussi bien les fonctionnaires que les agents contractuels[5] préserve le bon fonctionnement de l'administration[6].

177. Selon Michel Reydellet, le Conseil d'État a emprunté la notion de « réserve » à une jurisprudence de la Cour de cassation de 1882, relative au contrôle disciplinaire des magistrats[7] : elle affirmait que *« le magistrat doit éviter tout ce qui pourrait être un « manquement à la réserve*[8] ». Le

---

dénomination employée dans le contrat de travail entre le salarié et son employeur. Les distinguer ne paraît donc pas pertinent.

[1] Les dispositions les codifiant résultent de dispositions législatives anciennes, issues de la loi n° 46-2294 du 19 octobre 1946 relative au statut général des fonctionnaires et systématiquement reprises depuis.

[2] Consacrée pour la première fois dans Conseil d'État, 31 janvier 1919, *Terrisse*, *Rec.* p. 108 suivi de Conseil d'État, 11 janvier 1935, *Sieur Bouzanquet*, *Rec.* p. 44 (cette jurisprudence est la plus souvent citée comme étant à l'origine de l'obligation de réserve). L'obligation a depuis fait l'objet d'une jurisprudence abondante : exemple : Conseil d'État, 10 février 1939, *Ville de Saint Maurice* ; Conseil d'État, 11 février 1953, *Touré Alhonsseini*, *Rec.* p. 709 ; Conseil d'État, Ass., 13 mars 1953, *Tessier*, *Rec.* p. 133.

[3] Conseil d'État, 27 juillet 2005, n° 259806, *Commune Sainte-Anne*, JurisData n° 2005-068697 ; *Rec.* 2005, p. 347 ; Conseil d'État, Ass., 9 novembre 2016, n° 395122, *Commune Melun*, *Rec.* p. 462 ; Conseil d'État, Ass., 9 novembre 2016, n° 395223, *Fédération de la libre pensée de Vendée*, JurisData n° 2016-023466 ; *Rec.* p. 449 ; *AJCT* 2017, p. 90, obs. de la Morena et Yazi-Roman ; *AJDA* 2016, p. 2375, chron. Dutheillet de Lamothe et Odinet ; *D.* 2016, p. 2456, entretien Maus (D.) ; *Dr. adm.* 2017, comm. 18, note Eveillard ; *RFDA* 2017, p. 127, note Morange ; Conseil d'État, Sect., 3 mars 1950, *Dlle Jamet*, *Rec.* p. 247 ; Conseil d'État, Avis, 3 mai 2000, n° 217017, *Mlle Marteaux*, *AJDA* 2000, p. 673 et p. 602, chron. Guyomar (M.) et Collin (P.) ; *D.* 2000, p. 747, note Koubi (G.) ; *AJFP* 2000, p. 39 ; *RFDA* 2001, p. 146, concl. Schwartz (R.).

[4] Conseil d'État, avis, 3 mai 2000, n° 206871, *Marteaux*, JurisData n° 2000-060645 ; *Rec.* 2000, p. 169.

[5] Conseil d'État, 8 janvier 1965, n° 61205, *Le Nulzec*, *Rec.* p. 13.

[6] Vincent (J.-Y.), « L'obligation de réserve des agents publics », *Dr. adm.,* 1973, p. 142.

[7] Reydellet (M.), *L'obligation de réserve des agents publics*, Thèse de droit, Université d'Aix-Marseille III, 1977, 1016 p., p. 23. V. Cour de cassation, Ch. réunies, 25 janvier 1882, *B. de la Paillonne*, *D.* 1883, 1, p. 93.

[8] Cour de cassation, Ch. réunies, 25 janvier 1882, *B. de la Paillonne*, *préc.*

législateur ne l'a pas codifiée[1], même si l'idée de réserve est reprise dans certains statuts particuliers comme celui des magistrats[2], des militaires[3], des policiers de la police nationale[4] et municipale[5]. Bien que le statut général de 1983 ne mentionne pas l'obligation de réserve, « *celle-ci n'en subsiste pas moins telle que la jurisprudence l'a définie selon les fonctions, les responsabilités, le mandat, le rang de l'agent et les circonstances de l'affaire, et sous la responsabilité de l'autorité hiérarchique, cas par cas*[6] ».

178. Il n'existe pas ainsi de fondement légal à l'obligation de réserve. En revanche, elle est consacrée par une lignée jurisprudentielle constante et centenaire émanant du Conseil d'État[7]. Au vu des diverses décisions que la haute juridiction administrative a rendues, le dictionnaire juridique a tenté de donner à cette obligation une définition étendue, qualifiée aussi de « devoir de réserve ». Elle peut ainsi être présentée comme le fait, pour les agents de l'État, de s'abstenir de « *manifestations individuelles, intempestives, incompatibles avec la dignité, l'impartialité et la sérénité de leurs fonctions*[8] ». Autrement dit, un fonctionnaire ne doit, ni par ses

---

[1] Melleray (F.), « L'impossible codification de l'obligation de réserve des fonctionnaires ? », *AJDA* 2013, p. 1593.

[2] V. Article 10, alinéa 2 de l'ordonnance n° 58-1270 du 22 décembre 1958. Plus particulièrement, pour les membres de la Cour des comptes et des juridictions financières (Articles L. 120-4 et L. 220-4 du Code des juridictions financières). L'obligation de réserve concerne les magistrats du Conseil d'État, des tribunaux administratifs et des cours administratives d'appel. Elle apparaît en effet dans le Code de justice administrative, aux articles L. 131-2 et L. 231-1-1 du Code des juridictions financières.

[3] L'article L. 4121-2 du Code de la défense dispose que « *les opinions ou croyances, notamment philosophiques, religieuses ou politiques, sont libres. Elles ne peuvent cependant être exprimées qu'en dehors du service et avec la réserve exigée par l'état militaire. Cette règle s'applique à tous les moyens d'expression* ».

[4] Décret n° 86-592 du 18 mars 1986 portant Code de déontologie de la police nationale, v. article 11. Actuellement Article R. 434-29 du Code de déontologie de la police nationale,

[5] Article R. 515-15 du Code de la sécurité intérieure.

[6] Plantey (A.), *La fonction publique. Traité général*, Litec, 2e éd. 2001, 826 p., n° 219 ; Bourdoncle (R.), « De l'obligation de réserve qui s'impose aux fonctionnaires français », *D.* 1960, chron. p. 237.

[7] Par exemple : Conseil d'État, 31 janvier 1919, *Terrisse*, *Rec.* p. 108 ; Conseil d'État, Sect., 11 janvier 1935, *Sieur Bouzanquet*, *Rec.* p. 44 ; Conseil d'État, 10 mars 1971, *Sieur Jannès*, *préc.* ; Conseil d'État, 10 novembre 1999, n° 179962, *Sako* ; Conseil d'État, 10 octobre 2012, n° 347128, *Office public de l'habitat de Châtillon c/ Mme Hamet* ; *AJDA* 2012, p. 1929.

[8] Cornu (G.), *Dictionnaire juridique, op. cit.*, pp. 912-915, p. 914 ; Définition de « (obligation de) *Réserve* ».

comportements[1] ni par la manifestation de ses propos, porter gravement atteinte au crédit de son institution. L'obligation de réserve repose donc avant tout sur une loyauté des agents publics envers l'administration. Elle est liée à la manifestation de leurs opinions, par exemple dans les médias, et non à leur contenu qui reste, dans une certaine mesure, garanti par leur liberté d'expression[2].

179. Comme la loi ne la définit pas précisément, c'est le juge qui a dû, *in fine*, et *in concreto*, déterminer les cas de manquements à l'obligation de réserve. Le caractère « flou » de cette notion est d'ailleurs souvent mis en avant par la doctrine, soit pour saluer son sens extensif, soit pour dénoncer les effets éventuellement arbitraires de son application[3]. Cette obligation de réserve ne s'applique pas toujours avec la même rigueur car le juge administratif estime que l'expression d'opinions personnelles après le service doit être appréciée en fonction d'un certain nombre de facteurs. La jurisprudence indique ainsi qu'il convient notamment de prendre en compte la nature des fonctions et le rang hiérarchique de l'agent, les circonstances de temps et de lieux, le sujet abordé et la publicité donnée aux propos litigieux[4]. La casuistique apparait en effet essentielle pour caractériser ce concept qui peut difficilement rester enfermé dans une formulation générale et sommaire. Cela s'explique par l'abondance des décisions jurisprudentielles qui, comme nous l'avons indiqué plus haut, ont reposé sur des critères précis. L'obligation de réserve est donc « *une obligation à géométrie variable, dont la rigueur est modulée en fonction d'une pluralité de critères*[5] ».

180. Anicet Le Pors, en 1983, lors de débats parlementaires relatifs au projet de la loi précitée portant droits et obligations des fonctionnaires, avait d'ailleurs témoigné sa ferme opposition d'inscrire cette notion dans la loi[6], soulignant qu'« *essayer de codifier dans le statut général des fonctionnaires*

---

[1] Conseil d'État, 10 mars 1971, *Jannés, Rec.* p. 202 ; Conseil d'État, 2 juin 1989, n° 70084, *Collier.*

[2] Exemple de propos diffamatoires violant l'obligation de réserve : Conseil d'État, 27 mars 1995, n° 148999, *Ophlm St Quentin.* V. Koubi (G.), « Réflexions sur la qualité de fonctionnaire-citoyen », *LPA*, 29 juillet 1988, p. 2.

[3] Rivero (J.), « Sur l'obligation de réserve », *AJDA* 1977, p. 580 : L'auteur indique à ce propos que l'obligation de réserve « *n'est pas une obligation de conformisme idéologique* », c'est-à-dire une obligation se conformant à un ensemble d'opinions idéologiques sur des questions doctrinales.

[4] V. *Infra :* § 2.

[5] Pringault (S.), « L'obligation de réserve des agents publics face au devoir de dénonciation d'infractions pénales - Une inadaptation du droit français à la problématique du whistleblowing », *Dr. adm.* n° 4, avril 2012, étude 8.

[6] Assemblée nationale, *Compte rendu intégral des débats sur le projet de loi portant droits et obligations des fonctionnaires*, 2e séance ordinaire de 1982-1983 (35ème séance), 1ère du mardi 3 mai 1983, n° 20, pp. 770-783, p. 775.

une jurisprudence abondante, nuancée et complexe aurait constitué une entreprise non seulement difficile mais également dangereuse, car cet effort de codification aurait pu aboutir à limiter la liberté d'expression de la très grande majorité des fonctionnaires en reconnaissant une portée générale et absolue à une obligation qui doit être appliquée de façon appropriée et ne s'impose de façon stricte, selon la jurisprudence actuelle, qu'à un nombre limité d'agents. La liberté d'expression existe donc et les limites que lui impose l'obligation de réserve continueront, comme par le passé, à être fixées par le juge administratif en cas de contentieux ». Une codification éventuelle empêcherait dès lors le juge d'apprécier au cas par cas la portée de l'obligation de réserve, voire « *de figer les évolutions possibles*[1] ».

181. Depuis 1983, la question de codifier cette obligation a divisé politiques et juristes qui veulent réformer le statut des agents de la fonction publique. Toutes les tentatives ont échoué. C'est ainsi qu'en 2013, le gouvernement français avait envisagé d'introduire cette obligation dans le statut des fonctionnaires[2] mais y avait renoncé au regard des considérations précitées[3]. Malgré une nouvelle tentative en 2016, le Parlement a finalement confirmé l'abandon de la codification de l'obligation de réserve dans le marbre législatif à l'occasion de l'examen de la loi n° 2016-483 du 20 avril 2016 relative à la déontologie et aux droits et obligations des fonctionnaires[4]. Le rapporteur du projet de loi soulignait en effet que « *la portée de cette obligation étant très variable selon les fonctions de l'agent, son rang hiérarchique, les circonstances... [i]l a [...] paru préférable de s'en remettre à la jurisprudence* », ajoutant également que « *le statut général comporte déjà les obligations de secret professionnel et de discrétion professionnelle, qui ne sont pas sans lien avec le devoir de réserve*[5] ». La doctrine, divisée sur ce sujet estimait, pour une partie d'entre elle, « *qu'intégrer* [cette notion] *dans le statut législatif ne permettrait que de la circonscrire dans une acception très générale*[6] ». À l'inverse, certains considéraient cette

---

[1] JOAN, 2e séance, 3 mai 1983, p. 799. V. également Rivero (J.), « Sur l'obligation de réserve », *AJDA* 1977, p. 580.

[2] Projet de loi relatif à la déontologie et aux droits et obligations des fonctionnaires, n° 1278, déposé le 17 juillet 2013 à l'Assemblée nationale.

[3] Melleray (F.), « L'impossible codification de l'obligation de réserve des fonctionnaires ? », *AJDA* 2013, p. 1593.

[4] Bréchot (F.-X.), « Le fonctionnaire, le masque de cochon et l'obligation de réserve », *AJDA* 2017, p. 1008.

[5] Descamps-Crosnier (F.), *Rapport n° 3099 sur le projet de loi (n° 1278 et 2880) relatif à la déontologie et aux droits et obligations des fonctionnaires*, 1er octobre 2015.

[6] V. Contribution écrite de Colin (F.), publiée dans le Rapport d'information déposé à l'Assemblée nationale par la Commission des lois constitutionnelles, de la législation et de l'administration générale de la République ; conclusion des travaux d'une mission d'information sur « la déontologie des fonctionnaires et

inscription nécessaire, notamment parce que « *la légalisation du devoir de réserve changerait la portée de ce devoir déontologique qui deviendrait une norme de comportement imposée à tous les agents* » ; ils mettaient surtout en exergue « *une augmentation significative du contentieux disciplinaire lié notamment à la violation du devoir de réserve par des écrits sur des réseaux sociaux de fonctionnaires internautes* [qui] *s'affranchissent notamment sur leur blog de ce devoir de réserve dont ils ne connaissent pas bien les exigences* [...] *Le fait de graver le devoir de réserve dans le marbre de la loi ne portera pas atteinte à la liberté d'expression des fonctionnaires mais aidera, tout au contraire, ces derniers à prendre en considération la nécessité de veiller, en dehors du service, à ne pas franchir certaines limites sémantiques qui pourraient rejaillir sur le service public*[1] ».

182. En 2019, pendant l'examen du projet de loi de transformation de la fonction publique (visant à moderniser le statut et les conditions de travail dans la fonction publique), le gouvernement et les rapporteurs de la commission des lois ont émis un avis défavorable sur l'amendement du Sénat proposant d'inscrire l'obligation extra-statutaire de réserve au deuxième alinéa de l'article 25 de la loi n° 83-634 du 13 juillet 1983. Il prévoyait que « *l'obligation de réserve des agents publics est un principe cardinal s'appliquant aux membres de la fonction publique. Il est la contrepartie de la liberté d'expression dont ils bénéficient évidemment. Ce devoir de réserve signifie que, lorsqu'ils s'expriment, ils ne doivent pas adopter de position de nature à donner une image négative discréditant leur administration et/ou leur hiérarchie*[2] ». Par ailleurs, l'obligation de réserve dispose d'un champ d'application que la jurisprudence a, au fil du temps, façonné.

II. Le champ d'application spécifique de l'obligation de réserve

183. Les agents de la fonction publique jouissent d'une liberté de conscience et d'opinion qui leur est garantie par la Déclaration des droits de l'homme et du citoyen de 1789, en son article 10. D'autres textes législatifs la leur assurent. C'est le cas de la Constitution de 1946, précisément au 5e alinéa du préambule ou de l'article 6 de la loi n° 83-634 du 13 juillet 1983 sur les droits et obligations des fonctionnaires. Aucun d'entre eux ne peut subir de différence de traitement du fait de ses opinions politiques,

---

l'encadrement des conflits d'intérêts », présentée par Matras (F.) et Marleix (O.), 31 janvier 2018, 95 p., p. 16.

[1] V. Contribution écrite d'Aubin (E.), *ibid.*, p. 17 ; Bréchot (F.-X.), « Le fonctionnaire, le masque de cochon et l'obligation de réserve », *op. cit.*

[2] Amendement par le Sénat, Projet de loi « Transformation de la fonction publique », 18 juin 2019, n° 571.

notamment dans l'accès et dans le déroulement de leur carrière. Le juge administratif veille au respect de cette liberté[1].

184. Le fonctionnaire dispose également, en dehors du service, de la liberté d'expression. Il peut agir comme tout citoyen en s'investissant dans la vie politique (dans un parti, à l'occasion d'une élection, dans un débat public…)[2]. Il a aussi le droit de manifester ses positions par son action, dans les limites fixées par la loi pour préserver l'ordre public[3]. Cette liberté est cependant limitée par le devoir de réserve auquel il est astreint.

185. Le juge contrôle la nature et le contenu de cette manifestation, son éventuel caractère outrancier, injurieux[4] ou polémique, et le rang hiérarchique de l'agent public[5]. Il considère toutefois que n'est pas un manquement à l'obligation de réserve le fait de manifester ses opinions, mêmes polémiques en dehors de son service si les propos ne mettent pas en cause les fonctions occupées ou le milieu professionnel[6]. L'obligation de réserve est donc contraignante selon le grade du fonctionnaire, les modalités et les formes de cette expression (la parole, l'écrit, l'action) et les circonstances dans lesquelles elle a eu lieu. Les hauts-fonctionnaires sont donc d'autant plus concernés par l'obligation de réserve, estime le Conseil d'État, dès lors qu'ils ont à mettre en œuvre la politique décidée par le gouvernement[7]. Pour les militaires soumis à une forte obligation de réserve,

---

[1] Notamment Conseil d'État, 28 mai 1954, n° 28238, *Barel*, *Rec.* p. 308 ; *AJDA* 2014, p. 88, chron. Stahl (J.-H.), pour l'accès à la fonction publique, et Conseil d'État, Sect., 1er octobre 1954, n° 14191, *Guille*, *Rec.* p. 496, pour une mesure disciplinaire.

[2] Par exemple Conseil d'État, 10 mars 1971, n° 78156, *Sieur Jannès*, *Rec.* p. 202.

[3] Bréchot (F.-X.), « Le fonctionnaire, le masque de cochon et l'obligation de réserve », *AJDA* 2017, p. 1008.

[4] Par exemple, Conseil d'État, 25 janvier 1935, *Defrance*, *Rec.* p. 105 : un agent public avait tenu les propos suivants : « *C'est le drapeau rouge qui abattra l'ignoble drapeau tricolore* » ; Conseil d'État, 23 avril 2009, n° 316862, *Guigue* ; *AJDA* 2009, p. 1373, concl. Silva (I. de) ; *AJFP* 2010, p. 100, étude Camguilhem (B.) ; Conseil d'État, 10 janvier 1969, *Melero*, *Rec.* p. 69 : le fait pour un fonctionnaire d'avoir publié un dessin offensant représentant le général de Gaulle en oiseau de proie a été considéré comme un manquement au devoir de réserve. Lire également Waline (M.), « La liberté politique des fonctionnaires », *La Revue administrative*, 11e année, n° 61, janvier-février 1958, pp. 5-8

[5] Pour un magistrat, v. par exemple : Conseil d'État, 5 mai 1982, n° 33724, *Bidalou, Rec.* p. 662.

[6] TA Dijon, 10 novembre 2004, n° 031942, *M. Bertrand L ;* V. Lepage (A.), « Internet - Obligation de réserve », *Communication Commerce électronique* n° 5, mai 2005, comm. 91 : Un agent municipal qui écrit des articles polémiques sur internet en dehors de son service ne contrevient pas à son obligation de réserve, si ses propos ne mettent en cause ni la ville pour laquelle il travaillle, ni ses fonctions.

[7] Pour un préfet, v. par exemple : Conseil d'État, 24 septembre 2010, n° 333708, *Girot de Langlade*, *AJDA* 2010, p. 1801 ; *AJFP* 2011, p. 46 ; Crim., 19 juin 2012, n°

tout manquement, *a fortiori* à l'occasion d'une manifestation publique, peut justifier une sanction disciplinaire, même lorsqu'ils ne sont pas en service et que leurs propos ne « *présentaient aucun caractère injurieux, irrespectueux ou violent à l'égard des institutions*[1] ». L'article L. 4137-2 du Code de la défense prévoit que *« les sanctions disciplinaires applicables aux militaires sont réparties en trois groupes : 1° Les sanctions du premier groupe sont : a) L'avertissement ; b) La consigne ; c) La réprimande ; d) Le blâme*[2] *; e) Les arrêts ; f) Le blâme du ministre ; [...]* ». En outre, peut être prononcée la mise à la retraite d'office[3] ou la radiation[4].

186. L'obligation de discrétion ne doit pas être confondue avec l'obligation de réserve qui consiste, elle, non pas en la révélation d'un fait mais en la manifestation d'une opinion[5]. Elles n'ont donc pas le même objet. Si la discrétion vise les « secrets » de l'administration, les faits ou situations connus issus de son activité[6], l'obligation de réserve concerne les opinions du fonctionnaire à l'égard des services de l'État, et plus précisément leur mode d'expression[7]. Ainsi, la réserve n'est en aucun cas ni un secret ni

---

11-84.235, *FS-P-B*, JurisData n° 2012-013515. Les propos en cause, même s'ils font suite à un débat public, constituent, par leur caractère outrancier, une attaque personnelle excédant les limites de la liberté d'expression accordée à un membre du corps préfectoral tenu à une obligation de réserve.

[1] V. Conseil d'État, 22 septembre 2017, n° 404921, *Piquemal*, JurisData n° 2017-018705 ; *JCP A* 2017, act. 426.

[2] Conseil d'État, 27 juin 2018, n° 412541, *op. cit.*

[3] Conseil d'État, 31 mars 2017, n 392316, *X c/ Ministre de l'Intérieur, JCP A* 2017, act. 293, comm. Polge (N.).

[4] Conseil d'État, 22 septembre 2017, n° 404921, JurisData n° 2017-018705 ; *JCP A* 2017, act. 426, note Touzeil-Divina (M.) ; *Dr. adm.* 2018, comm. 3, note Eveillard (G.) ; *AJDA* 2018, p. 229, note Charruau (J.) : Alors qu'il la savait interdite par l'autorité préfectorale, un général de corps d'armée en deuxième section a participé à une manifestation à Calais ; il a aussi appelé à la poursuivre. Il a pris publiquement la parole, devant la presse, pour critiquer de manière virulente l'action des pouvoirs publics, notamment la décision d'interdire la manifestation, et l'action des forces de l'ordre, en se prévalant de sa qualité d'officier général et des responsabilités qu'il avait exercées dans l'armée. L'autorité disciplinaire n'a pas pris de sanction disproportionnée en prononçant sa radiation en tant que cadre, prévue par l'article L. 4137-2-3° du Code de la défense.

[5] Plantey (A.), *La fonction publique. Traité général*, Litec, 2e éd. 2001, 1186 p., n° 219.

[6] V. Dord (O.), *Droit de la fonction publique*, PUF, 3e éd., 2017, 416 p., p. 295 : « *c'est le fondement même du service public qui est remis en cause* ».

[7] Wilson (C.), « Personnel des collectivités territoriales : obligations relatives aux informations détenues par les agents », *Encyclopédie des collectivités locales*, Dalloz 2015, v. Chapitre 4 (folio n° 10340), Section 1 - Les obligations de se taire : l'obligation de discrétion et de secret professionnel ; § 1 - L'obligation de discrétion professionnelle, n° 8-9.

même une discrétion. Mais souvent, les deux obligations se conjuguent. En effet, elles cherchent toutes deux à protéger l'administration. Il arrive que plusieurs obligations soient transgressées (obligation de réserve, de discrétion et de secret professionnels) à partir du moment où le contrevenant présumé y est soumis dans le cadre de l'exercice de ses fonctions. Ainsi, quand un agent adresse un courrier au préfet, en faisant état de la mauvaise gestion d'un maire, en indiquant des exemples précis relatifs à la facturation de l'eau, à un bâtiment public, à la politique foncière communale et à la gestion du domaine communal, il manque aux obligations de réserve et de discrétion professionnelle[1].

187. La dimension spatiale de l'obligation de réserve est également prise en compte par le juge pour caractériser sa violation. Ainsi, est-il interdit de distribuer des écrits politiques dans des locaux auxquels le public a accès[2], ou à la porte des bâtiments, en dehors des heures de service ou d'inciter des collègues à se joindre à une grève politique. En revanche, la jurisprudence admet que le fonctionnaire exprime librement son opinion hors du service, par exemple en collaborant à des journaux politiques[3], dans la mesure où la loi ne le lui interdit pas, et dès lors que le contenu de ses écrits ou discours ne franchit pas les limites de ce qui est licite[4]. Le devoir de réserve est ainsi plus ou moins exigeant selon que la personne se situe ou non dans le cadre de son service ou de ses fonctions[5]. Un « assouplissement » de l'obligation de réserve est toléré notamment pour les fonctionnaires investis d'un mandat politique ou de responsabilités syndicales. Ils disposent d'une plus grande liberté d'expression[6]. Un responsable syndical bénéficie d'une liberté d'expression plus importante que les autres agents dès lors qu'il agit dans le cadre de son mandat, c'est-à-dire uniquement en vue de la défense des intérêts professionnels des agents de l'administration[7].

---

[1] CAA Marseille, 26 juin 2011, n° 09MA00543, *Mme Sylvie A.*

[2] TA Nice, 30 septembre 1984, *Cressa*, *Rec.* p. 656. V. aussi Conseil d'État, 12 octobre 1956, *Coquand*, *Rec.* p. 362.

[3] Conseil d'État, 19 décembre 1919, *Chobeaux*, *Rec.* p. 940.

[4] Conseil d'État, Sect., 11 septembre 2000, n° 208168, *Dr. adm.* 2000, comm. 234 : le fait pour un magistrat de produire des écrits antisémites justifie qu'il soit mis à la retraite d'office, sanction d'une faute disciplinaire que constitue tout manquement par un magistrat aux devoirs de son état ou à la dignité.

[5] CEDH, 26 septembre 1995, n° 17851/91, *Vogt c/ Allemagne*, *Dr. adm.* 1995, comm. 168.

[6] Cet « *assouplissement* » a très tôt été reconnu. V. Conseil d'État, 18 juin 1956, *Boddaert*, *Rec.* p. 213.

[7] V. Conseil d'État, 25 mai 1966, n° 64013, *Rouve*, *Rec.* p. 361 ; Conseil d'État, 23 avril 1997, n° 144038, *Bitauld*, *Rec.* p. 901.

188. Par ailleurs, l'anonymat[1] ou le fait d'être masqué[2] n'exonère pas l'agent public de son obligation de réserve. Mais avec notamment les nouveaux moyens de communication [3], apprécier l'existence d'une violation de l'obligation est difficile, car « *Internet et les réseaux sociaux sont souvent présentés comme des zones de non-droit. La liberté d'expression, en particulier, n'y aurait aucune borne*[4] ». Et ce d'autant que ces réseaux sont souvent sources de confusion entre espace public et espace privé. Finalement, c'est la publicité des propos tenus qui va entraîner l'application de sanctions en cas de manquement au devoir de réserve. Le juge administratif, à l'instar du juge judiciaire, utilise principalement le critère du paramétrage de l'espace personnel de l'utilisateur pour estimer s'il y a eu ou non violation de l'obligation de réserve. En outre, il se fonde sur les fonctions de l'agent, le nombre et la nature de ses contacts (relations professionnelles, utilisateurs du service public, amis de la sphère personnelle...), la teneur de son discours[5]. Par exemple, l'usage d'un blog par un agent relève d'une communication indéniablement publique[6]. Dans une décision du 20 mars 2017[7], le Conseil d'État a confirmé la sanction adoptée

---

[1] Lavaine (M.), « L'anonymat n'exonère pas de l'obligation de réserve », *AJDA* 2018, p. 2260. Étude de la décision du Conseil d'État, 27 juin 2018, n° 412541, *M. B.* ; *AJDA* 2018, p. 2260 ; *AJCT* 2018, p. 587 ; *AJFP* 2018, p. 365 : En dehors de son activité professionnelle, un capitaine de gendarmerie a publié sur des réseaux sociaux, sous un pseudonyme, de nombreux articles critiquant en des termes outranciers et irrespectueux l'action du gouvernement et de la politique étrangère et de défense française. Une première fois mis en demeure de cesser ces actes, il a pourtant continué à publier. Même si l'intéressé ne faisait pas état de sa qualité de militaire et qu'il œuvrait sur internet, en dehors du service et sans en utiliser les moyens, les faits sont constitutifs d'une violation de l'obligation de réserve à laquelle sont tenus les militaires à l'égard des autorités publiques, même en dehors du service et fût-ce sous couvert d'anonymat. Ces manquements sont constitutifs d'une faute de nature à justifier la sanction disciplinaire du blâme.

[2] Par exemple, Conseil d'État, 2 mars 1998, n° 182393, *Tong-Viet*.

[3] G29 sur la protection des données, Avis 5/2009 sur les réseaux sociaux en ligne, 12 juin 2009. Les réseaux sociaux sont définis comme « *des plates-formes de communication en ligne permettant à des personnes de créer des réseaux d'utilisateurs partageant des intérêts communs. Au sens juridique, les réseaux sociaux sont des services de la société de l'information* ».

[4] Netter (E.), « La liberté d'expression sur les réseaux sociaux en droit français », *in* Ndior (V.), (dir.), *Droit et Réseaux sociaux*, Lextenso, 2015, 204 p., p. 39.

[5] Pour plus de précisions, lire Lombard (L.), « La liberté d'expression des agents publics et l'utilisation des réseaux sociaux », *AJFP* 2018, p. 259.

[6] Réponse du ministre de la Fonction publique à la question écrite n° 107547 du député Lecou (R)., JOAN (Q), 30 janvier 2007, p. 1101.

[7] Conseil d'État, 20 mars 2017, n° 393320, *Centre de gestion de la fonction publique territoriale du Territoire de Belfort*, concl. Daumas (V.) ; *AJDA* 2017, p. 606 ; *AJFP*

à l'encontre d'un agent non titulaire de la fonction publique territoriale ayant divulgué « *sur Internet, au moyen d'un "blog" personnel et de comptes ouverts à son nom dans trois réseaux sociaux, des éléments détaillés et précis sur les domaines d'activité de la police municipale dans lesquels il intervenait* » et manquant ainsi à son obligation de discrétion professionnelle.

189. En définitive, chacune des obligations dispose de son propre champ d'application limitant la liberté d'expression. Toute transgression est en principe sanctionnée sauf dans les cas où l'agent agit pour mettre en œuvre le devoir de dénonciation prévu à l'article 40 du Code de procédure pénale[1] , autrement dit pour exercer son droit d'alerter[2].

Conclusion de la Section II

190. La discrétion professionnelle est une obligation que l'on retrouve en droit privé comme en droit public, à laquelle toute personne, dans le cadre d'une relation de travail, est soumise. En droit public, elle a été expressément codifiée et a une portée plus large que l'obligation au secret professionnel. En droit privé, en revanche, la notion entretient tout particulièrement une confusion avec d'autres notions voisines telles que le secret ou la réserve. Souvent d'ailleurs, elle fait l'objet d'une clause contractuelle qui permet une modulation de sa portée sous réserve qu'elle ne porte pas atteinte à un secret d'ordre public. Il en est de même pour la réserve qui peut être aussi contractualisée. Cette dernière est une obligation de droit public qui interdit toute manifestation d'opinions incompatibles avec la dignité, l'impartialité et la sérénité des fonctions de l'agent public. Toutes ces obligations sont une limite à la liberté d'expression de leur titulaire, codifiées par la loi (le secret et la discrétion), ou détenant une origine jurisprudentielle (la réserve), ou susceptibles d'être contractualisées (toutes potentiellement). Elles ont leur propre champ d'application mais leur portée peut varier, suivant par exemple le statut du fonctionnaire (comme les fonctions syndicales) ou encore le rang hiérarchique.

2018, p. 47 ; *AJCT* 2017, p. 526, obs. Roux (E.) ; note Lepage (A.) ; CCE, n° 5, juin 2017, comm. 46.

[1] V. *Infra :* Partie I, Titre II, Chapitre II, Section I.

[2] V. Pour plus de précisions, Laurent (A), « L'agent public lanceur d'alerte : de la déontologie à la transparence ? », *RDP*, 1er juillet 2016, n° 4, p. 1095.

Conclusion du Chapitre II

191. Le secret présente de multiples facettes. Dans le langage courant, il a tant de synonymes qu'il se confond souvent avec eux. Pourtant, en matière juridique, une distinction paraît s'imposer. Le secret, tout d'abord, doit être distingué du silence. Il est certes justifié par l'obligation au secret professionnel mais, en droit pénal, il est un droit fondamental invocable par une personne soupçonnée ou accusée d'un crime ou d'un délit : en cela, il a un emploi qui lui est propre. Il peut être aussi un vide de la loi ou un manquement de la part du juge, qu'il soit intentionnel ou non. Enfin, le silence observé par l'administration sur une demande vaut décision d'acceptation mais les dérogations à ce principe sont si nombreuses et parfois largement interprétées qu'elles vont à l'encontre de l'objectif de simplification des relations entre l'administration et les citoyens recherché par la loi n° 2013-1005 du 12 novembre 2013.

192. Cette notion touche aussi les fonctionnaires, qui ont une obligation au secret. Celle-ci diffère formellement de la discrétion professionnelle qui représente l'obligation de taire tous les faits et informations dont ils ont connaissance dans l'exercice ou à l'occasion de l'exercice de leurs fonctions. En effet, son champ d'application est plus étendu : alors que le secret professionnel est institué afin de protéger l'information du contribuable, la discrétion professionnelle tend à garantir le fonctionnement de l'administration qui nécessite que l'information ne soit ni accessible ni communicable au contribuable. La violation à l'obligation de réserve sera reconnue, quant à elle, pour toute manifestation d'opinions incompatibles avec la dignité, l'impartialité et la sérénité des fonctions de l'agent public. Enfreindre toutes ces obligations est passible de sanctions pénales, civiles et disciplinaires.

193. Le secret apparaît ainsi difficilement conciliable avec la liberté d'expression. C'est d'ailleurs la caractéristique commune à toutes ces obligations qui s'appliquent selon leurs propres critères. En raison de cette contradiction avec cette liberté fondamentale, il est nécessaire que le juge procède à une appréciation au cas par cas, notamment en ce concerne l'obligation de réserve.

Conclusion du Titre I

194. Le secret irrigue l'ensemble des disciplines juridiques. Il est une notion pluridisciplinaire qui, pour être définie, requiert la réunion de ses éléments matériel, personnel et intentionnel. Un secret ne peut, en effet, être constitué sans l'existence d'un détenteur, de qui il émane ; une information à protéger : son objet et sa communication volontaire et exclusive à un dépositaire. Il englobe à cet effet une multitude de caractéristiques juridiques : une communication qui peut se faire à l'oral comme à l'écrit, une pluralité de détenteurs comme de dépositaires, un objet en lien avec la vie privée d'une personne physique, relative aux informations d'une personne morale ou *sui generis*… Son importance est telle que le législateur a rendu impérative sa codification : le secret professionnel est ainsi une obligation détenant un fondement d'ordre public et sa transgression entraîne des sanctions qui peuvent être de nature pénale, civile ou disciplinaire. Il est institué à l'égard de toute personne qui en est dépositaire par état ou par profession, soit en raison d'une fonction ou d'une mission temporaire qu'il exerce. En cas de révélation du secret, elle ne peut donc invoquer la méconnaissance du caractère confidentielle de l'information afin d'échapper à une sanction. Par ailleurs, le secret doit être distingué de certaines notions voisines : le silence, la discrétion et la réserve, souvent employés couramment de manière indifférente. Si dans certaines matières juridiques, la confusion continue d'être entretenue, dans d'autres, il ne peut y avoir d'assimilation possible. Vues comme de véritables limites à la liberté d'expression, ces notions font l'objet d'obligations au même titre que l'obligation au secret professionnel et couvrent des champs d'application spécifiques. Le législateur a en effet prévu des dispositions qui ne laissent place à aucun doute sur les informations qui appellent à observer un secret (dans le Code pénal, aux articles 226-13 et 226-14), ou à être discret (par exemple, à l'article 26 de la loi n° 84-634 du 13 juillet 1983, dite « loi Le Pors »). Ces éclaircissements sont primordiaux pour comprendre la manière dont le droit fiscal s'approprie ses secrets.

Titre II. La notion de secret en droit fiscal

195. Dans la pratique, le secret s'est manifesté dès la mise en place des premières structures chargées des finances publiques et a souvent caractérisé leur fonctionnement. Il a donc des origines plus anciennes que celles des grands principes du droit fiscal. Il n'a cependant, été codifié, – nous l'étudierons –, qu'au début du XXe siècle dans la législation fiscale. L'analyse historico-juridique du secret permettra de comprendre de quelle manière celui-ci a émergé comme fait sociétal et juridique marquant dans la matière qui intéresse notre étude (**Chapitre I**). Le droit fiscal ayant de nombreux liens avec les autres disciplines juridiques, il sera ensuite démontré qu'il n'existe pas un mais plusieurs secrets. Pour en appréhender toutes les spécificités et les similitudes, il conviendra de dresser une typologie qui permettra de classer méthodiquement les différents secrets en matière fiscale (**Chapitre II**).

Chapitre I. La genèse du secret en matière fiscale

196. Le secret est la conséquence d'une profonde mutation du système fiscal tel que nous le connaissons actuellement, ayant oscillé entre opacité et transparence (**Section I**). Il s'explique aussi par son histoire, parsemée de résistances et de principes liés au consentement (**Section II**).

Section I. Émergence du secret dans l'histoire des impôts : entre opacité et transparence

197. Dans l'histoire des impôts, le secret est inexorablement lié à la naissance de la fiscalité (**§ 1**). Il a ainsi majoritairement légitimé l'instauration arbitraire des règles fiscales jusqu'à la Révolution française (**§ 2**), puis a dû composer avec les exigences de transparence amorcées par les principes révolutionnaires (**§ 3**).

§ 1. La naissance concomitante de la fiscalité et du secret

198. Le secret a irrigué l'histoire de la fiscalité depuis la mise en place des impôts. De l'Antiquité jusqu'à la Révolution française, il a caractérisé l'exercice du pouvoir en place qui a longtemps fixé l'impôt et ses modalités de recouvrement. Pour comprendre de quelle manière le secret s'est imposé en matière fiscale, il faut revenir aux origines même de l'impôt (**I**) ainsi qu'à l'instauration des diverses institutions qui, par leur pratique, l'ont instauré (**II**).

I. Les origines de l'impôt

199. L'impôt est né au moment où les communautés humaines ont été en mesure de produire davantage de nourriture qu'il ne leur était nécessaire pour subsister[1]. Le surplus de nourriture produit, suscitant des convoitises, aurait alors amené certains groupes d'individus à piller, d'abord de manière

[1] Bouvier (M.), *Introduction au droit fiscal général et à la théorie de l'impôt,* LGDJ, 13e édition, 2016, 272 p., p. 129.

irrégulière et épisodique, puis à dates fixes, mais sans violence à l'égard des populations, afin de reconstituer les stocks de denrées[1].

200. Dès l'Antiquité, les grandes conquêtes militaires et politiques ont causé razzias et exactions dans les territoires conquis. Tel fut le cas d'Athènes, qui vivait du tribut des villes qu'elle avait soumises ou encore de Sparte qui pratiquait le pillage ou de Rome qui soumettait les nations vaincues à son bon droit[2]. L'impôt est apparu précisément, lorsque les conquérants ont compris qu'il était plus judicieux et plus rentable de substituer au pillage la perception d'un tribut et de laisser aux populations conquises la possession de leurs terres en contrepartie d'un impôt foncier, puis d'une capitation (impôt lié à la personne). Le pouvoir instauré par les vainqueurs a donc permis une transition d'un prélèvement désordonné à la perception d'une redevance obligatoire, qualifiée de « tribut », et jugée en définitive, plus fructueuse[3]. Ce processus a pu se mettre en place grâce à la sédentarisation des communautés, délaissant la chasse et la cueillette pour l'agriculture, et à la recherche d'une certaine régularité des rapports sociaux entre les individus. Dès lors, ont été créées les premières formes d'impôts et corrélativement, des États puissants sont nés avec la constitution d'armées, puis d'une administration. Les Perses ou les Égyptiens se sont inscrits dans cette logique, préférant la taxe aux réquisitions diverses. En allant plus loin, ils ont décidé d'affranchir leurs esclaves plutôt que de les maintenir en servitude pour une rentabilité médiocre[4].

201. L'instauration des impôts devait avoir pour but de restaurer une certaine paix sociale et de lutter contre les pillages qui faisaient rage. Ainsi, depuis l'Antiquité, l'impôt a une utilité sociale qui sert de base et de ciment à la vie sociétale. Or, son instauration suppose nécessairement de l'établir et de le collecter. Les structures chargées de cela et le pouvoir en place ont alors contribué à façonner le secret.

---

[1] Lire pour plus de précisions : Ardant (G.), *Histoire de l'impôt, Tome I : de l'Antiquité au XVIIème siècle,* Les Grandes Études Historiques, Fayard, 1971, 633 p., pp. 30-41, p. 31.

[2] Voir Afschrift (T.), « *L'impôt, contribution ou imposture* », Article publié sur le site internet de l'Association des Anciens Étudiants de l'ULB, 1er septembre 2009 : Suivant l'usage antique, après toute victoire ennemie, les populations vaincues par Rome devaient verser un impôt, le *tributum*, à l'*aerarium*, le Trésor public. L'argent collecté servait aux dépenses publiques.

[3] Ardant (G.), *Histoire de l'impôt, Tome I : de l'Antiquité au XVIIème siècle*, *op. cit.*, p. 30.

[4] Ardant (G.), *ibid.*, p. 33.

II. Les évolutions du secret en fonction des régimes politiques

202. Le secret résulte de la pratique de ceux qui sont chargés des finances publiques. L'histoire présente ainsi un contraste saisissant : alors qu'au sein de la cité romaine, les finances publiques étaient administrées de manière relativement transparente (**A**), dans les régimes impériaux et monarchiques, le secret a particulièrement caractérisé leur gestion (**B**).

A. La transparence des finances publiques sous le régime de la cité romaine

203. Sous la République romaine (509 à 27 avant J.-C.), la gestion des finances est relativement peu complexe et les besoins administratifs sont faibles : le Sénat contrôle les dépenses et les recettes avec l'aide de deux questeurs qui gèrent le Trésor public[1]. Les magistrats n'étant pas rémunérés, l'essentiel du budget de l'État sert à subvenir aux besoins des soldats, à assurer les cultes publics, à fournir du blé aux Romains et à entretenir les routes. Au sein de la République romaine, qui constitue une communauté de défense et d'intérêt, le bilan des avantages et des inconvénients, en particulier ceux d'ordre financier, est toujours soigneusement examiné par les citoyens. Par conséquent, en règle générale, les comptes sont rendus publics, et les questions financières sont le plus souvent débattues publiquement[2]. Il existe donc dans toute cité, une comptabilité publique, avec ses règles et ses organes, qui fait l'objet de discussions et, souvent, de théories.

---

[1] Le Teuff (B.), *Census : les recensements dans l'empire romain d'Auguste à Diocletien. Archéologie et Préhistoire*, Thèse d'histoire, Université Michel de Montaigne, Bordeaux III, 2012, 548 p., pp. 45-50 : Les recettes de l'État romain proviennent de diverses sources. Parmi elles, les revenus des domaines publics : les loyers versés pour l'utilisation des terres et des pâturages de l'*ager publicus* (le domaine public du peuple romain), les redevances pour l'usage des services publics (les marchés, les ponts, les aqueducs, les égouts), les revenus de la production de sel, les produits des mines, la fabrication des monnaies. *L'ager publicus* fournit la plus grande partie des recettes jusqu'au IIIe siècle avant J.-C. et reste une source importante de revenus jusqu'à la fin de la République, grâce à un *vectigal*, une sorte de loyer, payé à l'État. À cela s'ajoute le *scriptura*, le droit de pâturage sur les terrains publics ; les impôts directs et indirects ; les revenus exceptionnels, dont font partie les biens confisqués, les butins de guerre, les dons et legs de particuliers.

[2] Nicolet (C.), « Les finances publiques de l'état romain », *Rome et la conquête du monde méditerranéen (264-27 avant J.-C.). Tome 1. Les structures de l'Italie romaine*, *op. cit.*, p. 236.

204. Les juristes ont été amenés à étudier la nature juridique de l'impôt romain notamment le *tributum*[1], (un impôt direct proportionnel sur le capital : calculé en fonction du cens, la fortune déclarée par le citoyen et vérifiée par les censeurs ; il est par définition extraordinaire). Ils en ont conclu qu'à l'époque républicaine, cet impôt ne présentait pour ainsi dire aucun caractère régalien. Il n'avait pas à être consenti et il n'était dû qu'en fonction des besoins. Dans son principe, il pouvait être considéré comme une « participation aux frais », et pouvait être remboursé (notamment en 186 avant J.-C., grâce au butin ramené d 'Asie par Cnaeus Manlius Vulso)[2].

205. Il peut également être indéfiniment suspendu selon les circonstances, comme ce fut le cas de 167 à 43 avant J.-C. En effet, durant cette période, Rome profite d'une situation financière avantageuse : ses conquêtes lui assurent des revenus confortables et Paul Émile le Macédonien, à la suite de sa victoire sur Persée lors de la bataille de Pydna, revient avec un butin si considérable que l'État autorise les citoyens à ne pas lui verser de *tributum* – les autres impôts sont toutefois maintenus. Cette mesure a donc été rendue possible non par une diminution des dépenses, mais grâce au produit direct et indirect de la conquête. Elle joue ainsi un rôle essentiel dans l'équilibre financier de l'État et en assure dans une large proportion le financement. On observe un clivage entre l'ensemble du corps civique qui est exempt d'impôts et les habitants des provinces. « *La conquête romaine aura, de ce point de vue, un aspect collectif très marqué qui entraîne et explique une solidarité entre les responsables de la politique extérieure et la masse du peuple, directement intéressée au succès de l'entreprise*[3] ». À l'inverse, les finances publiques sous les régimes impériaux et monarchiques sont gérées de façon opaque, excluant le peuple des questions financières.

B. L'opacité des finances publiques sous les régimes impériaux et monarchiques

206. Les finances de la cité romaine s'opposent, dans leur conception et leurs procédures, aux finances de type monarchique ou impérial qui sont

---

[1] Nicolet (C.), *ibid.*, p. 246 : Le *tributum*, qui apparaît au moment du siège de Véies (406 – 396 avant J.-C.), n'existe qu'en tant de guerre ; son montant est fixé par les consuls et le sénateur ; il est versé par ceux des citoyens qui ne combattent pas : c'est une façon indirecte de participer à la guerre. Théoriquement, l'État peut le rendre aux citoyens (ce que fit Cnaeus Manlius Vulso en 186 avant J.-C.).

[2] Tite-Live, Livre XXXIX, 7, 4-5-2 : Généralement, les dépenses ordinaires, dans les finances civiques de la République romaine sont couvertes par les revenus propres de l'État, sans recourir à un impôt, signe de servitude. Cette contribution peut ainsi être restituée aux citoyens.

[3] Nicolet (C.), *op. cit.*, p. 236.

confidentielles, comme elles l'ont été sous l'empereur Auguste[1]. À cette époque, l'empereur est chargé du contrôle des finances de l'Empire à travers le *fiscus*[2]. Une administration fiscale se met progressivement en place, les publicains cédant la place à des *conductores* puis à une gestion directe dirigée par des *procuratores*. Ce sont l'empereur et son assemblée qui décident de la création de l'impôt[3]. Ensemble, ils prennent toutes les décisions en matière financière. Par son « *indulgentia*[4] », le souverain peut certes consentir à des remises fiscales et renoncer ainsi à des arriérés[5] ; toutefois, l'impôt, dans son principe, n'est pas contestable et ne peut jamais être contesté[6]. Il en va de même dans une monarchie de droit divin. En effet, de même que dans un empire, le secret caractérise le pouvoir royal car le roi, n'ayant de compte à rendre à personne sauf à Dieu, n'avait pas à justifier ses décisions concernant les finances publiques.

207. Son pouvoir lui permettait d'établir, de manière arbitraire, des règles qui pouvaient se révéler iniques et inégalitaires pour les sujets assujettis à l'impôt. D'ailleurs, l'administration des finances de l'État royal appartenait au monarque lui-même et les dépenses et les recettes étatiques ne pouvaient être rendues publiques. Durant l'Ancien Régime, les questions liées aux finances publiques étaient traitées au sein du Conseil du roi, dans le plus

---

[1] Nicolet (C.), *ibid.*

[2] Monteil (A.-A.), *Histoire financière de la France depuis les premiers temps de la monarchie jusqu'à nos jours*, avec introduction, supplément et notes de Charles Louandre, éd. Hachette BNF, 1881, 360 p., p. 6 : « *Le tribut public, dans la Gaule comme dans les autres parties de l'empire, était prélevé selon les besoins du moment : en nature (c'est-à-dire en produits agricoles, tels que le blé, l'huile, le vin ou encore les bestiaux), en produits bruts ou manufacturés (tels que le bois, le charbon, le fer, l'airain ou encore les vêtements), en hommes et en chevaux pour les armées, en espèces d'or ou d'argent. La quotité des tributs était fixée chaque année par les empereurs, chiffrée de leur main, et adressée au préfet du prétoire qui en faisait la répartition entre les provinces et envoyait à chacune en particulier l'extrait du rôle qui la concernait. Le gouverneur de la province le faisait afficher dans les endroits les plus fréquentés, quatre mois avant l'époque où devait commencer la perception. La publication de l'édit impérial se nommait indiction et la part d'impôt dû par le contribuable titre ou canon* ». V. pour plus de précisions : Lehuërou (J. M.), *Institutions Mérovingiennes*, Paris, éd. Joubert Libraire, 1843, 559 p., pp. 200-281, p. 200 et p. 279.

[3] Exemple : Auguste crée un impôt direct de 5 % sur les héritages : le vingtième des héritages (XX Hereditatium).

[4] Il s'agit du terme latin désignant ce qu'on appelle aujourd'hui l'amnistie fiscale.

[5] Par exemple, en 450, dans un édit de l'empereur Marcien, figure une remise d'arriérés accordée par son prédécesseur, Théodose II, mais également la mention de la stricte obligation de payer des impôts à venir.

[6] Corbier (M.), *Cité, territoire et fiscalité, Actes de colloque de Rome (27-28 mai 1988)*, Publications de l'École française de Rome, Année 1991, Vol. 143, n° 1, pp. 629-665, p. 633.

grand des secrets et ne donnaient lieu à aucune publicité[1]. De plus, déléguer à d'autres institutions la création d'impôts ainsi que la fixation des dépenses du royaume était interdit[2]. En ce sens, parler d'un « secret » en matière fiscale est inévitablement lié au pouvoir de l'autorité en place. Dans un régime monarchique, les finances du souverain et de l'État sont souvent confondues, il est donc difficile de les différencier. Jusqu'à la Révolution française, les règles fiscales vont être établies de manière arbitraire et opaque.

§ 2. L'établissement arbitraire et opaque des règles fiscales jusqu'à la Révolution française

208. Jusqu'à la Révolution française, les règles d'établissement et de recouvrement de l'impôt ont été caractérisées par leur opacité à l'égard des assujettis. De manière chronologique, nous analyserons la manière dont elles ont contribué, respectivement au Moyen-Âge[3] (**I**) puis, sous l'Ancien Régime (**II**) à façonner le système fiscal de l'État dit « moderne » précédant la naissance de la fiscalité contemporaine.

I. L'opacité du système fiscal sous le Moyen-Âge (VIe au XVe siècle)

209. En nous penchant sur l'histoire de la fiscalité française jusqu'à la Révolution, nous constatons l'enchevêtrement de trois types de fiscalité, apparus dès le Moyen-Âge : une fiscalité d'Église, une fiscalité seigneuriale et une fiscalité royale qu'il conviendra de présenter afin de situer notre analyse (**A**). Un évènement a particulièrement marqué l'histoire de la fiscalité durant cette période : pour justifier la levée de nouveaux impôts et

---

[1] Goutal-Arnal (V.), « Transparence dans les finances publiques de l'Ancien Régime à la Restauration : continuités et ruptures » *in* Bezès (P.), Descamps (F.), Kott (S.), Tallineau (L.), (dir.), *L'invention de la gestion des finances publiques : Élaborations et pratiques du droit budgétaire et comptable au XIXe siècle (1815-1914),* Cheff-IGPDE, 2010, 580 p., pp. 115-127, p. 119.

[2] Laquièze (A.), *Les origines du régime parlementaire en France, 1814-1848*, PUF, coll. Léviathan, 2002, 448 p., p. 203.

[3] Le Moyen-Âge suit la chute de l'Empire romain d'Occident et précède la Renaissance et les Grandes découvertes. Il se divise en trois périodes : le haut Moyen-Âge (VIe – Xe siècle), le Moyen-Âge central (XIe – XIIIe siècle) et le Moyen-Âge tardif (XIVe – XVe siècle).

renforcer sa légitimité vis-à-vis de la papauté[1], Philippe IV le Bel convoque pour la première fois les « états généraux », les ordres représentatifs du système féodal afin d'obtenir leur adhésion aux prélèvements fiscaux. Dans une certaine mesure, nous pourrions considérer que la réunion de ces ordres tempère le caractère arbitraire et opaque de certaines mesures fiscales car outre le fait d'être portées à leur connaissance, elles requièrent leur consentement (**B**).

A. La fiscalité sous le Moyen-Âge : un système fiscal hétéroclite et profondément inégalitaire

210. Avant la Révolution française de 1789, la fiscalité présente une forte hétérogénéité qui met en exergue sa complexité mais également beaucoup d'inégalités. La plus ancienne : la fiscalité d'Église apparaît dès la période mérovingienne. Elle est essentiellement constituée de la dîme[2] : un impôt portant sur une partie des produits agricoles et établi au profit de l'Église catholique[3]. Dans les premiers siècles de la période médiévale, les principaux revenus du royaume de France reposaient en effet sur les produits des domaines royaux, c'est-à-dire, issus essentiellement des activités agricoles et complétés, suivant les besoins, par quelques taxes payées en monnaie. Toutes les propriétés, qu'elles soient celles des nobles, des roturiers et même celles des ecclésiastiques, devaient la dîme. En son principe, cette contribution pouvait être vue comme égalitaire car elle touchait tous les ordres du système féodal[4] ; pourtant, elle était

---

[1] Scordia (L.), « Le bien commun, argument 'pro et contra' de la fiscalité royale - La France de la fin du Moyen-Âge », *Revue française d'histoire des idées politiques*, n° 32, 2010, pp. 293–309, p. 304.

[2] La dîme figure parmi les plus anciens impôts, puisqu'elle existait déjà dans la Bible. Ainsi, Abraham la versait à Melchisedech, Roi de Salem (Bible, livre de la Genèse, chapitre XIV, versets 18 à 20) ; le Nouveau Testament évoquera, quant à lui, la dîme de la menthe, de l'aneth et du cumin... À l'origine, la dîme était présentée comme une offrande à Dieu, proche de la notion de « prémices » qui constituaient également la première part des revenus devant être donnés à Dieu.

[3] Lire également Le Coq (A.), «, La Dîme, l'Église et la société féodale », *Médiévales*, éd. Michel Lauwers, n° 65, 2013, 634 p., pp. 192-194 : La dîme apparaît avant le Moyen-Âge ; la Bible l'évoque déjà et les Pères de l'Église n'ont pas, sur elle, le même point de vue : tantôt elle est vue comme une aumône, tantôt elle garantit le Salut. Mais c'est surtout sous l'impulsion des souverains carolingiens et de l'Église que cet impôt se propage, car il montre le dévouement au roi et à Dieu. Il présente aussi l'avantage de répartir l'argent prélevé.

[4] Il était universel ; nul n'en était dispensé. Gibert (J.-P.), *Institutions ecclésiastiques et bénéficiales suivant les principes du droit commun et les usages de France,* éd. Paris, T. 2, 1751, 704 p., p. 132 et s. : « *Tous, riches et pauvres, doivent offrir à leurs églises les prémices et les dîmes de leurs fruits.* V. Hericourt (L. de), *Les Lois*

profondément inégalitaire en ce qu'elle n'était pas établie en fonction des capacités contributives de chaque habitant[1]. L'économie du pays avait beau être peu monétisée, la charge fiscale qui pesait sur les sujets – notamment les exploitants de manses[2] – était lourde, l'impôt étant acquitté pour l'essentiel en nature. Ils étaient soumis à des régimes fiscaux inégalitaires, dont les règles étaient imposées par leur suzerain. Ainsi, les serfs, moines et seigneurs d'un même territoire, payaient des taxes différentes en fonction de l'ordre auquel ils appartenaient.

211. La fiscalité seigneuriale repose quant à elle sur l'impôt seigneurial et représente l'ensemble des taxes prélevées par un seigneur sur les habitants de son domaine. Par exemple, dès le XIe siècle, les seigneurs perçoivent la taille, un impôt direct négocié avec les communautés villageoises pour contribuer aux charges de la seigneurie, en contrepartie de leur protection par voie d'armes en cas d'agression ou de guerre. Mais son montant était fixé de manière arbitraire ; de nombreuses exemptions étaient de plus accordées, amplifiant le sentiment d'injustice de ceux qui y étaient assujettis.

212. Enfin, la fiscalité royale, pratiquée également dès le Moyen-Âge, méconnaissait la distinction entre les finances publiques et privées, entre le budget du roi et celui de la société. Les rois établissent ainsi les impôts en fonction des dépenses – y compris celles d'ordre privé[3] – qu'ils jugent

---

ecclésiastiques de France dans leur ordre naturel, Neufchâtel, 1774, 418 p., p. 197 : « *Tous les fonds sont sujets aux dîmes, écrivait de son côté un autre canoniste, Héricourt. Les propriétaires ou leurs fermiers doivent les payer, les juifs et les hérétiques comme les catholiques, les nobles comme les roturiers, les clercs comme les séculiers* ». V. Routier (C.), *Pratiques bénéficiales suivant l'usage général et celui de la Province de Normandie*, Rouen, Le Boucher, Bibliothèque d'Histoire du droit de l'Université de Caen, 1745, 592 p., pp. 76-80, p. 77. L'auteur en dira que : « *Personne ne peut se prétendre exempt de la dîme [...]. Les ecclésiastiques eux-mêmes sont obligés au paiement de la dîme pour les héritages qu'ils possèdent et dont ils jouissent, même pour leur titre sacerdotal ou en conséquence de leur bénéfice [...]. À plus forte raison, les biens patrimoniaux des ecclésiastiques ne sont-ils pas exempts des dîmes [...]. Les pauvres doivent aussi les dîmes. Les nobles sont obligés de payer la dîme à la même quotité que les roturiers ; de même les moines et les roturiers* ».

[1] Guiraud (J.), *Histoire Partiale : Histoire Vraie*, Vol. 2, Wentworth Press, 2019, 486 p., p. 117 : Le 24 septembre 1789, Milton de Montherlant, député du bailliage de Beauvais, lutte contre la dîme affirmant qu'elle « *ne frappe pas sur tous les fruits. Les bois, dit-il, les prés ne la doivent pas communément. Les sainfoins, les trèfles, les uzernes, les colzas, le chanvre, le sarrasin la doivent dans des cantons et en sont affranchis dans d'autres* ».

[2] Ardant (G.), *Histoire de l'impôt, Tome I : de l'Antiquité au XVIIème siècle*, *op. cit.*, p. 169 : certaines manses assuraient un revenu confortable à leurs propriétaires quand d'autres ne leur rapportaient rien.

[3] Tels que la construction de châteaux, le financement des chasses, des habits, et des cadeaux offerts aux membres de la Cour…

utiles, immédiates et précises[1]. Par ailleurs, ils mettent en place ce que l'on appelle des « aides féodales » pour pallier les dépenses exceptionnelles comme le mariage de leur fille aînée, l'adoubement de leur fils aîné, le versement d'une rançon s'ils sont faits prisonniers, le financement des guerres et des croisades[2]. En effet, menées par le royaume de France à partir de la fin du XIe siècle, celles-ci ont entraîné l'augmentation des besoins financiers publics et par conséquent, la mise en place par l'État d'impôts « extraordinaires »[3]. Ce fut le cas en 1188 de l'impopulaire « dîme saladine »[4], un impôt direct, universel, proportionnel et déclaratif[5], institué par Philippe Auguste pour financer la troisième croisade contre le sultan d'Égypte, Saladin[6]. De nature pécuniaire, elle était acquittée par tous ceux ne pouvant ou souhaitant prendre les armes et finançait les croisés[7]. Toutefois, comme tous les impôts extraordinaires, la dîme saladine fut mal accueillie, – notamment des ecclésiastiques pourtant en partie exemptés –, surtout par crainte qu'elle revête un caractère permanent[8]. Son poids était notamment supporté par le tiers-état car même si la noblesse et le clergé devaient aussi s'en acquitter, ils récupéraient son montant sur les paysans en levant eux-mêmes un impôt. L'idée d'universalité prônée par l'ordonnance qui institua la dîme saladine fut finalement contredite par l'instauration arbitraire d'impôts par ceux-là même ayant le pouvoir de le recouvrer.

213. À la fin du Moyen-Âge, la principale fiscalité de l'époque devient celle du roi ; la fiscalité d'Église et la fiscalité seigneuriale des seigneuries se réduisent alors de beaucoup. Cette étape a été fondamentale en ce qu'elle a contribué à la construction de l'État dit « moderne »[9]. Fait marquant du

---

[1] Colliard (J.-É.), Montialoux (C.), « Une brève histoire de l'impôt », *Regards croisés sur l'économie*, Vol. 1, n° 1, 2007, pp. 56-65, p. 56.

[2] Cette aide exceptionnelle fut accordée en 1147 sous le règne de Louis VII pour financer la deuxième croisade. V. Clamageran (J.-J.), *Histoire de l'impôt en France,* Guillaumin, 1867, 505 p., p. 279.

[3] Par opposition aux finances ordinaires, issues du domaine du roi.

[4] La Mardière (C. de), Chevreau (E.), « La dîme saladine », *La Revue (Centre Michel de l'Hospital)* « *La Religion et l'impôt* », n° 1, mars 2012, pp. 24-30, p. 29 : Son montant était en effet jugé prohibitif et ruineux. Durant cette période, la dîme saladine donna lieu à des abus et des détournements de la part de ceux chargés de la collecter. En 1189, Philippe-Auguste lui-même l'abrogea.

[5] La Mardière (C. de), Chevreau (E.), *ibid.,* pp. 26-27.

[6] Rigord (R.), « Vie de Philippe-Auguste », *in* Guizot (F.), (dir.), *Collection de mémoires relatifs à l'histoire de France,* Brière, 1825, T. 11, 489 p., p. 73.

[7] La Mardière (C. de), Chevreau (E.), *op. cit.*, p. 25.

[8] La Mardière (C. de), Chevreau (E.), *ibid.,* p. 28.

[9] Vitruy (A.), *Études Sur Le Régime Financier de La France Avant La Révolution de 1789 ; Tome 1, Les impôts romains dans la Gaule du Vème au Xème siècle – Le*

Moyen-Âge et allant à l'encontre du pouvoir arbitraire d'établissement et du recouvrement de l'impôt : la réunion pour la première fois des états généraux le 10 avril 1302. Prélever l'impôt sans heurts et de manière efficace suppose en effet l'adhésion de ceux qui en supportent la charge, ce qui nécessite alors une certaine transparence des règles fiscales.

B. Une relative transparence des règles fiscales par la recherche du consentement des ordres représentatifs

214. En 1302, sous fond de querelle avec le pape Boniface VIII, Philippe le Bel réunit les représentants du clergé, de la noblesse et du tiers état : les états généraux, afin de prélever d'autres impôts : les décimes. Le roi justifie ces prélèvements par la prospérité et la défense du Royaume, notamment « *la défense de la patrie natale (ad defensionem natalis patriae) pour laquelle l'ancienneté vénérable des pères ordonne de combattre*[1] ». C'est donc dans un contexte de guerre que Philippe IV le Bel convoque les représentants des ordres composant la société médiévale. L'appui de ses sujets lui permet notamment de légitimer la lutte qu'il mène envers le pape, fermement opposé à la taxation des clercs sans son consentement. Celui-ci reproche au roi sa domination sur le clergé, l'accusant même de réduire en servitude les clercs. Boniface VIII va d'ailleurs jusqu'à excommunier ceux qui s'acquitteraient des charges royales sans son autorisation.

215. Cette assemblée est la première de ce genre. « *Ce fut [...] un fait nouveau dans l'histoire que cette convocation de tous les ordres de l'État ; la nouveauté ne consista pas à consulter les différents ordres, mais à les consulter simultanément*[2] ». En effet, auparavant, le roi ne s'était entouré que des représentants du clergé et de la noblesse, par exemple pour recueillir leur consentement concernant la levée de la dîme saladine. Le tiers état en était exclu alors qu'il était celui sur qui pesait en grande majorité la charge de l'impôt. Quelques documents d'époque mettent en avant que sous Charlemagne, des assemblées du peuple ont été organisées pour recueillir leurs avis. Cette fois encore, tous les pans de la société féodale n'étaient pas représentés car Charlemagne ne consultait que les grands et les prélats[3]. En 1302, les états généraux est une assemblée hétéroclite qui ne dispose que d'un rôle consultatif, constituée d'ecclésiastiques, de prélats, de nobles,

---

régime financier de la monarchie féodale aux XIème, XIIe et XIIIe siècles, Paris, éd. Guillaumin et Cie, 1878, 568 p., pp. 1-12 (avant-propos), p. 1 et p. 2.

[1] Lettre de Philippe le Bel au clergé de Bourges, 29 août 1302, citée par Georges de Lagarde, « La philosophie sociale d'Henri de Gand et de Godefroid de Fontaines », *Archives d'histoire littéraire du Moyen-Âge*, 1946, n° 1, pp. 73-142, p. 88.

[2] Boutaric (E.), « Les premiers états généraux (1302-1314) », *Bibliothèque de l'école des chartes*, 1860, n° 21. pp. 1-37, p. 3.

[3] Boutaric (E.), *ibid.*

d'universitaires, de maires, de députés et de délégués d'états provinciaux investis de mandats impératifs[1], d'échevins, de bourgeois…. Cette réunion se conclut par un succès : les représentants décident d'appuyer le roi dans sa décision de lever de nouveaux impôts, légitimant et renforçant ainsi sa position face au pape. Mais cet évènement inédit est exceptionnel car un an plus tard, une nouvelle assemblée se reforme, cette fois, sans la présence des représentants du tiers état, pour discuter du litige opposant Philippe le Bel au pape Boniface VIII et des politiques monétaire et fiscale du royaume[2]. Solliciter l'avis des assemblées était un moyen de gouverner en toute légitimer et d'éviter toute opposition au pouvoir. D'ailleurs, « *on doit le reconnaître, l'initiation des états au gouvernement sous Philippe le Bel fut illusoire ; ils ne furent convoqués que pour donner un appui moral à la royauté contre les envahissements de la papauté*[3] ». Après le décès de Boniface VIII le 11 octobre 1303, les états généraux se réunissent ponctuellement, de façon ou plus ou moins régulière, jusqu'en 1614. L'objet de leur convocation est souvent lié à des questions fiscales, – un sujet sensible qui a été source de révoltes dans le royaume de France –, notamment s'agissant de la fiscalité royale et des finances extraordinaires. Nous pourrions considérer que la tenue de ces assemblées a permis de tempérer, dans une certaine mesure, le caractère opaque de certaines mesures fiscales, puisque, en les exposant, elles ont été portées à la connaissance des assujettis. En revanche, bien souvent, ce sont leurs modalités de recouvrement qui ont été méconnues et exacerbé certaines inégalités. L'octroi de multiples exemptions à l'égard de certaines catégories de la population – n'étant pas connues de tous de manière transparente – ainsi que la mauvaise répartition de la charge fiscale ont également contribué à renforcer le sentiment d'injustice. Le système fiscal sous le Moyen-Âge demeure donc caractérisé par son opacité. Et il le demeure sous l'Ancien Régime, notamment par la pratique des structures chargées des finances publiques.

---

[1] Ardant (P.), Mathieu (B.), *Droit constitutionnel et institutions politiques*, LGDJ, 31 éd., 2019, 640 p., p. 182 : les électeurs donnent des instructions précises aux élus, exigent d'eux qu'ils rendent des comptes, le cas échéant, les révoquent s'ils en sont mécontents.

[2] Boullée (A.-A.), *Histoire complète des États-généraux et autres assemblées représentatives de la France depuis 1302 jusqu'en 1626*, Vol. 1, éd. Langlois et Leclercq, 1845, 398 p., pp. 15-16.

[3] Boutaric (E.), *op. cit.*, p. 27.

II. L'opacité du système fiscal sous l'Ancien Régime : Du XVIe au XVIIIe siècle

216. Il convient d'abord de présenter l'organisation du système fiscal de l'Ancien Régime (**1**) avant d'exposer la pratique du secret par les organes chargés des finances publiques (**II**).

A. L'organisation du système fiscal de l'Ancien Régime

217. Entre le XVIe et le XVIIIe siècle, des évolutions voient le jour : naissance d'une administration centrale sous l'autorité du contrôleur général des finances, développement et structuration d'une administration royale à travers ses commissaires et ses officiers. Au XVIIe siècle, Colbert met en place un système cohérent de recouvrement des impôts avec le recours systématique à l'affermage. Les grands impôts féodaux se transforment dès lors en impôts royaux. Des prélèvements de plus en plus lourds sont crées tels que la capitation sous le règne de Louis XIV (1638-1715) ou l'impôt des vingtièmes sous le règne de Louis XV[1] (1710-1774). Entre le XIVe et le XVIe siècle, les états généraux sont convoqués lorsqu'il s'agit d'établir un nouvel impôt. Toutefois, après 1614, le pouvoir royal, refusant de voir remis en cause l'organisation fiscale, décide de ne plus les convoquer. Il tente d'imposer, sans y parvenir, une harmonisation à la hausse, en forçant les résistances des Parlements régionaux.

218. Par une ordonnance du 28 décembre 1523, François Ier confie la gestion des recettes ordinaires (produits du domaine) et extraordinaires (les impôts) au trésorier de l'épargne. Les trésoriers de France et les généraux des finances n'ont plus le pouvoir d'ordonnancement qui leur avait été délégué en 1532. S'organise ainsi, de 1521 à 1523, l'administration centrale des Finances[2]. Vers 1550, pour s'assurer la mainmise exclusive en matière d'impôt, le roi Henri II, le fils de François Ier, crée des « commissaires » qui n'obéissent qu'à lui seul. La direction des finances leur reviendra d'abord, elle sera ensuite prise en charge par les intendants[3] des finances, puis par le

---

[1] Brachet (B.), *Le système fiscal français,* Paris, LGDJ, 7e éd., 1997, 216 p., p. 8.

[2] V. pour plus de précisions Antoine (M.), « L'Administration centrale des finances en France du XVIe au XVIIIe siècle », *Le Dur métier de roi*, PUF, coll. Histoires, 1986, 345 p., pp. 31-60.

[3] Lire pour plus de précisions Antoine (M.), « Genèse de l'institution des intendants », *in Journal des savants*, 1982, Vol. 3, n° 3-4. pp. 283-317 ; Smedley-Weill (A.), *Les intendants de Louis XIV*, Paris, Fayard, 1995, 374 p., p. 370 et Mosser (F.), *Les intendants de Finances au XVIIIe siècle. Les Lefèvre d'Ormesson et le département des impositions (1715-1777)*, Genève-Paris, Librairie Droz, 1978, 327 p., pp. 307-309.

surintendant qui aura la haute main sur l'ensemble du système financier et fiscal.

219. Durant son règne, le roi Henri II décide de réformer le statut de certains des agents de l'État exerçant des missions relatives à l'impôt. Les prérogatives les plus importantes des officiers sont ainsi transformées, comme celles des généraux de finances et des trésoriers de France : leur pouvoir ne s'exerce plus à l'échelon du pays, mais à l'échelon local. La réforme touche également les envoyés extraordinaires à qui sont confiées davantage de missions ; ils ont pour tâche de récupérer l'impôt et de s'assurer que les trésoriers généraux des finances effectuent correctement leur travail. Puis, sous Louis XIV, ceux que l'on appelle depuis peu les intendants voient leurs attributions s'étendre encore, au point de faire partie des proches du roi et de l'aider à prendre des décisions[1]. S'ils sont placés sous l'autorité des secrétaires d'État, ils ont toute latitude pour agir dans bien des domaines, en particulier le contrôle de certains organes du royaume. Les parlements sont ainsi surveillés par eux, comme les juridictions ; les activités commerciales leur sont soumises et les universités leur sont subordonnées ; c'est auprès d'eux que les forces militaires prennent leurs ordres. À ces compétences s'ajoute un pouvoir important de nomination, celui des collecteurs d'impôt, et une autorité, dès 1642, exercée sur l'action des officiers de finances.

220. En 1561, est créée la surintendance des Finances ayant pour fonction d'ordonnancer les dépenses au nom du roi et d'emprunter. Les impôts, en effet, se révèlent insuffisants pour pallier le déficit causé par les dépenses. Peu à peu, les impôts sont affermés à des financiers qui assurent les ressources royales. De plus en plus, grandit une certaine méfiance envers l'intendant comme le surintendant qui sont soupçonnés de s'enrichir au détriment du roi. La confiance qui leur avait été accordée va finir par être ébranlée par la disgrâce de Fouquet, surintendant de Louis XIV, conduisant ainsi à la création du conseil royal des finances en 1665. Louis XIV instaure aussi la charge de contrôleur général qui va désormais remplacer le surintendant dans ses attributions. Colbert devient ainsi le premier contrôleur général des finances le 15 septembre 1665. Sa charge (de 1661 à 1683) lui confère les pouvoirs les plus étendus[2] : il s'occupe non seulement de la

---

[1] Les intendants président les bureaux de finances composés de cinq trésoriers généraux.

[2] Félix (J.), *Finances et politiques au siècle des Lumières, Le ministère L'Averdy, 1763-1768*, éd. Institut de la gestion publique et du développement économique, Comité pour l'histoire économique et financière de la France, Coll. Vincennes, 1999, 560 p., pp. 263-304 : Pour acquitter les dépenses de l'État, un contrôleur général des finances avait en main cinq leviers : le ministre pouvait agir sur les recettes par une action fiscale, par l'aliénation du domaine ou par le recours à l'emprunt ; il avait le droit d'exercer un meilleur contrôle des recettes et des

perception des impôts et du paiement des dépenses, mais aussi de tout ce qui a une influence sur le revenu de l'État, sur l'assiette et le taux des diverses impositions, sur les sources mêmes de l'impôt, l'agriculture, l'industrie et le commerce[1].

221. Au début du XVIIIe siècle, le roi en vient à se tourner vers des aides extérieures. En effet, à cause des dépenses de guerre, du poids de la dette, du coût des charges civiles, il fait appel à des financiers : eux seuls peuvent garantir au pays de fonctionner. Ainsi, à partir de 1681, les droits d'enregistrement et les impôts indirects étaient perçus par les fermiers généraux qui s'entendaient avec le souverain sur le montant d'une somme qu'ils lui verseraient une fois qu'ils auraient recouvré l'impôt pour leur propre compte. Des agents spécialisés travaillaient sous l'autorité du roi : les généraux des finances et le receveur général. Ils s'occupaient respectivement de réunir en un seul endroit l'impôt perçu et d'assurer une mission comptable.

222. Les fermiers profitent de leur supériorité sur les serfs-paysans si bien que, pour augmenter leur patrimoine, ils n'hésitent pas à faire peser sur eux l'essentiel de l'impôt. Par la fortune qu'ils acquièrent, les fermiers deviennent peu à peu indispensables et finissent par prêter de l'argent au roi : leur puissance va grandissant, au point qu'ils obtiennent du souverain la diminution des créances qu'ils lui doivent. Enfin, en 1726, une organisation nouvelle voit le jour, placée sous la direction de soixante financiers : toutes les fermes sont soumises à un même bail qui recrée la Ferme générale. Cependant, ce fonctionnement est si contesté qu'il est transformé en régie par les contrôleurs généraux en 1769. De la sorte, les dissimulations ne sont plus à craindre, étant donné que c'est l'État, par l'intermédiaire des régisseurs, qui perçoit l'impôt et qui organise les services de la Ferme générale. Mais l'instauration en 1738 de la corvée royale, puis du vingtième en 1749[2] et la pression fiscale exercée par la Ferme générale vont profondément mécontenter les contribuables.

223. Une nouvelle réforme, à l'initiative de Necker cette fois, modifie les attributions de la Ferme générale en ce qui concerne le domaine de l'État : à partir de 1780, elle cède à trois compagnies fermières la gestion des aides et des revenus qu'elle assurait jusqu'à alors. La fiscalité sur les marchandises

---

dépenses ; il intervenait sur le crédit de manière à réduire les frais de trésorerie indispensables pour faire la soudure entre les deux exercices financiers ou payer les débours inopinés ; il avait encore la possibilité de développer une action économique ; enfin il pouvait multiplier les signes monétaires par l'émission de papier ou par des refontes de la valeur intrinsèque du numéraire.

[1] Vitruy (A.), *Études Sur Le Régime Financier de La France Avant La Révolution de 1789*, *op. cit.*, p. 21.

[2] En 1751, le clergé est dispensé du vingtième, ce qui accentue de plus en plus les inégalités devant l'impôt entre les ordres.

est ainsi du ressort de la Ferme générale ; la Ligue générale est compétente en matière de législation sur les boissons ; enfin, les domaines ruraux sont confiés à l'administration générale des domaines et des droits domaniaux qui s'occupe aussi des droits d'enregistrement.

224. En 1788, le déficit a triplé et le service de la dette représente presque un tiers des dépenses[1]. Le royaume est alors déclaré en banqueroute le 16 août 1788[2]. Le 5 mai 1789, les états généraux se réunissent sur ordre du roi qui a reconduit Necker au poste de directeur puis de ministre des Finances. Celui-ci avance le projet de concentrer tous les services des finances, entre les mains de directeurs aux ordres du ministre. Mais avant que le projet n'aboutisse, la Révolution française éclate.

B. Le secret dans l'établissement, le recouvrement et la gestion de l'impôt de l'Ancien Régime

225. On constate une véritable opacité financière de l'État quant à l'établissement, au recouvrement et à la gestion de l'impôt collecté. Sous l'Ancien Régime, l'administration fiscale est soumise à une forte tradition de confidentialité. Elle se veut délibérément distante par rapport aux administrés à qui elle imposait ses décisions de façon unilatérale, et ce, conformément au modèle bureaucratique. Elle ne communique aux administrés que le résultat des décisions qui les concernent et n'indique pas le déroulement du processus ayant permis d'y aboutir[3]. L'administration opposait « *un double barrage légal : le mutisme de ses agents et le secret de ses papiers*[4] ».

226. Nous pourrions dès lors, situer l'émergence d'un secret officieux en matière fiscale –car il n'existait aucun texte légal le consacrant – avec la

---

[1] Coquard (O.), « La naissance d'une conscience révolutionnaire (mai 1788-juillet 1789) », *Quand le monde a basculé. Nouvelle Histoire de la Révolution française 1789-1799,* Tallandier, 2015, 304 p., pp. 19-58, p. 23 et p. 24 : « *Ce déficit est d'autant plus grave que l'opinion publique s'en empare et s'en émeut [...] Louis XVI, en effet, semble n'avoir jamais su tenir fermement un cap économique* ».

[2] Godeau (R.), *La France en faillite : La Vérité sur l'explosion de la dette publique*, éd. Calmann-Lévy, 2006, 368 p., p. 20: « *Face à ce désastre financier, un pouvoir en déclin. Louis XVI n'était pas faux, il était faible ; la faiblesse n'est pas la fausseté, mais elle en tient lieu et elle en remplit les fonctions » écrit Chateaubriand à propos des origines de la Révolution française ».* V. également pour approfondir le sujet Gomel (C.), *Les causes financières de la Révolution française, Paris, 1892-1893*, 2 Vol. (T. 1 : *Les ministères de Turgot et de Necker*, Paris, 1892 ; T. 2 : *Les derniers contrôleurs généraux*, Paris, 1893), 548 p.

[3] Bui-Xuan (O.), « Les secrets de l'administration », *RDP*, 1er juillet 2012, n° 4, p. 1119.

[4] Lire pour plus de précisions Fougère (L.), « Les secrets de l'administration », *Bulletin de l'Institut international d'administration publique*, 1967, p. 21.

pratique des organes administratifs chargés des finances publiques, véritables prémices de l'administration fiscale telle que nous la connaissons aujourd'hui. Pour asseoir leur légitimité et leur autorité, ils usaient de leurs pouvoirs régaliens de manière discrétionnaire et secrète. De ce fait, ils n'avaient pas à motiver leurs décisions. Si bien que Jacques Necker dans son *Compte-rendu au roi* en 1781[1], démontre le caractère contre-productif du secret et de l'opacité d'un tel système : « *N'est-ce pas exhausser, pour ainsi dire, la majesté du Prince, que de relever un peu la nation qu'il gouverne, en lui faisant connaître le motif des lois qu'on lui donne ?*[2] ».

227. Le secret relevait de l'habitude et du principe quand la transparence demeurait une exception. La Révolution française va prendre racine dans la contestation de l'opacité financière de l'État et de l'arbitraire royal à la fin du XVIIIe siècle. Elle naît aussi du refus de la disparité fiscale. Mise en place sous l'Ancien Régime, elle rendait les serfs inégaux devant l'impôt du fait d'un héritage « fédéraliste » féodal. Les parlements constituaient en effet les derniers vestiges face aux efforts centralisateurs de la monarchie. Il s'opère alors un glissement de l'intérêt public vers l'intérêt général[3]. La personne du roi, ayant accaparé la totalité du pouvoir politique, désormais confondue avec sa fonction de souverain, n'est plus nécessaire au fonctionnement de l'ordre politique : il est désormais possible de le remplacer par un « peuple souverain ». Le développement même de l'absolutisme a provoqué sa chute.

---

[1] Necker (J.), *Compte rendu au Roi: par M. Necker, directeur général des finances, au mois de janvier 1781*, Paris, 1781, 86 p., p. 2 : Le compte-rendu au Roi de Jacques Necker, ministre des Finances de Louis XVI, rendu public en janvier 1781 fait l'état des lieux des dépenses de l'État français en 1781. Il plaide pour la transparence des comptes publics, en particulier de la dette, pour laquelle « *on a fait constamment un mystère de l'état des finances* ». Necker vante l' « *immense crédit dont jouit l'Angleterre et qui fait aujourd'hui sa principale force dans la guerre* ». Ce crédit s'explique selon lui, par « *la notoriété publique à laquelle est soumis l'état des finances. Chaque année, cet état est présenté au Parlement, on l'imprime ensuite et tous les prêteurs, connaissant ainsi régulièrement la proportion que l'on maintient entre les recettes et les dépenses, ne sont point troublés par ces soupçons et craintes, compagnes inséparables de l'obscurité* ».

[2] Necker (J.), *Œuvres complètes de M. Necker*, T. IV : *De l'administration des finances de la France*, Paris, Treuttel et Würtz, 1821, 468 p., p. 58.

[3] Rosanvallon (P.), *L'État en France de 1789 à nos jours*, éd. du Seuil, collection Histoire, 1990, 369 p., p. 175 et s. ; Du même auteur, « Boisguilbert et la genèse de l'État moderne », *Esprit,* n° 61 (1), 1982, pp. 32–52, p. 50.

§ 3. Entre opacité et transparence après la Révolution

228. La Révolution française signe un nouveau chapitre dans l'histoire du secret et de la fiscalité. Dans la nuit du 4 août 1789, les députés de l'Assemblée nationale constituante proclament l'abolition des droits féodaux et de divers privilèges. De même, apparaissent de nouvelles conceptions qui triomphent. La Révolution consacre des principes fondateurs et fondamentaux des régimes politiques futurs, comme le droit de consentir librement à l'impôt et de déterminer son assiette et sa quotité. Il sera inscrit dans la Déclaration des droits de l'homme et du citoyen du 26 août 1789. Désormais, « *les hommes naissent et demeurent libres et égaux en droits* » (Article 1). De même ; « *la loi doit être la même pour tous* » (Article 6). Cela implique qu'un même régime fiscal doit s'appliquer à tous les contribuables placés dans la même situation mais également qu'il soit « juste », c'est-à-dire qu'il s'efforce de prendre en compte la capacité contributive de chaque citoyen[1]. Par ailleurs, l'action de l'administration doit être connue du public. L'article 15 de la Déclaration de 1789 qui prévoit que « *la société a le droit de demander compte à tout agent public de son administration* » commence à ébranler le secret administratif dont use l'administration fiscale. L'État ne se considère plus dorénavant comme au-dessus de ses sujets, mais devient peu à peu une entité au service des citoyens. La période suivant la Révolution française est importante car sont désormais codifiés des éléments relatifs à la transparence (**I**) et au secret (**II**), que cela soit à l'égard de l'administration ou du contribuable.

I. Vers l'émergence d'un secret « officiel »

229. La notion de secret apparaît pour la première fois au début du XIXe siècle. Elle s'étend aux fonctionnaires (**A**) puis au contribuable (**B**).

A. La consécration du secret des fonctionnaires après la Révolution

230. En 1789, l'Assemblée nationale législative adopte la Déclaration des droits de l'homme et du citoyen et les articles de la Constitution de 1789 transférant la souveraineté du roi à la Nation. En 1791, elle vote la Constitution (le 3 septembre) et le premier Code pénal (le 6 octobre). Fondée

[1] Article 13 de la DDHC: « *Pour l'entretien de la force publique, et pour les dépenses d'administration, une contribution commune est indispensable : elle doit être également répartie entre tous les citoyens, en raison de leurs facultés* ».

sur les principes de la souveraineté de la Nation et de l'équilibre des pouvoirs, elle institue en France une monarchie constitutionnelle.

231. À l'origine, le premier Code pénal français de 1791, inspiré des principes de Beccaria[1], ne prévoyait pas spécifiquement la sanction de la violation du secret professionnel des fonctionnaires chargés des finances publiques. La seule transgression alors envisagée sur ce sujet figurait à l'article 6, disposant que *« tout fonctionnaire public chargé du secret d'une négociation, d'une expédition ou d'une opération militaire, qui sera convaincu de l'avoir livré méchamment et traîtreusement aux agents d'une puissance étrangère, ou en cas de guerre, à l'ennemi, sera puni de mort »*. Le secret professionnel n'était donc encore ni codifié ni formellement identifié durant cette période. Il ne le sera qu'avec l'avènement du Code pénal impérial du régime napoléonien de 1810. Quant au secret professionnel propre à l'administration fiscale, il n'apparaît que bien plus tard : d'abord, à l'article 23 de la loi du 15 juillet 1914 portant fixation du budget général des dépenses et des recettes de l'exercice 1914, puis à l'article 26 de la loi n° 83-634 du 13 juillet 1983, et enfin à l'article L. 103 du Livres des procédures fiscales (LPF) introduit par la loi n° 96-1182 du 30 décembre 1996.

232. Avant la codification de l'article précédent, celui qui a longtemps régenté le régime de la violation du secret professionnel est l'article 378 du Code pénal mis en place par Napoléon Bonaparte le 12 février 1810 et promulgué le 3 juin 1810[2]. Cet article est des plus explicites en ce qui concerne la sanction de la violation du secret professionnel, lequel s'appliquait également aux fonctionnaires. En effet, il disposait que « *les médecins, chirurgiens et autres officiers de santé, ainsi que les pharmaciens, les sages-femmes, et toutes autres personnes dépositaires, par état ou profession, des secrets qu'on leur confie, qui, hors le cas où la loi les oblige à se porter dénonciateurs, auront révélé ces secrets, seront punis d'un emprisonnement d'un mois à six mois, et d'une amende de cent francs à cinq cents francs* ». La première codification du secret professionnel, son avènement officiel, non spécifique à la matière fiscale mais étendu à la

---

[1] Damon (J.), « Cesare Beccaria (1738-1794) », *Informations sociales*, Vol. 127, n° 7, 2005, p. 21. L'auteur explique que Cesare Beccaria, aristocrate italien, marquis de son état, éduqué chez les jésuites, est souvent présenté comme un des premiers jalons de la criminologie et un des inspirateurs, humanistes, de certaines dimensions des systèmes pénaux contemporains. Dans son ouvrage *Des délits et des peines* (sans toutefois le signer de crainte de représailles politiques), Beccaria énonce des principes, traduits dans nombre d'édifices judiciaires actuels, et dénonce les lois injustes, appelant à une correspondance entre les sanctions et les crimes, proposant des peines sûres mais douces.

[2] En 1810, le Code pénal succède à des lois datant de la Révolution, contenues notamment dans le Code pénal de 1791. La promulgation de ce code permet enfin aux juges de condamner en adaptant la peine aux infractions commises.

fiscalité, remonte à l'année 1810 ; soit une vingtaine d'année après la Révolution française qui a permis la consécration des principes fondateurs en la matière.

B. L'apparition de la méthode indiciaire et de la méthode de la déclaration contrôlée : la prise en compte du secret du contribuable

233. Au XIXe siècle, le contribuable voit les secrets de sa vie privée préservés par l'apparition de la méthode « indiciaire ». Elle permet à l'administration fiscale de déterminer l'impôt à partir de signes extérieurs, incontestables, sur la base d'indices en induisant « *de la constatation de certains faits ou de certains signes facilement observables le revenu dont ils sont la manifestation extérieure*[1] ». L'impôt le plus connu fondé sur cette méthode est le nombre de portes et fenêtres dont disposait l'habitation d'un contribuable propriétaire. Dominique Ramel, dit Ramel de Nogaret, député de l'Aude et ministre des Finances de l'époque du Directoire (1795-1799), introduit le projet le 24 novembre 1798. Cet impôt, pouvant être établi depuis la rue par les agents du fisc sans contestation possible, existait déjà dans l'Antiquité romaine sous le nom d'*ostiarium* qui frappait les portes des maisons ou encore de *columnarium* qui, sous Jules César, prenait en compte le nombre de colonnes. L'impôt sur les portes et les fenêtres était connu pour être profondément inégalitaire. Bien que respectant en effet, la liberté et la vie privée du contribuable en la préservant d'une investigation plus poussée de l'administration, il méconnaissait le principe d'égalité devant l'impôt, supposant que les contribuables dont les facultés contributives étaient égales soient imposés de la même manière. Pourtant, ce système ne permettait pas de connaître de manière exacte la matière imposable. Il induisait comme triste conséquence que les contribuables les plus pauvres bouchaient les portes et fenêtres de leurs habitations afin d'alléger leur contribution fiscale[2]. « *Rarement, dans l'histoire de l'impôt, un prélèvement a fait l'objet de moqueries aussi vives. On prétendait ainsi que sa base était constituée par*

[1] Allix (E.), *Traité élémentaire de science des finances et de législation financière française*, Paris, Rousseau et Cie, 4e éd., 1921, 642 p., pp. 420-245, p. 422.
[2] Dans le premier livre des *Misérables* de Victor Hugo, dont l'action se déroule au début du XIXe siècle, l'évêque de Digne Mgr Myriel sermonne ainsi les fidèles :
« *Mes très chers frères, mes bons amis, il y a en France treize cent vingt mille maisons de paysans qui n'ont que trois ouvertures, dix-huit cent dix-sept mille qui ont deux ouvertures, la porte et une fenêtre, et enfin trois cent quarante-six mille cabanes qui n'ont qu'une ouverture, la porte. Et cela, à cause d'une chose qu'on appelle l'impôt des portes et fenêtres. Mettez-moi de pauvres familles, des vieilles femmes, des petits enfants, dans ces logis-là, et voyez les fièvres et les maladies. Hélas ! Dieu donne l'air aux hommes, la loi le leur vend.* ».

l'air et la lumière, dont se privaient ceux qui avaient fait obstruer des ouvertures. Qu'il était néfaste à la santé publique pour contraindre à vivre dans des maisons qui n'étaient pas aérées ni éclairées[1] ». Cet impôt sera appliqué jusqu'en 1925. Même s'il ne prenait pas en compte la richesse réelle du contribuable, il avait pour vertu fiscale d'avoir des modalités d'application simples et de respecter la vie privée en ne troublant pas l'intimité.

234. Cette méthode indiciaire est encore utilisée aujourd'hui car il s'agit de définir la base imposable selon le train de vie du contribuable. L'administration peut la rectifier s'il y a écart avec le revenu déclaré. En effet, quand celui-ci ne correspond pas avec la façon de vivre du contribuable, l'article 168 du CGI prévoit que la base d'imposition de son impôt sur le revenu sera déterminée en fonction d'une somme forfaitaire, à laquelle seront appliqués certains éléments de son train de vie fixés par barème. La méthode indiciaire va laisser place, à l'occasion de la réforme de la fiscalité des revenus, à celle de la déclaration contrôlée. Désormais, « *les contribuables passibles de l'impôt souscrivent une déclaration de leur revenu global, avec faculté d'appuyer cette déclaration de leur revenu du détail des éléments qui le composent*[2] ». Le recouvrement de l'impôt a lieu sur la base d'une matière imposable détaillée et précise mais cela implique que l'administration fiscale contrôle l'exactitude des déclarations des contribuables en prenant en compte des éléments et informations de leurs vies privées. Depuis l'instauration de l'impôt sur le revenu au XXe siècle, les administrations fiscales de nombreux États l'appliquant et l'encadrant, se sont vues toutefois, octroyées des pouvoirs d'investigation importants.

II. Vers l'émergence d'une transparence de l'action publique en matière fiscale

235. Après la Révolution, se succédent divers régimes politiques dans lesquels va peu à peu s'affirmer la transparence en matière fiscale. Ainsi, au cours de la Restauration, une nouvelle conception libérale des finances publiques apparaît. Durant cette période, sont également consacrés des principes budgétaires qui perdurent encore aujourd'hui[3]. Pour laisser s'exprimer la liberté individuelle et pour assurer la bonne marche de l'économie, il faut limiter l'intrusion de l'État en matière financière. Ses

---

[1] La Mardière (C. de), *Droit fiscal général*, Flammarion, 2e éd., 2015, 384 p., pp. 41-42.

[2] Article 16 de la loi du 15 juillet 1914 sur l'impôt général sur le revenu.

[3] À savoir, la règle de l'annualité de l'autorisation budgétaire par le législatif ; le principe de spécialité des crédits ; le principe d'universalité du budget, le principe d'unité du budget.

principales contraintes concernent la neutralité budgétaire et l'usage des dépenses publiques : celles-ci ne doivent concerner que l'équilibre du budget et les fonctions qui dépendent directement de l'État. Cette période, par l'ébauche du parlementarisme, fonde les finances publiques modernes. En effet, à partir de 1814, s'affirme une exigence de transparence des comptes publics, doublée d'une volonté de faire discuter puis voter le budget des dépenses et des recettes étatiques par le Parlement[1]. D'abord, par une ordonnance du 26 mars 1817 qui impose aux administrations de faire figurer le produit brut et les frais de régie sur tous les comptes. Puis, en 1822, par souci de clarification, les comptes sont unifiés. Enfin, en 1824, les administrations financières sont réunies. La gestion des finances publiques relève de la compétence de la Cour des comptes créée en 1807 et chargée de contrôler de manière centralisée les comptes et les comptables publics. Désormais, le budget public est soumis à la fois à un contrôle du pouvoir législatif (le Parlement) et à un pouvoir judicaire (la Cour des comptes). Parallèlement, afin que le budget corresponde à la réalité, le droit comptable se développe. L'ordonnance du 14 septembre 1822 impose ainsi aux comptables de produire des pièces justificatives et, sur le fondement même de principes budgétaires, fixe aussi les règles comptables qui s'appliquent en cas de reddition des comptes. Ces mesures aident considérablement le ministère des Finances ; celui-ci peut dès lors s'assurer que ses services respectent le budget tel qu'il a été décidé et anticiper les recettes et les dépenses de l'année suivante. Ces évolutions en matière budgétaire et comptable n'épargnent pas la fiscalité. Nous verrons que les exigences de transparence établies à l'égard de l'action administrative (**A**) ont tempéré la tradition du secret qui a longtemps forgé la pratique de l'administration fiscale : ses secrets demeurent mais leurs champs d'application sont mieux précisés (**B**).

A. À la recherche d'une transparence de l'action administrative

236. Le XIXe siècle intègre le mouvement d'institutionnalisation progressive de la transparence administrative. En 1822, Guizot déclarait ainsi que « *le pouvoir n'a plus de mystères pour la société*[2] » car la société elle-même n'a plus de mystères pour le pouvoir. Le passage du secret à la transparence peut être également examiné à l'aune de l'émancipation

---

[1] Catteau (D.), *Les Fondamentaux Finances publiques 2018-2019, droit budgétaire et comptabilité publique*, Hachette Éducation, coll. Les fondamentaux, 2018, 168 p., pp. 6-9, p. 9 : Le baron Louis, ministre des Finances de Louis XVIII, impose dès 1814 les « *quatre temps alternés* » : le gouvernement prépare le budget, le Parlement le vote, les ministères l'exécutent et le Parlement le contrôle.

[2] Guizot (F.), *De la peine de mort en matière politique*, Paris, éd. Béchet aîné, 1822, 185 p., p. 85.

progressive du juge administratif qui va, grâce à la conquête de son autonomie, parvenir à exercer un contrôle de plus en plus impartial et objectif[1]. Depuis 1872, le Conseil d'État est indépendant du pouvoir exécutif et agit au nom du peuple français.

237. Parallèlement à l'émancipation progressive du juge administratif, se met en place un certain nombre de mesures ayant pour objectif de modifier le rapport entre l'administration et les administrés. L'accessibilité de l'information et la transparence deviennent ainsi des impératifs marquant le droit administratif. L'administration française été réformée pour être plus transparente, plus accessible afin de favoriser la communication avec les contribuables[2]. Toutes ces mesures, dont celle relative à l'accès du public à l'information administrative, ont eu pour but de permettre à l'administré d'exercer un véritable droit à l'information administrative[3]. Nous pouvons soulever plusieurs avancées en ce sens, notamment grâce à trois importantes lois[4] adoptées en 1978 et en 1979[5], la plus novatrice étant sans nul doute celle du 17 juillet 1978 sur l'accès aux documents administratifs. Celle-ci organise les rapports entre les personnes physiques ou morales et n'importe quel service public. En effet, quelle que soit leur nationalité, les usagers ont désormais le droit de se voir communiquer les documents administratifs les concernant. Cette obligation s'applique aussi bien aux administrations qu'aux collectivités locales, aux établissements publics ou à tout organisme gérant un service public. Ses principales avancées sont qu'elle remet en cause la traditionnelle et historique pratique du secret administratif et qu'elle crée de ce fait une commission d'accès aux documents administratifs (CADA) dont la mission est double : s'assurer que le texte est correctement appliqué, préciser ses modalités d'application. De nouveaux services ont également été créés, comme le « service d'information et de diffusion » ou les « bureaux d'accueil et d'orientation » chargés de renseigner les usagers.

238. En outre, cette tradition de la confidentialité va peu à peu être remise en question, d'abord, à la fin des années 1970, par une politique d'information développée à l'initiative de l'administration, puis par la consécration, en 2016, d'un solide socle législatif relatif au droit à

---

[1] Fillion (S.), *Du secret à la transparence : pour un État plus proche des citoyens*, Mémoire, IEP Lyon, 21 juin 2006, 128 p., p. 10.

[2] V. pour une étude générale : Lasserre (B.), Lenoir (N.) et Stirn (B.), *La transparence administrative*, PUF, coll. Politique d'aujourd'hui, 1987, 256 p.

[3] Bui-Xuan (O.), « Les secrets de l'administration », *op.cit.*, p. 1129 ; Rangeon (F.), « L'accès à l'information administrative », *in* Lasserre (B.), Lenoir (N.) et Stirn (B.), *La transparence administrative*, *op. cit.*, p. 79.

[4] Bui-Xuan (O.), *ibid.*

[5] Loi n° 78-17 du 6 janvier 1978 relative à l'informatique et aux libertés, loi n° 78-753 du 17 juillet 1978 concernant la liberté d'accès aux documents administratifs et loi n° 79-587 du 11 juillet 1979 relative à la motivation des actes administratifs.

l'information : le Code des relations entre le public et l'administration. Si les secrets de l'administration demeurent, leurs champs d'application ont été précisés et mieux délimités par le législateur.

B. Les secrets de l'administration fiscale : des champs d'application mieux délimités

239. Les administrations fiscales ont longtemps fait l'objet de critiques[1]. Elles avaient, en effet, souvent été perçues comme impersonnelles[2], trop lointaines, trop complexes, trop cloisonnées, trop lentes, insuffisamment à l'écoute des contribuables, conformément à l'image de grandes « *forteresses impénétrables*[3] » qu'on leur accollait autrefois[4]. Il leur avait été également reproché que « *les règles de droit et les procédures administratives sont parfois inutilement complexes, voire désuètes* » pénalisant, de ce fait, les citoyens (personnes physiques et personnes morales). Le rapport *Picq* souligna, à cet effet, que « *le sens premier du service public* » est « *le service des citoyens*[5] » et que « *l'administration a une obligation de résultat, rendre le meilleur service au public* », comme le rappelle la Charte des services publics adoptée le 18 mars 1992.

240. Le renforcement de la fiscalité, sa complexification par l'adoption de mesures fiscales et la pression fiscale ont de plus en plus poussé les contribuables aux « *dissimulations et [à] la fraude*[6] », ou encore à exploiter les failles juridiques ou à profiter de montages fiscaux légaux pour éluder ou supprimer leurs charges fiscales, quitte à aller à l'encontre de l'esprit et du but du législateur. Les pouvoirs des administrations se sont accrus, les États cherchant de plus en plus à endiguer les phénomènes d'évasion et de fraude

---

[1] Lire également pour plus de précisions Lambert (T.), « Le contribuable face à l'Administration fiscale », *op. cit.*, p. 106.

[2] V. Chevallier (J.), « Le mythe de la transparence administrative », *in* CURAPP, *Information et transparence administrative,* PUF, 1988, 280 p., pp. 239-275, p. 247.

[3] Bui-Xuan (O.), « Les secrets de l'administration », *op. cit.*, p. 1119. La comparaison de l'Administration fiscale à une forteresse se retrouve aussi dans le titre de l'ouvrage de Merlen (E.), Ploquin (F.), *Contribuables vous êtes cernés ! Le fisc, dernière forteresse de la République*, Seuil, 2000, 339 p.

[4] Pissaloux (J.-L.), « Relations des citoyens avec les administrations : le changement dans la continuité », *LPA*, 2001, n° 32, p. 4.

[5] Picq (J.), *L'État en France, servir une nation ouverte sur le monde, Rapport au Premier ministre*, Paris, La Documentation française, 1995, 218 p., p. 150.

[6] Trotabas (L.), Cotteret (J.-M.), *Droit fiscal*, Paris, Dalloz, Précis, 8e éd., 1997, 434 p., p. 151.

fiscales. Au même moment, les contribuables se sont vus imposer des obligations de publicité de plus en plus lourdes[1].

241. Ces pouvoirs trouvent toutefois une limite fondamentale – ce n'est pas la seule – dans la préservation et la protection du droit à la vie privée des contribuables qui disposent d'un droit à discrétion sur les données fiscales les concernant. Ce droit est prévu par le secret fiscal, consacré pour la première fois et de manière explicite à l'article 23 de la loi du 15 juillet 1914 portant fixation du budget général des dépenses et des recettes de l'exercice 1914[2], et qui est défini comme étant « *la protection de la confidentialité des éléments utilisés dans l'établissement, le recouvrement et le contentieux des impositions ainsi que des éléments en résultant*[3] ». Il est à distinguer du secret administratif qui empêche l'administration fiscale de communiquer les motifs de ses décisions ou certains documents[4]. La pratique, même si elle a été atténuée parce qu'elle pouvait être préjudiciable aux administrés, n'en est pas moins courante lors d'un litige entre l'administration et le contribuable, ce qui accrédite l'idée d'une relation déséquilibrée. Le secret fiscal permet de garantir une certaine confiance dans les systèmes fiscaux et à l'égard de la loi consistant en l'assurance que les informations financières de nature fiscale, présentant souvent un caractère sensible, ne seront pas divulguées de façon inopportune, de manière intentionnelle ou par accident.

242. Par ailleurs, le législateur a cherché à mieux encadrer l'action de l'administration en délimitant clairement les champs d'application de ses secrets, notamment les situations dans lesquelles il peut y être dérogé. Cette volonté naît de la prise de conscience selon laquelle que le secret administratif peut avoir des effets néfastes à la fois sur l'efficacité des services, mais aussi sur la relation entre les agents publics et les contribuables. Par exemple, la levée de l'anonymat des fonctionnaires, dont

---

[1] André-Dumont (A.-P.), Balate (E.), Boulanger (C.), Culot (H.), de Wolf (M.), Derijcke (W.), Folie (S.), Fronville (H.), Inghels (B.), Jacquemin (H.), Malherbe (P.), Stevenart Meeûs (F.), Strowel (A.), Traversa (E.), Verheyden (A.), *in* Cassiers (V.) et Gilson (S.), (dir.), *L'entreprise et le secret*, 2014, 330 p., p. 266.

[2] Article 23 de la loi du 15 juillet 1914 : « *Tous avis et communications échangés entre les agents de l'administration ou adressées par eux aux contribuables et concernant l'impôt sur le revenu doivent être transmissous enveloppe fermée. [...] Est tenue au secret professionnel, dans les termes de l'article 378 du Code pénal, et passible des peines prévues audit article, toute personne appelée, à l'occasion de ses fonctions ou attributions, à l'intervenir dans l'établissement, la perception ou le contentieux de l'impôt* ».

[3] Dibout (P.), Définition du *« secret fiscal »*, *in* Philip (L.), (dir.), *Dictionnaire encyclopédique de finances publiques,* 2 T., Paris, Économica, 1991, 1700 p., p. 1411.

[4] Cornu (G.), *Vocabulaire juridique*, *op. cit.*, pp. 949-950, p. 949, Définition de « *Secret (administratif)* ».

les noms étaient tenus au secret par l'administration, ont participé à la disparition de cette tradition en contribuant à conforter cette politique de l'information : l'administration est devenue moins « distante » en personnalisant ses relations avec les usagers. Cette volonté réformatrice s'est concrétisée en deux temps : l'adoption des lois relatives à l'accès à l'information en 1978 et en 1979 – mentionnées plus haut – puis, l'entrée en vigueur en 2016 du Code des relations entre le public et l'administration, procédant à droit constant, à la codification « *des règles générales relatives aux procédures administratives non contentieuses régissant les relations entre le public et les administrations de l'État et des collectivités territoriales, les établissements publics et les organismes chargés d'une mission de service public*[1] »[2]. La volonté du législateur est non équivoque : la transparence doit devenir le principe de l'action administrative voire la norme de référence et le secret, l'exception. Ce changement de paradigme doit désormais rythmer les relations entre l'administration fiscale et les administrés.

Conclusion de la Section I

243. Pour comprendre comment il est apparu et sa portée actuelle, le secret en matière fiscale doit être analysé à l'aune des grandes périodes de l'histoire : l'Antiquité, le Moyen-Âge, l'époque de l'Ancien Régime jusqu'à la Révolution française et l'époque post-révolutionnaire qui marque le début de la fiscalité contemporaine. Dans les cités grecques et à Rome, la gestion des finances publiques était connue des citoyens : les comptes étaient publics et les questions financières le plus souvent débattues publiquement. S'acquitter de l'impôt est en effet un signe d'appartenance à la communauté, une marque de citoyenneté témoignant de la participation des citoyens à la vie politique[3]. L'acquittement de l'impôt est à cet égard un héritage positif. Mais il est aussi une marque de soumission des populations des cités vaincues, obligées de payer l'impôt au vainqueur. Il peut donc être perçu comme un héritage négatif. À l'inverse, l'opacité et l'arbitraire ont particulièrement caractérisé la gestion des finances publiques au Moyen-Âge et sous l'Ancien Régime. Les systèmes fiscaux ont profondément été marqués par les inégalités. L'histoire de l'impôt nous révèle notamment que

---

[1] Article 3 de la n° 2013-1005 du 12 novembre 2013 habilitant le Gouvernement à simplifier les relations entre l'administration et les citoyens.

[2] V. *Infra :* Partie II, Titre II, Chapitre I, Section I, § 1, II, B.

[3] Scordia (L.) « Le bien commun, argument pro et contra de la fiscalité royale, dans la France de la fin du Moyen-Âge », *Revue française d'histoire des idées politiques*, Vol. 32, n° 2, 2010, pp. 293-309, p. 294.

le secret a constitué la base de la fiscalité : soit il a imprégné les arcanes du pouvoir à l'origine des mesures fiscales soit il s'est effacé pour maintenir une certaine paix sociale. Aujourd'hui, il doit composer avec les exigences de transparence de l'action administrative tendant à devenir la norme de référence en matière fiscale. Mais la naissance de la fiscalité étant consubstantielle à celle du secret, il est complexe voire impossible de repenser la matière fiscale sans lui. Car si un système n'a plus sa base, ne risque-t-il pas de s'effondrer ? Le législateur a donc codifié le secret et mieux redéfini son champ d'application.

Section II. Émergence du secret et droits fondamentaux : entre résistances et consentement

244. « *Le mal est que l'impôt est excessif que les frais de perception sont immenses et les profits des Financiers exorbitans*[1] ». Les prélèvements, considérés comme abusifs, ont provoqué des révoltes fiscales qui ont marqué l'Histoire de France jusqu'au XVIIIe siècle ; l'un des derniers et des plus contestés étant la gabelle[2]. Elles ont eu pour justifications essentielles le nombre élevé des impôts, leur montant excessif et les multiples exemptions accordées à certaines tranches de la population. Le système fiscal est d'ailleurs dénoncé par les Cours souveraines qui s'érigent comme les défenseurs légitimes des populations. Par les protestations à l'égard de l'arbitraire fiscal, elles confortent et accroissent leur influence dans l'ensemble du Royaume. Parmi elles, se montrent particulièrement plus farouches à l'encontre de la fiscalité imposée dans leurs provinces les Cours souveraines de Franche-Comté[3] et le Parlement de Toulouse[4]. La dénonciation de l'arbitraire fiscal est telle que les philosophes des Lumières remettent eux aussi en cause l'existence d'une fiscalité jugée oppressive et injuste[5]. La Révolution française pose les fondations d'un système plus

---

[1] Remontrances du Parlement de Provence, *Très-Humbles Et Très-Respectueuses Remontrances Du Parlement De Provence : Au sujet de l'Edit & de la Déclaration du mois d'Avril 1763*, 1764, 76 p., p. 35.

[2] Lire également sur ce sujet : Beaulieu (E.-P.), *Les gabelles sous Louis XIV*, Genève, Slatkine Reprints, 1974, 232 p., pp. 15-20, p. 20.

[3] Remontrances du 28 mars 1759 de la Cour des Comptes, Aides et finances de Dole, pp. 2-3.

[4] *Objets de Remontrances, arrêtés au Parlement séant à Toulouse, au sujet des Edit & Déclaration du mois d'avril 1763,* 1er août 1763, p. 40.

[5] Pour une affirmation plus tempérée, v. également : *L'impôt des campagnes. Fragile fondement de l'État dit moderne (XVe-XVIIIe siècles)*, Actes du colloque tenu à Bercy les 2 et 3 décembre 2002, Paris, 2005, 658 p. notamment les

équitable, reposant sur des principes figurant dans la Déclaration des droits de l'homme et du citoyen de 1789. Nous démontrerons de quelle manière la période qui suit cet évènement s'est révélée capitale, tournée qu'elle fut vers un nouvel ordre fiscal (**§ 1**). En revanche, les résistances à l'impôt demeurent et se renforcent avec la mondialisation ; en particulier la fraude fiscale, un fléau désormais au cœur des politiques fiscales internationales (**§ 2**).

§ 1. À la recherche d'un consentement à un nouvel ordre fiscal

245. Les révolutionnaires établissent les principes constitutifs de la nouvelle monarchie constitutionnelle en s'appuyant sur la Déclaration des droits de l'homme et du citoyen. Ce texte règle les nouveaux rapports entre le souverain et la nation française[1] et pose des limites au pouvoir fiscal, c'est-à-dire celui qui décide des mesures en matière fiscale. Les assujettis ne sont plus des sujets, ce sont désormais des citoyens. L'article 14 de la Déclaration des droits de l'homme et du citoyen prévoit que le contribuable constate par ses représentants, « *la nécessité de la contribution publique* », et qu'il a le droit de « *la consentir librement, d'en suivre l'emploi et d'en déterminer la quotité, l'assiette, le recouvrement et la durée* ».

246. Il est intéressant d'énoncer des mesures que prennent les révolutionnaires dans le domaine de la fiscalité une fois qu'ils arrivent au pouvoir. Tout d'abord, considérant que le pays, pour se développer, doit s'assurer une croissance économique certaine, ils s'en prennent aux impôts indirects et, de toute manière, ces prélèvements sont autrement mal vus puisque d'aucuns leur reprochent leur caractère injuste. Mais l'activité du nouveau régime ne s'en tient pas là, les révolutionnaires créant des impôts directs. Ainsi, du point de vue de la législation fiscale, l'année 1790 est florissante puisque quatre impôts, les « quatre vieilles », entrent en vigueur : la contribution foncière concerne les biens fonciers ; la contribution personnelle-mobilière, quant à elle, affecte tous les revenus, à l'exception de ceux qui sont tirés d'une activité commerciale ou agricole ; la patente, elle, doit être payée par tout citoyen dès lors qu'il retire de l'argent d'une activité commerciale commerce ou de l'industrie ; enfin, un impôt s'applique à la

---

communications de Pierre Charbonnier : Charbonnier (P.), « *La taille des campagnes auvergnates du XVème au XVIIIème siècle : injuste ? Oppressive ?* », pp. 335-378 et d'Alain Blanchard : Blanchard (A.), « *La répartition des impôts entre les paroisses dans la généralité de Soissons au XVIIIème siècle* », pp. 435-480.

[1] Chaumet (P.-O.), *Histoire du Droit et des Institutions 1750-1914*, Paris, Ellipses Marketing, 2016, 264 p., p. 55.

fois aux portes et aux fenêtres[1]. Ces mesures sont qualifiées d' « *impôts de répartition*[2] », c'est-à-dire que l'État détermine à l'avance la somme totale qu'il veut prélever puis la répartit en fonction du nombre de contribuables. Durant cette période, c'est l'Assemblée nationale qui, chaque année, en fixe le montant et s'occupe de la redistribution entre départements, arrondissements et communes. Au plan local, des commissions composées des représentants des contribuables attribuent ensuite les montants aux citoyens. Les révolutionnaires établissent dans le même sens, par le suffrage censitaire[3], un lien entre fiscalité et citoyenneté. En rupture avec la période de l'Ancien Régime, le nouvel ordre fiscal instauré par les révolutionnaires défend, nous le verrons, les concepts de justice et d'égalité fiscales (**A**). Puis, nous analyserons de quelle manière des principes fondamentaux issus de la Révolution de 1789 s'érigent en rempart contre le secret et apparaissent comme les fondements du droit fiscal (**B**). Mais si le secret est désormais reconnu en matière fiscale et son champ d'application mieux encadré, il est susceptible de porter atteinte à certains droits fondamentaux du contribuable (**C**).

A. La relativité des concepts de justice fiscale et d'égalité fiscale

247. L'égalité fiscale, assimilée à la justice fiscale, est un concept qui est apparu et qui a été développé au XIXe siècle, en réaction aux inégalités et aux privilèges fiscaux qui étaient légion dans les régimes antérieurs à la Révolution. De nos jours, les opposants aux exonérations fiscales y ont recours, la considérant comme une valeur suprême. Ils soutiennent en effet que les « niches fiscales » raniment les privilèges de l'Ancien Régime. Ces concepts, il faut le rappeler, sont subjectifs ; leurs sens varient selon les discours politiques, mais restent bien ancrés dans le milieu politique et dans l'opinion publique afin de justifier, comme c'est le cas actuellement, la lutte contre l'évasion et la fraude fiscales. Le Professeur Michel Bouvier, par exemple, démontre que définir la justice fiscale est particulièrement difficile, car elle dépend de l'impôt. Or, celui-ci n'a jamais la même forme, ni les mêmes sens, d'un lieu à un autre, d'une époque à une autre. La notion de justice fiscale est donc subjective. Voilà pourquoi elle est tantôt contestée, tantôt plébiscitée : l'égalité devant l'impôt et l'universalité du prélèvement fiscal sont perçus comme des principes de justice fiscale[4]. De nos jours, en

---

[1] *Supra :* Présent Chapitre, Section I.

[2] Par opposition à « *impôt de quotité* » dont le taux d'imposition est déterminé par avance par le législateur.

[3] Le droit de vote est réservé aux citoyens qui acquittent un impôt direct au-delà d'un seuil appelé cens électoral.

[4] Bouvier (M.), *Introduction au droit fiscal général et à la théorie de l'impôt*, Paris, LGDJ, coll. Systèmes, 13e éd., 2016, 272 p., pp. 235-242, p. 240. Lire également du

France, un prélèvement respecte la justice fiscale si les buts qu'il recherche, les moyens qu'il utilise et la répartition qu'il prévoit correspondent à ses valeurs[1]. L'égalité fiscale, quant à elle, insiste sur la non-distinction des situations individuelles et trouve son fondement dans le concept de justice fiscale[2].

248. Après la Révolution française, l'idée d'un impôt universel s'impose[3]. Posé en principe, il trouve naturellement sa place en 1789, précisément à l'article 13 de la Déclaration des droits de l'homme et du citoyen[4] : « *la contribution commune [...] doit être également répartie entre tous les citoyens, en raison de leurs facultés* ». La capacité de payer est dès lors mesurée en fonction du revenu et sa privation imposerait à chacun une charge ou un sacrifice égal à celui de son voisin[5]. Le début du XIXe siècle a cherché à renouveler les formes d'imposition en prenant en compte les capacités contributives de chaque contribuable pour introduire une certaine justice fiscale.

249. La notion a d'abord été appliquée sous la forme de l'impôt proportionnel (quand un contribuable détient un patrimoine dont la valeur est deux fois supérieure à celle de quelqu'un d'autre, le montant de son impôt est doublé). Cet impôt est cependant contesté, car le patrimoine ne correspond pas forcément au revenu dont le contribuable dispose, si bien que d'aucuns, au XIXe siècle, jugent l'impôt proportionnel inégalitaire. Pour pallier ce défaut, il est calculé en fonction du revenu réel. La période est notamment marquée par la lutte en faveur des travailleurs : les syndicats se multiplient et se renforcent, le marxisme trouve un écho grandissant ; cela stimule certains hommes politiques qui cherchent à rendre la société plus juste. Jean Jaurès, par exemple, milite pour que l'impôt soit progressif, afin

---

même auteur : Bouvier (M.), « Justice fiscale : un enjeu éthique et philosophique », *RFFP*, 1er novembre 2010, n° 112, p. 5.

[1] V. Gutmann (D.), « Du droit à la philosophie de l'impôt », *in L'Impôt, Archives de philosophie du droit*, T. 46, Dalloz, 2002, 548 p., pp. 7-13.

[2] Dumont (A.), « La justice en droit fiscal », *RFFP*, 1er novembre 2017, n° 140, p. 283.

[3] Antonetti (G.), « 1848-1914, la bataille pour l'impôt sur le revenu », *in* Martinez (J.-C. de), (dir.), *L'impôt sur le revenu en question, ouvrage collectif*, Litec, 1989, 357 p., p. 51 : L'impôt reposait sur deux principes essentiels : au nom de l'égalité, l'impôt était universel, au nom de la liberté, il était réel, voulant « *ignorer la personne du contribuable* ».

[4] Kouraleva-Cazals (P.), « La simplification de l'action publique en matière fiscale », *RFAP*, Vol. 157, n° 1, 2016, pp. 83-94.

[5] Jèze (G.), *Cours élémentaire de science des finances et de législation financière française* (Réimpression de l'édition de 1931), La Mémoire du droit, Faculté Jean-Monnet, 2013, 432 p., pp. 352-354, p. 352 (cité par Kouraleva-Cazals (P.), *op. cit.*, p. 85) : « *l'impôt est l'expression concrète de la solidarité nationale et non une contrepartie d'un service public ou une assurance pour le citoyen* ».

de « *corriger une sorte de progression automatique et terrible de la puissance croissante des grands capitaux*[1] ». Cependant, le principe de progressivité n'obtient pas d'adhésion pleine et entière : certains se rappellent qu'il était contraire aux idées de la Révolution[2], empêchant les citoyens d'être égaux. La progressivité pénalise les plus aisées, « *épargne des millions de citoyens pour en accabler quelques milliers*[3] ». Néanmoins, sous la pression politique et sociale, l'impôt progressif sur les revenus est finalement adopté en 1914[4]. Au début du XXe siècle, l'État pouvait compter sur des recettes assez considérables provenant de la perception des droits de douane et des impôts directs. C'est avec un esprit nouveau que la politique fiscale fut conduite : grâce à la progressivité de l'impôt, il s'agissait de faire

---

[1] V. Assemblée nationale, *Institution de l'impôt sur le revenu - Loi du 15 juillet 1914*, dossier législatif, thématique 1914-1918 [disponible en ligne].

[2] La révolution fiscale, engagée en 1789, est assimilée à la spoliation, voire à la terreur fiscale. Les impôts sur la consommation sont rétablis, au point que les impôts directs ne représenteront plus que 30 % des recettes au milieu du XIXe siècle. V. Delalande (N.), *Les batailles de l'impôt. Consentement et résistances, de 1789 à nos jours*, Seuil, 2011, 464 p., pp. 209-211.

[3] Marion (M.), *Les impôts directs sous l'Ancien Régime principalement au XVIIIème siècle*, Paris, éd. Edouard Cornély et Cie, 1910, 434 p., p. 253.

[4] Joseph Caillaux, ministre des Finances de l'époque fit voter la loi du 15 juillet 1914 établissant pour la première fois en France un impôt sur le revenu à barème progressif. Il déclara : « *La fiscalité moderne doit non seulement réaliser une égalité proportionnelle entre les contribuables, mais encore respecter une certaine proportion entre ce que l'impôt rapporte à l'État, d'une part, et d'autre part, l'opulence de la Nation* ». La France était alors soumise au régime de l'État-gendarme dans lequel les fonctions de l'État se réduisaient donc à la police, la justice, l'administration territoriale, la diplomatie et l'armée. Lui succéda l'État providence dès la seconde moitié du XXe siècle. Joseph Caillaux inscrivit dans son projet de février 1907 que la France était la seule parmi les grandes nations à n'avoir pas participé au mouvement de réformes qui avait remué une grande partie des peuples de l'Europe (Projet Caillaux, *JO*, 1907, Document parlementaire, annexe 737, p. 1). En effet, le conservatisme fiscal isolait la France avant la Première Guerre mondiale. Un tel impôt, même initialement non progressif, avait par exemple été instauré dès 1842 en Grande-Bretagne, en 1864 en Italie, en 1891 en Prusse, en 1893 aux Pays-Bas, en 1913 aux États-Unis d'Amérique et dans divers États allemands de 1891 à 1903. V. également Delalande (N.), « La réforme fiscale et l'invention des classes moyennes, l'exemple de la création de l'impôt sur le revenu », *in* Bezès (P.), Siné (A.), (dir.), *Gouverner (par), les finances publiques*, Sciences Po, 2011, 526 p., p. 117. V. également, Dupont (J.-C.), « De la paix sociale à l'État de droit : "la proportionnalité" de l'impôt (1815-1920) », *in* Berns (T.), Xifaras (M.), (dir.), *La philosophie de l'impôt*, Université libre de Bruxelles, Bruylant, 2006, 270 p., p. 116.

payer les contribuables non pour enrichir l'État, mais pour que l'argent perçu soit redistribué et qu'il assure l'égalité[1].

250. L'instauration de l'impôt sur le revenu répondait à un besoin de justice fiscale, participant à la justice sociale[2] : « *la réforme fiscale est incontournable et à la base même des réformes sociales*[3] ». La question des inégalités sociales était une préoccupation politique forte, défendue par les socialistes et les radicaux[4]. Ces derniers voyaient en effet, dans le principe de progressivité un moyen de les rectifier, contrairement au principe de proportionnalité qui les ignorait, voire les accentuait : « *la proportionnalité abstraite, scolastique, dissimule l'ignorance volontaire des êtres sous le masque de la symétrie [...]. La progressivité [...] introduit dans l'impôt le souci de l'individu [...] elle ne fait pas plier les citoyens inégaux en force, en besoin, sous un niveau égalisateur*[5] ». Toutefois, avec ce type d'imposition, une certaine complexité est inévitable[6]. Elle est liée au mécanisme de liquidation de l'impôt sur le revenu qui prend en compte le quotient familial ou le barème progressif ; cela permet d'ajuster le montant de l'impôt au plus près des capacités financières réelles du contribuable.

251. Le système fiscal français connaît aujourd'hui autant les impôts progressifs (impôt sur le revenu, impôt sur la fortune, les droits de succession ou de donation) que les impôts proportionnels (taxe sur la valeur ajoutée, contribution sociale généralisée – CSG –) ou les droits fixes, notamment en matière de droits d'enregistrement. Le Conseil constitutionnel considère à ce propos que « *le principe d'égalité ne fait pas obstacle à ce que soient établies des impositions spécifiques ayant pour objet d'inciter les redevables à adopter des comportements conformes à des objectifs d'intérêt général, pourvu que les règles que le législateur fixe à cet effet soient justifiées au regard desdits objectifs*[7] ».

252. Par ailleurs, face à la volonté croissante de transparence et de contrôle sur l'utilisation de l'argent public a été créé un prélèvement dans un

---

[1] Rosa (A.), « Les différents projets Caillaux », *RFFP*, 1er novembre 2017, n° 140, p. 197.

[2] Villey (M.) *Philosophie du droit. Définitions et fins du droit. Les moyens du droit*, Dalloz, 2001, 340 p., p. 45 : Le terme justice « *désigne à la fois la légalité [...] et l'égalité. Est juste ce qui est conforme au droit et ce qui est conforme à l'égalité ou à la proportion* ».

[3] Proposition Maujan, Document parlementaire, *JO* 1903, Annexe n° 991, pp. 631-647, p. 642.

[4] V. Delalande (N.), « Jaurès, les socialistes et l'impôt : les incertitudes du discours républicain. Conférence Jaurès 2010 », *Cahiers Jaurès* 2010/3, n° 197, pp. 3-26.

[5] Cohen (G.), « La justice dans l'impôt », *Revue politique et parlementaire*, 10 juillet 1902, pp. 65-70, p. 67.

[6] Kouraleva-Cazals (P.) « La simplification de l'action publique en matière fiscale », *RFAP*, *op. cit.*, p. 83.

[7] Conseil constitutionnel, 28 juillet 2011, n° 2011-638 DC, *AJDA* 2011, p. 1596.

dessein particulier[1]. C'est ainsi que s'est développée la fiscalité sectorielle qui recouvre à la fois les impôts et les taxes affectés à des objectifs précis. Celle-ci comporte aussi des régimes fiscaux dérogatoires destinés à orienter le comportement des redevables (les taxes sur les boissons alcoolisées, des instruments d'épargne de court terme plus fortement imposés que ceux de long terme) ou le comportement des agents économiques sur le marché (fiscalité de régulation visant à corriger les défaillances du marché telles les taxes sur les opérations financières ou sur les contrats d'échange sur défaut d'un État). La fiscalité sectorielle n'est pas une innovation en matière fiscale, mais son développement a été particulièrement important ces dernières années. Le chiffre annuel de création de taxes en France est passé de 1,7 à 6, 6[2]. L'État français compte aujourd'hui plus de 300 taxes, dont 192 ont un rendement qui ne dépasse pas 100 millions d'euros. Toutefois, la complexité causée par la grande diversité des prélèvements et des régimes (concernant les contribuables) et par la pluralité de bénéficiaires des différents régimes (concernant l'administration fiscale) peut, lorsqu'elle devient excessive, porter atteinte aux droits des contribuables, d'où la nécessité de les garantir. C'est en ce sens qu'ont été consacrés les principes fondamentaux du droit fiscal.

B. Les principes fondamentaux du droit fiscal

253. Dès lors que les contribuables ont consenti à l'impôt, ils ont connaissance de ses modalités d'établissement et de recouvrement. En ce sens, le principe du consentement de l'impôt[3] – dont tire son origine le principe de légalité de l'impôt – fait vraisemblablement obstacle au secret. Nous établirons qu'au fil du temps, sa portée a évolué (**1**). De même, lorsque les contribuables sont placés en situation d'égalité, le secret a tendance à s'effacer (**2**).

---

[1] Conseil des prélèvements obligatoires, « La fiscalité affectée, constats, enjeux et réformes », *in Rapport particulier n° 3 : Analyse économique de la fiscalité affectée et examen de son impact sur les assujettis*, 2013, 76 p., pp. 22-24, p. 23.

[2] Kouraleva-Cazals (P.), « La simplification de l'action publique en matière fiscale », *op. cit.*, p. 83.

[3] Gicquel (J.-E.), « Que reste-t-il du pouvoir budgétaire des parlements nationaux ? », *Rev. UE* 2019, p. 605 : La notion doit être distinguée du « consentement à l'impôt » davantage empreint de considérations socio-psychologiques. Lire aussi Bouvier (M.), *Introduction au droit fiscal général et à la théorie de l'impôt*, *op. cit.*, p. 34.

1. Les principes du consentement de l'impôt et de légalité

254. La pratique historique du secret au sein des finances publiques est remise en question par l'adoption de la Déclaration des droits de l'homme et du citoyen de 1789 dont les principes fondamentaux constituent les fondements juridiques du droit fiscal. En cela, « *ce droit se trouve porteur d'une tradition politique ainsi que d'une conception particulière de la fiscalité qui sont liées au projet de société qui fut celui des penseurs de la Révolution française*[1] ».

255. Il est intéressant de mentionner l'origine de certains principes régissant la création d'un impôt. De ce point de vue, la légalité en matière fiscale trouve sa source dans un texte législatif daté du 13 juin 1789. Ce décret, qui émane du tiers état, soumet la légitimité de l'impôt à la volonté du contribuable. L'étude qui est la nôtre impose de définir strictement certaines notions, en particulier le consentement de l'impôt. Ce principe est clair : tout contribuable doit adhérer au fait de devoir payer une somme au titre d'une contribution. Autrement dit, la légalité ne peut pas s'attacher aux contributions quand elles n'ont pas trouvé l'adhésion du contribuable ; seule l'assemblée des citoyens en sera le garant légal : l'article 14 de la Déclaration des droits de l'homme et du citoyen mentionne explicitement cette condition[2]. Cela signifie concrètement, que dorénavant, l'établissement et les modalités de recouvrement de l'impôt doivent d'abord être connus avant d'être consentis. Pour cela, il faut donc une certaine transparence. Le temps où le secret pouvait être opposé de manière arbitraire par l'autorité royale dans la levée du prélèvement est révolu.

256. La Révolution modifie l'esprit et le vocabulaire attachés à l'impôt. Il n'est ainsi plus question de verser de l'argent parce que l'État l'impose : il s'agit de payer en ayant pris la mesure qu'une participation est nécessaire au bien collectif ; à l'obligation succède un mouvement volontaire[3]. Le consentement repose désormais sur la capacité des contribuables à s'exprimer, à négocier et à peser sur les décisions de l'institution. Ces

---

[1] Bouvier (M.), *Introduction au droit fiscal général et à la théorie de l'impôt*, *op. cit.*, p. 33.

[2] On en trouve d'ailleurs une première illustration dans la Grande Charte de Jean sans Terre de 1215 : « *Aucun écuage ou aide ne sera établi dans notre royaume sans le consentement du commun conseil de notre royaume* ».

[3] Il faut rappeler que la théorie du consentement existait déjà auparavant, elle était réapparue à la fin du XVIIe siècle dans la philosophie politique anglo-saxonne, chez John Locke notamment, pour lequel il ne pouvait y avoir d'autorité légitime sans consentement populaire. V. également : Delalande (N.), « Le consentement à l'impôt en France : les contribuables, l'administration et le problème de la confiance. Une étude de cas en Seine-et-Oise (années 1860 - années 1930) », *Revue d'histoire moderne et contemporaine* 2009/2 (n° 56-2), pp. 135-163.

principes ont toutefois évolué, établissant de ce fait de nouveaux rapports entre le contribuable et l'administration fiscale.

257. Sur le plan politique, le consentement de l'impôt montre indéniablement une portée décisive dans l'évolution des institutions. En effet, « *l'histoire enseigne que nos institutions politiques sont fondées sur le consentement de l'impôt, c'est-à-dire sur l'intervention pratiquement nécessaire du Parlement, représentant les contribuables pour établir l'impôt*[1] ». Ainsi, « *le consentement de l'impôt et la constitution progressive des États parlementaires démocratiques sont étroitement liés*[2] ».

258. L'impôt est légitime s'il est consenti[3]. Ses modalités d'exercice sont en outre, au centre des relations qui se nouent entre l'individu et l'État. À l'origine, le consentement de l'impôt est d'essence politique, la charge fiscale des citoyens était en effet décidée par leurs représentants élus[4]. Il s'agit de la plus ancienne alliance entre le citoyen et l'impôt. Mais un lien inédit s'est établi avec la place centrale qu'occupe l'administration fiscale dans l'accomplissement volontaire par les citoyens de leurs obligations fiscales. Entre eux se noue un rapport juridique fondé sur une confiance mutuelle. Ainsi, s'est opéré un déplacement du consentement de l'impôt du cadre parlementaire vers le cadre administratif. L'application d'un tel principe suppose que l'administration fiscale n'ait, en principe, pas de secrets pour le contribuable. Ou si secret il y a, elle doit être en mesure de justifier les raisons pour lesquelles elle ne peut le divulguer, d'où l'intervention du législateur. Celui-ci en circonscrit la portée. En ce sens, le principe du consentement de l'impôt fait obstacle au secret. En outre, étant donné que le contribuable est plus soucieux qu'autrefois de la qualité du service public, l'administration fiscale française tend, de plus en plus, à se considérer comme une entreprise face à des clients.

259. Le sens donné à l'impôt[5] et les circonstances dans lesquelles il s'applique, évoluent constamment. C'est ainsi que l'impôt apparaît désormais fréquemment comme le prix d'un service rendu, justifiant le changement d'attitude de l'administration[6]. Les gouvernements sont confrontés à des questions inédites de plus en plus complexes. Avec l'internationalisation des problématiques fiscales, il est difficile d'envisager

---

[1] Trotabas (L.) et Cotteret (J.-M.), *Droit fiscal*, Paris, Dalloz, Sirey, 8e éd., 1996, 434 p., p. 16.

[2] Bouvier (M.), *Introduction au droit fiscal général et à la théorie de l'impôt, op. cit.,* p. 136.

[3] Bouvier (M.), « Un système fiscal français en mutation », *Après-demain* 2014/1, n° 29, pp. 3-5.

[4] Article 14 de la DDHC.

[5] Bouvier (M.), « Mutations des finances publiques et crise du pouvoir politique ? », *RFFP*, 2002, n° 79, p. 241.

[6] Bouvier (M.), « Un système fiscal français en mutation », *op. cit.,* p. 4.

des solutions du point de vue du droit interne uniquement. Parallèlement, les contribuables s'ouvrent concrètement et virtuellement à un univers globalisé. De manière générale, Internet s'insère toujours davantage dans la nouvelle gestion publique[1], notamment au sein du système fiscal français. Les délocalisations qui se multiplient suscitent alors un certain désarroi, car elles procèdent de l'incapacité des États à se réorganiser sur le plan juridique[2]. Les principes fiscaux du droit fiscal apparaissent désuets tant ils se trouvent impuissants à régler des situations inédites. En revanche, le principe d'égalité est souvent invoqué, notamment pour justifier la mise en œuvre de mesures fiscales prônant plus de transparence et par conséquent, l'effacement du secret.

2. Le principe d'égalité en matière fiscale : l'effacement du secret

260. Le secret suppose un savoir dissimulé qui désavantage quiconque n'en a pas connaissance, d'autant plus quand il existe un intérêt à le révéler. Cette situation est alors inégale. La transparence, par opposition, se révèle être « *la parfaite accessibilité de l'information*[3] » . En allant plus loin dans le raisonnement, s'il y a égalité, il n'y a, en principe, plus de secret. La transparence engendre donc une situation d'égalité. Dans une telle situation, le secret s'efface.

261. Le principe d'égalité en matière fiscale a deux versants : l'égalité devant la loi, fondée sur l'article 6 de la Déclaration de 1789, et l'égalité devant les charges publiques, consacrée par l'article 13 du même texte[4]. Cette dernière comprend l'égalité devant l'impôt[5]. De l'article 13 de la DDHC aux termes duquel « *pour l'entretien de la force publique, et pour les dépenses d'administration, une contribution commune est indispensable : elle doit être également répartie entre tous les citoyens, en raison de leurs facultés* », se déduit un principe d'imposition du contribuable en fonction de ses facultés contributives qui peut être perçu comme le corollaire de celui de l'égalité devant les charges publiques. Il assure l'égalité entre deux contribuables qui sont dans la même situation (équité horizontale) et affirme

---

[1] Bouvier (M.), Esclassan (M.-C.), Lassale (J.-P.), *Finances publiques*, Paris, LGDJ, 9 e éd., 2008, 960 p., pp. 500-583. V. pour plus de précisions *Infra :* Partie II, Titre II, Chapitre II, Section II, § 2.

[2] Bouvier (M.), « Pour une mobilisation générale contre le désarroi fiscal ! », *Les Échos*, 19 septembre 2013.

[3] Le Petit Larousse illustré 1993, *Dictionnaire encyclopédique*, Paris, Larousse, 1992, 1785 p., p. 1026.

[4] Ayrault (L.), « Le principe d'égalité en matière fiscale », *Cahiers cons. const.*, Titre VII, n° 4, avril 2020 [En ligne] https://www.conseil-constitutionnel.fr/publications/titre-vii/le-principe-d-egalite-en-matiere-fiscale.

[5] Ayrault (L.), *ibid.*

que ceux qui ont le plus de moyens doivent contribuer davantage. Le juge constitutionnel veille rigoureusement au respect de ce principe d'égalité en matière fiscale, dans le cadre de ses contrôles *a priori* et *a posteriori*. Il admet, toutefois, des différenciations fiscales notamment en raison de dispositions législatives liées à l'activité du contribuable[1] ou encore relatives aux conditions géographiques et économiques singulières (comme les dispositions fiscales dérogatoires à l'égard des DROM COM : l'octroi de mer par exemple[2]). En outre, pour le Conseil constitutionnel, « *le principe d'égalité ne fait pas obstacle à ce que soient établies des impositions spécifiques ayant pour objet d'inciter les redevables à adopter des comportements conformes à des objectifs d'intérêt général, pourvu que les règles qu'il fixe à cet effet soient justifiées au regard desdits objectifs*[3] ». Le Conseil d'État a également adopté depuis de nombreuses années une position similaire[4]. Il reconnaît que les contribuables peuvent faire l'objet de traitements différents[5] ou encore, qu'une situation identique peut donner lieu à des solutions diverses à la condition toutefois qu'elles soient justifiées par des considérations d'intérêt général. Le principe d'égalité en matière fiscale n'est effectif que si le secret s'efface. Pour autant, celui-ci ne disparaît pas : il est reconnu et encadré par le législateur. Néanmoins, sa portée peut porter atteinte aux libertés et droits fondamentaux du contribuable.

---

[1] Conseil Constitutionnel, 29 décembre 1983, n° 83-164 DC, *Rec.* p. 67 (Décision relative aux exonérations fiscales).

[2] Conseil constitutionnel, 21 octobre 2016, n° 2016-589 QPC, *AJDA* 2016, p. 2014, cons. 14 : « *Selon l'article 6 de la Déclaration de 1789, la loi « doit être la même pour tous, soit qu'elle protège, soit qu'elle punisse ». Le principe d'égalité ne s'oppose ni à ce que le législateur règle de façon différente des situations différentes, ni à ce qu'il déroge à l'égalité pour des raisons d'intérêt général, pourvu que, dans l'un et l'autre cas, la différence de traitement qui en résulte soit en rapport direct avec l'objet de la loi qui l'établit* » ; Conseil constitutionnel, 7 décembre 2018, n° 2018-750/751 QPC, *Société Long Horn International et a., D.* 2018, n° 2366 ; *AJDA* 2019, p. 373 ; *Constitutions* 2018, p. 469 ; Pelletier (M.), « Chronique - Droit constitutionnel fiscal 2018 », *Dr. fisc.* 2019, n° 13, étude 213 ; Priet (F.), « Principe d'égalité et différenciations territoriales », *in* Guignard (D.), Pontier (J.-M.), (dir.), *Constitution et collectivités territoriales*, Paris, LexisNexis, 2019, 238 p., pp. 61-71.

[3] Conseil Constitutionnel, 29 décembre 2009, n° 2009-599 DC, (relative à la contribution carbone), *Dr. fisc.* 2010, n° 4, comm. 98, note Vallée (L.).

[4] Conseil d'État, 10 juillet 1989, n° 67268, *Dr. fisc.* 1990, n° 1, comm. 4 ; *RJF* 10/89, n° 1072 : le Conseil d'État reconnaît expressément que le principe d'égalité devant l'impôt avait une valeur constitutionnelle.

[5] C'est le cas en matière de contrôle fiscal : l'administration fiscale dispose d'une compétence discrétionnaire dans le choix des contribuables soumis à un contrôle externe.

C. Le secret : une atteinte à l'exercice des droits fondamentaux du contribuable

262. Le secret en matière fiscale peut constituer une atteinte à l'exercice de certains droits fondamentaux du contribuable. Il peut, par exemple, s'agir du secret administratif[1] : celui-ci limite en effet l'accès à certaines informations du contribuable, pourtant nécessaires dans le cadre d'un litige avec l'administration[2] – ce qui porte ainsi atteinte au principe du respect des droits de la défense[3]. Si le justiciable doit apporter son concours à la manifestation de la vérité, celle-ci ne peut en principe, intervenir au prix d'une violation du secret professionnel[4]. Dans les contentieux civil et administratif, le juge a été amené à écarter des débats les éléments de preuve obtenus par ce moyen[5]. De telles pièces ne pouvaient faire l'objet d'une production forcée, qu'elles contiennent des informations couvertes par le secret de l'expert-comptable[6] ou par le secret bancaire[7]. Toutefois, certains secrets sont relatifs, d'autres sont absolus et il n'est pas rare que face à la manifestation de la vérité, le secret doive s'écarter.

263. Par ailleurs, les droits de la défense doivent impérativement être respectés lorsqu'une décision présente le caractère d'une sanction et que celle-ci est suffisamment grave[8]. Selon le principe du respect des droits de la défense, une sanction ne peut être infligée que si, préalablement, la personne mise en cause a pris connaissance de ce qui lui est reproché et a pu présenter ses observations. La sanction doit en outre être motivée et susceptible de recours juridictionnel. En matière fiscale, « *les amendes et majorations qui*

---

[1] Obligation empêchant l'administration de faire connaître les motifs de ses décisions ou de communiquer certains documents.

[2] Notamment dans le cadre de la recherche d'infractions fiscales, le service du cadastre ne peut communiquer au contribuable des pièces ou mentions susceptibles de porter atteinte à la recherche des infractions fiscales de son dossier personnel. Il en va de même du dossier de remboursement de l'emprunt obligatoire de 1983 ou encore du dossier d'instruction d'une demande de décharge de taxe professionnelle. V. *Infra :* Partie II, Titre I, Chapitre I, Section I.

[3] V. *Infra :* Partie II, Titre I, Chapitre I, Section I, § 1, II.

[4] Piwnica (E.), « Justice et secret », *LPA*, 14 décembre 2005, n° 248, p. 3.

[5] Conseil d'État, 10 décembre 1999, *LPA* 2000, p. 15 ; Conseil d'État, 11 mars 1955, *Secrétaire d'État à la Guerre c/ Coulon*, *Rec.* p. 149 ; Pour le secret médical : Civ. 1ère, 12 janvier 1999, *Bull. civ.* I, n° 18, p. 12.

[6] Com., 8 février 2005, *Bull. civ.* IV, n° 22, p. 25 : « *Quel que soit l'objet de la mission dont il est chargé par contrat, l'expert-comptable est tenu à un secret professionnel absolu à raison des faits qu'il n'a pu connaître qu'en raison de la profession qu'il exerce* ».

[7] Com., 25 janvier 2005, *Bull. civ.* IV, n° 13, p. 12.

[8] Conseil d'État, Sect., 5 mai 1944, n° 69751, *Dame Veuve Trompier-Gravier, Rec.* 1944, p. 133.

tendent à réprimer le comportement des personnes qui ont méconnu leurs obligations fiscales doivent [...] être considérées comme des sanctions ayant le caractère d'une punition[1] ». Par conséquent, les droits de la défense doivent leur être garantis[2], de même que leurs corollaires : les principes du contradictoire et de l'égalité des armes[3]. Le premier principe permet au contribuable, dont les déclarations sont contrôlées, de se défendre, de répondre aux éventuelles notifications que l'administration lui adresse, de communiquer avec l'agent chargé du contrôle et d'être assisté s'il le souhaite, du conseil de son choix. Si le contradictoire peut être limité au cours de la procédure d'imposition, il ne saurait l'être pendant la procédure contentieuse[4]. Le principe de l'égalité des armes implique quant à lui que « *toute partie à une action civile et a fortiori à une action pénale, doit avoir une possibilité raisonnable d'exposer sa cause au tribunal dans des conditions qui ne la désavantagent pas d'une manière appréciable par rapport à la partie adverse*[5] ». Il constitue, avec le principe du contradictoire, un des fondements les plus importants du droit à un procès équitable (article 6 § 1 de la CEDH). Le contradictoire est largement consacré en droit interne. Le Conseil d'État l'a érigé au rang de principe général du droit[6], tandis que le Conseil constitutionnel le place parmi les principes fondamentaux reconnus par les lois de la République[7]. Il s'applique souvent en matière fiscale, la jurisprudence veillant au respect du caractère contradictoire de la procédure d'imposition et de rectification fiscale, comme de la procédure suivie devant le juge de l'impôt[8].

---

1 Conseil constitutionnel, 4 mai 2012, n° 2012-239 QPC, *Altmann*, *JO* 5 mai, p. 8014 ; *Rec.* p. 230 ; *D.* 2012, 1190.

2 Sieraczek-Abitan (M.), « Le respect des droits de la défense en matière de sanctions fiscales », *Nouvelles fiscales*, 2000, n° 838, pp. 22-26.

3 Conseil constitutionnel, 29 décembre 1998, n° 98-405 DC, *AJDA* 1999, p. 84 ; Conseil constitutionnel, 29 décembre 1989, n° 89-268 DC, *Rec.* p. 110.

4 Conseil d'État, 10 décembre 1999, n° 192453, *Cohen et Ferrey*, *RJF* 2/00, n° 258, concl. Arrighi de Casanova (J.) ; *BDCF* 2/2000 ; *Dr. fisc.* 2001, n° 13, comm. 297.

5 Le principe est défini pour la première fois par la Commission européenne des droits de l'homme dans une décision du 30 juin 1959 dans l'affaire *Szwabowicz contre Suède* (Commission avis, 30 juin 1959, n° 434/58, *Szwabowicz c/ Suède*, Annuaire II, p. 535).

6 Conseil d'État, 16 janvier 1976, n° 94150, *Gate*, *Rec.* p. 39 ; Conseil d'État, Ass., 12 octobre 1979, n° 01875, *Rassemblement des nouveaux avocats de France*, *Rec.* p. 370 ; *AJ* 1980, p. 248, note Debouy, *D.* 1979, p. 606, note Benabent, *LGP* 1980, n° 1, p. 61, note Julien ; *JCP* 1980, n° 19288, concl. Franc, note Bore.

7 Conseil constitutionnel, 20 juillet 1977, n° 77-83 DC, *Rec.* 1977, p. 39.

8 V. notamment Austry (S.), « Débat oral et contradictoire : où en est la jurisprudence ? », *RJF* 3/97, p. 142 et s. ; David (C.), Fouquet (O.), Plagnet (B.) et Racine (P. F.), *Les grands arrêts de la jurisprudence fiscale,* Dalloz, 4° éd., 2003,

264. Aussi la Cour européenne des droits de l'homme a-t-elle eu l'occasion de rappeler dans son arrêt *Hentrich contre France*[1] que l'égalité des armes « *doit être observée quelle que soit la qualité des parties au litige, et ce notamment s'il s'agit d'un litige entre l'État et un simple individu, par exemple en matière fiscale*[2] ». Toutefois, en ce qui concerne le droit au procès équitable, la Cour européenne des droits de l'homme considère que le contentieux fiscal figure parmi les matières se situant en dehors du champ des droits et obligations de caractère civil de l'article 6 § 1 de la Convention européenne des droits de l'homme[3] : la matière fiscale appartenant au noyau dur des prérogatives de la puissance publique ainsi que le caractère public du rapport entre le contribuable et la collectivité justifient cette exclusion de son champ d'application[4]. Le basculement du contentieux fiscal hors des

---

1085 p., thème 7, p. 144 et s. ; Darrieufort (J.-P.), « Le renforcement du principe du contradictoire », *Dr. fisc.* 2005, n° 12, étude 11, pp. 597-600.

[1] CEDH, 22 septembre 1994, n° 13616/88, § 56, A.296-A ; *LGP* 1995, p. 535, note Pettiti.

[2] V. pour une étude d'ensemble de ce principe, Jean-Pierre (D.), Melin-Soucramanien (F.), « Le principe de l'égalité des armes », *RRJ* 1993-2, pp. 489-510. V. également Cohen-Jonathan (G.), « L'égalité des armes selon la Cour européenne des droits de l'homme », *LPA,* 28 novembre 2002, n° 238, p. 22 et s. ; Dintilhac (J.-P.), « L'égalité des armes dans les enceintes judiciaires », *in Rapport de la Cour de cassation 2003,* 636 p., pp. 129-150.

[3] Le Conseil d'État adopte la même position en jugeant que l'article 6-1 n'est pas applicable aux litiges relatifs à l'assiette de l'impôt ou à son recouvrement. Ce qui n'est pas le cas de la Cour de Cassation (Cass., Ass. Plén., 14 juin 1996, n° 93-21710, *M. Kloeckner*, *Dr. fisc.* 1996, n° 30, comm. 986, conclusions de l'avocat général Monnet (Y.) ; *RJF* 8-9/96, n° 1118: « *Mais attendu que si le droit de toute personne à un procès équitable, garanti par l'article 6-1 [...] peut être invoqué devant toute juridiction civile statuant en matière fiscale* »).

[4] CEDH, 12 juillet 2001, n° 44759/98, *Ferrazzini c/ Italie*, *Rec.* CEDH 2001-VII ; *Dr. fisc.* 2002, n° 10, comm. 187 ; *JCP G* 2002, I, p. 105 chron. Sudre (F.) ; *RJF* 1/02, n° 128, chron. Maïa (J.), p. 3 et s. : la Cour de Justice confirme que les procédures fiscales ne sont pas soumises au délai raisonnable garanti par la Convention européenne des Droits de l'Homme, § 29 : « *Quant à la matière fiscale, les évolutions qui ont pu avoir lieu dans les sociétés démocratiques ne concernent toutefois pas la nature essentielle de l'obligation pour les individus ou les entreprises de payer des impôts. Par rapport à l'époque de l'adoption de la Convention, il n'y a pas là d'intervention nouvelle de l'État dans le domaine « civil » de la vie des individus. La Cour estime que la matière fiscale ressortit encore au noyau dur des prérogatives de la puissance publique, le caractère public du rapport entre le contribuable et la collectivité restant prédominant. La Convention et ses Protocoles devant s'interpréter comme un tout, la Cour observe également que l'article 1 du Protocole no 1, relatif à la protection de la propriété, réserve le droit que possèdent les États de mettre en vigueur les lois qu'ils jugent nécessaires pour assurer le paiement des impôts (voir, mutatis mutandis, Gasus Dosier - und Fördertechnik GmbH c/ Pays-Bas, arrêt du 23 février 1995, série A no 306-B, pp.*

prévisions civiles de l'article 6, § 1 de la CEDH laisse subsister un chef d'applicabilité du texte, au titre de son versant pénal, lorsque le contribuable encourt des sanctions telles que des « *majorations d'impôt qui ne tendent pas à la réparation pécuniaire d'un préjudice, mais visent pour l'essentiel à punir afin d'empêcher la réitération d'agissements semblables*[1] ». Ainsi, le fait qu'un litige fiscal revête par essence une coloration patrimoniale n'est plus suffisant pour lui conférer une nature civile au sens de l'article 6 de la CEDH[2]. La mise à mal des garanties de bonne justice qui en résulte est un facteur d'incohérence car l'individu de bonne foi, qui se borne par exemple à contester l'assiette ou l'exigibilité de l'impôt, pourra désormais être condamné au paiement sans savoir s'il a bénéficié d'un procès équitable, tandis que le sujet dont l'attitude est assez malhonnête pour justifier des poursuites pénales aura, comme auparavant, l'assurance de faire vérifier que les dispositions de l'article 6, § 1 de la CEDH le concernant sont respectées[3]. L'emprise protectrice du texte qui se cantonne à l'hypothèse des accusations en matière pénale apparaît donc insuffisante pour garantir les droits du contribuable.

§ 2. La fraude fiscale : une résistance ancienne et prohibée

265. La fraude fiscale est une résistance consubstantielle à l'existence de l'impôt. Elle a donc un caractère intemporel (**A**). Avec l'intensification des échanges internationaux, elle se complexifie et s'organise en réseaux. En raison des éléments d'extranéité qui la caractérisent, sa lutte est menée aussi bien en droit interne qu'en droit européen et international (**B**).

A. La fraude fiscale : une résistance traversant les siècles

266. La résistance des contribuables face à l'impôt peut prendre la forme de comportements jugés illicites : la fraude ou l'escroquerie (deux notions qui, si elles ne sont pas rigoureusement qualifiées, peuvent être confondues).

48-49, § 60). Sans y attacher une importance décisive, la Cour prend cet élément en considération. Elle estime que le contentieux fiscal échappe au champ des droits et obligations de caractère civil, en dépit des effets patrimoniaux qu'il a nécessairement quant à la situation des contribuables ».

[1] CEDH, 24 février 1994, n° 12547/86, *Bendenoun c/ France*, *JCP* 1995, II, 22372, note Frommel (S.).

[2] Garaud (E.), « Droit au procès équitable : le champ d'application en matière fiscale s'amenuise », *LPA*, 14 janvier 2005, n° 10, p. 16.

[3] Afschrift (T.) et Rombouts (A.), « Le contribuable et les droits de l'homme », *in La mise en oeuvre interne de la Convention européenne des droits de l'homme*, éd. Jeune Barreau de Bruxelles 1994, 330 p., pp. 249-282, p. 249.

Déjà, sous l'Ancien Régime, la fraude était définie comme une tromperie, de la même façon que l'escroquerie[1]. Elle se définit aussi comme un acte de mauvaise foi. Plus précisément, la notion provient du latin *fraus,* qui signifie à la fois erreur et provocation à l'erreur, c'est-à-dire tromperie[2].

267. Durant l'Antiquité, les malversations portaient principalement sur les quantités et les qualités des marchandises en circulation. Les boissons notamment le vin faisaient l'objet de fraudes, de même que les épices, les parfums ou les tissus. Aristote rapportait déjà des cas d'enrichissement personnel sous le règne d'Alexandre le Grand[3]. À Rome, au IIe siècle avant J.-C., les frères Gracques, tribuns de la plèbe, ont dénoncé la fraude fiscale à laquelle se sont livrés notamment les sénateurs. Au moyen de fausses déclarations, des propriétaires de grands domaines ont cherché en effet à minorer les impôts sur la terre et la succession[4]. Le droit romain réprimait les

---

[1] Sous l'Ancien Régime, compte tenu du flou qui persiste dans les définitions juridiques, il est vraisemblable que certaines escroqueries furent considérées comme des fraudes, et vice versa.

[2] Fieffe-Lacroix, *La Clef des lois romaines, ou Dictionnaire analytique et raisonné de toutes les matières contenues dans le Corps de droit*, Metz, Lamort (C.), 1809, T. I, 642 p., p. 312 : En 1809, l'auteur affirme que, dans le droit romain, « *la fraude se définit comme la tromperie : [elle est une] action faite de mauvaise foi* » : « *La fraude se définit comme la tromperie : action faite de mauvaise foi. C'est agir contre la loi que de faire ce qu'elle défend ; c'est agir en fraude de la loi quand on attaque son esprit en conservant ses termes (Dig. Liv. I, tit. 3, loi 29) [...]. Autre chose est la fraude, autre chose est la peine de la fraude. En effet, la fraude peut rester impunie ; la peine ne peut exister sans fraude. La peine est la punition d'un délit ; la fraude est le délit même ; et comme une disposition à la peine (Dig. Liv. 50, tit. 16, loi 131) [...]. Toutes les fois qu'il est question de fraude, on ne fait pas seulement attention à ce que le demandeur a entre ses mains au terme de la contestation en cause, mais on lui accorde aussi tous les avantages qu'il aurait pu retirer de la chose contestée, s'il n'en est pas été privé par la mauvaise foi du débiteur (Dig. Liv. 50, tit. 17, loi 78)* »

[3] V. Aristote, *Les économiques,* Livre II, éd. Vrin, janvier 1983, 80 p., p. 25 et s.

[4] Appien, *Les guerres civiles à Rome*, Livre I, trad. Combes-Dounous (J.-I.), révision Voisin (C.), Paris, éd. Les Belles Lettres, coll. La Roue à livres, 1993, 217 p., p. 18 : « *Les possesseurs de terres négligèrent de fournir l'état de leurs propriétés. On fit une proclamation pour les traduire devant les tribunaux. De là une multitude de litiges très embarrassants. Partout où, dans le voisinage des terres que la loi atteignait, il s'en trouvait d'autres qui avaient été, ou vendues, ou distribuées aux alliés, pour avoir la mesure d'une partie, il fallait arpenter la totalité, et examiner ensuite en vertu de quoi les ventes ou les distributions partielles avaient été faites. La plupart n'avaient, ni titre de vente, ni acte de concession ; et lorsque ces documents existaient, ils se contrariaient l'un l'autre. Était-on parvenu à débrouiller les dissensions ? Les uns avaient mis à nu des terres antérieurement plantées et agencées ; d'autres avaient laissé des terres en labour dégénérer en friches, en landes, en marécages...* »

fraudes en permettant aux victimes d'intenter des actions civiles qui leur conféraient la possibilité d'annuler les contrats et, le cas échéant, d'obtenir des indemnités de réparation. La fraude n'était pas plus que l'escroquerie du domaine public et n'était donc pas poursuivie au pénal.

268. Sous l'Ancien Régime, l'autorité royale réprimait sévèrement les fraudes. Au XIXe siècle, sont poursuivies les fraudes aux impôts indirects, sur les droits de consommation, mais celles touchant aux contributions directes ne sont passibles que d'amendes administratives. La pratique du faux saunage, autrement dit la contrebande, était punie par les galères et, dans les cas les plus graves, la mort[1]. Il s'agissait de la fraude fiscale la plus répandue qui consistait en la vente clandestine de sel importé de province. La fraude fiscale ainsi que la volonté d'échapper à la milice étaient importantes dans les condamnations de la justice royale : 44% des galériens condamnés sous le règne de Louis XIV sont des déserteurs et 15% représentent des fraudes à la gabelle[2]. Par exemple, le 25 mai 1768, la Cour de justice de Châtellerault a rendu en première instance une sentence par laquelle elle a déclaré Jean Guignard « *dûment atteint et convaincu de couper sa farine pour en tirer davantage*[3] ». L'homme est banni pour trois ans et la sentence est confirmée au Parlement de Paris dans un arrêt du 25 novembre 1768[4]. La position des juges ne varie pas en matière de fraude fiscale : le 4 août 1779, ils condamnent en première instance Philibert Plassure pour « *avoir coupé son vin d'eau sucrée en le prétendant pur*[5] » à deux heures de carcan. Il sera également fustigé de verges et envoyé aux galères pendant cinq ans. Son jugement est confirmé par le Parlement de Paris un an plus plus tard. Le 25 février 1783, le bailliage de Beauvais, en première instance, déclare Antoine Margueritte « *dûment atteint et convaincu d'avoir mouillé la farine avant de la vendre pour l'alourdir*[6] ». Il est lui aussi envoyé aux galères pendant cinq ans. Dès lors, des législations ont été adoptées afin de contrer ces résistances. Par exemple, du XVIIe siècle jusqu'à la fin du XVIIIe siècle, le régime des corporations a été

---

[1] La Mardière (C. de), « Un contre-exemple ? La politique fiscale en France au XVIIème siècle », *RFFP*, 1er mai 2014, n° 126, p. 63.

[2] V. Le Gall (J.-M.), *L'Ancien Régime, (XVIe-XVIIe siècles), Une histoire personnelle de la France (tome IV),* PUF, 2013, 196 p., p. 172.

[3] Samet (C.), « La fraude et l'escroquerie », *in* Béaur (G.), (dir.), *Fraude, contrefaçon, contrebande de l'Antiquité à nos jours,* Librairie Droz, 2007, pp. 639-660, p. 643 : (V. Archives Nationales X 2B 1040, affaire n° 439 : *Jean Guignard,* arrêt du 25 novembre 1768) Jean Guignard est condamné à deux heures de carcan avec écriteau portant l'inscription « escroc et voleur ».

[4] Samet (C.), *ibid.,* p. 643.

[5] V. Archives Nationales X 2B 1065, affaire n° 716 : *Plassure (P.),* arrêt du 21 avril 1780, cité par Samet (C.), *op. cit.,* p. 643.

[6] V. Archives Nationales X 2B 1073, affaire n° 692 : *Antoine Margueritte,* arrêt du 13 octobre 1783, cité par Samet (C.), *op. cit.,* p. 644.

consolidé en vue de prévenir la fraude fiscale : une réglementation à caractère économique, social, fiscal, douanier et commercial qui portait sur la conformité des marchandises est dès lors exigée ; et avec elle, l'obligation de fournir les statuts de fabrication, sur la forme des récipients des boissons et sur l'obligation d'apposer des marques ou des emblèmes de la cité ou de la corporation.

269. Dans notre législation actuelle, le délit de fraude fiscale est codifié à l'article 1741 du Code général des impôts et a été consacré en tant que délit général relevant du droit pénal par une loi du 25 juin 1920[1]. Il repose sur deux éléments : d'abord, le fait de « *se soustraire à l'impôt* » par non-déclaration, non-paiement, insolvabilité... – frauder le fisc revient donc à éluder l'impôt[2] – ensuite, la volonté manifeste d'échapper à l'impôt[3]. La fraude fiscale est intemporelle de même que les mesures visant à lutter contre elle et à la prévenir. Son existence est donc consubstantielle à la fiscalité. Le délit est surtout vecteur d'opacité fiscale, un trou noir dans les finances publiques des États[4]. Le secret du contribuable, en ce sens, à travers la pratique de la fraude fiscale, revêt une connotation péjorative, combattu par les politiques publiques, non plus uniquement en droit interne.

B. La fraude fiscale : une lutte menée à l'échelle européenne et internationale

270. Les scandales financiers et fiscaux tels que les *Panamas Papers*[5] ou *Luxleaks*[6] ont mis en exergue les failles dans les législations nationales quant à la répression et la prévention d'infractions fiscales ; mais surtout un

[1] V. Martinez (J. C.), *La fraude fiscale*, Paris, PUF, 1990, coll. Que sais-je ?, 126 p., p. 81.

[2] Lire Rabault (H.), « La fraude fiscale aggravée : Vers une criminalisation de l'évitement de l'impôt ? », *LPA,* 13 août 2014, n° 161, p. 5.

[3] La jurisprudence met en œuvre une interprétation extensive de la notion. V. Crim., 3 juillet 1974, *Bull. crim.*, n° 245 ; *D.* 1975, 211, note Robert (J.-H.) et Tixier (G.) ; *LGP* 1975, n° 1, p. 80, note Blancher ; Crim., 3 octobre 1974, *Bull. crim.*, n° 274 ; Crim., 2 juillet 1998, n° 98-80.529, *Tapie, Dr. fisc.* 1998, comm. 950 ; *Bull. crim.,* n° 213. Par exemple, l'article 1741 du CGI n'exige pas, comme l'ancien article 190 du Code des contributions directes, que le contribuable ait « *employé des manœuvres frauduleuses* ». Ou encore, l'élément intentionnel est suffisamment caractérisé lorsque le contribuable a accepté la proposition de rectification qui lui a été adressée par l'administration et qu'il n'a pas saisi du litige le juge de l'impôt.

[4] Elle serait ainsi évaluée en France à 80 milliards d'euros.

[5] Fuite d'informations exploitée par les médias, relative à un système d'évasion fiscale à l'échelle planétaire pratiquée par des personnalités politiques notamment, à travers la création de sociétés *offshores*.

[6] Scandale financier qui a mis au jour l'existence de plusieurs accords fiscaux très avantageux entre le fisc du Luxembourg et les multinationales.

monde qui prend, en la matière, des mesures législatives inadaptées à l'accélération de la mondialisation et de ses effets économiques et juridiques. Manifestement donc, les principes qui ont fondé les systèmes fiscaux actuels ne sont plus cohérents si une remise en question sur le plan juridique n'est pas envisagée. En effet, la fraude et l'évasion fiscales présentent deux inconvénients d'importance. D'abord, dans la mesure où le contribuable est le seul que l'État oblige à payer des impôts, il y a rupture manifeste avec le principe de la solidarité entre les citoyens. Ensuite, quand certaines entreprises s'exonèrent de l'impôt mais que d'autres continuent à le payer, la concurrence entre elles devient déloyale.

271. L'exigence de lutte contre la fraude fiscale, clairement énoncée dès 1983 dans la jurisprudence constitutionnelle[1]et érigée en 1999 en objectif à valeur constitutionnelle[2] n'est plus seulement une problématique de droit interne. Elle est intégrée dans les travaux internationaux depuis le XXe siècle. L'OCDE est particulièrement active en la matière. Elle a ainsi pu proposer aux États un certain nombre de recommandations sur les moyens de lutter contre la fraude fiscales[3], des outils qui ne sont pas juridiquement contraignants mais qui, en pratique, ont un poids moral certain. En effet, les recommandations garantissent la motivation des États dans un domaine et les obligent moralement à réaliser les objectifs fixés. Tel est le cas de la recommandation de l'OCDE, adoptée le 18 février 2000, sur les principes de transparence et d'intégrité des activités de lobbying. La faible portée de ce type d'instrument ne signifie pas que la contribution de l'OCDE à l'élaboration du droit internationale soit insignifiante. Bien au contraire, car les recommandations abordent des situations incertaines où un droit techniquement plus construit pourrait apparaître comme une entrave dans la

---

[1] Conseil constitutionnel, 29 décembre 1983, n° 83-164 DC, *Rec.* 1983, p. 67, cons. 26 et 27 : « *Considérant que l'article 13 de la Déclaration des droits de l'homme et du citoyen proclame : "Pour l'entretien de la force publique et pour les dépenses d'administration une contribution commune est indispensable : elle doit être également répartie entre tous les citoyens, en raison de leurs facultés" ; Considérant qu'il découle nécessairement de ces dispositions ayant force constitutionnelle que l'exercice des libertés et droits individuels ne saurait en rien excuser la fraude fiscale ni en entraver la légitime répression ; qu'ainsi, dans leur principe, les dispositions de l'article 89 ne peuvent être critiquées* ».

[2] Conseil constitutionnel, 29 décembre 1999, n° 99-424 DC, *Loi de finances pour 2000*, *AJDA* 2000, p. 37, note Schoettl (J.-E.) ; cons. 52. V. également Conseil constitutionnel, 29 décembre 2003, n° 2003-489 DC, *Loi de finances pour 2004*, *D.* 2004, p. 1276, obs. Ribes (D.) ; cons. 10 et Conseil constitutionnel, 21 janvier 2010, n° 2009-598 DC, *Loi organique modifiant le livre III de la sixième partie du Code général des collectivités territoriales relatif à Saint-Martin*, *Constitutions* 2010, p. 284, obs. Barilari (A.) ; cons. 2.

[3] Les recommandations constituent les deux tiers des actes adoptés par le Conseil de l'OCDE.

législation nationale[1], d'où la latitude laissée aux États dans les modalités d'applicabilité de la recommandation dans le droit interne.

272. Des procédés juridiquement contraignants ont pu être mis en œuvre en matière fiscale. C'est le cas des décisions[2] ou bien des conventions internationales qui lient les États signataires. Ainsi, parmi les initiatives internationales les plus notables, nous pouvons relever, dans le cadre du G20 et de l'OCDE, l'adoption du plan de lutte contre l'érosion des bases fiscales et le transfert des bénéfices pour échapper à l'impôt (*Base Erosion and Profit Shifting*). Le projet, adopté en octobre 2015 par les trente-cinq pays membres de l'OCDE, a permis, par exemple, la signature, d'un accord en 2017. Il entend encadrer davantage les règles d'évasion fiscale pour ce qui est des entreprises multinationales.

273. En janvier 2016, la Commission européenne a rendu public le « *train de mesures contre l'évasion fiscale* » visant les entreprises. Considérant que cet objectif ne peut être atteint que si les entreprises s'engagent à bannir le secret concernant leur fiscalité, les États membres de l'UE ont voté un texte les enjoignant de faire état, chaque année, de leurs activités[3], afin d'éviter qu'elles ne délocalisent leurs profits dans des États à la fiscalité avantageuse.

274. Les procédés contraignants peuvent paraître plus adaptés à certains pans du droit fiscal notamment quand il s'agit d'offrir toutes les formes possibles de coopération fiscale entre les États membre pour combattre l'évasion et la fraude fiscales, devenue une priorité pour tous les pays. *A contrario*, les procédés incitatifs (les recommandations) paraissent plus indiqués pour parvenir à une meilleure harmonisation des différentes législations et éviter d'éventuelles divergences et incohérences juridiques en droit national. Voilà qui explique un point de vue complémentaire de ces deux types de procédés en matière fiscale. La complémentarité peut également être affirmée d'un point de vue sectoriel : dans une même matière, l'action publique peut combiner procédés incitatifs et réglementaires pour atteindre sa finalité[4]. L'OCDE, dont les travaux ont encouragé le recours aux procédés incitatifs, a précisé en 2003 les modalités de bon usage de ceux-ci

---

[1] Colas (B.), *L'OCDE et l'évolution du droit international de l'économie et de l'environnement*, Thèse de droit, 1995, éd. OCDE, 2012, 402 p., p. 312.

[2] Les membres ont l'obligation de mettre en œuvre les décisions et doivent prendre les mesures nécessaires à cette mise en œuvre. En effet, au niveau international, elles ont une portée juridique équivalente pour les États membres à celle des engagements qu'ils prennent à l'égard d'autres États dans le cadre de traités internationaux. Leur non-respect constitue une violation dans le droit international des traités.

[3] Directive (UE) 2016/1164 dite « directive ATAD » visant à lutter contre certaines pratiques d'évasion fiscale.

[4] Belrhali-Bernard (H.), « Le droit de l'environnement : entre incitation et contrainte », *RDP*, 1er novembre 2009, n° 6, p. 1683.

et souligné la nécessité de « *menaces crédibles d'une réglementation contraignante*[1] » et de « *pénalités en cas de non-respect*[2] ».

Conclusion de la Section II

275. Au cours de la période post-révolutionnaire, apparaissent et se développent les concepts d'égalité et de justice fiscales. Ils sont toutefois subjectifs : leurs sens varient selon les discours politiques. L'égalité et la justice fiscales sont régulièrement invoquées afin de justifier l'adoption de certaines mesures fiscales. Au début du XIXe siècle, elles ont notamment justifié le renouvellement de formes d'imposition tenant compte des capacités contributives des contribuables. Dans un premier temps, l'impôt proportionnel est adopté mais il se révèle inégalitaire. Finalement, sous la pression politique et sociale, l'impôt progressif sur les revenus s'impose en 1914. Toutefois, avec ce type d'imposition, une certaine complexité est inévitable. Or, lorsqu'elle devient excessive, cette complexité porte atteinte aux droits des contribuables. Les principes fondamentaux du droit fiscal, inscrits dans la DDHC, permettent de les garantir. Les contribuables doivent avoir connaissance des modalités d'établissement et de recouvrement de l'impôt. Leur consentement repose sur la leur capacité à s'exprimer, à négocier et à peser sur les décisions des institutions. Même s'il est reconnu et encadré par le législateur, le secret en matière fiscale peut constituer une atteinte à l'exercice de certains droits fondamentaux des contribuables. Il empêche l'application effective de l'égalité en matière fiscale de laquelle découlent l'égalité devant la loi et l'égalité devant les charges publiques. Il doit donc s'effacer. Si certains grands principes du droit fiscal, comme celui du consentement de l'impôt, sont amenés à évoluer, établissant de ce fait de nouveaux rapports entre l'administration fiscale et le contribuable, celui-ci continuera toujours d'opposer des résistances à l'impôt. La fraude fiscale est en effet un phénomène consubstantiel à la naissance de la fiscalité. Elle se complexifie avec la mondialisation et devient désormais une lutte menée à la fois à l'échelle du droit interne et à l'échelle du droit européen et international.

---

[1] OCDE, *Les approches volontaires dans les politiques de l'environnement : efficacité et combinaison avec d'autres instruments d'intervention*, Paris, OCDE, 2003, 161 p., p. 22.

[2] OCDE, *Les approches volontaires dans les politiques de l'environnement : efficacité et combinaison avec d'autres instruments d'intervention*, *op. cit.*, pp. 93-97, p. 96. V. aussi Hervé-Fournereau (N.), *Les approches volontaires et le droit de l'environnement*, Presses Universitaires de Rennes, coll. L'univers des normes, 2008, 326 p., p. 41.

Conclusion du Chapitre I

276. L'étude historico-juridique du secret en matière fiscale fait apparaître que selon les grandes périodes de l'histoire, son champ d'application varie. Il est consubstantiel à l'existence de l'impôt et des organes chargés des finances publiques. Il caractérisait tout particulièrement la gestion des finances au Moyen-Âge et sous l'Ancien Régime. L'assemblée des états généraux, instaurée pour la première fois le 10 avril 1302, a permis, dans une certaine mesure, de tempérer ce caractère opaque. En effet, pour prélever l'impôt sans heurts, de manière efficace, – et notamment dans le contexte d'époque, renforcer sa légitimité face à ses opposants – le roi recherche le consentement de ceux qui en supportent la charge. Il semble que la réunion des ordres de la société féodale marque les prémices d'une certaine transparence en matière fiscale. Cet évènement ressemble d'ailleurs aux débats qui avaient lieu sur la place publique concernant les questions financières dans les cités grecques et romaines sous l'Antiquité. La gestion des finances publiques était en effet connue des citoyens et les comptes rendus publics. Le secret fiscal est pour la première fois consacré à l'article 23 de la loi du 15 juillet 1914 alors qu'au XVIIIe siècle, il avait déjà été codifié dans des matières autres que la fiscalité. Sa codification marque sa reconnaissance par le législateur qui lui pose enfin des limites. Il doit par ailleurs composer avec les exigences de transparence de l'action administrative qui tendent aujourd'hui à devenir la norme de référence en matière fiscale. Mais sa portée se heurte aux droits fondamentaux du contribuable et aux grands principes du droit fiscal. Il ne peut y avoir égalité que si le secret s'efface. De même, consentir à l'impôt implique de renoncer au secret. Or, la fraude fiscale représente une opposition et une résistance à l'impôt que le législateur prohibe et sanctionne. L'ampleur de ce phénomène est telle que désormais, la lutte contre la fraude fiscale est aussi internationale.

Chapitre II. La typologie des secrets en matière fiscale

277. Il existe différents types de secrets. Nous l'avons précemment étudié, ils ont des caractéristiques communes : certains ont un objet *intuitu personae*[1] ; ils répondent à un souci de protection de la personne ; d'autres ont un objet *intuitu materiae*[2] qui protège le contenu du secret, plus que les personnes qui le partagent. Ils ont aussi des caractéristiques propres : leur diversité s'explique alors par leurs multiples détenteurs et dépositaires, par la nature de l'informations à protéger ou par leur champ d'application. L'analyse des secrets en matière fiscale permet ainsi de les classer en deux catégories : la première regroupe des secrets que l'on considère comme spécifiques au droit fiscal car leur respect incombe aux professionnels exerçant dans le domaine de la fiscalité ; c'est-à-dire ceux qui mettent en œuvre l'impôt et les règles fiscales (**Section I**). Dans la seconde catégorie, peuvent être rangés des secrets s'appliquant à la fois à leur domaine juridique d'origine et au droit fiscal (**Section II**).

Section I. Les secrets spécifiques au droit fiscal

278. Nous étudierons parmi les secrets spécifiques à la matière fiscale, le secret professionnel des agents de l'administration fiscale (**§ 1**) puis celui d'un autre professionnel de la fiscalité : l'avocat (**§ 2**).

§ 1. Le secret professionnel des agents de l'administration fiscale

279. Il existe un principe lié au secret fiscal (**I**) dont la transgression entraîne des sanctions (**II**). Toutefois, pour des raisons pragmatiques, le législateur autorise la levée du secret (**III**).

---

[1] Lire aussi Loiseau (G.), « Les secrets de la vie privée et la liberté d'expression », *Rapport de Synthèse*, Actes du colloque annuel de La Semaine juridique, *Le secret à l'ère de la transparence*, *JCP G* 2012, hors-série supplément au n° 47, pp. 44-47, p. 44.

[2] Loiseau (G.), *ibid.*

I. Le principe du secret fiscal

280. Nous établirons les fondements légaux du secret fiscal des agents de l'administration fiscale (**A**) puis ceux de son corollaire : l'obligation de discrétion professionnelle (**B**).

A. Les fondements légaux du secret fiscal

281. Sous l'effet des usages et des lois, le secret s'est peu à peu introduit dans le monde du travail pour prendre la forme, à partir du XIXe siècle, du secret professionnel. À l'origine présent dans la médecine, le secret a concerné ensuite les prêtes chrétiens et enfin les avocats, dont les fonctions, au début de notre ère, étaient discrètes et peu considérées[1]. Aujourd'hui, le secret est assuré notamment par l'obligation du secret professionnel tel qu'il est défini aux articles 226-13 et 226-14 du Code pénal, et décliné, pour ce qui est de l'administration fiscale, aux articles L. 103 et suivants du Livre des procédures fiscales. Quiconque révèle un secret dont il est pourtant le dépositaire, du fait de son état, de sa profession ou des fonctions temporaires ou permanentes qu'il exerce, est ainsi sanctionné[2]. Le secret fiscal s'oppose en effet à toute publicité de la situation fiscale des contribuables, sauf exceptions prévues par la loi, et s'impose aux agents des services des impôts dans l'exercice de leurs fonctions[3]. Il est interdit de révéler des renseignements de nature fiscale ou de publier des rôles des impôts assis par voie de déclarations. En ce sens, il constitue une certaine « *pudeur fiscale*[4] ». Ainsi, le législateur impose le secret professionnel à toute personne ayant à connaître du dossier d'examen contradictoire de la situation fiscale personnelle des contribuables. Pour permettre à ces derniers d'assurer leur droit à la confidentialité des éléments les concernant, les agents des finances publiques ont l'obligation de respecter la règle du secret professionnel s'étendant aux informations relatives aux opérations d'assiette, de contrôle, de recouvrement ou de contentieux des impôts, droits, taxes et redevances prévus par le Code général des impôts.

282. Le secret doit être opposable à toute personne qui demande un renseignement sur un contribuable, sauf si elle est habilitée à le représenter,

---

[1] Damien (A.), *Le secret nécessaire*, Desclée de Brouwer, 1989, 138 p., p. 12.

[2] L'article 226-13 du Code pénal, auquel l'article L. 511-33 du Code monétaire et financier renvoie, fait partie de la section IV relative aux « *atteintes au secret* », du chapitre VI du livre II « *Des crimes et délits contre les personnes* » du Code pénal sanctionnant les « *atteintes à la personnalité* ».

[3] Mignon (E.), « Y a-t-il encore un secret fiscal ? », *RJF* 3/99, p. 178.

[4] Trotabas (L.), Cotteret (J.-M.), *Droit fiscal, 8e édition*, Paris, Dalloz, Sirey, 8e éd., 1996, p. 11, § 29.

si elle est un tiers appelé en paiement ou bénéficiant d'une dérogation prévue par la loi[1]. Dans un avis du 6 février 1951, le Conseil d'État considère que la catégorie des informations est large : ce sont celles « *qui se rapportent à des faits confidentiels par leur nature ou confiés sous le sceau du secret et que les agents des services publics ont connus en raison de leurs fonctions*[2] ». Cette obligation peut avoir pour conséquence de faire obstacle à la communication de documents. Ainsi, le Conseil d'État a été d'avis que les dispositions législatives protégeant le secret professionnel, telles que l'article L. 103 du LPF, peuvent empêcher l'administration de communiquer à un contribuable des renseignements concernant un tiers, sans l'accord de ce dernier ou de toute personne habilitée à cela. En revanche, l'information peut être transmise au contribuable s'il est débiteur solidaire de l'impôt dû par ce tiers[3]. Ce secret général, d'ordre public et absolu[4] représente une véritable sujétion des agents des finances publiques mais il constitue également une garantie pour le contribuable qui voit respecter son droit à la vie privée (article 9 du Code civil introduit par la loi du 17 juillet 1970). Dans la charte

---

[1] BOI-DJC-SECR-10-10-20120912 : Un refus devra notamment être opposé dans les cas suivants : « *aux héritiers et au conjoint d'un contribuable, à moins qu'ils ne soient mis en cause pour le paiement d'impositions dues par le défunt (V. II-A-4 § 220) ; aux administrations de l'État, des régions, des départements et des communes, sous réserve, toutefois, des exceptions prévues par la loi (BOI-DJC-SECR-10-20-20 et BOI-DJC-SECR-10-20-30) ; aux notaires, sous réserve des dérogations prévues en faveur des officiers ministériels (BOI-DJC-SECR-10-20-60) ; aux associés des sociétés à responsabilité limitée et aux actionnaires des sociétés anonymes, s'ils ne sont pas dirigeants de la société; aux personnes, morales ou physiques, qui se sont portées caution de tiers pour le paiement des impôts et taxes, tant qu'ils ne sont pas appelés en paiement de l'impôt en cause ; à l'acquéreur d'un fonds de commerce, en ce qui concerne les bénéfices ou affaires réalises par son prédécesseur ; au président d'une chambre syndicale pour ce qui concerne la situation fiscale d'un membre de ladite chambre, sous réserve de la dérogation prévue en faveur des organismes professionnels (BOI-DJC-SECR-10-20-80 au III)* ».

[2] Conseil d'État, avis du 6 février 1951 et du 11 mars 1965. V. Dal Farra (T.), Gaudemet (Y.), Rolin (F.), Stirn (B.), *Les grands avis du Conseil d'État,* Dalloz, 2e éd., 2002, 582 p., p. 183.

[3] Conseil d'État, 21 décembre 2006, n° 293749, *Mme Duguay*, JurisData n° 2006-081061, *Rec.* 2006, p. 810 ; *Dr. fisc.* 2007, n° 40, comm. 895, concl. Collin (P.) ; *Procédures* 2007, comm. 70, note Pierre (J.-L.) ; *Dr. famille* 2007, comm. 93, note Douet (F.) ; *RJF* 3/07, n° 314 ; *BGFE* 2007, n° 4, p. 10 et s., obs. Ginter (É.).

[4] Il est à noter que les secrets d'intérêt public diffèrent des secrets d'intérêt privé : les premiers touchent à l'ordre public et sont mis en œuvre par la puissance publique ou ses agents ; les seconds ne remettent pas au contraire en cause l'ordre public et ne sont punissables que lorsque leur transgression est portée à la connaissance des juges.

des droits et obligations du contribuable vérifié, le secret fiscal est d'ailleurs présenté comme « *une valeur forte de l'administration*[1] ». Il a pour fonction fondamentale de protéger la vie privée du contribuable. Il justifie la non-communicabilité de certaines informations et protège à la fois la confidentialité de celles susceptibles d'être transmises. Il ne doit cependant pas être confondu avec la discrétion professionnelle.

B. Le corollaire du secret fiscal : la discrétion professionnelle

283. Parmi les obligations que l'administration fiscale est tenue de respecter, la discrétion professionnelle est capitale (article 26 de la loi n° 83-634 du 13 juillet 1983 sur les droits et obligations des fonctionnaires) : « *Les fonctionnaires doivent faire preuve de discrétion professionnelle pour tous les faits ou informations dont ils ont connaissance dans l'exercice ou à l'occasion de l'exercice de leurs fonctions. En dehors des cas expressément prévus par la réglementation en vigueur, notamment en matière de liberté d'accès aux documents administratifs, les fonctionnaires ne peuvent être déliés de cette obligation de discrétion professionnelle que par décision expresse de l'autorité dont ils dépendent* ». De même, l'article 13 de la loi n° 46-2294 du 19 octobre 1946, dont la formulation a été reprise à l'article 10 de l'ordonnance n° 59-244 du 4 février 1959, énonçait que : « *Indépendamment des règles instituées dans le Code pénal en matière de secret professionnel, tout fonctionnaire est lié par l'obligation de discrétion professionnelle pour tout ce qui concerne les faits et informations dont il a connaissance dans l'exercice ou à l'occasion de l'exercice de ses fonctions. Tout détournement, toute communication contraire aux règlements, de pièces, ou documents de service à des tiers sont formellement interdits. En dehors des cas expressément prévus par la réglementation en vigueur, le fonctionnaire ne peut être délié de cette obligation de discrétion ou relevé de l'interdiction édictée par l'alinéa précédent qu'avec l'autorisation du ministre dont il relève* ».

284. Dans l'arrêt *Delle Faucheux* de 1953[2], le Conseil d'État a estimé que cette obligation s'appliquait largement aux fonctionnaires investis de responsabilités syndicales, mais également à « *tout ce qui concerne les faits et informations dont l'agent a connaissance dans l'exercice ou à l'occasion de l'exercice de ses fonctions, le texte vise tous les documents connus par le fonctionnaire dans le service, que cette connaissance soit liée ou non à l'exercice de ses fonctions* ». Cette obligation est instituée dans l'intérêt de l'administration alors que celle du secret vise à protéger les contribuables.

---

[1] Albert (J.-L.), Pierre (J.-L.), Richer (D.), *Dictionnaire de droit fiscal et douanier*, Paris, Ellipses Marketing, 2007, 598 p., p. 505.

[2] Conseil d'État, 6 mars 1953, n° 14088, *Delle Faucheux*, *Rec.* p. 123, concl. Chardeau ; *RDP* 1953, 1030, note Waline (M.).

René Chapus expliquera d'ailleurs que « *l'obligation de discrétion professionnelle est instituée dans l'intérêt du service, pour protéger les "secrets de l'administration" [...] dont la divulgation pourrait nuire au bon accomplissement de ses tâches. À la différence de l'obligation de réserve qui impose la retenue dans l'extériorisation des opinions, l'obligation de discrétion professionnelle est une obligation de "non-divulgation"*[1] ». En dehors des exceptions légales, toute levée du secret par un agent de l'administration entraîne des sanctions.

II. Les sanctions de la divulgation d'une information secrète

285. Il est nécessaire que les informations recueillies par certains professionnels soient confidentielles ou tues, sans condition ni réserve. Ils risqueraient sinon de perdre la confiance du public, pourtant cruciale car la transgression du secret aurait des répercussions psychologiques et économiques néfastes. De plus, elle causerait un préjudice à la personne concernée. En effet, le secret professionnel et la discrétion professionnelle ne sont pas seulement des obligations légales, ils sont aussi des exigences morales sanctionnées par les règles déontologiques édictées dans le guide de déontologie des agents de la Direction générale des Finances publiques. Ainsi, un fonctionnaire des services fiscaux qui divulgue une information secrète peut encourir des sanctions disciplinaires, notamment quand il transgresse son obligation de discrétion professionnelle. La violation de cette obligation peut être caractérisée par la divulgation de l'orientation d'une campagne de contrôle fiscal ; du résultat d'enquêtes administratives confidentielles ; d'informations recueillies dans l'accomplissement de missions ; de méthodes utilisées par l'administration dans le cadre d'une vérification ; de statistiques considérées comme « *non communicables* » par la DGFiP[2].

286. En revanche, indépendamment d'une sanction disciplinaire, l'agent des services fiscaux risque des sanctions civiles et pénales, conformément aux dispositions de l'article 226-13 du Code pénal[3], s'il viole le secret

---

[1] Chapus (R.), *Droit administratif général*, T. II, Montchrestien, 10e éd., 1997, 1283 p., p. 280.

[2] Guide de déontologie des agents de la Direction générale des Finances publiques, mai 2012, 66 p., pp. 26-30, p. 28.

[3] Conformément aux dispositions de l'article 226-13 du Code pénal, « *la révélation d'une information à caractère secret par une personne qui en est dépositaire soit par état ou par profession, soit en raison d'une fonction ou d'une mission temporaire, est punie d'un an d'emprisonnement et de 15.000 euros d'amende* ». En outre, aux termes de l'article 226-22 du Code pénal, « *le fait pour toute personne qui, ayant recueilli, à l'occasion de leur enregistrement, de leur classement, de leur*

professionnel. Il s'agit d'une infraction délictuelle qui suppose conjointement un élément matériel : la révélation du secret à un tiers et un élément moral : l'intention de commettre l'infraction. Le premier implique obligatoirement un acte positif qui consiste pour le dépositaire à transmettre l'information à un destinataire non « *autorisé*[1] ». Le mode de transmission peut être écrit ou oral et la révélation doit être consommée, autrement dit, la tentative de divulgation n'est pas punissable. La révélation du secret peut également résulter d'une imprudence : par exemple, un dossier laissé ouvert sur un bureau ou un manque de discrétion au téléphone. Cependant, en l'absence d'élément intentionnel, le délit pénal ne sera pas caractérisé. Tout au plus, seront envisagées des sanctions disciplinaires voire des réparations civiles. En revanche, les mobiles qui ont poussé à la révélation importent peu, l'infraction ne suppose pas l'intention de nuire[2]. L'élément moral repose quant à lui sur l'article 121-3 du Code pénal aux termes duquel : « *il n'y a point de crime ou de délit sans intention de le commettre*[3] ». Ainsi, le délit de violation du secret est une infraction intentionnelle. La révélation du secret est répréhensible pénalement dès lors qu'elle est faite volontairement par quelqu'un qui sait que la loi l'interdit.

287. L'agent public qui viole la règle du secret professionnel s'expose ainsi à des poursuites pénales. Il peut aussi encourir des sanctions disciplinaires et voir sa responsabilité civile engagée si le contribuable prouve son préjudice (violation de sa vie privée par exemple). Il est également possible d'engager la responsabilité pécuniaire de l'État en raison du préjudice subi. Désormais, une faute simple du fonctionnaire suffit[4]. Dans un arrêt du 25 octobre 1935, le Conseil d'État a jugé que les services fiscaux grenoblois, en ayant délivré un extrait du rôle d'un couple à un tiers – le document devant appuyer une demande d'augmentation de pension alimentaire versée par l'un des époux en question – avaient commis une faute d'une gravité pouvant engager la responsabilité pécuniaire de l'État[5].

---

transmission ou d'une autre forme de traitement, des informations nominatives dont la divulgation aurait pour effet de porter atteinte à la considération de l'intéressé ou à l'intimité de sa vie privée, a porté, sans autorisation de l'intéressé, ces informations à la connaissance d'un tiers qui n'a pas qualité pour les recevoir est puni de cinq ans d'emprisonnement et de 300.000 euros d'amende. La divulgation de ces informations est punie de 100.000 euros d'amende lorsqu'elle a été commise par imprudence ou par négligence ».

[1] Verdier (P.), « Secret professionnel et partage des informations », *Journal du droit des jeunes* 2007/9, n° 269, pp. 8-21.

[2] Crim., 8 mai 1947, *Degraene*, *Bull. crim.* 1947, II, n° 124 ; *D.* 1948, p. 109, note Gulphe ; *JCP G* 1948, II, p. 4141, note Legal (A.).

[3] Article 121-3 du Code pénal.

[4] Conseil d'État, 21 mars 2011, n° 306225, *Krupa*, *Rec.* p. 101 ; *RFDA* 2011, p. 340, concl. Legras ; *AJDA* 2011, p. 1278 ; *RJEP* 2011, n° 30, note Collet.

[5] Conseil d'État, 25 octobre 1935, n° 35457, *Époux Fleur-Santucci*, *Rec.* p. 983.

288. De nombreuses violations à l'obligation de secret professionnel ont pu être caractérisées. C'est le cas avec la révélation d'informations privées relatives à la situation fiscale d'un contribuable à des tiers non habilités ; avec l'utilisation de pièces d'un dossier fiscal à des fins étrangères au service ou encore avec la communication d'un extrait d'un rôle d'imposition à un tiers tenu au secret professionnel[1]. Toujours à titre d'exemple, a été sanctionné un agent qui avait communiqué à sa sœur une liste de contribuables assujettis à l'ISF. L'époux de celle-ci, gérant d'une société immobilière, l'avait utilisée dans le cadre d'une promotion immobilière[2]. De même, ont fait l'objet de sanctions, des agents ayant recueilli des documents dans le cadre de leurs fonctions pour les adresser à leur avocat, alors qu'une procédure judiciaire les opposait à leur ex-conjoint[3].

289. Seule une juridiction judiciaire est compétente pour connaître de litiges afférents à la violation du secret professionnel, dans le cadre d'une action pénale[4]. Elle est aussi la seule à fixer le montant de la réparation due par l'agent fautif ou par l'État à raison de la faute commise par un fonctionnaire[5]. Elle peut en outre condamner conjointement l'État et la personne ayant violé le secret à une indemnité[6].

290. La violation du secret professionnel n'entraîne pas en principe l'irrégularité de la procédure d'imposition[7]. La Chambre commerciale, par ses deux arrêts du 4 novembre 2020, l'a par exemple rappelé : la violation alléguée du secret fiscal – même commise par inadvertance lors des opérations de visite domiciliaire et de saisie, et qui n'a eu aucune influence sur le déroulement ou le résultat de celles-ci – ne peut avoir eu pour effet de

---

[1] TA Toulouse, 24 février 2004, *Dr. fisc.* 2004, n° 28, p. 620.

[2] Guide de déontologie des agents de la Direction générale des Finances publiques, *op. cit.*, p. 27.

[3] Guide de déontologie des agents de la Direction générale des Finances publiques, *ibid.*

[4] Conseil d'État, 22 décembre 1969, n° 77183.

[5] Conseil d'État, 25 octobre 1935, *Époux Fleur-Santucci*, *Rec.* p. 983 : Le juge administratif peut condamner l'État, en dehors de toute action pénale, une indemnité. Ainsi, la responsabilité pécuniaire de l'État doit être engagée en cas de faute d'une gravité exceptionnelle commise par un agent ayant délivré un extrait de rôle en violation des articles 23 et 24 de la loi du 15 juillet 1914 (codifiés sous les articles L. 103 du LPF et L. 104 du LPF). Le contribuable ayant subi un préjudice direct en raison de cette faute peut ainsi réclamer une indemnité.

[6] Conseil d'État, 19 décembre 1975, n° 88119, *Rec.* p. 652 : Bien que le secret professionnel n'ait pas été respecté, la procédure d'imposition demeure régulière. Il en va autrement concernant une information obtenue de cette façon (Conseil d'État, 5 décembre 1983, n° 35580).

[7] Conseil d'État, 19 décembre 1975, n° 88119, *Dr. fisc.* 1976, n° 16, comm. 604. V. aussi *Infra :* Partie II, Titre I, Chapitre I, Section II, § 1, II, B.

les vicier[1]. Toutefois, un renseignement ayant permis l'enclenchement d'une procédure d'imposition et qui aurait été obtenu de manière frauduleuse peut provoquer l'annulation cette procédure[2]. Dans cette perspective, le juge peut prononcer la décharge des impositions pour vice de procédure[3]. En revanche, lorsque cette violation provient du contribuable lui-même, le juge considère qu'elle ne peut entraîner la nullité de la procédure fiscale[4]. La violation du secret professionnel n'est pas non plus caractérisée quand des éléments protégés par celui-ci sont donnés de façon conventionnelle et volontaire[5]. Des dispositions sanctionnant la violation du secret ne sont pas systématiquement appliquées. Si tel était le cas, le bon fonctionnement des administrations serait entravé dans certaines situations comme celui de l'appareil judiciaire ou des organismes chargés de la législation sociale. C'est pourquoi le législateur a institué diverses dérogations à la règle du secret professionnel. Elles sont inscrites aux articles L. 113 à L. 166 D du LPF.

III. Des dérogations expresses sous couvert d'une autorisation légale

291. Les agents de l'administration fiscale sont liés par leur propre secret mais celui-ci n'est pas absolu puisqu'il comporte des limites et des exceptions[6]. Le principe veut que le contribuable ne se voie pas opposer le secret professionnel dans une procédure le concernant (**A**). Toutefois, sont prévues des dérogations au profit d'administrations et d'autorités administratives, de collectivités, de services, d'organismes publics et d'autres personnes dans les cas prévus aux articles L. 114 à L. 166 D du LPF et par les dispositions législatives non codifiées dans le LPF[7] (**B**).

---

[1] Com., 4 novembre 2020, n° 18-24.790 et 18-24.787, *Société The Walt Disney Company Ltd* : JurisData n° 2020-018032 ; *Dr. fisc.* 2020, n° 49, act. 438. Lire aussi Salomon (R.), « Droit pénal fiscal », *Dr. fisc.* 2021, n° 7-8, étude 150.

[2] Conseil d'État, 24 novembre 1986, n° 18803, *Dr. fisc.* 1987, n° 12, comm. 620. V. aussi *Infra :* Partie II, Titre II, Chapitre I, Section I, § 2, II, B.

[3] CAA Nancy, 28 janvier 1993, *Dr. fisc.* 1993, n° 46, comm. 2221.

[4] Crim., 11 février 1960, *Delteil, Bull. crim.* 1960, n° 85, p. 173 ; *JCP* 1960, p. 11604.

[5] V. également Cruvelier (E.), « Contrôle fiscal », *Répertoire de droit commercial*, Dalloz, janvier 2016, § 76 et s.

[6] V. pour plus de précisions : Looten (J.-P.), « Le secret fiscal : un objectif légitime qu'il faut bien se garder d'atteindre », *Nouvelles Fiscales*, 15 juin 2016, n° 1180, pp. 24–32 ; BOI-DJC-SECR-10-20-20120912.

[7] Sont par exemple concernés par ces mesures par exemple : l'assistance fiscale internationale (section 1, BOI-DJC-SECR-10-20-10) ; certaines administrations,

A. L'inopposabilité au contribuable

292. Le secret professionnel est inopposable au contribuable faisant l'objet d'une procédure d'imposition. En principe, il peut obtenir communication, sans que le secret professionnel puisse lui être opposé, sur justification de son identité, de tout renseignement ou document le concernant, sous réserve des exceptions prévues par la loi, notamment n° 78-753 du 17 juillet 1978. Ainsi, lorsqu'il en fait la demande, le contribuable doit avoir accès aux documents relatifs à ses impôts directs d'État, à des extraits de rôle, ou de non-inscription à celui-ci. Il peut aussi recevoir son bordereau de situation[1], de même que les documents le concernant émis par l'administration fiscale, ou des extraits de ses registres dans le cas d'un contrat[2]. Les services des impôts sont également tenus de remettre une copie ou un extrait du double des actes établis sous seing privé (actes de baux, de locations), comme le prévoit l'article 849 du Code général des impôts. L'inopposabilité du secret professionnel au contribuable peut aussi être étendue aux tiers.

B. L'inopposabilité aux tiers autorisés

293. L'inopposabilité du secret professionnel au contribuable est également étendue aux tiers habilités à le représenter (avocats[3], administrateurs judiciaires dans certains cas, tuteurs…), ou bénéficiant de sa part d'un mandat exprès, de nature légale, judiciaire ou contractuelle. Le secret n'est pas non plus opposable aux élus disposant d'un mandat tacite ; aux parlementaires investis d'un mandat électif national[4]; aux personnes faisant l'objet d'une imposition commune (conjoints ou partenaires d'un PACS) souhaitant obtenir communication de l'ensemble des renseignements et documents afférents à l'imposition ; aux tiers qui sont tenus au paiement

---

autorités administratives et organismes publics de l'État (section 2, BOI-DJC-SECR-10-20-20) ; les collectivités territoriales, leurs groupements et les organismes consulaires (section 3, BOI-DJC-SECR-10-20-30) ; diverses commissions (section 4, BOI-DJC-SECR-10-20-40) ; les autorités judiciaires et les juridictions (section 5, BOI-DJC-SECR-10-20-50) ; les officiers ministériels et les mandataires judiciaires (section 6, BOI-DJC-SECR-10-20-60) ; les autorités et organismes chargés de l'application de la législation sociale (section 7, BOI-DJC-SECR-10-20-70) ; des organismes divers (section 8, BOI-DJC-SECR-10-20-80).

[1] Articles L. 104 et L. 105 du LPF. V. aussi BOI-DJC-SECR-20 au II.

[2] Article L. 106 du LPF. V. aussi BOI-DJC-SECR-20 au I.

[3] Les avocats n'ont pas à justifier de leur mandat lorsqu'ils indiquent représenter et agir au nom de leur client.

[4] BOI-DJC-SECR-10-10-20120912.

de l'impôt solidairement avec le contribuable[1] ; enfin, aux héritiers ou conjoint du contribuable décédé concernant les impositions dues par ce dernier[2].

294. Pour réprimer au mieux les délits fiscaux, le secret professionnel des agents de l'administration fiscale peut être levé devant certaines commissions. C'est le cas de la Commission des infractions fiscales (CIF) chargée de donner un avis conforme au dépôt de plainte pour fraude fiscale[3]. Comme tout agent public, chacun de ses membres est astreint au secret professionnel. Toutefois, ayant à connaître du dossier pour juger de l'opportunité de poursuivre un contribuable, les services fiscaux se voient déliés du secret professionnel à l'égard des membres et des rapporteurs de la CIF corrélativement et conformément à l'article L. 137 du Livre des procédures fiscales et de l'article L. 113 du même livre disposant que *« des dérogations à la règle du secret professionnel sont établies au profit d'administrations et autorités administratives, collectivités, services, organismes publics et autres personnes dans les cas prévus à la présente section »*.

295. En matière juridictionnelle, les dérogations sont nombreuses. L'article L. 140 du LPF prévoit ainsi que, selon les articles L. 141-5, L. 241-2 et L. 314-4 du Code des juridictions financières, les agents des services financiers et fiscaux sont déliés du secret professionnel à l'égard par exemple, des magistrats de la Cour des comptes, de la Cour de discipline budgétaire et financière, à l'occasion des enquêtes réalisées dans le cadre de leurs attributions[4]. De même, les agents des services fiscaux peuvent être convoqués par la Cour des comptes pour y être interrogés en qualité de témoins[5]. En outre, les fonctionnaires ont l'obligation de déroger à leur secret professionnel[6] afin que soit assuré le bon déroulement des procédures

---

[1] Le complice d'un délit de fraude fiscale, condamné solidairement au paiement de l'impôt fraudé, peut demander la communication de toutes les pièces utiles à sa défense (notamment des pièces de procédure) dans la limite de la solidarité prononcée à son encontre : Conseil d'État, 3 juillet 1985, n° 52011, *Dega, Rec.* p. 567 ; *Dr. fisc.* 1985, n° 49, comm. 2160, concl. Latournerie ; Conseil d'État, 17 février 1988, n° 60842, *Boxoum, RJF* 4/88, n° 541. V. également *Infra :* Partie II, Titre II, Chapitre I, Section I, § 1.

[2] En matière de droits de succession, les héritiers ou les conjoints peuvent obtenir copie de la déclaration de succession déposée.

[3] Article L. 228 du LPF.

[4] V. BOI-DJC-SECR-10-20-50-20120912.

[5] Articles L. 141-9, L. 241-4 et L. 314-4 du Code des juridictions financières.

[6] Cet article concerne exclusivement les fonctionnaires. Dans la jurisprudence pénale, le terme désigne de manière générale tous les agents publics y compris les contractuels ou vacataires (même s'ils ne sont pas fonctionnaires au sens strict).

de justice. Ainsi, les services fiscaux doivent transmettre aux officiers, voire aux agents de police judiciaire des informations sur commission du juge d'instruction ou sur réquisition du procureur de la République. Enfin, en vertu de l'article L. 140 A du LPF, le secret des agents de l'administration fiscale est inopposable aux membres du Conseil constitutionnel enquêtant sur la régularité des comptes de campagne des candidats à l'élection du Président de la République. Précisons que toutes ces dérogations s'appliquent uniquement lorsque l'administration est à l'origine, sous quelque forme que ce soit, d'une plainte (assortie ou non d'une constitution de partie civile) ; d'une citation directe ; ou quand elle est demanderesse dans le cadre d'une action en justice visant à assurer la défense de ses agents ; ou encore défenderesse dans un procès intenté par un tiers, ou enfin, en cas de dénonciation au parquet en vertu de l'article 40 du Code de procédure pénale.

296. S'agissant de cette dernière hypothèse, les fonctionnaires ont en effet l'obligation de déroger à leur secret professionnel pour préserver l'ordre public[1]. Il est ainsi de leur devoir de rendre publics les crimes ou délits dont ils sont informés comme l'indique l'article 40 du Code de procédure pénale. Les dispositions de cet article portent certes atteinte à l'obligation au secret professionnel du fonctionnaire et ses autres obligations déontologiques : les principes d'obéissance à la hiérarchie[2], ses obligations de discrétion professionnelle et de réserve[3]. Mais ces atteintes sont autorisées par le législateur, notamment en matière fiscale. Il prévoit en effet la levée du secret fiscal à l'article L. 142 A du LPF (crée par l'article 36 de la loi n° 2018-898 du 23 octobre 2018 relative à la lutte contre la fraude) : « *les*

Sont ainsi exclus les professionnels qui exercent en tant que salariés de droit privé (employés par des associations, des entreprises).

[1] Comme les dispositions de l'article 40 du Code de procédure pénale sont très générales et qu'elles illustrent le cas prévu par l'article 226-14 du Code pénal qui impose la révélation du secret, elles doivent s'étendre à tous les délits qui peuvent être constatés au cours des opérations de contrôle fiscal et particulièrement lors des vérifications de comptabilité.

[2] Lochak (D.), « L'alerte éthique, entre dénonciation et désobéissance », *AJDA* Vol. 39, 2014, pp. 2236-2248, p. 2236 : « *L'alerte éthique est le choix que fait l'individu pris à l'intérieur d'un conflit de devoirs et soumis à des injonctions contradictoires* ». Pour le Conseil d'État, l'alerte est « *lancée par une personne qui, confrontée à un risque grave, notamment pour la santé ou l'environnement, ou à des manquements graves à des lois ou règlements, décide librement et en conscience d'y procéder. Cette personne agit dans l'intérêt général, elle ne recherche pas son intérêt ni ne cherche à nuire à autrui* » (Conseil d'État, « Le droit d'alerte : signaler, traiter, protéger », *Étude adoptée le 25 février 2016 par l'assemblée générale plénière du Conseil d'État*, La Documentation française, 2016, 136 p., p. 55).

[3] Lire Laurent (A.), « L'agent public lanceur d'alerte : de la déontologie à la transparence ? », *RDP*, 1er juillet 2016, n° 4, p. 1095.

agents des finances publiques sont déliés du secret professionnel à l'égard du procureur de la République avec lequel ils peuvent échanger des informations couvertes par ce secret indépendamment de l'existence d'une plainte ou d'une dénonciation déposée en application de l'article L. 228 ou d'une procédure judiciaire en cours ». La mise en œuvre de ces dispositions permet ainsi à l'agent des services fiscaux d'échapper à toute sanction pénale pour violation du secret professionnel (prévue à l'article 226-13 du Code pénal) car aux termes de l'article 226-14 du Code pénal : « *L'article 226-13 du Code pénal n'est pas applicable dans les cas où la loi impose ou autorise la révélation du secret* ».

297. Toutefois, l'obligation posée par l'article 40 du CPP n'est assortie d'aucune sanction en cas de non-respect de ses dispositions[1]. Cette décision a d'ailleurs été confirmée par la Cour de cassation le 13 octobre 1992 : « *[A]u surplus, les prescriptions de l'article 40, alinéa 2, du Code de procédure pénale ne sont assorties d'aucune sanction pénale*[2] ». Il n'existe donc pas réellement de contraintes accompagnant sa mise en œuvre : si en théorie, l'agent public est tenu de porter à la connaissance du procureur des faits délictueux ou criminels, en pratique, il ne pourra être sanctionné s'il ne le fait pas. Une sanction pénale pourrait éventuellement être envisagée sur le fondement de l'article 434-1 du Code pénal aux termes duquel « *le fait, pour quiconque ayant connaissance d'un crime dont il est encore possible de prévenir ou de limiter les effets, ou dont les auteurs sont susceptibles de commettre de nouveaux crimes qui pourraient être empêchés, de ne pas en*

---

[1] Quatre réponses ministérielles ont rappelé ce principe : la réponse à la question écrite n° 31985, *JO* Sénat du 17 décembre 2013, p. 13162 : « *L'article 40 du Code de procédure pénale impose à toute autorité constituée, tout officier public ou fonctionnaire qui, dans l'exercice de ses fonctions, acquiert la connaissance d'un crime ou d'un délit, d'en donner avis sans délai au procureur de la République et de transmettre à ce magistrat tous les renseignements, procès-verbaux et actes qui y sont relatifs. Le médecin, agent public, est soumis aux dispositions de l'article 40 du Code de procédure pénale dont il convient de rappeler qu'elles ne sont pas sanctionnées* » ; la réponse à la question écrite n° 19361, *JO* Sénat du 18 juin 2013, p. 6457 : « *L'article 40 alinéa 2 du Code de procédure pénale fait obligation à « toute autorité constituée, tout officier public ou fonctionnaire qui, dans l'exercice de ses fonctions, acquiert la connaissance d'un crime ou d'un délit d'en aviser sans délai le procureur de la République. Cette obligation, de portée générale, n'est pas sanctionnée pénalement* » ; la réponse à la question orale n° 1073S, *JO* Sénat du 1er décembre 2010, p. 11097 : « *Les prescriptions de l'article 40 du Code de procédure pénale ne sont assorties d'aucune sanction pénale* » et la réponse à la question écrite n° 08239, *JO* Sénat du 1er octobre 2009, p. 2308 : « *Il importe de préciser que la Cour de cassation a eu l'occasion de préciser que les prescriptions de l'article 40, alinéa 2, du Code de procédure pénale ne sont assorties d'aucune sanction pénale* ».

[2] Crim., 13 octobre 1992, n° 91-82456, *Bull. crim.* 1992, n° 320, p. 888.

informer les autorités judiciaires ou administratives est puni de trois ans d'emprisonnement et de 45.000 euros d'amende ». Mais il n'existe pas de dispositions équivalentes s'agissant des délits. Hormis cette hypothèse, nous serions donc tentée de considérer qu'il ne pèse sur l'agent public qu'une obligation éthique de dénoncer ces faits. Jusqu'en 2013, il n'était pas non plus suffisamment protéger d'éventuelles sanctions en cas de divulgation d'informations confidentielles. Un véritable droit d'alerter a alors été consacré à l'article 6 *ter* A de la loi n° 83-634 du 13 juillet 1983 (loi *le Pors*) portant droits et obligations des fonctionnaires (introduit par l'article 35 de la loi n° 2013-1117 du 6 décembre 2013 relative à la lutte contre la fraude fiscale et la grande délinquance économique et financière)[1]. Si le législateur entend désormais protéger l'agent public d'éventuelles mesures de rétorsion pour avoir « *relaté ou témoigné, de bonne foi, de faits constitutifs d'un délit ou d'un crime dont il aurait eu connaissance dans l'exercice de ses fonctions* », la loi ne précise pas quelles révélations sont concernées[2]. Or ce manque de précisions risque d'exposer le lanceur d'alerte à des sanctions disciplinaires (mise à la retraite d'office[3], exclusion définitive ou temporaire…). Plus de clarté en la matière est donc souhaitable. Par ailleurs, le secret professionnel qui lie l'avocat à son client peut faire partie des secrets spécifiques à la matière fiscale.

§ 2. Le secret de l'avocat

298. Le secret professionnel est fondamental dans le métier d'avocat. Le silence qui lui est imposé concerne les informations personnelles et confidentielles « *pour la protection du justiciable […], à l'instar du secret*

---

[1] Sur ce sujet, lire par exemple Meyer (N. M.), « Le droit d'alerte en perspective : 50 années de débats dans le monde » (l'auteur cite le rôle du lieutenant-colonel Picquart dans l'affaire Dreyfus), *AJDA*, Vol. 39, 2014, pp. 2242-2248 ; Vigouroux (C.), *Déontologie des fonctions publiques*, Paris, Dalloz, 2012, 731 p. ; Slama (S.), « Le lanceur d'alerte, une nouvelle figure du droit public ? », *AJDA*, Vol. 39, 2014, p. 2229 et s. ; Sauvé (J.-M.), « La prévention des conflits d'intérêts et l'alerte éthique », *AJDA*, Vol. 39, 2014, pp. 2249-2255. ; Ragimbeau (L.), « La liberté d'expression des agents publics : l'exemple du lanceur d'alerte », *RFDA*, 2015, p. 975 et s. ; Foegle (J.-Ph.) et Pringault (S.), « Les lanceurs d'alerte dans la fonction publique », *AJDA*, Vol. 39, 2014, pp. 2256-2270.

[2] Laurent (A.), « L'agent public lanceur d'alerte : de la déontologie à la transparence ? », *op. cit.*, p. 1099.

[3] Conseil d'État, 31 mars 2017, n° 392316, *X c/ Ministre de l'Intérieur*, JurisData n° 2017-005832 ; *JCP A* 2017, act. 293 ; *JCP A* 2017, n° 2142.

médical qui protège le patient[1] ». L'avocat étant le confident nécessaire de son client, le secret professionnel a ainsi, été établi dans l'intérêt du public[2] et plus précisément du justiciable[3]. Il est assujetti au respect de ce secret dans le cadre de sa profession et notamment, s'agissant de notre étude, dans le cadre des transactions fiscales réalisées pour le compte de son client. C'est la raison pour laquelle il est le garant de la protection des informations recueillies (**I**). Toutefois, son secret n'est pas absolu (**II**).

I. L'avocat : garant de la protection des informations de son client

299. « *L'avocat se veut une conscience à laquelle s'adresse une confiance*[4] ». Par cette expression, il est signifié que le secret professionnel de l'avocat couvre toutes les confidences ou informations qu'il a reçues de son client. Il est tenu au secret professionnel à l'égard des tiers[5]. La garantie de cette confiance a été codifiée au travers du secret professionnel lui conférant ainsi, l'objectif premier de protéger l'information du contribuable.

300. L'article 170 *ter* du Code général des impôts, issu de l'article 68 de la loi n° 2010-1658 du 29 décembre 2010 de finances rectificatives pour 2010 permet aux avocats, comme aux notaires et aux experts comptables, d'intervenir en qualité de *tiers de confiance* dans les relations entre l'administration fiscale et les contribuables qui souhaitent déduire certaines charges de leur revenu global ou obtenir des réductions d'impôts. Afin de cimenter la relation privilégiée entre l'avocat et son client, le législateur institue le secret professionnel. Cette obligation s'applique aux avocats en vertu de l'article 66-5 de la loi n° 71-1130 du 31 décembre 1971, relative à leur profession. Elle prévoit, aussi bien dans le domaine du conseil juridique que dans celui de la défense, que la correspondance entre un avocat et son client, en particulier les pièces du dossier concerné soient couvertes par le secret professionnel. L'avocat est également soumis à diverses obligations déontologiques permettant de garantir les secrets du contribuable et de

---

[1] Féral-Schuhl (C.), « Le renforcement du secret professionnel de l'avocat », *D.* 2012, n° 2584 ; François (L.), « La liberté d'expression de l'avocat confronté à son obligation de respect du secret professionnel », *D.* 2012, p. 667.

[2] Masson (P.), *Rapport n° 274 (1991-1992) au nom de la Commission des lois du Sénat*, Sénat, 1992, 319 p., pp. 130-136, p. 131.

[3] Article 2-1 du Règlement intérieur du Barreau de Paris.

[4] Taisne (J.- J.), *La déontologie de l'avocat*, Dalloz, Connaissance du droit, 2ème éd., 1999, 161 p., pp. 102-106, p. 102.

[5] CA Paris, 30 novembre 1994, *D.* 1996, somm. 311, obs. Castelain (J.) : Le secret de l'avocat est opposable au client de la partie adverse.

préserver une certaine relation de confiance[1]. S'il transgresse ce secret, il encourt des sanctions ordinales, pénales et civiles.

301. Le Conseil d'État a jugé que les dispositions de l'article 226-13 du Code pénal s'opposent à ce que les membres des professions auxquelles elles s'appliquent fassent connaître à des tiers le nom des personnes qui ont eu recours à leurs services[2]. L'avocat constitue ainsi l'intermédiaire privilégié entre son client et l'administration fiscale sur le plan juridique comme judiciaire. Lorsqu'il est régulièrement inscrit au barreau, il est dispensé de justifier d'un mandat dès lors qu'il représente un contribuable[3]. Toutefois, le client peut renoncer à la protection du secret[4]; il ne se voit pas imposer la confidentialité des correspondances échangées entre lui et son avocat, il peut les rendre publiques, donc libre d'en lever le secret. L'avocat est le garant de la protection des informations personnelles de son client. Pourtant, dans son rôle de recouvrement de l'impôt, l'administration fiscale peut être amenée à s'adresser à lui pour avoir accès à ses informations.

II. Les limites au secret de l'avocat

302. Le secret professionnel de l'avocat n'est pas absolu notamment lorsque celui-ci se heurte aux prérogatives de puissance publique de l'État en matière fiscale. De surcroît, il est soumis à des pressions contradictoires : d'un côté, la protection des informations inhérentes au contribuable ; de l'autre, l'accomplissement de ses propres obligations fiscales envers le fisc, amené à lui demander des informations en vertu de l'article L. 13-O A du LPF. (**A**). En outre, le secret professionnel de l'avocat peut être levé dans le cadre de la recherche d'infractions fiscales et pénales (**B**).

A. Les obligations fiscales de l'avocat

303. Dans sa fonction de recouvrement de l'impôt, l'administration fiscale est fondée, en vertu de l'article L. 13-0 A du Livre des procédures fiscales[5] à demander des informations aux « *personnes dépositaires du*

---

[1] Articles 2, 2 *bis* et 3 du Règlement Intérieur National de la profession d'avocat (RIN) et P.3.0.1 et P.3.0.2 [1ère partie - Règles connexes] du Règlement intérieur du barreau de Paris (RIBP). V. Piry (S.), « Du conseiller fiscal à l'avocat fiscaliste : la place de la déontologie de l'avocat », *Village Justice*, 17 novembre 2015.

[2] Conseil d'État, Ass., 12 mars 1982, n° 11413, *Conseil national de l'Ordre des médecins*, *Rec.* p. 109 ; *Dr. fisc.* 1982, n° 23, comm. 1225 ; *RJF* 5/82, n° 475.

[3] Article R. 197-4 du LPF.

[4] Civ. 1ère, 30 avril 2009, n° 08-13596.

[5] Cet article dispose que « *les agents de l'administration des impôts peuvent demander toutes informations relatives au montant, à la date et à la forme des*

secret professionnel » tel que l'avocat. Elle est en effet en droit d'accéder à « *toutes informations relatives au montant, à la date et à la forme des versements afférents aux recettes de toute nature* », à l'exception de celles relatives aux prestations fournies. Le Conseil d'État confirme le champ d'application de ce texte en jugeant que l'administration fiscale ne peut demander « *à la société requérante de produire tout élément permettant d'identifier les preneurs des prestations litigieuses*[1] ». Elle ne peut donc recueillir des données sur le contribuable permettant de l'identifier formellement. Toutefois, l'administration peut contrôler des factures susceptibles d'indiquer le nom précis de la personne à qui elles ont été adressées. Le Conseil d'État a par exemple, jugé qu'une convention d'honoraire nominative est utilisable dans le cadre d'une procédure d'imposition tant qu'elle ne transcrit pas les prestations réalisées[2]. Cette limite énoncée par la juridiction administrative concernant l'identification de cette personne n'est donc que relative. Le secret de l'avocat peut aussi être levé dans le cadre de la recherche d'infractions.

B. La levée du secret dans le cadre de la recherche d'infractions

304. La Chambre criminelle a eu l'occasion de donner son avis sur le caractère absolu du secret professionnel de l'avocat. Le 15 juin 2016, elle a ainsi considéré que le dossier de la procédure pénale ne peut contenir les

---

versements afférents aux recettes de toute nature perçues par les personnes dépositaires du secret professionnel en vertu des dispositions de l'article 226-13 du code pénal. Ils ne peuvent demander de renseignements sur la nature des prestations fournies par ces personnes ».

[1] Conseil d'État, 4 mai 2016, n° 387466, *Société Le Blevenec*, JurisData n° 2016 - 008772 ; *Dr. fisc.* 2016, comm. 385 ; *RJF* 7/16, n° 632, C 632, concl. Bretonneau (A.): En l'espèce, un cabinet d'avocat s'était vu retirer le bénéfice d'une exonération de taxe sur la valeur ajoutée (TVA), la comptabilité ayant révélé l'existence de prestations de services facturées à des clients établis aux Bermudes. La Cour administrative d'appel de Paris confirme le jugement du Tribunal administratif de Paris ayant rejeté les demandes du cabinet visant à annuler les rappels de TVA. Celui-ci a donc formé un pourvoi en cassation devant le Conseil d'État, qui a cassé l'arrêt de la juridiction d'appel : « *[E]n jugeant que le secret professionnel ne s'oppose pas à ce que l'administration fiscale demande à la société requérante de produire tout élément permettant d'identifier les preneurs des prestations litigieuses, alors que seuls des éléments relatifs à la domiciliation des entités ayant payé les prestations pouvaient, compte tenu des différences constatées avec les mentions figurant sur les factures, lui être demandés, la cour a entaché son arrêt d'une erreur de droit au regard des dispositions précitées du livre des procédures fiscales* ».

[2] Conseil d'État, 15 février 2016, n° 375667, JurisData n° 2016-003588 ; *Procédures* 2016, comm. 147, Ayrault (L.).

entretiens entre l'avocat et son client[1]. Cette interdiction ne vaut cependant pas si ces échanges prouvent une infraction de l'auxiliaire de justice[2]. Son secret ne peut donc, dans cette hypothèse, être opposé aux autorités judiciaires.

305. Dans un volet préventif, tous les professionnels visés par l'article L. 561-2 du Code monétaire et financier, dont l'avocat, sont tenus de se montrer vigilants à l'égard de leur client et du bénéficiaire effectif des opérations dès qu'ils entrent en relation d'affaires. C'est là un principe primordial qui fonde l'action du service de renseignement chargé de la lutte contre le blanchiment d'argent et le financement du terrorisme : TRACFIN[3]. La législation fiscale demande au professionnel de veiller aux intentions du client en matière de fraude fiscale et de blanchiment d'argent. Dans ce contexte, l'avocat doit s'abstenir d'effectuer toute opération dont la source de financement est illégale ; il risquerait alors une peine privative de liberté supérieure à un an. Il en est de même si les fonds sont liés au terrorisme[4]. Si l'avocat ne peut avoir aucune relation avec la cellule TRACFIN, il doit toutefois, en cas de soupçon sur une des opérations ou transactions prévues par le législateur, en référer à son bâtonnier, seul habilité, en sa qualité de filtre actif, à établir une déclaration à TRACFIN[5]. Ce dernier doit aussi faire

---

[1] Crim., 15 juin 2016, 15-86.043, *Bull. crim.* 2016, n° 186 ; JurisData n° 2016-011568 ; *JCP G* 2016, n° 14, doctr. 1086, Moret-Bailly (J.) ; CEDH, 16 juin 2016, n° 49176/11, *Versini-Campinchi et Crasnianski c/ France*, JurisData n° 2016-020706 ; *JCP G* 2016, act. 762, Rebut (D.) ; *RTDH* 2018, p. 179, note Morris (M.) ; *D.* 2016, p. 1852, note Raschel (E.) : La Cour juge que la retranscription d'une conversation téléphonique entre un avocat et son client ne viole pas l'article 8 de la Conv. EDH si cette conversation laisse présumer la participation de l'avocat à une infraction caractérisée.

[2] Crim., 27 juin 2001, n° 01-81865, *Bull. crim.* 2001, n° 163, p. 512: « *Si les pièces échangées entre l'avocat et ses clients sont couvertes par le secret professionnel aux termes de l'article 66-5 de la loi du 31 décembre 1971, il n'en demeure pas moins que le juge d'instruction tient des articles 96 et 97 du Code de Procédure Pénale le pouvoir de saisir de telles pièces lorsqu'elles sont de nature à établir la preuve de la participation de l'avocat à une infraction* ».

[3] Acronyme de « *Traitement du renseignement et action contre les circuits financiers clandestins* ».

[4] Article L. 561-15 alinéa 1 du Code monétaire et financier : « *Les personnes mentionnées à l'article L. 561-2 sont tenues, dans les conditions fixées par le présent chapitre, de déclarer au service mentionné à l'article L. 561-23 les sommes inscrites dans leurs livres ou les opérations portant sur des sommes dont elles savent, soupçonnent ou ont de bonnes raisons de soupçonner qu'elles proviennent d'une infraction passible d'une peine privative de liberté supérieure à un an ou sont liées au financement du terrorisme* ».

[5] Article 66-5 de la loi n° 71-1130 du 31 décembre 1971 portant réforme de certaines professions judiciaires et juridiques. Lire Michaud (P.), « Tracfin,

respecter la procédure prévue par l'article L. 561-3 du Code monétaire et financier qui impose à l'avocat de communiquer à TRACFIN la déclaration. De plus, il est nécessaire de mentionner que l'avocat est soumis à une obligation légale et déontologique de dissuader son client de commettre une opération douteuse, par conséquent, de refuser d'entrer en relations d'affaires avec lui. En cas d'échec, il doit se retirer du dossier pour ne pas déclarer un soupçon[1]. Participer à la prévention contre le blanchiment des capitaux et le financement du terrorisme est en effet une obligation des auxiliaires de justice[2].

306. Le 6 décembre 2012, face au risque d'atteinte au secret professionnel, la Cour de Strasbourg a estimé que « *telle que mise en œuvre en France et eu égard au but légitime poursuivi et à la particulière importance de celui-ci dans une société démocratique, l'obligation de déclaration de soupçon ne porte pas une atteinte disproportionnée au secret professionnel des avocats*[3] ». Le secret professionnel de l'avocat ne peut donc être un obstacle dans la lutte contre le blanchiment de capitaux issus d'activités illicites, susceptibles de financer des activités criminelles, notamment le trafic de stupéfiants ou le terrorisme international[4].

307. Le législateur établit seize cas de figure à déclarer obligatoirement pour suspicion de fraude fiscale à l'article D. 561-32-1 du Code monétaire et financier[5]. Le droit prévoit d'ailleurs la sanction disciplinaire de l'avocat qui n'effectue pas de déclaration de soupçon (article L. 561-36 du Code monétaire et financier) et s'il se rend coupable de blanchiment d'argent, il sera poursuivi pénalement[6].

308. En outre, dans un objectif préventif voire dissuassif de fraude et d'évasion fiscales, l'ordonnance n° 2019-1068 du 22 octobre 2019, prise sur le fondement de l'article 22 de la loi n° 2018-898 du 23 octobre 2018 relative à la lutte contre la fraude, – portant transposition de la directive (UE) 2018/822 du Conseil du 25 mai 2018, dite directive « DAC6 » (« *Directive on Administrative Cooperation n° 6* ») – a instauré l'échange automatique et obligatoire d'informations fiscales en rapport avec les dispositifs

---

blanchiment et fraude fiscale : les déclarations de soupçon », *Dr. fisc.* 2009, n° 40, étude 485.

[1] Article 1-5 « *Devoir de prudence* » du Réglement Intérieur National de la profession d'avocat.

[2] Article L. 561-17 du Code monétaire et financier.

[3] CEDH, 6 décembre 2012, n° 12323/11, *Patrick Michaud contre France,* JurisData n° 2012 -027926 ; *AJDA* 2013, p. 165 ; *D.* 2013, p. 284, chron. Burgorgue-Larsen (L.), note Defferrard (F.) ; *AJ pénal* 2013, p. 160, obs. Lasserre Capdeville (J.) ; *D. avocats* 2013, p. 8, obs. Dargent (L.).

[4] *Ibid.*

[5] Modifié par l'article 1 du décret n° 2020-119 du 12 février 2020.

[6] Crim., 9 novembre 1995, n° 94-84204, *Bull. Crim.* 1995, n° 346, p. 1003.

transfrontières devant faire l'objet d'une déclaration[1]. L'obligation déclarative concerne les intermédiaires fiscaux – dont font partie les avocats fiscalistes[2] – qui conçoivent et font la promotion, auprès de leurs clients, de dispositifs transfrontières d'optimisation fiscale agressive. Codifiée sous l'article 1649 AD du CGI, elle incombe notamment à l'avocat soumis en droit interne au secret professionnel dont la violation est prévue et réprimée par l'article 226-13 du Code pénal. La déclaration ne peut être souscrite qu'avec l'accord du contribuable concerné par l'opération. Dans cette perspective, le contribuable consent à la divulgation de ses informations et prend connaissance de celles qui seront transmises à l'administration fiscale. En l'absence d'accord, la déclaration doit être établie par un autre intermédiaire[3] mais s'il n'en existe pas, c'est le contribuable qui devra déclarer le dispositif à l'aide des renseignements communiqués par son avocat[4]. L'obligation déclarative constitue une atteinte au secret professionnel de l'avocat car celui-ci doit divulguer à l'administration, mais aussi à des tiers intermédiaires, toutes les informations relatives à l'identité du contribuable et au dispositif transfrontière. Même si l'accord de son client permet d'éviter d'éventuels litiges pour violation du secret, rappelons tout de même que « *le secret professionnel ne protège pas seulement le client ; le secret constitue plus largement une valeur déontologique, un intérêt collectif, protégeant la profession elle-même*[5] ». Or, dans le cadre de la recherche et de la lutte contre les infractions fiscales, force est de constater que son secret ne peut plus véritablement être opposé à l'administration fiscale. L'obligation déclarative qui lui incombe est, de plus, assortie de sanctions en cas de non respect de ses prescriptions. L'article 1729 C *ter* du CGI prévoit en effet qu'en cas d'omission ou de manquement dans la déclaration, l'intermédiaire ou le contribuable pourra être condamné à une amende allant jusqu'à 10.000 euros. En revanche, son montant ne peut excéder 5.000 euros s'il s'agit de la première infraction de l'année civile en

---

[1] V. *Infra* : Partie II, Chapitre II, Section I, § 1.

[2] Article 1649 AE : « *I.-1°) L'intermédiaire [...] est toute personne qui conçoit, commercialise ou organise un dispositif transfrontière devant faire l'objet d'une déclaration, le met à disposition aux fins de sa mise en œuvre ou en gère la mise en œuvre* ».

[3] Article 1649 AE 4°) (2e alinéa) du CGI : « *À défaut de cet accord, l'intermédiaire notifie à tout autre intermédiaire l'obligation déclarative qui lui incombe* ».

[4] Article 1649 AE 4°) (3e alinéa) du CGI : « *En l'absence d'autre intermédiaire, la notification d'obligation déclarative est adressée au contribuable concerné par le dispositif transfrontière. L'intermédiaire transmet également au contribuable concerné, le cas échéant, les informations nécessaires au respect de son obligation déclarative* ».

[5] Bénéjat (M.), « L'avocat fiscaliste et le droit pénal », *AJ pénal* 2020, p. 228.

cours et des trois ans précédents[1]. Précisons enfin qu'il n'existe aucune obligation pour un intermédiaire étranger à l'opération de dénoncer un dispositif transfrontière mis en œuvre mais non déclaré par un autre intermédiaire.

Conclusion de la Section I

309. La typologie des secrets en matière fiscale permet de mettre en évidence plusieurs types de secret que l'on peut ranger dans une première catégorie dédiée spécifiquement au droit fiscal : le secret des agents de l'administration fiscale et celui des avocats. Les uns mettent en application les normes d'imposition quand les autres s'assurent du respect des règles fiscales dans la relation avec leur client. Tous visent la protection des informations confidentielles du contribuable. Toutefois, face aux divers intérêts en présence, des exceptions aux secrets doivent être prévues. S'agissant du secret fiscal, celui-ci peut être levé à l'égard d'autorités administratives et juridictionnelles. De même, en matière judiciaire, l'article 36 de la loi n° 2018-898 du 23 octobre 2018, qui introduit l'article L. 142 A du LPF, prévoit une dérogation au secret des agents des services fiscaux à l'égard du procureur de la République. Concernant le secret professionnel des avocats, des exceptions sont prévues en matière fiscale : lorsqu'il s'agit par exemple pour l'administration fiscale d'accéder aux informations nécessaires à l'assiette, au contrôle et au recouvrement de l'impôt. Le secret de ces auxiliaires de justice peut également être levé dans le cadre de la lutte contre la fraude fiscale, le blanchiment d'argent et le financement du terrorisme. Toutefois, dans la recherche et la lutte contre ces infractions, il devient de moins en moins opposable à l'administration fiscale. En témoigne l'obligation instituée par l'ordonnance n° 2019-1068 du 22 octobre 2019 imposant à l'avocat, intermédiaire fiscal, de déclarer les dispositifs transfrontières qu'il conçoit et commercialise. Dans tous les cas, seul le législateur peut instituer des dérogations au secret professionnel. Hormis ces exceptions légales, l'agent des services fiscaux ou l'avocat qui divulgue des informations confidentielles peut encourir des sanctions civiles, pénales et disciplinaires.

---

[1] Bénéjat (M.), *ibid.*

Section II. Les secrets « hybrides » du droit fiscal

310. Notre étude permet de réunir, dans cette seconde catégorie, des secrets que l'on qualifie d'« hybrides », c'est-à-dire issus d'autres disciplines juridiques mais trouvant à s'appliquer en matière fiscale. Ils concernent les informations personnelles du contribuable, indispensables au calcul de l'assiette et dont la confidentialité doit être garantie. Il s'agit du secret bancaire (**§ 1**) et du secret des affaires (**§ 2**).

§ 1. Le secret bancaire en matière fiscale

311. Le secret bancaire consiste en l'obligation faite aux banques, à leurs organes, à leurs employés, ainsi qu'à certaines personnes en relation directe avec elles, de ne pas divulguer les informations privées et confidentielles issues des affaires économiques et personnelles de leurs clients parvenues à leur connaissance dans l'exercice de leurs missions[1]. Ce secret professionnel protège ainsi les clients des banques de l'intrusion d'un tiers dans leurs données privées[2], que ce soit l'État ou un organe étranger. La notion de secret bancaire recouvre deux concepts distincts et proches à la fois : un devoir civil de discrétion et l'obligation pour le banquier de respecter son secret professionnel. Le premier représente une obligation de nature civile, découlant du contrat qui unit ce dernier à son client et met en œuvre des règles de la responsabilité civile. Quant à l'obligation de respecter le secret professionnel, il s'agit d'une obligation légale reposant sur des textes législatifs notamment l'article 226-13 du Code pénal.

312. En droit français, la reconnaissance du secret bancaire est relativement récente[3]. En effet, c'est la loi n° 84-46 du 24 janvier 1984 sur l'activité et au contrôle des établissements de crédit, dite « loi bancaire », qui, par son article 57, le consacre expressément. La reconnaissance légale

---

[1] V. pour plus de précisions Aubert (M.), Kernen (J.-P.), Schönle (H.), *Le secret bancaire Suisse*, éd. Staempfli & Cie, 1976, 423 p., p. 27 et s.

[2] Quasi toutes les données détenues par les banques sont des données personnelles: celles qui concernent une personne identifiable directement ou indirectement (exemple : nom, date de naissance, adresse de domicile, empreinte digitale, numéro de téléphone, données de paiement, relevé de comptes...).

[3] Pour plus de précisions, lire Rappo (A.), *Le secret bancaire, sa portée dans le temps, dans l'espace et dans les groupes de sociétés,* Thèse de droit, Berne, éd. Staempfli ASR, 2002, 321 p. ; Kieffer (B.), Gregorius (P.), « Le secret bancaire luxembourgeois : *Sense and Sensibility* », *in* ouvrage collectif *Droit Bancaire et Financier au Luxembourg*, Anthemis et Larcier, 2014, Vol. II : Droit bancaire, 3584 p., pp. 997-1060.

du secret bancaire est à relativiser car la doctrine[1] comme la jurisprudence[2] l'admettaient déjà en se fondant sur l'article 378 de l'ancien Code pénal régissant le secret professionnel. Désormais, le secret bancaire est encadré par l'article L. 511-33 du Code monétaire et financier[3]. Il fait cependant l'objet de modifications régulières. Par exemple, des lois ont pris en compte des exceptions nouvelles, en 2008 et 2013 (respectivement loi n° 2008-776 sur la modernisation de l'économie et loi n° 2013-672 sur la séparation et la régulation des activités bancaires).

313. Jusqu'à la fin des années 1970, le secret bancaire s'est révélé être une forteresse inébranlable. Le détenteur d'un compte avait la quasi-certitude que son identité ne serait pas transmise à une autorité publique. Il pouvait également ne pas la transmettre à la banque s'il se faisait représenter par un avocat qui s'appuyait sur le secret professionnel (prête-nom). Cette dernière possibilité a perduré en Suisse jusqu'à la conclusion en 1977 d'une convention contraignant les banquiers à connaître l'identité réelle du titulaire d'un compte. Pourtant, ce n'est véritablement qu'au début au XXIe siècle que les politiques publiques ont commencé à prendre conscience que le caractère absolu de ce secret pouvait être un solide rempart face à la lutte contre la fraude et l'évasions fiscales, le blanchiment d'argent ou encore le financement d'activités illégales comme le terrorisme. Cela a alors justifié l'ingérence de l'État dans l'activité des institutions bancaires, conformément à sa puissance régalienne fiscale, puisque les fonds placés avaient majoritairement pour visée d'échapper aux finances publiques. Cette ingérence s'est dès lors, manifestée sous la forme d'une violation du secret professionnel des institutions bancaires. En matière fiscale, le secret bancaire a progressivement disparu, devenant ainsi définitivement inopposable à l'administration fiscale. Nous étudions le contexte historique dans lequel cette disparition est intervenue (**I**) avant d'en analyser les causes (**II**).

---

[1] Sacker (A.), *Du secret professionnel du banquier*, Thèse de droit, Paris, éd. Pichon (R.) et Durand-Auzias (R.), 1933, 116 p. ; Guphe (P.), « Le secret professionnel du banquier en droit français et en droit comparé », *RTDC*, 1948, p. 20 et s.

[2] Tribunal correctionnel de Pau, 23 octobre 1963, *Banque* 1964, p. 117, obs. Marin (X.) ; Tribunal correctionnel de Lure, 4 novembre 1970, *D.* 1971, p. 276, note Gaval (Ch.).

[3] Article L. 511-33 du Code monétaire et financier, alinéa 1 : « *Tout membre d'un conseil d'administration et, selon le cas, d'un conseil de surveillance et toute personne qui à un titre quelconque participe à la direction ou à la gestion d'un établissement de crédit ou d'un organisme mentionné au 5 de l'article L. 511-6 ou qui est employée par l'un de ceux-ci est tenu au secret professionnel* ».

I. Le contexte historique d'ingérence de l'État dans les informations bancaires confidentielles

314. Le secret bancaire est né de la relation de confiance entre le banquier et son client. Nous tenterons d'en établir les prémices (**A**), avant d'exposer les atteintes au secret bancaire commises à partir du XXe siècle, d'abord au niveau international (**B**), puis en droit français (**C**).

A. Les prémices du secret bancaire

315. Les premières traces du secret bancaire semblent apparaître dans le Code d'Hammourabi, le plus ancien recueil de lois connu (1750 avant J.-C.). Il y est gravé que le banquier ne peut divulguer les informations de son client. Néanmoins, en cas de conflit avec lui, son secret peut être levé[1]. Ainsi très tôt, nous constatons l'idée d'une moralisation des relations commerciales[2].

316. La profession de banquier existe depuis la fin du IVème siècle avant J.-C. À Rome, les premiers professionnels qui reçoivent des dépôts et en prêtent une partie apparaissent au forum vers 318-310 avant J.C. Les banquiers étaient ceux habilités et autorisés à procéder à une ouverture de compte, appelé *ratio*[3]. Après avoir achevé leur apprentissage, ils travaillaient dans une boutique tout en respectant le règlement de leur profession et les obligations relatives au respect des heures de travail.

317. L'apparition du secret bancaire proviendrait de la révocation en 1685 de l'édit de Nantes qui accordait la liberté de culte aux protestants[4]. En effet, une fois le texte révoqué par Louis XIV, 200.000 à 300.000 d'entre eux, dont

---

[1] Mattout (J.-P.), « Le secret bancaire dans l'ordre international », *Droit international privé : travaux du Comité français de droit international privé*, 15e année, 2004, pp. 175-193, p. 176.

[2] Raymond (G.), « Les techniques de vente au consommateur », *in La vente éclatée : la diversité des régimes juridiques dans les ventes de marchandises,* colloque de Deauville, 7-8 juin 1997 organisé par l'Association Droit et commerce, *RJ com.,* Ancien journal des agréés (Paris), novembre 1997, 183 p., p. 56 et s.

[3] Lire pour plus de précisions : Andreau (J), *Banque et affaires dans le monde romain*, Paris, Seuil, 2001, 336 p.

[4] Durant l'Ancien Régime, le secret bancaire n'est pas mentionné explicitement dans la législation mais son existence est établie avec plus ou moins de clarté. Selon une recommandation française du XVe siècle, il est prudent, pour un banquier, de taire ses affaires professionnelles à sa famille et de rester discret quant à ses activités. Lire Chavagneux (C.), « Secret bancaire : une légende helvétique », *Alternatives économiques*, n° 1, janvier, 2001.

plusieurs milliers d'artisans et de commerçants aisés, s'exilèrent en Suisse[1]. L'économie française en fut lourdement touchée. Alors, pour pallier les dépenses de l'État, le roi dut emprunter de l'argent aux banques suisses, tout en requérant leur discrétion. Reconnaissant l'utilité du secret dans les transactions bancaires, les autorités suisses l'ont consacré en 1713. Il interdit formellement aux banquiers de divulguer les informations à toute autre personne que le client[2]. Il sera ensuite officiellement inscrit dans la législation du pays en 1934, à l'article 47 de la loi fédérale suisse sur les banques et les caisses d'épargne. Toutefois, cette disposition ne définit pas le secret bancaire et n'en marque pas non plus la création car il existait auparavant, mais uniquement en droit civil, au sein des articles 27 et 28 du Code civil suisse qui garantissent la protection des droits de la personnalité, notamment le droit au respect de la vie privée et de la sphère intime[3].

318. La pratique a ainsi longtemps perduré, servant un double intérêt : celui des clients qui se voyaient garantir une confidentialité totale et intangible de leurs informations bancaires, et celui des banquiers, qui contribuaient à faire fructifier une économie attirant d'importants capitaux. Les diverses pressions exercées par les États comme la France ou l'Allemagne afin de contraindre la Suisse à lever son secret bancaire[4], au début du XXe siècle n'ont eu pour effet que de le renforcer en instaurant des sanctions pénales à l'encontre de banquiers qui divulgueraient des informations confidentielles[5]. Ce n'est véritablement qu'avec le développement du réseau des conventions fiscales que les premières et

---

[1] Schindler (M.), « Secret bancaire : la fin d'un tabou suisse », *Le Monde*, 21 février 2010.

[2] Le Grand Conseil Genevois adopte en 1713 une réglementation de l'activité des banques qui dispose que les banquiers doivent « *tenir un registre de leur clientèle et de leurs opérations, mais il leur est interdit de divulguer ces informations à quiconque autre que le client concerné, sauf accord exprès du Conseil de la Ville* ».

[3] Rappo (A.), Kieffer (B.), Lasserre Capdeville (J.), « Le secret bancaire : approches française, suisse et luxembourgeoise », *RD banc. fin.*, janvier 2014, n° 1, Table ronde, pp. 99-104.

[4] Notamment à la suite du krach boursier de 1929, de la récession qui a suivi, de la montée du fascisme et de la gauche radicale en Europe.

[5] Le secret bancaire, inscrit à l'article 47 de la loi fédérale sur les banques et les caisses, entré en vigueur le 8 novembre 1934 et révisé depuis, prévoit une peine privative de liberté de trois ans au plus en cas de violation volontaire du secret bancaire et une amende maximale de 250.000 CHF si la violation du secret bancaire a été commise par négligence à l'encontre de celui qui, intentionnellement : « *a - en sa qualité d'organe, d'employé, de mandataire ou de liquidateur d'une banque, ou encore d'organe ou d'employé d'une société d'audit, révèle un secret à lui confié ou dont il a eu connaissance en raison de sa charge ou de son emploi ; b - incite autrui à violer le secret professionnel ; c - révèle un secret qui lui a été confié au sens de la lettre « a » ou exploite ce secret à son profit ou au profit d'un tiers* ».

principales atteintes au secret bancaire ont été opérées. Elles ont été motivées par la répression d'infractions fiscales et pénales, pour éviter les phénomènes de double ou de non impositions ou encore pour lutter contre l'érosion des bases taxables et le transfert de bénéfices.

B. Les principales atteintes au secret bancaire commises par les États, du XXe siècle à nos jours

319. C'est à la sortie de la Première Guerre mondiale, et notamment en raison de l'accroissement des dépenses publiques occasionné par le conflit et la reconstruction, que la question de l'évasion fiscale a véritablement acquis une place de premier ordre dans l'agenda politique des grands pays européens[1]. En effet, l'augmentation exponentielle de la charge d'imposition directe a entraîné une importante fuite de capitaux vers des pays à fiscalité avantageuse assurant l'inviolabilité du secret bancaire. De nombreuses sanctions et mesures de contrôle unilatérales ont alors été instaurées contre la fraude et l'évasion fiscales, cependant il apparaît rapidement que seule une collaboration entre les administrations fiscales serait efficace afin d'atteindre les avoirs exportés. En ce sens, l'organisation économique et financière (OEF) de la SDN a servi de tribune aux représentants des administrations françaises et belges pour tenter de stimuler de multiples démarches sur l'évasion fiscale[2].

320. Tout d'abord, ces derniers ont réfléchi à des solutions contre la double imposition et l'évasion fiscale, puis visant à assouplir la portée du secret bancaire[3]. Quelques accords bilatéraux prévoyant une collaboration pour fixer l'assiette globale d'imposition ont été signés, dans ce contexte, par l'Allemagne, l'Italie et des pays d'Europe centrale. De juin 1923 à février 1925, la France, les États-Unis et la Suède vont également conclure des conventions bilatérales (Suède-France ; États-Unis-Suède ; France-États-Unis) ayant pour objet, pour la première fois de l'histoire du droit fiscal international, des échanges automatiques de renseignements fiscaux sur les

---

[1] Farquet (C.), « Lutte contre l'évasion fiscale : l'échec de la SDN durant l'entre-deux-guerres », *L'Économie politique*, 2009/4, n° 44, pp. 93-112.

[2] Farquet (C.), *Expertise et négociations fiscales à la Société des Nations, Relations internationales, 1923-1939*, PUF, 2010, 142 p., pp. 5-21 : Une commission d'experts composée des hauts fonctionnaires des principales administrations fiscales européennes est chargée, dès 1923, d'entreprendre des discussions sur la double imposition et l'évasion fiscale.

[3] V. notamment Marcus (E.), « Le projet de l'OCDE de lutte contre l'optimisation fiscale des multinationales – BEPS », *RFFP*, 1er novembre 2015, n° 132, p. 233 : La Société des Nations avait déjà engagé à partir de 1921 des travaux sur la répartition des droits d'imposer, qui ont conduit notamment à un rapport d'économistes sur la double imposition en 1923 et à un projet de convention en 1927.

valeurs mobilières et les dépôts bancaires. Afin d'aider les pouvoirs publics à éviter la double imposition et empêcher l'évasion et la fraude fiscales, le Comité des Affaires fiscales de l'OCDE a publié, en 1963, la première version de son modèle de convention fiscale concernant le revenu et la fortune sous forme de projet commenté[1]. Les années qui ont suivi, le Comité a recueilli des propositions de modifications à la fois techniques et sur le fond[2]. En 1977, il a estimé que suffisamment de données avaient été réunies pour justifier une révision complète ; il a ainsi publié un nouveau modèle de convention fiscale utilisé majoritairement par les États jusqu'à notre époque[3].

321. Par ailleurs, un modèle de directive sur la fiscalité des revenus[4] est proposé en 1998, par le commissaire aux services financiers d'alors : Mario Monti. Adopté le 20 juin 2000, il reprend les propositions du G7 en matière d'échange automatique d'informations fiscales. En Europe, les pays qui maintiennent une forte tradition du secret bancaire (Suisse, Luxembourg, Autriche…) ont obtenu de leurs partenaires européens une phase de transition afin de négocier l'extension du dispositif d'échange d'informations aux autres États membres et aux principales places financières que sont les États Unis et la Suisse. Toutefois, les États Unis ont très vite rejeté l'idée de négociation. La mise en œuvre de la directive a quant à elle été freinée par le binôme helvético-luxembourgeois, favorable à

---

[1] Le texte de 1963 synthétisait essentiellement quatre versions antérieures, dont la première avait été publiée en 1958. C'est pourquoi le 1er juillet 1958 est considéré comme la date de naissance du Modèle de l'OCDE.

[2] Lire également « Conventions fiscales internationales – Convention modèle OCDE – 1° Principe d'un modèle de convention « révisable » », *Dr. fisc.* 1994, n° 26.

[3] Les travaux de la Société des Nations (SND) ont été repris par l'Organisation de Coopération et de Développement Economiques (OCDE) et par l'Organisation des Nations unies (ONU), qui ont respectivement publié les premières versions de leurs modèles de convention fiscale en 1963 et en 1980. Le premier d'entre eux est issu de négociations entre les États membres de l'OCDE tandis que le second est rédigé par un groupe international d'experts dont une partie des membres est désignée par les pays en développement (PED) soucieux de s'assurer que leurs intérêts fiscaux et économiques soient pris en compte. Pour plus de précisions, lire Gutmann (D.), « Les instruments non fiscaux de lutte contre l'évasion fiscale », *RFFP*, 1er avril 2010, n° 110, p. 57.

[4] Directive 2003/48/CE du Conseil du 3 juin 2003 en matière de fiscalité des revenus de l'épargne sous forme de paiements d'intérêts : Les intérêts de l'épargne perçus par des personnes physiques dans un État membre de l'UE et qui ont leur résidence fiscale dans un autre État membre sont imposés conformément aux dispositions législatives de ce dernier État.

la défense du secret bancaire notamment pour des raisons économiques[1]. La directive finira cependant par entrer en vigueur en 2003.

322. Outre-Atlantique, les États Unis mettent en œuvre leur propre système fiscal visant à récupérer les sommes non déclarées des contribuables américains à l'étranger. Ils instaurent alors en 2001 le principe dit de « l'intermédiaire qualifié » (« *qualified intermediary* ») qui contraint les banques à verser à l'ISR (*Internal Revenue Service*, l'administration fiscale fédérale américaine) une retenue d'impôts due par les déposants américains[2]. Les contribuables américains sont donc contraints de se faire identifier par le fisc.

323. Une autre mesure marquante aux États Unis a aidé l'Europe à accélérer la mise en œuvre d'une politique commune en matière d'échange d'informations fiscales : la « loi FATCA »[3] adoptée en 2010, a institué des obligations déclaratives à l'égard des établissements financiers à l'étranger. Ils doivent désormais déclarer les comptes détenus par des citoyens américains sous peine de se voir appliquer une retenue à la source de 30 %. La loi FATCA étend également le champ d'action de l'administration fiscale américaine aux institutions financières étrangères implantées aux États-Unis[4]. En cas de non respect de ces obligations, elles encourent l'interdiction d'y exercer leur activité. Cette disposition draconienne, employée par l'administration fiscale américaine (IRS), a poussé l'Europe à mettre en place un système d'échange d'informations similaire.

324. Plusieurs raisons ont pu également expliquer le déclin du secret bancaire en matière fiscale notamment divers éléments d'ordre international annonçant sa fin. Outre la loi FATCA aux États-Unis, le Royaume-Uni et la Suisse ont conclu l'accord « *Rubik*[5] », entré en vigueur le 1er janvier 2013, qui consistait pour la Suisse à verser un impôt libératoire à l'administration fiscale britannique. En contrepartie, celle-ci s'engageait à ne pas traquer ses résidents détenant des avoirs dans les banques helvétiques et dont l'identité

---

[1] Genier (Y.), *La fin du secret,* Lausanne, éd. Presses polytechniques et universitaires romandes, 2014, 143 p., p. 27.

[2] Genier (Y.), *ibid.*

[3] Le *Foreign Account Tax Compliance Act* qu'on peut traduire en français par « loi sur la conformité fiscale des comptes étrangers » a été adopté dans le cadre de la loi du Congrès *Hiring Incentives to Restore Employment Act* signée par le président Barack Obama le 18 mars 2010. Son entrée en vigueur, initialement prévue le 1er janvier 2013, fut repoussée une première fois au 1er janvier 2014. En juillet 2013, elle fut reportée au 1er juillet 2014 et fut finalement appliquée.

[4] Hautin (D.) et Ben Chaabane (M.), « Les conséquences de la chute du secret bancaire en matière fiscale », *RFE*, n° 4, juin 2014, pp. 23-30, p. 25.

[5] Protocole portant modification de l'accord entre la Confédération suisse et le Royaume-Uni de Grande Bretagne et d'Irlande du Nord concernant la coopération en matière de fiscalité.

était toujours gardée secrète[1]. Cet accord, dont le but était essentiellement économique, devait permettre à la Suisse de conserver son secret bancaire et, au Trésor britannique, de récupérer entre 4 et 7 milliards de livres sterling, mais les statistiques de l'administration fiscale suisse font état de 796,7 millions d'euros[2]. L'accord « *Rubik* » n'a donc pas obtenu l'effet économique escompté[3]. Son instauration a eu peine à se généraliser en Europe car les gouvernements allemand et français ont toujours manifesté une opposition non équivoque[4]. De plus, les pressions exercées par le G20 et l'OCDE ont accentué la volonté de mettre fin au secret bancaire en matière fiscale. La liste « grise » des paradis fiscaux établie par l'OCDE a établi un statut de *persona non grata* à la Suisse en matière d'entraide fiscale entre les administrations européennes[5]. En France, toutefois, des dispositions légales représentaient déjà des atteintes au secret bancaire, notamment en ce qui concerne les prérogatives de puissance publique de l'administration fiscale.

C. L'ingérence de l'État français dans le secret bancaire : le droit de communication de l'administration fiscale

325. Parmi les prérogatives de l'administration fiscale française, figure le droit de communication. Inscrit à l'article L. 83 du LPF, il autorise l'administration fiscale à prendre connaissance de documents confidentiels détenus par certaines personnes en particulier. Or, ce droit fait exception à l'application du secret bancaire[6]. Il impose en effet aux établissements de crédit de communiquer à l'administration certaines informations. Ainsi, la banque qui s'opposerait à une telle communication risque des sanctions aux termes de l'article L. 96 du LPF. Toutefois, le droit de communication n'est pas absolu, car, d'une part, il ne bénéficie qu'à certaines personnes, expressément habilitées à l'exercer ; et d'autre part, l'article L. 83 précité ne prévoit la communication que de « *documents de service* » concernant entre autres, des correspondances, des fiches d'ouverture de compte, des différentes procurations données par les clients à des tiers ou encore des dossiers de clientèle.

326. En outre, pour aider l'administration à agir sur les activités bancaires et financières qui se développent, le législateur français a étendu ses

---

[1] Hautin (D.) et Ben Chaabane (M.), *op. cit.*, p. 23.

[2] *Office of Budget Responsibility :* administration fédérale des contributions (Confédération suisse).

[3] Hautin (D.) et Ben Chaabane (M.), *op. cit.*, p. 24.

[4] Hautin (D.) et Ben Chaabane (M.), *ibid.*

[5] Hautin (D.) et Ben Chaabane (M.), *ibid.*

[6] V. Conseil d'État, 22 décembre 1982, n° 21475, *Dr. fisc.* 1983, n° 41, comm. 1888, concl. Schricke ; *RJF* 2/83, n° 163.

pouvoirs. Le droit de communication général, évoqué précédemment, a également été complété par diverses dispositions légales imposant au banquier des déclarations tout aussi dérogatoires au secret bancaire. En ce sens, plusieurs hypothèses ont été prévues par la loi, qu'elles soient réalisées par le banquier de manière spontanée (ouverture de compte, clôture de compte, décès du client...) ou sur demande de l'administration (délivrance de formules de chèques non barrées, transfert de sommes à l'étranger...). Le secret bancaire connaît ainsi de nombreuses exceptions. Toutefois, ce n'est véritablement qu'avec l'action de l'OCDE que va être actée définitivement la fin de son opposabilité à l'égard de l'administration fiscale.

II. Le principe d'inopposabilité du secret bancaire à l'administration fiscale

327. Le motif le plus important d'atteinte par les États au secret bancaire est la recherche des infractions. Sur le plan juridique, il est apparu nécessaire de se représenter autrement le secret bancaire. L'excessive opacité des informations bancaires risquait en effet d'accentuer des phénomènes mondiaux, tels que la fraude et l'évasion fiscales ou encore le blanchiment qui peut favoriser le crime organisé et le terrorisme, alors même que la transparence en matière fiscale est de plus en plus recommandée. Celle-ci tend aujourd'hui à devenir « *[...] un principe fondamental du droit bancaire. Seul un besoin renforcé de protection de la société peut justifier cette érosion du droit bancaire. Ce besoin se fait sentir dès lors que des soupçons existent sur des activités de blanchiment d'argent, de financement du terrorisme, ou plus récemment de fraude fiscale*[1] ». Ces changements ont par ailleurs pour objectif de permettre aux États de recouvrer leurs créances publiques et de rétablir une certaine égalité entre les contribuables devant l'impôt.

328. C'est justement dans cette optique que s'inscrit l'échange automatique d'informations (dite encore de déclaration ou *Reporting* pays par pays ou *Common reporting standard* ou obligation de *Reporting*). La nouvelle norme commune élaborée par l'OCDE en 2014, prévoit l'échange automatique et annuel de renseignements entre institutions financières et administrations fiscales d'États signataires du dispositif, concernant des personnes – physiques ou morales – détenant des comptes financiers hors de leurs pays de résidence fiscale. L'adoption de cette mesure à l'échelle internationale met désormais fin au secret bancaire en matière fiscale. Toutefois, l'objectif recherché pourrait provoquer un déséquilibre entre

[1] Kleiner (C.), « Les droits de l'homme et le secret bancaire : opposition ou subsomption ? » *JDI* (Clunet) n° 4, octobre 2014, doctr. 15.

pouvoirs de l'administration française et garanties des droits des contribuables. Si le secret bancaire, en sa composante fiscale, constitue un paravent à un certain nombre d'opérations illicites, il est bon de se rappeler sa fonction première : la protection des personnes visées par des informations confidentielles. Nous verrons quels acteurs de la scène internationale et européenne ont entériné l'inopposabilité du secret bancaire à l'administration fiscale dans un contexte politique tourné de plus en plus vers un impératif de transparence en matière fiscale (**A**), puis nous détaillerons les modalités d'application de l'échange automatique d'informations bancaires, une mesure fiscale internationale qui finalement enterré le secret bancaire (**B**).

A. Le rôle des institutions et organisations internationales dans la redéfinition du champ d'application du secret bancaire

329. Nous analyserons le rôle des organismes ayant contribué à limiter la portée du secret (**1**). Sur ce chapitre, l'OCDE nous intéressera donc plus particulièrement (**2**).

1. Les organismes luttant contre le financement du terrorisme et le blanchiment d'argent

330. La lutte anti-blanchiment se heurte inévitablement au secret bancaire. C'est de cette constatation qu'est né le Groupe d'action financière (GAFI). Cet organe intergouvernemental indépendant et créé en 1990, a élaboré quarante recommandations à l'adresse des États pour mettre fin au blanchiment d'argent. Même si ces préconisations ne disposent d'aucune force contraignante, elles ont fortement inspiré les législations des États sur le dispositif tant répressif que préventif[1]. Par exemple, dans sa vingtième recommandation, le GAFI suggérait aux États d'obliger leurs institutions à établir une déclaration à la cellule de renseignements financiers lorsqu'elles « *suspectent ou ont des motifs raisonnables de suspecter, que des fonds sont le produit d'une activité criminelle ou ont un rapport avec le terrorisme* ». Le Code monétaire et financier renferme cette disposition à l'article L. 561-15. Quant à l'article L. 561-2, il contraint de signaler au TRACFIN le rapport réel ou supposé avec le financement du terrorisme. De même, aux États-Unis, le BSA[2] exige que tout employé suspectant un client de se livrer

[1] Pour plus de précisions, lire également Pereira (B.), « Blanchiment, soupçon et sécurité financière », *RIDE*, T. XXV, n° 1, 2011, pp. 43-73.

[2] *Bank Secrecy Act* de 1970 : il s'agit des premières lois adoptées aux États Unis pour lutter contre le blanchiment d'argent. La BSA exige que les entreprises tiennent des registres et déposent des rapports précis en matière pénale, fiscale et

à des activités de blanchiment, remplisse un « *suspicious activity report*[1] » pour toute transaction supérieure à 5.000 dollars.

331. Une telle déclaration est nécessairement faite en violation du secret bancaire, c'est la raison pour laquelle les législations ont prévu des mécanismes d'exemption pour protéger les opérateurs divulguant ce type d'informations. Ainsi, l'article L. 561-22 du Code monétaire et financier offre une immunité civile, administrative et disciplinaire aux personnes ayant effectué une déclaration de bonne foi. Dès lors, aucune poursuite ne pourra être intentée sur le fondement d'une violation du secret professionnel. Le titre 31 du *United State Code* (équivalent du Code monétaire et financier aux États Unis) au paragraphe 5318 exonère de toute responsabilité (fédérale et étatique), l'institution ou la personne qui dévoile l'activité suspecte. En France, le TRACFIN a conclu de nombreux accords (entre services de renseignement financier) avec ses homologues notamment australien (AUSTRAC), canadien (FINTRAC/CANAFE) et chinois (CAMLMAC). Aux déclarations de soupçon à TRACFIN en cas de doute sur l'origine des fonds, s'ajoute un accord européen pour limiter la portée du secret bancaire[2]. En octobre 2014, les ministres des Finances de l'Union européenne sont en effet convenus d'appliquer un texte s'inspirant des normes de l'OCDE sur le principe de l'échange automatique d'informations pour tous les revenus financiers[3].

---

réglementaire. Ces documents sont particulièrement utilisés par les organismes d'application de la loi, nationaux et internationaux pour identifier, détecter et dissuader le blanchiment d'argent dans le cadre d'une entreprise criminelle, de terrorisme, d'évasion fiscale ou d'une autre activité illégale.

[1] Article 12 du Code des règlements fédéraux américains sous le : § 21.11 intitulé « *Suspicious Activity Report* ». (Code of Federal Regulations « CFR 21.11 ») "(a) *Purpose and scope. This section ensures that national banks file a Suspicious Activity Report when they detect a known or suspected violation of Federal law or a suspicious transaction related to a money laundering activity or a violation of the Bank Secrecy Act. This section applies to all national banks as well as any Federal branches and agencies of foreign banks licensed or chartered by the OCC*".

[2] Article L. 561-2 du Code monétaire et financier. Si le banquier doit s'abstenir de divulguer un secret, il est parfois contraint de le révéler sous certaines conditions.

[3] V. OCDE, « Forum mondial sur la transparence et l'échange de renseignements à des fins fiscales : France 2018 (Deuxième cycle) », *Rapport d'examen par les pairs sur la demande d'échange de renseignements,* éd. OCDE, Paris, avril 2018, 128 p., pp. 85-100.

2. Le rôle actif de l'OCDE dans la redéfinition du champ d'application du secret bancaire

332. L'OCDE a lancé une véritable compagne contre le secret bancaire. Le 18 avril 2002, elle a rédigé un modèle de convention avec les paradis fiscaux qui prévoit en son article 26, l'échange de renseignement entre administrations fiscales nationales afin de lutter plus efficacement contre les infractions fiscales[1].

333. Assurément innovantes et remarquables, les quinze propositions formulées par l'OCDE en 2012[2] composent un plan d'action contre l'érosion des bases d'imposition et les prix de transfert (BEPS[3])[4]. Dans le cadre de son élaboration, l'OCDE et des groupes de travail s'efforcent d'éliminer les effets négatifs du secret. C'est le cas du Forum mondial qui poursuit les

---

[1] Voici le texte, modifié en 2005, de l'article 26, § 5 : « *En aucun cas les dispositions du paragraphe 3 ne peuvent être interprétées comme permettant à un État contractant de refuser de communiquer des renseignements uniquement parce que ceux-ci sont détenus par une banque, un autre établissement financier, un mandataire ou une personne agissant en tant qu'agent ou fiduciaire ou parce que ces renseignements se rattachent aux droits de propriété d'une personne* ».

[2] Plus précisément, l'initiative du projet BEPS (*Base Erosion and Profit Shifting*), le projet de lutte contre l'érosion de la base imposable et le transfert des bénéfices, est né lors du sommet du G20 de juin 2012, à la suite duquel l'OCDE a publié un rapport prévoyant l'élaboration d'un plan d'action de portée mondiale pour lutter contre l'érosion de la base d'imposition et le transfert de bénéfices. Ce document s'alarme que le manque à gagner imputable aux pratiques de BEPS soit estimé entre 4 % et 10 % du montant des recettes tirées de l'impôt sur les bénéfices des sociétés au niveau mondial, soit 100 à 240 milliards de dollars par an (OCDE, *Exposé des actions 2015, Projet OCDE/G20 sur l'érosion de la base d'imposition et le transfert de bénéfices* : éd. OCDE, 2015, § 2.)

[3] *Base Erosion and Profit Shifting.*

[4] L'envergure du projet est colossale : les pays de l'OCDE et du G20 le suivent, et d'autres encore, dont le nombre va croissant, de telle sorte que soixante pays et organisations fiscales et régionales participent aux travaux techniques : Afrique du Sud, Albanie, Allemagne, Arabie saoudite, Argentine, Australie, Autriche, Azerbaïdjan, Bangladesh, Belgique, Brésil, Canada, Chili, Chine, Colombie, Corée du Sud, Costa Rica, Croatie, Danemark, Espagne, Estonie, États-Unis, Finlande, France, Géorgie, Grèce, Hongrie, Inde, Indonésie, Irlande, Islande, Israël, Italie, Jamaïque, Japon, Kenya, Lettonie, Lituanie, Luxembourg, Malaisie, Maroc, Mexique, Nigéria, Norvège, Nouvelle Zélande, Pays-Bas, Pérou, Philippines, Pologne, Portugal, République tchèque, Royaume-Uni, Russie, Sénégal, Singapour, Slovaquie, Slovénie, Suède, Suisse, Tunisie, Turquie et Vietnam. En parallèle, un grand nombre d'autres pays ont pris part à l'orientation des travaux du Projet BEPS de l'OCDE et du G20 par l'intermédiaire de structures d'échange à l'échelon régional.

réflexions menées au début des années 2000 sur les risques de conformité fiscale posés par les paradis fiscaux. Il s'attache à promouvoir la transparence fiscale internationale, à mettre fin au secret bancaire et à protéger les finances publiques en luttant contre la fraude fiscale. Créateur de normes internationales relatives à la transparence fiscale, le Forum mondial, par l'intermédiaire de ses cent soixante-trois membres, s'assure de leur application.

334. Ce sont des pays de l'OCDE qui ont créé cette structure. Ils mettent en commun les informations de nature fiscale dont ils disposent pour lutter contre l'opacité dans ce domaine. Avec l'Union européenne, ils œuvrent activement en ce sens, en se référant notamment au projet BEPS. C'est dans le cadre de ce projet que l'OCDE et le G20 ont pris l'initiative d'adopter la Norme commune de déclaration, approuvée en février 2014 par les ministres des finances et les gouverneurs de banques centrales des pays du G20. Cette mesure que quatre-vingt-dix-sept pays se sont engagés en 2016 à faire appliquer et à transcrire dans leur droit, prévoit désormais l'échange automatique de renseignements bancaires et fiscaux entre États.

B. Les modalités d'application de la Norme commune de déclaration

335. Nous verrons quelles informations présentant un intérêt fiscal sont soumises au *reporting* (**1**). Nous exposerons ensuite la mise en œuvre de cette norme (**2**) avant de montrer les dérives qu'engendrerait une moindre portée du secret bancaire. (**3**).

1. Les informations bancaires soumises à l'obligation de *reporting*

336. Les institutions financières[1] ont l'obligation de dévoiler à leurs autorités fiscales des informations bancaires présentant un intérêt fiscal, c'est-à-dire permettant de calculer la base imposable. Parmi elles, nous retrouvons les noms, adresse et numéro d'identification fiscale (NIF) du titulaire du compte, les avoirs des comptes de leurs nombreux clients étrangers. À cela s'ajoutent pour les personnes physiques : la date et le lieu de naissance (pour les personnes morales : date de création et siège social) ;

[1] Les institutions financières soumises à l'obligation déclarative comprennent non seulement les banques et établissements gérant des dépôts de titres, mais aussi les courtiers, les sociétés d'assurance et des organismes de placement collectif. Sont notamment dispensés d'obligation déclarative les banques centrales, les caisses de retraite, les fonds de pension publics, ou encore les organismes de placement collectif publics. Il appartient à l'État signataire de l'accord multilatéral de contrôler le respect de ces obligations.

le numéro du compte bancaire ou du contrat d'assurance-vie[1] ; les comptes bancaires *offshore*[2] ou *onshore*[3] ; le nom et le numéro d'identification de l'institution financière déclarante ; les revenus financiers produits par les actifs détenus sur le compte (intérêts, dividendes). Un compte non déclaré à l'administration fiscale entraîne contrôles fiscaux et amendes suivant les procédures fiscales de droit interne. La Norme commune de déclaration décrit comment les informations seront déterminées et partagées afin que chaque État puisse gérer leur flux[4], ce qui constitue une amélioration considérable par rapport aux TIEA[5].

2. L'application de la Norme commune de déclaration : une mise au diapason internationale

337. L'entrée en vigueur des premiers accords d'échanges automatiques d'informations entre États a été fixée au 30 septembre 2017. La Norme commune de déclaration (NCD) indique quelles informations sont mises en commun. Les responsables qui en assurent le traitement sont nommés dans la convention multilatérale concernant l'assistance administrative mutuelle. Une centaine de pays se sont ainsi engagés à échanger des informations sur

---

[1] Bouchet (F.), « Nouvelles dérogations au secret professionnel de l'Administration aux fins de recherche des bénéficiaires de comptes bancaires et de contrats de capitalisation ou d'assurance-vie », *Dr. fisc.* 2014, n° 30, comm. 468.

[2] Il s'agit d'un compte bancaire ouvert dans un pays étranger à la fiscalité avantageuse (à faible imposition ou il n'existe pas de fiscalité). À titre de précision, une société *offshore* n'a aucune activité dans le paradis fiscal dans lequel elle est immatriculée. Ce qui n'est pas le cas d'une société *onshore* qui peut réaliser des ventes ou des achats dans le pays de son immatriculation. Cette distinction a son importance car une société *offshore* ne devient imposable que si elle y exerce effectivement une activité. La société *onshore* a quant à elle, l'obligation de tenir une comptabilité dans le pays d'accueil et de déposer annuellement une liasse fiscale. Elle est imposée sur la base du bénéfice réalisé à l'impôt sur les sociétés au taux en vigueur dans le pays d'accueil.

[3] Un compte *onshore* est un compte ouvert par une personne qui exerce une activité économique dans un pays à fiscalité avantageuse.

[4] L'article 6 de la Convention multilatérale concernant l'assistance administrative mutuelle en matière fiscale indique quelles informations sont mises en commun et dans quelles circonstances. Lire Hamadi (H.), « L'accord multilatéral concernant l'échange automatique de renseignements relatifs aux comptes financiers – Un accord atypique marquant un pas décisif vers la fin du secret bancaire », *Dr. fisc.* 2015, n° 3, p. 49.

[5] Un accord sur l'échange de renseignements en matière fiscale (*Tax Information Exchange Agreements*) est mis en place par l'OCDE. Il complète les conventions de double imposition (DTA, *Double Taxation Avoidance agreement*) qui ne comportaient pas de clause concernant l'échange d'information.

les comptes bancaires de leurs ressortissants au plus tard en 2018[1]. Nous expliquerons la procédure mise en place, dans le cadre de la NCD (**a**) ainsi que sa mise en œuvre en droit français (**b**).

a. La procédure de la NCD

338. Concrètement, « l'agent payeur », l'établissement financier, recueille les informations concernant le contribuable puis communique à l'administration fiscale l'identité des contribuables non résidents, ainsi que les paiements effectués en leur faveur. Ensuite, l'administration fiscale vérifie et regroupe les informations en fonction du pays de destination. Elles sont alors automatiquement transmises à l'administration fiscale du pays dans lequel réside le contribuable. Si un contribuable détient un compte bancaire dans la juridiction d'un État signataire de l'échange automatique d'informations, celle-ci fera automatiquement un rapport sur son compte bancaire à la juridiction dans laquelle il réside.

339. D'abord, la norme oblige les institutions financières des pays signataires d'un accord d'échange automatique d'informations à relever le nom des titulaires et des bénéficiaires de comptes bancaires des résidents fiscaux étrangers, de même que leur numéro de compte (son solde, les intérêts acquis ainsi que les produits bruts de cession de valeurs mobilières), leurs coordonnées et leur numéro de passeport. Cette transmission s'effectue annuellement. Ensuite, l'administration fiscale ayant recueilli ces informations les envoie à son homologue étranger. En principe, la juridiction qui réceptionne en dernier lieu ces informations – la « bénéficiaire », *a priori*, de l'échange – est celle du pays de résidence du bénéficiaire du compte. Toutefois, si le pays de résidence du titulaire du compte n'est pas identifié, les institutions financières peuvent être amenées à communiquer ces informations à plusieurs administrations fiscales. La norme commune d'échange s'applique pour tous les comptes de personne physique ou morale, quel que soit le montant des avoirs.

b. La mise en œuvre en droit français

340. Les dispositions de la directive 2014/107/UE[2] du Conseil du 9 décembre 2014 relative à l'échange automatique et obligatoire

---

[1] Quatre-vingt-dix-sept pays et territoires se sont engagés à mettre rapidement en œuvre la Norme commune de déclaration et à la transcrire dans leur droit.

[2] Modifiant la directive 2011/16/UE entrée en vigueur le 1er janvier 2013. La directive prévoyait déjà l'échange automatique et obligatoire d'informations entre les États membres pour certaines catégories de revenu et de capital, principalement de nature non financière, que les contribuables possèdent dans des États membres autres que leur État de résidence.

d'informations dans le domaine fiscal[1] reprennent le modèle de l'OCDE sur la Norme commune de déclaration. Elles contraignent les États membres de l'UE à échanger automatiquement des renseignements sur les intérêts, sur le solde des comptes financiers, sur les dividendes et revenus analogues, et sur les produits de vente d'actifs financiers[2]. Le champ d'application de la directive est plus étendu que celui de la directive initiale[3] qui se limitait notamment aux produits d'assurance-vie. Désormais, la Norme commune prévue par la directive du 9 décembre 2014 couvre non seulement tous les types de revenus (c'est-à-dire, entre autres, les plus-values sur actions, les contrats d'assurance-vie, les gains surproduits dérivés) mais également les capitaux ou sommes déposés à l'étranger, quel qu'en soit le montant.

341. La directive a été transposée en droit interne français par la loi n° 2015-1786 du 29 décembre 2015 de finances rectificative pour 2015[4]. Il est dès lors prévu que les informations collectées par les institutions financières, selon la norme d'échange automatique de renseignements élaborée par l'OCDE, sont à adresser à l'administration fiscale française par voie électronique, qui les transmet à ses homologues dans les États et territoires participant à l'échange automatique d'informations en matière fiscale[5].

342. Jusqu'en décembre 2017, il était possible pour les contribuables n'ayant pas déclaré leurs avoirs à l'étranger, appelés familièrement les « repentis fiscaux » de saisir le STDR (Service de traitement des déclarations rectificatives) et de bénéficier des conditions favorables de la circulaire de 2013[6], c'est-à-dire de se voir accorder des pénalités « clémentes » à leur

---

[1] La directive devait être transposée par les États membres dans leur législation au plus tard le 31 décembre 2015.

[2] Calonnec (M.), « Le secret bancaire et la fiscalité internationale », *LGP*, 14 novembre 2016, n° 226-227, p. 60.

[3] Directive 2011/16/UE du 1er janvier 2013 *préc.*

[4] Outre la loi n° 2015-1786 du 29 décembre 2015 de finances rectificative pour 2015 (notamment son article 44), la transposition de la directive s'est faite par le décret n° 2016-1683 du 5 décembre 2016 fixant les règles et procédures concernant l'échange automatique de renseignements relatifs aux comptes financiers, dites « Norme commune de déclaration » et l'arrêté du 9 décembre 2016.

[5] En vertu de la loi n° 2015-1778 du 28 décembre 2015 : (Article unique) « *Est autorisée l'approbation de l'accord multilatéral entre autorités compétentes concernant l'échange automatique de renseignements relatifs aux comptes financiers* » et du décret n° 2016-1779 du 19 décembre 2016 portant publication de l'accord multilatéral entre autorités compétentes concernant l'échange automatique de renseignements relatifs aux comptes financiers.

[6] Il arrive que des contribuables détiennent des avoirs non déclarés à l'étranger (comptes, biens immobiliers, titres de sociétés...). Une circulaire du 21 juin 2013 leur explique comment rectifier cette situation illégale.

régularisation[1]. Des recours devant le Conseil constitutionnel ont pu atténuer le régime relativement répressif applicable aux repentis fiscaux : comme la possibilité de contester la constitutionnalité de la majoration de 25 % de l'article 123[2] *bis* du Code général des impôts[3], de l'amende proportionnelle pour défaut de déclaration de *trust*[4], ou encore de l'amende proportionnelle

---

[1] Le Monde, « Gérald Darmanin annonce la fin des guichets pour les évadés fiscaux », 15 septembre 2017 : « *Plus de 50.000 demandes y ont été déposées en quatre ans, permettant de régulariser pour plus de 32 milliards d'euros d'avoirs et de recouvrer 7,8 milliards d'euros* ».

[2] V. Dispositif « anti-abus » de l'article 123 *bis* du CGI. *Infra :* Partie II, Titre II, Chapitre II, Section I, § 2.

[3] Conseil Constitutionnel, 1er mars 2017, n° 2016-614 QPC, *Lacquemant*, *Cahiers cons. const.* p. 10 ; *Dr. fisc.* 2017, n° 10, act. 159 ; *Dr. des sociétés* 2017, comm. 93, note Pierre (J.-P.) ; *JCP N* 2017, n° 10, act. 328 ; *D.* 2017. p. 509 ; *BMIS* 2017, n° 7, p. 475, chron. Gutmann (D.), Chetcuti (L.), Gour (P.), Périn-Dureau (A.) et Sadowsky (M.) ; *Option fin.* 2017, p. 56, note Ginter (É.) et Bellet (J.) ; *Option fin.* 2017, p. 36, note Dedieu (D.) et Roux (C.). La QPC est ainsi formulée : « *L'article 123 bis du Code Général des Impôts en ce qu'il impose un contribuable en raison de revenus de capitaux mobiliers sans que celui-ci puisse démontrer qu'il n'a pas appréhendé ces revenus et que, si cette structure est établie ou constituée dans un État ou territoire n'ayant pas conclu de convention d'assistance administrative avec la France, ces revenus imposables ne peuvent pas correspondre aux revenus réels de ces structures mais doivent être égales (sic) aux revenus théoriques calculés selon les modalités prévues par cet article, porte-il atteinte aux droits et libertés garantis par la Constitution, et notamment au principe d'égalité devant les charges publiques garanti par l'article 13 de la Déclaration des droits de l'homme ?* ». Selon le Conseil Constitutionnel, cette disposition porte une atteinte disproportionnée au principe d'égalité devant les charges publiques et est donc contraire à la Constitution. Ainsi, les contribuables pourront échapper à l'application de cet article – que l'entité se trouve dans un endroit ou un autre – en prouvant que le montage artificiel ne visait pas à contourner la législation fiscale française.

[4] Conseil constitutionnel, 16 mars 2017, n° 2016-618 QPC, JurisData n° 2017 - 004989 ; *Dr. pén.* 2017, comm. 82, obs. Peltier (V.) : Le Conseil constitutionnel juge inconstitutionnelles les dispositions de l'article 1736, IV *bis* du CGI (applicables jusqu'au 31 décembre 2016) qui prévoyaient une amende proportionnelle de 5% ou de 12,5% pour défaut de déclaration des *trusts* constitués à l'étranger. En effet, il a jugé que « *l'amende de 5%, qui réprime l'absence de déclaration annuelle des comptes bancaires ouverts, utilisés ou clos à l'étranger, est fixée en pourcentage du solde de ces comptes dès lors que le total de ces soldes excède 50.000 euros au 31 décembre de l'année. Cette amende est encourue même dans l'hypothèse où les sommes figurant sur ces comptes n'ont pas été soustraites frauduleusement à l'impôt. En prévoyant une amende proportionnelle pour un simple manquement à une obligation déclarative, le législateur a instauré une sanction manifestement disproportionnée à la gravité des faits qu'il a entendu réprimer. Dès lors, sans qu'il soit besoin d'examiner l'autre grief, les dispositions*

de 5 % appliquée au contribuable qui commet un manquement à l'obligation de déclarer un compte bancaire détenu à l'étranger[1].

3. Le secret bancaire en matière fiscale : une inopposabilité aux effets indéterminés

343. L'information est vitale pour l'administration, car elle lui assure de rester opérationnelle dans un marché concurrentiel et une économie globalisée. Toutefois, cet impératif de transparence met en évidence une problématique sous-jacente qui est la dimension du pouvoir conféré à l'administration fiscale face au contribuable[2].

344. La première difficulté soulevée est donc celle du déséquilibre entre les pouvoirs de l'administration et les droits du contribuable. L'échange automatique des données bancaires du contribuable sans le consentement de ce dernier porte inévitablement atteinte à sa vie privée[3]. Si l'atteinte à cette liberté n'est pas retenue, c'est parce que selon la jurisprudence *Berlioz* de la CJUE du 16 mai 2017, elle n'est pas justifiée[4]. En effet, le droit soumet l'échange international de données aux principes de finalité et proportionnalité : c'est-à-dire à la seule fin de parvenir à une juste taxation et selon les stricts besoins nécessaires à ce but. En ce qui concerne le principe

contestées, qui méconnaissent le principe de proportionnalité des peines, doivent être déclarées contraires à la Constitution. »

[1] Conseil constitutionnel, 22 juillet 2016, n° 2016-554 QPC, *M. B*, *Dr. fisc.* 2016, n° 30-35, act. 481 : le Conseil constitutionnel a déclaré inconstitutionnelle l'amende proportionnelle de 5 % du solde créditeur d'un compte non déclaré à l'étranger (dès lors que le montant global desdits comptes était supérieur à 50.000 euros) qui était prévue au deuxième alinéa du 2 du IV de l'article 1736 du CGI. Cons. 7 : « *L'amende prévue par les dispositions contestées, qui réprime l'absence de déclaration annuelle des comptes bancaires ouverts, utilisés ou clos à l'étranger, est fixée en pourcentage du solde de ces comptes dès lors que le total de ces soldes excède 50 000 euros au 31 décembre de l'année. Cette amende est encourue même dans l'hypothèse où les sommes figurant sur ces comptes n'ont pas été soustraites frauduleusement à l'impôt. En prévoyant une amende proportionnelle pour un simple manquement à une obligation déclarative, le législateur a instauré une sanction manifestement disproportionnée à la gravité des faits qu'il a entendu réprimer. Dès lors, sans qu'il soit besoin d'examiner l'autre grief, les dispositions contestées, qui méconnaissent le principe de proportionnalité des peines, doivent être déclarées contraires à la Constitution* ».

[2] Hautin (D.) et Ben Chaabane (M.), « Les conséquences de la chute du secret bancaire en matière fiscale », *Lexbase Hebdo édition fiscale*, n° 584, 25 septembre 2014.

[3] V. Hauser (J.), « Secret bancaire et vie privée », *RTD civ.* 2003, p. 477.

[4] CJUE, 16 mai 2017, Affaire C-682/15, *Berlioz Investment Fund*, *Dr. fisc.* 2017, n° 42, étude 506.

de l'égalité des armes, l'administration a accès aux informations du contribuable et pourrait les utiliser pour effectuer une rectification fiscale si les déclarations de revenus ne coïncident pas avec les données transmises par exemple par une banque étrangère. La procédure étant récemment mise en place, nous pourrions nous demander quelles garanties pourraient alors disposer le contribuable lorsque l'administration opère une rectification fiscale sur la seule base des informations transmises par l'institution financière.

345. Une seconde difficulté concerne le coût d'un tel dispositif. Une véritable organisation mobilise des moyens pour traiter, collecter et transférer une masse importante de données ; elle emploie aussi du personnel qualifié pour éviter des erreurs de gestion. Ensuite, nous pourrions retenir une problématique d'ordre économique à l'échelle internationale : sur un marché exigeant de la transparence, comment permettre aux opérateurs économiques de rester compétitifs ? Or, la volonté des États de rester attractifs sur le plan de la fiscalité explique une réticence à s'attaquer directement à certaines niches fiscales. L'optimisation fiscale n'est pas illégale, ce qui laisse la porte ouverte à des dérives, régulièrement exposées dans les médias et explique la durée de certaines procédures. Enfin, tenter d'harmoniser la fiscalité internationale se révèle lent et laborieux, il faut trouver un consensus entre tous les États et territoires et trouver également les moyens de pressions pour faire plier les pays ou juridictions, qui pratiquent un taux d'imposition très bas sur les sociétés, les revenus, ou le patrimoine et privilégient l'opacité bancaire.

§ 2. Le secret des affaires en matière fiscale

346. À l'origine, il est des professionnels pour qui le secret était indispensable dans l'exercice de leurs professions : il s'agissait des commerçants. La rapidité des transports, l'extension de la grande industrie, les transformations de procédés de fabrication et plus récemment, l'essor des nouvelles technologies accentuent la concurrence si bien que le commerçant garde sous silence les moyens dont il dispose. Il serait à craindre, sinon, que ses concurrents ne le combattent avec ses propres armes. Ses combinaisons, ses prévisions, ses traités, ses procédés de fabrique doivent demeurer secrets s'il veut conserver sa supériorité et ses avantages sur eux[1]. C'est pour cette

---

[1] Pour plus de précisions, lire Pount-Bézy (J.), *Le secret des affaires commerciales devant le fisc*, Thèse de droit, Toulouse, éd. Soubiron (E.-B.), 1926, 226 p., p. 31 ; *Actes du colloque « Transparence et secret »*, colloque pour le XXVème anniversaire de la loi n° 78-753 du 17 juillet 1978 sur l'accès aux documents administratifs, Institut français des Sciences administratives, Commission d'accès

raison qu'a été institué le secret des affaires[1] crée selon des règles juridiques ou la pratique des personnes morales ou physiques se livrant à une activité économique.

347. La CADA rappelle régulièrement que ce secret protège trois catégories de données : les procédés (notamment les techniques de fabrication), les informations économiques et financières (concernant la situation économique d'une entreprise comme les documents comptables…) et les stratégies commerciales (comme la liste des fournisseurs ou le montant des remises consenties)[2]. La protection économique de ces personnes grâce au secret des affaires permet ainsi de préserver des savoir-faire et des secrets techniques contre une concurrence par trop intrusive et déloyale. Nous nous attacherons à définir le secret des affaires et la protection dont il bénéficie en droit interne (**I**) mais celui-ci se heurte inévitablement dans son principe, à celle des lanceurs d'alerte (**II**).

I. La protection du secret des affaires en droit français

348. Le législateur a défini le secret des affaires et lui impose trois conditions cumulatives pour être protégé (**A**). Toutefois, si sa protection est désormais reconnue, le secret est inopposable à l'administration fiscale qui, elle, peut l'opposer aux tiers (**B**).

A. Une protection conditionnelle du secret des affaires

349. Avant la loi n° 2018-670 du 30 juillet 2018, il n'existait pas explicitement en droit français de définition du secret d'affaires ni de régime juridique spécifique. Tout au plus, la notion était-elle évoquée dans le Code de commerce aux articles L. 463-4 et R. 463-13 (mais uniquement quant aux modalités d'application de sa protection) ainsi qu'aux articles L. 1227-1 du

---

aux documents administratifs, Paris, La Documentation française, 2004, 334 p., p. 227 et s.

[1] Cité dans l'article 6 de la loi n° 78-753 du 17 juillet 1978 portant diverses mesures d'amélioration des relations entre l'Administration et le public (aujourd'hui codifié à l'article L. 311-6, 1° du Code des relations entre le public et l'administration). V. aussi Conseil d'État, 18 juillet 2011, n° 345564, *Ministre c/ Société GS Consulting*, JurisData n° 2011-016560 ; *Dr. fisc.* 2011, n° 38, comm. 522.

[2] Commission d'accès aux documents administratifs, *Les secrets protégés par la loi*, [disponible en ligne sur le site internet officiel de la CADA : https://www.cada.fr/particulier/les-secrets-proteges-par-la-loi#: ; consulté le 27 août 2017].

Code du travail et L. 621-1 du Code de la propriété intellectuelle (relatifs à la révélation par un directeur ou un salarié d'un secret de fabrication)[1].

350. Toutefois, le secret des affaires a longtemps cherché à être protégé. Ses premières traces écrites remontent au XIXe siècle, notamment dans la codification de l'article 418 du Code pénal de 1810 disposant que « *tout directeur, commis, ouvrier de fabrique, qui aura communiqué à des étrangers ou à des Français résidant en pays étranger, des secrets de la fabrique où il est employé, sera puni de la réclusion, et d'une amende de cinq cents francs à vingt mille francs.*

« Si ces secrets ont été communiqués à des Français résidant en France, la peine sera d'un emprisonnement de trois mois à deux ans, et d'une amende de seize francs à deux cents francs ». Il s'agissait avant tout, de préserver la protection des « know-how[2] *».*

351. Désormais, avec la loi n° 2018-670 du 30 juillet 2018[3], le législateur français adopte des mesures spécifiques pour protéger les secrets des affaires, défini désormais à l'article L. 151-1 du Code de commerce. Ainsi, trois conditions cumulatives sont nécessaires à la caractérisation d'un secret d'affaires : l'information « *1° [...] n'est pas, en elle-même ou dans la configuration et l'assemblage exacts de ses éléments, généralement connue ou aisément accessible pour les personnes familières de ce type d'informations en raison de leur secteur d'activité ; 2° Elle revêt une valeur commerciale, effective ou potentielle, du fait de son caractère secret ; 3° Elle fait l'objet de la part de son détenteur légitime de mesures de protection raisonnables, compte tenu des circonstances, pour en conserver le caractère*

---

[1] Pourtant, le secret des affaires est une notion fréquemment évoquée dans la jurisprudence et dans les textes. 306 textes (14 lois, 8 ordonnances, 57 décrets, 227 arrêtés) en font mention depuis les années 1990. Dans la jurisprudence, la notion est explicitement citée. Par exemple, dans un arrêt du 7 janvier 1999, la deuxième chambre a précisé que le secret des affaires ne constitue pas en lui-même un obstacle à l'application de l'article 145 du Code de procédure civile relatif aux actions *in futurum* (Civ. 2ème, 7 janvier 1999, n° 97-10.831, *Bull. civ.* II, n° 4). Dans un autre arrêt du 19 janvier 2016, la chambre commerciale énonce « *que le droit des parties de prendre connaissance des pièces remises à l'Autorité n'est pas un droit absolu et illimité et doit être mis en balance avec le droit des entreprises à la protection du secret de leurs affaires* » (Com., 19 janvier 2016, n° 14-21.670, *D.* 2016 p. 973, note Buy (F.) et Roda (J.-C.) ; *AJCA* 2016 p. 159, obs. Hicheri (R.) ; *D. IP/IT* 2016, p. 260, obs. Lecourt (A.) ; *RTD civ.* 2016 p. 371, obs. Barbier (H.)).

[2] Le savoir-faire (ou *know-how*) constitue l'ensemble des connaissances techniques, transmissibles, non immédiatement accessibles au public et qui ne font pas l'objet d'un brevet. Afin d'empêcher des concurrents de se l'approprier, il fait l'objet d'une protection en raison de sa grande valeur économique.

[3] Ses dispositions ont été déclarées constitutionnelles par le Conseil constitutionnel. V. Conseil constitutionnel, 26 juillet 2018, n° 2018-768 DC, *Loi relative à la protection du secret des affaires*, *JO* 31 texte n° 64.

secret[1] ». L'objectif visé par le législateur n'était pas de procurer au détenteur du secret un monopole d'exploitation contrairement aux droits de propriété intellectuelle, mais de le protéger contre toute obtention, utilisation, divulgation et communication illicites[2].

352. Les propositions de loi Carayon[3] et Urvoas[4], de même que la directive européenne 2016/943 du 8 juin 2016 sur « *la protection des savoir-faire et des informations commerciales non divulguées (secrets d'affaires) contre l'obtention, l'utilisation et la divulgation illicites* », avaient tenté d'apporter des éléments de définition du secret d'affaires. Ainsi, d'après l'article 2 de la directive, le secret suppose « *des informations qui répondent à toutes les conditions suivantes : a) elles sont secrètes en ce sens que, dans leur globalité ou dans la configuration et l'assemblage exacts de leurs éléments, elles ne sont pas généralement connues de personnes appartenant aux milieux qui s'occupent normalement du genre d'informations en question, ou ne leur sont pas aisément accessibles ; b) elles ont une valeur commerciale parce qu'elles sont secrètes ; c) elles ont fait l'objet, de la part de la personne qui en a licitement le contrôle, de dispositions raisonnables, compte tenu des circonstances, destinées à les garder secrètes* ». La directive 2016/943 du 8 juin 2016, qui affiche clairement pour ambition de protéger les entreprises européennes contre l'espionnage économique[5], laisse aux États le soin de déterminer les sanctions applicables aux contrevenants. Mais en France, la loi n° 2018-670 du 30 juillet 2018 qui la transpose n'a pas prévu pas de sanctions pénales qui auraient pu se révéler dissuasives. En revanche, celui qui divulgue un secret d'affaires peut être condamné au versement à la partie lésée de dommages et intérêts[6], d'une indemnité[7] ou d'une amende civile en cas d'action dilatoire ou abusive[8]. Le juge peut également l'obliger à prendre en charge les frais de publication de la

---

[1] Article L. 151-1 du Code de commerce.

[2] Martin (D.), « Le secret d'affaires, notion en devenir », *LPA*, 31 juillet 2015, n° 152, p. 4.

[3] Proposition de loi visant à sanctionner la violation du secret des affaires, *Document parlementaire,* Assemblée nationale, 2011, n° 3985.

[4] Proposition de loi relative à la protection du secret des affaires, *Document parlementaire*, Assemblée nationale, 2014, n° 2139.

[5] Proposition de directive COM (2013) 813 final, sur la protection des savoir-faire et des informations commerciales non divulgués (secrets d'affaires) contre l'obtention, l'utilisation et la divulgation illicites, exposé des motifs.

[6] Article L. 152-6 du Code de commerce.

[7] Article L. 152-5 du Code de commerce.

[8] Article L. 152-8 du Code de commerce.

décision de justice[1] et prendre toutes mesures pour prévenir et faire cesser une atteinte au secret des affaires[2].

353. Sur ce dernier point, le juge des référés, saisi aux fins de prévenir une atteinte imminente ou de faire cesser une atteinte illicite au secret des affaires, peut à cet effet prescrire toute mesure provisoire et conservatoire proportionnée, éventuellement sous astreinte, comme l'interdiction de réaliser ou de poursuivre des actes d'utilisation ou de divulgation d'un secret des affaires[3]. Toutes ces mesures peuvent être prononcées dans le cadre d'une action en référé « secret des affaires »[4] créée par les décrets n° 2018-1126 du 11 décembre 2018 (lorsque la procédure se déroule devant le juge judiciaire) et n° 2019-1502 du 30 décembre 2019 (devant le juge administratif)[5], en application de la loi n° 2018-670 du 30 juillet 2018 et de la directive du 8 juin 2016[6]. Le champ d'application du secret des affaires est désormais mieux précisé par le législateur qui a également codifié les exceptions à sa protection aux articles L. 151-7 à L. 151-9 du Code de commerce. Si le secret des affaires est opposable aux tiers, il ne l'est pas à l'encontre de l'administration fiscale.

B. Les atteintes au secret des affaires par l'administration fiscale

354. Le secret des affaires est une obligation au secret professionnel imposant à son dépositaire de ne pas divulguer d'informations relatives à l'activité commerciale et industrielle d'une société dans laquelle il exerce. Elles présentent un intérêt fiscal car elles permettent d'établir les bases imposables sur lesquelles la société va être assujettie à l'impôt. Le secret des

---

[1] Article L. 152-7 du Code de commerce.

[2] Article L. 152-3 à L. 152-5 du Code de commerce.

[3] Article R. 152-1 du Code de commerce.

[4] Vuitton (X.), « Référés Spéciaux [...] Référé « secret des affaires » », *JCl. Procédure civile*, Fasc. 1300-15, 1er juillet 2019, § 102 : Le référé « secret des affaires » peut aussi être opposé en défense à une action, en particulier sur le fondement de l'article 145 du Code de procédure civile (V. par exemple, Com., 7 mars 2018, n° 16-17.632).

[5] Le décret introduit l'article R. 557-3 au Code de justice administrative en reprenant les termes de l'article R. 152-1 du Code de de commerce créé par le décret n° 2018-1126 du 11 décembre 2018. Par exemple, le juge des référés de l'ordre administratif peut être amené à se prononcer sur les demandes d'opposition à la communication de certains éléments des mises au point des offres ou des marchés publics (Raïsky (N.), « Mise au point des marchés publics et des accords-cadres », *JCl. Contrats et Marchés Publics*, Fasc. 80-10, 24 mai 2020, § 112).

[6] Strickler (Y.), « Les dispositions du décret n° 2018-1126 du 11 décembre 2018 relatif à la protection du secret des affaires », *Procédures* 2019, étude 2 ; Pierre-Maurice (S.), « Mesures provisoires et secret des affaires », *D.* 2019, p. 390.

affaires est opposable aux tiers sauf à l'administration fiscale. Elle tient en effet, de la loi le pouvoir de connaître les affaires des personnes morales ou physiques se livrant à une activité économique pour lui réclamer sa contribution aux charges publiques. Dans cette intention, elle porte atteinte au secret des affaires.

355. Mais le secret de l'administration fiscale protège aussi directement le secret des affaires, dans la mesure où il interdit toutes divulgations d'informations commerciales et industrielles qui viendraient à perturber la concurrence sur le marché[1]. En matière fiscale, ce type de secret est aussi opposable aux tiers. L'administration fiscale ne peut leur révéler des informations obtenues à l'occasion de l'établissement, du contrôle et du recouvrement de l'impôt et qui relèveraient du secret des affaires. Nous pouvons trouver une illustration de cette atteinte où le secret des affaires et le droit fiscal se rencontrent, notamment dans l'établissement par les groupes de sociétés de leur politique de prix de transfert. Cette politique conduit les entreprises à faire circuler certaines informations, en principe protégées par le secret des affaires[2]. Lorsque l'administration fiscale met en œuvre une procédure de contrôle ou lorsque le contribuable remplit ses obligations déclaratives, celui-ci ne saurait s'abriter derrière le secret des affaires.

356. L'administration fiscale peut opposer la protection du secret des affaires au contribuable, alors même qu'elle a utilisé des informations protégées par ce secret pour prendre une décision qui peut être lui défavorable. Cette situation a amené le juge de l'impôt à se prononcer entre la protection du secret, le principe du contradictoire, le droit à l'information du contribuable et le droit de communication de l'administration fiscale, au stade de l'appréciation de la régularité de la procédure d'imposition[3]. Il en va de même quand l'administration opère une rectification fiscale sur la base d'informations couvertes du secret des affaires d'entreprises tierces et que le contribuable, concerné par la procédure de rectification, cherche à en connaître l'origine et le contenu.

357. Le secret des affaires est, par ailleurs, un obstacle à la protection juridique des lanceurs d'alerte qui agissent dans l'intérêt général en dénonçant les montages fiscaux illégaux ou légaux – mais alors critiquables en matière de justice fiscale[4] – des entreprises qui les emploient. Toutefois,

---

[1] Louvaris (A.) et Schiele (P.), « Secret des affaires et droit fiscal. Quelques notations sur un duo ambivalent », *JCP E* 2016, n° 35, étude 1459.

[2] Louvaris (A.) et Schiele (P.), *ibid.*

[3] V. par exemple, Conseil d'État, 26 janvier 2011, n° 311808, *M. Weissenburger*, JurisData n° 2010-000843 ; *Dr. fisc.* 2011, comm. 343, concl. Escaut (N.).

[4] Ces montages sont souvent à la frontière de la légalité car ils contreviennent à l'esprit des lois fiscales. Les multinationales essaient d'obtenir la garantie que les administrations fiscales vont accepter le montage. Avant cette opération, une société comme Skype demande validation à une société luxembourgeoise. Ces *advanced*

les législations adoptées en faveur d'un statut protecteur permettent de réduire la portée de ce secret à leur égard.

II. Le secret des affaires : un obstacle à la protection juridique des lanceurs d'alerte

358. Dans le cadre de leurs travaux sur les risques, les sociologues Francis Chateauraynaud et Didier Torny ont défini pour la première fois en France, en 1999, le « *lanceur d'alerte*[1] » comme « *une personne ou un groupe qui estime avoir découvert des éléments qu'il considère comme menaçants pour l'homme, la société, l'économie ou l'environnement et qui de manière désintéressée décide de les porter à la connaissance d'instances officielles, d'associations ou de médias, parfois contre l'avis de sa hiérarchie*[2] ». Le lanceur d'alerte, lorsqu'il enfreint le secret des affaires auquel il est soumis, peut se voir appliquer des sanctions pénales et disciplinaires : des représailles de sa hiérarchie ou encore un licenciement. Malgré le droit qui est le sien de révéler des informations allant dans le sens de l'intérêt général, le lanceur d'alerte est contraint par le secret professionnel et le secret des affaires, *a fortiori* quand ce dernier concerne l'entreprise qui l'emploie[3]. Dans le droit de l'Union européenne, la protection du lanceur d'alerte peine à se renforcer (**A**). Mais la directive sur la protection du secret des affaires a accéléré le processus normatif quant à la protection du lanceur d'alerte, même si les effets sont mitigés (**B**). Pour l'instant, seule la Convention européenne des droits de l'homme semble apporter des fondements juridiques concrets à cette protection (**C**).

---

pricing agreement sont couverts par le secret parce qu'il n'y a pas d'obligation de rendre ces informations publiques à l'heure actuelle.

[1] L'expression « lanceur d'alerte » est la traduction française du terme d'origine américaine « *whistleblower* », signifiant littéralement « *souffle dans le sifflet* » et de manière figurée « *qui tire la sonnette d'alarme* ».

[2] Chateauraynaud (F.), Torny (D.), *Les sombres précurseurs : une sociologie pragmatique de l'alerte et du risque,* éd. École des Hautes Études en Sciences Sociales (EHESS), Paris, 2000, 476 p., p. 25 (Première partie. De l'alerte à la crise politique). V. également Olivier (C.), Chateauraynaud (F.), Torny (D.), « Les sombres précurseurs. Une sociologie de l'alerte et du risque », *in* Cardon (D.), Lehingue (P.) et Muniesa (F.), (dir.), *Politix*, *Marchés financiers*, Vol. 13, n° 52, 2000, pp. 243-247.

[3] V. aussi Transparency International France, *Guide des principes directeurs pour une législation de l'alerte*, 2009, 20 p.

A. Une protection insuffisante en droit de l'Union européenne

359. La prise de conscience d'un encadrement juridique solide des lanceurs d'alerte dans le droit de l'Union européenne est récente. Ce sont les scandales financiers des dernières années qui ont révélé les lacunes législatives de leur protection. Le Parlement européen rappelle, à cet effet, que « *dans les États démocratiques et ouverts, fondés sur l'état de droit, les citoyens ont le droit d'avoir connaissance des atteintes graves à leurs droits fondamentaux et de les dénoncer* ». De plus, « *il est impératif de se doter de procédures permettant aux lanceurs d'alertes de dénoncer les violations graves des droits fondamentaux et d'offrir à ces personnes la protection dont elles ont besoin*[1] ». Pour y parvenir, le régime de protection du lanceur d'alerte dans l'Union européenne doit être harmonisé. En effet, souvent, le lanceur d'alerte est employé dans une entreprise à dimension européenne voire internationale. Sa protection n'aurait de sens que s'il disposait de la garantie que la même protection lui serait appliquée dans les États d'implantation des différentes filiales de l'entreprise[2].

360. Le Parlement européen adopte régulièrement des résolutions allant dans le sens d'un renforcement législatif comme celle du 24 octobre 2017[3]. Il reconnaissait alors « *qu'il [était] peu raisonnable et inquiétant que les citoyens et les journalistes fassent l'objet de poursuites plutôt que d'une protection juridique lorsqu'ils divulguent des informations au nom de l'intérêt général*[4] » et invitait la Commission européenne à prendre des initiatives visant à garantir un « niveau élevé de protection » des lanceurs d'alerte. Il constatait aussi, dans le cadre de l'adoption de cette résolution, que le manque persistant de clarté et la fragmentation du cadre législatif actuel dissuadent les lanceurs d'alerte potentiels d'agir. La résolution européenne recommande également de sanctionner les entreprises qui font

---

[1] Proposition de résolution du Parlement européen, *Programme de surveillance de l'agence nationale de sécurité américaine (NSA), les organismes de surveillance de plusieurs États membres et leur impact sur la vie privée des citoyens de l'Union* (2013/2682(RSP)), 2013 ; Shulga-Morskaya (T.), « Le numérique saisi par le juge, l'exemple du Conseil constitutionnel », *Cahiers cons. const.*, Vol. 57, n° 4, 2017, pp. 93-105, p. 98. Dans cette proposition de résolution, le Parlement européen a voté une résolution appelant les États membres dont la France à examiner la compatibilité de leurs programmes de surveillance avec le droit européen.

[2] Racho (T.), « La possibilité d'un encadrement juridique des lanceurs d'alerte par l'Union européenne », *La Revue des Droits de l'Homme*, OpenEdition, n° 10, 2016.

[3] Parlement européen, *Résolution du Parlement européen du 24 octobre 2017 sur les mesures légitimes visant à protéger les lanceurs d'alerte qui divulguent, au nom de l'intérêt public, des informations confidentielles d'entreprises et d'organismes publics* (2016/2224(INI)), 24 octobre 2017, 69 p.

[4] Parlement européen, *ibid.*, p. 10.

subir des représailles aux lanceurs d'alerte en leur privant de fonds européens ou leur interdisant de conclure des marchés avec l'aministration publique.

361. Pourtant, malgré la bonne volonté du Parlement de renforcer la législation en la matière, la Commission européenne ne semble pas suivre le rythme suivi par l'organe législatif de l'UE. Elle avait même indiqué, en 2013, qu'elle n'aborderait pas « *une éventuelle législation européenne protégeant les lanceurs d'alerte : la Commission, qui avait été invitée à soumettre une proposition à ce sujet, évalue pour l'instant les informations disponibles*[1] ». Selon l'article 17 du TUE, c'est la Commission européenne qui détient le quasi-monopole de l'initiative législative dans l'Union européenne. Or, à l'heure actuelle, elle s'est très peu exprimée sur la question de la protection des lanceurs d'alerte ; les États membres considérant en effet qu'elle relève de leur domaine de compétence. Il faudrait donc s'assurer qu'une mesure en matière de protection du lanceur d'alerte proposée par la Commission respecte les principes de subsidiarité et de proportionnalité, les questions liées au fonctionnement du marché intérieur relevant en effet d'une compétence partagée[2] ; c'est-à-dire déterminer si les objectis seront le mieux atteints au plan européen ou étatique.

362. Malgré ces interrogations freinant de manière relative l'action de la Commission européenne, l'adoption de la directive européenne sur la protection du secret des affaires[3], amendée pour protéger les lanceurs d'alerte, a marqué une avancée encourageante. C'est la première fois qu'il est ainsi fait référence aux lanceurs d'alerte dans une directive européenne. Celle-ci vise à combler un vide qui existe dans de nombreuses législations nationales de l'UE, alors que les États-Unis[4], la Chine et le Japon notamment

---

[1] Questions parlementaires, réponse de la Commission du 14 février 2013, *JOUE* n° C 321 E du 7 novembre 2013.

[2] Article 4 du Traité sur le fonctionnement de l'Union européenne : « 2. *Les compétences partagées entre l'Union et les États membres s'appliquent aux principaux domaines suivants : a) le marché intérieur ». Article 5 TUE : « 3. En vertu du principe de subsidiarité, dans les domaines qui ne relèvent pas de sa compétence exclusive, l'Union intervient seulement si, et dans la mesure où, les objectifs de l'action envisagée ne peuvent pas être atteints de manière suffisante par les États membres, tant au niveau central qu'au niveau régional et local, mais peuvent l'être mieux, en raison des dimensions ou des effets de l'action envisagée, au niveau de l'Union* ».

[3] Directive (UE) 2016/943 du Parlement européen et du Conseil du 8 juin 2016 sur la protection des savoir-faire et des informations commerciales non divulgués (secrets d'affaires) contre l'obtention, l'utilisation et la divulgation illicites.

[4] Les États-Unis ont édicté plusieurs statuts protecteurs pour les « *Whistleblower* » au fil des années, notamment le *Whistleblower Protection Enhancement Act* en 2012. Toutefois, ils ont prouvé à plusieurs reprises, dans les affaires Edward

ont adopté des législations qui protègent le secret des affaires. De plus, cette mesure garantit à la victime de se défendre de la même façon dans toute l'UE, quand ses informations lui ont été volées ou qu'elles ont été acquises ou utilisées de façon illégale. 25 % des entreprises européennes se sont plaintes, en 2013, de vol d'informations, alors qu'elles n'étaient que 18 % en 2012[1]. L'adoption d'un tel texte apparaît donc bénéfique à la vie des affaires car il définit clairement le secret des affaires. Son article 5 concerne notamment la liberté d'expression et d'information. Il dresse une liste de dérogations et rappelle le respect de la liberté du pluralisme des médias. De plus, le secret d'affaires ne s'applique pas aux informations rendues publiques par le lanceur d'alerte dès lors qu'il en va de l'intérêt général[2]. Aux termes de cet article, « *Les États membres veillent à ce qu'une demande ayant pour objet l'application des mesures, procédures et réparations prévues par la présente directive soit rejetée lorsque l'obtention, l'utilisation ou la divulgation alléguée du secret d'affaires a eu lieu dans l'une ou l'autre des circonstances suivantes :*

« *a) pour exercer le droit à la liberté d'expression et d'information établi dans la Charte, y compris le respect de la liberté et du pluralisme des médias ;*

« *b) pour révéler une faute, un comportement inapproprié ou une activité illégale, à condition que le défendeur ait agi dans le but de protéger l'intérêt public général ;*

« *c) la divulgation par des travailleurs à leurs représentants dans le cadre de l'exercice légitime par ces représentants de leur fonction conformément au droit de l'Union ou au droit national, pour autant que cette divulgation ait été nécessaire à cet exercice ;*

« *d) aux fins de la protection d'un intérêt légitime reconnu par le droit de l'Union ou le droit national* ».

363. La directive ne vise pas, en réalité, à protéger le lanceur d'alerte, mais plutôt à soutenir son droit d'informer. Elle reconnaît donc seulement la nécessité de garantir le rôle du lanceur d'alerte et laisse ainsi libres les États membres de l'UE de protéger son statut à leur façon.

Snowden, Julian Assange et Chelsea Manning par exemple, que dès lors que l'intérêt national était en jeu, ces dispositions devenaient caduques.

[1] Le Monde, *Le Parlement européen adopte la directive sur le secret des affaires*, 14 avril 2016.

[2] Article 5 de la Directive (UE) 2016/943 du Parlement européen et du Conseil du 8 juin 2016 sur la protection des savoir-faire et des informations commerciales non divulgués (secrets d'affaires) contre l'obtention, l'utilisation et la divulgation illicites.

B. Une protection renforcée aux effets mitigés en droit interne

364. La condamnation des lanceurs d'alerte qui ont révélé les *Luxleaks*, Antoine Deltour et Raphaël Halet[1], ont eu une résonnance médiatique particulièrement forte, car elle a mis en évidence une contradiction législative. En effet, les objectifs de transparence en matière fiscale semblaient incompatibles avec les conséquences juridiques découlant de la violation du secret des affaires alors que les lanceurs d'alertes agissaient dans l'intérêt général et dans le cadre même de cette transparence. En France, la loi *Sapin II* du 9 décembre 2016[2] transposant la directive en droit interne apparaît comme une avancée non négligeable dans la lutte du droit à information des lanceurs d'alerte.

365. La loi *Sapin II* apporte ainsi de nouvelles innovations. Dans l'article 6, elle donne un statut commun à tous les lanceurs d'alerte et les définit ainsi : « *Un lanceur d'alerte est une personne physique qui révèle ou signale, de manière désintéressée et de bonne foi, un crime ou un délit, une violation grave et manifeste d'un engagement international régulièrement ratifié ou approuvé par la France, d'un acte unilatéral d'une organisation internationale pris sur le fondement d'un tel engagement, de la loi ou du règlement, ou une menace ou un préjudice graves pour l'intérêt général, dont elle a eu personnellement connaissance* ». La procédure d'alerte nécessite en premier lieu un signalement interne, c'est-à-dire à l'autorité hiérarchique ou l'employeur référent, puis un signalement externe qui consiste à saisir les autorités administratives ou judiciaires compétentes. Si ces autorités restent inactives au bout de trois mois, le lanceur d'alerte peut, en deuxième et dernier lieu, informer le public[3]. Il peut également saisir le défenseur des droits qui doit veiller au respect de ses droits et libertés[4].

366. Trois mesures sont en outre, prévues dans cette loi: la création au sein de l'Autorité des marchés financiers et de l'Autorité de contrôle prudentiel et de résolution, de procédures permettant le signalement de ces

---

[1] Ils ont été accusés d'avoir divulgué des milliers de pages éclairant les pratiques fiscales de grandes multinationales établies en Suisse. En mars, la Cour d'appel du Luxembourg a condamné le français Antoine Deltour à six mois de prison avec sursis et 1.500 euros d'amende pour vol de documents et Raphaël Halet à 1.000 euros d'amende.

[2] Loi n° 2016-1691 du 9 décembre 2016 relative à la transparence, à la lutte contre la corruption et à la modernisation de la vie économique.

[3] Bouton (J.), « Vers une généralisation du lanceur d'alerte en droit français », *RDT*, 2014, pp. 471-481.

[4] V. notamment la loi organique n° 2016-1690 du 9 décembre 2016 relative à la compétence du Défenseur des droits pour l'orientation et la protection des lanceurs d'alerte.

manquements ; l'obligation de mise en place de dispositifs internes d'alerte dans toutes les entreprises employant plus de cinq cents salariés et dont le chiffre d'affaires est supérieur à 100 millions d'euros (sachant que les grandes entreprises se sont déjà dotées de tels dispositifs) ; une protection identique à celle déjà prévue pour les autres lanceurs d'alerte (interdiction de toute sanction ou mesure discriminatoire, assortie en cas de litige d'un aménagement de la preuve). Par ailleurs, tenant compte du fait que cette protection disciplinaire n'empêche pour autant le contentieux, le projet prévoit la possibilité de faire financer par l'Agence de gestion et de recouvrement des avoirs saisis et confisqués les frais des procédures impliquant le lanceur d'alerte[1]. À l'issu de cette procédure, il peut se voir allouer une indemnité du fait de la précarité que provoquent les conséquences d'une alerte (perte d'emploi, frais de justice par exemple).

367. La loi *Sapin II* propose toutefois, une définition et une protection moins satisfaisantes que le cadre normatif existant dans les autres États membres de l'UE car l'article 6 institue une protection à l'égard seulement des personnes physiques. De plus, lancer une alerte ne s'impose que dans un intérêt public, or il paraît difficile d'établir un agissement désintéressé quand s'y mêle un intérêt privé. Cet amalgame pourrait être facilement démontré par l'avocat de la partie adverse pour empêcher le lanceur d'alerte d'être protégé. Le Royaume-Uni a finalement préféré supprimer ce critère qu'il estimait affaiblir la protection du lanceur d'alerte. De même, en droit anglo-saxon, il n'est pas exigé que soit saisi l'employeur avant toutes voies de recours. La loi *Sapin II* constitue un progrès dans la mesure où elle unifie la définition du lanceur d'alerte. Toutefois, elle a adopté des choix minimalistes dans la volonté de la France de le protéger. La Conv. EDH paraît en ce sens, beaucoup plus protectrice.

C. Une protection privilégiée sur le fondement de la Conv. EDH

368. À l'heure actuelle, seuls les droits de l'homme apparaissent comme les bases juridiques les plus solides pour protéger le lanceur d'alerte. En droit européen, ce dernier est protégé par l'article 10 de la Convention européenne des droits de l'homme relatif à la liberté d'expression[2]. Sur ce fondement, un arrêt du 12 février 2008 rendu par la Cour de Strasbourg[3] a

---

[1] Cerf-Hollender (A.), « Les lanceurs d'alerte : quelle protection ? », *D.* 2016, p. 1128.

[2] CEDH, 19 février 2009, n° 4063/04, *Marchenko c/ Ukraine*, *RJS* 2009, p. 608 ; *Bulletin de droit comparé du travail et de la sécurité sociale* 2009, pp. 263-265, obs. Perrin (L.) et Tournaux (S.).

[3] CEDH, 12 février 2008, n° 14277/04, *Guja c/ Moldova*, *AJDA* 2008, p. 978, chron. Flauss (J.-F.) ; *JCP* 2008. I, p. 167, n° 18, obs. Sudre (F.): « *70. La Cour rappelle en outre que l'article 10 s'applique également à la sphère professionnelle et que les*

consacré pour la première fois un statut et une protection du lanceur d'alerte en adoptant un raisonnement en six étapes[1]. Cet article apparaît ainsi comme le fondement juridique le plus efficace pour condamner la France pour violation des droits de l'homme. La jurisprudence française a d'ailleurs fini par l'utiliser. Dans une décision rendue le 30 juin 2016[2], la Cour de cassation censure l'arrêt de la cour d'appel et affirme pour la première fois qu' « *en raison de l'atteinte qu'il porte à la liberté d'expression, en particulier au droit pour les salariés de signaler les conduites ou actes illicites constatés par eux sur leur lieu de travail, le licenciement d'un salarié prononcé pour avoir relaté ou témoigné, de bonne foi, de faits dont il a eu connaissance dans l'exercice de ses fonctions et qui, s'ils étaient établis, seraient de nature à caractériser des infractions pénales, est atteint de nullité*[3] ». Si l'article 10 de la Conv. EDH offre ainsi la protection la plus adéquate, d'autres efforts à l'échelle européenne pourront être scrutés avec l'espoir de faire avancer la législation sur la protection du lanceur d'alerte.

Conclusion de la Section II

369. Le secret bancaire et le secret des affaires s'appliquent en matière fiscale. En raison de leur champ d'application, à la fois dans leur domaine respectif et en droit fiscal, ils peuvent être qualifiés de secrets « hybrides ». Le secret bancaire représente l'obligation au secret professionnel faite au

---

fonctionnaires, tels que le requérant, jouissent du droit à la liberté d'expression. Cela étant, elle n'oublie pas que les salariés ont un devoir de loyauté, de réserve et de discrétion envers leur employeur. Cela vaut en particulier pour les fonctionnaires, dès lors que la nature même de la fonction publique exige de ses membres une obligation de loyauté et de réserve (CEDH, Vogt c/ Allemagne, 26 septembre 1995, n° 17851/91 § 53 ; CEDH, Ahmed et autres c/ Autriche, 17 décembre 1996, n° 25964/94, § 55 ; CEDH, De Diego Nafría c/ Espagne, 14 mars 2002, n° 46833/99, § 37) ».

[1] Concernant le lanceur d'alerte, la CEDH s'interroge sur ses recours, sa bonne foi, vérifie qu'il a agi dans l'intérêt général et juge de la nécessité des sanctions qu'il a subies. Quant aux informations révélées, la CEDH s'intéresse à leur authenticité et au tort qu'elles ont provoqué.

[2] Soc., 30 juin 2016, n° 15-10.557, JurisData n° 2016 -012560 ; *JCP S* 2016, p. 1381, note Duchange (G.) ; *D.* 2016, p. 1740, concl. Marguénaud et Mouly ; *RDT* 2016 p. 566, note Adam.

[3] La Cour de cassation rend cette décision dans le prolongement des décisions de la Cour européenne des droits de l'homme qui considèrent que les sanctions prises à l'encontre de salariés ayant critiqué le fonctionnement d'un service ou divulgué des conduites ou des actes illicites constatés sur leur lieu de travail constituent une violation à leur droit d'expression au sens de l'article 10-1 de la Convention de sauvegarde des droits de l'homme.

personnel d'un établissement bancaire de ne pas divulguer aux tiers les informations dont ils disposent sur leurs clients. Mais la grande opacité qui entoure ces informations, risquant d'accentuer des phénomènes d'ampleur mondiale tels que la fraude et l'évasion fiscales ou encore le blanchiment d'argent, a provoqué la disparition du secret bancaire en matière fiscale. Désormais, il est inopposable à l'administration. Si l'application de la Norme commune de déclaration à l'échelle internationale permet l'échange automatique des informations financières, elle porte atteinte au respect de la vie privée. Quant au secret des affaires, sa définition, consacrée tardivement par le législateur, répond à trois critères cumulatifs. Comme le secret bancaire, il est inopposable à l'administration fiscale qui utilise ces données confidentielles de nature commerciale et industrielle pour établir l'assiette imposable. Mais ce type de secret représente un obstacle à la protection juridique des lanceurs d'alerte œuvrant dans l'intérêt général. Or, en l'état actuel de la législation, leur protection en droit interne est peu satisfaisante par rapport au cadre normatif existant dans les autres États membres de l'Union européenne.

Conclusion du Chapitre II

370. Il y a plusieurs types de secret en matière fiscale. Certains sont spécifiques au droit fiscal, d'autres sont issus d'autres disciplines juridiques mais ils s'appliquent à la fiscalité. Si tous ces secrets ont leurs propres champs d'application, tous ont une finalité commune : la protection des informations confidentielles du contribuable, que cela soit par exemple, à travers l'opposabilité du secret professionnel des agents des services fiscaux ou celui des avocats. Certains secrets ont aussi la fonction essentielle de protéger ses informations de nature bancaire, industrielle, artisanale ou commerciale. Il s'agit de les préserver contre toutes intrusions des tiers. Il est néanmoins patent de relever que les secrets s'effacent au profit de l'administration fiscale. En effet, face aux divers impératifs, qu'ils soient liés à l'exercice des prérogatives de l'administration ou à des objectifs de lutte contre la fraude fiscale, le législateur prévoit de nombreuses exceptions aux secrets. Mais ces multiples dérogations entraînent une restriction de leurs champs d'application, particulièrement en matière fiscale. L'échange automatique d'informations bancaires entre les États a ainsi acté la fin de l'opposabilité du secret bancaire à l'administration fiscale. De plus en plus d'obligations déclaratives sont en outre instituées à l'égard de ceux susceptibles de détenir des informations utiles à l'établissement de l'assiette fiscale. Or, ces derniers sont légalement tenus de respecter une obligation au secret professionnel qui désormais plie devant des exigences de lutte contre les infractions fiscales et de recouvrement de l'impôt.

Conclusion du Titre II

371. Le secret en matière fiscale est consubstantiel à l'existence de l'impôt et des organes chargés des finances publiques L'histoire nous apprend que le secret a dû être justifié, être légitimé face aux luttes contre les dérives fiscales induites des diverses législations. Mais il a également dû composer avec les exigences de transparence de l'action administrative, tendant aujourd'hui à devenir la norme de référence en matière fiscale avec à la base de notre système fiscal, les droits de l'homme nés de la Révolution française de 1789 et les principes fondamentaux tels que le consentement de l'impôt.

372. Du point de vue de l'histoire de la fiscalité française, nous pouvons considérer qu'il existe deux types de secret : les secrets spécifiques à la matière fiscale et les secrets dits « hybrides » du droit fiscal. Ils visent tous à protéger en rendant confidentielles les informations du contribuable et les informations de nature bancaire, industrielle, artisanale ou commerciale. Le secret a en ce sens, une fonction vertueuse. Il protège ces données contre toutes intrusions des tiers tout en préservant l'efficacité de l'action publique. Toutefois, ces secrets, en raison des exigences de transparence qui irriguent désormais la politique fiscale actuelle, ne sont pas immuables et doivent tendre à une conciliation satisfaisante avec le besoin en information de la société. Le secret s'illustre surtout dans un rapport juridique et de force, entre l'administration et le contribuable.

Conclusion de la Partie I

373. Le secret est une notion étudiée dans de nombreuses disciplines des sciences sociales. Le droit l'appréhende, par exemple, à travers le secret professionnel ou des secrets portant sur des « supports » (secret de fabrique, secret des archives...). En revanche, il n'existe pas explicitement de définition générale mettant en exergue ses principales caractéristiques. Celles-ci s'appliquent dans toutes matières juridiques dont celle qui concerne particulièrement notre étude : la matière fiscale. C'est pourquoi il est d'abord nécessaire de procéder à la « méthode de l'entonnoir » selon laquelle nous partons des caractéristiques principales du secret, applicables en toute matière, pour en analyser les particularités en droit fiscal. Ainsi, l'étude juridique du secret révèle qu'il doit être constitué de trois éléments. Le premier est un élément matériel. Il s'agit de l'objet du secret, lequel renferme l'information à protéger qui peut être transmissible à l'oral ou à l'écrit. Par exemple, dans la religion, les confessions d'un pénitent sont généralement communiquées à l'oral au prête – le confesseur – qui est soumis au secret professionnel. De même, le vote à bulletin secret oblige le votant à inscrire l'information à l'écrit sur un support matériel. Le secret est en outre défini par un élément personnel qui se traduit par un détenteur, personne physique ou morale, qui entend conserver l'exclusivité de l'information. À l'origine, seule une personne physique pouvait détenir un secret en lien avec sa vie privée, familiale ainsi que son intimité. La reconnaissance de la personne morale en droit a permis par la suite de lui attribuer aussi des secrets notamment liés à la vie de ses affaires. Le détenteur du secret détient un ensemble de droits quant à l'information qu'il possède, tels que celui de consentir à sa divulgation. Enfin, parce que l'information voit son accès volontairement et strictement limité au(x) seul(s) dépositaire(s), le secret doit être défini par un élément intentionnel. Souvent, le détenteur communique l'information confidentielle à un dépositaire agissant dans le cadre d'une activité professionnelle précise. Il pèse donc sur ce dernier une obligation au secret professionnel lui interdisant de divulguer l'information confiée sous peine de se voir sanctionner pénalement et civilement. Le cas échéant, il peut encourir des sanctions disciplinaires.

374. Le secret en science juridique a ainsi une signification particulière. Pour autant, il ne doit pas être confondu avec des notions voisines qui, par abus de langage, sont employées comme des synonymes. En effet, le secret est parfois défini en référence au silence, à la discrétion ou à la réserve. Or en droit, toutes ces notions renvoient à un sens déterminé suivant le contexte où elles trouvent à s'exprimer. On peut néanmoins leur reconnaître des points communs : toutes sont susceptibles de faire l'objet d'obligations.

375. Le silence est une notion polysémique émanant des personnes. Il peut être vue comme une émanation naturelle du secret puisque celui qui observe le silence peut chercher à protéger l'information confidentielle. En ce sens, il constitue un moyen de protéger l'objet du secret. Ainsi, briser ce silence revient automatiquement à violer le secret. Il constitue également un droit fondamental de la défense de la personne soupçonnée ou accusée dans une procédure pénale. Il est essentiel à sa défense car il lui permet de ne pas s'incriminer. Le silence traduit par ailleurs, l'intention véritable de son auteur notamment en matière contractuelle : il se retrouve à plusieurs étapes de la formation du contrat et peut même constituer l'acceptation tacite d'une offre de contracter dans certaines circonstances de fait. Dans d'autres circonstances, il revêt une connotation négative, notamment lorsqu'il est gardé par l'un des cocontractants concernant une information que l'autre partie aurait intérêt à connaître pour contracter en toute connaissance de cause. Il s'agit de la réticence dolosive. Il peut également être observé des autorités administratives et juridictionnelles. Selon le sens que lui attribue le législateur, le silence peut ainsi valoir le refus ou l'acceptation de l'administration saisie d'une demande. Enfin, le silence peut porter sur des actes législatifs et renvoyer à notion de « vide juridique », une lacune non intentionnelle du droit.

376. Par ailleurs, discrétion et secret tendent à se confondre : l'un et l'autre peuvent faire l'objet d'obligations professionnelles. Toutefois, en droit public, l'obligation de discrétion a une portée plus large que celle du secret professionnel : elle vise la protection du fonctionnement de l'administration. L'obligation de réserve possède quant à elle, un champ d'application spécifique, distinct du secret puisqu'elle interdit toute manifestation d'opinions incompatible avec la dignité, l'impartialité et la sérénité des fonctions de l'agent public. Elle présente toutefois avec l'obligation de discrétion un point commun : protéger l'administration et son fonctionnement.

377. En matière fiscale, toutes ces notions trouvent pleinement à s'appliquer. En dehors des généralités développées quant aux caractéristiques du secret, nous mettons en évidence que celui-ci présente des spécificités liées à l'histoire de l'impôt. Il est inexorablement lié à la naissance de la fiscalité. Sa portée varie en fonction des grandes périodes historiques. Durant l'Antiquité, les finances publiques étaient administrées de manière relativement transparente au sein de la cité romaine. En revanche, le secret a particulièrement caractérisé le fonctionnement et la gestion de ces finances publiques dans les régimes impériaux et monarchiques. Sous l'Ancien Régime, les règles fiscales sont opaques et appliquées de manière arbitraire. L'administration fiscale est en outre soumise à une forte tradition de confidentialité. Elle se veut éloignée des administrés à qui elle imposait ses décisions de façon unilatérale, conformément au modèle bureaucratique. Elle ne communique aux administrés que le résultat des décisions qui les concernent et n'indique pas le déroulement du processus ayant permis d'y aboutir. Les prélèvements, considérés comme abusifs et inégalitaires, ont provoqué des révoltes fiscales qui ont ainsi marqué l'Histoire de France jusqu'au XVIIIe siècle. La Révolution française apporte des modifications importantes dans le fonctionnement de l'administration et dans l'établissement des règles fiscales. Elle permet en effet la consécration de principes fondamentaux tels que le consentement de l'impôt et l'égalité en matière fiscale. Parallèlement, en 1810, le secret professionnel est codifié pour la première fois. Après cet évènement, apparaissent de nouvelles méthodes d'imposition plus respectueuses du secret du contribuable, suivant les concepts de justice fiscale et d'égalité fiscale. Le XIXe siècle intègre ensuite progressivement le mouvement d'institutionnalisation de la transparence administrative. Encore aujourd'hui, le secret, façonné au fil des siècles par la pratique des organes chargés des finances publiques, demeure et évolue. Il est en outre perçu négativement car c'est un vecteur de fraude fiscale.

378. Mais le secret en matière fiscale a aussi des vertus. Il préserve des intérêts publics tels que le fonctionnement de l'action publique et des intérêts privés comme les informations personnelles du contribuable. Le législateur a donc pris soin de prévoir des dispositions d'ordre public dont l'objectif est de protéger l'information qu'il renferme. Notre étude nous fait alors constater qu'il existe plusieurs secrets s'appliquant naturellement en matière fiscale. Deux sont spécifiques à la fiscalité : le secret des agents des services fiscaux et le secret de l'avocat dont l'activité impose des obligations professionnelles de nature fiscale à l'égard du client. C'est par exemple le cas de l'obligation légale et déontologique de refuser une opération tendant à commettre une fraude fiscale. À défaut de parvenir à dissuader son client, l'avocat doit se retirer du dossier pour ne pas déclarer un soupçon de fraude. Deux autres secrets sont considérés comme « hybrides » car leur champ d'application touche à la fois le droit fiscal et d'autres disciplines juridiques. Il s'agit du secret bancaire et du secret des affaires. En raison des exigences de transparence qui irriguent désormais la politique fiscale actuelle, ces secrets sont constamment confrontés à d'autres impératifs, le but étant de parvenir à une conciliation satisfaisante.

Partie II. Le régime du secret en matière fiscale

379. Étudier le régime juridique du secret implique d'analyser l'ensemble des règles de droit applicables à ceux tenus de le respecter, ses exceptions, et plus particulièrement, l'impératif avec lequel il est actuellement mis en balance : la transparence[1]. Lever le secret revient en effet à faire la lumière sur son objet, faire preuve de transparence à son sujet. En matière fiscale, il est souvent perçu de manière péjorative car il renvoie à l'idée de dissimulation. Il caractérise également l'exercice arbitraire du pouvoir et les décisions de l'administration[2]. À l'inverse, la transparence est synonyme de moralité et d'accès à l'information[3]. La notion n'est pourtant pas définie ni même reconnue explicitement par le droit mais elle semble être un idéal à atteindre. Aujourd'hui, cette dernière est irrésistible. « *Il suffit qu'elle veuille pour que l'on doive. Hommes ou procédures, c'est tout un, il leur faut céder. Qui se veut respectable se doit d'être transparent. Autre retournement puisqu'il fut un temps où être jugé transparent était fort peu flatteur quand, désormais, c'est accuser quelqu'un de ne pas l'être qui est lui faire injure. La discrétion est suspecte, la pudeur maladive, l'opacité illégitime, le secret monstrueux*[4] ». Le paradigme du secret s'efface ainsi peu à peu face à l'exigence démocratique de transparence.

380. Toutefois, il convient de rappeler que le secret garantit le droit à la vie privée. La transparence participe, quant à elle, à l'accessibilité et à l'intelligibilité de la loi. En outre, ces deux notions sont essentielles à l'exercice de l'action publique. Mais l'une comme l'autre, si elles sont édifiées en principe moral absolu et intangibles, risquent d'être dangereuses pour une société démocratique. Les récentes dispositions adoptées en matière fiscale tendent à rendre transparente l'activité du contribuable, ce qui semble annihiler irrémédiablement les effets du secret sans pour autant chercher à les moduler. Or, il est essentiel à la sauvegarde des droits et

---

[1] Carbonnier (J.), « Propos introductifs », au colloque de Deauville sur « la Transparence » organisé les 19-20 Juin 1993 par l'Association Droit et commerce dirigée par Lucas de Leyssac (C.), *RJC*, 1993, numéro spécial, n° 11, 180 p., p. 9 : « *Le bien vient de la communication. Le mal vient d'un défaut de communication, c'est-à-dire finalement d'un défaut de transparence* ».

[2] V. *Infra :* Partie I, Titre II, Chapitre I, Section II.

[3] V. *Supra :* Introduction générale, Section I, § 1 (Définition de la transparence).

[4] Carcassonne (G.), « Le trouble de la transparence », *Pouvoirs*, 2001/2, n° 97, pp. 17-23, p. 20.

libertés fondamentaux. Nous étudierons la préservation du secret comme principe inspirant des normes juridiques[1] (**Titre I**), puis nous détaillerons les exceptions prévues par le régime du secret (**Titre II**).

[1] Cornu (G.), *Vocabulaire juridique*, *op. cit.*, pp. 806-807, p. 807, Définition de « *Principe* ».

Titre I. Le principe : La préservation du secret

381. Le droit fiscal concerne principalement trois acteurs : l'administration fiscale, ancrée dans une tradition de secrets qu'elle s'efforce de tempérer en tentant de rendre son action plus transparente ; le contribuable qui cherche à lui opposer le secret afin de protéger sa vie privée, d'éluder sa charge fiscale ou d'échapper à l'impôt ; enfin, les tiers qui ont, quant à eux, un intérêt à avoir accès aux informations détenues par l'administration et le contribuable. La matière fiscale met ainsi en évidence un rapport juridique entre ces trois protagonistes pour lesquels « *en définitive, toutes dépenses publiques, toutes créations, organisations, fonctionnements de services publics posent à tout moment le problème de la plus grande force : la force de contrainte des gouvernants, la force de résistance des gouvernés aux prélèvements indispensables pour la réalisation des programmes politiques, sociaux ou économiques*[1] ».

382. L'administration fiscale est à la fois un service public et une institution[2] disposant de pouvoirs coercitifs quand il s'agit de contrôler les contribuables et de recouvrer l'impôt. Dès lors, en agissant dans le cadre de ses prérogatives de puissance publique, elle accède à leurs informations personnelles. Selon le rapport de confiance qu'elle s'efforce de conserver avec les administrés, elle doit garantir la confidentialité de ces informations en opposant aux tiers son secret fiscal. Pourtant, indépendamment de la protection des informations du contribuable, elle ne peut vraisemblablement mener une action efficace qu'en gardant secrètes certaines facettes de ses missions. (**Chapitre I**). En même temps, afin de prévenir toute décision

---

[1] Jèze (G.), « L'évolution de l'impôt en France », *RIDC*, 1998, Vol. 50, n° 2, p. 611.

[2] V. Les travaux de Maurice Hauriou sur l'institution : Hauriou (M.), « La théorie de l'institution et de la fondation. Essai de vitalisme social », *La Cité moderne et les transformations du droit. Cahiers de la Nouvelle Journée*, Paris, Bloud et Gay, 1925, 4. Texte repris dans *Aux sources du droit. Le pouvoir, l'ordre et laliberté. Cahiers de la Nouvelle Journée*, Paris, Bloud et Gay, 1933, 23, pp. 89-128 (reprise avec la même pagination par le Centre de philosophie politique et juridique de l'Université de Caen en 1986, p. 96 et s.) ; Hauriou (M.), *Précis de droit constitutionnel,* Recueil Sirey, Paris, 2e éd., 1929, 759 p. (Réimprimé par Dalloz en 2015, 794 p.), p. 76 : « *C'est parce que l'État doit être envisagé dans la durée qu'il ne peut être conçu que sous la figure d'une institution incorporée* ». Maurice Hauriou définit ainsi l'institution comme « *une organisation sociale, en relation avec l'ordre général des choses, dont la permanence individuelle est assurée par l'équilibre interne d'une séparation des pouvoirs, et qui a réalisé en son sein une situation juridique* » (*Principes de droit public*, Librairie de la Société du recueil J.-B. Sirey & du journal du palais, Paris, 1910, 734p., p. 129).

abitraire de sa part, elle est tenue de communiquer avec les contribuables, de mettre à leur disposition des informations claires et détaillées. Pour la même raison, les secrets opposés par le contribuable et les tiers peuvent être vus, somme toute, comme une protection exercée par eux directement sur leurs propres informations. Au même titre que l'administration fiscale, ils sont aussi détenteurs de leurs propres secrets (**Chapitre II**).

Chapitre I. Le secret opposé par l'administration fiscale

383. Le secret de l'administration est un moyen de protéger des intérêts publics et privés. Il détient donc deux fonctions (**Section I**). Il s'applique lors de la mise en œuvre des procédures d'imposition (**Section II**) et avant toute poursuite pénale en cas de fraude fiscale (**Section III**).

Section I. La double fonction du secret de l'administration

384. Le secret de l'administration vise à préserver les intérêts publics (**§ 1**) et les intérêts privés (**§ 2**).

§ 1. La protection des intérêts publics

385. Dans certaines circonstances, l'action de l'administration fiscale ne peut véritablement être efficace que si ses agents gardent le secret sur les informations dont ils ont connaisance dans l'exercice de leurs fonctions. Ce secret protège plusieurs intérêts publics : la préservation des moyens et des techniques qu'elle emploie, le bon fonctionnement de ses services, le recouvrement des créances publiques[1]… Nous porterons une attention particulière à l'un d'entre eux : la recherche des infractions fiscales. Celle-ci peut être perçue comme un objectif d'intérêt général (**I**) justifiant de restreindre le droit d'accès aux documents administratifs de l'administré. Cette mesure doit cependant être une atteinte proportionnée au but recherché (**II**).

---

[1] Moor (P.), « Chapitre IV. Intérêts publics et intérêts privés », Moor (P.), (dir.), *Pour une théorie micropolitique du droit*, PUF, 2005, 272 p., pp. 83-115, p. 113. L'intérêt public « *a pour commune définition qu'il consiste en la fourniture de prestations, positives, destinées à promouvoir le bien-être général au-delà de ce qu'assure l'économie de marché* »., L'auteur indique en outre que « *la pluralité des intérêts publics se retrouve dans les structures d'organisation de l'appareil étatique. L'administration se fragmente autant que l'intérêt public lui-même […] L'intérêt public est une notion complètement éclatée, dispersée. Il s'est fragmenté en une multiplicité d'intérêts spécifiques, sectoriels. Il a perdu sa généralité. On ne peut plus parler de lui au singulier* » (p. 101).

I. La recherche des infractions fiscales : un objectif d'intérêt général

386. L'intérêt général est considéré comme la pierre angulaire de l'action publique, dont il détermine la finalité et fonde la légitimité[1]. Il justifie l'exercice des prérogatives exorbitantes du droit commun par l'autorité publique. Pourtant, si la notion est très usitée, elle n'est pas juridiquement définie[2]. Même le « *Conseil d'État n'explique jamais l'intérêt général : il le déclare, en donnant le sentiment de faire un constat de bon sens, évident ou relevant de la nature des choses, même lorsqu'il change de jurisprudence. Cette prudence se comprend : estampiller d'intérêt général un objectif est une opération proprement politique*[3] ». L'intérêt général « *fait partie des valeurs politiques [...] : non seulement il est admis que l'intérêt général doit guider les décisions des autorités administratives et politiques, mais il est également admis que cet intérêt général justifie des atteintes à des intérêts particuliers [...]. Une difficulté est de dire l'intérêt général. Autant son invocation est permanente, quasi spontanée, naturelle, autant son expression est malaisée*[4] ». Ainsi, lorsque le juge relève un objectif d'intérêt général, il conçoit que, sous certaines conditions, il fasse exception à des principes fondamentaux, car « *la plasticité est consubstantielle à l'idée d'intérêt général, qui peut ainsi évoluer en fonction des besoins sociaux à satisfaire et des nouveaux enjeux auxquels est confrontée la société*[5] ». L'une de ses fonctions les plus importantes est de limiter, au nom des finalités supérieures qu'il représente, l'exercice de certains droits et libertés individuelles, comme

---

[1] Conseil d'État, *Rapport public 1999* : *Réflexions sur l'intérêt général*, (contributions de Truchet (D.), Schoetti (J.-E.), Honorat (E.), Thiry (B.), Schaub (A.), Laffont (J.-J.), Barthélémy (J.)), La Documentation française, coll. Études et documents du Conseil d'État, n° 50, 1999, 449 p., p. 10.

[2] Chevallier (J.), « Les fondements idéologiques du droit administratif français », *in* Chevallier (J.), (dir.), *Variations autour de l'idéologie de l'intérêt général*, Paris, PUF, 1978-1979, T. 2, 330 p., p. 56 : Le but d'intérêt général est considéré comme « *une donnée d'évidence, une clause de style, dont l'intérêt pratique est nul* ».

[3] Truchet (D.), « L'intérêt général dans la jurisprudence du Conseil d'État, retour aux sources et équilibre », *in Rapport public 1999 : Réflexions sur l'intérêt général*, *op. cit.*, pp. 361-374, p. 370.

[4] Pontier (J.-M.), « L'intérêt général existe-t-il encore ? », *D.* 1998, chron., pp. 327-333, p. 332.

[5] Conseil d'État, *Rapport public 1999 : Réflexions sur l'intérêt général*, *op. cit.*, p. 355.

le droit de propriété[1] ou encore de la liberté d'entreprendre[2], ainsi que certains principes fondamentaux, comme l'égalité[3] et la sécurité juridique[4].

387. C'est dans cette optique, que sont apparues les problématiques relatives à la lutte contre la fraude et l'évasion fiscales. Ces infractions affectent en effet, le fonctionnement du marché intérieur dans la mesure où elles créent des distorsions de concurrence et une rupture d'égalité devant les charges publiques entre les contribuables. Reconnue comme l'une des plus anciennes « *raisons impérieuses d'intérêt général*[5] » invoquées par les États ou encore comme objectif de valeur constitutionnelle[6], cette lutte s'inscrit

---

[1] Conseil constitutionnel, 12 novembre 2010, n° 2010-60 QPC, *Pierre B.* , cons. 5 et 6, *D.* 2011, p. 652, note Cheynet de Beaupré (A.) ; *RDI* 2011, p. 99, obs. Tranchant (L.) ; *RTD civ.* 2011, p. 144, obs. Revet (T.).

[2] Conseil constitutionnel, 23 mars 2017, n° 2017-750 DC, *Loi relative au devoir de vigilance des sociétés mères et des entreprises donneuses d'ordre*, cons. 16, *D.* 2017, p. 2501, obs. Roujou de Boubée (G.), Garé (T.), Ginestet (C.), Gozzi (M.-H.), Mirabail (S.) et Tricoire (E.) ; *Constitutions* 2017, p. 234, chron. Bachschmidt (P.).

[3] Conseil constitutionnel, 29 décembre 2009, n° 2009-599 DC, *Taxe carbone*, cons. 80, *AJDA* 2010, p. 277, note Mastor (W.) ; *D.* 2010, p. 1508, obs. Bernaud (V.) et Gay (L.) ; *RFDA* 2010, p. 627, chron. Rambaud (T.) et Roblot-Troizier (A.) ; *Constitutions* 2010, p. 277 ; *ibid.* p. 281 ; *ibid.* p. 283, obs. Barilari (A.).

[4] Conseil constitutionnel, 27 février 2007, n° 2007-550 DC, *Loi relative à la modernisation de la diffusion audiovisuelle et à la télévision du futur*, cons. 4, *D.* 2008, p. 2025, obs. Bernaud (V.) et Gay (L.).

[5] CJUE, 5 mai 2011, Affaire C-267/09 - *Commission européenne c/ République portugaise*, *Dr. fisc.* 2011, n° 20, act. 158 : La garantie d'efficacité des contrôles fiscaux et la lutte contre l'évasion fiscale peuvent constituer une raison impérieuse d'intérêt général justifiant de restreindre l'exercice des libertés fondamentales garanties par le traité.

[6] Conseil Constitutionnel, 15 décembre 2017, n° 2017-679 QPC, *Dr. fisc.* 2018, n° 10, comm. 212, note Monès (S.), Mandelbaum (J.-F.) et Roch (P.-M.). La lutte contre la fraude fiscale est définie actuellement comme un « *objectif de valeur constitutionnelle qui découle nécessairement de l'article 13 de la Déclaration des droits de l'homme et du citoyen* » (Conseil Constitutionnel, 29 décembre 1999, n° 99-424 DC, *Loi de finances pour 2000*, cons. 52 ; Conseil Constitutionnel, 27 décembre 2001, n° 2001-457 DC, *Loi de finances rectificative pour 2001*, cons. 6 ; Conseil Constitutionnel, 21 janvier 2011, n° 2010-88 QPC, *Boisselier*, *Dr. fisc.* 2011, n° 7, comm. 219, note Pelletier (M.) ; *RJF* 1/11, n° 482, sur renvoi de Conseil d'État, 22 octobre 2010, n° 342565, *Dr. fisc.* 2010, n° 48, comm. 578, concl. Escaut ; *RJF* 1/11, n° 83 ; Conseil Constitutionnel, 16 septembre 2011, n° 2011-165 QPC, *Société Heatherbrae LTD*, *RJF* 12/11, n° 1349, sur renvoi de Com., 28 juin 2011, n° 11-40.019, *RJF* 11/11, n° 1203 ; Conseil Constitutionnel, 20 juillet 2012, n° 2012-267 QPC, sur renvoi de Conseil d'État, 23 mai 2012, n° 357796. V. également Conseil constitutionnel, 6 octobre 2017, n° 2017-659 QPC, § 6, *JORF* n° 0236 du 8 octobre 2017 : En adoptant l'article 123 *bis* du Code général des impôts, le législateur lutte contre la fraude et l'évasion fiscales, commises par des personnes

plus largement dans le cadre de la recherche des infractions fiscales, constituant désormais, à l'échelle nationale, un objectif d'intérêt général poursuivi par les politiques publiques. Les infractions fiscales portent nécessairement atteinte à l'intérêt général et nuisent au fonctionnement des pouvoirs publics. Pour ces raisons, l'administration peut refuser de transmettre certaines informations au contribuable et lui opposer le secret administratif. Ces limites, *erga omnes*[1], valent également en ce qui concerne le secret des délibérations du gouvernement et des autorités responsables relevant du pouvoir exécutif[2] et le secret de la défense nationale[3]. Elles s'appliquent aussi en matière de politique étrangère, dans le domaine de la sécurité intérieure ; elles concernent également la monnaie, le crédit public, les procédures juridictionnelles (sauf exception) et, de façon générale, les secrets protégés par la loi. Toutefois, l'atteinte au droit d'accès aux documents administratifs, même si elle est justifiée, doit être proportionnée au but poursuivi.

II. Une atteinte devant être proportionnée au but poursuivi

388. Nous établirons la manière dont le principe de proportionnalité est appréhendé dans la jurisprudence, s'agissant notamment du droit du contribuable à accéder aux documents administratifs (**A**) puis les informations auxquelles celui-ci ne peut avoir accès (**B**).

A. L'exigence d'un contrôle de proportionnalité entre les moyens employés et le but recherché

389. Le principe de proportionnalité[4] est l'« *exigence d'un rapport, d'une adéquation, entre les moyens employés par l'administration et le but qu'elle*

---

physiques qui détiennent des participations dans des entités principalement financières localisées hors de France et bénéficiant d'un régime fiscal privilégié. Ce but constitue un objectif de valeur constitutionnelle.

[1] Pichoustre (D.), « La simplification de l'accès aux documents administratifs par l'ordonnance du 6 juin 2005 », *LPA*, 14 novembre 2005, n° 226, p. 3.

[2] Par exemple, les échanges de courrier ministériel.

[3] Par exemple, les documents référençant les installations militaires. V. pour plus de précisions : Guillaume (M.), « Secrets régaliens : le cas du secret Défense », *in Actes du colloque « Transparence et secret »*, colloque pour le XXVe anniversaire de la loi n° 78-753 du 17 juillet 1978 sur l'accès aux documents administratifs, Institut français des Sciences administratives, Commission d'accès aux documents administratifs, Paris, La Documentation française, 2004, 334 p., pp. 205-213.

[4] V. Sauvé (J.-M.), *Le principe de proportionnalité, protecteur des libertés*, Institut Portalis, conférence retranscrite sur le site du Conseil d'État, Aix-en-Provence, 17

vise[1] ». Dans la jurisprudence de la Cour européenne des droits de l'homme et de la Cour de justice de l'Union européenne, le principe de proportionnalité[2] constitue une règle de pondération en vertu de laquelle les atteintes portées à des droits fondamentaux par la puissance publique ne peuvent excéder ce qui est nécessaire à l'intérêt général[3].

390. La Conv. EDH fait de ce principe une règle (deuxième paragraphe des articles 8 à 11) qui autorise de restreindre des droits si cela est nécessaire à la garantie de certains buts, tels que la protection des droits et libertés d'autrui ou la sécurité nationale. Il existe ainsi un principe de conciliation tendant à équilibrer les rapports entre les droits fondamentaux et les objectifs d'intérêt général visés par les autorités étatiques[4]. Le droit de l'Union européenne recourt aussi au principe de proportionnalité[5], qui s'impose tant

---

mars 2017 : Le principe a été pour la première fois consacré par la Cour administrative suprême de Prusse dès 1882, avec l'arrêt Kreuzberg (Cour administrative suprême de Prusse, 14 juin 1882, *Kreuzberg*, cité par Schwarze (J.), *Droit administratif européen*, Bruylant, 2e éd., 2009, 1662 p., p. 731).

[1] Braibant (G.), « Le principe de proportionnalité », *in Le juge et le droit public, Mélanges offerts à Marcel Waline*, *op. cit.*, p. 298.

[2] Lire Lamarque (J.), « Contrôle de proportionnalité de la loi fiscale », *JCl. Procédures fiscales*, Fasc. n° 110, 2012, § 184 : La notion juridique de la proportionnalité revêt plusieurs formes. Principe de rang constitutionnel dans certains pays comme l'Allemagne, le principe de proportionnalité est un principe général du droit communautaire et, pour la Cour européenne des droits de l'homme, un principe traduisant la nécessité de maintenir un juste équilibre entre l'intérêt général des États et les intérêts individuels protégés par la Conv. EDH. Il faut distinguer les systèmes juridiques : ceux qui reconnaissent expressément le principe de proportionnalité, et ceux qui se limitent à un contrôle de la proportionnalité comme en France avec le Conseil d'État ou le Conseil constitutionnel (Xynopoulous (G.), « Proportionnalité », *in* Alland (D.), Rials (S.), (dir.), *Dictionnaire de la culture juridique*, PUF, 2003, 1680 p., p. 1251 ; Philippe (X.), *Le contrôle de proportionnalité dans les jurisprudences constitutionnelle et administrative françaises*, Économica, PUAM, coll. Sciences et droit administratif, 1990, 542 p., p. 498 ; Costa (J.-P.), « Le principe de proportionnalité dans la jurisprudence du Conseil d'État », *AJDA* 1988, p. 434 ; Braibant (G.), « Le principe de proportionnalité », *in Le juge et le droit public*, *Mélanges offerts à Marcel Waline*, LGDJ, 1974, T. II, p. 297 ; Fromont (M.), « Le principe de proportionnalité », *AJDA* 1995 (numéro spécial) p. 156 ; Ziller (J.), « Le principe de proportionnalité », *AJDA* 1996 (numéro spécial), p. 185).

[3] Cornu (G.), *Vocabulaire juridique*, *op. cit.*, p. 821, Définition de « *Proportionnalité* ».

[4] Lire Grabarczyk (K.), *Les principes généraux dans la jurisprudence de la Cour européenne des droits de l'homme*, éd. Presses universitaires d'Aix-Marseille, 2008, 558 p., p. 228.

[5] L'article 5 § 4 du Traité sur l'Union européenne consacre le principe de proportionnalité : « 4. *En vertu du principe de proportionnalité, le contenu et la*

aux institutions de l'Union[1] qu'aux États membres[2] lorsqu'ils appliquent le droit de l'Union.

391. En droit interne, le principe n'a longtemps bénéficié d'aucune reconnaissance explicite, ni *a fortiori*, d'aucune consécration constitutionnelle. Mais, il est communément appliqué dans la jurisprudence française. Suivant la jurisprudence *Benjamin*[3] du Conseil d'État, le Conseil constitutionnel effectue un contrôle de proportionnalité lorsqu'il contrôle des dispositions législatives qui restreignent l'exercice d'un droit ou d'une liberté au nom de la sauvegarde de l'ordre public[4] ou quand il doit concilier plusieurs droits fondamentaux[1].

---

forme de l'action de l'Union n'excèdent pas ce qui est nécessaire pour atteindre les objectifs des traités. Les institutions de l'Union appliquent le principe de proportionnalité conformément au protocole sur l'application des principes de subsidiarité et de proportionnalité ». Le principe a également été reconnu comme principe général du droit de l'Union (CJCE, 17 décembre 1970, Affaire 11/70, *Internationale Handelsgesellschaft*, *Rec.* p. 1125) après être apparu pour la première fois dans la jurisprudence européenne dans les arrêts : CJCE, 29 novembre 1956, Affaire 8/55, *Fédération Charbonnière de Belgique c/ Haute Autorité de la Communauté européenne du charbon et de l'acier*, *Rec.* p. 304 et CJCE, 13 juin 1958, Affaire 15/57, *Hauts Fourneaux de Chasse c/ Haute autorité de la CECA*, *Rec.* p. 184. L'avocat général Alain Dutheillet de Lamothe, dans ses conclusions sur l'affaire *Internationale Handelsgesellschaft*, avait même invité la Cour à consacrer le principe à partir du « *droit fondamental pour l'individu de ne voir limiter sa liberté d'agir que dans la mesure nécessaire à l'intérêt général* » (cité par Stirn (B.), *Vers un droit public européen*, LGDJ, 2015, 2e éd., 158 p., note 2, p. 97). Enfin, à l'exception des cas prévus par le Traité, la Cour de justice de l'Union a généralisé le principe en s'appuyant notamment sur la jurisprudence de la Cour européenne des droits de l'homme (CJCE, 28 octobre 1975, Affaire 36/75, *Rutili*, point 32, *Rec.* p. 1219, concl. Mayras).

[1] CJCE, 17 mai 1984, Affaire 15/83, *Denkavit Nederland BV c/ Hoofdproducktschap voor Akkerbouwprodukten*, point 25, *Rec.* CJCE 1984, p. 2171.

[2] CJCE, 27 octobre 1993, Affaire C-127/92. *Dr. Pamela Mary Enderby c/ Frenchay Health Autority et Secretary of State for Health ;* CJCE, 20 février 1979, Affaire 120-78, *Rewe-Zentral AG [Cassis de Dijon], Rec.* CJCE 1979, p. 649 : la Cour de justice de l'Union impose le respect d'une règle de proportionnalité pour qualifier une règle nationale de mesure d'effet équivalent à une restriction quantitative. Il en est de même en ce qui concerne l'admission de certaines aides d'État (CJCE, 24 juillet 2003, Affaire C-280/00, *Altmark Trans GmbH*, *Rec.* CJCE 2003, I, p. 7747).

[3] Conseil d'État, 19 mai 1933, n° 17413 et 17520, *Benjamin*, *Rec.* p. 541.

[4] Pour des exemples, voir Conseil constitutionnel, 23 juillet 2015, n° 2015-713 DC, *Loi relative au renseignement*, *JCP G* 2015, n° 38, 1639 ; *JO* 26 juillet 2015, p. 12751 ; cons. 11. Conseil constitutionnel, 22 décembre 2015, n° 2015-527 QPC, *M. Cédric D.*, *AJDA* 2015, p. 2563 ; *D.* 2016 p. 79, et les obs. ; *RFDA* 2016, p. 123, note Roblot-Troizier (A.): sur renvoi préjudiciel. Conseil constitutionnel, 10 février 2017, n° 2016-611 QPC (relative au délit de consultation habituelle de sites internet

392. Le Conseil d'État avait pu reconnaître le caractère de « liberté publique » à la liberté d'accès aux documents administratifs dans une décision du 29 avril 2002[2]: par conséquent, seule la loi peut en définir les contours et limites, c'est-à-dire les administrations concernées, les documents soumis au droit d'accès ainsi que les restrictions et secrets opposables aux demandeurs. Les pays restreignent, généralement pour les mêmes raisons, la communication des documents administratifs. L'Allemagne et la Grande-Bretagne, par exemple, veulent ainsi empêcher qu'ils ne soient rendus publics. Les pays de l'Union européenne, eux, cherchent de cette façon à sécuriser leur territoire, leur défense, à ce que leur politique étrangère ne soit pas attaquée ; ils entendent aussi protéger leur politique monétaire ou économique, et, soucieux de leurs citoyens et de leurs entreprises, visent le respect de la vie privée et le secret industriel et commercial. Cette limitation s'applique également, dans presque tous les pays, à ce qui ressort des procédures juridictionnelles, de la criminalité et de la recherche d'infractions fiscales. Enfin, la France, l'Italie, l'Allemagne et les États-Unis ne transmettent les actes préparatoires à des décisions que lorsque celles-ci ont été exécutées[3].

393. En France, le Conseil d'État veille à ce que l'administration fasse preuve d'une transparence adéquate. C'est à travers sa jurisprudence qu'il s'efforce ainsi de concilier le principe de libre accès de tous les citoyens aux documents que détiennent les administrations, codifié à l'article L. 311-1 du Code des relations entre le public et l'administration, et la nécessaire confidentialité des données sensibles couvertes par le secret des techniques et des informations relatives à la recherche des infractions fiscales[4]. Les justifications pour motif impérieux d'intérêt général retenues comme pertinentes – la lutte contre la fraude fiscale dans laquelle s'inscrit la recherche des infractions fiscales – doivent donc se révéler strictement

---

terroristes), *M. David. P.*, *JO* 12 février ; *D.* 2017 p. 354 ; *JCP N* 2017, n° 8, p. 19. V. sur ce dernier arrêt l'article de Goesel-Le Bihan (V.), « Une grande décision : la décision 2016-611 QPC », *AJDA* 2017, p. 433.

[1] Conseil constitutionnel, 1er juillet 2004, n° 2004-497 DC, *Loi relative aux communications électroniques et aux services de communication audiovisuelle*, *JO* 10 juillet 2004, p. 12506 ; cons. 20.

[2] Conseil d'État, 29 avril 2002, n° 228830, *Gabriel Ullmann*, *Rec.* p. 157 ; *AJDA* 2002 p. 691, note Raimbault (P.) ; *RFDA* 2003 p. 135, concl. Piveteau (D.).

[3] Commission d'accès aux documents administratifs, *La liberté d'accès en Europe et dans le monde* [disponible en ligne].

[4] Lasserre (B.), Belaval (P.), Laville (G.), Sanson (G.),. Grynbaum (J.), *L'accès aux documents administratifs*, Deuxième rapport d'activité de la commission d'accès aux documents administratifs 1981-1982, La Documentation française, Paris 1982, 74 p., p. 39.

nécessaires et proportionnées à l'objectif poursuivi[1]. Le contribuable n'a alors pas accès à un certain nombre de pièces ou mentions. Il s'agit de protéger les moyens mis en œuvre par l'administration pour assurer l'efficacité de la recherche et éviter de voir les preuves dépérir, à l'image de la procédure secrète menée devant la CIF[2].

394. Cette restriction n'est toutefois pas immuable car l'exception au droit d'accès de l'administration des documents administratifs est contournée par la prescription, les informations étant accessibles à l'expiration d'un certain délai. Les documents couverts par les secrets prévus à l'article L. 311-6 du Code des relations entre le public et l'administration deviennent en effet, librement communicables sur le fondement de la législation sur les archives publiques. Ainsi, ceux qui ressortent de la vie privée sont consultables cinquante ans après la date de l'acte en vertu du 3° du I de l'article L. 213-2 du Code du patrimoine[3]. Le contribuable ne peut accéder aux pièces ou mentions susceptibles de porter atteinte à la recherche des infractions fiscales de son dossier personnel détenu par les services du cadastre.

B. Les documents administratifs ne pouvant être communiqués au contribuable

395. L'administration, astreinte au secret de ses techniques, refuse la communication de documents qui révèleraient ses sources : il en va ainsi pour un rapport de vérification, pour des éléments d'un dossier de rectification fiscale[4], et pour les bulletins de recoupement détenus par les services fiscaux, dès lors qu'ils donnent des informations sur l'origine d'une vérification, sur la source des renseignements obtenus par l'administration fiscale ou sur les méthodes utilisées par le vérificateur[5]. De même, elle ne donne pas les critères ayant conduit au contrôle[6] ; ni certaines méthodes

---

[1] BOI-INT-DG-10-30-20120912 : L'interprétation par la jurisprudence de la CJUE des libertés fondamentales garanties par le Traité.

[2] V. *Infra :* Partie II, Titre I, Chapitre I, Section III.

[3] CADA, avis n° 20091015, 2 avril 2009.

[4] CADA, avis n° 20020163, 24 janvier 2002 ; CADA, avis n° 20033741, 25 septembre 2003 ; CADA, avis n° 20051340, 31 mars 2005 ; CADA, avis n° 20063348, 31 août 2006 ; CADA, avis n° 20063684, 14 septembre 2006.

[5] CADA, avis n° 20071230, 22 mars 2007.

[6] Conseil d'État, 12 octobre 1990, n° 100036, *Ministre du Budget c/ Durand*, *Rec.* p. 781 ; *Dr. fisc.* 1990, n° 45, comm. 2090, concl. Chahid-Nouraï (N.) ; *RJF* 11/90, n° 1357 : Il en va en particulier ainsi de la « *fiche de programmation* », qui contient des éléments relatifs aux motifs pour lesquels un contribuable a fait l'objet d'un contrôle par les services fiscaux (CADA, avis n° 20072743, 26 juillet 2007).

mises en œuvre par l'administration fiscale[1], ni le résultat de certaines recherches d'infraction ; ni les informations obtenues auprès d'une administration étrangère dans le cadre d'une demande d'assistance administrative[2]. Le refus de communication peut ainsi porter sur des documents nominatifs (**1**) ou des documents non nominatifs (**2**).

1. Les documents nominatifs ne pouvant être communiqués au contribuable

396. Le législateur ne définit pas la notion d'informations nominatives. Cependant la CADA considère comme nominatif tout document portant une appréciation sur une personne physique nommément désignée ou facilement identifiable ou qui décrit son comportement de sorte que le divulguer pourrait lui porter préjudice. Un document est donc nominatif quand sa publicité risque de porter atteinte au droit individuel de ne pas divulguer des renseignements sur soi, ses activités ou ses biens.

397. Si en vertu de l'article L. 311-3 du Code des relations entre le public et l'administration, « *toute personne a le droit de connaître les informations contenues dans un document administratif dont les conclusions lui sont opposées* », le contribuable n'a pas accès à toutes les informations nominatives contenues dans son dossier. Au terme d'un examen de situation fiscale personnelle (ESFP) par exemple, le contribuable qui demande la communication du rapport de vérification peut se la voir refuser si sa divulgation porte atteinte à la recherche des infractions fiscales. Le Conseil d'État a considéré que ce refus ne pouvait pas être systématique[3].

---

[1] La Commission a émis un avis défavorable pour la communication des pièces suivantes : les documents relatifs à l'exercice par l'administration du droit de préemption dont l'objet est de combattre les sous-évaluations des biens ; certains passages des monographies par profession réalisées par les services de la Direction générale des Finances publiques à l'intention de leurs agents de vérification (Conseil d'État, 22 octobre 1990, n° 103708, *Cassigneul*, *Rec.* p. 678) ; les instructions données par la Direction générale des douanes à ses agents en application d'un arrêté du 11 décembre 1981 (Conseil d'État, 16 novembre 1984, n° 50234, *Mesmin, Rec.* p. 376 ; *AJDA* 1985, p. 291) ; la circulaire relative au barème appliqué par la Direction générale des douanes et droits indirects pour établir le montant des pénalités transactionnelles infligées aux personnes résidant en France n'ayant pas régulièrement importé leur véhicule automobile (CADA, avis n° 19990110, 7 janvier 1999).

[2] CADA, avis n° 20052605, 7 juillet 2005 ; CADA, avis n° 20054823, 1er décembre 2005 ; CADA, avis n° 20063411, 31 août 2006 ; CADA, avis n° 20070909, 8 mars 2007 ; CADA, avis n° 20072278, 7 juin 2007 ; CADA, avis n° 20073939, 11 octobre 2007.

[3] Conseil d'État, 22 octobre 1990, *Cassigneul,* n° 103708, *préc.* V. aussi Le Moal (A.), *ibid.*, p. 47 et Conseil d'État, 1er décembre 1989, n° 58896 et n° 58277, *Société*

L'administration peut autoriser la communication du rapport, en occultant toutefois les passages[1] risquant de mettre à mal la vie privée ou la recherche d'infractions fiscales, mais sans que les informations transmises ne perdent de leur substance[2].

398. Par ailleurs, le contribuable n'a pas accès aux informations échangées entre les États contractants dans le cadre de la recherche des infractions fiscales, car celles-ci, aux termes de l'article 26 alinéa 2 de la convention modèle de l'OCDE, sont secrètes. Le sont également les informations obtenues légalement et communiqués aux personnes ou autorités juridictionnelles concernées par l'établissement ou le recouvrement des impôts[3]. De même, avec la mise en place de la Norme commune de déclaration, dans le cadre de l'échange automatique entre les administratives fiscales, rien ne permet au contribuable de consulter les éléments le concernant, ou de savoir lesquels ont été transmis d'une administration à l'autre. Ce manque volontaire traduit la prévalence de la protection des

---

nouvelle d'édition et Blanc, Rec. p. 246: Les rapports de vérification sont communicables, mais sous plusieurs conditions : tant que les impositions litigieuses n'ont pas été mises en recouvrement et que la procédure contradictoire devant la commission départementale des impôts directs et taxes sur le chiffre d'affaires n'est pas terminée, ils ne constituent que de simples documents préparatoires (CADA, avis n° 20051260, 17 mars 2005) ; leur communication ne peut alors être sollicitée que dans le cadre de la procédure particulière instituée par les articles L. 57 et suivants et R. 60-1 du Livre des procédures fiscales. Les procès-verbaux de la commission départementale sont quant à eux communicables à la personne concernée. Ils ne doivent pas comporter des mentions « *susceptibles de se rattacher au secret fiscal* », sauf si celles-ci sont occultables (CADA, avis n° 20073213, 13 septembre 2007). Ils ne doivent pas non plus porter atteinte à la recherche, que les services compétents effectuent sur des infractions fiscales, notamment en fournissant des moyens de recoupement, les méthodes utilisées par le vérificateur et la source de certains renseignements (CADA, avis n° 20073682, 27 septembre 2007).

[1] Conseil d'État, 3 septembre 1997, n° 152922, *M. Konnemann*, JurisData n° 1997 - 049389 ; *Dr. fisc.* 1998, n° 14, comm. 270 : Selon le commissaire du gouvernement (ancienne appellation du rapporteur public) Guillaume Goulard, « *le refus partiel de communication est tout à fait fondé car les passages qui restent en litige contiennent, à propos des méthodes qui ont été employées en l'espèce par l'Administration et qui peuvent être mises en œuvre pour d'autres contribuables, des indications précises dont la divulgation porterait atteinte à l'efficacité des contrôles* ».

[2] *Ibid.*

[3] Le Moal (A.), *op. cit.*, p. 47 ; Conseil d'État, 5 mars 1993, n° 105069, *Rohard*, *Dr. fisc.* 1993, n° 45, comm. 2127 ; *RJF* 5/93, n° 674 : Le Conseil d'État a considéré que le requérant ne pouvait invoquer la violation de la loi n° 78-753 du 17 juillet 1978 en raison des stipulations de la convention fiscale en cause, et parce qu'elles détiennent, en outre, une valeur supérieure dans le bloc de constitutionnalité aux termes de l'article 55 de la Constitution de 1956.

techniques et méthodes de recherche des infractions fiscales de l'administration fiscale, au détriment de l'accès aux informations, pourtant, là encore nécessaires à la défense du contribuable. Celui-ci n'a pas non plus accès à certains documents non nominatifs.

2. Les documents non nominatifs ne pouvant être communiqués au contribuable

399. En principe, toute personne physique ou morale peut demander la consultation d'un document administratif non nominatif. Rien ne l'oblige à motiver sa demande, ni à justifier son intérêt pour l'objet souhaité, ni à expliquer l'usage qu'elle veut en faire. En matière fiscale, les documents administratifs concernent aussi bien le dossier personnel du contribuable que l'accès aux instructions et circulaires qui interprètent le droit applicable. Ils témoignent du souci de transparence du législateur et aident les contribuables à comprendre la loi fiscale. Toutefois, le juge a parfois connaissance, dans les circulaires, d'informations que l'administration se doit de tenir secrètes, alors qu'elles figurent parmi les documents administratifs susceptibles de faire l'objet de communication et indiqués à l'article L. 300-2 du Code des relations entre le public et l'administration[1]. Par exemple, un contribuable n'a pu lire la circulaire de l'économie et des finances qui faisait mention « *des méthodes de fraudes* » et donnait « *des directives sur la manière de procéder aux contrôles prévus par la loi et les limites d'intervention des services dans l'exercice de ce contrôles*[2]». En effet, conformément aux dispositions de l'actuel article L. 311-5 du code

---

[1] Le Moal (A.), *Le secret en droit fiscal français*, *op. cit.*, p. 45.

[2] Conseil d'État, 16 novembre 1984, n° 50234, *Mesmin, préc.* : « *Considérant qu'aux termes de l'article 1 de la loi du 17 juillet 1978, sont notamment considérés comme documents administratifs les instructions et circulaires "qui comportent une interprétation du droit positif ou une description des procédures administratives" ; qu'aux termes de l'article 6 de la même loi, les administrations "peuvent refuser de laisser consulter ou de communiquer un document administratif dont la consultation ou la communication porterait atteinte [...] à la recherche, par les services compétents, des infractions fiscales et douanières" ;*

« *Considérant qu'il résulte de l'instruction que la circulaire n° 82-S.9.DA du 19 janvier 1982 du ministre de l'économie et des finances, commentant à l'intention des services des douanes les dispositions de l'arrêté du 11 décembre 1981 pris pour l'application de l'article 215 du Code des douanes, mentionne des méthodes de fraude effectivement utilisées et donne des directives sur la manière de procéder aux contrôles prévus par la loi et les limites d'intervention des services dans l'exercice de ce contrôle ; qu'ainsi, alors même qu'elle comporterait une interprétation du droit positif ou une description des procédures administratives, au sens de l'article 1 de la loi du 17 juillet 1978, elle constitue un document dont la communication peut être refusée en application des dispositions précitées de l'article 6 de la même loi* ».

précité, ancien article 6 de la loi n° 78-753 du 17 juillet 1978, cette circulaire ne pouvait être publiée pour protéger l'impératif de recherche des infractions fiscales[1]. La protection des techniques et méthodes de recherche des infractions fiscales est un impératif primant sur l'accès aux informations qui pourtant, sont nécessaires à la défense du contribuable. La deuxième fonction du secret de l'administration est par ailleurs de protéger des intérêts d'ordre privé.

§ 2. La protection des intérêts privés

400. L'administration a pour fonction de protéger, contre les atteintes des tiers, les informations privées des administrés. Pour refuser de les communiquer, elle oppose le secret fiscal mais aussi d'autres secrets que nous étudierons (**I**). Puis, nous analyserons le cas particulier du rescrit fiscal dont certaines informations sont gardées confidentielles par l'administration fiscale (**II**).

I. Les secrets motivant un refus de communication

401. Le secret de l'administration est un rempart contre les atteintes au secret de la vie privée[2] et au secret médical. Les informations relatives à l'état civil, c'est-à-dire, les date de naissance et âge, lieu de naissance, situation matrimoniale et familiale, ne sont en général communicables qu'à l'intéressé. Il en est de même pour les coordonnées personnelles[3], la situation

---

[1] Le Moal (A.), *Le secret en droit fiscal français*, *op. cit.*, p. 45.

[2] Ne sont communicables qu'aux seules personnes concernées les demandes ayant trait à l'identité, à l'exclusion des nom et prénom (date de naissance, âge, adresse personnelle...), situation familiale (filiation...) et situation matérielle (comptes bancaires...). L'accès aux informations nominatives résultant d'un traitement automatisé et contenues dans un fichier relève non pas de ce dispositif, mais de l'article 29 de la loi du 6 janvier 1978 relative à l'informatique, aux fichiers et aux libertés sous la houlette de la CNIL. Soulignons que la protection des données à caractère personnel est également organisée par la directive 95/46 du Parlement européen et du Conseil du 24 octobre 1995 (*JOCE* n° L. 281 du 23 novembre 1995, p. 31) ainsi que par des textes particuliers comme celui sur les communications électroniques (Directive 2002/58/CE du Parlement européen et du Conseil du 12 juillet 2002, *JOUE* n° L. 9 du 31 juillet 2002, p. 37). La Charte des droits fondamentaux de l'Union y fait expressément référence à son article II-68.

[3] C'est le cas de l'adresse postale, l'adresse électronique, du numéro de téléphone, de la liste des numéros appelés ou encore du lieu d'hébergement.

patrimoniale et financière[1], le numéro d'immatriculation pour les personnes morales[2], l'appartenance politique ou religieuse[3], la situation professionnelle du contribuable[4]. Quand leur divulgation peut porter préjudice, les documents nominatifs sont aussi touchés par cette interdiction, s'ils présentent une appréciation ou un jugement de valeur sur la personne physique désignée ou facilement identifiable ou relatant son comportement[5].

402. Toutefois, les demandes de communication ne sont pas refusées lorsque le nom et le prénom d'une personne figurent sur les documents administratifs[6]. La CADA estime que ces informations ne nécessitent pas de protection particulière relevant de la vie privée. Si elles comportent le nom de personnes physiques ainsi que d'autres informations, qui elles, relèvent du secret de la vie privée, l'administration dispose de trois solutions : soit elle transmet le document après l'avoir anonymisé ; soit elle occulte des mentions protégées ; soit, dans ce dernier cas, le document perd toute sa substance et elle jugera par conséquent, inutile de le faire connaître. De même, les documents mentionnant des droits de propriété littéraire et artistique sont communicables mais sous réserve que le demandeur en fasse un usage conforme au droit[7].

---

[1] C'est le cas du patrimoine immobilier ; des revenus perçus (y compris les aides sociales ou aides au logement) ; des impôts et taxes (impôt sur le revenu, ISF, redevance audiovisuelle, taxe de remembrement, ou encore taxes, redevances et impôts locaux) ; de la domiciliation et de l'identification des comptes bancaires. Ainsi, en raison du secret de la vie privée, ne peut être communiquée la liste des personnes assujetties à l'impôt sur les grandes fortunes si le secret de la vie privée risque d'être mis à mal (CADA, avis n° 20071857, 3 mai 2007).

[2] Le numéro de l'INSEE, de la police d'assurance, de l'immatriculation d'un véhicule particulier.

[3] Plus précisément, en ce qui concerne l'appartenance politique, l'usage du pouvoir de suffrage, les croyances religieuses.

[4] Tels que les dates de congés, les congés de maternité ou parentaux, les horaires de travail, les taux d'incapacité.

[5] Belorgey (J.-M.), « L'État entre transparence et secret », *Pouvoirs*, Vol. 97, n° 2, 2001, pp. 25-32, p. 30 ; Leclerc (H.), « Quelles limites au droit d'accès », *in Actes du colloque « Transparence et secret »*, colloque pour le XXVème anniversaire de la loi n° 78-753 du 17 juillet 1978 sur l'accès aux documents administratifs, *op. cit.*, pp. 193-194 ; Pellissier (G.), « Communication de documents administratifs, documents couverts par le secret », *Le Quotidien juridique*, 4 décembre 1997, n° 97, p. 8.

[6] Conseil d'État, 30 mars 1990, n° 90237, *Mme Degorge Boëtte*, *Rec.* p. 85.

[7] Exemple de l'article L. 311-4 du Code des relations entre le public et l'administration : « *Les documents administratifs sont communiqués sous réserve des droits de propriété littéraire et artistique* ». Les documents restent communicables, mais le demandeur doit en faire un usage conforme au droit (CADA, conseil n° 20022799 du 11 juillet 2002). Il s'agit, le plus souvent, de

403. Par ailleurs, certaines dispositions peuvent faire obstacle à l'opposabilité du secret de la vie privée, car, en matière fiscale, la protection de la vie privée ne s'oppose pas à la communication notamment des extraits de rôle concernant les impôts locaux et du rôle de l'imposition sur le revenu. La Haute juridiction administrative avait ainsi pu établir que l'exercice du droit de communication par l'administration fiscale, en vertu des articles L. 81 et L. 85 du LPF, dans le cadre de l'objectif constitutionnel de lutte contre la fraude fiscale, ne constitue pas une atteinte disproportionnée au respect de la vie privée du contribuable ou de toute autre personne[1]. Dans cette perspective, le secret de la vie privée ne peut donc être opposé.

404. En outre, l'administration peut refuser la communication de documents administratifs au motif qu'elle porterait atteinte au secret professionnel de l'administré, lequel vise également la protection des informations privées du client par exemple. Ainsi, le Conseil d'État a jugé que la correspondance d'un avocat et son client était couverte par le secret professionnel notamment les consultations juridiques adressées à une collectivité publique dans le cadre d'une procédure de marché public, si celles-ci constituent des documents administratifs au sens de l'article L. 300-2 du Code des relations entre le public et l'administration[2]. Par conséquent, ces documents ne sont pas communicables[3]. Le secret de l'administration peut également être opposé afin de protéger des informations couvertes du secret des affaires. Nous l'étudierons notamment au travers de la procédure du rescrit fiscal.

II. La protection des informations privées du rescrit fiscal par leur anonymisation

405. Au sens large, le rescrit peut être défini comme une « *expression doctrinaire servant à désigner les consultations données, à la demande des intéressés, par des autorités administratives ou juridictionnelles, sur des questions de droit (de source légale ou réglementaire), sous des formes et*

---

documents remis dans le cadre d'un concours d'architecture : plans (CADA, avis n° 20024502, 21 novembre 2002), maquettes, planches, esquisses, avant-projet sommaire et avant-projet définitif (CADA, conseil n° 20032491, 5 juin 2003).

[1] Conseil d'État, 14 octobre 2015, n° 391872, *Chognon*, *Dr. fisc.* 2015, n° 45, comm. 667, concl. Escaut (N.).

[2] Conseil d'État, Ass., 27 mai 2005, n° 268564, *Département de l'Essonne*, JurisData n° 2005-068481 ; *Rec.* 2005, p. 229 ; *JCP A* 2005, 1246, concl. Mitjaville (M.-H.), et 1307, chron. Glaser et Seners ; *AJDA* 2005, p. 1450, chron. Landais et Lenica.

[3] CADA, avis n° 20081225, 20 mars 2008.

dans des domaines divers[1] ». En matière fiscale, il est la réponse de l'administration à une question posée par un contribuable concernant les actions qu'il souhaite mener[2]. Les rescrits et les décisions anticipatives fiscales constituent des pratiques variables notamment au sein de l'Union européenne, d'un État membre à un autre[3].

406. Historiquement, les rescrits fiscaux n'étaient pas couverts du secret. Ils n'avaient d'ailleurs pas la même fonction qu'actuellement. Il s'agissait d'actes publics officiels qui avaient pour but de faire connaître la volonté du souverain[4]. En effet, sous l'Antiquité, les *rescriptii* émis par les empereurs romains, en réponse aux questions de droit qui pouvaient leur être posées par un magistrat, un gouverneur de province ou un particulier, étaient très souvent affichés publiquement[5]. C'est sous l'Ancien Régime que s'étend le secret administratif aux rescrits fiscaux en France, à la différence du Canada ou des États-Unis, qui n'ont développé un système général de rescrits qu'à partir des années 1960[6].

407. En France, il n'existe pas de définition juridique de la notion du rescrit fiscal qui ne fait d'ailleurs pas « *davantage l'option d'un véritable consensus doctrinal*[7] ». La procédure telle que nous la connaissons

---

[1] Cornu (G.), *Vocabulaire juridique*, *op. cit.*, pp. 912-913, p. 913, Définition « *Rescrit* ».

[2] Ellis (M.), « Advance Rulings. Rapport général », *IFA. Cahiers de droit fiscal international*, Vol. 84, n° 2, 1999, p. 22.

[3] V. Perrotin (F.), « Le système des *rulings* en question », *LPA*, 12 décembre 2014, n° 248, p. 4 : « *Le niveau qualitatif et la cohérence des contrôles exercés par les administrations fiscales varient sensiblement d'un État membre à un autre. La Commission européenne constate notamment que les Pays-Bas semblent généralement procéder à une évaluation approfondie basée sur des informations exhaustives demandées aux assujettis. Un autre exemple avec l'Irlande : la Commission fait observer que, même si les règles en matière de prix de transfert ont été renforcées au cours des années, l'administration fiscale irlandaise disposait dans le passé d'un pouvoir d'appréciation très étendu. Elle relève toutefois que l'Irlande a adopté très peu de décisions anticipatives concernant des accords de fixation de prix de transfert* ».

[4] Andt (É.), *La Procédure par rescrit*, Thèse de droit, Paris, Recueil Sirey, 1920, 140 p., p. 1.

[5] Daremberg (C.) et Saglio (E.), *Dictionnaire des antiquités grecques et romaines*, Paris, Hachette, 1873, 1601 p., pp. 844-846, p. 844, Définition de « *Rescriptum* ».

[6] Soledad Alvarez (V.), « Transparence et crise de légitimité de l'administration fiscale française : la publicité des rescrits », *Éthique publique*, *Revue internationale d'éthique sociétale et gouvernementale*, Vol. 9, n° 2, 2007, p. 2. V. par exemple Lord (G.) et Sherman (H. A.), « *Advanced Rulings. Canada National Report* », *IFA. Cahiers de droit fiscal international*, Vol. 84, n° 2, 1999, p. 281 et s.

[7] Conseil d'État, *Le rescrit : sécuriser les initiatives et les projets*, La Documentation française, Les Études du Conseil d'État, 2014, 202 p., p. 21.

aujourd'hui a été introduite par la loi n° 87-502 du 8 juillet 1987 relative à l'amélioration des droits et garanties du contribuable[1]. L'article L. 80 B du Livre des procédures fiscales, institué par la loi précitée dite loi « Aicardi » vise spécifiquement les prises de position de l'administration sur des situations de fait au regard de la loi fiscale en leur étendant la garantie contre les changements de la doctrine administrative prévue à l'article L. 80 A. La pratique des rescrits fiscaux en droit français, souvent assimilés à tort aux *tax rulings*[2], s'est développée et s'est diversifiée sous la forme du rescrit général[3] ou de rescrits spécifiques[4].

408. Le secret professionnel auquel est tenue l'administration des impôts fait obstacle à la communication des rescrits fiscaux. Toutefois, afin de

---

[1] Lire également Cabannes (X.), « Le rescrit fiscal : propos introductifs », *Dr. fisc.* 2015, n° 27, étude 440 et Rigaudeau (P.-O.), « Rescrit fiscal - Une voie de recours en construction : le contentieux des rescrits fiscaux », *Dr. adm.*, n° 3, mars 2017, comm. 11.

[2] Il convient de ne pas confondre systématiquement et irrémédiablement la notion de *tax ruling* qui désigne des décisions anticipées de quelques États d'accorder un régime fiscal préférentiel négocié. Certains États ont une pratique – générale ou ponctuelle – du *ruling*, marquée par leur opacité fiscale. Cependant, ils sont sans rapport avec le rescrit fiscal de droit français qui lui, répond à une question sur un régime ou une éventuelle pratique fiscale. Devant l'Assemblée nationale, lors de la discussion du projet de loi de finances pour 2016, concernant l'amendement n° 1079 – relatif à la communication des rescrits fiscaux, par l'administration, à la Commission européenne et aux autres États membres –, Michel Sapin avait distingué les *tax rulings* et les rescrits fiscaux de droit français : « *le terme de tax ruling désigne des accords négociés entre l'administration et une entreprise en vue de ne pas appliquer la règle de droit et de faire bénéficier l'entreprise concernée d'une imposition plus faible voire quasiment nulle. Le terme de « rescrit », s'il en est la traduction, ne veut juridiquement pas dire la même chose puisqu'en France un rescrit vise à informer une entreprise de ses droits et non pas négocier avec elle une imposition plus faible. [...] en France, il n'y a pas de tax ruling. Il n'y a que des rescrits fiscaux, dont je viens de décrire le fonctionnement* » (V. Assemblée nationale XIVe législature - Session ordinaire de 2015-2016, *Compte-rendu intégral*, 1ère séance du jeudi 12 novembre 2015 relative au projet de Loi de finances pour 2016, amendement n° 1079).

[3] Lire Rouillon (F.), « Le rescrit fiscal : source de stabilité ou d'instabilité juridique », *Revue Juris Associations*, 15 septembre 2009, n° 404, p. 37 : Le rescrit général concerne tous les impôts, droits et taxes mentionnés dans le Code général des impôts.

[4] Les rescrits spécifiques sont relatifs à certaines opérations ou régimes particuliers. C'est le cas, par exemple, des rescrits « *amortissements exceptionnels* » ; « *entreprises nouvelles* » ; « *entreprise implantée en zones franches urbaines* » ; « *crédit d'impôt recherche* » ; « *jeunes entreprises innovantes et jeunes entreprises universitaires* » ; « *pôle de compétitivité* » ; ou encore « *établissement stable* ». Lire les articles L. 18, L. 80 B, 2° à 8°, L. 80 C et L. 64 B du LPF.

rendre accessible au plus grand nombre la pratique du rescrit fiscal et dans un souci de transparence de son action publique, l'administration publie certaines décisions de rescrit sous forme anonyme. Ce sont des réponses qu'elle a déjà fournies à des questions de portée générale ou apportant un nouvel éclairage sur l'application d'un texte fiscal. Elles peuvent lui être opposables, sous réserve que la situation du contribuable soit identique à celle évoquée dans la décision. Depuis la création de la base documentaire « *BOFiP-Impôts* », en septembre 2012, les réponses de l'administration à des demandes de rescrit sont mises en commun au profit des contribuables. C'est-à-dire qu'elles sont intégrées dans le cadre des commentaires doctrinaux mis en ligne dans le *Bulletin officiel des finances publiques*, soit sous la forme d'exemples d'application de la règle de droit, tirés des situations évoquées dans la demande de rescrit, et rendues anonymes, soit, le plus souvent, sous la forme de précisions doctrinales sans référence à la demande de rescrit[1]. Il est toutefois interdit de révéler qu'un contribuable a fait ou non une demande de rescrit. Le but est de défendre les actions et les projets de l'entreprise. C'est la raison pour laquelle les informations sont protégées par les dispositions du Code des relations entre le public et l'administration qui font obstacle à la communication de documents administratifs couverts par le secret des affaires[2].

409. Par ailleurs, la notion de rescrit doit être distinguée de l'agrément fiscal dont l'obtention est obligatoire et prévue au titre d'un dispositif légal pour l'application d'un régime fiscal de faveur. À l'instar du rescrit, l'agrément fiscal est lui aussi protégé par le secret des affaires ; en revanche, il ne peut jamais être divulgué, même partiellement ou de manière anonyme. Le Conseil d'État a jugé, en effet, dans sa décision *SAS Mediaserv* rendue le 27 juillet 2015[3] que les agréments fiscaux constituent des documents administratifs protégés à la fois par le secret professionnel en matière fiscale et par le secret en matière commerciale et industrielle, visé par la loi n° 78-753 du 17 juillet 1978. Sur ce double fondement, il valide le refus de communication qui avait été opposé, en l'espèce, par l'administration fiscale. Il a également insisté sur le fait que ce secret devait protéger tout le dossier : son contenu, la demande d'agrément, la décision de l'octroyer ou

---

[1] Direction générale des Finances publiques, *Rapport sur l'activité en matière de rescrits Année 2016*, 2016, 15 p., p. 13.

[2] Article L. 311-5 du Code des relations entre le public et l'administration.

[3] Conseil d'État, 27 juillet 2015, n° 366604, *SAS Mediaserv*, JurisData n° 2015-017896 *Dr. fisc.* 2015, n° 42, comm. 640 ; *RJF* 11/15, n° 928 : En l'espèce, le litige portait sur la communication à des entreprises tierces des agréments fiscaux qui peuvent être délivrés à des entreprises soumises à l'impôt sur les sociétés ; elles déduisent ainsi de leurs résultats imposables une partie des investissements productifs qu'elles réalisent dans les départements d'outre-mer pour l'exercice de certaines activités définies par la loi (Article 217 *undecies* du CGI).

non, les modalités de financement de l'investissement[1]. Le Conseil a en outre estimé que la révélation de l'une de ces informations aiderait les concurrents d'une entreprise à en connaître les actions et les projets, donc la stratégie ; ce qui lui porterait nécessairement préjudice. À cet effet, le secret pourrait être assimilé à une certaine « efficacité économique » car il préserve les avantages économiques de certains acteurs à l'égard de la concurrence notamment.

410. En l'état actuel de la législation, l'administration fiscale n'est pas tenue de rendre publics les rescrits. Par exemple, au 31 décembre 2016, la Direction générale des Finances publiques (DGFiP) avait traité 18.291 rescrits mais seulement 484 d'entre eux avaient été anonymisés[2]. Le secret des affaires et le secret de l'administration continuent de protéger les informations révélant la stratégie fiscale du contribuable, et parmi elles, son identité. Révéler ces informations risquerait de fragiliser la sécurité juridique et la confiance mutuelle visées par ce système. Dès lors, l'anonymisation semble renforcer efficacement l'accès aux positions adoptées par l'administration fiscale pour des situations proches de celles que les contribuables rencontrent. Regrettons seulement le manque de systématisation concernant la publication des cas particuliers de situations fiscales jugées nouvelles ainsi que le défaut d'une codification claire en ce sens en droit interne.

Conclusion de la Section I

411. L'administration fiscale oppose son secret au contribuable dans l'intérêt général, notamment pour protéger la recherche d'infractions fiscales. Cet objectif possède une raison sous-jacente à savoir, préserver l'efficacité de ses moyens pour recouvrer l'impôt. Elle oppose également le secret aux tiers pour défendre des intérêts privés, en particulier les informations du contribuable couvertes par le secret de la vie privée ou par le secret professionnel des tiers. Il en est de même s'agissant des agréments fiscaux et des rescrits fiscaux, protégés par le secret fiscal, le secret administratif et le secret des affaires. Cette confidentialité doit cependant composer avec la volonté de l'administration de rendre plus transparente son action. L'anonymisation, l'occultation ou la suppression de certaines données dans les documents administratifs – dont la divulgation s'avérerait préjudiciable pour le contribuable concerné –, constituent une avancée notable pour permettre l'accès à l'information des administrés.

---

[1] *Ibid.*

[2] Direction générale des Finances publiques, *Rapport sur l'activité en matière de rescrits Année 2016*, *op. cit.*, p. 13.

Section II. Le secret dans la mise en œuvre des procédures d'imposition

412. La procédure d'imposition est ici entendue dans une acception large qui englobe la phase de contrôle et de rectification. Nous étudierons la portée du secret de l'administration à l'occasion du contrôle fiscal (**§ 1**) puis, lors de la phase de rectification fiscale (**§ 2**). À cet effet, nous verrons que tant que l'imposition n'est pas définitive, une transaction secrète peut, à tout moment, être conclue entre le contribuable et l'administration fiscale (**§ 3**).

§ 1. Le secret dans les opérations de contrôle de l'impôt

413. Pour contrôler la justesse de la déclaration fiscale d'un contribuable, l'administration dispose de pouvoirs de vérification. Pour mener à bien ses missions, elle est amenée à lui opposer son secret (**I**) dont l'application n'est toutefois pas sans limites (**II**).

I. Les pouvoirs de l'administration impliquant leur part de secret

414. L'administration fiscale fonde son action principale, le recouvrement de l'impôt, sur la nécessité de l'impôt (article 14 de la DDHC). « *Il justifie [...] – en raison notamment du principe déclaratif de nombreuses impositions (impôt sur le revenu, impôt sur les sociétés, taxe sur la valeur ajoutée...) – que l'administration dispose d'un large éventail de moyens de contrôle de la sincérité des contribuables et de pouvoirs répressifs pour lutter contre la fraude fiscale sous toutes ses formes*[1] ». Parmi ces moyens de contrôle, nous étudierons ceux qui font intervenir son secret : le contrôle fiscal inopiné (**A**) puis le pouvoir d'audition de l'administration fiscale, récemment institué par le législateur. Précisons déjà que celui-ci est un pouvoir d'investigation qui, en théorie, s'exerce avant le contrôle de l'imposition, mais qui, en pratique, peut s'appliquer au cours de cette procédure. C'est la raison pour laquelle nous l'aborderons dans notre étude (**B**).

---

[1] Michel (J.), « Le contrôle de l'action de l'administration fiscale par le juge administratif : entre nécessité de l'impôt et garanties du contribuable », *Actes de la faculté de droit de Split (Croatie),* Vol. 53, 1/2016, pp. 55-66, p. 55.

A. L'intervention secrète de l'administration fiscale dans le cadre du contrôle fiscal inopiné

415. Prendre le contribuable sur le fait. Tel est l'objectif de l'administration fiscale qui met en œuvre à l'improviste le contrôle inopiné. Cette procédure vise en effet à empêcher l'entreprise – dans le laps de temps séparant la réception de l'avis de vérification et l'intervention elle-même – de dissimuler des éléments qui auraient permis de déterminer l'exacte matière imposable, notamment, les conditions matérielles dans lesquelles l'activité est exercée, ainsi que la nature réelle de cette dernière[1]. La procédure est codifiée au quatrième alinéa de l'article L. 47 du LPF : « *En cas de contrôle inopiné tendant à la constatation matérielle des éléments physiques de l'exploitation ou de l'existence et de l'état des documents comptables, l'avis de vérification de comptabilité et la charte des droits et obligations du contribuable vérifié sont remis au contribuable au début des opérations de constatations matérielles. L'examen au fond des documents comptables ne peut commencer qu'à l'issue d'un délai raisonnable permettant au contribuable de se faire assister par un conseil* ». Toutefois, si elle est autorisée dans le cadre des prérogatives de puissance publique de l'administration, elle doit « *rester un moyen exceptionnel de lutte contre la fraude importante ou significative [...]. Il s'agit de simples constatations matérielles et non pas de l'examen critique de documents comptables*[2] ». Le contrôle fiscal doit intervenir après la découverte d'indices laissant envisager une fraude. La vérification de comptabilité permettra ensuite de les transformer en éléments de preuve à charge contre le contribuable[3].

416. Le contrôle inopiné, faisant partie de la vérification, doit débuter impérativement par la remise en mains propres de l'avis de vérification accompagné de la charte des droits et obligations du contribuable vérifié[4]. Sinon, la vérification est irrégulière. Cette procédure qui consiste en de simples constatations matérielles[5] ne requiert pas la présence d'un conseil. En outre, un certain nombre de prescriptions doivent être respectées quant aux mentions devant figurer dans l'avis telles que la date du contrôle inopiné, les années et périodes vérifiées, les impôts, les droits et taxes

---

[1] Lire aussi La Mardière (C. de), *Droit fiscal général*, Flammarion, 2e éd., 2015, 384 p., pp. 276-277.

[2] Assemblée nationale, *Journal officiel* - Débats séance du 19 novembre 1982.

[3] Pour plus de précisions, lire Lambert (T.), « Effet de surprise et contrôle fiscal : le contrôle inopiné », *BF Francis Lefebvre*, 2003, pp. 671-676.

[4] V. pour plus de précisions Tallineau (L.), « La charte des droits et obligations du contribuable vérifié », *in Mélanges en hommage au Doyen Madiot*, Bruylant, 2000, 514 p., pp. 449-475.

[5] Il doit s'agir d'un « *simple contrôle matériel* ».

soumis au contrôle ainsi que l'identité du vérificateur et de ses supérieurs hiérarchiques[1]. Par ce dispositif, l'administration peut procéder à un inventaire des stocks et à un relevé des prix, en particulier, en ce qui concerne la nature des produits, la quantité des marchandises, et, le cas échéant, la catégorie des produits (par exemple : s'il s'agit de matières premières). Par ailleurs, le contrôle établit un inventaire des moyens mis à la disposition de l'entreprise comme le matériel, l'immobilier, le personnel... À l'issue du contrôle est dressé un procès-verbal de constatations, – non obligatoire mais recommandé –, qui pourra être opposé au contribuable[2]. Si l'administration décide de procéder à un examen au fond de la comptabilité (c'est-à-dire à la vérification de comptabilité[3]), elle ne pourra le faire que lorsque le contribuable sera en mesure de bénéficier des garanties offertes par la loi, notamment du recours à un conseil[4].

417. L'information relative à l'intervention de l'administration fiscale, dans le cadre de cette procédure, est secrète pour le contribuable. Le but recherché est l'effet de surprise. Dans cette perspective, il est laissé à la libre appréciation de l'administration le soin de déterminer l'heure de l'intervention et sa durée[5]. Sa décision est prise généralement au regard des circonstances et de la nature de l'activité exercée par l'entreprise. Dans la plupart des cas, le contrôle inopiné se déroule aux heures d'ouverture du local professionnel, ou durant un cycle de production ou de fabrication. Il arrive qu'il ait lieu lors des heures de fermeture de l'entreprise[6]ou de nuit,

---

[1] Lambert (T.), *Contrôle fiscal*, PUF, Droit Fondamental, 2e éd., 1998, 464 p., p. 380 et s. : l'avis de vérification doit contenir des mentions obligatoires et respecter des principes généraux qui ne sont pas spécifiques au contrôle inopiné.

[2] CAA Lyon, 19 décembre 1995, n° 93-1240, *RJF* 3/96, n° 335.

[3] La vérification de comptabilité doit être distinguée de l'examen de comptabilité prévue à l'article 13 G et L.47 AA du LPF). Cette dernière procédure consiste en un contrôle à distance de la comptabilité après envoi d'un avis d'examen de comptabilité. Elle se veut plus simple et moins lourde que la vérification de comptabilité. Les garanties et droits du contribuable contrôlé sont d'ailleurs similaires à celle-ci. Lire pour plus de précisions : Drié (J.-C.), « L'examen de comptabilité des entreprises, le futur est déjà là ! », *REIF*, n° 2018/1, p. 156 et s. ; Baudu (A.), « Droits des procédures fiscales », éd. Gualino/Lextenso, coll. Droit expert, 2018, 196 p., pp. 111-114.

[4] *Infra :* Présent chapitre, Section II, § 1, II, A.

[5] Aucune disposition légale ou réglementaire ne donne d'indications quant aux jours et heures auxquels peut s'exercer le contrôle sur place de la comptabilité des contribuables. V. à cet égard l'article L. 13 du LPF. Quant à la durée, l'intervention excède rarement une journée. Toutefois, un inventaire des stocks peut se poursuivre plusieurs jours. V. en ce sens : CAA Paris, 30 décembre 1993, n° 91-338, *RJF* 3/94, n° 297.

[6] CAA Paris, 9 décembre 1997, n° 96-456, *Dr. fisc.* 1998, n° 39, p. 1170 : Il a été jugé qu'un contrôle inopiné intervenant dans une galerie d'art en dehors des heures

pour plus d'efficacité, dans un établissement de jeux, par exemple[1]. Le secret apparaît nécessaire dans l'opportunité d'engager de telles vérifications. Face à un contribuable à la moralité douteuse, l'administration se doit d'agir de cette façon pour éviter un dépérissement des preuves. Toutefois, les garanties du contribuable doivent impérativement être respectées sous peine d'irrégularité de la procédure de contrôle[2]. C'est la raison pour laquelle le contrôle se borne aux simples constatations matérielles des éléments physiques de l'exploitation, de l'existence et de l'état des documents comptables. Or, le législateur n'a pas pris le soin de définir la notion de « constatations matérielles », de sorte qu'existe un abondant contentieux sur les limites du contrôle inopiné. Le juge a eu en effet à se prononcer régulièrement sur le champ d'application du dispositif et a ainsi jugé qu'en excède les limites, l'examen au fond des pièces justificatives des dépenses professionnelles[3] ou le contrôle de l'existence de pièces justificatives d'achats pour certaines marchandises en stock[4]. En revanche, un relevé de prix, dans un restaurant, effectué par le vérificateur à partir des menus proposés, un arrêté de la situation de caisse et un inventaire physique des liquides et solides rentrent dans le cadre des constatations matérielles[5]. Le secret se retrouve également dans la procédure, récemment instituée de l'audition des tiers. Toutes les procédures d'imposition sont d'ailleurs secrètes à l'égard des tiers. Mais la faculté de procéder à des auditions interroge quant à son articulation avec le secret de l'administration. Cette dernière nécessite que soit respectée une impérative confidentialité sur les informations du contribuable à l'égard des tiers auditionnés intervenant dans la procédure d'imposition.

B. L'exercice du droit d'audition des tiers dans le respect du secret fiscal

418. Depuis le 1er janvier 2017[6], l'administration fiscale détient un pouvoir d'audition permettant à ses agents de recueillir des informations relatives à certains aspects de la fiscalité internationale comme les prix de

---

d'ouverture n'était pas de nature à vicier la procédure et à conférer à cette galerie le caractère de locaux privés.

[1] Lambert (T.), « Effet de surprise et contrôle fiscal : le contrôle inopiné », *op. cit.*, p. 674.

[2] Conseil d'État, Ass., 22 mai 1989, n° 68832, *RJF* 7/89, n° 861.

[3] Conseil d'État, 6 juillet 1988, n° 55828, *RJF* 10/88, n° 1125.

[4] Conseil d'État, 5 juin 1989, n° 78301 et n° 78302, *RJF* 8-9/89, n° 985.

[5] Crim., 11 janvier 1993, n° 91-84.706, *BOI* 13 N-2-94.

[6] Notamment l'article 19 de la loi n° 2016-1918 du 29 décembre 2016 de finances rectificative pour 2016.

transfert, l'existence d'une activité imposable en France d'une société étrangère ou d'une domiciliation fiscale d'une personne physique sur le territoire national. Ces informations portent aussi sur l'interposition de sociétés-écrans. Selon ce droit, codifié à l'article L. 10-0 AB du Code général des impôts, l'administration a la possibilité de s'adresser exclusivement à des personnes étrangères à la procédure d'enquête ou de contrôle[1], susceptibles de lui fournir des informations utiles à sa mission, sans que le contribuable concerné, en soit préalablement averti. L'article L. 10-0 AB n'indiquant pas qui peut être convoqué par l'administration quand elle enquête, il semble que de toute évidence, toutes les personnes qui sont en relation avec le contribuable soupçonné de fraude peuvent être auditionnées. Il peut s'agir de tiers appartenant à la sphère professionnelle du contribuable (clients, fournisseurs, salariés...)[2] mais également, dans une certaine mesure, de ceux qui appartiennent à sa sphère privée.

419. Quant aux informations communiquées au contribuable, l'article L. 10-0 AB du CGI, en son quatrième alinéa, précise que celui-ci « *ne peut obtenir la communication du ou des procès-verbaux utilisés à son encontre qu'entre le moment où la procédure fiscale est diligentée à son encontre, et la mise en recouvrement des impositions* ». Dans le procès-verbal, figurent l'identité, l'adresse de la personne audionnée, les réponses et les questions posées lors de l'audition, la signature de l'agent ainsi que celle de la personne entendue, et éventuellement la mention de son refus de signer. Ces informations ne sont pas retranscrites anonymement dans le procès-verbal. Ce n'est qu'au stade de la réception d'une proposition de rectification que l'intéressé pourra demander la copie des procès-verbaux cités par l'administration fiscale. Le contenu de l'audition est transmis au contribuable, selon l'article L. 76 B du LPF, à la double condition que ce dernier le réclame et que l'administration ait établi une proposition de rectification sur la base des informations recueillies[3]. Toutefois, celles-ci

---

[1] Il est vraisemblable, comme le suggéraient les travaux parlementaires, que l'administration recoure généralement à cette procédure pour étayer une enquête menée en amont de la mise en œuvre de son pouvoir de contrôle. Les éléments recueillis dans le cadre des auditions pourront également enrichir une demande d'autorisation de perquisition fiscale (article L. 16 B du LPF) soumise au juge des libertés et de la détention, comme le confirme l'administration dans son commentaire (BOI-CF-COM-20-50, § 140). Toutefois, bien que ce point ne soit pas développé dans le commentaire au BOFiP, la loi ne nous paraît pas interdire que ces moyens soient déclenchés en cours de contrôle.

[2] L'administration exclut en revanche, pour « respecter l'esprit du texte » que soient auditionnés les dirigeants d'une personne morale sur laquelle portent des soupçons ou le conjoint de l'exploitant d'une entreprise individuelle visée par une enquête. V. BOI-CF-COM-20-50-20180207, § 20 et § 30.

[3] Article L. 76 du LPF : « *L'administration est tenue d'informer le contribuable de la teneur et de l'origine des renseignements et documents obtenus de tiers sur*

doivent être étayées par d'autres sources d'information pour que le procès-verbal soit opposable au contribuable[1].

420. L'audition est annoncée par une convocation. Un délai de huit jours au moins doit être respecté entre le moment où le contribuable la reçoit et la date où ce dernier est auditionné. L'aide d'un interprète doit aussi figurer sur le document[2]. En outre, les personnes convoquées peuvent manifester leur refus de se voir auditionner[3]. Cette faculté est judicieuse et doit rester telle quelle car un salarié soumis contractuellement au secret professionnel devrait avoir le choix de communiquer des informations confidentielles à l'administration. S'il décidait de le faire, rien ne l'empêcherait de demander alors la protection du lanceur d'alerte sinon il risquerait de subir des représailles de la part de son employeur. Le salarié est ainsi mis face à la possibilité de faire preuve de civisme fiscal et celle de pas compromettre sa relation avec son employeur. En disposant du choix d'être auditionné, il peut mesurer toutes les conséquences à opter pour l'un ou pour l'autre. Anonymiser le témoignage de la personne auditionnée protègerait, dans une certaine mesure, ses intérêts et l'inciterait à accepter l'audition. Mais les droits de la défense du contribuable ne seraient alors pas respectés, notamment au regard du principe du contradictoire[4].

421. Plus important encore, l'objet de l'audition doit être mentionné dans la convocation dans les limites de l'article L. 103 du LPF relative au secret professionnel des agents des services fiscaux. L'exercice du droit d'audition de l'administration fiscale doit en effet respecter le secret fiscal vis-à-vis des tiers auditionnés[5]. Pourtant, aucune indication n'est fournie dans le BOFiP sur l'articulation entre la procédure d'audition et ce secret. Or, si les questions posées doivent « *être précises et ciblées pour permettre notamment de mieux appréhender la fraude fiscale internationale et d'aider à l'identification des mécanismes de fraude*[6] », il est difficile de concevoir

---

lesquels elle s'est fondée pour établir l'imposition faisant l'objet de la proposition prévue au premier alinéa de l'article L. 57 ou de la notification prévue à l'article L. 76. Elle communique, avant la mise en recouvrement, une copie des documents susmentionnés au contribuable qui en fait la demande ».

[1] BOI-CF-COM-20-50-20180207, § 130.

[2] Article L. 10-0 AB alinéa 2 du CGI.

[3] Article L. 10-0 AB alinéa 2 du CGI : la demande d'audition « *indique également la possibilité pour la personne de refuser d'être entendue* ».

[4] V. *Infra :* Partie II, Titre, II, Chapitre I, Section I, § 2 (le cas de la dénonciation anonyme) : La lettre de dénonciation ne peut jamais être communiquée au contribuable. En revanche, seules les informations permettant de vérifier leur véracité peuvent lui être transmises.. Autrement dit, tout comme le témoignage fournie pendant l'audition, d'autres éléments doivent corroborer les propos des tiers.

[5] Article L. 10-0 AB alinéa 2 du LPF.

[6] BOI-CF-COM-20-50-20180207, § 100.

que l'administration fiscale ne risque pas de faire état des informations confidentielles dont elle dispose sur le contribuable contrôlé pour parvenir à ses fins. Ces risques sont amplifiés dans un système fiscal français où les tiers sont peu à peu devenus des « *auxiliaires passifs du fisc*[1] ». En effet, dès lors que le tiers est auditionné, il est avisé que le contribuable fait l'objet d'une procédure d'imposition. Or, une telle information est couverte par le secret. Les questions posées doivent donc appeler à la plus grande prudence dans leur formulation sinon, elles violeraient le secret fiscal. Ce dernier d'ailleurs, se doit être limité eu égard aux droits du contribuable.

II. Les limites du secret dans les opérations de contrôle de l'impôt

422. Nous étudierons les droits et garanties dont le contribuable dispose lors du contrôle fiscal qui empêchent l'opposabilité du secret de l'administration (**A**). Puis, nous analyserons les conséquences que pourrait avoir la violation du secret professionnel par un agent des services fiscaux sur la procédure d'imposition du contribuable (**B**).

A. Les droits et garanties du contribuable lors du contrôle fiscal

423. Le contribuable vérifié bénéficie de droits au cours du contrôle ; par exemple, celui d'être assisté d'un conseil, un avocat ou un expert-comptable[2]. Un contrôle est opéré par le juge fiscal sur les atteintes commises sur ces garanties lors des vérifications de comptabilité et des examens contradictoires de la situation fiscale personnelle du contribuable (ECSFP). C'est à lui qu'incombe de trouver la juste mesure entre le contrôle de l'administration et les droits du contribuable, et d'infliger éventuellement des peines[3]. Cette appréciation a conduit le juge administratif à restreindre la portée des irrégularités de procédure en les limitant à la seule procédure de contrôle en cours. Par exemple, la vérification de comptabilité, même viciée du point de vue procédural, n'empêchera pas qu'un chef d'entreprise subisse un ECSFP qui a frauduleusement modifié sa comptabilité[4].

---

[1] Pimont (Y.), « Le fisc, le contribuable et les tiers », *Études de finances publiques : Mélanges en l'honneur de M. le Professeur Paul-Marie Gaudemet*, Paris, Économica, 1984, 1046 p., p. 637.

[2] Michel (J.), « Le contrôle de l'action de l'administration fiscale par le juge administratif : entre nécessité de l'impôt et garanties du contribuable », *op. cit.*, p. 61.

[3] Collin (P.), « Procédures fiscales : chronique de l'année 2012 », *Dr. fisc.* 2013, n° 9, étude 176.

[4] La Mardière (C. de), *Droit fiscal général*, *op. cit.*, p. 280 : Il arrive que le vérificateur, en contrôlant une entreprise, découvre que le dirigeant lui fasse

424. Le contribuable doit se voir remettre la charte du contribuable en même temps que l'avis de vérification de comptabilité ou d'ECFSP dans le cadre de ces procédures[1]. Sans ces documents, la procédure sera jugée irrégulière et l'administration fiscale ne pourra recouvrer les impositions supplémentaires résultant du contrôle. La charte contient l'ensemble des droits et garanties attachés au contrôle et qui sont opposables à l'administration fiscale. L'avis précise notamment que la vérification ne peut être engagée qu'après qu'un « *délai raisonnable permettant au contribuable de se faire assister par un conseil* » ait été respecté. Autrement dit, l'avis comme la charte, doivent être envoyés quelques jours avant le déclenchement de la procédure. Le conseil aidera en effet à comprendre les subtilités du droit fiscal, à identifier les éventuelles irrégularités de la procédure susceptibles d'altérer la défense[2]. La notion de « *délai raisonnable* » visé à l'article L. 47 du LPF, n'étant pas clairement définie par le législateur, le juge a dû en préciser les contours. Ainsi, il a d'abord considéré que six jours[3], voire cinq jours[4] étaient des délais suffisants. *A contrario*, il a jugé qu'un jour franc ne pouvait l'être[5]. Le Conseil d'État a ensuite définitivement fixé ce délai minimum – entre la remise entre les mains du contribuable de l'avis de vérification et le début des opérations de contrôle – à deux jours francs[6], en excluant les samedi, dimanche et jours fériés. En pratique, l'administration revient dans l'entreprise une dizaine de jours après le contrôle pour entreprendre la vérification de comptabilité. Celle-ci ne doit pas durer plus de trois mois[7] (s'il s'agit d'un ECSFP, le délai maximal est d'un an[8]) à compter de la réception (ou la remise) de l'avis de vérification. Le point de départ peut être fixé au jour de l'intervention

---

supporter des dépenses personnelles. L'administration peut alors prendre la décision de déclencher un ECSFP portant sur l'impôt sur le revenu du chef d'entreprise. La vérification, dans cette hypothèse, est étendue à ce dernier.

[1] Article L. 10 du LPF.

[2] Lire aussi Neuer (J.-J.), « Le rôle du conseil dans le cadre d'un contrôle fiscal », *in Contrôle fiscal, Principes et pratiques* (ouvrage collectif), Économica, coll. Audit, Gestion, Fiscalité, 1988, 300 p., p. 167.

[3] Conseil d'État, 14 décembre 1984, n° 37199, *RJF* 2/85, n° 154.

[4] Conseil d'État, 14 octobre 1985, n° 42066, *RJF* 12/85, n° 839.

[5] Conseil d'État, 8 février 1991, n° 61093, *RJF* 3/91, n° 360.

[6] Conseil d'État, 14 mars 1990, n° 65110, *RJF* 5/90, n° 574, concl. Fouquet (O.), *LPA*, 1990, 71, p. 11 s. Ces deux jours francs peuvent ne pas être consécutifs (Conseil d'État, 2 octobre 2002, n° 228436, *RJF* 12/02, n° 1348).

[7] Article L. 52 du LPF. Le II de l'article prévoit les dérogations à ce délai.

[8] La durée est de deux ans en cas de découverte, en cours de contrôle, d'une activité occulte. V. hypothèses de prorogation à l'article L. 12 du LPF.

inopinée[1] car celle-ci n'est qu'une modalité pratique du début de la vérification de comptabilité. De plus, en vertu des articles L. 50 et L. 51 du LPF, une nouvelle vérification sur place des écritures comptables (ou un nouvel ECSFP) ne peut plus être diligentée sur une période et sur une catégorie d'impôt ayant déjà l'objet d'une vérification[2]. Enfin, le contrôle doit obligatoirement s'achever par l'envoi d'un avis d'absence de rectification si aucun élément à charge n'a été trouvé ou par une proposition de rectification motivée quand l'administration envisage de rectifier la base imposable[3].

425. Au titre des garanties qui lui sont accordées, le contribuable vérifié a le droit de consulter les documents qui sont contenus dans son dossier fiscal, dont le rapport de vérification[4] rédigé par le vérificateur à l'issue du contrôle. À son sujet, le Conseil d'État a estimé que, malgré la présence de passages non communicables, au sens de l'article 6 de la loi du 17 juillet 1978[5], il était accessible au contribuable[6], mais après occultation des passages « *sensibles*[7] ». Le rapport doit être communiqué dans un délai de deux mois sinon le silence de l'administration vaudra décision implicite de refus. Si le contribuable considère que le dossier n'est pas complet, il lui appartient, à peine d'irrecevabilité, de demander les pièces manquantes et, en cas de refus, de saisir la Commission d'accès aux documents administratifs[8], le cas échéant, de recourir aux voies juridictionnelles. Toutes ces garanties restreignent la portée du secret de l'administration à l'égard du contribuable

---

[1] TA Toulouse, 31 mars 1998, n° 95-1912, *RJF* 6/98, n° 694. TA Lyon, 6 mai 1999, n° 91-1292, *RJF* 12/99, n° 1570.

[2] Il est à préciser que tout recours hiérarchique est possible pendant et après la vérification.

[3] Pour plus de précisions quant à la motivation de la proposition de rectification : Lambert (T.), « Les pouvoirs de l'administration et garanties du contribuable dans le contrôle fiscal français », *in Fiscalité et évitement de l'impôt : une comparaison franco - russe* (ouvrage collectif), L'Harmattan, coll. Finances publiques, 2003, 204 p., pp. 111-122, p. 117 et p. 119.

[4] Lambert (T.), *Contrôle fiscal*, PUF, coll. Droit fondamental, 2e éd., 1998, 464 p., p. 398 et s.

[5] Conseil d'État, 2 juillet 1995, n° 161815, *RJF* 10/95, n° 1146 : seul le rapport définitif, visé par le supérieur hiérarchique, est communicable.

[6] Conseil d'État, 1er décembre 1989, n° 58277 et n° 58896, *Blanc, RJF* 1/90, n° 45, concl. Chahid-Nouraï (N.) ; *Dr. fisc.* 1990, n° 10, comm. 469, note Schmitt (Th.). En revanche, si les parties communicables sont indissociables de celles qui ne le sont pas, l'administration peut opposer un refus total : Conseil d'État, 27 février 1991, n° 109860, *RJF* 4/91, n° 465.

[7] Conseil d'État, 12 octobre 1990, n° 100036, *RJF* 11/90, n° 1357.

[8] Lambert (T.), « L'administration fiscale et le secret », *BF Francis Lefebvre*, 2005, pp. 447-453, p. 459, § 11.

et réduisent les risques de mise en œuvre de procédures d'imposition arbitraires. Mais, ne l'oublions pas, son secret prévient également les atteintes des tiers portées aux informations privées du contribuable. Il convient dès lors de s'interroger quant aux conséquences de sa violation sur la procédure de contrôle.

B. La violation du secret et son incidence sur la procédure d'imposition

426. La violation du secret fiscal peut avoir des conséquences sur le contrôle fiscal selon le contexte dans lequel elle est intervenue. À cet effet, le juge considère que la violation du secret professionnel par un agent des services fiscaux n'a pas d'incidence sur la régularité de la procédure d'imposition au cours de laquelle elle a été commise[1] car le respect du secret professionnel des agents du fisc ne fait pas partie des garanties offertes par le Livre des procédures fiscales aux contribuables[2]. Toutefois, dans certains cas, le juge admet qu'une procédure puisse être annulée en raison de la divulgation et utilisation illicites d'une information couverte par un secret professionnel[3]. Les juges du fond ont en effet rappelé que l'administration ne peut s'appuyer, pour établir des rectifications fiscales, sur des pièces qu'elle a elle-même obtenues de manière manifestement illicite[4]. Ainsi, il y a nullité de la procédure d'imposition lorsque l'administration fiscale viole, non pas son propre secret, mais divulgue ou utilise une information obtenue en violation d'un autre secret professionnel[5]. C'est par exemple le cas de la

---

1 Conseil d'État, 19 décembre 1975, n° 88119, *Dr. fisc.* 1976, n° 16, comm. 604.

2 Chevalier (J.-P.), « Confidentialité et droit fiscal », *RIDC*, Vol. 50, n° 2, avril-juin 1998, Étude de droit contemporain, pp. 611-628, p. 615.

3 Conseil d'État, 24 novembre 1986, n° 18803, *Dr. fisc.* 1987, n° 12, comm. 620 ; v. aussi *Infra :* Partie II, Titre II, Chapitre I, Section I, § 2, II, B (La licéité de la divulgation de l'information en matière probatoire).

4 CAA Lyon, 5 juillet 1994, n° 92-392, *RJF* 10/94, n° 1122. V. *Infra* : Partie II, Titre II, Chapitre I, Section I, § 2.

5 Com., 31 janvier 2012, n° 11-13.097, *Dr. fisc.* 2012, n° 12, comm. 207, note Detraz (S.) ; *D.* 2012, n° 496 ; *Dr. des sociétés* 2012, p. 389, note Lopez (C.) ; *RTD com.* 2012, p. 419, obs. Neau-Leduc (P.) ; et Com., 21 février 2012, n° 11-15.162, JurisData n° 2012-002896 ; *Dr. fisc.* 2012, n° 16, p. 262, étude Salomon (R.), n° 9 ; *Procédures* n° 4, 2012, comm. 137, note Ayrault (L.) : La Cour de cassation a reconnu le caractère irrégulier d'une visite domiciliaire ayant eu lieu sur la base d'un document dérobé par un informaticien de la banque HSBC. Il s'agissait d'une liste de contribuables qui révélait également le montant des avoirs dissimulés par ces derniers à l'étranger, pour une valeur de cinq milliards de dollars. L'administration fiscale française avait usé de son droit de communication pour se procurer cette liste et l'exploiter. V. aussi Conseil constitutionnel, 4 décembre 2013, n° 2013-679 DC, *Loi n° 2013-1117 du 6 décembre 2013 relative à la lutte contre la fraude fiscale et*

violation du secret médical[1]. La procédure sera jugée systématiquement irrégulière et entraînera la décharge des impositions correspondantes[2].

427. Par ailleurs, si la violation du secret professionnel n'a aucune incidence sur la procédure de contrôle, celle-ci reste régulière du point de vue fiscal, et ce d'autant que les agents chargés du contrôle peuvent encourir des sanctions disciplinaires et pénales, indépendantes de la procédure d'imposition. Par conséquent, si le secret vient à être transgressé, la procédure fiscale, elle, n'est presque jamais lésée. Le secret peut en outre, s'étendre à la phase de rectification fiscale.

§ 2. Le secret dans la phase de rectification de l'impôt

428. Le secret de l'administration peut être opposé au contribuable, dans certains cas, lorsque celui-ci demande l'accès aux documents utilisés pour la rectification : c'est là qu'il se manifeste, dans une certaine mesure (**I**) ; également, lorsque l'administration fiscale recourt à des éléments de comparaison provenant de déclarations des tiers à la procédure (**II**).

I. L'accès aux documents utilisés pour la rectification : un composant du principe du contradictoire

429. Le caractère contradictoire de la procédure de rectification[3], autrefois appelée « procédure de redressement » et précisée par voie

---

la grande délinquance économique et financière, *Constitutions* 2014 p. 76, obs. La Mardière (C. de) : En permettant à un magistrat d'autoriser une visite domiciliaire fiscale sur la base de documents ou d'informations illicites, le législateur prive de garanties légales le droit au respect de la vie privée, en particulier l'inviolabilité du domicile (cons. 39).

[1] Conseil d'État, 10 février 1988, n° 67017, *Dr. fisc.* 1989, n° 1, comm. 46, concl. Martin-Laprade (B.).

[2] Pour exemples, v. CAA Nancy, 28 janvier 1993, *Dr. fisc.* 1993, n° 46, comm. 2221, et Conseil d'État, 24 juin 2015, n° 367288, *SELAS Pharmacie Réveillon*, *Dr. fisc.* 2015, n° 38, comm. 572, concl. Nicolazo de Barmon (M.-A.), note Gibert (J.-C.) ; *RJF* 10/15, n° 812.

[3] Nous étudierons la procédure de droit commun prévue aux articles L. 55 à L. 61 B du LPF. Existent également des procédures de rectification spécifiques, faisant aussi intervenir le principe du contradictoire, telles que la procédure de régularisation spontanée (article L. 62 du LPF), la procédure de l'abus de droit fiscal (article L. 64 du LPF), la procédure de rectification spécifique à la fiducie (article L. 65 du LPF) ; enfin, celle qui permet de réévaluer le revenu sur la base du train de vie (article L. 36 du LPF et article 168 du CGI).

d'ordonnance[1], représente une véritable garantie pour le contribuable (**A**). Toutefois, la portée de la contradiction peut, dans certaines circonstances, être restreinte par le secret de l'administration en ce qui concerne l'accès aux informations ayant fondé la rectification (**B**).

A. Le caractère contradictoire de la procédure de rectification : une garantie pour le contribuable

430. Aux termes de l'article L. 55 du LPF, « *lorsque l'administration des impôts constate une insuffisance, une inexactitude, une omission ou une dissimulation dans les éléments servant de base au calcul des impôts, droits, taxes, redevances ou sommes quelconques dues en vertu du Code général des impôts [...], les rectifications correspondantes sont effectuées suivant la procédure de rectification* ». En vertu de l'article L. 57 du LPF, le principe du contradictoire s'applique tout au long de la phase de rectification, hormis les cas où l'administration peut recourir à la procédure de taxation d'office, dès lors que les conditions sont réunies ; qu'il s'agisse des impôts relevant de la compétence du juge judiciaire ou du juge administratif[2] y compris les impôts locaux[3].

431. Il résulte de l'application du principe du contradictoire, d'une part, que la proposition de rectification doit être motivée[4]. C'est-à-dire qu'elle doit comporter clairement les motifs des rehaussements envisagés, de sorte que le contribuable puisse faire valoir ses observations, organiser sa défense ou faire connaître son acceptation. Cette mesure a beau être une contrainte pour l'administration, elle représente une garantie pour le contribuable, qui peut lui opposer des motifs de fait et de droit[5] dans le cas où elle agirait hors de ce cadre[6]. Le caractère contradictoire de la procédure de rectification

---

[1] Ordonnance n° 2004-281 du 25 mars 1984.

[2] Article L. 55 du LPF.

[3] Conseil d'État, 5 juin 2002, n° 219840, *Simoens*, *Dr. fisc.* 2002, n° 41, comm. 810, concl. Courtial.

[4] BOI-CF-IOR-10-40-20171004, § 1 et § 40.

[5] Com., 28 janvier 1992, n° 90-10465, *J. Wallyn*, *Bull.* 1992, IV, n° 46, p. 36 ; *Dr. fisc.* 1992, n° 40, comm. 1830 ; Com., 15 décembre 1987, n° 86-15872, *Bull.* 1987, IV, n° 278, p. 207 : « *l'administration est tenue de préciser le fondement du rehaussement en droit comme en fait, et spécialement, de mentionner les textes sur lesquels elle s'appuie* ».

[6] Baudu (A.), *Droits des procédures fiscales*, Gualino/Lextenso, Droit expert, octobre 2018, 204 p., p. 121 : Dans la loi n° 2018-727 du 10 août 2018 « pour un État au service d'une société de confiance » (ESSOC), il est prévu la mention expresse, dans la proposition de rectification, des points validés par le vérificateur à l'issue du contrôle fiscal. Ils figurent au second alinéa de l'article L. 80 A et à l'article L. 80 B (10°) du LPF et doivent être indiqués dans la proposition de

implique, d'autre part, que le contribuable soit en possession des documents qui lui sont nécessaires pour contester les rectifications. Ainsi, la procédure est irrégulière si le vérificateur ne restitue pas au contribuable, avant l'envoi de la proposition de rectification, les documents qu'il a emportés pendant ou après les opérations de contrôle. Toutefois, si, à l'occasion d'une saisie, le contribuable ne les a plus, il lui appartiendra d'en demander une copie ou de se manifester pour les récupérer. En somme, ce principe est un droit de savoir et de discuter ; le contribuable les détient tous deux : la communication et la discussion qui sont nécessaires à sa défense dans une procédure aussi contraignante et riche de conséquences qu'est la rectification fiscale. Le principe du contradictoire est une garantie forte qu'on retrouve aussi bien dans une procédure juridictionnelle que non juridictionnelle. La Cour de justice de l'Union européenne a ainsi jugé que le principe des droits de la défense impose le respect du caractère contradictoire de la procédure non seulement devant les organes juridictionnels, mais aussi devant les organes administratifs, même purement consultatifs[1].

432. Par ailleurs, le contribuable dispose d'un délai de réponse de trente jours à compter de la réception de la proposition – pouvant être prorogé à sa demande de trente jours supplémentaires – pour accepter ou refuser la rectification. En cas d'acceptation, la procédure est terminée et le rappel est mis en recouvrement. Si le contribuable reste silencieux à l'issue du délai, son silence sera assimilé à une acceptation tacite. En cas de désaccord formulé par voie écrite, dans le délai imparti, ce dernier engage une discussion avec l'administration qui doit motiver les réponses aux observations du contribuable sous peine de nullité de la procédure[2].

433. Enfin, le juge peut être amené à exercer un contrôle de la mise en œuvre des garanties prévues dans la procédure de rectification contradictoire (motivation des rehaussements, droit de saisir la commission départementale, droit de formuler des observations, droit d'exercer les recours amiables et hiérarchiques[3]). À cette fin, il vérifie que

---

rectification ou sur l'avis d'absence de rectification. Sont même concernés les points sur lesquels l'administration a conclu qu'ils ne comportaient ni erreur, ni inexactitude, ni omission, ni insuffisance. La loi dispose en outre que tout point examiné par le vérificateur et ne faisant pas l'objet d'une rectification peut être opposé à l'administration lors de contrôles postérieurs. Cette disposition apporte une grande sécurité juridique au contribuable.

[1] CJCE, 22 mars 1961, Affaire 42/59 et 49/59, *Société nouvelle des usines de Pontlieue - Aciéries du Temple (SNUPAT) c/ Haute Autorité, Rec.* p. 159 et CJCE, 11 juillet 1968, Affaire 35/67, *Van Eick*, *Rec.* p. 481.

[2] La réponse aux observations du contribuable ouvre un nouveau délai de trente jours, à l'intérieur duquel celui-ci peut exercer des recours amiables et hiérarchiques.

[3] Articles L. 57 à L. 61 A du LPF.

l'administration a bien œuvré dans un cadre légal garantissant la légitimité de son action. Dans le cas contraire, elle entacherait en quelque sorte son action d'illégitimité. Dès lors, le juge prononcera la décharge des impositions même si ces dernières étaient, par ailleurs, parfaitement fondées au regard des règles fiscales. « *C'est bien dans ce pouvoir juridictionnel de contrôler l'action de l'administration fiscale, en recherchant l'équilibre entre efficacité du contrôle et les droits de la défense, que le juge veille à la loyauté du face à face entre l'administration et le contribuable*[1] ». Pourtant, si le contradictoire apparaît nécessaire dans l'exercice des droits du contribuable, sa portée peut être limitée par le secret de l'administration.

B. L'accès confidentiel aux informations ayant fondé la rectification

434. En application de l'article L. 76 B du LPF[2], l'administration fiscale doit mettre à la disposition du contribuable qui en fait la demande, avant la mise en recouvrement d'impositions supplémentaires, les documents ou copies de documents contenant les renseignements qu'elle a utilisés pour procéder aux rectifications correspondantes, à l'exception du cas où ces renseignements sont librement accessibles au public. Leur accès constitue la garantie pour le contribuable, de vérifier leur authenticité et d'en discuter la teneur ou la portée. Toutefois, ce droit peut être restreint par le secret que lui oppose l'administration dans des cas strictement prévus par la loi. L'administration peut occulter des passages confidentiels des documents qu'elle transmet au contribuable dès lors qu'elle en indique la nature et explique pourquoi elle les a passés sous silence. Au titre des informations occultées, figurent, par exemple, celles relatives à un tiers et couvertes par son secret professionnel[3]. Généralement, elle oppose au contribuable le secret administratif qui, rappelons-le[4], est l'obligation empêchant

---

[1] Michel (J.), « Le contrôle de l'action de l'administration fiscale par le juge administratif : entre nécessité de l'impôt et garanties du contribuable », *op. cit.*, p. 62.

[2] L'article L. 76 B du LPF dispose que : « *L'administration est tenue d'informer le contribuable de la teneur et de l'origine des renseignements et documents obtenus de tiers sur lesquels elle s'est fondée pour établir l'imposition faisant l'objet de la proposition prévue au premier alinéa de l'article L. 57 ou de la notification prévue à l'article L. 76. Elle communique, avant la mise en recouvrement, une copie des documents susmentionnés au contribuable qui en fait la demande* ».

[3] Conseil d'État, 30 mai 2018, n° 402177, *Ministre c/ B*, JurisData n° 2018-011997, *Dr. fisc.* 2018, n° 23, act. 250, concl. Bokdam-Tognetti (É.) ; Conseil d'État, 18 juillet 2011, n° 345564, *Ministre c/ Société GSM Consulting*, JurisData n° 2011-016560 ; *Dr. fisc.* 2011, n° 38, comm. 522.

[4] V. *Supra :* Introduction générale.

l'administration de faire connaître les motifs de ses décisions ou de communiquer certains documents – nominatifs ou non[1] – restreignant ainsi le droit d'accès de l'administré[2].

435. Ce secret est opposé par l'administration fiscale dans quatre cas[3]. D'abord, quand la communication des documents risquerait de nuire au bon fonctionnement des pouvoirs publics. Il s'agit de protéger le secret des délibérations du gouvernement et des autorités responsables relevant de l'exécutif ; ce secret ayant pour objectif de préserver la confidentialité des réunions, les échanges de vue et les travaux préparatoires aux décisions prises par le gouvernement et les plus hautes autorités de l'État. Ne sont pas non plus communicables les documents préparatoires à une décision administrative, tant que celle-ci n'a pas été prise, ni ceux qui, s'ils étaient transmis, gêneraient la recherche, par les services compétents des infractions fiscales et douanières. Ensuite, si les documents rendus accessibles portent atteinte à l'intérêt général, ils ne peuvent être communiqués – ce cas tend souvent à ce confondre avec le premier[4]. En effet, les pouvoirs publics poursuivent des objectifs d'intérêt général. Troisièmement, si la communication des documents au contribuable risque d'atteindre un intérêt privé protégé par la loi, elle est interdite. Ainsi, le secret de la vie privée et le secret médical s'opposent, par exemple, à la communication de l'adresse, de la date de naissance ou de mentions relatives à la situation familiale d'une personne physique. Enfin, le dernier cas concerne l'interdiction de divulguer une information protégeant la mission de certains organismes tels que la Cour des Comptes, le Conseil d'État ou la Chambres Régionales des Comptes[5] ou visant à protéger un secret particulier tel que le secret des filiations.

---

[1] V. *Supra :* Section I du présent chapitre, § 1.

[2] Cornu (G.), *Vocabulaire juridique*, *op. cit.*, pp. 949-950, p. 949, Définition de « *Secret administratif* » : « *Obligation qui ferait obstacle à ce que l'administration fasse connaître les motifs de ses décisions ou communique certains documents mais qu'une législation récente est venue atténuer sur chacun de ces points en restreignant ce que la pratique avait de préjudiciable aux intérêts des administrés* ».

[3] V. Direction générale des Finances publiques, *Guide de déontologie des agents de la Direction générale des Finances publiques*, mai 2012, 66 p.

[4] Le secret de la défense nationale et de la politique extérieure interdit la communication de documents lorsqu'elle révèlerait, par exemple, des éléments d'information sur la stratégie française de défense, l'emplacement d'installations militaires ou des procédés de fabrication d'armements, ou encore, des documents préparatoires aux négociations internationales. Ne sont pas non plus accessibles les documents dont la communication porterait atteinte à la sûreté de l'État et à la sécurité publique.

[5] Conseil d'État, 9 mai 1990, n° 109860, *Clary, RJF* 7/90, n° 855.

436. Les occultations doivent être justifiées et ne doivent pas altérer la substance du document communiqué. Mais elles mettent en balance divers intérêts à protéger. L'intervention du législateur est dès lors nécessaire pour déterminer celui qui doit s'effacer au profit de l'autre sans altérer les droits liés à la défense du contribuable. Par ailleurs, ce dernier n'a pas accès à tous les éléments de comparaison issus des déclarations des autres contribuables qui ont pu fonder la rectification de son imposition.

II. Le secret dans l'utilisation d'éléments de comparaison

437. Dans le cadre de la rectification de l'imposition du contribuable, l'administration est amenée à utiliser des éléments de comparaison provenant des tiers. Elle observe donc avec moins de rigueur le secret auquel elle est tenue, car elle communique, aux personnes habilitées, des informations confidentielles appartenant, dans certains cas, aux autres redevables. Dans cette perspective, le secret professionnel peut parfois jouer au détriment du contribuable. Nous étudierons les recours par l'administration fiscale aux éléments de comparaison (également appelés « *comparables* » ou « *termes de comparaison*[1] ») dans le cadres des méthodes d'évaluation par comparaison (**A**) ; puis, nous observerons l'accès à l'information quant aux rectifications en matière de prix de transfert (**B**).

A. Les recours possibles aux éléments de comparaison dans le cadre des méthodes d'évaluation par comparaison

438. Le contribuable doit avoir accès aux informations ayant servi d'éléments de comparaison à la rectification de son imposition, mais cet accès peut être restreint notamment lorsque ces informations sont protégées par un secret professionnel (**1**). Le législateur exige en effet de l'administration fiscale qu'elle motive la proposition de rectification qu'elle adresse au contribuable pour lui permettre de formuler ses observations ou de lui signifier son acceptation. À cet égard, elle doit lui indiquer les termes de comparaison qu'elle a sélectionnés pour procéder au réhaussement de son imposition (**2**).

[1] Ces notions figurent notamment dans la jurisprudence. V. par exemple Com., 4 décembre 2019, n° 18-19.969, JurisData n° 2019-022132.

1. L'accès aux informations ayant servi de comparaison limité par le secret

439. L'administration peut, dans le cadre de la rectification de l'imposition du contribuable, comparer les informations que ce dernier a déclarées et celles d'autres contribuables. Ce moyen peut lui donner de précieuses indications sur la vraisemblance des données, notamment chiffrées, qui lui auront été communiquées. Par exemple, suivant la procédure de rectification contradictoire et aux termes de l'article L. 17 du LPF, l'administration peut modifier les évaluations et les prix incorrects déclarés par le contribuable dans les actes donnant ouverture aux droits d'enregistrement, à la taxe de publicité foncière, ou à la taxe sur la valeur ajoutée (si elle est due à l'endroit même de ces droits et taxes)[1]. Autrement dit, elle peut procéder à la rectification du prix ou de l'évaluation d'un bien ayant fondé l'imposition et son recouvrement lorsqu'ils sont inférieurs à la valeur vénale réelle[2] des biens transmis ou désignés dans les actes ou déclarations[3]. Pour évaluer ce bien immobilier et apporter la preuve de l'insuffisance constatée, l'administration se réfère au prix des transactions réalisées pour des ventes similaires. Cette méthode comprend trois phases que sont la recherche des ventes de biens de même nature, la sélection des termes de références significatifs[4] et l'analyse des prix déclarés[5]. De plus, il faut que le marché immobilier soit suffisamment actif pour tenter d'établir une valeur moyenne pour un type de bien.

440. Comme cette méthode s'applique dans une procédure contradictoire de rectification, l'administration doit motiver la proposition en indiquant les

---

[1] BOI-CF-IOR-10-40-20171004, § 130.

[2] Com., 27 mars 2019, n° 18-10.933, *AJDI* 2019, p. 914 : « *la valeur vénale d'un immeuble correspond au prix qui pourrait en être obtenu par le jeu de l'offre et de la demande sur un marché réel, compte tenu de la situation de fait et de droit dans laquelle l'immeuble se trouve lors du fait générateur de l'impôt* ».

[3] L'administration fiscale va considérer que cette valeur correspond « *au prix que le jeu normal de l'offre et de la demande permettrait de retirer de la vente du bien, abstraction faite de toute valeur de convenance* » (BOI-ENR-DMTG-20-40-20120912, § 50).

[4] Il s'agit de la sélection des ventes les plus significatives, c'est-à-dire celles qui portent sur les immeubles ayant avec le bien à évaluer le maximum de points communs au plan des caractéristiques physiques et juridiques et de l'environnement économique.

[5] Pour plus de précisions : Faucher (D.), « Évaluation des immeubles bâtis : maîtriser les règles », *RFP* 2018, n° 5, étude 13.

éléments de comparaison sur lesquels elle s'est fondée[1]. En effet, aux termes de l'article L. 76 du LPF, « *L'administration est tenue d'informer le contribuable de la teneur et de l'origine des renseignements et documents obtenus de tiers sur lesquels elle s'est fondée pour établir l'imposition faisant l'objet de la proposition prévue au premier alinéa de l'article L. 57 [du présent livre]* ». Or, cette obligation de motivation peut risquer de divulguer certaines informations confidentielles des tiers. L'accès aux documents faisant état d'éléments de comparaison doit alors respecter plusieurs conditions : la demande ne doit pas se heurter à l'un des secrets protégés par le Code des relations entre le public et l'administration (initialement la loi n° 78-753 du 17 juillet 1978) ; le document sollicité doit être pertinent et ne pas comporter d'indications susceptibles de porter atteinte aux règles du secret professionnel prévues à l'article L. 103 du LPF. Pour concilier l'obligation de motivation de la proposition de rectification et celle du secret professionnel, le quatrième alinéa de l'article L. 57 du LPF précise que « *lorsque, pour rectifier le prix ou l'évaluation d'un fonds de commerce ou d'une clientèle, en application de l'article L. 17, l'administration se fonde sur la comparaison avec la cession d'autres biens, l'obligation de motivation en fait est remplie par l'indication :*
« 1° Des dates des mutations considérées ;
« 2° De l'adresse des fonds ou lieux d'exercice des professions ;
« 3° De la nature des activités exercées ;
« 4° Et des prix de cession, chiffres d'affaires ou bénéfices, si ces informations sont soumises à une obligation de publicité ou, dans le cas contraire, des moyennes de ces données chiffrées concernant les entreprises pour lesquelles sont fournis les éléments mentionnés aux 1°, 2° et 3°[2] ».

441. L'absence de ces mentions obligatoires peut entraîner l'irrégularité de la procédure. Le juge a eu l'occasion de préciser la portée de leur divulgation. Ainsi, il a considéré que l'entreprise sur laquelle l'administration fiscale a fondé sa comparaison doit être nommément désignée. « *Lorsque l'administration fiscale entend fonder un redressement sur des éléments de comparaison issus de données chiffrées provenant d'autres entreprises, elle doit, pour assurer le caractère contradictoire de la procédure, sans méconnaître le secret professionnel protégé par l'article L.*

---

[1] Article L. 57, premier alinéa, du LPF : « *L'administration adresse au contribuable une proposition de rectification qui doit être motivée de manière à lui permettre de formuler ses observations ou de faire connaître son acceptation* ».

[2] . V. aussi Com., 31 mai 2005 n° 03-16378, *Bull.* IV, n° 122, p. 130 : la Cour de cassation rappelle qu'il ne peut être exigé de l'administration qu'elle indique dans la proposition de rectification des éléments qui ne sont pas visés à l'article L. 57 alinéa 3 du LPF.

103 du Livre des procédures fiscales, désigner nommément ces entreprises mais ne fournir au contribuable que des moyennes ne lui permettant pas de connaître, fût-ce indirectement, les données propres à chacune d'elles[1] ».

442. En revanche, il arrive que le secret professionnel inscrit à l'article L. 103 du LPF puisse être opposé, au préjudice du contribuable puisque ce dernier n'a pas accès à toutes les informations sur lesquelles s'est fondée l'administration dans le cadre de la comparaison. C'est le cas, par exemple, lorsque celle-ci fait état devant le juge, une commission départementale des impôts[2] ou une commission départementale de conciliation[3], de certains éléments de comparaison (salaires versés à des dirigeants, charges déductibles, bénéfices...), issus de déclarations d'autres redevables, pour justifier les rectifications opérées[4]. La limitation du secret professionnel dans un but de justice fiscale et d'égalité devant l'impôt illustre bien cette évolution. Car si les agents de l'administration fiscale restent liés par le secret professionnel devant les commissions précitées – ce qui peut avoir pour conséquence de restreindre la communication de pièces au contribuable – ils doivent leur faire part des bénéfices ou revenus des tiers pour les comparer à ceux des entreprises ou des activités similaires. C'est la raison pour laquelle la loi et la jurisprudence ont établi des règles précises de telle sorte que les informations, tout en se voulant impersonnelles, se présentent sous une forme suffisamment précise pour qu'elles puissent être discutées par le contribuable auquel on va les opposer[5].

2. L'obligation de divulguer les critères de sélection des comparables

443. Comment l'administration choisit-elle les éléments de comparaison qui fonderont la proposition de rectification ? Autrement dit, sur quels critères se base-t-elle pour sélectionner les comparables qui permettront de rectifier l'imposition du contribuable ? Ils sont essentiels pour comprendre et justifier la rectification opérée sur l'imposition du contribuable à l'occasion d'un litige avec l'administration fiscale. Par exemple, pour démontrer que le

---

[1] Conseil d'État, 27 juillet 2012, n° 325436, *Catusse*, *Rec.* p. 684 ; *RJF* 11/12, n° 1041 ; *Dr. fisc.* 2012, n° 51-52, comm. 571.

[2] V. Articles L. 59 et L. 59 A du LPF.

[3] V. Articles L. 59 et L. 59 B du LPF.

[4] En application de l'article L. 136 du LPF, il peut être communiqué à cette commission tous les renseignements utiles pour lui permettre de se prononcer sur les désaccords qui lui sont soumis, y compris les éléments de comparaison extraits des déclarations d'autres contribuables. V. à ce propos, BOI-CF-CMSS-20-40-20-20120912, § 50.

[5] Chevalier (J.-P.), « Confidentialité et droit fiscal », *op. cit.*, p. 614.

contribuable n'a pas vendu son bien immobilier au prix du marché et a recherché en réalité l'application d'un régime fiscal plus avantageux (c'est le cas de la donation déguisée en vente visant à échapper aux droits de succession et de donation ou de manœuvres illégales ayant pour objectif de minorer l'assiette imposable à l'IFI), l'administration doit se référer au prix des transactions réalisées pour des ventes semblables. La Cour de cassation exige en effet que les termes de comparaison qu'elle utilise soient « *intrinsèquement similaires en fait et en droit au bien à évaluer*[1] » et non strictement identiques[2]. C'est donc là le premier et principal critère de sélection des termes de comparaison : la similarité des biens en droit et en fait. Les juges imposent qu'ils portent sur la localisation du bien litigieux (par exemple, s'agissant du quartier ou de l'arrondissement où est situé l'immeuble[3]), sa superficie, la période au cours de laquelle il a été vendu, sa catégorie cadastrale, son environnement (comodités, vue mer, nuisances sonores[4]...) son année et ses matériaux de construction[5], son état général[6], ses caractéristiques (la présence d'un jardin, d'un accès à l'immeuble par une voie privée avec entrée sécurisée ou d'une terrasse par exemple)[7]... Pour évaluer leur pertinence, le juge analyse ainsi les termes retenus par l'administration dans la proposition de rectification et la similarité des caractéristiques du bien litigieux avec celles de biens intrinsèquement similaires vendus à une date antérieure la plus proche possible du fait générateur. Ce qui implique que ces informations figurent de manière suffisamment précise dans le document de sorte que le contribuable concerné par la procédure de rectification puisse formuler ses observations, les discuter ou faire connaître son acceptation[8]. Rares sont les hypothèses où l'administration fiscale lui oppose le secret, d'autant plus que les termes de comparaison sont essentiellement des données chiffrées et ne fournissent aucune information sur l'identité des vendeurs et des acquéreurs des autres transactions ni des indications susceptibles de porter atteinte aux règles du secret professionnel prévues à l'article L. 103 du LPF. Conformément aux

---

[1] Com., 4 décembre 2019, n° 18-19.969, JurisData n° 2019-022132.

[2] Com., 12 janvier 1993, n° 90-21.494, *SCI Chemin des Ânes*, *Bull.* 1993 IV, n° 6 p. 3 ; *RJF* 3/93, n° 459 : « *cette exigence n'implique pas que les biens ainsi pris en considération soient strictement identiques, dans le temps, dans l'environnement et dans l'emplacement, à ceux qui constituent l'objet du litige* ».

[3] Com., 4 décembre 2019, n° 18-19.969, *préc.*

[4] *Ibid.*

[5] Com., 27 mars 2019, n° 18-10.933, *AJDI* 2019, p. 914 ; *Dr. fisc.* 2019, n° 28, comm. 324, note Lamulle (Th.) ; *JCP N* 2019, n° 16, act. 412.

[6] Cour d'appel de Douai, 26 septembre 2019, n° 18/00663.

[7] Com., 27 mars 2019, n° 18-10.933, *préc.*

[8] Article L. 57 du LPF.

dispositions de l'article L. 76 B du LPF, l'administration doit néanmoins indiquer au contribuable la teneur et l'origine des renseignements et documents qu'elle a obtenus auprès des tiers. Cette obligation ne concerne pas cependant les documents publics, librement accessibles et consultables par le contribuable[1].

444. Un autre critère doit également être pris en compte : le mode de détention de l'immeuble. Dans le cadre de l'indivision, l'administration fiscale utilise la méthode par comparaison avec des biens indivis intrinsèquement similaires. À défaut d'éléments de comparaison, elle peut appliquer un abattement sur la valeur indivise du bien[2]. Par ailleurs, le juge a considéré que « *la régularité de la procédure n'[est] pas conditionnée à un nombre minimum des termes de comparaison*[3] ». Ce qui signifie qu'un seul d'entre eux pourrait être sélectionné par l'administration et fonder la proposition de rectification du contribuable or il apparaît qu'il est loin d'être suffisant voire insignifiant. Mais en pratique, plusieurs termes de comparaison sont sélectionnés par l'administration et lorsqu'il n'y en a pas, elle est autorisée à recourir à d'autres méthodes d'évaluation[4] comme celle consistant à pratiquer des abattements (pour des biens exceptionnels, l'abattement peut aller jusqu'à 40 %[5]). Le juge n'hésite pas à déclarer la procédure d'imposition irrégulière si le contribuable n'a pas été informé des termes de comparaison choisis par l'administration fiscale pour procéder au

---

[1] Com., 10 avril 2019, n° 17-15.819 : « *cette obligation ne s'étend pas aux documents déposés en vertu d'une obligation légale ou réglementaire ayant pour objet de les rendre accessibles au public ; qu'en effet, dans ce cas, il ne peut être reproché à l'administration fiscale l'absence de communication de documents publics, librement accessibles et consultables par le contribuable ; qu'il en est ainsi des actes publiés au fichier immobilier, utilisés comme termes de comparaison par le service vérificateur pour remettre en cause la valeur vénale de biens immobiliers portée dans des déclarations d'impôt de solidarité sur la fortune* ». En outre, depuis 2014, l'administration fiscale a mis à la disposition des contribuables la plateforme « Patrim » pour les aider à estimer la valeur de leurs biens immobiliers. Ce service est accessible depuis l'espace personnel du contribuable et regroupe l'ensemble des transactions immobilières effectuées en France Métropolitaine sauf en Alsace-Moselle.

[2] Par exemple, v. Com., 29 mars 2017, n° 15-25.962, *S. c/ Directeur régional des finances publiques de l'Île-de-France et du département de Paris,* JurisData n° 2017-006913 ; *RJF* 7/17, n° 744 : pour tenir compte de la situation de l'indivision, l'administration fiscale a appliqué un abattement de 10 %.

[3] Com., 27 mars 2019, n° 18-10.933, *préc.*

[4] Com., 22 janvier 1991, n° 89-12.357, *Bartissol, Bull.* 1991 IV, n° 37 p. 23 ; *RJF* 4/91, n° 532.

[5] Com., 27 octobre 2009, n° 08-11.362, *Dr. fisc.* 2010, n° 28, comm. 417, note Quilici (S.) : s'agissant de l'évaluation à l'ISF d'un château situé au bord du lac Léman.

réhaussement de son imposition[1]. Leur divulgation est donc obligatoire et doit se faire dans le respect du secret fiscal.

445. La question de l'accès à l'information se pose par ailleurs en ce qui concerne les rectifications effectuées en matière de prix de transfert.

B. L'accès à l'information dans le cadre des rectifications des prix de transfert

446. En vertu du principe de pleine concurrence, lorsque « *deux entreprises [associées] sont, dans leurs relations commerciales ou financières, liées par des conditions convenues ou imposées, qui diffèrent de celles qui seraient convenues entre des entreprises indépendantes, les bénéfices qui, sans ces conditions, auraient été réalisés par l'une des entreprises, mais n'ont pu l'être en fait à cause de ces conditions, peuvent être inclus dans les bénéfices de cette entreprise et imposés en conséquence*[2] ». Le principe vise à réduire les distorsions de concurrence entre les entreprises multinationales et les entreprises indépendantes. Dans cette intention, il empêche que l'une ou l'autre ne soit désavantagée sur le plan fiscal, favorisant ainsi l'expansion du commerce et de l'investissement internationaux. Dans cette perspective, en matière de prix de transfert, l'administration fiscale est autorisée à procéder à une rectification de la comptabilité de ces entreprises sur le fondement de l'article 57 du CGI[3]. Elle se réfère aux « comparables secrets », c'est-à-dire aux informations collectées dans le cadre d'une autre vérification de comptabilité[4]. Elle est également fondée à remettre en cause les écritures comptables permettant de

---

[1] Com., 4 décembre 2019, n° 18-19.969, JurisData n° 2019-022132.

[2] Article 9 du modèle de convention fiscale de l'OCDE. V. OCDE, *Principes applicables en matière de prix de transfert à l'intention des entreprises multinationales et des administrations fiscales*, éd. OCDE, Paris, juillet 2017, 672 p., II-2, pp. 35-104, p. 37.

[3] Faisant suite, sous conditions, au dispositif de contrôle de l'article L. 13 B du LPF, l'administration peut agir sur les déclarations de certaines entreprises. Sont concernées celles qui, tout à la fois, sont françaises, paient l'impôt sur le revenu ou sur les sociétés, dépendent d'entreprises étrangères ou les contrôlent. Alors, elles risquent de voir les prix d'achat ou de vente revus à la hausse ou à la baisse (article 57 du CGI). Sinon, l'administration peut user de tout autre moyen. L'article indique à cet égard, dans son dernier alinéa, que « *À défaut d'éléments précis pour opérer les rectifications prévues [aux alinéas précédents] les produits imposables sont déterminés par comparaison avec ceux des entreprises similaires exploitées normalement* ».

[4] V. *Infra :* Partie II, Titre I, Chapitre I, Section II, § 2.

déterminer la valeur ajoutée de la société contrôlée[1]. Pour éviter ces rectifications fiscales, l'entreprise doit alors s'assurer que le prix de transfert est conforme au prix de pleine concurrence et le mettre en regard avec le chiffre qui ressort d'une transaction semblable passée par des entreprises indépendantes[2] ; il s'agit donc pour elle d'être au prix de marché, en faisant appel à un comparable interne[3] ou externe[4] à l'entreprise. Cette technique s'appelle « *la méthode du prix comparable sur le marché libre*[5] ».

447. Si les données issues des comparables internes sont généralement accessibles sans trop de difficulté par l'entreprise ou l'administration, celles provenant des comparables externes sont parfois plus difficiles à obtenir. Ces derniers sont en effet issus de bases de données publiques[6]. Mais dans certains cas de figure, ils n'existent pas dans le pays concerné (par exemple, dans les pays du Golfe ou d'Afrique)[7]. À défaut de comparable interne et de comparable externe dans le pays où a eu lieu la transaction, les comparables d'autres pays, parfois bien différents dans leur structure et lointains

---

[1] Conseil d'État, 6 juin 2018, n° 409645, *CS General Electric Systems*, JurisData n° 2018-010053 ; *Dr. fisc.* 2018, n° 39, comm. 407, concl. Victor (R.), note Renoux (V.) et Damas (A.) : « *[Les dispositions du CGI] ne font pas obstacle à ce que l'administration puisse contrôler l'exactitude des montants déclarés au titre de la production de l'exercice ainsi qu'au titre des achats ou consommations de biens et de services en provenance de tiers, et ainsi remettre en cause, le cas échéant, le bien-fondé d'une écriture comptable et, par voie de conséquence, réintégrer dans le calcul de la valeur ajoutée de l'entreprise des sommes qui soit devraient être regardées comme des produits, non comptabilisés à tort, soit ne pourraient en tout ou partie être regardées comme des achats ou consommations* ». V. aussi Toulemont (B.), Zapf (H.), « Cotisation sur la valeur ajoutée des entreprises : Champ d'application. – Détermination du chiffre d'affaires et de la valeur ajoutée », *JCl. Fiscal Impôts directs Traité*, Fasc. n° 1269-62, 2018, § 3.

[2] L'administration fiscale procède aussi à cette comparaison dans le cadre de la rectification.

[3] L'entreprise concernée ou une autre entreprise du même groupe décide de vendre ou d'acheter à une entreprise indépendante le même type de biens ou de services.

[4] Une entreprise indépendante, en relation commerciale avec une autre autre entreprise indépendante, lui vend ou lui achète le même type de biens ou de services.

[5] Elle est considérée comme une méthode traditionnelle au même titre que celles du prix de revente et du prix de revient majoré, V. pour plus de précisions : Gouthière (B.), *Les impôts dans les affaires internationales*, éd. Francis Lefebvre, 12e éd., 2018, 1674 p., pp. 1251-1252, n° 75955 et s.

[6] Ce sont des bases de données spécialisées. Comme base de données financières, citons Bloomberg ou Epsilon Finance.

[7] Renoux (V.), Bernard (S.), « Création de valeur dans une économie multipolaire, ou la face cachée des prix de transfert », *Dr. fisc.* 2018, n° 24, étude 296.

géographiquement, sont utilisés au risque de fausser toute comparaison[1]. Ce qui pose finalement, le problème de l'accès aux informations appartenant aux entreprises concurrentes. D'une part, certaines de ces informations peuvent être couvertes du secret des affaires en vertu d'une législation en vigueur, ce qui empêche par conséquent, leur divulgation. D'autre part, il se peut qu'il n'y ait pas de comparables, non pas en raison du secret, mais parce qu'il n'existe pas de dispositifs permettant de les recenser dans le pays concerné[2].

448. Par ailleurs, pour éviter une éventuelle procédure de rectification fiscale, les entreprises ont la faculté de sécuriser juridiquement leurs prix de transfert en demandant à l'administration un accord préalable de prix[3]. Un tel accord leur garantit que la méthode de fixation des prix de transactions intra-groupe qu'elles appliquent ne sera pas mise en cause, pour une durée de trois à cinq ans[4] par l'administration fiscale. L'accord peut aussi être multilatéral et impliquer alors, outre l'administration française, les services des impôts de plusieurs États étrangers[5]. À cet effet, l'administration s'engage à ne pas divulguer, à des tiers autres que l'autorité compétente signataire de l'accord, l'information transmise et à respecter les règles de confidentialité qui se rapportent directement à l'existence et au montant de l'impôt dû par le contribuable. Les règles relatives au secret fiscal s'appliquent ainsi aux informations transmises dans le cadre de l'accord[6]. Dès lors que l'imposition litigieuse n'a pas été rendue définitive, une transaction fiscale secrète pourra être conclue entre le contribuable et l'administration.

---

[1] V. Conseil d'État, 16 mars 2016, n° 372372, *Société Amycel France*, JurisData n° 2016-005256 ; concl. Aladjidi (F.), *Dr. fisc.* 2016, n° 49, comm. 639, note Silberztein (C.) et Ngûyen-Lapierre (L.).

[2] La difficulté est d'autant plus accentuée par le fait que l'administration doit procéder à des corrections pour tenir compte, par exemple, des différences de conditions de paiement (délai, devise…) ou d'incoterms, ou lorsque la transaction ne se situe pas au même niveau de la chaine de distribution, ce qui dénature la méthode et lui fait perdre ainsi de son objectivité. À ce propos, lire Thomas (F.), « Actualité des prix de Transfert : les prix pratiqués vis-à-vis de distributeurs ne sont pas tels quels comparables à ceux pratiqués envers des clients finaux », *Fiscalité EFE,* 19 mai 2016.

[3] Procédure codifiée à l'article L. 80 B, 7° du LPF.

[4] BOI-SJ-RES-20-10-20180718, § 190.

[5] Boisset-Repkat (F.), « Contrôle et rectification des opérations internationales : Procédure d'accord préalable en matière de prix de transfert », *JCl. Procédures fiscales*, Fasc. n° 374, 2007, § 12.

[6] BOI-SJ-RES-20-10-20180718, § 150.

§ 3. Le secret dans le cadre de la transaction fiscale

449. Au sens de l'article 2044 du Code civil, la transaction est un contrat[1] « *par lequel les parties terminent une contestation née, ou préviennent une contestation à naître*[2] ». La transaction intervient généralement pour clore une procédure contentieuse portant sur la contestation née d'une infraction, grâce à des concessions réciproques ou pour prévenir une contestation[3]. Le contrevenant s'engage alors à payer une amende transactionnelle entraînant la renonciation à son droit d'action devant les tribunaux[4]. Ainsi, lorsqu'une transaction est devenue définitive après accomplissement des obligations qu'elle prévoit, les pénalités qui en ont fait l'objet – ou les droits eux-mêmes – ne peuvent plus être remises en cause par une procédure contentieuse[5]. Une transaction présente donc l'avantage de recouvrer plus rapidement les créances publiques dûes, directement et d'éviter un contentieux qui pourrait durer.

450. La transaction de droit fiscal est une procédure secrète : seuls le contribuable et l'administration fiscale y ont accès et en ont connaissance (**I**). Cette opacité, notamment à l'égard des tiers, met en exergue l'incompatibilité de cette pratique avec certains principes juridiques (**II**).

---

[1] Lamarque (J.), Négrin (O.), Ayrault (L.), *Droit fiscal général*, Paris, Lexis Nexis, 4e éd., 2016, 1650 p., p. 367 et s. : les auteurs admettent aisément la « nature contractuelle » de la transaction.

[2] Collet (M.), *Procédures fiscales. Contrôle, contentieux et recouvrement de l'impôt*, Paris, PUF, 2011, 340 p., p. 199.

[3] Circulaire du 6 avril 2011 relative au développement du recours à la transaction pour régler amiablement les conflits, *JORF* n° 0083 du 8 avril 2011, p. 6248 : « *Il y a lieu de la distinguer de la conciliation, de la médiation ou de l'arbitrage. La conciliation et la médiation sont des procédures de règlement amiable d'un différend, avant qu'une procédure juridictionnelle ne soit entamée ou menée à son terme. Ces procédures peuvent se conclure, en cas de succès, par une transaction, mais l'accord des parties peut prendre toute forme qu'elles souhaitent. L'arbitrage est un mode juridictionnel de règlement des conflits. Il consiste à faire juger le litige par un ou des arbitres choisis par les parties, qui statuent selon les règles fixées par ces dernières et rendent une sentence arbitrale qui s'impose à elles* ».

[4] Comité du contentieux fiscal, douanier et des changes, *Rapport annuel 2017 à l'attention du gouvernement et du Parlement*, *JORF*, édition des documents administratifs, 26 juin 2017, 123 p., p. 111.

[5] Article L. 251 alinéa 1 du LPF.

I. La transaction fiscale : une opacité entravant l'accès à l'information des tiers

451. Il est impératif d'étudier, en premier lieu, le champ d'application de la transaction fiscale (**A**) pour comprendre ensuite, pourquoi les informations la concernant sont strictement couvertes du secret professionnel (**B**). Mais elle demeure une procédure dont la mise en œuvre manque de transparence (**C**).

A. Le champ d'application de la transaction

452. Aux termes du troisièmement de l'article L. 247 du LPF, lorsque le contribuable en fait la demande, l'administration fiscale peut lui accorder par voie de transaction, une atténuation d'amendes fiscales ou de majorations d'impôts à la condition toufois que ces pénalités et, le cas échéant, les impositions auxquelles elles s'ajoutent ne soient pas définitives[1]. En revanche, l'impôt principal (droit, taxe, prélèvement, redevance...), quelle que soit sa nature ne peut jamais faire l'objet d'une atténuation dans la transaction[2]. Le contribuable qui sollicite le bénéfice du dispositif s'engage à verser à l'administration fiscale une somme fixée par elle, inférieure aux pénalités encourues ou prononcées contre lui. Il est alors mis fin à toute éventuelle procédure contentieuse visant les pénalités ou les droits qu'elles concernent. Les transactions conclues à la suite d'un contrôle fiscal, concernent généralement des entreprises et les particuliers disposant d'un revenu ou d'un patrimoine significatif, ou les deux à la fois[3]. Il a été avancé qu'en 2015 par exemple, le montant moyen accordée par transaction conclue était de 38.000 euros.

453. La mise en œuvre d'une transaction fiscale est laissée à la libre appréciation de l'administration afin qu'elle procède à des diminutions voire à des abandons d'impôts[4]. Elle relève de son « pouvoir gracieux », encadré par l'article L. 247 du LPF, que complètent les articles L. 247-O-A à L. 251, R. 247 et suivants. Cette procédure présente des avantages à plusieurs

---

[1] BOI-CTX-GCX-10-20120912 § 1. Lire pour plus de précisions Lambert (T.), « La transaction fiscale : une pratique autant qu'un droit », *BF Francis Lefebvre*, 1999, 5, pp. 271-276.

[2] BOI-CTX-GCX-10-20120912 § 20.

[3] Cour des Comptes, *Rapport public annuel 2018*, (Tome I - Les remises et transactions en matière fiscale), La Documentation française, 7 février 2018, 1296 p., pp. 63-89, p. 63 : le rapport met ainsi en évidence 1,1 à 1,3 million de demandes sur la période 2011-2016, dont près de 40 %, en 2016, pour la seule taxe d'habitation.

[4] Il s'agit de doits et pénalités pour les remises, des pénalités seulement pour les transactions.

égards : elle permet de mieux prendre en compte les situations spécifiques des contribuables et individualise les rapports que l'administration entretient avec eux. Ainsi, grâce à la modulation des sanctions, la transaction peut conduire à une meilleure acceptation de l'impôt[1]. Elle se révèle utile à la gestion de l'impôt puisqu'elle vise à faciliter le recouvrement des sommes réclamées par l'administration fiscale. L'administration peut ainsi transiger afin de recouvrer l'impôt sans faire intervenir la mécanique judiciaire, sur le montant des amendes fiscales, des majorations d'impôts et des intérêts de retards à acquitter[2]. Chaque année, le Comité publie un rapport à l'attention du gouvernement et du Parlement sur « *les conditions dans lesquelles ont été conclues ou accordées les transactions, remises ou modérations relevant de la compétence des services déconcentrés*[3] » de la DGFiP ainsi que de la Direction Générale des douanes et des droit indirects.

454. Depuis la loi n° 2018-898 du 23 octobre 2018 relative à la lutte contre la fraude et modifiant le dernier alinéa de l'article L. 247 du LPF, il est possible de formuler une demande de transaction même lorsqu'une plainte pénale a été déposée ou si le ministère public a engagé des poursuites. Autrement dit, en cas de poursuites pénales pour fraude fiscale, l'administration fiscale a tout de même la possibilité de conclure une transaction fiscale avec le contribuable. Toutefois, « *la transaction administrative, dont l'autorité judiciaire sera informée pour les procédures qui lui sont transmises, est sans incidence sur l'action publique, le procureur de la République demeurant libre de procéder ou non à tout acte de poursuite*[4] ». Ainsi, même si elle clôt le contentieux fiscal, elle n'empêche pas la poursuite de la procédure pénale. Cette modification législative est bénéfique pour le contribuable car elle lui permet encore d'obtenir une diminution du montant à acquitter auprès du fisc – par voie transactionnelle – avant d'éventuelles sanctions pénales.

455. Par ailleurs, la faculté de transiger ne peut être ouverte lorsque le contribuable met en œuvre des manœuvres dilatoires visant à nuire au bon déroulement du contrôle[5]. De même, les infractions les plus graves touchant le budget communautaire, commises en particulier par des organisations frauduleuses, ou les fraudes à caractère transnational d'une grande ampleur,

---

[1] Cour des Comptes, *Rapport public annuel 2018*, *op. cit.*, p. 63.

[2] Article L. 247 du LPF.

[3] V. Article 20 de la loi n° 77-1453 du 29 décembre 1977 accordant des garanties de procédure aux contribuables en matière fiscale et douanière et article 650 du Code des douanes.

[4] Ministère de l'Action et des Comptes publics et la DGFiP, *Circulaire relative à la réforme de la procédure de poursuite pénale de la fraude fiscale et au renforcement de la coopération entre l'administration fiscale et la Justice en matière de lutte contre la fraude fiscale*, 7 mars 2019, 17 p., p. 7.

[5] Article L. 247 dernier alinéa du LPF.

ne donnent pas lieu à transaction et sont par conséquent, portées devant les tribunaux par voie de citation directe, d'acte introductif d'instance fiscale[1] (AIIF) ou de dénonciation à parquet, selon les circonstances.

456. La demande de transaction peut être formulée à tout moment par le contribuable[2] auprès de l'administration fiscale dès lors que l'imposition n'est pas définitive (aucun délai de présentation n'est requis)[3], soit avant, soit après la mise en recouvrement des impositions, des majorations et amendes en cause[4]. Pour être acceptée, elle doit notamment contenir les informations nécessaires pour identifier l'imposition et le cas échéant, être accompagnée de l'avis d'imposition ou de l'avis de mise en recouvrement ou d'un extrait de rôle[5]. Mais le contribuable peut aussi refuser la transaction qui lui aura été proposée par l'administration et porter ultérieurement le litige devant le tribunal compétent afin qu'il fixe le taux des majorations ou pénalités en même temps que la base de l'impôt[6]. Les informations liées à la transaction et les documents qui auront été échangés à cette occasion sont couvertes par le secret professionnel des agents des services fiscaux.

B. Un accès aux informations protégé par le secret professionnel

457. Les informations de la transaction fiscales ne sont transmises qu'au contribuable et à l'administration car elles sont d'une part, couvertes par le secret administratif, lequel fait obstacle à ce que l'administration fiscale communique les motifs de ses décisions ou certains documents[7]. Les tiers ne peuvent donc pas y avoir accès. D'autre part, cette situation découle de

---

[1] Acte par lequel la douane informe le parquet de son intention d'ouvrir une information judiciaire. Si elle est ouverte à la demande du parquet, et qu'au terme de l'instruction, le magistrat instructeur délivre une ordonnance de renvoi, c'est cette ordonnance qui saisira la juridiction de jugement des infractions douanières.

[2] La transaction peut être refusée par l'Administration fiscale. V. Conseil d'État, 18 janvier 2017, n° 386434, *Société MRB*, *Dr. fisc.* 2017, n° 13, comm. 228, concl. Bokdam-Tognetti (E.) ; *RJF* 4/17, n° 373 : le Conseil d'État rappelle que « *la décision par laquelle l'administration fiscale rejette une demande de transaction présentée par un contribuable ne peut être contestée que par la voie d'un recours pour excès de pouvoir* ».

[3] Les demandes orales sont néanmoins admises et dans ce cas, une fiche de visite est rédigée par le service des impôts et signée par l'auteur de la demande.

[4] Elle peut aussi être proposée par l'administration fiscale elle-même : l'inspecteur qui a procédé à la vérification est susceptible d'en prendre l'initiative dès le stade de la proposition de rectification, à la suite d'un contrôle fiscal professionnel ou d'un examen contradictoire de situation fiscale personnelle (ESFP).

[5] Article R. 247-1 du LPF.

[6] Article L. 251 alinéa 2 du LPF.

[7] Cornu (G.), *Vocabulaire juridique*, *op. cit.*, pp. 949-450, Définition de « *Secret (administratif)* »..

l'article L. 103 du LPF : les agents du fisc sont soumis à la règle du secret professionnel. Ils ne peuvent rien révéler de ce qu'ils apprennent pendant les opérations d'assiette, pendant les contrôles, en cas de recouvrement ou de contentieux des prélèvements (impôts, droits, taxes et redevances) prévus au CGI. Il y a violation du secret « *dès lors qu'un élément d'information de cette nature aura été sciemment révélé à un tiers non habilité, indépendamment de toute intention de nuire, par toute personne appelée à intervenir dans les opérations fiscales, sans qu'il soit nécessaire que le fait ainsi réputé secret ait été connu par suite d'une confidence expresse avec demande d'avoir à la tenir secrète, ou qu'il soit tel que sa révélation soit de nature à porter préjudice à la personne qu'il concerne*[1] ». En matière de transaction, seuls le contribuable et l'administration fiscale devraient pouvoir consulter ces informations, car elles proviennent d'opérations d'assiette, de contrôle, de recouvrement et de contentieux des impôts. Mais l'administration fiscale est critiquée pour son manque de transparence quant à l'opportunité de déclencher une telle procédure, également, quant aux termes de l'accord qu'elle aura conclu avec le contrevenant aux règles fiscales.

C. Une pratique manquant de transparence

458. Selon la Cour des comptes, l'administration fiscale manque de transparence en ce qui concerne les demandes de transactions accordées aux contribuables. En effet, « *la politique de transactions et de remises gracieuses de l'administration fiscale est largement discrétionnaire : aucun critère ne s'impose à elle pour décider de l'opportunité et de l'importance des transactions qu'elle réalise. Cette politique transactionnelle ne fait par ailleurs, l'objet d'aucune publicité officielle*[2] ». Sur plus d'un million de demandes de remise formulées chaque année, seulement trois mille transactions environ sont conclues. Elles représenteraient un demi-milliard d'euros, soit 0,14% des recettes fiscales totales de l'État. Mais « *la marge d'appréciation ainsi laissée à l'administration doit avoir sa contrepartie dans un suivi rigoureux de sa mise en œuvre, afin d'assurer l'égalité de traitement des contribuables devant l'impôt*[3] ».

459. La pratique de la transaction fiscale est donc vivement critiquée pour son opacité, notamment, en ce qui concerne les critères de sélection des

[1] BOI-DJC-SECR-10-10-20120912.

[2] Marc (F.), Avis n° 730 présenté au nom de la Commission des finances sur le projet de loi, adopté par l'Assemblée nationale après engagement de la procédure accélérée, relatif à la lutte contre la fraude fiscale et la grande délinquance économique et financière, 9 juillet 2013, 160 p., p. 50.

[3] Cour des Comptes, *Rapport public annuel 2018*, (Tome I - Les remises et transactions en matière fiscale), *op. cit.*, p. 64.

dossiers dont l'administration fiscale décide de clore le contentieux[1]. Les rapports publiés annuellement par le Comité du contentieux fiscal, douanier et des changes rappellent les textes fondant le pouvoir de transiger de l'administration fiscale, ainsi que la procédure que le contribuable doit suivre afin que sa demande de transaction aboutisse. Ils indiquent également les statistiques relatives aux transactions pratiquées. Toutefois, les rapports font état de l'absence de critères précis sur la décision de transiger avec le contribuable mais fournissent des indices permettant d'apprécier la situation fiscale du demandeur. Tout au plus, les rapports recommandent-ils, pour apprécier avec « *pragmatisme les situations* », de tenir compte d'éléments concrets justifiables. Ainsi, « *pour les particuliers, sont retenus la situation financière et patrimoniale du contribuable, son âge, ses charges incompressibles, son comportement fiscal habituel et ses antécédents contentieux et/ou gracieux, les efforts financiers consentis pour apurer sa dette ; pour les entreprises, les services examinent, outre la situation financière de la société, si l'abandon partiel de sa créance par le Trésor est de nature à faciliter le redressement économique de l'entreprise (objectif de maintien de l'emploi) et si les autres créanciers, les actionnaires et, le cas échéant, les dirigeants eux-mêmes ont déjà consenti un effort*[2] ». Les rapports précisent que ces critères ne sont pas appliqués systématiquement ou de manière cumulative : ils dépendent aussi des circonstances propres au dossier.

460. Le caractère opaque de la procédure est également dénoncé en raison de l'absence de publicité. L'administration avance le secret fiscal pour se justifier. Mais les termes de l'accord conclu de manière confidentielle – s'ils venaient à être divulgués publiquement – pourraient susciter des controverses et interroger sur l'égalité de traitement fiscal entre les contribuables. C'est notamment le cas lorsque les enjeux financiers sont importants et impliquent des multinationales[3]. Souvent en effet, le montant des droits acquittés apparaît bien inférieur à celui établi dans la proposition de rectification fiscale. Dans le cadre de notre étude, nous illustrerons nos propos en prenant pour exemple la transaction conclue entre l'administration fiscale et la société Amazon. À l'origine, le contentieux naît de la mise en

[1] Lambert (T.), « En guise de réflexions, Sanctions pénales : beaucoup d'ombres et peu de lumières », *in* Lambert (T.), (dir.), *Les sanctions pénales fiscales*, L'Harmattan, Finances publiques, 2007, 192 p., pp. 173-189, p. 179.

[2] Comité du contentieux fiscal, douanier et des changes, *Rapport annuel 2017 à l'attention du gouvernement et du Parlement*, *op. cit.*, p. 12.

[3] Toutes les actualités récentes liées aux GAFA illustrent bien ces enjeux financiers en lien avec le concept de justice fiscale. V. Mattos (O. de), « Les contours de la future taxe GAFA », *Communication Commerce électronique* n° 4, avril 2019, alerte 38 ; Crichton (C.), « Le ministre de l'économie et des finances dépose son projet de loi « Taxe GAFA » », *D. IP/IT* 2019, p. 203.

place par la société américaine, d'un montage fiscal : chaque transaction effectuée sur sa plateforme en France était facturée directement de la filiale vers le Luxembourg, où celle-ci avait négocié des taux d'imposition très avantageux. En 2012, l'administration fiscale lui notifie une proposition de rectification fiscale de plus de 200 millions d'euros, de 2006 à 2010. Un accord de règlement d'ensemble, couvert du secret fiscal, est alors conclu avec les autorités fiscales françaises. Si les termes de l'accord n'avaient pas été révélés publiquement, l'entreprise avait invoqué par voie de presse le 5 février 2018 – et sans nul doute, l'avait-elle fait valoir comme argument pour transiger – les 5.500 emplois qu'elle avait créés sur le territoire français et l'investissement en France de plus de 2 milliards d'euros depuis 2010. Elle informait également que l'ensemble des chiffres d'affaires, charges, profits et taxes liés à l'activité de commerce de détail étaient désormais comptabilisés en France. À cet effet, Anne Guyot-Welke, porte-parole de Solidaires finances publiques[1] avait expliqué que « *l'État français voulait récupérer au plus vite des recettes, même si on pense que la somme versée par Amazon est clairement amoindrie. Et puis cela limite les procédures, qui sont aussi coûteuses* ». Ainsi, « *il vaut mieux un bon accord qu'un mauvais procès*[2] » et que l'administration fiscale française soit déboutée de ses demandes devant une juridiction. La mise en œuvre de la transaction semble, en outre, être incompatible avec les grands principes du droit fiscal.

II. Une mise en œuvre incompatible avec les principes fondateurs du droit fiscal

461. La transaction fiscale est un outil laissé à l'appréciation de l'administration dans la mise en œuvre de l'impôt et son recouvrement. Pourtant, son application contrevient aux principes fondateurs du droit fiscal. Le rapport annuel de la Cour des comptes du 7 février 2018 a mis en évidence que si les outils de la transaction et de la remise fiscales sont utiles à l'administration dans la gestion de l'impôt, la pratique s'écarte du cadre en vigueur. La transaction serait ainsi incompatible avec les grands principes du

---

[1] Groupement de syndicats de la DGFiP.

[2] Gérald Darmanin (ministre français de l'Action et des Comptes publics à partir de 2017) dans une interview au journal Les Echos du 24 juillet 2017. Ces propos rappellent les termes de la circulaire du 6 février 1995 faisant suite au rapport du Conseil d'État intitulé « Régler autrement les conflits » (V. Circulaire du 6 avril 2011 relative au développement du recours à la transaction pour régler amiablement les conflits, *JORF* n° 0083 du 8 avril 2011 p. 6248 texte n° 1): « *la recherche d'une solution amiable pouvant conduire à la conclusion d'une transaction doit être envisagée dans tous les cas où elle permet d'éviter un contentieux inutile et coûteux, tant pour l'administration que pour les personnes intéressées* ».

droit fiscal qui sont l'égalité devant l'impôt, la légalité de l'impôt ainsi que l'interdiction des contrats entre l'administration et les contribuables[1]. En effet, en transigeant, l'administration fiscale écarte les dispositions légales pour appliquer un traitement différent à un contribuable. Une rupture d'égalité entre les citoyens peut alors être caractérisée et souligner une violation du principe d'égalité devant la loi inscrit à l'article 6 de la DDHC ainsi qu'à l'article 13 instaurant le principe d'égalité devant les charges publiques. La pratique fiscale de la transaction fait également apparaître une méconnaissance du principe de légalité de l'impôt inscrit au cinquième alinéa de l'article 34 de la Constitution[2] consacrant la compétence du législateur en matière fiscale. Plus encore, son application se heurte aux dispositions de l'article 14 de la Déclaration des droits de l'homme et du citoyen du 27 août 1789 aux termes duquel « *tous les Citoyens ont le droit de constater, par eux-mêmes ou par leurs représentants, la nécessité de la contribution publique, de la consentir librement, d'en suivre l'emploi, et d'en déterminer la quotité, l'assiette, le recouvrement et la durée* ». Pour que l'établissement et les modalités de recouvrement de l'impôt soient connues et consenties, il faut une certaine transparence or la pratique de la transaction ou de la remise fiscales sont dans leurs fondements aux antipodes de l'application des principes précités.

462. En outre, l'administration ne peut pas, par voie transactionnelle, renoncer à une compétence. Ainsi, aux termes de l'article 6 du Code civil, il est inscrit qu'« *on ne peut déroger, par des conventions particulières, aux lois qui intéressent l'ordre public et les bonnes mœurs* ». Il résulte de cette règle que par principe, les personnes publiques ne peuvent transiger sur des règles d'ordre public. Les règles relatives à l'organisation de l'État, des services publics et des établissements publics sont d'ordre public et ne peuvent donner lieu à transaction même en matière fiscale[3]. Cette affirmation a perduré jusqu'à ce que l'article 12 du décret-loi du 24 juillet

---

[1] La Mardière (C. de), « La transaction, regard fiscal », *in* Mallet-Bricout (B.), Nourrissat (C.), (dir.), *La transaction dans toutes ses dimensions*, Colloque organisé par le Centre de droit privé : « Théorie juridique et l'Equipe de droit international et comparé », tenu en décembre 2005, Paris, Dalloz, Thèmes et commentaires, 2006, 214 p., pp. 169-174, p. 169 : un tel dispositif contrevient au caractère d'ordre public de l'impôt.

[2] Article 34 de la Constitution de 1958 : « *La loi fixe les règles concernant [...] l'assiette, le taux et les modalités de recouvrement des impositions de toutes nature...* ».

[3] Conseil d'État, 10 mai 1965, n° 61973, *Rec.* 1965, p. 269 et Civ., 13 mars 1895, *Dreyfus Frères et Cie*, Sirey 1895, I, p. 465, note Wahl (A.) : « *Mais attendu que la perception des impôts intéresse essentiellement l'ordre public ; qu'elle ne peut donc pas être la matière d'un contrat, ni par suite d'une transaction, et qu'il est défendu à la Régie et à ses préposés, comme à toute autre autorité publique, d'accorder aucune remise ou modération des droits simples établis par la loi* ».

1934 reconnaisse désormais autorité de la chose jugée en dernier ressort aux contrats conclus entre l'administration fiscale et le contribuable, ce qui éteint dès lors, l'action publique.

463. Par ailleurs, la transaction pourrait violer le principe de légalité. Selon les termes de l'article L. 251 du LPF : « *Lorsqu'une transaction est devenue définitive après accomplissement des obligations qu'elle prévoit et approbation par l'autorité compétente, aucune procédure contentieuse ne peut plus être engagée ou reprise pour mettre en cause les pénalités qui ont fait l'objet de la transaction ou les droits eux-mêmes* ». Une transaction gracieuse en matière fiscale met donc fin à tout contentieux concernant l'impôt visé. Mais cette procédure ne contrevient-elle pas aux principes de l'État de droit, notamment au principe de légalité et au droit au recours juridictionnel[1] ? En effet, comme la transaction met un terme aux poursuites répressives, elle aboutit nécessairement à supprimer le droit de recours juridictionnel du contribuable concernant les impositions litigieuses. La transaction pourrait entraîner des conséquences préjudiciables pour le contribuable. Rappelons-le, comme elle ne porte que sur des éléments accessoires de la dette fiscale, l'administration peut continuer à lui réclamer le montant de l'imposition dûe[2].

464. La transaction fiscale suppose donc deux conséquences qui posent la question de sa constitutionnalité. Premièrement, elle conduit à rendre intangibles d'éventuelles illégalités commises par l'administration fiscale[3]. Elle caractérise ainsi une violation du principe de légalité fiscale. Deuxièmement, elle retire au contribuable toute possibilité de recours et apparaît donc susceptible de contredire le principe constitutionnel du « *droit*

---

[1] Rabault (H.), « La transaction en droit fiscal : quelques doutes sur la constitutionnalité de l'article L. 251 du Livre des procédures fiscales », *LPA*, 28 avril 2014, n° 84, p. 7.

[2] Com., 18 janvier 2011, n° 10-11962, *Duburq*, *Dr. fisc.* 2011, n° 27, comm. 418, note Maublanc (J.-P.): « *Attendu qu'ayant relevé que la signature d'une transaction définitive ne fait pas obstacle au recouvrement d'impositions non visées dans la transaction et qu'aux termes de la transaction visée, M. X a expressément reconnu le bien-fondé et la régularité de l'imposition susvisée et de l'intégralité des rappels consécutifs au contrôle pour l'année 1992 (principal et pénalités), l'arrêt, qui en déduit que l'administration fiscale était fondée à utiliser ce document pour affirmer qu'il y a eu perception par le contribuable d'une somme [...], affirmation non utilement démentie par celui-ci, a fait l'exacte application de l'article L. 251 du Livre des procédures fiscales*».

[3] Rabault (H.), *op. cit.*, p. 7 ; Conseil d'État, 18 janvier 2017, n° 386434, *Société MRB*, *Dr. fisc.* 2017, n° 13, comm. 228, concl. Bokdam-Tognetti (E.) ; *RJF* 4/17, n° 373 : « *le contribuable ne peut utilement invoquer devant le juge de l'impôt les éventuelles irrégularités commises dans la procédure de transaction à l'appui de ses conclusions en décharge des impositions en litige* ».

à un recours effectif[1] ». La pratique est discutable en ce qu'elle oblige le contribuable à renoncer au bénéfice de la loi. Dans l'hypothèse où ce dernier souhaiterait dénoncer l'illégalité de la transaction, il lui appartiendra de démontrer que l'administration lui a proposé la transaction en connaissance des illégalités entachant l'imposition.

465. Nous pourrions admettre un cas de figure dans lequel le contribuable aurait à démontrer l'illégalité de l'imposition[2], par exemple, d'une procédure de contrôle ou de rectification. Même s'il parvient à rapporter la preuve de cette illégalité, il devra démontrer que la transaction a été viciée par l'erreur ou le dol[3], que l'intention de l'administration était d'échapper à l'illégalité entachant l'imposition. Mais, en pratique, cette preuve est impossible à fournir ; cette sitution renvoie donc à la *probatio diabolica*[4]. De plus, « *cette conséquence attachée à la transaction fait naître une crainte : celle que l'administration soit tentée de forcer la main du contribuable, lui faisant miroiter la promesse d'une importante réduction des pénalités pour l'inciter à transiger, alors même que le redressement apparaîtrait juridiquement très fragile* ». Toutefois, « *en pratique, rien ne permet d'affirmer que ce risque se réalise véritablement*[5] ».

---

[1] Conseil constitutionnel, 23 juillet 1999, n° 99-416 DC, *Loi portant création d'une couverture maladie universelle*, *Rec.* 1999, p. 100 ; *JO* 28 juillet 1999, p. 11250 : «*38. Considérant qu'aux termes de l'article 16 de la Déclaration des droits de l'homme et du citoyen : «Toute société dans laquelle la garantie des droits n'est pas assurée ni la séparation des pouvoirs déterminée, n'a point de Constitution» ; qu'il résulte de cette disposition qu'il ne doit pas être porté d'atteintes substantielles au droit des personnes intéressées d'exercer un recours effectif devant une juridiction ; que le respect des droits de la défense constitue un des principes fondamentaux reconnus par les lois de la République réaffirmés par le Préambule de la Constitution de 1946, auquel se réfère le Préambule de la Constitution de 1958*». Pour une application, v. Conseil constitutionnel, 26 novembre 2010, n° 2010-71 QPC, *Mme Danièle S*, *JCP A* 2010, act. 897, obs. Albert (N.) ; *AJDA* 2011, p. 174, note Bioy (X.).

[2] Sur la question de preuve en matière fiscale, voir par exemple, Grosclaude (J.) et Marchessou (P.), *Procédures fiscales*, Dalloz, Paris, 6e éd., 2012, 380 p., p. 298 et s.

[3] Rabault (H.), « La transaction en droit fiscal : quelques doutes sur la constitutionnalité de l'article L. 251 du Livre des procédures fiscales », *op. cit.*, p. 7 ; Conseil d'État, avis, 8 avril 1998, n° 192539, *Société de Distribution de chaleur de Meudon*, *RJF* 5/98, n° 593, concl. Goulard (G.), chron. Verclytte (S.) ; *Dr. fisc.* 1998, n° 18, comm. 398.

[4] La preuve diabolique ou « *probatio diabolica* » est un concept du droit romain désignant littéralement une preuve que « *seul le diable pourrait apporter* ». En effet, il s'agit d'une preuve qui est difficile voire impossible à rapporter.

[5] Collet (M.), *Procédures fiscales. Contrôle, contentieux et recouvrement de l'impôt*, Paris, PUF, 2011, 340 p., p. 201.

Conclusion de la Section II

466. Le secret est omniprésent dans les procédures d'imposition mises en œuvre par l'administration fiscale. Il s'efface cependant – sans pour autant disparaître – pour laisser le contribuable accéder aux informations qui l'aideront à se défendre, car les procédures d'impositions étant coercitives, il est nécessaire que ses droits, tels que le recours à un conseil, lui soient garantis. Toutefois, certaines procédures du contrôle et de la rectification fiscale sont caractérisées par un secret jouant au détriment du contribuable car leur utilité et leur efficience commandent leur réalisation dans des conditions qui ne doivent pas être connues par celui-ci. C'est par exemple, le cas du contrôle inopiné : l'intervention du fisc ne doit pas lui être révélée pour éviter un dépérissement des preuves ou des renseignements ayant servi de base à la rectification. Mais le secret de l'administration vise surtout à protéger les informations du contribuable contre les tiers. Or, ces derniers sont de plus en plus intégrés dans ces procédures au point d'être devenus « les auxiliaires passifs » de l'administration fiscale. Dans le cadre de la lutte contre les infractions fiscales, on ne peut alors s'empêcher de constater que le secret du contribuable est menacé. L'administration doit, quant à elle, parvenir à concilier le secret de son action avec ses obligations de communiquer certaines informations au contribuable. L'obligation de divulgation des éléments ayant servi de comparaison pour la rectification de son imposition et provenant des déclarations à la base confidentielle des autres contribuables, en est une illustration. À l'inverse, pour la transaction fiscale, le secret caractérise la procédure sans qu'aucune information sur sa mise en œuvre ne soit connue. Or, un manque de transparence peut aussi faire craindre certaines dérives.

Section III. Le secret en amont de la poursuite pénale

467. En matière de poursuites pénales pour fraude fiscale, la Commission des infractions fiscales (CIF) saisie par le ministre chargé du Budget est chargée d'émettre des avis conformes sur les projets de dépôt de plaintes qui lui sont transmis (**§ 1**). Mais les récentes législations en matière de fraude fiscale ont réduit la portée du secret de l'administration, en particulier, lorsqu'elle se trouve en situation de litige avec le contribuable. Le secret tend ainsi à disparaître progressivement, préalablement à la répression pénale, pour laisser place à la transparence de son action (**§ 2**).

§ 1. Le rôle et le fonctionnement de la CIF

468. À l'origine, le « *verrou de Bercy* » – qui est le monopole du dépôt de plaintes pénales de l'administration fiscale pour fraude fiscale – a été instauré pour la première fois dans les années 1920[1], à la suite de la création de l'impôt sur le revenu des personnes physiques en 1914[2]. La loi n° 77-1453 du 29 décembre 1977 accordant des garanties de procédure aux contribuables en matière fiscale et douanière[3] crée ensuite la CIF. Elle est chargée d'examiner les dossiers transmis par le ministre chargé du Budget [4]. Jusqu'à cette date, l'administration portait plainte selon son bon vouloir. La création de la CIF a donc pour objectif de protéger le contribuable contre d'éventuelles poursuites arbitraires de la part des agents de l'administration fiscale. Elle apprécie l'opportunité des poursuites pénales en rendant un avis

---

[1] Il a été instauré par l'article 112 de la loi du 25 juin 1920 portant création de nouvelles ressources fiscales. Cette disposition a été codifiée par la suite à l'article 1741 du Code général des impôts. Lire aussi Perrotin (F.), « Le verrou de Bercy, une suppression en trompe-l'œil », *LPA*, 13 novembre 2019, n° 227, p. 6.

[2] V. Cabon (S.-M.), « Le particularisme du déclenchement des poursuites pénales : le maintien du "verrou de Bercy" », *Dr. fisc.* 2014, n° 46, étude 620 : « *Dans un objectif de récupération des deniers publics, l'Administration donne la priorité aux sanctions de nature administrative qui se traduisent par des amendes, des majorations, que celle-ci peut modérer ou encore utiliser comme levier pour transiger avec les contribuables et ainsi assurer le retour dans les caisses de l'État de sommes importantes contre la garantie donnée à ces derniers que des poursuites judiciaires ne seront pas engagées* ». Sur ces « *pressions exercées sur les contribuables* », voir encore Ayrault (L.) et Sieraczek (M.), « La Commission des infractions fiscales : analyse critique après trente ans d'existence », *in Écrits de fiscalité des entreprises, Études à la mémoire du Professeur Maurice Cozian*, Litec, 2009, 1000 p., p. 686 ; Cutajar (C.), « Plaidoyer pour la suppression du "verrou de Bercy". À propos du projet de loi relatif à la lutte contre la fraude fiscale et la grande délinquance économique et financière », *JCP G* 2013, n° 26, act. 728.

[3] Perrotin (F.), « Fraude fiscale : Focus sur la CIF », *LPA*, 13 août 2014, n° 161, p. 3.

[4] Article R. 228-1 du Livre des procédures fiscales relatif aux autorités pouvant saisir la CIF : « *I.- Pour l'application du premier alinéa du II de l'article L. 228, la commission des infractions fiscales est saisie par le ministre chargé du Budget ou, sur délégation, par le directeur général, le directeur général adjoint ainsi que les chefs de service, les sous-directeurs, les chefs de bureau de l'administration centrale ou les directeurs ou directeurs adjoints des directions nationales ou spécialisées de contrôle fiscal de la direction générale des finances publiques désignés par arrêté du ministre chargé du Budget [...]*

« *II.-Pour l'application du dernier alinéa du II de l'article L. 228, la commission des infractions fiscales est saisie par le directeur général, le directeur général adjoint ou les chefs de service de l'administration centrale de la direction générale des finances publiques désignés par arrêté du ministre chargé du Budget [...]* ».

conforme qui permettra le dépôt d'une plainte à l'initiative de l'administration fiscale. La CIF joue donc le rôle de « filtre » avant d'éventuelles poursuites pénales[1]. Sa saisine s'effectue sous conditions (**I**) mais certains aspects de son fonctionnement sont confidentiels (**II**). Dès lors, il conviendra d'étudier la garantie des droits des contribuables devant cette commission (**III**).

I. Une saisine préalable sous conditions

469. La CIF a une compétence limitée à une catégorie précise d'infractions fiscales (**A**) pour lesquelles, avant l'enclenchement de poursuites pénales à l'encontre du contribuable, doit être démontrée la preuve du caractère intentionnel (**B**). De plus, ces poursuites ne doivent être engagées que sur avis conforme de la CIF (**C**).

A. Le champ d'intervention limité de la CIF

470. Depuis la loi n° 2018-898 du 23 octobre 2018 relative à la lutte contre la fraude, l'article L. 228 du LPF circonscrit la compétence de la CIF aux montants de droits fraudés inférieurs à 100.000 euros ayant donné lieu à des majorations de droits[2]. La CIF est également saisie pour des montants de droits fraudés supérieurs à ce seuil auxquels sont appliquées des majorations de droits de 40 % sans réitération de la part du contribuable des mêmes faits lors de contrôles fiscaux diligentés au cours des six dernières années[3]. L'article L. 228 du LPF, dans sa nouvelle rédaction, prévoit désormais la transmission automatique au procureur de la République de dossiers de fraude fiscale dont le montant des droits fraudés est supérieur à 100.000 euros et ayant conduit, au titre de pénalités, à l'application : « *soit de la majoration de 100 % de ces droits (en cas d'opposition à contrôle fiscal) ou de 80 % (activité occulte, abus de droit, manœuvre frauduleuse) ; soit de la majoration de 40 % (manquement délibéré) en cas de réitération des mêmes faits, lorsqu'au cours des six années civiles précédant son application le contribuable a déjà fait l'objet, lors d'un précédent contrôle, de*

[1] Le Moal (A.), *Le secret en droit fiscal français*, coll. Mémoire, Lille, France, Université du droit et de la santé de Lille, 2015, 120 p., p. 26.

[2] BOI-CF-INF-40-10-10-15-20190627 § 30 : En cas de rappels d'impôt de nature différente (impôt sur les sociétés (IS) et taxe sur la valeur ajoutée (TVA) par exemple) issu d'un même contrôle, les droits rappelés pénalisés sont cumulés pour apprécier le seuil de 100.000 euros. V. les conditions d'appréciations de ce seuil aux paragraphes 30 à 50.

[3] Commission des infractions fiscales, *Rapport annuel de la commission des infractions fiscales 2019*, 47 p., pp. 6-7.

l'application des majorations précitées de 100, 80 ou 40 % ou d'une plainte de l'administration[1] ». Le seuil de 100.000 euros est abaissé à 50.000 euros de droits éludés (ayant conduit à des majorations de 40, 80 ou 100 %) pour les affaires concernant les personnes soumises à une déclaration auprès de la Haute autorité pour la transparence de la vie publique (HATVP)[2]. Tous les dossiers excédant ces *quanta* devront automatiquement être transmis au Parquet[3].

471. Soumis obligatoirement à l'avis de la CIF, ces dossiers concernent toutes les infractions fiscales commises par un contribuable – personne physique ou personne morale – qui s'est soustrait ou qui a soustrait des tiers à l'établissement ou au paiement des impôts, qu'il s'agisse des impôts directs, de la taxe sur la valeur ajoutée, des taxes sur le chiffre d'affaires, des droits d'enregistrement, de la taxe sur la publicité foncière ou des droits de timbres[4]. Le législateur punit également la tentative d'infraction[5] de fraude fiscale définie par les articles 1741 et 1743 (relatif au délit comptable) du Code général des impôts. Elles peuvent prendre plusieurs formes. Ainsi, la fraude fiscale est caractérisée lorsqu'il y a, par exemple, omission volontaire de déclaration dans les délais prescrits[6], dissimulation volontaire de sommes sujettes à l'impôt[7], organisation d'insolvabilité[8] ou utilisation de tous moyens frauduleux[9]. La mise en œuvre d'une fausse comptabilité par un professionnel, réprimée par l'article 1772 du CGI est aussi soumise au même

---

[1] Commission des infractions fiscales, *ibid.,* p. 6. V. Article L. 288 – I du Livre des procédures fiscales.

[2] Sont concernés les députés (article LO 135-1 du Code électoral) ; les sénateurs (article LO 135-1 du Code électoral et article LO 296 du Code électoral) ; les membres du gouvernement (article 4 de la loi n° 2013-907 du 11 octobre 2013 relative à la transparence de la vie publique) ; certains responsables publics (article 11 de la loi n° 2013-907 *préc.*).

[3] BOI-CF-INF-40-10-10-15-20190627 § 120 : La dénonciation au procureur de la République de faits constitutifs de fraude fiscale s'effectue au stade de la mise en recouvrement. Elle a lieu pour la transaction, à la date des dernières conséquences financières portées à la connaissance du contribuable.

[4] Article 1741 du CGI.

[5] L'article 1743 du CGI punit aussi bien la tentative que le délit consommé.

[6] Crim., 31 mai 2006, n° 05-81.768, *Bull. crim.* 2006, n° 155, p. 543 ; JurisData n° 2006 -034219 ; *Dr. fisc.* 2006, n° 44-45, comm. 719 ; Conseil d'État, 22 mars 1985, n° 41277, *M. d'Yerville* et n° 41278, *M. Douarinou, Dr. fisc.* 1985, n° 41, comm. 1668, concl. Bissara (Ph.) ; *RJF* 5/85, n° 672. Crim., 11 février 2004, n° 02-84472, *Bull. crim.* 2004, n° 37 (3), p. 150.

[7] Crim., 28 octobre 1991, n° 90-84.643, *Bull. crim.* 1991, n° 382, p. 957.

[8] Crim., 20 avril 2005, n° 04-85.684, *Schwarz c/ Comptable du Trésor de Metz et a.*, JurisData n° 2005 -028315.

[9] Crim., 26 mai 1976, n° 75-92.815, *Bull. crim.* n° 185, p. 476.

dispositif. La fraude doit par ailleurs être caractérisée en son élément intentionnel.

B. La preuve obligatoire du caractère intentionnel de l'infraction

472. Comme les autres infractions pénales, le délit de fraude fiscale implique un élément intentionnel[1]. Concrètement, cela signifie que, pour que le délit soit constitué, la soustraction à l'établissement ou au paiement de l'impôt doit être intentionnelle et donc que l'auteur ait été animé par une volonté de fraude[2]. Il appartient donc au ministère public et à l'administration d'apporter la preuve de cette intention[3]. Pour certains montants de droits fraudés donnant lieu à majorations, le procureur de la République ne pourra mettre en mouvement l'action publique qu'à la condition que l'administration ait préalablement déposé plainte. Cette mise en œuvre spécifique se justifie par la nature même de la fraude fiscale. « *Ce mécanisme garantit une bonne articulation des réponses pénale et administrative, précise un récent rapport parlementaire d'information sur l'évaluation de la loi n° 2013-1117 du 6 décembre 2013, relative à la lutte contre la fraude fiscale*[4]. *La qualification des faits est souvent difficile et il est nécessaire de transmettre au ministère public des dossiers étayés et ayant déjà fait l'objet d'une première analyse des services fiscaux* », précise un rapport parlementaire du 8 février 2017[5]. S'agissant des faits de fraude fiscale qui ne sont pas automatiquement dénoncés au procureur de la République, les poursuites ne pourront être engagées que sur avis conforme de la CIF aux termes de l'article L. 228 du LPF.

---

[1] BOI-CF-INF-40-10-10-10-20190627 § 50.

[2] Perrotin (F.), « Zoom sur la Commission des infractions fiscales », *LPA*, 5 avril 2017, n° 068, p. 4.

[3] Article L. 227 du LPF : « *Au cas de poursuites pénales tendant à l'application des articles 1741 et 1743 du Code général des impôts, le ministère public et l'administration doivent apporter la preuve du caractère intentionnel soit de la soustraction, soit de la tentative de se soustraire à l'établissement et au paiement des impôts mentionnés par ces articles* ».

[4] Loi n° 2013-1117 du 6 décembre 2013, relative à la lutte contre la fraude fiscale et la grande délinquance économique et financière.

[5] Assemblée nationale, *Rapport d'information parlementaire sur l'évaluation de la loi n° 2013-1117 du 6 décembre 2013, relative à la lutte contre la fraude fiscale et la grande délinquance économique et financière et de la loi organique n° 2013-1115 du 6 décembre 2013 relative au procureur de la République financier*, présenté par Mazetier (S.) et Warsmann (J.-L.), 8 février 2017, n° 4457, 110 p., p. 19.

C. Des poursuites engagées uniquement sur avis conforme

473. Le président de la CIF doit notifier l'avis rendu par la commission au ministre chargé du Budget ayant effectué la saisine. Le ministre à l'origine de la saisine est « lié » par l'avis rendu par la commission puisqu'il s'agit d'un avis conforme[1]. Si l'avis est défavorable à l'engagement des poursuites, le secrétariat de la commission en informe le contribuable[2]. Dans le cas contraire, c'est-à-dire si l'avis est favorable, l'administration fiscale doit en aviser le contribuable lors du dépôt de plainte[3]. C'est le service chargé de l'assiette ou du recouvrement de l'impôt territorialement compétent, c'est-à-dire en pratique, le directeur départemental des finances publiques qui dépose les plaintes[4]. Toutefois, au préalable, le contribuable est mis en demeure de régulariser sa situation. Dès lors que la CIF est saisie, le contribuable dont le dossier est examiné, en est informé par le secrétariat de la commission par lettre recommandée avec accusé de réception. Il lui indique les griefs ayant motivé la saisine puis l'invite à lui communiquer dans un délai de trente jours les observations écrites qu'il estimerait nécessaires[5]. La procédure étant entièrement écrite, ni le contribuable ni son représentant ne peut présenter d'observations orales[6].

474. Par ailleurs, le président de la Commission dispose de la faculté, s'il l'estime nécessaire, de communiquer les informations fournies par le contribuable au ministre chargé du Budget. De même, à sa demande, ce dernier peut lui transmettre tout renseignement qu'il jugerait utile à l'instruction du dossier. En l'absence d'avis conforme de la commission, toute plainte pénale déposée par la Direction générale des Finances publiques est jugée irrecevable. Toutefois, lorsqu'il existe des présomptions caractérisées qu'une infraction fiscale a été commise ainsi qu'un risque de

---

[1] Alinéa 3 de l'article L. 228 II du LPF.

[2] Alinéa 2 de l'article R*228-6 du LPF.

[3] Cette formalité est prévue à l'alinéa 2 de l'article R. 228-6 du LPF. À l'exception des cas où il y a eu saisine de la Commission en application du troisième alinéa et suivants de l'article L. 228 du LPF, lorsque l'administration rend un avis favorable à l'engagement de poursuites correctionnelles, le contribuable est informé du traitement de son dossier et des suites de la procédure lors du dépôt de plainte.

[4] Crim., 16 novembre 1992, n° 91-86669, *Bull. crim.* 1992, n° 375 p. 1034 : la Cour de cassation a jugé que que le fait que l'administration omette d'informer le contribuable de l'avis favorable aux poursuites n'est pas de nature à porter atteinte aux droits de la défense. « *Son omission n'est pas de nature à porter atteinte aux droits de la défense dès lors que le contribuable peut avoir connaissance de cet avis au cours de la procédure contradictoire suivie sur la plainte de l'administration* ».

[5] V. Article R. 228-2 alinéa 1 du LPF et BOI-CF-INF-40-10-10-20-20150618, § 110.

[6] Article R. 228-2 alinéa 2 du LPF.

dépérissement de preuves[1], l'avis de la CIF n'est pas requis préalablement à la transmission au parquet des dossiers de procédure judiciaire d'enquête fiscale dits de « police fiscale ». En effet, un contribuable informé de l'existence d'une procédure contentieuse à son encontre peut être tenté d'organiser son insolvabilité ou de détruire des éléments de preuve[2]. Il faudra préalablement mettre en œuvre une procédure judiciaire. Les plaintes seront ainsi directement déposées par l'administration fiscale auprès du procureur de la République. Hormis cette exception, certains aspects du fonctionnement de la CIF sont caractérisés par le secret, s'agissant par exemple de l'absence de motifs dans ses avis.

II. Le secret dans le fonctionnement de la CIF

475. Malgré la publication d'un rapport sur son activité[3], le fonctionnement de la CIF est marqué par le secret sur certains aspects : elle ne motive pas ses avis. Par conséquent, les raisons qui l'ont conduit à rendre une décision ne sont pas connues du contribuable (**A**) qui ne dispose d'aucune possibilité d'avoir accès à son dossier (**B**).

A. L'absence de motivation des avis rendus

476. Aux termes de l'article R. 228-5 du Livre des procédures fiscales, « *les séances de la commission et des sections ne sont pas publiques. La commission et les sections délibèrent en dehors de la présence de l'autorité qui l'a saisie et du contribuable* ». Lors d'une formation plénière, les sections sont amenées à rendre des avis de la commission[4], lesquels lient le ministre du Budget. Cependant, contrairement au principe de la motivation des actes administratifs[5], l'avis défavorable ou favorable de la commission n'est pas motivé. L'absence de motivation de ces avis avait été justifiée par la CIF dans son rapport annuel de 2013 à l'attention du gouvernement et du Parlement par le fait que chaque dossier faisait l'objet d'un examen spécifique. Précisément pour cette raison, la commission s'interdisait de dégager une jurisprudence quant aux motifs susceptibles de justifier un avis

---

[1] Article L. 228 II alinéa 5 du LPF.

[2] Perrotin (F.), « Zoom sur la Commission des infractions fiscales », *op. cit.*, p. 4.

[3] Article L. 228 B du LPF.

[4] Aux termes de l'article R. 228-4, alinéa 4 du LPF, les décisions sont prises à la majorité des voix. Le président de la formation délibérante a voix prépondérante en cas de partage égal des voix. Le rapporteur quant à lui ne dispose que d'une voix consultative.

[5] *JO*, 12 juillet 1979, p. 1711 s.

défavorable au dépôt de plainte : elle a ainsi cherché à faciliter les poursuites correctionnelles dans certains cas d'espèces. Les alinéas 1er et 2ème de l'article R. 228-6 du LPF précisent à cet effet, que « *le président ou, en cas d'absence ou d'empêchement, son suppléant notifie l'avis de la commission à l'autorité qui l'a saisie.*
« *Lorsque la commission est saisie en application du premier alinéa du II de l'article L. 228, son avis n'est pas motivé. Le sens de cet avis est porté à la connaissance du contribuable par le secrétariat de la commission si cet avis est défavorable à l'engagement de poursuites ou, dans le cas contraire, par l'administration lors du dépôt de la plainte* ». Si l'avis est notifié, en revanche, il n'est pas motivé. La notification n'est pas systématique puisqu'en cas de risque de dépérissement des preuves, le contribuable ne reçoit pas l'avis de la CIF, ni les motifs qui l'ont conduite à ne pas le poursuivre. Sa saisine est donc secrète à l'égard du contribuable qui ne peut non plus avoir accès à son dossier.

B. L'absence de communication du dossier

477. La jurisprudence maintient une position ferme en ce que le contribuable avisé de la saisine de la CIF n'a pas le droit d'obtenir communication de son dossier[1]. Elle avance deux raisons : la première étant que la procédure qui se déroule devant la CIF est régie par une loi fiscale spéciale, la seconde tient du fait que le Code des relations entre le public et l'administration prévoit que peuvent être exclus de son champ d'application les documents dont la communication porterait atteinte à la recherche des infractions fiscales et douanières. Ainsi, les dispositions de ce code, et notamment celles autorisant l'accès aux documents administratifs n'ont pas d'incidence sur la régularité de la procédure. De plus, l'article L. 311-5 énonce que les dossiers soumis à la commission des infractions fiscales ne peuvent être transmis au public[2].

478. La CIF ne communique ainsi que l'essentiel des griefs au contribuable[3]. Il ne peut donc se défendre contre l'ensemble des éléments qui ont fondé la décision d'examen de sa situation fiscale. Il ne dispose que de la faculté de communiquer à l'administration fiscale dans un délai de trente jours ses observations[4]. L'intervention, extrêmement limitée du contribuable lui-même, dans l'examen de sa propre situation fiscale interpelle sur la

---

[1] Crim., 28 septembre 1992, n° 92-80401, *RJF* 11/93, n° 1503, p. 871.

[2] Article L. 311-5 du Code des relations entre le public et l'administration : « *Ne sont pas communicables [...] 2° Les autres documents administratifs dont la consultation ou la communication porterait atteinte [...] (g) À la recherche et à la prévention, par les services compétents, d'infractions de toute nature* ».

[3] Article R. 228-2 du LPF.

[4] *Ibid.*

garantie de ses droits face à l'administration ; cette dernière a manifestement plus de pouvoirs que lui.

III. La garantie des droits des contribuables devant la CIF

479. Les droits du contribuable apparaissent déséquilibrés face à l'administration décidant de l'opportunité des poursuites (**A**). Son monopole en la matière, exercé dans le plus grand des secrets, interroge quant à la conformité du dispositif à la Constitution (**B**) ainsi que sur le respect des principes et droits fondamentaux (**C**).

A. Le pouvoir de l'administration dans l'opportunité des poursuites

480. La loi n° 77-1453 du 29 décembre 1977 portant création de la CIF avait pu être vue comme un dispositif trompe-œil dans la mesure où la commission intervient après que l'administration a fait son choix à huis clos. Il reste dès lors un pouvoir discrétionnaire à l'administration fiscale qui, par le biais d'un dispositif très discret, peut faire échapper à la répression fiscale qui bon lui semble dès lors que le montant des droits fraudés ne dépasse pas 100.000 euros. L'administration, en effet, ne décide pas seule. Mais en réalité, sur l'opportunité des poursuites fiscales, le fisc choisit et la CIF entérine. Avant la loi n° 2018-898 du 23 octobre 2018, seuls 3% des dossiers litigieux proposés par l'administration fiscale n'étaient pas retenus par la CIF, mais, dans la pratique, elle suit quasiment toutes ses propositions[1].

481. Le choix de l'administration fiscale de poursuivre le contribuable n'est pas transparent. Elle use de son pouvoir discrétionnaire en fonction du contribuable et des caractéristiques de son dossier. Généralement, ce sont la nature et la gravité de la faute qui vont déterminer l'opportunité ou non de déclencher des poursuites correctionnelles. Peu importe l'identité et la catégorie socio-professionnelle des contrevenants. Des exceptions sont toutefois envisageables pour des raisons évidentes de circonstances

---

[1] Perrotin (F.), « Quel avenir pour le verrou de Bercy », *LPA*, 1er mars 2018, n° 044, p. 4 ; Commission des infractions fiscales, *Rapport annuel de la commission des infractions fiscales 2018*, 49 p., p. 9 : En 2018, sur les 1.183 dossiers de propositions de poursuites correctionnelles pour fraude fiscale, la CIF a donné un avis favorable à 818 d'entre eux pour un dépôt de plainte. Cela correspond à seulement 5 % d'avis défavorables. En 2017, ce taux était de 4,8 % et en 2016 de 6,2 %. Ces statistiques démontrent bien la propension de la CIF à s'aligner sur la position de l'administration et inversement, et que l'administration tient compte de la jurisprudence de la CIF dans la sélection des dossiers qu'elle lui transmet.

humaines[1]. La sélection des dossiers est donc subjective. Selon la doctrine fiscaliste, « *il n'est pas possible avec certitude de retenir des critères objectifs et rationnels qui, mis en œuvre systématiquement par le ministre, conduisent le contribuable devant la commission des infractions fiscales*[2] ». En définitive, chaque direction départementale ou régionale fixe ses propres critères de choix puisqu'il n'existe pas de critères de sélection homogènes à l'échelon national. Or, cette absence d'harmonie constitue une atteinte au principe d'égalité devant la loi. La mise en œuvre spécifique de cette procédure semble méconnaître également le respect des droits de la défense et le principe du contradictoire dans la mesure où le contribuable n'a pas connaissance des griefs retenus à son encontre, n'a pas accès à son dossier et ne peut présenter ses observations oralement. De plus, la CIF se livre à un examen limité du dossier et ses avis sont dépourvus de motivation. Sa constitutionnalité a alors été questionnée.

B. La constitutionnalité du dispositif confirmée par le Conseil constitutionnel

482. Par deux fois, le Conseil constitutionnel a eu à se prononcer sur la constitutionnalité de l'article L. 228 du LPF codifiant le rôle de la CIF : la première fois avant l'entrée en vigueur de la loi n° 2018-898 du 23 octobre 2018 relative à la lutte contre la fraude ainsi qu'une seconde fois, après la modification de l'article précité par cette loi.

483. Le 24 mai 2016, une question prioritaire de constitutionnalité relative à la légalité de l'article L. 228 du LPF dans sa version antérieure à la loi n° 2018-898 du 23 octobre 2018 a été renvoyée par la Cour de cassation au Conseil constitutionnel. Elle portait sur la nature particulière du dispositif qui prive le ministère public de la plénitude de son pouvoir d'apprécier l'opportunité des poursuites au bénéfice du ministère chargé du Budget. Dès lors, n'y a-t-il pas là une atteinte infondée à la séparation des pouvoirs ainsi qu'au principe d'indépendance de l'autorité judiciaire[3] ? Dans une décision

---

[1] Circulaire des ministères de la Justice et du Budget du 30 octobre 1981, dans BODGI, 13 N-3-81., *Dr. fisc.* 1982, n° 1, instr. 7147.

[2] Lambert (T.), « La place des sanctions pénales dans le dispositif général de lutte contre la fraude fiscale », *LPA*, 30 avril 1999, n° 86, p. 8.

[3] Lire Perrotin (F.), « Quel avenir pour le verrou de Bercy », *LPA*, 1er mars 2018, n° 044, p. 4: Auditionnée à l'Assemblée nationale le 16 janvier 2018, dans le cadre de la mission d'information, la procureure du parquet national financier, Éliane Houlette avait déjà émis des réserves sur ce mécanisme, « *le verrou bloque toute la chaîne pénale. Il constitue des obstacles d'ordre théorique, juridique, constitutionnel, républicain mais aussi pratique* ». Selon elle, il y a une incohérence entre la gravité affichée du délit de fraude fiscale et le régime dérogatoire dont il fait l'objet.

du 22 juillet 2016, le Conseil constitutionnel jugeait qu'il pouvait être déduit du principe de l'indépendance de l'autorité judiciaire, un principe en vertu duquel le ministère public exerce librement l'action publique devant les juridictions pénales, tout en veillant à la préservation des intérêts de la société. Il estime dès lors que les dispositions telles que la Cour de cassation les a interprétées, ne portent pas d'atteinte disproportionnée à ce principe. Son raisonnement s'appuie sur trois éléments : le premier est qu'une fois que l'administration dépose la plainte, le procureur de la République, en vertu de son pouvoir discrétionnaire, décide librement de l'opportunité d'engager des poursuites. Ensuite, le Conseil constitutionnel relève que les infractions exigeant au préalable le dépôt d'une plainte par l'administration concernent généralement des actes qui causent un préjudice au Trésor public. Si l'administration décide, au contraire, de ne pas porter plainte, l'absence de mise en mouvement de l'action publique ne caractérisera pas un trouble substantiel à l'ordre public. Le dispositif de l'article L. 228 du LPF a donc été déclaré constitutionnel[1].

484. La constitutionnalité de l'article L. 228 du LPF a également été remise en question peu après l'entrée en vigueur de la loi n° 2018-898 du 23 octobre 2018 qui en avait modifié la rédaction. Le Conseil d'État a renvoyé au Conseil constitutionnel une question prioritaire de constitutionnalité le 2 juillet 2019 dans laquelle les requérants soutenaient que les dispositions de l'article susmentionné, méconnaissaient le principe d'égalité devant la loi et le principe de personnalité des peines découlant des articles 6, 8 et 9 de la DDHC. Dans sa décision rendue le 27 septembre 2019, le Conseil constitutionnel a confirmé la constitutionnalité du dispositif en jugeant que les critères, objectifs et rationnels, inscrits dans la nouvelle rédaction de l'article L. 228 du LPF sont en lien avec le but poursuivi par le législateur.

---

[1] Conseil constitutionnel, 22 juillet 2016, n° 2016-555 QPC, *M. Karim B*, *AJDA* 2016, p. 1925 ; *D.* 2016, p. 1569 ; *D.* 2017, p. 1328, obs. Jacquinot (N.) et Vaillant (R.) ; *Constitutions* 2016, p. 532 ; *Constitutions* 2016 p. 651, chron. Bouvier (A.) ; *RSC* 2016, p. 529, obs. Detraz (S.) : Le Conseil Constitutionnel a jugé, dans sa décision, que le mécanisme du « *verrou de Bercy* » subordonnant la mise en mouvement de l'action publique pour la répression de certaines infractions fiscales au dépôt d'une plainte préalable par l'administration fiscale n'était pas contraire à la Constitution. Le monopole attribué à l'administration fiscale pour engager des poursuites pour fraude fiscale avait maintes et maintes fois, été critiqué. Pour la Cour des comptes (V. Cour des comptes, « Le pilotage national du contrôle fiscal », *Rapport public annuel*, février 2012, 37 p.), certaines fraudes fiscales sont si complexes qu'il conviendrait de permettre au parquet de déclencher l'action publique, sans dépôt de plainte préalable par l'administration fiscale « *afin de traiter un plus grand nombre de dossiers, intervenir plus rapidement et mieux assurer le recouvrement des sommes dues* ». Lire aussi Pelletier (M.), « Droit constitutionnel fiscal : chronique de l'année 2016 », *Dr. fisc.* 2017, n° 12, étude 209.

Par conséquent, il n'existe aucune discrimination injustifiée entre les contribuables[1].

485. Concernant le cumul de ces sanctions administratives et pénales, le Conseil constitutionnel avait estimé qu'« *aux contrôles à l'issue desquels l'administration fiscale applique des sanctions pécuniaires peuvent ainsi s'ajouter des poursuites pénales dans des conditions et selon des procédures organisées par la loi [...] ce cumul possible de sanctions administratives et pénales permettant d'assurer une répression effective des infractions*[2] ». L'absence de débat contradictoire devant la Commission ainsi que l'impossibilité pour le contribuable d'accéder à son dossier pose la question du respect de ses droits fondamentaux.

C. La conformité aux droits fondamentaux de la procédure devant la CIF

486. Le principe de la contradiction est fondamental pour les droits de la défense du justiciable car il lui assure un droit à un procès équitable. Le demandeur comme le défendeur doivent échanger les preuves présentées devant le juge et verser aux débats tous les éléments qu'ils détiennent. Le procès équitable, duquel se déduisent le principe du contradictoire, les droits de la défense, l'exigence de loyauté des débats et l'égalité des armes,

---

[1] Conseil constitutionnel, 27 septembre 2019, n° 2019-804 QPC, *Association française des entreprises privées*, *JO* du 28 septembre 2019, n° 226. Lire Detraz (S.), « La pérennisation jurisprudentielle du cumul des répressions fiscale et pénale », *Dr. fisc.* 2019, n° 11, étude 201 ; Vergnet (N.), « Articulation des procédures pénale et fiscale : une symphonie inachevée », *Dr. fisc.* 2019, n° 11, étude 200 ; Pellegrin (G.) et Rutschmann (Y.), « Poursuite et sanction de la fraude fiscale : l'évolution du risque pénal à l'aune de la loi de lutte contre la fraude du 23 octobre 2018 », *Dr. fisc.* 2019, n° 11, étude 197 ; Drie (J.-C.), « La fin du "verrou de Bercy" (ou presque) : d'une décision du Conseil constitutionnel à une réflexion sur l'égalité fiscale », *Revue européenne et internationale de droit fiscal*, 2020, n° 1, pp. 120-126.

[2] Conseil constitutionnel, 24 juin 2016, n° 2016-545 et 2016-546 QPC, *M. Alec W. et autre [Pénalités fiscales pour insuffisance de déclaration et sanctions pénales pour fraude fiscale]*, *JCP G* 2016, 847 ; *JO* 30 juin 2016, pp. 110-111, JurisData n° 2016-012236 et JurisData n° 2016-012237. Lire Jacquot (N.), Mispelon (P.), « QPC sur le cumul des sanctions pénales et fiscales : une décision sans gravité ? », *Dr. fisc.* 2016, n° 26, act. 409. V. aussi Collet (M.) et Collin (P.), « Le cumul de sanctions pénale et fiscale face aux exigences constitutionnelles et européennes », *JCP G* 2016, n° 29, act. 847 ; Pelletier (M.), « De quelques conséquences (inattendues) des décisions Alec W. et Jérôme C », *Dr. fisc.* 2016, n° 30-35, act. 466.

« *traduit le passage du droit du plus fort au droit du plus juste, fondement essentiel de l'État de droit*[1] ».

487. En ce sens, pour certains auteurs, il est dommageable, pour le contribuable avisé de la saisine de la CIF, de ne pas avoir le droit d'obtenir communication de son dossier, eu égard, notamment, aux principes précédents[2]. Cette absence de communication apparaît injustifiée car toute procédure juridictionnelle ou non, de manière générale, prévoit pour les justiciables des modalités relatives à l'accès direct ou indirect de leur dossier. En effet, et à titre d'exemple, l'autorité administrative est tenue d'informer les fonctionnaires relevant du statut général de la fonction publique de leur droit de demander la consultation des informations les concernant[3]. L'étude du fonctionnement de la CIF constitue, selon eux, une « *dérive totale dans l'équilibre des rapports entre l'administration et les contribuables*[4] ». Pour d'autres auteurs, en revanche, conformément à la mission confiée à la CIF, le contribuable n'a pas à bénéficier, pour se défendre, de droits comparables à ceux qu'il aurait devant une juridiction pénale appelée à connaître des délits qui lui seraient reprochés[5]. C'est pourquoi notamment la procédure n'est pas contradictoire, l'avis est non motivé, les pièces du dossier sont couvertes par le secret[6]. Toutefois, le législateur autorise le contribuable à présenter des informations qu'il estimerait nécessaires afin que la procédure ne se déroule pas à son insu.

488. La procédure semblerait peu équitable à l'égard du contribuable, au regard notamment de l'article 6 de la Convention européenne des droits de

---

[1] Dintilhac (J.-P.), *L'égalité des armes dans les enceinte judiciaires*, Rapport de 2003 de la Cour de cassation, Étude sur le thème de l'égalité, 2003.

[2] V. Perrotin (F.), « Quel avenir pour le verrou de Bercy », *LPA*, 1er mars 2018, n° 044, p. 4: Le mécanisme constitue une garantie importante pour le contribuable. « *Le verrou de Bercy me paraît protecteur car il est contrôlé par une autorité indépendante la CIF. Mais ce sujet est également politique car le ministre et lui seul peut engager la procédure devant la CIF* », analyse Patrick Michaud. Les défenseurs du monopole de Bercy mettent également en avant l'expertise de l'administration fiscale en matière de calcul de l'impôt éludé et de recouvrement. Cependant, les résultats du parquet national financier sont, quant à eux, également probants puisqu'en 2017, ils ont atteint 786 millions d'euros. Mais, la grande partie de ce montant est le résultat d'une seule affaire qui a occasionnée une transaction fiscale de grande ampleur. Les chiffres sont donc très supérieurs à ceux des autres années, « *plus du double par rapport à 2016 et sept fois plus qu'en 2015* ».

[3] Sieraczek-Abitan (M.), « La Commission des infractions fiscales : une garantie illusoire accordée aux contribuables », *LGP*, 8 août 2000, n° 221, p. 2.

[4] Sieraczek-Abitan (M.), *ibid.*

[5] Voir Tremeur (M.), « La Commission des infractions fiscales », *LPA*, 22 décembre 1995, n° 153, pp. 20-27.

[6] Crim., 28 janvier 1991, n° 90-81606 et n° 90-81526, *Bull. crim.* 1991, n° 45 p. 114.

l'homme disposant que toute personne a le droit de se défendre contre toute accusation portée contre elle, et prévoyant le principe d'égalité des armes. Pourtant, la Cour de cassation a conforté l'idée selon laquelle que « *le principe du contradictoire reconnu par la Convention européenne de sauvegarde des droits de l'homme et des libertés fondamentales ne peut s'appliquer devant cette commission qui n'est qu'un organisme consultatif destiné à donner un avis au ministre chargé des finances sur l'opportunité des poursuites et non un premier degré de juridiction, laissant donc la possibilité pour le requérant de connaître et de discuter ultérieurement, devant un tribunal indépendant et impartial, les charges retenues contre lui*[1] ».

489. Dans la même lignée jurisprudentielle, sur la phase pré-judiciaire, la Chambre criminelle a rejeté le pourvoi d'un requérant poursuivi pour fraude fiscale, invoquant que la procédure devait être annulée car, devant la Commission des infractions fiscales, dont l'avis préalable aux poursuites est obligatoire, l'égalité des armes n'était pas respectée. Elle considère de manière constante que le caractère consultatif et non juridictionnel de cet organisme n'impose pas un débat contradictoire devant elle[2]. En effet, l'avis que le ministre reçoit de la CIF n'a pour but que de limiter son pouvoir discrétionnaire d'engager les poursuites[3]. Pourtant, la CEDH n'exclut pas l'application des dispositions de l'article 6 de la Convention aux procédures ayant lieu avant le jugement[4]. La Cour de Strasbourg estime cependant qu'il n'y a pas d'atteinte aux droits de la défense ou au principe de l'égalité des armes lorsque l'administration fiscale ne communique pas certaines pièces dans le cadre d'une procédure devant la CIF. En outre, l'absence de débat oral et contradictoire préalablement à l'avis de la commission, ne constitue pas une violation du principe du procès équitable de l'article 6-1 de la Convention européenne des droits de l'homme[5]. Selon elle, la procédure pénale ultérieure comportant un double degré de juridiction et une possibilité de pourvoi en cassation permet au prévenu de discuter contradictoirement les pièces à charge et les accusations portées contre lui[6]. Elle avait même

---

[1] V. pour une application Crim., 4 mai 2006, n° 05-85.947, JurisData n° 2006 - 034071 ; Crim., 10 juillet 1997, n° 96-83.507, *Bull. crim.* 1997, n° 271, p. 925.

[2] Crim., 7 mars 2001, n° 00-82538*, Bull. crim.* 2001, n° 60, p. 202 ; *Dr. fisc.* 2001, n° 28, comm. 678 ; Crim., 10 juillet 1997, n° 96-83507, *Bull. crim.,* n° 271.

[3] Crim., 28 janvier 1991, n° 90-81526, *Bull. crim.* 1991, n° 44, p. 110.

[4] CEDH, 24 novembre 1993, n° 13972/88, *Imbriosca c/ Suisse*, point n° 36, *RSC* 1994, p. 144, obs. Pettiti, (L.-E.) et p. 362, obs. Koering-Joulin (R.).

[5] Lire pour plus de précisions : Brandeau (J.), « Régularité de l'avis de la commission des infractions fiscales et délégation de signature », *LPA*, 8 août 2001, n° 157, p. 4.

[6] CEDH, 26 septembre 1996, n° 47/1995/533/639, *Mialhe c/ France*, *Procédures* 1997, comm. 110.

considéré, dans l'arrêt *Ruiz Mateos contre Espagne*, le 23 juin 1993, que l'égalité des armes s'appliquait à toutes les procédures mettant en cause les droits ou obligations à caractère civil, même si la portée du principe n'est pas la même en matière civile et pénale[1]. Cependant, Cour n'a pas souhaité lui conférer un caractère absolu. Elle estime que les parties au procès doivent bénéficier d'une « *situation raisonnablement égalitaire* ». C'est-à-dire, qu'aucune d'elles ne doit se voir attribuer de privilèges, qu'il s'agisse de l'État ou d'un service public tel que le ministère public[2].

490. Or, en pratique, l'administration détient une position privilégiée lorsqu'elle décide unilatéralement de l'opportunité des poursuites pénales face à un contribuable, lequel ne peut intervenir pour se défendre qu'en phase judiciaire. Selon une jurisprudence constante, les règles du procès équitable s'appliquent aussi bien lors d'une procédure juridictionnelle que non juridictionnelle[3]. C'est le cas devant les autorités administratives indépendantes, telles que l'Autorité de la concurrence ou encore l'Autorité des marchés financiers[4]. En effet, lorsque ces autorités envisagent des sanctions, décident de l'opportunité d'engager des poursuites ou tranchent des litiges notamment à l'occasion d'un règlement des différends, elles doivent satisfaire les exigences du tribunal impartial, devant lequel doivent être respectées les prescriptions de l'article 6 de la Conv. EDH[5]. Si la loi n° 2017-55 du 20 janvier 2017 portant statut général des autorités administratives indépendantes (AAI) et des autorités publiques indépendantes ne reconnaît pas à la CIF la qualité d'AAI – alors que ce

---

[1] CEDH, 27 octobre 1993, n° 14448/88, *Dombo Beheer B.V. c/ Pays-Bas*, série A n° 274, p. 19 ; *JCP G* 1994, I, 3742, obs. Sudre (F.).

[2] CEDH, 22 septembre 1994, n° 13616/88, *Hentrich c/ France*, *Rec.* CEDH 1994, série A, n° 296 ; JurisData n° 1994 -603498.

[3] CJCE, 22 mars 1961, Affaire 42/59 et 49/59, *Société nouvelle des usines de Pontlieue - Aciéries du Temple (SNUPAT) c/ Haute Autorité, Rec.* p. 159 et CJCE, 11 juillet 1968, Affaire 35/67, *Van Eick*, *Rec.* p. 481.

[4] L'Autorité des marchés financiers (AMF), créée par la loi n° 2003-706 de sécurité financière du 1er août 2003, naît de la fusion entre la Commission des opérations de bourse (COB), le Conseil des marchés financiers (CMF) et le Conseil de discipline de la gestion financière (CDGF).

[5] À propos du Conseil des Marchés Financiers, Conseil d'État, Ass., 3 décembre 1999, n° 207434, *Didier*, *Rec.* p. 399, *RFDA* 2000, p. 584, concl. Seban (A.). V. aussi Conseil d'État, 4 février 2005, n° 269001, *Société GSD Gestion et Gautier*, concl. Guyomar (M.) ; *LPA* 2005, n° 82, p. 5 et s. et note Costa (D.), *RFDA* 2005, p. 1174 à propos de l'Autorité des Marchés Financiers. Également, Conseil d'État, 2 novembre 2005, n° 271202, *Société Banque privée Fideuram Wargny, Rec.* p. 707 ; *AJDA* 2006, p. 335 ; *Bull. Joly Bourse* Janvier-Février 2006, p. 62, concl. Guyomar (M.).

statut lui était reconnu par la Cour de cassation et le Conseil d'État[1] – les dispositions de l'article 6 de la Conv. EDH peuvent lui être appliquées en tant qu'« institution consultative et non juridictionnelle »[2]. L'entrée en vigueur de la loi n° 2018-898 du 23 octobre 2018 contribue à réduire drastiquement la portée du secret de l'administration fiscale. Cette dernière cherche à rendre plus transparente son action en matière de lutte contre les infractions fiscales, préalablement à l'enclenchement des poursuites pénales.

§ 2. Vers une disparition progressive du secret en amont des poursuites pénales

491. La compétence de la CIF, au gré des diverses législations en matière de lutte contre la fraude, s'est considérablement réduite. De plus en plus d'infractions fiscales échappent en effet à sa saisine avant toutes poursuites pénales (**I**). Mais la dernière en date, sous l'effet de la loi n° 2018-898 du 23 octobre 2018, pourrait bien vider de sa portée pratique le « *verrou de Bercy* » (**II**). Cette évolution législative intervient dans un contexte où des mécanismes sont déjà instaurés en vue de rendre plus transparence l'activité administrative (**III**).

I. Les infractions échappant à la saisine préalable de la CIF

492. Avant l'entrée en vigueur de la loi n° 2018-898 du 23 octobre 2018, trois infractions pouvaient déjà être poursuivies sans saisine préalable de la CIF: l'opposition à contrôle fiscal, l'escroquerie et le blanchiment de fraude fiscale ; la commission ne s'intéressant pas aux infractions de droit commun, pour lesquelles la Direction générale des Finances publiques peut déposer plainte sans devoir obtenir son avis.

---

[1] La Cour de cassation avait qualifié la CIF d'autorité administrative indépendante, notamment dans un arrêt du 28 janvier 1991 (Crim., 28 janvier 1991, n° 90-81.606, *M. Carles*, n° 90-81.526, *M. Lavigne* et n° 89-86.597, *M. et Mme Sennesaël et Bazin*, *Bull. crim.* 1991, n° 45 ; *Dr. fisc.* 1991, n° 21-22, comm. 1160 ; *RJF* 4/91, n° 528) Le Conseil d'État avait quant à lui retenu la qualification d' « autorité administrative indépendante », dans son rapport public de 2001, relatif aux autorités administratives indépendantes (Conseil d'État, *Rapport public 2001 : jurisprudence et avis de 2000. Les autorités administratives indépendantes*, La Documentation française, mars 2001, 471 p., pp. 303-322)..

[2] La Cour de cassation qualifie désormais la CIF d'« institution consultative et non juridictionnelle » (Crim., 22 février 2017, n° 14-82.526 : *Bull. crim.* n° 52 ; *D.* 2007, p. 508. V. Salomon (R.), « Droit pénal fiscal », *Dr. fisc.* 2017, n° 18-19, étude 292).

493. La jurisprudence puis la loi ont commencé à limiter le principe de saisine préalable de la CIF pour finalement le réduire à une liste exhaustive d'infractions. Dès 1987, le délit d'escroquerie n'impose pas une saisine préalable de la CIF[1]. S'ensuivent ensuite les délits d'opposition à un contrôle fiscal[2] puis le délit de blanchiment[3]. Pour cette dernière exception, « *la Cour de cassation considère en effet que, pour déclarer un prévenu coupable de blanchiment de fraude fiscale, il n'est pas nécessaire de caractériser le délit principal de fraude fiscale. Il suffit que soient établis les éléments constitutifs de l'infraction principale ayant procuré les sommes litigieuses*[4] ». Ce raisonnement s'applique également en matière de recel de fraude fiscale[5].

494. À cette liste de cas sans saisine préalable de la CIF, s'ajoutent en outre les infractions dont le montant des droits fraudés est supérieur à 100.000 euros auxquels s'appliquent des majorations de 100, 80 ou 40 %. Depuis la loi n° 2018-898 du 23 octobre 2018, l'administration est en effet tenue de dénoncer directement et automatiquement au procureur de la République, les faits constatés lors du contrôle fiscal ayant conduit à l'application de pénalités fiscales[6]. Il en est de même concernant les dossiers de procédure judiciaire d'enquête fiscale dits de « police fiscale » pour lesquels il existe des présomptions caractérisées qu'une infraction fiscale a été commise : une procédure judiciaire est alors préalablement mise en place pour éviter un risque de dépérissement de preuves[7].

495. La compétence de la CIF est donc de plus de plus restreinte. Mais la loi du 23 octobre 2018 pourrait surtout avoir vidé de sa portée pratique le dispositif dit du « *verrou de Bercy* » qui avait à l'origine, rappelons-le, pour

---

[1] Crim., 19 octobre 1987, n° 85-94605, *Giraudo, Bull. crim.* 1987, n° 353 p. 938 ; *Dr. fisc.* 1988, n° 25, comm. 1293.

[2] L'article 14 de l'ordonnance n° 2005-1512 du 7 décembre 2005 relative à des mesures de simplification en matière fiscale et à l'harmonisation et l'aménagement du régime des pénalités introduit l'article 1746 du CGI.

[3] Crim., 20 février 2008, n° 07-82977, *Talmon, Bull. crim.* 2008, n° 43, p. 160 ; *RJF* 6/08, n° 744 et 745 ; *D.* 2008, n° 14, *act. jurispr.,* p. 924 ; *Dr. pén.* 2008, n° 5, comm. 67, note Veron (M.).

[4] Assemblée nationale, *Rapport d'information parlementaire sur l'évaluation de la loi n° 2013-1117 du 6 décembre 2013 [...],* 8 février 2017, *op. cit.*, p. 23.

[5] Crim., 20 février 2008, n° 07-82977, *Talmon, Bull. crim.* 2008, n° 43 p. 160 ; *RJF* 6/08, n° 744 et 745 ; *D.* 2008, n° 14, *act. jurispr.,* p. 924 ; *Dr. pén.* 2008, n° 5, comm. 67, note Veron (M.).

[6] Detraz (S.), « La transmission automatique des dossiers pénaux au parquet ou l'art de se passer de la Commission des infractions fiscales », *Revue européenne et internationale de droit fiscal*, 2020, n° 2, pp. 202-208, p. 202.

[7] Commission des infractions fiscales, *Rapport annuel de la commission des infractions fiscales 2019*, *op. cit.*, p. 6.

objectif de limiter les risques d'arbitraire administratif, notamment pour des montants de droits fraudés importants. En effet, certains « gros » fraudeurs, au regard de leurs situations pouvaient encore espérer échapper à la répression pénale. Désormais, restreindre la compétence de la CIF comporte des risques d'augmentation de dossiers avec des enjeux financiers inférieurs à 100.000 euros alors que jusqu'à l'entrée en vigueur de la loi n° 2018-898 du 23 octobre 2018, ils étaient rarement transmis à la Commission.

II. Le « *verrou de Bercy* », vidé de sa portée pratique

496. Depuis sa création, la CIF dispose d'un pouvoir d'appréciation pour trier et filtrer les infractions fiscales avant toutes poursuites pénales. Avant la loi du 23 octobre 2018 précédemment évoquée, elle exerçait son action au-delà d'un certain seuil qui, sans être mentionné dans aucun texte de loi, a longtemps été fixé à 60.000 euros, puis a été relevé en 2010 par la Commission des infractions fiscales à 100.000 euros[1]. Cela signifiait donc qu'échappaient à la répression pénale les dossiers n'excédant pas ce montant. Avec l'entrée en vigueur de la loi du 23 octobre 2018, la compétence de la CIF est désormais réduite à ce *quantum* des droits fraudés. Il est réduit à 50.000 euros pour les affaires concernant les personnes soumises à une déclaration auprès de la Haute autorité pour la transparence de la vie publique (HATVP)[2]. Or, avant, elle ne recevait que très peu de dossiers dont le montant des droits fraudés n'excédait pas 100.000 euros. Ce seuil aurait eu principalement deux justifications. La première est liée au nombre élevé des dossiers ne dépassant pas ce *quantum* et qui pouvaient risquer de paralyser inutilement l'action de la CIF[3]. Généralement, dans la majorité des cas litigieux, le contribuable régularise sa situation à la suite de la proposition de rectification. La seconde justification pourrait être que les sommes inférieures à ce seuil de 100.000 euros étaient considérées comme « dérisoires » au regard des infractions fiscales détenant des enjeux financiers plus importants. Ainsi, à titre d'exemple, le rapport d'évaluation de la Commission pour l'année 2017 constatait un montant particulièrement élevé des droits fraudés au titre des « *impôts divers* » à cause de l'impact de deux affaires « *à fort enjeu financier*[4] ». La première, représentant 10

---

[1] Spire (A.), Weidenfeld (K.), « Chapitre 3. Du contrôle au procès », *in* Spire (A.) et Weidenfeld (K.), (dir.), L'impunité fiscale. Quand l'État brade sa souveraineté, éd. La Découverte, 2015, pp. 69-82, p. 70.

[2] Perrotin (F.), « Le verrou de Bercy, suite et fin », *LPA*, 14 janvier 2019, n° 010, p. 3.

[3] Perrotin (F.), *ibid.*

[4] Commission des infractions fiscales, *Rapport annuel de la commission des infractions fiscales 2017*, 44 p., p. 11.

millions d'euros de droits fraudés, concernait « *la remise en cause d'exonération de retenue à la source sur des distributions de dividendes opérées au profit d'une personne morale faussement présentée comme ayant sa direction effective dans un État-membre de l'Union européenne*[1] ». La seconde, quant à elle, portait sur un montant de 5 millions d'euros et avait trait à « *une revendication abusive d'exonération de la taxe sur les véhicules des sociétés (TVS) par une société utilisant comme supports mobiles de publicité des véhicules automobiles qu'elle mettait à la disposition de collectivités territoriales*[2] ». La compétence de la CIF était donc circonscrite aux dossiers aux sommes généralement de l'ordre de centaines de milliers d'euros au minimum.

497. L'essentiel du travail de sélection des dossiers revient d'abord aux responsables départementaux. Le premier niveau de filtrage opéré par les directions départementales montre une grande disparité des dossiers transmis suivant les régions[3]. En province, les fraudes de grande ampleur sont peu nombreuses et sont sélectionnées par le directeur départemental. En région parisienne en revanche, les montants éludés sont beaucoup plus importants[4]. Un premier filtre s'opère ainsi à leur niveau, en interne, puis un second au niveau de la CIF qui choisit les dossiers auxquels elle joint un avis favorable.

498. Le « comportement général » du contribuable détermine par la suite l'orientation du dossier vers des poursuites correctionnelles. C'est-à-dire que la commission va analyser la situation personnelle du contribuable, ses difficultés de trésorerie, l'existence d'éventuels problèmes familiaux et de santé, si ce dernier est en situation de récidive, s'il s'est déjà acquitté de

---

[1] Commission des infractions fiscales, *ibid.*

[2] Commission des infractions fiscales, *ibid.*

[3] Commission des infractions fiscales, *Rapport annuel de la commission des infractions fiscales 2018*, 49 p., p. 16 : Le nombre de dossiers ayant fait l'objet d'une plainte en Ile-de-France est édifiant en comparaison aux autres régions : 372 dossiers contre 79 (2ème nombre le plus « élevé » après l'Ile-de-France) Provence-Alpes Côte d'Azur.

[4] Commission des infractions fiscales, *ibid.*, p. 17 : « *La région Ile-de-France représente à elle-seule 45 % des plaintes déposées, même si cette nette prédominance est en recul par rapport au pic de 55 % atteint en 2014. Cette région représente près de 56 % des montants de droits fraudés (contre 60 % en 2017 et 55 % en 2016) avec une moyenne par affaire de 405 725 euros, notablement supérieure à la moyenne nationale, bien qu'en recul sur l'année précédente (518 664 euros). À elle seule, la ville de Paris concentre 151 plaintes, soit 41 % des affaires de la région, suivie des départements de la Seine-Saint-Denis (14 %), des Hauts-de-Seine et du Val de Marne (chacun 10 %). Les 25 % restants se répartissent de manière assez équivalente entre les quatre autres départements : Essonne et Val d'Oise (environ 7 % chacun), Yvelines (6 %) et Seine et Marne (4 %). Dans le contexte global de diminution du nombre de plaintes, cette situation demeure globalement très proche de celle affichée en 2017 et 2016* ».

certaines pénalités[1]. Il s'agit là encore d'un ensemble de critères laissés à l'appréciation et à la discrétion de la commission. Elle effectuait déjà cette « analyse » avant l'entrée en vigueur de la loi du 23 octobre 2018 mais elle l'accomplit désormais à une moindre échelle. Elle ne rend un avis favorable que pour les « *dossiers les plus graves* ». Le Conseil constitutionnel, dans deux décisions rendues le 24 juin 2016 avait d'ailleurs appuyé cette pratique en déclarant que les poursuites pénales pour faits de fraudes fiscales mentionnés à l'article 1741 du CGI ne devaient s'appliquer « *qu'aux cas les plus graves de dissimulation frauduleuse de sommes soumises à l'impôt. Cette gravité peut résulter du montant des droits fraudés, de la nature des agissements de la personne poursuivie ou des circonstances de leur intervention*[2] ».

499. La CIF reste toujours libre de se fixer un ordre de grandeur relatif au *quantum* de droits fraudés, même si cette référence purement indicative ne la lie pas. Toutefois, sa marge de manœuvre dans la fixation d'un seuil est extrêmement limitée puisqu'elle ne devient compétente que pour les infractions dont le montant est inférieur à 100.000 euros et pour ceux dépassant ce seuil des droits fraudés « *ayant donné lieu à des majorations de droits de 40 % sans réitération de même faits lors de contrôles intervenus au cours des six dernières années*[3] ». Le critère du *quantum* de la fraude est donc difficilement pertinent, à ce stade, pour caractériser ce que le Conseil constitutionnel qualifie de « *cas les plus graves de dissimulation*

---

[1] Spire (A.), Weidenfeld (K.), « Chapitre 3. Du contrôle au procès » *op. cit.*, p. 78 : [Entretien avec l'inspectrice chargée de la coordination de la Commission des infractions fiscales.] « *Ce qu'on regarde, c'est plutôt la situation personnelle du contribuable, ses difficultés de trésorerie. Il faut aussi que les dossiers qui nous sont soumis portent sur des montants suffisamment importants... Quand le contribuable fait valoir une situation de famille particulièrement difficile, quand il a des problèmes personnels, des problèmes de santé, c'est pris en compte. La décision tient compte aussi du comportement du contribuable après le contrôle. S'il a payé, ça peut être un critère.* ».

[2] Conseil constitutionnel, 24 juin 2016, n° 2016-545 et n° 2016-546 QPC, *M. Alec W. et autre [Pénalités fiscales pour insuffisance de déclaration et sanctions pénales pour fraude fiscale]*, *JCP G* 2016, 847 ; *JO* 30 juin 2016, p. 110 et 111, JurisData n° 2016-012236 et JurisData n° 2016-012237 ; *D.* 2016, p. 2442, note Décima (O.) ; *D.* 2016, p. 1836, obs. Mascala (C.) ; *D.* 2017, p. 1328, obs. Jacquinot (N.) et Vaillant (R.) ; *AJ pénal* 2016, p. 430, obs. Lasserre Capdeville (J.) ; *Constitutions* 2016, p. 361 ; *Constitutions* 2016, p. 436, chron. Mandon (C.) ; *RSC* 2016, p. 524, obs. Detraz (S.). Le Conseil constitutionnel a réitéré ce raisonnement dans sa décision n° 2018-745 QPC du 23 novembre 2018 : Conseil constitutionnel, 23 novembre 2018, n° 2018-745 QPC, *M. Thomas T. et autres*, *Dr. fisc.* 2018, n° 48, act. 516 ; *Dr. pénal* 2019, comm. 11, Robert (J.-H.) ; *D. actu* 2018, obs. Dufourq (P.).

[3] Commission des infractions fiscales, *Rapport annuel de la commission des infractions fiscales 2019*, 47 p., p. 6.

frauduleuse ». En revanche, doivent demeurer obligatoires la caractérisation de la matérialité de la fraude, l'établissement de son caractère intentionnel et les circonstances de l'affaire. Dans ce dernier cas, la CIF examine le contexte économique de la réalisation de la fraude ainsi que tous les éléments susceptibles d'atténuer ou aggraver la responsabilité du contribuable concerné. Plus encore, la constatation d'une situation de récidive, même sur des montants peu élevés, peut être retenue comme critère pertinent pour établir la gravité d'un dossier. La personnalité du fraudeur présumé et des fonctions qu'il exerce peuvent être prises en compte, car certaines professions exigent un civisme fiscal exemplaire[1].

500. L'analyse de la CIF doit continuer à être casuistique, individualisée. C'est la raison pour laquelle le « *verrou de Bercy* » a été institué. L'avis de la Commission des infractions fiscales doit être analysé comme une garantie du législateur accordée au contribuable à l'égard de l'opportunité des poursuites engagées par l'administration fiscale. En limitant les risques d'arbitraire administratif, l'action de la CIF vise un objectif d'exemplarité de la répression pour favoriser la dissuasion. La Présidente de la CIF rappelait à cet effet, en 2016, que « *la saisine de la CIF est une garantie pour le contribuable, pour l'Administration et pour le juge pénal. C'est une garantie pour le contribuable. Ceux qui viennent devant nous ont déjà d'importantes pénalités administratives. Déférer cette personne en plus au pénal est une décision lourde de conséquences, et elle mérite qu'on s'y arrête un instant. C'est une garantie pour l'Administration, car la CIF oriente les choix de l'Administration, et lui évite d'adresser à l'autorité judiciaire des dossiers qui ne méritent pas le pénal. Mais c'est aussi une garantie pour le juge pénal. Le juge pénal ne doit être saisi que pour les affaires très importantes, car la justice pénale est malheureusement très encombrée et coûte cher*[2] ».

---

[1] Commission des infractions fiscales, *Rapport annuel d'activité pour l'année 2017*, *op. cit.*, p. 7.

[2] Liébert-Champagne (M.), « Commission des infractions fiscales - Le rôle de la Commission des infractions fiscales », *Dr. fisc.* 2016, n° 38, étude 497. Le rapport annuel d'activité pour l'année 2018 concluait aussi en ce sens (Commission des infractions fiscales, *Rapport annuel d'activité pour l'année 2018,* p. 25.) : « *Cette commission occupe une position assez singulière dans le paysage administratif français, entre l'administratif et le pénal : elle est à la fois insérée dans un dispositif administratif de dépôt de plaintes et son avis peut conduire ou non à la mise en mouvement de l'action publique. Cette position singulière et l'indépendance que lui confèrent sa composition et la collégialité de son fonctionnement, lui permettent d'exercer depuis quarante ans la mission que lui a assignée le législateur, à savoir garantir aux contribuables susceptibles d'être renvoyés devant le tribunal correctionnel, ce qui n'est jamais une décision anodine, que leur situation fera l'objet d'un examen personnalisé et impartial, tenant compte des circonstances propres à chaque affaire* ».

501. Toutefois, la loi n° 2018-898 du 23 octobre 2018 crée une nouvelle catégorie de répression pénale pour des fraudes fiscales spécifiques alors que l'objectif du dispositif initial était de donner une nouvelle chance au contribuable de se conformer à la législation fiscale en vigueur. Or, avec la nouvelle législation en vigueur, les dossiers faisant l'objet d'une transmission automatique au parquet devraient être de l'ordre de 1.500 à 2.000 annuellement[1]. Leur nombre devrait donc progressivement augmenter. Parallèlement, les dossiers faisant l'objet d'un examen personnalisé par la CIF seront amenés à diminuer. Ce constat se vérifie dans les informations que la commission rend publiques : en 2019, la commission a traité 691 dossiers[2] alors qu'en 2018, ils étaient 854 à avoir été examinés par la commission, 992 en 2017 et 1063 en 2016[3]. Il est donc à craindre, à terme, que la CIF n'ait plus qu'un rôle résiduel pour apprécier l'opportunité des poursuites pénales, voire qu'elle soit supprimée. Si l'hypothèse de sa suppression ne se confirme pas, il se pourrait qu'elle n'ait plus qu'un rôle consultatif à l'avenir[4].

502. Deux ans après l'entrée en vigueur de la loi n° 2018-898 du 23 octobre 2018, trois évolutions auront néanmoins été constatées[5]. Premièrement, concernant le rôle du parquet : si en effet, celui-ci se cantonnait souvent à un rôle passif, la réforme lui aura permis d'investir pleinement sa mission dans la sélection des dossiers et les suites à leur donner, avec le cas échéant, la possibilité de mettre en œuvre la procédure de comparution sur reconnaissance préalable de culpabilité (CRPC) ou de conclure des CJIP pour des faits de fraude fiscale[6]. Deuxièmement, selon les

---

[1] Commission des infractions fiscales, *Rapport annuel d'activité pour l'année 2018,* 49 p., p. 5.

[2] Commission des infractions fiscales, *Rapport annuel d'activité pour l'année 2019, op. cit.*, p. 10 : les 691 dossiers examinés par la CIF comprennent les 575 dossiers qu'elle a reçus pour l'année 2019 et une partie des dossiers de l'année 2018 en stock au 1er janvier 2019.

[3] Commission des infractions fiscales, *ibid.*, p. 7.

[4] Mispelon (P.), « Réforme du verrou de Bercy : vers-où va la CIF ? », *Dr. fisc.* 2018, n° 41, act. 448.

[5] La Commission des Finances, de l'Économie générale et du contrôle budgétaire de l'Assemblée nationale a dressé un premier bilan de la réforme du verrou de Bercy (Rapport d'information du 16 octobre 2020 sur l'application de la loi n° 2018-898 du 23 octobre 2018 relative à la lutte contre la fraude et présenté par les députés Madame Emilie Cariou et Monsieur Éric Diard). Lire aussi Marquetty (H.), « Verrou de Bercy, état des lieux deux ans après la loi du 23 octobre 2018 », *Les Nouvelles Fiscales*, 2021, n° 1282, focus.

[6] Perrotin (F.), « Bercy communique sur les résultats de la lutte contre la fraude fiscale », *LPA*, 2020, n° 1, p.4 : Le stock de dossiers transmis au parquet a doublé : 1826 dossiers en 2019 contre 958 dossiers en 2018. 40 % de recettes

auteurs d'un rapport présenté à l'Assemblée nationale sur les résultat de la réforme, les rapports entre l'administration fiscale et le parquet auraient été renforcés[1]. Le secret professionnel des agents des finances publiques ayant été levé à l'égard du parquet, le dialogue entre les autorités pénales et fiscales s'agissant des dossiers transmis est facilité. Troisièmement, les entreprises seraient désormais plus enclines à se mettre en conformité avec l'administration. Le caractère volontairement dissuasif de la sanction pénale infligée en cas de condamnation incite les contribuables à régulariser spontanément leur situation fiscale et à coopérer avec les autorités de poursuite, et ce, d'autant plus qu'il est permis, pour les entreprises, de faire appel au service de mise en conformité pour les aider à cet effet[2]. Le législateur prévoit en outre quelques mécanismes de transparence dans les procédures de l'administration, notamment en matière de fraude fiscale.

III. Des mécanismes de transparence de l'activité administrative

503. Jusqu'à l'entrée en vigueur de la loi n° 2013-1117 du 6 décembre 2013 relative à la lutte contre la fraude fiscale et la grande délinquance économique et financière, le fonctionnement et l'activité de la CIF étaient peu connus des contribuables. Ils ne savaient d'elle que son rôle essentiel dans la sélection des dossiers de ceux risquant des poursuites pénales. Désormais, la CIF présente chaque année son rapport d'activité au gouvernement et au Parlement avant de le publier[3].

504. Le second alinéa de l'article L. 228 B du LPF décrit cette procédure : « *les conditions du déclenchement des poursuites pénales en matière de fraude fiscale et les critères définis par la commission des infractions fiscales en la matière font l'objet d'un débat chaque année devant les commissions permanentes compétentes en matière de finances de*

---

supplémentaires ont par ailleurs été recouvrées (5,6 milliards d'euros en 2019 contre 4 milliards d'euros en 2018).

[1] Rapport d'information du 16 octobre 2020 sur l'application de la loi n° 2018-898 du 23 octobre 2018 relative à la lutte contre la fraude et présenté par les députés Madame Emilie Cariou et Monsieur Éric Diard.

[2] Loi n° 2018-727 du 19 août 2018.

[3] Le rapport d'information de l'Assemblée nationale du 8 février 2017 indique que « *Ces données montrent bien que si l'activité d'ensemble est stable, les dossiers d'enquêtes fiscales augmentent significativement, leur nombre ayant doublé en cinq ans. Dans le même temps, le nombre d'avis défavorables baisse fortement* » (V. Assemblée nationale, *Rapport d'information parlementaire sur l'évaluation de la loi n° 2013-1117 du 6 décembre 2013 […],* 8 février 2017, *op. cit.*, p. 22).

l'Assemblée nationale et du Sénat[1] ». L'exigence légale de publication de l'activité de la CIF vient de la volonté du législateur de rétablir un lien de confiance entre l'administration fiscale et l'administré. Le rapport, dans son sommaire, présente ainsi la Commission, sa composition, son champ d'intervention et la nature de ses avis. Il précise en outre, la procédure suivie, les critères retenus pour l'examen d'un dossier, les modalités de traitement de ce dernier. Il indique enfin le nombre de dossiers reçus et examinés, le nombre d'avis favorables et défavorable émis.

505. Par ailleurs, lorsque finalement des poursuites pénales n'auront pas été enclenchées pour des faits de fraudes fiscales, les sanctions administratives prononcées à l'encontre des personnes morales pourront être publiées en cas de manquements graves, c'est-à-dire lorsque le montant minimum de la fraude commise excède minimum 50.000 euros et que son auteur aura eu recours à une manœuvre frauduleuse[2]. En revanche, il n'y a pas lieu de procéder à la publication de ces sanctions si les manquements ont fait l'objet d'un dépôt de plainte pour fraude fiscale par l'administration. Ce mécanisme de transparence, introduit par la loi n° 2018-898 du 23 octobre 2018[3], n'est pas sans rappeler celui du *name and shame* (« nommer pour faire honte ») visant à dissuader la fraude fiscale[4].

506. L'Assemblée nationale avait adopté un amendement pour que cette procédure puisse également s'appliquer aux personnes physiques, toutefois la Commission mixte paritaire a écarté cette disposition compte tenu du risque d'inconstitutionnalité[5]. Pour combattre la fraude, le dispositif souhaite s'appuyer « *sur l'exigence d'exemplarité des acteurs économiques, dont*

---

[1] À l'occasion de l'examen de la loi du 6 décembre 2013, le Conseil constitutionnel censure l'ancienne rédaction de l'article qui disposait que « *Les conditions du déclenchement des poursuites pénales en matière de fraude fiscale et les critères définis par la commission des infractions fiscales en la matière font l'objet d'un débat chaque année devant les commissions permanentes compétentes en matière de finances de l'Assemblée nationale et du Sénat, en présence du ministre chargé du Budget* ». Elle estime que le ministre chargé du Budget n'aurait pas dû assister, ni à l'Assemblée nationale, ni au Sénat, aux débats des commissions permanentes des finances. C'est là selon elle, en effet, un non-respect de la séparation des pouvoirs.

[2] Article 1729 A *bis* du Code général des impôts.

[3] Article 18 de la loi n° 2018-898 du 23 octobre 2018 relative à la lutte contre la fraude.

[4] D'origine anglo-saxonne, cette pratique était déjà usitée depuis plus d'une décennie dans de nombreux pays. Elle se sert du sentiment de honte pour dénoncer des abus qui peuvent être environnementaux, fiscaux, économiques, raciaux, sexuels. De même, elle est une pratique qui atteint à la réputation. V. aussi Cuzacq (N.), « Le mécanisme du *Name and Shame* ou la sanction médiatique comme mode de régulation des entreprises », *RTD com.*, avril-juin 2017, p. 473.

[5] Zarka (J.-C.), « La loi relative à la lutte contre la fraude », *LPA*, 16 novembre 2018, n° 230, p. 7.

l'activité pourrait être en partie menacée en cas de divulgation d'agissements ou de manœuvres particulièrement graves en matière fiscale[1] ». Aux termes du dernier alinéa de l'article L. 228 du LPF, avant que l'administration rende publique la sanction administrative en application de l'article 1729 A *bis* du CGI, elle doit recueillir préalablement l'avis conforme et motivé de la CIF. Pour autoriser cette publication, la commission examine les manquements et les circonstances dans lesquels ils ont été commis. Si l'avis rendu est favorable à une éventuelle publication, celle-ci doit figurer sur le site internet de l'administration fiscale un an maximum[2]. De même, toute décision contentieuse favorable au contribuable devra être publiée par l'administration sur son site internet. Il est à noter que la décision de publication est au préalable notifiée au contribuable qui peut introduire un recours juridictionnel pour contester les impositions, les amendes ou majorations[3]. Dans cette hypothèse, jusqu'à ce qu'une décision de justice confirme définitivement le bien-fondé de la publication, celle-ci est retirée du site internet de l'administration fiscale.

507. En définitive, cet outil est cohérent avec la volonté du législateur de rendre transparente l'action administrative. La pratique du *naming and shaming* est une pratique dissuasive de la fraude fiscale. Cela signifie que la transparence l'est aussi. Elle est donc indispensable pour y parvenir. L'atteinte à la réputation est un risque que les entreprises craignent désormais autant, voire plus, que les sanctions financières.

Conclusion de la Section III

508. La loi du n° 2018-898 du 23 octobre 2018 relative à la lutte contre la fraude présente des avancées indéniables[4]. Elle comporte plusieurs dispositifs susceptibles d'améliorer la transparence en matière de fraude. Elle met notamment en œuvre la pratique du *name and shame* qui renforce le caractère dissuasif de la lutte contre la fraude. Pour ce faire, elle confie à la CIF une mission consultative à l'égard des décisions que l'administration

---

[1] V. Rapport Sénat n° 602, 27 juin 2018, sur le projet de loi, p. 15.

[2] Article 1729 A *bis* alinéa 2 du CGI : « *Cette publication porte sur la nature et le montant des droits fraudés et des amendes et majorations appliquées, la dénomination du contribuable ainsi que, le cas échéant, l'activité professionnelle et le lieu d'exercice de cette activité.* ».

[3] Soixante jours sont nécessaires, après la notification de la décision, pour publier l'information (article 1729 A *bis* alinéa 4 du CGI)

[4] V. aussi Pellegrin (G.) et Rutschmann (Y.), « Poursuite et sanction de la fraude fiscale : l'évolution du risque pénal à l'aune de la loi de lutte contre la fraude du 23 octobre 2018 », *Dr. fisc.* 2019, n° 11, étude 197.

formule en matière de publication des sanctions pécuniaires. Elle aménage surtout le dispositif du « *verrou de Bercy* » afin d'accroître les prérogatives du parquet en ce qui concerne le déclenchement des poursuites des infractions de fraude fiscale. Jusqu'à la loi n° 2018-898 du 23 octobre 2018, la CIF disposait en effet d'un total monopole qui lui permettait d'apprécier l'opportunité d'une éventuelle mise en œuvre de l'action pénale. Mais son activité demeure secrète bien qu'elle doive en rendre compte chaque année dans un rapport. Les critères, sur lesquels elle se prononce pour rendre un avis conforme, peuvent paraître subjectifs. De plus, ses avis ne sont pas motivés et le contribuable qui fait l'objet d'une telle procédure n'a pas accès à son dossier. La loi du 23 octobre 2018 réduit considérablement sa compétence à des fraudes fiscales très spécifiques qui peut à terme, lui laisser une très faible marge de manœuvre dans l'exercice de ses prérogatives, voir être incompatible avec les raisons pour lesquelles elle a été créée en premier lieu.

Conclusion du Chapitre I

509. Le secret de l'administration vise à protéger le secret du contribuable à l'égard des tiers et le secret de ses moyens pour tenter de recouvrer l'impôt, comme lors de la recherche d'infractions fiscales. Mais dans les procédures coercitives de l'imposition, son secret est mis en balance avec des impératifs contradictoires comme la transparence de son action ou la garantie des droits de la défense du contribuable. La tâche n'est point aisée car, d'un côté, le secret de l'administration est une barrière solide pour garantir une protection effective de l'information, et, de l'autre, il empêche d'y accéder. Sa portée varie en outre dans les différentes phases de la procédure d'imposition. Par exemple, l'intervention de l'administration lors du contrôle fiscal inopiné est secrète pour empêcher le contribuable – dans le laps de temps séparant la réception de l'avis de vérification et l'intervention elle-même – de dissimuler des éléments qui permettraient de déterminer l'exacte matière imposable. Le secret est donc un facteur d'efficacité de son action. En revanche, il doit s'effacer pour permettre au contribuable vérifié d'exercer ses droits : en particulier, celui de consulter les documents contenus dans son dossier fiscal dont le rapport de vérification rédigé par le vérificateur à l'issue du contrôle. Ce qui implique que les informations recueillies par l'administration fiscale soient divulguées et, le cas échéant, que certaines d'entre elles obtenues auprès des tiers – couvertes par leur secret professionnel – soient occultées. Mais le secret continue de caractériser certaines procédures fiscales telles que la transaction. Son caractère opaque a d'ailleurs été dénoncé par la Cour des comptes, notamment, en ce qui concerne les critères de sélection des dossiers dont l'administration fiscale décide de mettre un terme au contentieux. Sa mise en œuvre est par ailleurs, incompatible avec les grands principes du droit fiscal. Les dernières actualités législatives tendent néanmoins à réduire la portée du secret. En témoigne ainsi l'instauration par la loi du 23 octobre 2018 relative à la lutte contre la fraude d'un dispositif de publication des sanctions administratives prononcées à l'encontre des personnes morales en cas de manquements graves. S'il est indéniable que le secret doit être protégé, il doit pouvoir se concilier avec la volonté du législateur de rendre transparente l'action de l'administration.

Chapitre II. Le secret opposé à l'administration fiscale

510. Opposer le secret à l'administration fiscale a deux finalités. En effet, il s'agit d'une part, de poser des limites aux prérogatives d'une administration disposant de pouvoirs exorbitants de droit commun ; d'autre part, de doter le contribuable de droits pour rééquilibrer la balance des forces en présence. Le secret professionnel des agents des services fiscaux protège les informations confidentielles du contribuable mais ce dernier peut lui aussi opposer son secret pour préserver ses intérêts face aux intrusions du fisc et des tiers. Dans cette perspective, le contribuable, personne physique, détient par exemple, un droit à invoquer le secret de sa vie privée. De même, comme personne morale, il peut opposer le secret des affaires pour garantir la confidentialité de ses informations commerciales et industrielles. Toutefois, nous l'étudierons, cette opposabilité, notamment à l'égard de l'administration est extrêmement limitée (**Section I**). Certains tiers interviennent par ailleurs, dans le rapport juridique qui lie le contribuable et l'administration fiscale. Ils doivent respecter une obligation au secret professionnel en ce qui concerne les informations recueillies dans l'exercice de leurs fonctions[1]. Le secret du contribuable est alors protégé par celui du *tiers professionnel* qui peut aussi, dans une certaine mesure, être opposé à l'administration (**Section II**).

Section I. Le secret du contribuable

511. Il convient d'analyser les fondements juridiques du droit au secret du contribuale (**§ 1**) dont les obligations fiscales, auxquelles ce dernier est assujetti, expliquent qu'il soit nécessairement restreint (**§ 2**).

§ 1. Les fondements juridiques du secret du contribuable

512. Le contribuable use du secret sous le prisme du droit au silence, également appelé « droit de ne pas s'autro-incriminer », ou « droit de se taire » (**I**). Il peut aussi opposer, dans une certaine mesure, le secret de sa vie privée (**II**).

---

[1] V. BOI-DJC-TDC-20171204, Dispositions communes – Tiers de confiance.

I. Le droit au silence ou le droit de ne pas s'auto-incriminer

513. Dans le cadre de leurs missions, les agents administratifs chargés de l'instruction peuvent interroger, verbalement ou par écrit, le contribuable pour s'assurer qu'il a commis infraction dont il est soupçonné[1]. Dès lors, la question est de savoir si la personne interrogée a le droit de ne pas répondre et d'opposer son silence à l'administration. La procédure pénale admet que parmi les droits de la défense, il existe un droit au silence – encore dénommé « droit de ne pas s'auto-incriminer », « droit de se taire » ou « droit de ne pas témoigner contre soi-même » –, qui participe des éléments les plus importants de la défense de la personne soupçonnée[2].

514. Consacré par l'article 14 du Pacte international relatif aux droits civils et politiques[3] et considéré par la Cour européenne des droits de l'homme comme faisant partie des garanties du droit au procès équitable[4], le droit de se taire a vu son application et sa notification à la personne poursuivie se généraliser, en droit français, avec la loi n° 2014-535 du 27 mai 2014 (portant transposition de la directive du 22 mai 2012 relative au droit à l'information dans le cadre des procédures pénales)[5]. Avant l'entrée en vigueur de cette loi, le droit au silence était notifié dans des cas limités, notamment lors de la phase policière de la procédure. S'agissant de l'enquête, la Chambre criminelle reconnaissait ce droit au suspect faisant l'objet de mesures coercitives mais n'imposait pas sa notification dans le cadre d'une audition libre[6]. Désormais, le droit de se taire est un droit d'application générale à toutes les phases de la procédure. Il doit être notifié

---

[1] Petit (J.), « L'administration face au silence », *RDP*, 1er juillet 2012, n° 4, p. 1104.

[2] V. Mesa (R.), « Retour sur le droit de se taire », *LGP*, 8 novembre 2016, n° 39, p. 17.

[3] L'article précise que toute personne accusée d'une infraction pénale a droit, en pleine égalité, à « *ne pas être forcée de témoigner contre elle-même ou de s'avouer coupable* »

[4] CEDH, 25 février 1993, n° 10588/83, *Funke c/ France*, *AJDA* 1995, p. 124, chron. Flauss (J.-F.) : la CEDH juge que le droit au procès équitable, proclamé par l'article 6 de la Convention, comporte implicitement le « *droit de garder le silence* » et « *de ne pas contribuer à sa propre incrimination* ». Ce droit est applicable à toute accusation en matière pénale mais non aux contestations civiles (CEDH, 8 avril 2004, n° 38544/97, *Weh c/ Autriche* ; CEDH, 24 mars 2005, n° 63207/00, *Rieg c/ Autriche, RSC* 2006, p. 431, obs. Massias (F.)). V. également CJCE, 18 octobre 1989, n° 374/87, *Orkem*, *Rec.* p. 3283 ; *Rec.* 1989-9, p. 3343, concl. Darmon (M.) ; *JCP* 1990, II, p. 21436, chron. Boutard-Labarde et Vogel : La Cour a admis qu'il comporte notamment le droit de ne pas s'incriminer soi-même.

[5] Mesa (R.), « Le renforcement relatif des droits procéduraux du suspect pendant la phase d'enquête », *LGP*, 20 septembre 2014, n° 192, p. 17.

[6] Crim., 3 avril 2013, n° 11-87333, *Bull. crim.*, n° 72 ; *LGP*, 23 juillet 2013, n° 140, p. 40, obs. Fourment ; *RSC* 2013, p. 842, obs. Salvat.

au suspect avant son audition, que celui-ci fasse ou non l'objet d'une garde à vue, conformément aux articles 61-1 et 63-1 du Code de procédure pénale ou au second alinéa de l'article 28 pour les auditions réalisées par certains fonctionnaires dotés de pouvoirs de police[1].

515. Sous l'influence des jurisprudences de la Cour européenne des droits de l'homme[2] et du Conseil constitutionnel – qui fonde, d'ailleurs, le droit de se taire sur l'article 9 de la Déclaration de 1789, dont résulte « *le principe selon lequel nul n'est tenu de s'accuser, dont découle le droit de se taire*[3] » –, la répression administrative connaît un mouvement général de « *pénalisation*[4] ». Pourtant, la question d'une transposition du droit au silence à la répression administrative, notamment en matière fiscale, a été peu explorée[5]. En outre, dans le cas des procédures non répressives, la réponse peut se présenter différemment. Le droit de se taire correspond à un droit de ne pas collaborer à l'action fiscale répressive. Or, du point de vue non répressif, selon certaines situations, l'administration a le droit d'interroger le contribuable sur les projets qu'elle compte mettre en œuvre. Il convient donc d'examiner successivement son silence dans une procédure fiscale répressive (**A**) puis non répressive (**B**).

A. Le silence du contribuable dans une procédure fiscale répressive

516. Nous analyserons la question de la transposition du principe pénal du droit de se taire en matière de répression fiscale (**1**) et sa portée éventuelle (**2**).

---

[1] Le second alinéa de l'article 28 du Code de procédure pénale est issu des dispositions de la loi n° 2016-731 du 3 juin 2016 renforçant la lutte contre le crime organisé, le terrorisme et leur financement, et améliorant l'efficacité et les garanties de la procédure pénale.

[2] CJCE, 13 février 1979, Affaire 85/76, *Hoffman-Laroche*, *Rec.* p. 461.

[3] Conseil constitutionnel, 4 novembre 2016, n° 2016-594 QPC, *D.* 2017, p. 395, note Gallois (A.). Lire également Fourment (F.), « Nul n'est tenu de s'accuser, d'où le droit de chacun de se taire », *LGP*, 24 janvier 2017, n° 04, p. 65.

[4] Lire également Gutmann (D.), « La « pénalisation » du droit fiscal : mythe ou réalité », *Dr. fisc.* 2011, n° 4, comm. 122.

[5] La question est brièvement abordée dans la thèse de Georges Dellis (*Droit pénal et droit administratif. L'influence des principes du droit pénal sur le droit administratif répressif*, LGDJ, coll. Bibliothèque de Droit Public, 1997, 464 p., n° 516).

1. La transposition du droit de se taire dans les procédures fiscales répressives

517. La répression administrative – dont relève la répression fiscale[1] – représente l'ensemble des procédures mises en œuvre par l'administration pour réprimer le manquement à une obligation et établir des sanctions administratives[2]. Elle a longtemps ignoré le droit qu'a le contribuable de se taire et qui relève à l'origine du droit pénal[3]. À cette époque, les caractéristiques de l'instruction, liées à la nature administrative de la répression, rendaient inutile la reconnaissance de ce droit. Or, afin de sanctionner des manquements à des obligations voire des infractions fiscales, de plus en plus de pouvoirs d'instruction et d'investigation – qui rappellent les enquêtes judiciaires – ont été conférés à diverses autorités administratives répressives. C'est le cas notamment, de l'administration fiscale[4] ou de

---

[1] Précisons que la répression fiscale est une répression administrative, de la même manière qu'une sanction fiscale est une sanction administrative puisqu'elle est infligée par l'administration fiscale – une autorité administrative – en cas de manquement, par le contribuable, à une obligation fiscale.

[2] Mourgeon (J.), *La répression administrative*, Thèse de droit, Paris, LGDJ, 1967, 646 p., p. 9 ; Conseil d'État, « Le juge administratif et les sanctions administrative », *Les dossiers thématiques du Conseil d'État*, 9 janvier 2017, 26 p., p. 1 : « *Une sanction administrative est une décision administrative émanant d'une autorité administrative qui vise à réprimer un comportement fautif* ». Les sanctions de cette nature « *procèdent d'une intention de punir un manquement à une obligation. Elles se fondent sur un comportement personnel considéré comme fautif* » ; v. aussi Seiller (B.), Guyomar (M.), *Contentieux administratif*, Paris, Dalloz, HyperCours, 5e éd., 2019, 642 p., p. 150.

[3] Le droit pénal a été réticent à instaurer un tel droit (sur les motifs de cette réticence, mis en perspective avec l'importance du droit de se taire dans les systèmes de *common law*, voir Girard (C.), *Culpabilité et silence en droit comparé*, L'Harmattan, coll. Logiques juridiques, Paris, 1997, 218 p., pp. 11-25). Il l'a consacré de manière partielle et discrète pour la procédure de la garde à vue : instituée par la loi n° 2000-516 du 15 juin 2000, l'obligation d'informer la personne gardée à vue de son droit de se taire avait été supprimée par la loi n° 2003-239 du 18 mars 2003, avant d'être rétablie par la loi n° 2011-392 du 14 avril 2011 (V. article 63-1 du Code de procédure pénale) pour se conformer aux exigences de la jurisprudence de la CEDH (V. notamment, CEDH, 14 octobre 2010, n° 1466/07, *Brusco c/France, D.* 2010, p. 2950, note Renucci (J.-F.)) et du Conseil constitutionnel (Conseil constitutionnel, 30 juillet 2010, n° 2010-14/22 QPC, *Rec.* p. 179).

[4] V. notamment les procédures de visite et de saisie régies par les articles L. 16 et L. 38 du LPF.

diverses autorités administratives indépendantes[1]. Dans cette perspective, l'intéressé visé par une enquête pouvait légitimement se demander si le droit au silence lui était permis.

518. La transposition de ce droit a été tardive en matière administrative[2]. Cela s'expliquait par une confusion permanente entre le principe du contradictoire et des droits de la défense[3]. Dans ce domaine en effet, ces derniers consistent à être informé des griefs soulevés par l'administration pour justifier la sanction, les discuter et éventuellement, les contredire[4]. Mais en aucun cas, ces droits de la défense et le principe du contradictoire n'impliquaient celui de se taire[5].

519. Depuis son arrêt *Funke contre France*[6], la CEDH juge qu'il peut être déduit du droit au procès équitable consacré par l'article 6 de la Convention, un « *droit de garder le silence* » et « *de ne pas contribuer à sa propre incrimination* ». Le droit de se taire s'exerce pour les sanctions fiscales, qui sont pénales au sens de l'article 6, mais non pour les sanctions disciplinaires qui relèvent du volet civil de cette disposition. Rappelons que pour apprécier la nature pénale d'une sanction fiscale, la CJUE exige la réunion de trois critères. « *Le premier est la qualification juridique de l'infraction en droit interne, le deuxième la nature même de l'infraction et le troisième la nature ainsi que le degré de sévérité de la sanction que risque de subir l'intéressé*[7] ». Le droit au silence peut être invoqué tout au long de la procédure répressive, devant l'administration fiscale ou devant le juge[8]. Il en

[1] V. par exemple, les articles L. 450-1 du Code de commerce et suivants sur les pouvoirs d'enquête des agents des services d'instruction de l'Autorité de la concurrence.

[2] Notamment avec les procédures répressives relatives à la fraude fiscale.

[3] Petit (J.), « L'administration face au silence », *RDP*, 1er juillet 2012, n° 4, p. 1104.

[4] Dellis (G.), *Droit pénal et droit administratif. L'influence des principes du droit pénal sur le droit administratif répressif*, *op. cit*, n° 493 et s.

[5] Petit (J.), *op. cit.*, p. 1104 ; Dellis (G.), *Droit pénal et droit administratif. L'influence des principes du droit pénal sur le droit administratif répressif*, *op. cit.*, n° 521.

[6] CEDH, 25 février 1993, n° 10828/84, *Funke c/ France, Rec.* 1993, Série A, n° 256 ; *JCP* 1994, I, 3742, n° 13, chron. Sudre.

[7] CJUE, 5 juin 2012, Affaire C-489/10, *Bonda*, point 37 ; *JCP G* 2012, act. 719 ; *Dr. pén.* 2014, chron. 3, n° 21 et CJUE, 26 février 2013, Affaire C-617/10, *Åkerberg Fransson,* point 35 ; *AJDA* 2013, p. 1154, chron. Aubert (M.), Broussy (E.) et Cassagnabère (H.) ; *AJ pénal* 2013, p. 270, note Copain (C.) ; *RFDA* 2013, p. 1231, chron. Mayeur-Carpentier (C.), Clément-Wilz (L.) et Martucci (F.) ; *RTD civ.* 2014, p. 312, obs. Usunier (L.) ; *RTDE* 2013, p. 267, note Ritleng (D.).

[8] CEDH, 3 mai 2001, n° 31827/96, *JB c/ Suisse*, *RJF* 12/01, n° 1618 : le Conseil d'État a admis, en matière de pénalités fiscales, l'invocabilité d'une partie au moins des stipulations de l'article 6 Conv. EDH devant l'administration fiscale elle-même

est de même pour les procédures qui n'ont seulement qu'un objet répressif, comme le contrôle fiscal[1] ou la rectification fiscale[2]. Dans ces cas, le contribuable peut revendiquer son droit à s'abstenir de collaborer avec l'administration qui ne peut lui opposer son secret professionnel[3]. Selon la CEDH, « *même si l'article 6 de la Convention ne le mentionne pas expressément, le droit de garder le silence et le droit de ne pas contribuer à sa propre incrimination sont des normes internationales généralement reconnues qui sont au cœur de la notion de procès équitable consacrée par l'article 6 § 1. En particulier, le droit de ne pas contribuer à sa propre incrimination présuppose que les autorités cherchent à fonder leur argumentation sans recourir à des éléments de preuve obtenus par la contrainte ou les pressions, au mépris de la volonté de l'accusé*[4] ». Le contribuable est libre de témoigner ou non contre lui-même, de reconnaître ou non sa culpabilité.

520. Par ailleurs, dans sa décision n° 2016-594 QPC du 4 novembre 2016[5], le Conseil constitutionnel affirme que le droit au silence, dans le cadre d'une procédure pénale, a valeur constitutionnelle. Il relie à la présomption d'innocence, proclamée par l'article 9 de la Déclaration de

---

(V. sur ce point les conclusions de François Seners sur Conseil d'État, 26 mai 2008, n° 288583, *Société Norelec*, *Dr. fisc.* 2008, n° 28, comm. 411).

[1] Petit (J.), « L'administration face au silence », *RDP*, 1er juillet 2012, n° 4, p. 1104 ; Bublot (J.), Franssen (C.), Krings (M.), Litannie (T.), Traversa (E.), Warzée (J.), *Le contrôle fiscal : Aspects pratiques et actualités*, éd. Anthemis, Collectif, 4 mai 2016, 226 p., pp. 191-216, p. 198.

[2] CEDH, 3 mai 2001, n° 31827/96, *JB c/ Suisse*, *préc.*

[3] Dans le cadre d'un procès, il était question de savoir si l'administration fiscale était en droit d'opposer le secret professionnel au contribuable lui-même en ce qui concerne les éléments contenus dans son dossier et obtenus dans le cadre d'une procédure administrative, pénale ou civile à laquelle il n'est pas partie. Il semblerait selon la jurisprudence de la CEDH, que le droit au procès équitable commande de créer une ultérieure exception au secret professionnel des agents du fisc. En effet, selon la Cour, le principe d'égalité des armes impose que le contribuable puisse consulter son dossier s'il le demande. Il est de plus, désavantagé car la décision administrative ne comporte pas de garanties de manière à protéger ses intérêts. V. CEDH, 5 avril 2012, n° 11663/04, *Chambaz contre Suisse*, § 68, *RFDA* 2013, p. 576, chron. Labayle (H.), Sudre (F.), Dupré de Boulois (X.) et Milano (L.) et CEDH, 24 février 1994, n° 12547/86, *Bendenoun contre France*, § 52, *RJF* 4/94, n° 503 ; *Rev. Science crim.* 1994, p. 612, obs. Pettiti (L.) ; *RFDA* 1995, p. 1172, chron. Labayle (H.).

[4] CEDH, 5 avril 2012, n° 11663/04, *Chambaz c/ Suisse*, *préc.*, § 52. Voir le commentaire de Konig (Fr.), « CEDH, *Chambaz contre Suisse*, 5 avril 2012 – Prohibition de l'auto-incrimination en matière fiscale et égalité des armes », *RGCF*, 2012, n° 6, pp. 403-417.

[5] Conseil constitutionnel, 4 novembre 2016, n° 2016-594 QPC, *Mme Sylvie T.*, *JO* 6 novembre 2016 ; *D.* 2016, p. 2170.

1789[1], un «*principe selon lequel nul n'est tenu de s'accuser*», renvoyant ainsi au droit de ne pas s'incriminer[2]. Même si elles ne l'affirment pas explicement, les décisions, qui ont jugé inconstitutionnelle l'absence d'obligation de notifier à la personne gardée à vue son droit de garder le silence, paraissent être fondées sur le principe de la présomption d'innocence[3].

521. Dans son avis *SARL Auto-Industrie Méric*[4] et sa jurisprudence *M. Krempff*[5], le Conseil d'État a estimé que pouvait être invoqué le non-respect des dispositions de l'article 6 § 2 de la Conv. EDH, « *regardées comme garantissant le droit à ne pas contribuer à sa propre incrimination* », pour contester l'irrégularité de la procédure fiscale qui établit une amende fiscale[6]. Celle-ci s'apparente en effet, à une accusation en matière pénale au sens des mêmes stipulations[7]. Le Conseil d'État écarte la question prioritaire de constitutionnalité qui lui avait été posée, concernant la disposition législative instituant cette amende fiscale, car selon lui, elle ne contraint personne à s'incriminer. Elle respecte donc la présomption d'innocence, garantie par l'article 9 de la DDHC et les droits de la défense[8]. Si le juge administratif ne se prononce pas sur le rattachement du droit de ne pas contribuer à sa propre incrimination à l'un ou l'autre, il lui reconnaît une valeur constitutionnelle. Sa portée doit alors être précisée.

---

[1] V. Conseil constitutionnel, 10 juin 2009, n° 2009-580 DC, *Rec.* p. 507, cons. 17 : « *Considérant, en outre, qu'en vertu de l'article 9 de la Déclaration de 1789, tout homme est présumé innocent jusqu'à ce qu'il ait été déclaré coupable ; qu'il en résulte qu'en principe le législateur ne saurait instituer de présomption de culpabilité en matière répressive ...* » s'agissant d'une sanction administrative prononcée par une autorité administrative.

[2] V. Conseil constitutionnel, 2 mars 2004, n° 2004-492 DC, *GDCCC*, n° 43 ; cons. 110 ; Conseil constitutionnel, 16 septembre 2010, n° 2010-25 QPC, *Rec.* p. 220 ; cons. n° 17 ; Conseil constitutionnel, 27 janvier 2012, n° 2011-214 QPC, *Société COVED SA*, *JO* 28 janvier 2012, p. 1676 ; *Rec.* p. 94 ; *D.* 2012, p. 449.

[3] Conseil constitutionnel, 30 juillet 2010, n° 2010-14/22 QPC, *Rec.* p. 179, cons. n° 28 ; Conseil constitutionnel, 22 septembre 2010, n° 2010-32 QPC, *Rec.* p. 241, cons. n° 7.

[4] Conseil d'État, 31 mars 1995, n° 164008, *SARL Auto-Industrie Méric*, *Rec.* p. 154 ; *AJDA* 1995, p. 739, note Dreifuss, étude Maublanc-Fernandez et Maublanc, *RJF* 3/95, n° 623, concl. Arrighi de Casanova.

[5] Conseil d'État, 27 février 2006, n° 257964, *Krempff*, *Dr. fisc.* 2006, n° 29, comm. 513, concl. Olleon (L.) ; *RJF* 5/06, n° 649.

[6] Conseil d'État, 17 mars 2010, n° 309197, *SARL Café de la Paix*, *Dr. fisc.* 2010, n° 21, comm. 336, concl. Escaut (N.), note Ayrault (L.) ; *RJF* 6/10, n° 653.

[7] Petit (J.), « L'administration face au silence », *RDP*, 1er juillet 2012, n° 4, p. 1104.

[8] Conseil d'État, 27 octobre 2010, n° 342925, BDCF 2011, n° 2, p. 59, concl. Geffray.

2. La portée du droit se taire dans les procédures fiscales répressives

522. Que l'administration contrôle les impôts du contribuable ou sa comptabilité, qu'elle enquête sur sa personne ou perquisitionne chez lui, ce dernier peut exercer son droit au silence. Mais peut-il l'opposer lors de procédures d'instruction approfondies[1] ? Elles autorisent les agents des services fiscaux à demander à l'intéressé des renseignements ou des documents pouvant servir à établir l'infraction. Le contribuable est obligé d'accéder à leur demande sous peine d'être sanctionné. Dès lors, il paraît délicat de se soustraire à son devoir en invoquant le droit au silence. Autrement dit, l'obligation de communiquer des informations incriminantes est-elle contraire au droit au silence ? Pour le Professeur Jacques Petit, répondre affirmativement risquerait de paralyser la répression fiscale, par conséquent, l'action de l'administration[2]. À l'inverse, une réponse négative pourrait vider de toute portée le droit au silence en matière de répression administrative. Il s'agit alors de trouver un équilibre satisfaisant entre ces deux considérations antagonistes. La jurisprudence a tenté d'y apporter des solutions.

523. Si la jurisprudence de la CEDH paraît indéniablement la plus favorable au droit de ne pas s'incriminer[3], elle ne le considère pas comme absolu : toute contrainte visant à l'obtention d'éléments de preuve incriminants n'entraîne pas automatiquement une violation[4] néanmoins, elle doit être proportionnée au but recherché. Par exemple, dans les arrêts *Funke contre France* et *JB contre Suisse*[5], les juges avaient considéré que la condamnation à une amende pénale ou administrative pour refus de

---

[1] Petit (J.), *op. cit.*

[2] Petit (J.), *ibid.*

[3] Petit (J.), *ibid.* ; v. aussi Roets (D.), « Le droit de ne pas contribuer à sa propre incrimination dans la jurisprudence de la Cour européenne des droits de l'homme », *AJ Pénal* 2008, p. 119 et s.

[4] CEDH, 29 juin 2007, n° 15809/02 et 25624/02, *O'Halloran et Francis c/ Royaume-Uni*, *Rev. UE* 2015, p. 353, étude Mezague (M.) ; point 53 : « *Les requérants soutiennent que le droit de garder le silence et le droit de ne pas s'incriminer soi-même sont des droits absolus, et qu'exercer une forme quelconque de coercition directe à l'égard d'un accusé pour l'amener à formuler des déclarations incriminantes contre sa volonté porte en soi atteinte à la substance même de ces droits. La Cour ne saurait admettre cette thèse. Il est vrai qu'à ce jour, comme les intéressés l'ont relevé, la Cour a conclu à la violation du droit de ne pas s'incriminer soi-même dans toutes les affaires où une « coercition directe » avait été exercée pour obliger un suspect ou un suspect potentiel à fournir des informations ayant contribué ou pu contribuer à sa condamnation. Il n'en découle cependant pas que toute coercition directe entraîne automatiquement une violation* ».

[5] *Ibid.*

communication de renseignements aux douanes ou au fisc était une « *contrainte abusive*[1] ». Si le droit au silence est reconnu et relativement protégé, il ne faut pas, en effet, qu'il soit systématiquement exercé au risque d'être considéré comme une obstruction ou une opposition au contrôle fiscal. Il doit pouvoir être concilié avec les obligations fiscales du contribuable. Par exemple, lors d'une vérification de comptabilité au cours de laquelle l'administration fiscale lui envoie un avis de vérification, celui-ci est tenu de produire des documents, de se rendre aux rendez-vous, de s'y présenter physiquement, accompagné ou non de son avocat.

524. La portée du droit au silence est plus grande dans la procédure pénale répressive que dans la procédure fiscale répressive. En effet, dans son arrêt du 25 avril 2017[2], la Chambre criminelle avait confirmé l'élargissement du droit au silence et du droit de ne pas s'auto-incriminer à l'ensemble de la procédure pénale. Cette évolution trouve son fondement dans la loi n° 2014-535 du 27 mai 2014[3] qui transpose la directive européenne du 22 mai 2012 relative au droit à l'information dans le cadre des procédures pénales[4]. En revanche, si sa portée est plus limitée dans la procédure fiscale, c'est essentiellement parce que rien n'oblige l'administration à notifier ce droit.

525. Cette absence de notification a d'ailleurs, été soulevée lors d'une question prioritaire de constitutionnalité. Une société, qui avait fait l'objet d'une procédure de visite et de saisie au domicile de son gérant, demandait si : « *les dispositions prévues par l'article L. 16 B III bis du Livre des procédures fiscales, en ce qu'elles autorisent l'audition du contribuable sans lui notifier son droit au silence portent-elles atteinte au principe constitutionnel du droit de se taire découlant de l'article 9 de Déclaration des droits de l'homme et du citoyen*[5] ». Elle faisait valoir, en outre, que la visite domiciliaire prévue à l'article L. 16 B du LPF correspondait à une procédure fiscale et pénale au cours de laquelle a lieu un interrogatoire relatif à la commission de l'infraction. La société la rapprochait ainsi de la décision n° 2010-32 du 22 septembre 2010[6] dans laquelle les Sages ont transposé les principes applicables à la garde à vue à la rétention douanière en raison de sa double nature, à la fois fiscale et pénale. L'administration

---

[1] Petit (J.), *op. cit.*, p. 1105.

[2] Crim., 25 avril 2017, n° 16-87.518, JurisData n° 2017 -007759 ; *Procédures* 2017, comm. 167, Chavent-Leclère (A.-S.).

[3] Loi n° 2014-535 du 27 mai 2014 portant transposition de la directive 2012/13/UE du Parlement européen et du Conseil, du 22 mai 2012, relative au droit à l'information dans le cadre des procédures pénales

[4] Directive 2012/13/UE du Parlement européen et du Conseil du 22 mai 2012 relative au droit à l'information dans le cadre des procédures pénales.

[5] CA Paris, 16 mai 2018, n° 17/20888.

[6] Conseil constitutionnel, 22 septembre 2010, n° 2010-32 QPC, *JO* 23 septembre 2010 ; *D.* 2010, n° 2301, note Berr (C. J.).

fiscale, quant à elle, a avancé divers arguments pour expliquer la portée actuelle de ce droit au silence, notamment celui que les dispositions de l'article L. 16 B du LPF avaient déjà été reconnues constitutionnelles. De plus, l'article précité ne peut contraindre la personne qui est libre de ne pas assister aux opérations de visite et de ne pas répondre aux questions des agents sur une fraude présumée, alors que la retenue douanière ou la garde à vue autorisent l'interrogatoire d'une personne retenue contre sa volonté. Par conséquent, dans le cadre de la poursuite pour fraude fiscale organisée, la police fiscale[1] doit notifier le droit au silence au gardé à vue[2]. La Cour européenne des droits de l'homme a d'ailleurs rappelé dans une décision du 24 octobre 2013 que le droit de garder le silence lors d'une garde à vue fiscale ou douanière doit être notifié[3]. La différence entre la portée de ce

---

[1] Lire Perrotin (F.), « Police fiscale : les précisions du Conseil constitutionnel », *LPA*, 28 juin 2012, n° 129, p. 4 ; Cocheteux (P.), « La police fiscale », *LPA*, 12 août 2011, n° 160, p. 7 : La « police fiscale » a pour mission de remédier au phénomène de fraude fiscale et désigne le dispositif mis en place par l'article 23 de la loi de finances rectificative pour 2009 (loi du n° 2009-1674 du 30 décembre 2009) qui a institué une procédure judiciaire d'enquête fiscale. Ce moyen s'ajoute à celui de la répression pénale pour fraude fiscale repris par les articles 1741 et 1743 du Code général des impôts et L. 227 à L. 233 du Livre des procédures fiscales.

[2] La procédure fiscale se nourrit de la procédure pénale. L'article 63-1 du Code de procédure pénale confère ainsi à la personne placée en garde à vue « *le droit, lors des auditions [...] de faire des déclarations, de répondre aux questions posées ou de se taire* ».

[3] CEDH, 24 octobre 2013, n° 62880/11, n° 62892/11, n° 62899/11, *Davide Navone c/ Monaco*, *RSC* 2015, p. 971 ; *AJ pénal* 2019, p. 30 : Le 24 octobre 2013, la Cour européenne des droits de l'homme avait condamné la Principauté de Monaco pour son ancienne loi sur la garde à vue : des prévenus n'étaient alors pas assistés par un avocat et n'avaient pas eu connaissance de leur droit de garder le silence : « *71. S'agissant plus particulièrement du droit de ne pas contribuer à sa propre incrimination et du droit de garder le silence lors d'un interrogatoire de police, la Cour rappelle qu'il s'agit de normes internationales généralement reconnues et qui sont au cœur de la notion de procès équitable. Ils ont notamment pour finalité de protéger l'accusé contre une coercition abusive de la part des autorités et, ainsi, d'éviter les erreurs judiciaires et d'atteindre les buts de l'article 6 de la Convention (voir, notamment, Bykov c/ Russie [GC], n° 4378/02, § 92, 10 mars 2009, et John Murray c/ Royaume-Uni [GC], n° 18731/91, § 45, Recueil 1996-I). Le droit de ne pas s'incriminer soi-même concerne le respect de la détermination d'un accusé à garder le silence et présuppose que, dans une affaire pénale, l'accusation cherche à fonder son argumentation sans recourir à des éléments de preuve obtenus par la contrainte ou des pressions, au mépris de la volonté de l'accusé (voir, notamment, Saunders c/ Royaume-Uni, 17 décembre 1996, §§ 68-69, Recueil 1996-VI, Allan c/ Royaume-Uni, n° 48539/99, § 44, CEDH 2002-IX, Jalloh c/ Allemagne [GC], n° 54810/00, §§ 94-117, CEDH 2006-IX, O'Halloran et Francis c/ Royaume-Uni [GC] nos 15809/02 et 25624/02, §§ 53-63, CEDH 2007-VIII, Brusco, précité, § 44, et Süzer c/ Turquie, n° 13885/05, § 75, 23 avril 2013)* ».

droit en matière pénale et fiscale se justifierait ainsi, par le degré particulièrement élevé de coercition des mesures privatives de liberté instaurées au sein de la procédure pénale. De même, le contribuable exerce finalement peu son droit au silence, car il doit remplir ses obligations fiscales à l'égard de l'administration, sous peine de sanctions, et parce que son but est d'établir la véracité des informations relatives à sa situation fiscale. Si ce droit était en effet consacré dans notre droit fiscal, un risque de rigidité de la législation en vigueur pourrait être encouru, si bien que les prérogatives de recherche d'infractions fiscales de l'administration seraient freinées. En revanche, en matière non répressive, le silence du contribuable n'a pas les mêmes conséquences.

B. Le silence du contribuable dans une procédure fiscale non répressive

526. Dans certaines circonstances, le contribuable est amené à collaborer avec l'administration fiscale. À cet égard, deux cas peuvent être envisagés : dans le premier, le contribuable est astreint à une obligation d'information. S'il ne l'accomplit pas et décide de garder le silence, il s'expose à des sanctions pénales ou administratives (**1**). Dans le second cas, l'administration souhaite seulement recueillir les observations du contribuable sur un projet, à l'occasion d'une consultation publique. Dans ce cas, son silence constitue un refus de participer à son action (**2**).

1. Les obligations légales de communiquer des informations

527. Plusieurs cas peuvent être relevés. Nous en citerons trois qui trouvent une résonnance particulière en droit fiscal. Tout d'abord, le devoir d'information, institué indépendamment de toute demande de l'administration fiscale, peut résulter des obligations déclaratives du contribuable. En effet, « *en vue de l'établissement de l'impôt sur le revenu, toute personne imposable audit impôt est tenue de souscrire et de faire parvenir à l'administration une déclaration détaillée de ses revenus et bénéfices, de ses charges de famille et des autres éléments nécessaires au calcul de l'impôt sur le revenu, dont notamment ceux qui servent à la détermination du plafonnement des avantages fiscaux prévu à l'article 200-0 A*[1] ». Une éventuelle défaillance du contribuable dans ses obligations peut entraîner des sanctions. Ensuite, la demande d'information peut émaner du contribuable et non pas de l'administration. C'est l'hypothèse dans laquelle il sollicite une décision administrative favorable comme celle qui lui octroie une remise fiscale. Il doit alors fournir à l'administration fiscale les

[1] Article 170 alinéa 1 du CGI.

informations nécessaires pour apprécier le bien-fondé de sa requête, en particulier les preuves attestant qu'il remplit les conditions légales d'obtention de l'avantage fiscal voulu. L'intéressé peut alors être tenté de passer sous silence certains faits. Ce mensonge par omission tombe sous la qualification de fraude fiscale, faisant obstacle au caractère créateur de droits de la décision accordée, qui pourra être retirée à tout moment. Enfin, le devoir d'information peut consister à répondre obligatoirement à l'administration fiscale quand celle-ci l'exige, conformément au droit qui est le sien. Dans le cadre de ses pouvoirs de contrôle et de son droit de communication, elle peut ainsi formuler des demandes d'éclaircissement et de justification. Par exemple, aux termes de l'article L. 16 du LPF[1] : « *En vue de l'établissement de l'impôt sur le revenu, l'administration peut demander au contribuable des éclaircissements. Elle peut, en outre, lui demander des justifications au sujet de sa situation et de ses charges de famille...* ». Le pouvoir d'adresser des demandes contraignantes d'information constitue une prérogative de puissance publique de l'administration fiscale pour l'accomplissement de ses missions d'intérêt général[2]. Dans cette intention, le texte instituant une obligation d'information sur demande doit impérativement être législatif car celle-ci est une contrainte et une atteinte aux libertés fondamentales du contribuable. En revanche, s'agissant de consultations sur un projet que l'administration souhaiterait mettre en place, il n'est pas tenu de répondre et ne peut, par conséquent, être sanctionné.

2. Le refus du contribuable de prendre part aux projets de l'administration fiscale

528. L'article L. 132-1 du CRPA prévoit que les collectivités territoriales et les établissements publics peuvent recourir, préalablement à l'adoption d'un texte normatif, à une consultation publique[3]. L'administration fiscale

---

[1] Issu de l'article 28 de la loi n° 2017-1837 du 30 décembre 2017.

[2] Petit (J.), « L'administration face au silence », *op. cit.*, p. 1104.

[3] L'article, en ses alinéas 1er et 2ème, énonce que « *Lorsque l'administration est tenue de procéder à la consultation d'une commission consultative préalablement à l'édiction d'un acte réglementaire, elle peut décider d'organiser une consultation ouverte permettant de recueillir, sur un site internet, les observations des personnes concernées.*

« *Cette consultation ouverte se substitue à la consultation obligatoire en application d'une disposition législative ou réglementaire. Les commissions consultatives dont l'avis doit être recueilli en application d'une disposition législative ou réglementaire peuvent faire part de leurs observations dans le cadre de la consultation prévue au présent article* ». Les articles suivants du CRPA indiquent les modalités d'organisation de cette consultation : elles doivent être connues du

peut ainsi décider de faire participer les contribuables à son action en leur soumettant ses projets de décisions. Du 24 avril au 11 mai 2018, par exemple, a été organisée par la Direction de la législation fiscale du ministère de l'Économie et des Finances, une consultation publique sur la réforme de l'impôt sur les sociétés. Les contribuables ont été invités à donner leur avis sur le régime fiscal des brevets, le régime d'intégration fiscale et la limitation de la déductibilité des intérêts d'emprunts. Le refus de participer à ce type d'action en matière fiscale fait courir le risque de l'abstention du contribuable.

529. Juridiquement, est-ce que ce silence peut entraîner l'irrégularité de la procédure de décision ? Non, car l'échec de la participation du contribuable résulte de son refus, voire de son indifférence. Il ne peut être reproché à l'administration cette abstention qui n'est pas de son fait, d'autant plus qu'elle est présumée avoir accompli toutes les diligences pour obtenir une réponse du contribuable. En effet, son silence, qui traduit soit son désintérêt pour la vie publique, soit son choix politique de se taire pour signifier son désaccord, n'a aucune influence sur la régularité de la procédure. Néanmoins, l'importance de la participation du contribuable, notamment si elle faible[1], peut être prise en compte pour en apprécier la régularité. Une exception est, en outre, admise : la méconnaissance de certaines dispositions n'entache d'irrégularité le déroulement de la procédure que si elle a privé une ou plusieurs personnes de la faculté de présenter des observations[2]. Mais, en matière fiscale, la jurisprudence sur cette forme de silence est assez rare.

II. Le respect de la vie privée du contribuable en matière fiscale

530. Le droit au respect de la vie privée apparaît comme le fondement juridique le plus évident pour protéger les secrets du contribuable. Toutefois, en matière fiscale, l'exercice et l'opposabilité de ce droit sont extrêmement limités (**A**). Son bien-fondé devant les instances juridictionnelles, au regard du but poursuivi par l'administration fiscale, doit être apprécié par le juge (**B**).

---

public ; une synthèse des observations doit être établie avec d'éventuels éléments d'information complémentaires ; celle-ci doit être rendue publique ; la consultation ne peut être inférieure à quinze jours ; enfin, ses conditions et ses modalités d'organisation sont fixées par décret en Conseil d'État.

[1] Conseil d'État, 3 juillet 1998, n° 162464, *Association de défense et de protection de l'environnement de Saint-Come-d'Olt*, *Rec.* p. 283, *Dr. adm.* 1998, n° 278 ; *RDI* 1998, p. 611, obs. Jégouzo (Y.) et Jamay (F.).

[2] Petit (J.), « L'administration face au silence », *RDP*, 1er juillet 2012, n° 4, p. 1104.

A. Le droit au respect de la vie privée : un champ d'application limité en matière fiscale

531. L'article 8 de la Conv. EDH est un fondement juridique régulièrement invoqué pour exiger le respect de la vie privée, du domicile et de la correspondance. La jurisprudence le concernant est souvent intéressante et donne lieu à des interprétations « *constructives*[1] ». Cependant, la recevabilité d'un tel droit dans la jurisprudence (à la fois française et dans celle de la Cour EDH) est mitigée, particulièrement en droit fiscal.

532. Ce constat s'explique d'abord par le fait que ce droit fondamental doit être concilié avec d'autres impératifs. Le juge administratif considère en effet, que les dispositions garantissant le respect de la vie privée, telles que l'article 9 du Code civil et l'article 8 de la Convention précitée « *n'ont ni pour objet, ni pour effet d'interdire les investigations que prévoient les dispositions particulières de la loi fiscale en vue de faciliter la tâche des services chargés de l'assiette de l'impôt sur le revenu*[2] ». En outre, dans sa décision n° 83-164 DC du 29 décembre 1983, *Loi de finances pour 1984,* le Conseil constitutionnel a considéré que « *l'exercice des libertés et droits individuels* [dont fait partie le droit au respect de la vie privée] *ne saurait en rien excuser la fraude fiscale ni entraver la légitime répression*[3] ». Ainsi mis en balance avec l'objectif à valeur constitutionnelle que constitue la lutte contre la fraude fiscale, ce droit voit, dans ce cadre, son champ d'application restreint.

533. La seconde raison tient au fait que le droit au respect de la vie privée est rarement invoqué seul dans les moyens du requérant et il n'est pas surprenant, en général, de constater l'inconstitutionnalité ou la violation d'une disposition légale sur un autre motif que ce droit. En outre, son invocabilité doit être rigoureusement justifiée au risque qu'il soit débouté. Le Conseil constitutionnel s'est par exemple, prononcé sur l'article 60 de la loi

---

[1] V. Flauss (J.-F.), « Fiscalité et droits substantiels garantis par la Convention européenne des droits de l'homme », *LPA*, 6 juillet 1994, n° 80 : « *Il conviendrait sans doute que les contribuables ne placent pas trop d'espoirs dans le dynamisme jurisprudentiel de l'article 8. En guise de parallèle, l'on évoquera simplement la position adoptée par les organes de la Convention, sur le terrain de l'article 10, relativement au droit des individus d'obtenir communication par l'administration fiscale des renseignements qu'elle détient sur eux. Pour la Cour, en effet, le droit de recevoir des informations ne va pas jusqu'à obliger l'État à communiquer en toute circonstance les informations dont celui-ci dispose sur un individu* ». V. aussi CEDH, 26 mars 1987, n° 9248/81, *Leander,* Série A, n° 116, p. 23, § 74 ; CEDH, 7 juillet 1989, n° 10454/83, *Gaskin,* Série A, n° 160, § 52 et Lambert (P.), « Le droit d'accès aux documents administratifs personnels », *RTDH*, n° 4, 1990, p. 361 s.

[2] Conseil d'État, 22 décembre 1982, n° 21475, *Dr. fisc.* 1983, n° 41, comm. 1888.

[3] Conseil constitutionnel, 29 décembre 1983, n° 83-164 DC, *Rec.* p. 67 ; *JCP G* 1984, II, 20160, note Drago (R.) et Decocq (A.) ; cons. 27.

n° 2016-1917 de finances pour 2017 qui institue le prélèvement à la source à compter de l'année 2018[1]. Il a écarté l'argument de non-intelligibilité de la loi et celui du respect de la vie privée étant donné le choix proposé au contribuable d'un taux « par défaut » que l'employeur ne peut connaître[2].

534. Il est par ailleurs une matière où l'équilibre entre droit au respect de la vie privée et mise en œuvre des normes d'imposition a été notamment questionné : la visite domiciliaire[3]. Le Conseil constitutionnel fait en effet découler de ce droit l'exigence du respect de l'inviolabilité du domicile[4]. En matière fiscale, cette exigence doit pouvoir en particulier être conciliée avec l'objectif de valeur constitutionnelle de la lutte contre la fraude fiscale dans le cadre des visites domiciliaires. Le Conseil constitutionnel avait ainsi pu juger qu'au regard de cet objectif, ces visites pouvaient être considérées comme une atteinte justifiée et proportionnée au respect de l'inviolabilité de

---

[1] Conseil constitutionnel, 29 décembre 2016, n° 2016-744 DC, *Loi de finances pour 2017*, *JO* 30 décembre 2016, texte n° 5.

[2] Barilari (A.), « Décisions du Conseil constitutionnel intervenues en 2016 en matière fiscale », *RFFP*, 1er mai 2017, n° 138, p. 325.

[3] Article L. 16 B du LPF : « *I. Lorsque l'autorité judiciaire, saisie par l'administration fiscale, estime qu'il existe des présomptions qu'un contribuable se soustrait à l'établissement ou au paiement des impôts sur le revenu ou sur les bénéfices ou de la taxe sur la valeur ajoutée en se livrant à des achats ou à des ventes sans facture, en utilisant ou en délivrant des factures ou des documents ne se rapportant pas à des opérations réelles ou en omettant sciemment de passer ou de faire passer des écritures ou en passant ou en faisant passer sciemment des écritures inexactes ou fictives dans des documents comptables dont la tenue est imposée par le Code général des impôts, elle peut, dans les conditions prévues au II, autoriser les agents de l'administration des impôts, ayant au moins le grade d'inspecteur et habilités à cet effet par le directeur général des impôts, à rechercher la preuve de ces agissements, en effectuant des visites en tous lieux, même privés, où les pièces et documents s'y rapportant sont susceptibles d'être détenus et procéder à leur saisie, quel qu'en soit le support…* ». L'article 89 de la loi de finances pour 1984, qui a instauré cette procédure, avait été censuré par le Conseil constitutionnel dans sa décision n° 83-164 DC du 29 décembre 1983, ce dernier ayant considéré que les termes employés étant trop précis, cela risquait de donner lieu à une interprétation ou une pratique abusive. Lire Gaudemet (P.-M.), « Rapport général », in Association Henri Capitant, Le secret et le droit, Journées libanaises de Beyrouth, Travaux de l'Association Henri Capitant, Paris, Dalloz, 1976, T. XXV, 820 p., p. 497 : « *Un tel pouvoir d'investigation doit être strictement réglementé pour ne pas dégénérer en une inquisition incompatible avec le respect de la vie privée* ».

[4] Conseil constitutionnel, 29 décembre 1983, n° 83-164 DC, cons. 28-30 ; Conseil constitutionnel, 29 novembre 2013, n° 2013-357 QPC, *Société Estgate Charters*, *Dr. pén.* 2014, comm. 10 , obs. J.-H. Robert, cons. 2 : le Conseil constitutionnel a jugé qu'étaient protégés par l'article 2 de la Déclaration de 1789 le « *droit au respect de la vie privée et, en particulier, le principe de l'inviolabilité du domicile* ».

domicile[1]. En revanche, en dépit des limites posées par le législateur, le Conseil a considéré que l'enclenchement de telles procédures sur la base d'informations « *obtenues par une autorité administrative ou judiciaire dans des conditions déclarées ultérieurement illégales par le juge* » prive de garanties légales les exigences du droit au respect de la vie privée et, en particulier, de l'inviolabilité du domicile[2].

535. Cette mise en balance entre le respect de l'inviolabilité du domicile, sous le prisme du droit au respect de la vie privée, et l'objectif de valeur constitutionnelle de lutte contre la fraude fiscale a également été opérée plus récemment. Des requérants ont saisi le Conseil constitutionnel d'une question prioritaire de constitutionnalité sur laquelle les juges ont eu à statuer le 11 mars 2022. Selon eux, les dispositions permettant à l'Administration fiscale de saisir toutes les données accessibles ou disponibles depuis les supports informatiques présents dans les lieux visités - y compris lorsque ces données sont stockées dans des lieux distincts de ceux dont la visite a été autorisée par le juge et appartiennent à des tiers à la procédure - seraient contraires au droit au respect de la vie privée et du principe de l'inviolabilité du domicile[3].

536. Le Conseil constitutionnel a considéré que le droit de saisie par des agents spécialement habilités à cet effet ne peut être mis en œuvre que dans le cas où il existe des présomptions de fraude et que cette procédure était assortie de garanties suffisantes comme la décision motivée du juge des libertés et de la détention concernant son autorisation, l'information régulière de celui-ci quant au déroulé de la procédure, la possibilité pour lui de donner des instructions aux agents, de se rendre dans les locaux durant l'intervention et de décider à tout moment la suspension ou l'arrêt de la visite. Il conclut ainsi qu' « *il résulte de tout ce qui précède que les dispositions contestées procèdent à une conciliation équilibrée entre l'objectif de valeur constitutionnelle de lutte contre la fraude fiscale et le droit au respect de la vie privée.* »

537. La CEDH a été également saisie de cette problématique singulière[4]. Dans l'arrêt *Keslassy contre France*[5], le juge a considéré que l'article L. 16

---

[1] *Ibid.*

[2] Conseil constitutionnel, 4 décembre 2013, n° 2013-679 DC, *BF Lefebvre* 1/2014, p. 5 ; Mathieu (B.) et Verpeaux (M.), « Droit constitutionnel - Jurisprudence constitutionnelle – Chronique », *JCP G,* 2015, n° 6, doctr. 172.

[3] Conseil constitutionnel, 11 mars 2022, n° 2021-980 QPC, *Dr. fiscal*, 17 mars 2022, n° 11, act. 104.

[4] CEDH, 24 juillet 2008, n° 18603/03, *André c/ France, Dr. fisc.* 2008, n° 43, comm. 552.

[5] CEDH, 8 janvier 2002, n° 51578/99, *Keslassy c/ France, RFJ* 5/2002, n° 596 et 597.

B du LPF présentait des garanties suffisantes au regard de la Convention. En effet, il « *prévoit, d'une part, une autorisation judiciaire après vérification, par le juge, des éléments fondant la demande de l'administration. D'autre part, l'ensemble de la procédure de visite et de saisie est placée sous l'autorité et le contrôle du juge, qui désigne un officier de police judiciaire pour y assister et lui rendre compte, et qui peut à tout moment se rendre lui-même dans les locaux et ordonner la suspension ou l'arrêt de la visite*[1] ». Pour le juge, « *l'ingérence dans le droit du requérant au respect de sa vie privée et de son domicile était proportionnée aux buts légitimes poursuivis et donc nécessaire, dans une société démocratique*[2] ». Les justiciables dénoncent sans relâche les manquements graves à l'encontre de l'article 8 de la CEDH, qui protège le domicile et la vie privée de toute atteinte ainsi que les articles 6 § 1 et 13 garantissant, pour l'un, l'accès à un tribunal en cas de contestation sur les droits à caractère civil et les accusations pénales, et, pour l'autre, le droit à un recours effectif. Avec la même constance, la Cour de cassation a jugé que ces textes étaient respectés. Si sur le fondement de l'article 8 de la Convention, la CEDH a tenu une position similaire à la Cour de cassation, la compatibilité de l'article L. 16 B du LPF avec l'article 6 de la Convention a été remise en question par la Cour européenne dans l'arrêt *Ravon contre France*[3]. En ce qui concerne en effet le respect de la vie privée dans le cadre des perquisitions, des visites domiciliaires, ni l'arrêt précité ni

---

[1] *Ibid.*

[2] La CEDH a également confirmé cette solution dans l'arrêt *Maschino c/ France,* du 16 octobre 2008, n° 10447/03, *Dr. fisc.* 2008, n° 49, comm. 611.

[3] CEDH, 21 février 2008, n° 18497/03, *Ravon et autres c/ France, D.* 2008, p. 1054 ; *Rev. sociétés* 2008, 658, note Bouloc (B.) ; *RSC* 2008, p. 598, note Matsopoulou (H.) ; Pellas (J.-R.), « Les garanties de procédure en droit fiscal français », *RFFP*, 1er novembre 2015, n° 132, p. 73 : À la suite de l'arrêt *Ravon* de la CEDH, le législateur introduit l'article 164 de la loi n° 2008-776 du 4 août 2008, dite loi de modernisation de l'économie. Il modifie ainsi les voies de recours dont disposent les contribuables en cas de mise en œuvre du droit de visite et de saisie prévu à l'article L. 16 B du LPF. Le législateur renforce également les garanties des personnes faisant l'objet d'opérations de visite en complétant certaines dispositions de l'article L. 16 B du LPF, en particulier la faculté de faire appel à un conseil de son choix et la notification formelle, à l'auteur présumé des agissements frauduleux lui-même, du procès-verbal de visite et de l'inventaire de saisie.

les dernières décisions de la Cour[1] n'apportent d'évolutions majeures, ce qu'ont pu regretter certains commentateurs[2].

B. Une atteinte devant être proportionnée au but légitimement recherché

538. Le droit fondamental au respect de la vie privée n'est pas absolu car il admet les ingérences de la puissance publique agissant dans un cadre légal afin de garantir l'impôt et son recouvrement, dans le respect des exigences de la Convention[3]. L'État doit user de prérogatives exorbitantes du droit commun se devant d'être proportionnées au but légitimement poursuivi, à savoir la défense du bien-être économique du pays[4]. Le rôle du juge est, quant à lui, primordial car il lui appartient de contrôler la légalité de son ingérence dans la vie du contribuable, de vérifier si elle est nécessaire et proportionnée au but visé. Il a ainsi admis que les services fiscaux pouvaient procéder à des écoutes téléphoniques en vue de lutter contre la fraude fiscale[5] ou demander au contribuable de justifier son train de vie[6].

539. La Cour européenne des droits de l'homme instaure une jurisprudence à la fois cohérente et très stricte s'agissant des garanties offertes au contribuable contre les décisions arbitraires de l'administration. La Cour, dans son appréciation du principe de proportionnalité précité, condamne les ingérences dans la vie privée lorsque l'administration dispose d'autres procédures lui permettant d'atteindre le même objectif sans attenter aux droits fondamentaux[7]. En ce sens, elle a annulé les perquisitions domiciliaires et les saisies effectuées par les services douaniers, au motif que

---

[1] Pour une application plus récente : CEDH, 26 août 2018, n° 65883/14, n° 21434/15, n° 48044/15 et n° 51477/15, *Gohe c/ France*, *LPA* 2018, n° 232, comm. Perrotin (F.) : un requérant ne peut invoquer une atteinte à son droit au respect de sa vie privée ou de son domicile s'il n'y a eu aucune opération de visite domiciliaire ou de saisie à son domicile ou dans ses locaux.

[2] Lamarque (J.), « L'article L. 16 B après l'arrêt Ravon : libres propos d'un juriste libre », *in* Chadefaux (M.), Deboissy (F.), La Mardière (C. de), (dir.), *Écrits de fiscalité des entreprises, études à la mémoire du professeur Maurice Cozian,* Litec Lexis Nexis, Mélanges, 2009, 970 p., p. 720.

[3] Ury (D.), « Le droit fiscal saisi par la CEDH », *Les nouvelles fiscales*, 1er juillet 2016, n° 1181, pp. 24-29.

[4] CEDH, 25 mars 1998, n° 23224/94, *Kopp c/ Suisse, Rec.* 1998-II, p. 541. Pour une illustration concernant la légitimation du contrôle de la correspondance d'un failli : CEDH, 10 mars 1981, n° 8988/80, *X c/ Belgique*, *D.R.* 24, p. 198.

[5] CEDH, 24 avril 1990, n° 176-B, *Huvig*, série A n° 176-B, pp. 56-57.

[6] CEDH, 25 mars 1998, n° 23224/94, *Kopp c/ Suisse, préc.*

[7] CEDH, 25 février 2003, n° 51772/99, *Roemen et Schmit c/ Luxembourg*, *D.* 2003, p. 2271, obs. Fricero (N.).

c'est au juge d'autoriser des investigations, non à l'administration[1]. Elle a également étendu la notion de domicile[2] non seulement aux locaux d'habitation, mais également aux locaux professionnels et mixtes[3] incluant désormais les bureaux, les cabinets des membres de professions libérales[4] et les sièges des sociétés commerciales[5]. La législation française a tiré les conséquences de la jurisprudence de la Cour en confiant à un juge le pouvoir de décider de l'engagement de perquisitions douanières. Tous les documents susceptibles de se rattacher à la vie privée tels que les correspondances, les factures ou les contrats sont ainsi placés sous la protection de la Conv. EDH. La Cour de cassation admet que l'administration use de son droit de perquisition en toute conventionalité, au regard du respect de la vie privée, quand elle saisit des factures d'eau, d'électricité et des contrats d'abonnements téléphoniques, pour prouver qu'une société monégasque exerce une activité occulte depuis un appartement *sis* sur le territoire français[6]. Il faut toutefois que cette procédure soit préalablement approuvée par un juge, en vue de lutter contre la fraude fiscale.

§ 2. Le secret du contribuable : un champ restreint par ses obligations fiscales

540. Le législateur instaure à l'égard du contribuable diverses obligations déclaratives[7]. Conscient de leur caractère coercitif, il a souhaité bâtir une relation entre l'administration fiscale et le contribuable basée sur la confiance et la coopération de manière à ce que celui-ci accomplisse

---

[1] CEDH, 25 février 1993, n° 10828/84, *Miailhe et Funke, D.* 1993, p. 457, note Pannier (J.) : « *La visite s'effectue sous le contrôle du juge qui l'a autorisée. Lorsqu'elle a lieu en dehors du ressort de son tribunal de grande instance, il délivre une commission rogatoire, pour exercer ce contrôle, au président du tribunal de grande instance dans le ressort duquel s'effectue la visite* ».

[2] Lire Fadlallah (I.), Baude-Texidor (C.), « Les visites et saisies domiciliaires en droit fiscal français au regard de la garantie des droits fondamentaux », *LGP*, 18 novembre 2003, n° 322, p. 2.

[3] CEDH, 16 décembre 1992, n° 13710/88, *Niemietz c/ Allemagne*, série A n° 251-B, p. 36.

[4] CEDH, 30 mars 1989, n° 10461/83, *Chappel c/ Royaume-Uni*, série A n° 152 ; CEDH, 25 février 2003, n° 51772/99, *Roemen et Schmit c/ Luxembourg*, *D.* 2003, p. 2271, obs. Fricero (N.).

[5] CEDH, 16 juillet 2002, n° 37971/97, *Société Colas et autres c/ France*, *AJDA* 2002, p. 500, chron. Flauss ; *D.* 2003, p. 527, obs. Birsan ; *D.* 2003, p. 1541, obs. Lepage.

[6] Com., 4 mai 1999, n° 97-10.899, *Weinstein*, *RJF* 7/99, n° 941.

[7] Pellas (J.-R.), « La transparence fiscale du contribuable : l'éloge d'une norme éthique », *RFFP*, 1er novembre 2017, n° 140, p. 75.

volontairement et spontanément ses obligations sans ressentir le poids de la contrainte[1] (**I**). Mais les méthodes d'imposition mises en œuvre dans cette intention ne parviennent pas toujours à une conciliation satisfaisante entre l'action administrative et la vie privée du contribuable (**II**).

I. L'atténuation du caractère contraignant des obligations fiscales

541. L'autonomie laissée au contribuable nécessite que ce dernier dévoile avec sincérité ses données secrètes afin que l'administration détermine son revenu fiscal imposable ainsi que le montant dû de son impôt. Son autonomie est toutefois contrôlée (**A**). La confiance qui lui est accordée est renforcée en lui permettant de revendiquer un droit à l'erreur (**B**).

A. L'autonomie du contribuable : entre contrôle et confiance

542. La relation de confiance entre l'administration fiscale et le contribuable doit reposer sur une certaine autonomie du contribuable dans l'accomplissement de ses obligations fiscales (**1**). Mais face à d'éventuels manquements, l'administration dispose d'un pouvoir de contrôle le forçant à régulariser sa situation (**2**).

1. Une autonomie fondée sur une relation de confiance

543. La confiance est le sentiment de sécurité ou de croyance qu'une personne accorde à quelqu'un ou quelque chose[2]. Pour que le contribuable se fie à elle, l'administration a dû forger et renforcer les contours d'une relation dans laquelle celui-ci accomplit volontairement et spontanément ses obligations fiscales (**b**). Les problématiques traitant de ce rapport de confiance sont analysées à travers la sociologie fiscale (**a**).

---

[1] Lire Hamonic-Gaux (A.-G.), « Les sources européennes du nouveau civisme fiscal : l'adoption d'un Code européen du contribuable », *RFFP*, 1er février 2018, n° 141, p. 271 : pour certains auteurs, accomplir ses obligations fiscales relève du « civisme fiscal » qui est l'« *[une] des composantes essentielles du contrat républicain* ». Mais il ne peut être qualifié ni de spontané, ni même de naturel, comme l'observe André Barilari pour qui « *acquiescer à la nécessité de l'impôt n'est ni immédiat, ni évident, même dans un cadre démocratique* ». Il résulte en effet d'une construction sociale principalement fondée sur la peur d'être sanctionné. (V. à cet effet Barilari (A.) « Le consentement à l'impôt, fragile mais indispensable aporie », *Regards croisés sur l'économie*, 2007/1, pp. 27-37. V. également Delalande (N.), « France : un niveau élevé de civisme fiscal », *Revue Projet : « Comment relégitimer l'impôt ? »*, 2014/4, n° 341, pp. 6-14).

[2] Simon (É.), « La confiance dans tous ses états », *Revue française de gestion*, Vol. 175, n° 6, 2007, pp. 83-94, p. 84.

a. L'étude de la confiance dans la sociologie fiscale

544. Le rapport entre la société, l'État et l'impôt est analysé à travers l'étude sociologique fiscale[1]. La sociologie de l'impôt[2] qui propose un questionnement fondamental de la relation entre la fiscalité, l'État et le contribuable, met ainsi en exergue diverses représentations sociales de l'impôt. Parmi elles, « l'impôt-contribution », également appelé « impôt-citoyen », représente la forme politique du consentement à l'impôt[3]. Pour que le contribuable accepte de le payer, il faut qu'il parvienne à « *établir un lien concret avec les dépenses pour les services publics*[4] ». Dans le cas contraire, il oppose son secret à l'administration fiscale et refuse de payer ce qu'il doit. Ce refus a quatre manifestations : l'optimisation, l'évitement[5], la fraude et l'évasion fiscales. Les deux premières ne sont pas répréhensibles pénalement à la différence des deux autres. Pour éviter ces pratiques, le poids psychologique de la charge fiscale doit être atténué.

545. À l'origine, seuls les contribuables devaient s'acquitter, de manière unilatérale, de leurs obligations fiscales ; l'administration considérait qu'elle n'en avait aucune à leur égard. Or, cette exigence renforçait leur méfiance son encontre. Déjà critiquée pour son opacité, elle exacerbait ainsi leur résistance à l'impôt et les incitait à dissimuler leurs informations.

546. Cette conception a dû évoluer pour intégrer l'idée d'une relation de confiance réciproque, basée sur la communication entre l'administration et le contribuable. Ainsi, depuis la loi organique relative aux lois de finances du 1er août 2001, le projet annuel de performance prévoit que la confiance,

---

[1] La sociologie financière étudie les budgets publics dans tous leurs aspects tandis que la sociologie fiscale se focalise sur l'impôt (les deux matières s'intéressant toutefois au lien entre les recettes et les dépenses). À ce propos lire Leroy (M.), « La sociologie fiscale. », *Revue de l'association française de sociologie*, 2009, n° 4, revue en ligne http://journals.openedition.org/socio-logos/2278.

[2] Les Autrichiens Goldscheid et Schumpeter sont les deux fondateurs de la sociologie des finances publiques. Il s'agit d'une discipline ayant pour étude l'analyse de la taxation et des finances publiques (aspects budgétaires).

[3] Backaus (J.), « *Fiscal Sociology : What for* ? », *The American Journal of Economics and Sociology*, 2002, Vol. 61, Issue 1, pp. 55-77.

[4] Leroy (M.), *L'impôt, l'état et la société : la sociologie fiscale de la démocratie interventionniste*, Paris, Économies, Finances Publiques, 2010, 376 p., p. 254. Lire également Raynaud (J.-L.), « La psychologie du contribuable devant l'impôt », *Revue de science et de législation financières*, 1947, Vol. 39, pp. 409-410 : « *On paye plus volontiers une contribution lorsqu'on sait qu'elle sera utilisée d'une façon efficace* ».

[5] L'évitement consiste à ne pas payer l'impôt en évitant de se mettre dans la situation où celui-ci est dû. V. Barilari (A.), « Le consentement à l'impôt, fragile mais indispensable aporie », *op. cit.*, p. 29.

intégrée dans le programme « *Gestion fiscale et financière de l'État et du secteur public local* », constitue un « *enjeu commun fédérateur*[1] ».

547. Suite aux rapports *Aicardi*[2] et *Fouquet*[3], l'administration fiscale a subi une transformation : elle apporte désormais un grand soin à améliorer l'image et l'efficacité de ses agents pour établir une relation de confiance avec ses administrés[4]. Des mécanismes ont ainsi été instaurés pour garantir l'accessibilité et l'intelligibilité des dispositions fiscales comme le Bulletin officiel des finances publiques (BOFiP) permettant de donner l'interprétation faite par l'administration de la loi fiscale. La doctrine administrative[5], opposable par les contribuables aux termes de l'article L. 80 A du LPF, concilie deux objectifs : l'intelligibilité de la loi et l'égalité des contribuables devant les charges publiques[6].

---

[1] V. Leroy (M.), *L'impôt, l'état et la société : la sociologie fiscale de la démocratie interventionniste*, *op. cit.*, p. 217.

[2] Rapport de Maurice Aicardi : Aicardi (M.), *L'amélioration des rapports entre les citoyens et les administration fiscales et douanières,* Rapport au ministre d'État, ministre de l'Économie, des finances et de la privatisation, Paris, La Documentation française, 1986, 72 p.

[3] Rapport d'Olivier Fouquet : Fouquet (O.), *Améliorer la sécurité juridique des relations entre l'Administration fiscale et les contribuables : une nouvelle approche,* Rapport au ministre du Budget, des comptes publics et de la fonction publique, Paris, La Documentation française, 2008, 70 p. ; *Dr. fisc.* 2008, n° 27, comm. 403.

[4] Delalande (N.), « Le consentement à l'impôt en France : les contribuables, l'administration et le problème de la confiance. Une étude de cas en Seine-et-Oise (années 1860 - années 1930) », *Revue d'histoire moderne et contemporaine*, Vol. 56-2, n° 2, 2009, pp. 135-163.

[5] Barilari (A.) et Drapé (R.), *Lexique fiscal*, Dalloz, 2e éd., 1992, 190 p., p. 69 : André Barilari et Robert Drapé définissent la doctrine comme « *l'ensemble des documents : circulaires, instructions, documentation administrative, réponses ministérielles par lesquels l'administration fiscale fait connaître son interprétation des textes en particulier fiscaux* ». V. également Vapaille (L.), *La doctrine administrative fiscale,* L'Harmattan, Finances publiques, Paris, 1998, 448 p.

[6] Conseil constitutionnel, 29 décembre 2005, n° 2005-530 DC, *AJDA* 2006, p. 13 ; *D.* 2006, p. 826, obs. Ogier-Bernaud (V.) et Severino (C.) : « *78. Considérant qu'en matière fiscale, la loi, lorsqu'elle atteint un niveau de complexité tel qu'elle devient inintelligible pour le citoyen, méconnaît en outre l'article 14 de la Déclaration de 1789, aux termes duquel : "Tous les citoyens ont le droit de constater, par eux-mêmes ou par leurs représentants, la nécessité de la contribution publique, de la consentir librement, d'en suivre l'emploi, et d'en déterminer la quotité, l'assiette, le recouvrement et la durée*" ».

b. Les mesures et les pratiques renforçant la confiance

548. L'administration fiscale utilise plusieurs outils rassurants et persuasifs. Ainsi, depuis l'entrée en vigueur de la loi *Aicardi*[1], chaque contribuable subissant un examen contradictoire de sa situation fiscale personnelle se voit remettre une charte des droits et obligations du contribuable vérifié[2] jointe à l'avis de vérification, ou remise en mains propres, dans le cas d'un contrôle inopiné par exemple[3]. Elle reprend les règles prévues par la loi et consacre certaines règles prétoriennes telles que l'exigence d'un débat oral et contradictoire au cours de la vérification de comptabilité. En outre, elle officialise également certaines pratiques administratives comme la faculté de faire appel aux supérieurs hiérarchiques du vérificateur au cours et à l'issue du contrôle. Ce mécanisme permet d'apporter une sécurité juridique tant dans l'interprétation des normes fiscales que dans la mise en œuvre des procédures de contrôle de l'impôt[4]. Elle s'inscrit dans l'objectif à valeur constitutionnelle d'intelligibilité et d'accessibilité du droit[5] en permettant aux contribuables de comprendre les

---

[1] Loi n° 77-1453 du 29 décembre 1977 accordant des garanties de procédure aux contribuables en matière fiscale et douanière : *JO* 30 décembre 1977. Le rapport Aicardi recommandait d'un côté une réforme des sanctions fiscales et de l'autre une inflexion des relations entre les administrés et l'administration, celle-ci étant obligée de remettre, avant toute vérification, la charte des droits et obligations du contribuable vérifié.

[2] Gobeaut (D.), « L'accès des contribuables à l'information fiscale : De l'action gouvernementale à la pratique administrative », *in* Centre universitaire de recherches administratives et politiques de Picardie , *Information et transparence administratives,* Colloque, Amiens, 11 mars 1988 (Publications du Centre universitaire de recherches administratives et politiques de Picardie), 280 p., pp. 111-127, p. 118 : La charte du contribuable vérifié a été remise systématiquement à compter de l'année 1975 à tous les chefs d'entreprises faisant l'objet d'une vérification. Il s'agissait du premier document reprenant sous une forme claire et exhaustive l'ensemble des garanties de procédure accordées aux contribuables.

[3] Orsini (G.), « Contrôle fiscal et PME », *RFFP*, 1er mai 2017, n° 138, p. 37.

[4] Pellas (J.-R.), « Les garanties de procédure en droit fiscal français », *RFFP,* 1er novembre 2015, n° 132, p. 73. La charte du contribuable vérifié est issue d'une note administrative du 12 juin 1958 qui faisait état de la décision de l'administration fiscale de communiquer aux contribuables vérifiés une brochure, alors appelée « *aide-mémoire du contribuable* ». Ce procédé tombé dans l'oubli sera remis à l'ordre du jour en 1975, le gouvernement exprimant ainsi sa préoccupation « *d'humaniser le contrôle fiscal* » et de diffuser à cet effet une « *charte du contribuable vérifié* ». Lire à ce propos : Conseil d'État, 5 mai 2010, n° 308430, *SCI Agora Location*, *Dr. fisc.* 2010, n° 19, act. 163 ; *Procédures* 2010, comm. 301, note Ayrault (L.) ; *RJF* 7/10, n° 703 ; *BDCF* 7/2010, n° 81, concl. Collin (P.).

[5] Article 8-I de la loi n° 87-502 du 8 juillet 1987 modifiant l'article L. 10 alinéa 4 du LPF.

phases de contrôle et de recouvrement de l'impôt dans le cadre d'une vérification « approfondie » et notamment lors d'un contrôle sur place. Cette charte est donc une garantie procédurale et un gage de sincérité de la part de l'administration s'astreignant à un devoir de loyauté[1]. Elle s'engage en effet à respecter ses engagements envers le contribuable[2]. Ce comportement induit toutefois une certaine réciprocité car chaque garantie accordée aux contribuables leur impose d'agir de la même manière, en respectant leurs obligations fiscales.

549. La charte consolide en outre la volonté de l'administration de rendre son action transparente et d'informer le contribuable, le plus clairement possible, du déroulé des diverses procédures fiscales, des sanctions en cas de manquements et des préconisations à suivre. Cette démarche tend aussi à la sécurité juridique pour laquelle ont également été prévus des mécanismes préventifs de fraude et d'évasion fiscales. C'est le cas du rescrit fiscal codifié à l'article L. 80 B du LPF à la suite de loi Aicardi de 1987 qui constitue « *une déclaration plus ou moins contraignante des autorités fiscales, à la demande volontaire d'une personne de droit privé, relative au traitement et aux conséquences d'une ou de plusieurs actions ou opérations futures envisagées*[3] ». En outre, la loi de finances rectificative pour 2008 permet au contribuable, d'après l'article L. 80 CB du LPF, de solliciter auprès d'une instance collégiale de l'administration fiscale un nouvel examen de sa demande.

---

[1] Lire Pellas (J.-R.), « Les garanties de procédure en droit fiscal français », *RFFP*, 1er novembre 2015, n° 132, p. 73 : Le devoir de loyauté de l'administration fiscale a été affirmé pour la première fois, par le Conseil d'État, à l'occasion des opérations de contrôle et de rectification (V. Conseil d'État, 10 novembre 2000, n° 204805, *Milhau*, *Dr. fisc.* 2001, n° 18, comm. 436, concl. Goulard (G.)). Le juge impose aussi au vérificateur d'être impartial à l'égard du contribuable quand il déclenche cette procédure. Il veille à ce que l'administration fiscale utilise loyalement les procédures de contrôle mises à sa disposition, et ne les détourne pas de leur objet pour priver le contribuable de ses droits. V. Conseil d'État, 26 mai 2010, n° 296808, *Beckman*, *Dr. fisc.* 2010, n° 37, comm. 483 ; *RJF* 8-9/10, n° 767, concl. Boucher (J.) ; *BDCF* 8-9/2010, n° 83 et Conseil d'État, 16 avril 2012, n° 320912, *Meyer*, *RJF* 7/12, n° 679, chron. Raquin (C.), « L'office du juge confronté à des irrégularités de procédure : le maintien de la spécificité du contentieux fiscal », *RJF* 6/12, n° 491 et 496. La Cour de cassation l'avait au préalable reconnu : par exemple, Com., 12 juin 2012, n° 11-30396, *Dr. fisc.* 2012, n° 25, act. 270.

[2] Pour une étude d'ensemble de ce devoir de loyauté, v. Noel (G.), « La loyauté dans le « couple administration fiscale-contribuable », *Écrits de Fiscalité des entreprises – Études à la Mémoire du Professeur Maurice Cozian*, LexisNexis, novembre 2009, 1000 p., pp. 77-125 ; voir également du même auteur, « La Charte du contribuable ou l'administration fiscale de service : véritable "révolution" ou simple "miroir aux alouettes" ? », *Dr. fisc.* 2005, n° 47, étude 41.

[3] Ellis (M.), « *Advance Rulings*. Rapport général », *IFA. Cahiers de droit fiscal international*, Vol. 84, n° 2, 1999, p. 22.

550. Toutes ces mesures procèdent d'une volonté de pacifier le dialogue dans une relation rendue complexe par des obligations et engagements mutuels. Cependant, elles n'empêchent pas le contribuable d'accorder à l'administration fiscale sa confiance avec circonspection, car les procédures mises en œuvre touchent nécessairement aux éléments relevant de sa vie privée. Celui-ci doit être de bonne foi[1] et faire preuve de sincérité dans ses déclarations. Cela implique donc qu'il dévoile ses secrets. Parallèlement, l'administration doit agir avec transparence et lui laisser pleine autonomie dans l'accomplissement de ses obligations. Toutefois, cette autonomie ne se fait pas sans un certain contrôle de sa part.

2. Une autonomie contrôlée

551. Des procédures permettent à l'administration fiscale d'examiner les déclarations, de réunir toutes les informations nécessaires pour les confronter à la réalité des faits, et, enfin de rectifier des bases d'imposition[2]. Elles forment le contrôle fiscal. Pour rechercher les infractions commises, l'administration dispose de droits, notamment : le droit de communication, le droit d'enquête, le droit de reprise et le pouvoir de contrôle qui comprend les pouvoirs de vérification et de rectification. Cette prérogative de puissance publique découle du droit de reprise précité – dit encore « *droit de répétition*[3] » – reconnu à l'administration fiscale par l'article L. 168 du LPF. Il l'autorise à réparer tous les manquements commis par les contribuables[4].

552. À l'occasion de vérifications de comptabilité[5], d'examens contradictoires de la situation fiscale personnelle[6] ou encore, lors de contrôles matériels, l'administration contrôle les déclarations ainsi que les documents fournis pour l'établissement des impôts, droits, taxes et

---

[1] Larmarque (J.), Négrin (O.),Ayrault (L.), *Droit fiscal général, op. cit.*, p. 584 : Sa bonne foi est présumée.

[2] BOI-CF-DG-10-20120912.

[3] Masclet de Barbarin (M.), « Le caractère nécessairement prescriptible du pouvoir d'imposition de l'administration fiscale, première application positive du principe de sécurité juridique en droit fiscal », *Mélanges en l'honneur de Christian Louit*, Bruylant, 2016, 498 p., pp. 399-418.

[4] Cruvelier (E.), « Contrôle fiscal. Chapitre 1 : Pouvoir de contrôle de l'administration fiscale », *Répertoire de droit commercial*, Dalloz, avril 2016, § 3.

[5] Cruvelier (E.), *ibid.*, § 98 : La vérification de comptabilité est l'examen, sur place, des comptes d'une entreprise. Les services fiscaux compétents les confrontent à certaines données matérielles ou de fait afin de contrôler les déclarations du contribuable. Le cas échéant, ils procèdent aux rectifications nécessaires.

[6] Cruvelier (E.), *ibid.*, § 138 : L'examen contradictoire de la situation fiscale personnelle comprend les opérations recherchant la cohérence entre les revenus déclarés et la situation patrimoniale, la situation de trésorerie et les éléments du train de vie des membres du foyer fiscal.

redevances. À l'issue du contrôle, soit elle assujettit à l'impôt les contribuables qui s'y étaient entièrement soustraits, soit elle rectifie ou rehausse les impositions antérieures incorrectes. Mais plus en amont, elle peut être conduite à obtenir des informations soit dans le cadre d'une demande de renseignements, soit par l'exercice de son droit de communication. En effet, lorsqu'elle constate ou présume quelque anomalie ou irrégularité dans la déclaration d'un contribuable, l'administration peut demander tous les renseignements, justifications ou éclaircissements qui lui paraissent nécessaires pour contrôler l'impôt[1]. Elle s'adresse verbalement ou par écrit au contribuable qui a trente jours pour répondre[2].

553. La procédure de demande de renseignements est facultative : l'administration peut ainsi engager une opération de contrôle sans avoir préalablement sollicité des informations auprès du contribuable[3]. En revanche, dès lors que la procédure commence, l'administration doit respecter les dispositions légales y afférentes, sous peine de la voir entachée d'irrégularité[4]. Par ailleurs, elle ne contraint pas les contribuables : il ne s'agit que de demandes d'informations ou de justifications, et le refus ou le silence qui lui est opposé n'a pas de conséquence sur la procédure d'imposition et n'entraîne aucune sanction[5].

554. Toutes ces procédures veillent à ce que les secrets du contribuable ne fassent pas obstacle au recouvrement de son exacte matière imposable. Si elles visent à pallier les éventuels comportements frauduleux et les défaillances du contribuable, leur multiplication et leur renforcement risquent d'affaiblir la confiance recherchée entre l'administration et l'administré. Autrement dit, elles donnent l'impression que l'autonomie laissée au contribuable n'est finalement qu'une autonomie de façade, ayant pour effet inverse, en fin de compte, d'encourager son secret.

B. La reconnaissance du droit à l'erreur et la bonne foi du contribuable

555. Le contribuable qui a régulièrement souscrit à ses obligations fiscales bénéficie d'une présomption d'exactitude des éléments déclarés[6]. À cet égard, le contribuable est perçu *compliant*[7]. Mais il peut arriver que ce

---

[1] BOI-CF-IOR-10-10, § 310.
[2] Article L. 10 alinéa 3 et article L. 11 du LPF.
[3] Conseil d'État, 18 janvier 2006, n° 265790, *RJF* 4/06, n° 378.
[4] CAA Bordeaux, 28 novembre 2006, n° 03-2381, *RJF* 4/07, n° 387.
[5] Conseil d'État, 22 janvier 2010, n° 314010, *Quero*, *RJF* 4/10, n° 315.
[6] Conseil d'État, 13 novembre 1987, n° 69967, *Ministre du Budget c/ Vincent*, *RJF* 1/88, n° 102.
[7] Expression anglaise signifiant « civique » ; elle s'applique au comportement d'une personne agissant conformément à une norme définie.

dernier ne s'acquitte pas correctement de ses obligations. Il est souhaitable, en matière de civisme fiscal et dans le cadre d'une relation de confiance, que le contribuable de bonne foi qui commet une erreur soit mieux protégé que celui qui remet volontairement une fausse déclaration. L'administation fiscale précise d'ailleurs ce qu'elle entend par « erreur » : elle la qualifie comme toute inexactitude, irrégularité, ou omission commise par un contribuable de bonne foi et « *qui résulte d'une appréciation purement objective de faits matériels*[1] ». Il peut s'agir par exemple d'un oubli de justificatif ou d'un défaut de souscription de la déclaration de résultat par voie dématérialisée.

556. La bonne foi est reconnue au contribuable qui se soumet volontairement à ses obligations fiscales. Elle ne sanctionne donc pas de pénalités les erreurs de position ou de montant trop bas si le contribuable a manifesté son doute à l'administration. Toutefois, les comportements malhonnêtes sont punis (mauvaise déclaration, ressources dissimulées, détournement abusif d'impôt).[2]. Le contribuable qui reconnaît son erreur peut prétendre à l'application de dispositifs fiscaux l'exemptant de sanctions fiscales (**1**). La loi n° 2018-727 du 10 août 2018 « *pour un État au service d'une société de confiance* » (ESSOC) consacre le droit du contribuable à l'erreur pour lui éviter une sanction pécuniaire ou lui garantir une prestation si, remplissant les conditions auxquelles il est subordonné, il y a effectivement droit (**2**).

1. Les dispositifs exemptant le contribuable de bonne foi de sanctions fiscales

557. Le contribuable de bonne foi peut se voir exempter de sanctions fiscales grâce à un certain nombre de dispositifs. C'est le cas lorsqu'il expose (dans la déclaration d'impôt ou une note jointe aux documents fiscaux) les raisons pour lesquelles il ne mentionne pas des informations nécessaires au calcul de l'assiette fiscale[3]. Il en va de même s'il explique pourquoi il les qualifie différemment de l'administration, de sorte qu'il bénéficie d'une taxation moindre ; et s'il indique des déductions qu'un contrôle révélera comme injustifiées. Étant donné que la bonne foi est supposée, c'est à l'administration de prouver la mauvaise foi du contribuable afin qu'il ne profite pas de l'exonération pour mention expresse. Il revient donc au fisc de démontrer un manquement délibéré, des actions illégales ou un abus de droit[4]. Mais si le contribuable – une fois que les raisons qu'il

---

[1] BOI-BIC-BASE-40-10-20130513, § 20.

[2] Ury (D.), « La bonne foi en droit fiscal est une notion opérationnelle », *RFFP*, 1er mai 2016, n° 134, p. 177.

[3] Article 1727 II, 2 du CGI.

[4] BOI-CF-INF-10-10-10-20120912.

avance ont été étudiées –, n'est pas reconnu comme étant de bonne foi, il risque non seulement d'avoir à payer l'intérêt de retard[1], mais également l'une des majorations prévues à l'article 1729 du CGI[2]. En effet, le fait qu'un contribuable ait porté dans sa déclaration une mention expresse n'empêche pas le ministre de soutenir que l'intéressé était de mauvaise foi ou s'est rendu coupable de manœuvres frauduleuses[3].

558. Par ailleurs, le contribuable de bonne foi peut revendiquer l'application à sa situation, de l'interprétation – même erronée – de la loi fiscale par l'administration. En vertu des articles L. 80 A et L. 80 B du LPF, le contribuable peut se prévaloir de la doctrine en vigueur à la date du fait générateur de l'impôt. Par conséquent, même si la loi fiscale était interprétée autrement, celui-ci n'en subirait pas les effets, puisqu'elle ne s'appliquerait que pour l'avenir.

559. Une autre mesure a été prise pour renforcer la sécurité juridique du contribuable : le rescrit. Il s'agit d'une prise de position de l'administration sur la situation fiscale d'un contribuable l'interrogeant de façon préventive sur les conséquences fiscales de l'opération qu'il envisage. La réponse de l'administration l'engage quant aux règles indiquées, si le contribuable respecte ses engagements et les indications du service fiscal. Il est à noter que dans certains cas, l'absence de réponse vaut acquiescement. Le contribuable n'est de bonne foi que si les caractéristiques de l'opération qu'il vise sont indiquées complètement. Dans le cas contraire, il ne jouit d'aucune garantie.

560. En outre, le contribuable qui reconnaît son erreur accède à des dispositifs de régularisation fiscale qui lui permettent de se réinsérer dans « *la légalité républicaine*[4] ». À la suite de la révélation d'une liste de 3.000 noms de français titulaires, en Suisse, de comptes non déclarés à la banque HSBC, avait été mis en place entre avril et décembre 2009, le Service de traitement des déclarations rectificatives (STDR). Cette cellule de régularisation était chargée de traiter les demandes de régularisations fiscales, dans le cadre de la circulaire du 21 juin 2013 émanant du ministre du Budget, dite « circulaire Cazeneuve », complétée par une circulaire du 12 décembre 2013. La procédure de régularisation permet aux contribuables, personnes physiques, détenant des avoirs à l'étranger, de rectifier

---

[1] L'article 1727 II-4 du CGI dispense de l'intérêt de retard le contribuable ayant omis dans sa déclaration certaines données chiffrées sauf si ces manquements sont délibérés et qu'ils n'excèdent pas un vingtième (5 %) de la base d'imposition rectifiée relative à l'impôt sur le revenu.

[2] Conseil d'État, 27 février 1980, n° 16698, *Ministre chargé du Budget c/ M. X, Rec.* p. 113.

[3] *Ibid.*

[4] Ury (D,) « La bonne foi en droit fiscal est une notion opérationnelle », *op. cit.*, p. 179.

spontanément leur situation fiscale antérieure. Pour cela, ces derniers doivent compléter des déclarations de revenus rectificatives et s'acquitter de droits supplémentaires pour éviter l'application de pénalités et majorations moindres que celles déterminées par la loi fiscale. Ce dispositif s'inscrit dans le cadre du pouvoir transactionnel reconnu à l'administration par l'article L. 247 du Livre des procédures fiscales. Il procède aussi du droit du contribuable à rectifier spontanément ses déclarations initiales. Celui-ci doit prouver la véracité des écritures de ses déclarations rectificatives, au moyen de justificatifs probants. Jusqu'au 31 décembre 2017, il était possible pour les contribuables n'ayant pas déclaré leurs avoirs à l'étranger, les « *repentis fiscaux* », de saisir le STDR et de bénéficier des conditions favorables de la circulaire de 2013[1], c'est-à-dire des pénalités « *clémentes* » à leur régularisation[2].

561. D'autres dispositifs de régularisation d'avoirs détenus à l'étranger non-déclarés sont prévus. C'est le cas de ceux instaurés par les articles L. 62 et L. 62 A du LPF : sous certaines conditions, ils permettent aux contribuables de régulariser les erreurs, inexactitudes, omissions ou insuffisances, relevées au cours d'une vérification de comptabilité. Celle-ci concerne des points constatés sur une ou plusieurs déclarations souscrites dans les délais, par le vérificateur, pour lesquelles la bonne foi ne serait pas remise en cause s'ils faisaient l'objet de rehaussements par proposition de rectification. Cette condition est appréciée par le service pour chaque régularisation.

562. D'autres moyens garantissent à l'État de recouvrer l'impôt et assurent en même temps la bonne foi du contribuable. Il s'agit de l'amnistie fiscale et du pardon fiscal. Le premier consiste en un acte du pouvoir législatif, faisant obstacle à l'application de la loi fiscale et ayant pour visée d'effacer le fait punissable, d'empêcher ou arrêter les poursuites et d'anéantir les condamnations[3]. Le second, quant à lui, est codifié à l'article

---

[1] La circulaire ministérielle n° 672 du 21 juin 2013, actualisée par une circulaire ministérielle du 12 décembre 2013, indique la procédure à suivre ainsi que les conditions à remplir pour qu'un contribuable possédant des avoirs non déclarés à l'étranger (comptes, titres de sociétés, biens immobiliers...) régularise spontanément sa situation auprès de l'administration fiscale.

[2] Le Monde, *Gérald Darmanin annonce la fin des guichets pour les évadés fiscaux,* 15 septembre 2017 ; Ministère de l'économie, *Fin du dispositif dérogatoire de régularisation des avoirs non déclarés détenus à l'étranger*, 19 septembre 2017 : Le service de traitement des déclarations rectificatives (STDR) et ses pôles de régularisation déconcentrés ont recueilli plus de 50.000 demandes représentant plus de 32 milliards d'avoirs. Au 31 août 2017, ces services avaient recouvré 7,8 milliards d'euros.

[3] Depuis 1950, cinq lois d'amnistie sont intervenues en matière fiscale. La première amnistie fiscale française d'après-guerre, a eu pour objet de rapatrier des fonds placés à l'étranger nécessaires à la reconstruction du pays, moyennant l'application

1755 du CGI. Il concerne les contribuables qui, dans les trois mois suivant leur adhésion à un organisme de gestion agréé, ont fait connaître spontanément, par lettre recommandée au fisc, les insuffisances, inexactitudes ou omissions que comportent leurs déclarations. Mais, d'abord, ces insuffisances ne doivent pas avoir fait l'objet d'une procédure administrative ou judiciaire, avant la date d'expédition de la lettre recommandée, ni avoir été soumises à une proposition de rectification. Ensuite, l'impôt en principal doit être acquitté dans les nouveaux délais impartis.

563. Toutes les mesures susmentionnées participent donc à la volonté de renforcer la relation de confiance entre l'administration et le contribuable qui se doit d'être de bonne foi. Quand ce dernier suit cette ligne de conduite, il bénéficie de dispositifs fiscaux avantageux. Il s'agit ainsi de lui redonner la possibilité d'accomplir spontanément et correctement ses obligations fiscales et de dévoiler sincèrement ses informations privées. En ayant recours à des moyens non contraignants, l'administration est davantage dans le conseil et l'accompagnement du contribuable que dans le contrôle systématique de ses déclarations.

2. La consécration d'un droit à l'erreur du contribuable de bonne foi

564. Le droit à l'erreur n'est pas « *un droit à la fraude*[1] ». Aux termes de l'article L. 123-1 du CRPA, lorsqu'un contribuable adresse de bonne foi une déclaration erronée ou incomplète à l'administration, il doit pouvoir la rectifier, spontanément ou au cours d'un contrôle, sans risquer de se voir infliger une sanction dès le premier manquement[2]. Le législateur reconnaît un droit à l'erreur du contribuable dans le domaine fiscal et l'incite, parce qu'il reconnaît sa bonne foi, à réparer ses erreurs[3] : les fraudes, les récidives

d'une taxe de 25 % sur les sommes en cause. La dernière amnistie fiscale française date de 1986. Depuis, aucune mesure d'amnistie n'a été adoptée.

[1] Selon la formule du député LREM, Stanislas Guérini, rapporteur du projet de loi. Il s'agit d'une promesse d'Emmanuel Macron pendant la campagne présidentielle de 2017.

[2] La loi n° 2018-727 du 10 août 2018 insère un nouveau chapitre III au sein du titre II du livre Ier du Code des relations entre le public et l'administration (CRPA), comprenant un article unique (L. 123-1). Grâce à la loi, une entreprise peut jouir d'un droit au contrôle qui consiste à solliciter de l'administration qu'elle valide ses déclarations fiscales (par conséquent, l'entreprise s'assure qu'elle en conformité avec la loi) ; ou lui poser une question (par la procédure du rescrit fiscal).

[3] La preuve de la mauvaise foi incombera à l'administration. « *Toute personne ayant délibérément méconnu une règle applicable à sa situation* » sera considérée de mauvaise foi.

et les erreurs qui portent atteinte à la santé publique, à la sécurité des personnes ou des biens n'entrent toutefois pas dans son champ d'application.

565. La régularisation (sur demande de l'administration ou sur initiative du contribuable) n'entraîne aucune sanction pécuniaire ou privation d'une prestation. En revanche, le législateur a souhaité que le droit à l'erreur ne puisse pas être invoqué pour le non-respect des délais de paiement dans les contrats entre entreprises prévus par l'article L. 441-6 du Code de commerce[1]. L'article 1727 du CGI énonce ainsi que : « *Le montant dû au titre de l'intérêt de retard est réduit de 50 % en cas de dépôt spontané par le contribuable, avant l'expiration du délai prévu pour l'exercice par l'administration de son droit de reprise, d'une déclaration rectificative à condition, d'une part, que la régularisation ne concerne pas une infraction exclusive de bonne foi et, d'autre part, que la déclaration soit accompagnée du paiement des droits simples ou, s'agissant des impositions recouvrées par voie de rôle, que le paiement soit effectué au plus tard à la date limite de paiement portée sur l'avis d'imposition* ». En effet, en application de l'article 1727-I du CGI, le paiement d'une créance dans un délai prévu par la loi est une obligation. Une échéance non respectée entraîne des intérêts de retard, éventuellement majorés[2]. Ils s'appliquent à tous les impôts recouvrés par la Direction générale des Finances publiques.

566. Les contribuables de bonne foi qui rectifient leurs erreurs de déclaration spontanément peuvent donc bénéficier d'une réduction de moitié des intérêts de retard[3]. Le Conseil d'État insiste sur la nécessité d'encadrer la reconnaissance de ce droit à l'erreur[4]. La Haute juridiction administrative énumère ainsi les sanctions pour lesquelles il ne s'exerce pas. Parmi elles, celles qui sont nécessaires pour mettre en œuvre le droit de l'Union européenne. De même, pour les sanctions mentionnées dans des clauses

---

[1] V. Zarka (J.-C.), « Que retenir du projet de loi pour un État au service d'une société de confiance ? », *LPA*, 8 août 2018, n° 158, p. 6.

[2] L'intérêt de retard n'est pas, juridiquement, une sanction « *dès lors que son niveau n'est pas devenu manifestement excessif au regard du taux moyen pratiqué par les prêteurs privés pour un découvert non négocié* » (Conseil d'État, Avis, 12 avril 2002, n° 239693, *SA Financière Labeyrie*, *Rec.* p. 137 ; *Dr. fisc.* 2002, n° 261, comm. 555, concl. Séners (F.), note Boutémy (B.) et Meier (E.) ; *RJF* 6/02, n° 673, chron. Olléon ; *AJDA* 2002, p. 410 note Guyomar et Colin ; *D.* 2002 *IR,* 1467 ; *BDCF* 6/2002, p. 83 ; *Rev. March. Commun* 2002, p. 696, note Maublanc (J-P.). Ce principe a été confirmé par la Cour de cassation dans deux arrêts des 4 février 2004 (Com., 4 février 2004, n° 01-02.650, *Étienne Saldaqui*) et 17 mars 2004 (Com., 17 mars 2004, n° 02-14.711, *Société Kervilly*, *RJF* 7/04, n° 797)).

[3] Les intérêts de retard seront réduits de 30% si une erreur de bonne foi dans le cadre d'un contrôle est détectée, et même de 50% si le contribuable rectifie son erreur de lui-même.

[4] Conseil d'État, Ass., 27 novembre 2017, n° 393744, *Avis consultatif sur un Projet de loi pour un État au service d'une société de confiance*.

contractuelles, le droit à l'erreur ne s'applique pas. C'est aussi le cas pour celles qui relèvent d'une connaissance insuffisante des règles de santé publique, ou pour celles qui procèdent d'une ignorance des règles de sécurité des personnes et des biens et de l'environnement. Il en va aussi de même quand les professionnels sont sanctionnés par les autorités de régulation. Enfin, le droit à l'erreur n'est pas reconnu aux conseils juridiques.

567. Reconnaître l'existence d'un tel droit semblait indispensable pour renforcer la confiance du contribuable envers l'administration, pour l'inciter à remplir ses obligations fiscales volontairement et de bonne foi, mais aussi, pour le dissuader de frauder. Dans ce dernier cas, son secret revêtirait une connotation péjorative et serait par conséquent sanctionné. Le législateur a alors tenté d'instaurer des méthodes d'imposition respectueuses des secrets de sa vie privée.

II. Les méthodes d'imposition : la difficile conciliation avec les secrets du contribuable

568. L'assiette imposable peut être évaluée de plusieurs façons. Nous étudierons tout particulièrement la méthode indiciaire qui respecte le droit à la vie du contribuable mais rend approximative la détermination de sa véritable situation fiscale (**A**). Nous analyserons ensuite la méthode de la déclaration contrôlée pour laquelle le contribuable se doit de ne pas avoir de secrets pour l'administration (**B**).

A. La méthode indiciaire

569. La méthode indiciaire apparaît comme la plus respectueuse du droit au respect de la vie privée du contribuable : l'administration fiscale détermine l'impôt à partir de signes extérieurs, incontestables, sur la base d'indices en induisant « *de la constatation de certains faits ou de certains signes facilement observables le revenu dont ils sont la manifestation extérieure*[1] ». Elle ne s'immisce donc pas dans les secrets du contribuable. Toutefois, bien que respectant la liberté et la vie privée du contribuable, la méthode indiciaire ne permettait pas de connaître de manière exacte la matière imposable. En effet, la constatation d'éléments ostensibles de son patrimoine peut ne pas correspondre au réel train de vie du contribuable et déterminer une imposition injuste, au regard de ses réelles facultés contributives. Cette méthode perdure aujourd'hui de manière résiduelle à travers les dispositions de l'article 168 du Code général des impôts. Il

[1] Allix (E.), *Traité élémentaire de science des finances et de législation financière française*, Paris, Rousseau et Cie, 4e éd., 1921, 642 p., p. 422.

appartient à l'administration fiscale, dans le cadre de son pouvoir discrétionnaire, de procéder à une évaluation forfaitaire minimale du revenu imposable selon certains éléments apparents de richesse extérieure ou de train de vie du contribuable. Cette faculté lui est dévolue dès lors qu'elle constate une disproportion entre le train de vie d'un contribuable et les revenus qu'il déclare. Elle pourra alors modifier sa base d'imposition[1].

570. La constitutionnalité de l'article 168 précité avait d'ailleurs été discutée devant le Conseil constitutionnel[2] à l'occasion d'une question prioritaire de constitutionnalité renvoyée par le Conseil d'État. Le Conseil constitutionnel a considéré que le législateur, en se fondant sur des critères objectifs et rationnels en fonction des buts qu'il s'était assignés, a entendu mettre en œuvre l'objectif de valeur constitutionnelle de lutte contre la fraude fiscale. Il a institué une différence de traitement entre les contribuables ayant un train de vie disproportionné par rapport à leurs revenus déclarés et les autres contribuables. Tout le procédé décrit à l'article 168 est validé par les Sages, sauf la disposition majorant de 50 % l'évaluation forfaitaire du revenu du contribuable, quand celui-ci possède plus de six éléments de train de vie. Le Conseil constitutionnel a en effet estimé que cette mesure ne reposait sur rien d'objectif et de rationnel. De plus, elle s'oppose au principe d'égalité devant les charges publiques, le contribuable concerné n'ayant pas, en outre, à s'acquitter d'une somme excessive, en proportion de ce qu'il peut payer. Le Conseil constitutionnel a donc abrogé le 2 de l'article 68 du CGI. La méthode indiciaire parvient donc à allier les secrets du contribuable et l'objectif de recouvrement de l'impôt mais au douloureux prix d'une imposition injuste. C'est la raison pour laquelle cette méthode a été supplantée par celle de la déclaration contrôlée qui s'attache à établir une imposition au plus près des réelles capacités contributives de chaque contribuable.

B. La déclaration contrôlée

571. Le système de la déclaration suppose, pour être efficace, un fort degré de confiance entre les citoyens et l'institution, et un civisme fiscal beaucoup plus exigeant de la part des contribuables. Le projet de réforme datant du 7 février 1907[3] et initié par Joseph Caillaux[1], avait pour ambition «

---

[1] Article L. 63 alinéa 1 du LPF.

[2] Conseil constitutionnel, 21 janvier 2011, n° 2010-88 QPC, *Madame Danièle Boisselier*, *Dr. fisc.* 2011, n° 4, act. 35 ; *RJF* 4/11, n° 482, sur renvoi de Conseil d'État, 22 octobre 2010, n° 342565, *Dr. fisc.* 2010, n° 48, comm. 578, concl. Mme Escaut ; *RJF* 1/11, n° 83.

[3] Le projet Caillaux de 1907 proposait un système mixte. Il conciliait l'impôt cédulaire qui adaptait les modalités de la taxation à la nature du revenu imposable et

de rééquilibrer l'ensemble du système fiscal, de corriger les inconvénients de la fiscalité indirecte par les atouts de l'impôt direct[2] ». La méthode innovante de la déclaration contrôlée permet ainsi de frapper au plus près des assiettes jusqu'alors non imposées. Certains considèraient qu'elle représentait un changement de nature du système fiscal se manifestant à trois niveaux[3]. D'abord, l'évaluation des facultés contributives cessait d'être indiciaire pour viser directement les revenus des contribuables. Ensuite, le système de se substituait au système de répartition quotité[4]. Enfin, un programme de justice fiscale, au service de la justice sociale, était pris comme objectif[5].

572. Quoi qu'il en soit, l'évaluation réelle semblait la méthode la plus indiquée et la plus avantageuse car elle atteignait la réalité de la matière et non « *son ombre*[6] ». L'impôt est personnalisé, c'est-à-dire aménagé selon la situation du contribuable[7] qui doit désormais déclarer ses revenus en vertu des dispositions de l'article 170 du CGI aux termes duquel « *en vue de*

---

appliquait des taux différents et un impôt global permettant d'atteindre l'ensemble des revenus du contribuable et la personnalisation de l'impôt.

[1] Joseph Caillaux était un homme politique français, ministre des Finances de Waldeck-Rousseau, instigateur de l'impôt sur le revenu.

[2] Lire Rosa (A.), « Les différents projets Caillaux », *RFFP*, 1er novembre 2017, n° 140, p. 197 : La théorie de l'impôt, sous-catégorie de la science fiscale, « *étudie, tout d'abord, le fait fiscal en lui-même, dans ses manifestations propres. Elle définit le concept d'impôt, [...] débouche sur une approche systémique de la fiscalité* ». Lire aussi Mehll (L.), Beltrame (P.), *Science et technique fiscales*, Paris, PUF, 1984, 786 p., p. 32.

[3] Héritier (A.), « Un catalogue des projets d'impôt sur le revenu, une analyse fiscale de 1848 à 1914 », *Revue Trésor,* 1999, n° 7, p. 420.

[4] Dupont (J.-C.), « De la paix sociale à l'État de droit : "la proportionnalité" de l'impôt (1815-1920) », *in* Berns (T.), Dupont (J.-C.), Xifaras (M.), (dir.) *La philosophie de l'impôt*, Université libre de Bruxelles, Bruylant, 2006, 270 p., p. 116.

[5] Lire à ce propos Proposition Maujan, *JO*, 1903, Document parlementaire, Annexe n° 991, pp. 631-647. La question des inégalités sociales a toujours été une préoccupation défendue par les socialistes et les radicaux. Ces derniers considéraient que le principe de progressivité était un moyen de les corriger, contrairement au principe de proportionnalité qui les ignorait, voire les accentuait. Delalande (N.), « Jaurès, les socialistes et l'impôt : les incertitudes du discours républicain. Conférence Jaurès 2010 », *Cahiers Jaurès* 2010/3, n° 197, pp. 3-26, p. 10 : « *La proportionnalité abstraite, scolastique, dissimule l'ignorance volontaire des êtres sous le masque de la symétrie [...]. La progressivité [...] introduit dans l'impôt le souci de l'individu [...] elle ne fait pas plier les citoyens inégaux en force, en besoin, sous un niveau égalisateur* ».

[6] Antonetti (G.), « 1848-1914, la bataille pour l'impôt sur le revenu », *in* Martinez (J.-C.), (dir.), *L'impôt sur le revenu en question*, Litec, 1989, 530 p., p. 51.

[7] Laferrière (J.), Waline (M.), *Traité élémentaire de science et de législation financière*, Paris, LGDJ, 1952, 581 p., p. 306.

l'établissement de l'impôt sur le revenu, toute personne imposable audit impôt est tenue de souscrire et de faire parvenir à l'administration une déclaration détaillée de ses revenus et bénéfices, de ses charges de famille et des autres éléments nécessaires au calcul de l'impôt sur le revenu ». Sa capacité contributive réelle est prise en compte. L'administration fiscale qui recueille ses informations présume sa bonne foi. Toutefois, elle se réserve la possibilité de vérifier la véracité de ses déclarations. En lui laissant un certain temps pour les fournir, l'administration fiscale permet au contribuable de participer à l'élaboration de la décision[1] et de suivre la procédure d'imposition en l'associant à l'établissement de l'impôt. Les moyens utilisés nourrissent une certaine confiance entre l'administration et le contribuable qui ne doit pas oublier, pour autant, que la déclaration est obligatoire et qu'en cas de manquement, l'administration dispose de moyens pour l'y contraindre voire lui appliquer des sanctions[2].

573. En s'engageant à respecter ses obligations fiscales, le contribuable renonce aux secrets de ses informations nécessaires au calcul de l'assiette de l'impôt ; ceux-ci ne peuvent plus alors être opposés à l'administration. Tous ses revenus professionnels ou du capital doivent être déclarés et il doit aussi communiquer un certain nombre de justificatifs[3]. Ceux-ci peuvent d'ailleurs être contrôlés par l'administration. En effet, l'article L. 10 du LPF prévoit que « *l'administration des impôts contrôle les déclarations ainsi que les actes utilisés pour l'établissement des impôts, droits, taxes et redevances* ». L'administration peut les rectifier, selon les articles L. 55 du LPF, L. 57 et L. 61 A, si elle constate des erreurs (une insuffisance, une inexactitude, une omission, ou une dissimulation)[4]. L'administration peut également demander au contribuable, en cas de doute, toutes informations relatives aux déclarations souscrites[5].

574. En cas de manquement à son obligation déclarative, l'administration fiscale applique des pénalités selon que le contribuable n'a pas du tout déclaré ses revenus ou a procédé tardivement à sa déclaration (article 1728 du CGI) ou a omis des éléments[6] (article 1729 du CGI). Une relative souplesse est ainsi accordée au contribuable afin de lui permettre de remplir ses obligations déclaratives, l'administration ayant ensuite la faculté de

---

[1] Lukaszewicz (J.-P.), « La participation des contribuables à l'administration fiscale », *RSF*, 1975, Vol. 67, pp. 315-341, p. 318.

[2] Le Moal (A.), *Le secret en droit fiscal français*, *op. cit.*, p. 71.

[3] Le Moal (A.), *ibid.*

[4] Article 175 A du CGI : « *Le service des impôts peut rectifier les déclarations en se conformant à la procédure prévue à l'article L. 55 du livre des procédures fiscales* ».

[5] Article L. 16 alinéa 3 du LPF.

[6] Trois cas de figures sont prévus : le manquement délibéré, l'abus de droit ou les manœuvres frauduleuses.

réajuster l'assiette et de procéder à des contrôles. Pourtant, le système de la déclaration contrôlée a montré des faiblesses qui ont conduit à une nouvelle méthode de recouvrement de l'impôt dès le 1er janvier 2019 par le prélèvement à la source. En effet, il est reproché à la méthode de la déclaration contrôlée d'engendrer la fraude fiscale et donc d'entraîner la multiplication de contrôles fiscaux. Plus la fraude est combattue activement, plus les moyens employés augmentent considérablement. De ce fait, les pouvoirs de l'administration sont renforcés au détriment des droits du contribuable. L'effet recherché de consolidation de la confiance à l'égard du fisc s'amenuise nécessairement. Il s'agit donc d'un « cercle vicieux » auquel seule la reconnaissance de libertés au profit du contribuable peut mettre fin et préserver celui-ci d'éventuels abus[1].

575. En outre, le système présente un inconvénient notable résidant dans le décalage entre la perception des revenus déclarés par le contribuable et leur imposition. C'est donc le manque d'adaptabilité de cette méthode aux changements de situation financière et familiale qui est pointé. Actuellement, elle paraît inadaptée à la réalité de la situation du contribuable, voire archaïque si on considère qu'elle a été mise en place il y a déjà plus d'un siècle et que la fiscalité a subi d'importantes modifications et réformes entretemps ; la dernière d'entre elles étant l'instauration du prélèvement à la source dès le 1er janvier 2019, qui oblige toutefois les contribuables à déclarer annuellement leurs revenus. S'il simplifie la procédure de recouvrement de l'impôt, le prélèvement à la source est critiqué quant aux informations personnelles auxquelles a désormais accès l'administration.

576. Le prélèvement à la source de l'impôt sur le revenu est une méthode de recouvrement selon laquelle l'impôt est directement prélevé sur les revenus du contribuable selon un taux fixé préalablement[2]. Le recouvrement a la même temporalité que les revenus car pour les salariés ou retraités qui perçoivent un revenu chaque mois, l'impôt sera étalé sur douze mois, et non comme aujourd'hui, sur dix mois, de janvier à octobre, en cas de mensualisation, ou par tiers provisionnel en février et mai avec un solde en septembre[3]. L'impôt est donc ajusté sur les revenus actuels mais pas sur les bases d'imposition[4]. Cette méthode a subi quelques tentatives infructueuses

---

[1] La Mardière (C. de), « Pour tenter d'en finir avec l'autonomie et le réalisme du droit fiscal », *in* Chadefaux (M.), Deboissy (F.), La Mardière (C. de), (dir.), *Écrits de fiscalité des entreprises*, *études à la mémoire du professeur Maurice Cozian*, Lexis Nexis, Mélanges, 24 novembre 2009, 970 p., pp. 137-144, p. 139.

[2] Le taux de prélèvement s'applique automatiquement au revenu perçu (salaire, pension, revenu de remplacement). Le prélèvement ne sera pas toujours le même, puisqu'il varie selon les revenus.

[3] Pando (A.), « Prélèvement à la source : deuxième point d'étape », *LPA*, 14 septembre 2016, n° 183-184, p. 4.

[4] Pando (A.), « Le chantier du prélèvement à la source est lancé », *LPA*, 6 juillet 2015, n° 133, p. 3.

d'instauration dans notre système fiscal français avant d'entrer en vigueur le 1er janvier 2019. Finalement, plusieurs arguments ont accéléré son adoption. Il été considéré que le prélèvement à la source peut garantir et simplifier le recouvrement de l'impôt, tout en diminuant ainsi la fraude fiscale. Il supprime aussi le décalage d'un an qui existait entre la perception et le paiement de l'impôt sur les revenus[1]. Si pour les situations stables, ce décalage ne posait guère problème, en cas de changement de situation, de chômage, de retraite, de changement de carrière et donc de perte de revenus, il se révélait particulièrement préjudiciable. Or « *chaque année, environ cinq millions de foyers imposables subissent une variation importante de leur revenu et du montant de leur impôt, à la suite d'un changement de situation personnelle ou professionnelle*[2] ».

577. Longtemps a été débattue la question de la divulgation d'informations personnelles du contribuable à un tiers chargé de recouvrer l'impôt pour le compte de l'administration. En effet, c'est généralement l'employeur[3] qui joue ce rôle alors que, souvent, le salarié ne désire pas que soient divulguées les informations le concernant, notamment patrimoniales. Afin d'en préserver le secret, une disposition légale a été créée pour que les salariés aient la possibilité d'opter pour un taux neutre. Ainsi, ils peuvent refuser que l'administration fiscale transmette à leur employeur le taux réel correspondant à leur situation. Ils opteront alors pour un taux de prélèvement neutre, qui sera calculé sur la seule base du montant de leur rémunération. Il leur reviendra alors de verser chaque mois au Trésor public la différence d'impôt entre le taux neutre, appliqué à leurs salaires, et le taux réel tenant compte de l'ensemble de leurs revenus.

578. Le Conseil constitutionnel a en outre, déclaré constitutionnelles les dispositions instaurant le prélèvement à la source[4]. Sur le grief tiré de l'atteinte à la vie privée, le Conseil a considéré que « *cette atteinte est justifiée par l'intérêt général qui s'attache à la mise en place du prélèvement à la source pour éviter que les contribuables subissent un décalage d'un an entre la perception des revenus et le paiement de l'impôt* ». Le taux par défaut est éventuellement préférable pour le contribuable soucieux de la confidentalité de ses données, car, pour l'appliquer, le taux d'imposition du foyer n'a pas à être transmis à l'employeur.

---

[1] V. Perrotin (F.), « Les expatriés face au prélèvement de l'impôt à la source », *LPA*, 18 mars 2016, n° 56, p. 4.

[2] Viricelle (R.), Bébéar (C.), Auvigne (F.), *Les modalités de mise en œuvre du prélèvement à la source de l'impôt sur le revenu en France*, Paris, La Documentation française, 27 mars 2007, 184 p., p. 5.

[3] Il peut aussi s'agir de la caisse de retraite ou de l'organisme d'indemnisation qui prélèvera la fraction mensuelle de l'impôt sur le revenu, sur douze mois.

[4] Conseil constitutionnel, 29 décembre 2016, n° 2016-744 DC, *Loi de finances pour 2017*, *RJF* 3/17, n° 251 ; *AJDA* 2017, p. 9 ; *AJCT* 2017, p. 37.

579. Avec le prélèvement à la source, le secret du contribuable semble être relativement préservé : ce dernier peut opter pour un taux neutre au calcul de son impôt. Si, auparavant, l'employeur n'était pas informé de la charge d'impôt supportée par le salarié, actuellement, il a accès à des informations fiscales relevant de sa vie privée. Par conséquent, son statut de détenteur de secrets l'oblige, selon la loi, à la confidentialité et au secret professionnel. En cas de divulgation à un tiers non autorisé, l'employeur peut encourir des sanctions pénales.

Conclusion de la Section I

580. La protection du secret du contribuable trouve ses fondements dans ses droits et libertés fondamentaux : le droit de se taire, à l'origine consacré en droit pénal puis étendu à la matière fiscale ou encore le droit au respect de sa vie privée. Par exemple, lorsque l'administration contrôle ses impôts ou sa comptabilité, ou quand elle enquête sur sa personne ou perquisitionne chez lui, le contribuable peut exercer son droit au silence. Dans le cadre de poursuites pour fraude fiscale organisée, la police fiscale doit notifier ce droit au gardé à vue. De ces droits et libertés fondamentaux, naît ainsi un droit au secret que le contribuable peut directement opposer. Mais l'exercice de ce droit est encadré. Il ne faut pas qu'il soit systématiquement exercé au risque d'être considéré comme une obstruction ou une opposition au contrôle fiscal. En outre, la reconnaissance du secret du contribuable induit de sa part un certain comportement à l'égard de l'administration fiscale : une attitude sincère, être de bonne foi et le respect des obligations fiscales. En retour, l'administration s'engage, elle aussi, à suivre cette même ligne de conduite en se montrant transparente dans son action et accessible. Des mécanismes sont instaurés pour préserver une certaine relation de confiance. Dans cette intention, le contribuable se voit ainsi reconnaître un droit à l'erreur. Toutefois, ses obligations déclaratives sont contrôlées par l'administration qui reste vigilante face à d'éventuels manquements. Les obligations déclaratives du contribuable ne doivent pas néanmoins s'exécuter au détriment de la protection de ses libertés individuelles. Il faut en effet, en souligner la fragilité compte tenu des moyens mis en œuvre pour lutter contre l'évasion et la fraude fiscales. Les méthodes de recouvrement de l'impôt démontrent en ce sens, qu'il est difficile voire impossible de trouver un juste milieu entre la préservation des secrets du contribuable et la détermination de l'exacte matière imposable.

Section II. Le secret des tiers

581. « *Le bon fonctionnement de la société veut que le malade trouve un médecin, le plaideur, un défenseur, le catholique, un confesseur, mais ni le médecin, ni l'avocat, ni le prêtre ne pourraient accomplir leur mission si les confidences qui leur sont faites n'étaient assurées d'un secret inviolable. Il importe donc à l'ordre social que ces confidences nécessaires soient astreintes à la discrétion et que le silence leur soit imposé, sans condition ni réserve, car personne n'oserait plus s'adresser à eux si on pouvait craindre la divulgation du secret confié*[1] ».

582. Le législateur protège l'information du contribuable, détenue par le tiers (**§ 1**). Toutefois, il peut en permettre l'accès à l'administration fiscale s'il apparaît que le contribuable visé s'est soustrait à ses obligations fiscales. Dans ce cas de figure, se pose dès lors la question de la conciliation des obligations fiscales du professionnel et de l'obligation à laquelle il est assujetti de protéger les informations des contribuables. À cette question, le juge tente d'apporter une réponse en dotant le secret des tiers de garanties (**§ 2**).

§ 1. La protection des informations du contribuable à travers le secret des tiers

583. L'une des premières codifications du secret dans la législation française vise explicitement les professions libérales pour lesquelles la nature sensible des informations recueillies lors de l'exercice des fonctions nécessite une protection légale. C'est en effet, l'article 378 du Code pénal de 1810[2], mis en place par Napoléon Bonaparte le 12 février 1810 et promulgué le 3 juin 1810[3], qui a d'abord régenté le régime du secret professionnel. Le

---

[1] L'affirmation de ce principe figure dans le célèbre commentaire d'Émile Garçon concernant l'article 378 du Code pénal. V. Garçon (É.), « Code Pénal français annoté » de 1810, note sous l'article 378, n° 7 citation retranscrite également dans Massis (T.), « La transparence et le secret. Champ social, débat de conscience », *Études*, T. 394, n° 6, 2001, pp. 751-761, p. 758.

[2] « *Les médecins, chirurgiens et autres officiers de santé, ainsi que les pharmaciens, les sages-femmes, et toutes autres personnes dépositaires, par état ou profession, des secrets qu'on leur confie, qui, hors le cas où la loi les oblige à se porter dénonciateurs, auront révélé ces secrets, seront punis d'un emprisonnement d'un mois à six mois, et d'une amende de cent francs à cinq cents francs* ».

[3] Le Code pénal promulgué le 22 février 1810 devait remplacer diverses lois adoptées pendant les dix premières années de la Révolution dont l'ossature était le Code pénal de 1791 et le Code des délits et des peines de l'an IV. Ces deux textes

législateur s'est ainsi appliqué au fil des années à consolider la protection des informations du contribuable en matière fiscale à travers le secret des professions libérales (**I**). De même, dans l'exercice de ses fonctions régaliennes, l'administration fiscale peut être amenée à faire intervenir d'autres types de tiers, c'est-à-dire des administrations publiques ou organismes dépositaires de ces informations afin d'obtenir ces informations (**II**).

I. L'opposabilité du secret des professions libérales

584. Le secret professionnel des tiers concerne les documents nominatifs qui permettraient à l'administration de connaître la nature de la prestation fournie au client ou au patient[1] – son nom, le montant du service –, à condition qu'elle relève de l'activité soumise au secret professionnel. Le secret professionnel du tiers est donc une protection directe des informations du contribuable. Toutefois, lorsque celui-ci ne se conforme pas à ses obligations fiscales, l'administration dispose de pouvoirs d'investigation à son encontre, mais aussi à l'égard de ces tiers, lui assurant ainsi l'accès aux secrets du contribuable. Les tiers doivent concilier leur obligation de respecter le secret de leur profession et leurs obligations fiscales envers l'administration. Dans cette perspective, nous nous attarderons à analyser la protection des informations couvertes par le secret médical (**A**) puis par les professions juridiques (**B**). Le secret professionnel des tiers est également consolidé par des règles déontologiques (**C**).

---

empêchaient les juges de modifier la sanction en vertu du principe de fixité des peines. Par conséquent, les crimes ou délits n'étaient parfois pas sanctionnés comme ils auraient dû être : la peine la plus lourde était appliquée même pour des infractions moins graves.

[1] Brard (Y.), « Secret professionnel – Secret opposable à l'Administration », *JCl. Procédures fiscales*, Fasc. 313, 2000, § 5 : Le secret médical s'impose aussi bien au médecin fonctionnaire qu'au médecin libéral (ou tout autant au magistrat qu'à l'avocat). En revanche, l'administration fiscale dispose à l'égard du premier de moyens d'information qui lui permettent de vérifier le montant de ses salaires, déclarés par un tiers, sans avoir à se livrer à des investigations de nature à mettre en cause le secret médical. Le contrôle des bases imposables des contribuables exerçant une profession libérale pourra nécessiter au contraire de telles investigations. Ces professions soulèvent plus de difficultés car le secret professionnel de certaines d'entre elles est traditionnellement très protégé, spécialement le secret médical. V. également du même auteur : Brard (Y.), « Que reste-t-il du secret professionnel opposable au fisc ? », *Dr. fisc.* 1991, n° 25, p. 960 et Brard (Y.), « Secret professionnel : développements récents et perspectives », *Dr. fisc.* 1999, n° 46-47, p. 1421.

A. Le secret professionnel opposé par les professions médicales

585. En matière fiscale, une théorie avait pu justifier le fait que le secret professionnel des contribuables ne puisse être opposé à l'administration fiscale. Ainsi, en raison de la théorie du « *secret partagé*[1] », les agents des services fiscaux considéraient qu'étant eux-mêmes soumis au secret professionnel, ils ne devaient se voir opposer les secrets professionnels des contribuables[2]. Le juge écarte définitivement cette théorie qui ne convainquait que l'administration fiscale[3].

586. En principe, le secret professionnel s'oppose à ce que les membres des professions protégées fassent connaître à des tiers le nom des personnes

---

[1] Cette théorie est écartée en termes catégoriques et généraux, par le Conseil d'État, même si les litiges pour lesquels il a énoncé le principe, ont tous concerné des médecins. Le fait que les agents des services fiscaux soient eux-mêmes tenus au secret professionnel ne signifie pas pour autant que les contribuables soumis aussi à une obligation légale de secret professionnel leur communiquent des informations confidentielles (Conseil d'État, 20 janvier 1999, n° 181011, *M. Meas*, *Dr. fisc.* 1999, n° 17, comm. 349. Dans le même sens, Conseil d'État, Ass., 20 novembre 1959, n° 42560, *Rec.* p. 613 ; *JCP G* 1960, II, 11431, concl. Poussière ; *D.* 1960, *jurispr.* p. 158, note Savatier (R.) ; *LGP* 1960, n° 1, p. 204. Conseil d'État, Ass., 12 mars 1982, n° 11099, *Conseil national de l'Ordre des médecins*, *Rec.* p. 109, concl. Verny (J.-F.) ; *JCP G* 1982, II, 19857, note Duffar ; *AJDA* 1982, p. 375, note Tiberhien (F.) et Lasserre (B.) ; *D.* 1982, p. 277, obs. Penneau (J.) ; *LGP* 1982, n° 1, p. 459, note Thouroude (J.J.) ; *LGP* 1983, n° 1, doctr. p. 80, note Lepage-Jessua ; *Dr. fisc.* 1982, n° 23, comm. 1225 ; *RJF* 5/82, n° 475, concl. Verny (J.F.), p. 227. Conseil d'État, 7 mai 1982, n° 17713, *Rec.* p. 173 ; *Dr. fisc.* 1982, n° 40, comm. 1829, concl. Verny (J.-F.) ; *RJF* 6/82, n° 542. Conseil d'État, 17 juin 1998, n° 156531 et 156532, *M. Chung*, *Dr. fisc.* 1998, n° 44, comm. 976, concl. Goulard (G.) ; *RJF* 7/98, n° 827 et n° 535, chron. Verclytte (S.)). L'obligation de secret imposée aux agents de l'administration fiscale ne saurait donc les dispenser de respecter le secret professionnel des contribuables, protégé par le Code pénal.

[2] Blancher (R.), « Rapport sur le secret fiscal en droit français », *in* Association Henri Capitant, *Le secret et le droit, op.cit.*, p. 541.

[3] Brard (Y.), « Secret professionnel : développements récents et perspectives », *Dr. fisc.* 1999, n° 46-47, pp. 1421-1425, p. 1423. Conseil d'État, 20 janvier 1999, n° 181011, *M. Meas*, *Dr. fisc.* 1999, n° 17, comm. 349 : Le juge rappele que « *bien que les agents des services fiscaux soient eux-mêmes tenus au secret professionnel, il ne peut être dérogé en leur faveur, sauf disposition législative expresse, à la règle édictée par l'article 378 [aujourd'hui 226-13] du Code pénal* ». L'arrêt *Chung* précité (Conseil d'État, 17 juin 1998, n° 156531 et 156532, *M. Chung*, *Dr. fisc.* 1998, n° 44, comm. 976, concl. Goulard (G.)) a d'ailleurs ajouté une précision très intéressante : « ... *y compris dans le cas où ils entendent faire usage, pour les besoins des contrôles qu'ils doivent effectuer, de renseignements contenus dans des documents obtenus auprès de l'autorité judiciaire, à laquelle l'article L. 101 du LPF fait obligation de communiquer à l'Administration des impôts toute indication de nature à faire présumer une fraude en matière fiscale qu'elle a pu recueillir* ».

qui ont recours à leurs services ou à leurs soins[1]. En l'absence de dispositions législatives contraires, et bien que les agents des services fiscaux soient eux-mêmes tenus au secret professionnel, la règle exposée par le Code pénal s'applique impérativement à eux[2]. Par conséquent, si un vérificateur fiscal s'est fondé sur la consultation d'un fichier nominatif d'un médecin, même remis spontanément par le praticien (et a eu ainsi accès à des informations couvertes par le secret, comme les noms des patients), la procédure de contrôle est entachée d'irrégularité. Peu importe que le vérificateur n'ait pas divulgué à un tiers les informations dont il a eu connaissance[3].

587. L'administration fiscale accède à certaines informations couvertes du secret professionnel des contribuables sous strictes conditions, dans les limites fixées par la loi[4]. Par exemple, l'article 91 de la loi n° 99-1172 de finances pour 2000 a introduit un article L. 13-0 A dans le LPF aux termes duquel « *les agents de l'administration des impôts peuvent demander toutes informations relatives au montant, à la date et à la forme des versements afférents aux recettes de toute nature perçues par les personnes dépositaires du secret professionnel en vertu des dispositions de l'article 226-13 du Code pénal. Ils ne peuvent demander de renseignements sur la nature des prestations fournies par ces personnes* ». L'article L. 86 A du LPF précise en outre, que « *la nature des prestations fournies ne peut faire l'objet de demandes de renseignements de la part de l'administration des impôts lorsque le contribuable est membre d'une profession non commerciale soumis au secret professionnel en application des articles 226-13 et 226-14 du Code pénal* ». Dans ce cadre, dès lors qu'un fichier nominatif est communiqué au vérificateur par un médecin ou par les organismes de

---

1 Peltier (V.), « Révélation d'une information à caractère secret – Justification de la révélation », *JCl. Code pénal,* Articles 226-13 et 226-14, Fasc. 30, 28 mai 2015, § 36 ; Cozian (M.), *Le secret professionnel et le fisc*, Paris, Travaux et recherches de l'Institut de droit comparé de Paris, Les Éditions de L'Épargne, 1970, p. 363.

2 CAA Nantes, 2 mai 1996, n° 94.250, *LGP* 1997, n° 2, jurispr. p. 604 ; *RJF* 8-9/96, n° 1035 ; *Dr. fisc.* 1996, comm. 1151, concl. Isaïa.

3 *Ibid.*

4 Par exemple : CAA Paris, Ch. plén., 15 mars 2007, n° 04-1551*, Départementale des Notaires de Seine-et-Marne, RJF* 8-9/07, n° 966 : Il a été jugé que, compte tenu des missions qui lui sont confiées par les textes régissant la profession notariale et du contrôle administratif auquel elle est soumise dans l'exercice de son activité, une chambre départementale des notaires figure parmi les « *établissements ou organismes de toute nature soumis au contrôle de l'autorité administrative* » visés par les articles L. 83 et suivants du LPF. Elle est tenue de communiquer à l'administration, sur sa demande, les documents de service qu'elle détient sans pouvoir opposer le secret professionnel.

Sécurité sociale, ces documents restent couverts par le secret médical[1]. Le droit au secret médical lui-même codifié par le législateur à l'article L. 1110-4 du Code de la santé publique énonce que : « *Toute personne prise en charge par un professionnel de santé [...] a droit au respect de sa vie privée et du secret des informations le concernant* ». Depuis le 1er janvier 2000, tous les membres des professions médicales imposables dans la catégorie des bénéfices non commerciaux sont tenus de mentionner l'identité des clients dans leurs documents comptables, que ce soit en vertu de l'article 99 du CGI[2] (non adhérents d'une association de gestion agréée) ou de son article 1649 quater G (adhérents d'une association de gestion agréée [3]) tant qu'ils ne transcrivent pas les prestations réalisées. Après tout, l'administration fiscale peut bien contrôler par ailleurs des factures qui portent le nom précis de la personne à qui elles ont été adressées.

588. La majorité sénatoriale, s'opposant au projet de loi de finances pour 2000, a saisi le Conseil constitutionnel. Pour cela, les parlementaires ont avancé que l'article L. 13-0 A du LPF méconnaissait le droit au respect de la vie privée. Les Sages ont ainsi répondu, le 29 décembre 1999, que le législateur a « *entendu délimiter strictement le champ des informations demandées, qui ne peuvent porter ni sur l'identité des clients ni sur la nature des prestations fournies*[4] ». Il a par la suite rejeté le grief soulevé comme manquant en fait. Or, dans une instruction du 23 mars 2000, l'administration fiscale indiquait que « *les données relatives à l'identité des clients comptent désormais au nombre des mentions obligatoires* » et « *dans l'hypothèse où les documents comptables contiendraient, outre l'identité du client, des informations relatives à la nature des prestations fournies, ces dernières mentions devront être occultées afin de ne pas porter atteinte au secret de la vie privée des personnes*[5] ». Toutefois, même si le nom du client doit obligatoirement être précisé, il peut figurer de manière abrégée dans un document annexe dont l'accès est réservé à l'administration fiscale ou dans

---

[1] Conseil d'État, 20 janvier 1999, n° 181011, *Méas*, *préc.* Lire Looten (J.-P.), « Opposabilité du secret professionnel au fisc : chronique d'une mort reportée », *Nouvelles Fiscales*, 15 mars 2000, n° 822.

[2] Conseil d'État, 15 février 2016, n° 375667, JurisData n° 2016 -003588 ; *Dr. fisc.* 2016, n° 21, comm. 343, concl. Bohnert (B.) ; *Procédures* 2016, comm. 147, Ayrault (L.) : « *Le livre-journal tenu par les contribuables non adhérents d'une association de gestion agréée comporte, quelle que soit la profession exercée, l'identité déclarée par le client ainsi que le montant, la date et la forme du versement des honoraires.* ».

[3] Conseil d'État, 7 juillet 2004, n° 253711, *Wiedemann*, *Rec.* p. 320 ; *RJF* 10/04, n° 1023 ; *Dr. fisc.* 2004, n° 44-45, comm. 814, concl. Seners (F.).

[4] Conseil constitutionnel, 29 décembre 1999, n° 99-424 DC, cons. 40, *RJF* 2/00, n° 248.

[5] Instruction du 23 mars 2000 de la DGI relative au contrôle fiscal, BOI 13 L-3-00, § 15 et § 16.

un fichier qui doit être présenté à l'administration par le contribuable « *sur simple demande*[1] ».

B. Le secret professionnel opposé par les professions juridiques

589. Par principe, les documents couverts du secret professionnel de l'avocat son insaisissables[2]. Dans un arrêt du 5 mai 1998[3], la Chambre commerciale a rappelé que le secret professionnel auquel les avocats sont astreints touche à la fois les consultations et la correspondance qui sont les leurs selon la loi du 31 décembre 1971 (article 66-5)[4].

590. Pourtant, le secret professionnel de l'avocat n'est pas absolu[5] car il doit céder dans une large mesure, devant les procédures diligentées par l'administration fiscale[6]. L'étendue de son secret professionnel face aux pouvoirs d'investigation du fisc dépend de la nature de la procédure mise en œuvre. Comme tous les contribuables, les avocats doivent se plier aux exigences du droit de communication et du droit de vérification des services

---

[1] *Ibid.*, § 10 et § 11 : « *Dans ce cas, comme le précise déjà la documentation administrative 5 J 212, n° 7, le caractère régulier et sincère des documents comptables n'est pas remis en cause du seul fait que le document comportant l'identité complète des clients n'est pas présenté au vérificateur, à la condition expresse que le contribuable lui fournisse ces informations sur simple demande* ».

[2] Article 66-5 de la loi n° 71-1130 du 31 décembre 1971 : « *En toutes matières, que ce soit dans le domaine du conseil ou dans celui de la défense, les consultations adressées par un avocat à son client ou destinées à celui-ci, les correspondances échangées entre le client et son avocat, entre l'avocat et ses confrères à l'exception pour ces dernières de celles portant la mention "officielle", les notes d'entretien et, plus généralement, toutes les pièces du dossier sont couvertes par le secret professionnel* ».

[3] Com., 5 mai 1998, n° 96-30116, *Société Value Investing Partners et a.*, *Dr. fisc.* 1998, n° 43, comm. 939, note Martin (R.) ; *JCP E* 1998, p. 1413, note Martin (R.) ; *Procédures* janvier 1999, n° 21.

[4] V. Dans le même sens, Com., 9 mars 1999, n° 97-30029.

[5] D'ailleurs, le Conseil constitutionnel reconnaît qu'« *aucune disposition constitutionnelle ne consacre spécifiquement un droit au secret des échanges et correspondances des avocats* ». V. Conseil constitutionnel, 24 juillet 2015, n° 2015-478 QPC, *Association French Data Network et autres*, *D.* 2015, p. 1647 ; *AJDA* 2015, p. 1514, cons. 16.

[6] Cette position s'éloignait nettement de celle qu'avait adopté la Chambre criminelle en 1862 (CA Paris, 18 novembre 1981, *LGP* 1982, n° 1, p. 127), qui précisait que l'avocat bénéficiait d'un secret sans limites, si ce n'étaient celles de sa conscience, et qu'il devait s'abstenir des divulgations qu'elle lui interdisait. V. pour plus de précisions Lopez (C.), « Secret professionnel de l'avocat et pouvoirs du fisc : une discussion à voix basse », *LPA*, 28 mars 1997, n° 38, p. 4.

fiscaux[1]. Ils seront ainsi conduits à fournir des documents complémentaires dans le cadre d'une procédure de rectification fiscale ou, de manière plus rigoureuse, lors d'une procédure de taxation ou de rectification d'office. L'avocat étant lui-même un contribuable, il est tenu de préciser à l'administration d'où viennent ses rentrées d'argent, donc quels sont ses clients. Mais cette injonction, d'une certaine façon, s'oppose au principe du secret professionnel.

591. Concernant la conformité des obligations déclaratives de l'avocat avec son secret professionnel[2], le Conseil d'État a jugé que les dispositions des articles 99 et 1649 quater G du CGI – imposant aux professionnels d'indiquer sur leurs documents comptables, l'identité du client – ne font pas obstacle à ce que l'administration « *prenne connaissance, pendant les opérations de contrôle, de factures établies par un avocat pour des prestations destinées à des clients nommément désignés, dès lors que ces documents ne comportent aucune indication, même sommaire, sur la nature des prestations fournies à ces clients ; qu'elles font, en revanche, obstacle à ce que le vérificateur procède à des demandes complémentaires relatives à l'identité des clients concernés ou cherche à obtenir des renseignements sur la nature des prestations fournies*[3] ». Le vérificateur peut donc prendre connaissance du nom des clients mais il ne peut pas aller plus loin, en demandant par exemple, des justificatifs de l'identité déclarée. Il a le droit de consulter les notes d'honoraires établies par un avocat pour ses clients dès lors qu'elles se bornent à indiquer l'existence d'un forfait pour services professionnels rendus, la date de leur réalisation et qu'elles ne renseignent pas la nature des prestations fournies. Toutefois, ces restrictions au pouvoir de contrôle de l'administration viennent d'être assouplies en matière de TVA. Quand les investigations effectuées lors du contrôle font douter du caractère probant des factures émises par l'avocat quant à la domiciliation de ses clients, l'administration peut lui demander d'établir leur domiciliation lorsque cette information est nécessaire à la détermination des règles de territorialité applicables en matière de TVA[4].

---

[1] Portmann (A.), « L'avocat peut opposer le secret à son contrôleur fiscal », *D. actu.*, 14 juin 2013 ; Portmann (A.), « Le secret professionnel de l'avocat n'est pas soluble dans la vérification fiscale », *D. actu.*, 13 janvier 2015.

[2] *Infra :* Partie II, Titre II, Chapitre II, Section I, § 1, I, C.

[3] Conseil d'État, 15 février 2016, n° 375667, *Lieser*, JurisData n° 2016 -003588 ; *Dr. fisc.* 2016, n° 21, comm. 343, concl. Bohnert (B.).

[4] Conseil d'État, 4 mai 2016, n° 387466, *Société Blévennec et associés*, *Dr. fisc.* 2016, n° 25, comm. 385, concl. Bretonneau ; *RJF* 7/16, n° 632 et n° 914. Lire aussi Cossu (G.), « Le secret professionnel de l'avocat : les informations permettant l'identification du client », *Le Petit Juriste*, 9 juillet 2016.

592. Par ailleurs, dans l'arrêt *Société Alexandre Holding* du 3 mai 2012 relatif à une procédure de visite domiciliaire (article L. 16 B du LPF)[1], la Cour de cassation a pu préciser le champ d'application du secret professionnel. Ainsi, ne peuvent faire l'objet d'une saisie par l'administration fiscale : les correspondances échangées entre un avocat et son client, les consultations adressées à celui-ci, les notes d'entretien et, plus généralement, toutes les pièces du dossier. Toutefois, le secret professionnel de l'avocat devra être écarté lors d'une visite domiciliaire diligentée par l'administration fiscale dès lors qu'existent des présomptions de fraude à l'encontre du contribuable. La Chambre criminelle déclare ainsi : « *Le secret professionnel des avocats ne met pas obstacle à ce que soient autorisées la visite de leurs locaux et la saisie de documents détenus par eux*[2]*, dès lors que le juge a trouvé, dans les informations fournies par l'administration requérante, les présomptions suffisantes de fraude fiscale mentionnées dans son ordonnance*[3] ».

593. La problématique de la violation du secret professionnel de l'avocat, à l'occasion des visites domiciliaires, avait d'ailleurs, été abordée par la Cour européenne des droits de l'homme. Dans l'affaire *André*, les requérants soulevaient que la possibilité pour l'administration fiscale de procéder à des visites au domicile professionnel ou personnel de l'avocat, en l'absence de présomption de sa participation à une fraude était contraire à la Conv. EDH et méconnaissait le secret professionnel. Si la Cour rappelle que la visite était prévue par la loi et poursuivait un but légitime, elle déclare que les

---

[1] Com., 3 mai 2012, n° 11-14.008, *Société Alexandre Holding*, *Dr. fisc.* 2012, n° 20, act. 227 ; *RJF* 8-9/12, n° 832.

[2] Le juge admet en effet la légalité de la saisie par l'administration fiscale, à l'occasion d'une visite dans un cabinet d'avocats en vertu de l'article L. 16 B du LPF, de pièces couvertes par le secret professionnel à condition qu'elles soient de nature à établir la preuve de la participation de l'avocat à la fraude présumée d'un contribuable : « *une saisie de pièces répondant à cette définition ne peut être autorisée ou maintenue, à l'occasion d'une visite dans un cabinet d'avocats, qu'à la condition que les documents soient de nature à établir la preuve de la participation de l'avocat à la fraude présumée ;... une telle participation n'ayant pas été alléguée en l'espèce, c'est à bon droit que le juge a ordonné la mainlevée des saisies de correspondances échangées entre M. K... et ses clients* » (Solution conforme à la jurisprudence de la Chambre criminelle en matière de perquisitions régies par le Code de procédure pénale, selon laquelle la saisie de correspondances entre un avocat et son client ne peut, à titre exceptionnel, être ordonnée ou maintenue qu'à la condition que les documents saisis soient de nature à établir la preuve de la participation de l'avocat à une infraction. Crim., 12 mars 1992, *Bull. crim.*, n° 112 ; Crim., 20 janvier 1993, *Bull. crim.*, n° 29).

[3] Crim., 24 octobre 2001, n° 00-30.165, JurisData n° 2001-012463 ; *RJF* 3/02, n° 298 ; Crim., 11 décembre 2002, n° 01-85.000, *RJF* 5/03, n° 586 ; Crim., 25 février 2004, n° 03-80.116, JurisData n° 2004-023064 ; *RJF* 7/04, n° 740.

perquisitions et saisies chez un avocat portent atteinte au secret professionnel, qui est « *la base de la relation de confiance entre l'avocat et son client*[1] ». Pour la Cour, la visite chez un contribuable soumis au secret professionnel est admise, mais sous conditions strictes, notamment en ce qui concerne le respect de garanties procédurales inscrites dans le Code de procédure pénale français, aux articles 56 et 56-1. Le troisième alinéa de l'article 56 dispose en effet, que : « *[l'officier de police judiciaire] a l'obligation de provoquer préalablement toutes mesures utiles pour que soit assuré le respect du secret professionnel et des droits de la défense* ». L'article 56-1 limite au magistrat et au bâtonnier (ou son délégué) le droit de perquisitionner chez un avocat, et de regarder les documents présents pour y chercher une information. En l'espèce, si le bâtonnier se trouvait effectivement là, le juge avait pu relever qu'il n'avait pas pu empêcher la consultation et la saisie par l'administration fiscale des documents personnels de l'avocat méconnaissant ainsi son secret professionnel. En outre, seul le soupçon que l'avocat est l'auteur d'une infraction autorise de perquisitionner chez lui ou à son cabinet. Enfin, si la correspondance avec ses clients prouve qu'il a violé la loi, elle peut être saisie ou maintenue[2].

594. L'article L. 561-15 du Code monétaire et financier, issu de l'article 4 de l'ordonnance n° 2016-1635 du 1er décembre 2016 – renforçant le dispositif français de lutte contre le blanchiment et le financement du terrorisme – contraint les professionnels luttant contre le blanchiment des capitaux de déclarer les sommes ou opérations provenant, selon eux, d'une fraude fiscale. L'article L. 561-2 précise quelles professions, financières ou non, sont ainsi concernées. Parmi elles, figurent toutes les professions juridiques à savoir les notaires, les avocats, les huissiers de justice, les mandataires judiciaires ou encore les commissaires-priseurs judiciaires. L'ordonnance étend le champ de la déclaration de soupçon aux sommes ou opérations résultant d'une infraction passible d'une peine de prison supérieure à un an. Elle est à effectuer « *lorsqu'il y a présence d'au moins un critère défini par décret*[3] ». Les critères ainsi visés ont été définis par le décret n° 2009-874 du 16 juillet 2009[4]. Pour l'ensemble des professionnels assujettis à la lutte contre le blanchiment des capitaux, la déclaration est effectuée auprès du service TRACFIN. Cependant, pour les avocats au Conseil d'État et à la Cour de cassation ou pour les autres avocats n'agissant pas en qualité de fiduciaire, la déclaration se fait respectivement par l'intermédiaire du président de l'ordre des avocats au Conseil d'État et à la Cour de cassation, ou à l'aide du bâtonnier de l'ordre auprès duquel l'avocat

---

[1] CEDH, 24 juillet 2008, n° 18603/03, *André c/ France*, *Dr. fisc.* 2008, n° 43, comm. 552, § 41.
[2] Crim., 12 mars 1992, n° 91-86843, *Bull. crim.* 1992, p. 112.
[3] Article L. 515-15, II du Code monétaire et financier.
[4] *JO* 18 juillet 2009.

est inscrit[1]. Ils doivent vérifier que les professionnels ont transmis cette déclaration dans le strict cadre de leur assujettissement au dispositif de prévention contre le blanchiment des capitaux[2].

595. La conformité de cette déclaration de soupçon avec le droit au secret des correspondances avait d'ailleurs, été soulevée devant la Cour européenne des droits de l'homme, dans l'affaire *Michaud contre France*[3]. La Cour reconnaît en effet, que si le secret professionnel et son corollaire, le secret des correspondances entre l'avocat et son client[4], sont primordiaux en raison du but légitime de prévention des infractions pénales fiscales, cette atteinte est nécessaire[5]. Il n'y a donc pas lieu de relever une atteinte au droit au respect de la vie privée et de la correspondance de l'avocat. L'importance du secret professionnel des tiers et les enjeux qui en découlent sont tels qu'il est également inscrit dans les règles déontologiques.

C. La consolidation du secret professionnel des tiers par des règles déontologiques

596. En France, le secret professionnel des tiers peut faire l'objet d'une réglementation spécifique à travers des « codes déontologiques ». Il s'agit d'un ensemble de règles juridiques, éthiques et morales, de devoirs et droits inhérents à l'exercice d'une activité professionnelle libérale[6]. Ils sont le plus souvent définis par un ordre professionnel possédant la personnalité juridique et investi de fonctions administratives (par exemple, l'inscription au tableau professionnel, nécessaire pour l'exercice de la profession) et juridictionnelles (en matière disciplinaire)[7]. Pour une partie de la doctrine, « *le secret professionnel a d'abord pour objectif d'assurer la crédibilité de certaines professions*[8] ». Le secret des tiers bénéficie dès lors d'une double

---

[1] Article L. 561-17 du Code monétaire et financier, modifié par l'article 4 de l'ordonnance n° 2020-115 du 12 février 2020.

[2] V. *Supra :* Partie I, Titre II, Chapitre II, Section I, § 2, II, B.

[3] CEDH, 6 décembre 2012, n° 12323/11, *Michaud c/ France, préc. ;* Michaud (P.): « Tracfin, blanchiment et fraude fiscale : les déclarations de soupçon », *Dr. fisc.* 2009, n° 40, étude 485.

[4] Burguburu (J.-M.), « Contenu et limites du secret professionnel », *Rapport au Congrès UIA de Dresde*, Le Cercle du Barreau, 2012, p. 5.

[5] V. *Supra :* Partie I, Titre II, Chapitre II, Section I, § 2, II (Les limites au secret de l'avocat), B.

[6] Cornu (G.), *Vocabulaire juridique*, *op. cit.*, p. 329, Définition de « *Déontologie* ».

[7] Debard (T.), Guinchard (S.), *Lexique des termes juridiques 2017-2018*, Dalloz, 25e éd., juin 2017, 1214 p., p. 794, Définition de « *Ordre professionnel* ».

[8] Verdier (P.), « Secret professionnel et partage des informations », *Revue d'action juridique et sociale, Journal du droit des jeunes*, novembre 2007, Vol. 269, n° 9, 2007, pp. 8-21, p. 9.

protection se traduisant, en cas de divulgation non autorisée, par la sanction prévue par la loi et la règle déontologique[1]. La violation du secret professionnel, constituant un manquement à la déontologie des professions réglementées, peut donner lieu à des sanctions disciplinaires allant d'un simple avertissement jusqu'à la radiation définitive du tableau de l'ordre[2]. Des peines de suspension d'exercice, assorties ou non d'un sursis, peuvent également être prononcées. En outre, la responsabilité disciplinaire est éventuellement engagée devant le conseil de l'ordre sans conditions de délai ; elle ne fait en effet l'objet d'aucune prescription.

597. La procédure disciplinaire est, par ailleurs, indépendante de la procédure judiciaire. Dès lors, contrevenir en même temps à la loi et à la déontologie peut entraîner deux poursuites. Par exemple, un arrêt de la cour d'appel de Paris, rendu le 11 mai 2017[3], a confirmé la proportionnalité de la peine disciplinaire[4] prononcée à l'encontre d'un avocat condamné pour complicité d'abus de confiance le 26 mars 2014 par la Cour d'appel de Lyon. Précisons que celle-ci l'avait également relaxé du chef de complicité d'exercice illégal de la profession d'avocat. Sur le cumul des peines, la Cour avait conclu que si les « *manquements d'ordre déontologique reprochés à X... ont déjà été sanctionnés par la cour d'appel de Lyon sous la qualification de complicité d'abus de confiance et de complicité d'usurpation du titre d'avocat, il demeure, contrairement à ce que soutient celui-ci, que ces faits peuvent faire l'objet d'une double poursuite, pénale et disciplinaire, puisqu'ils donnent lieu à K... sanctions de nature différente, pénale d'une part avec la peine complémentaire d'interdiction d'exercer pendant cinq ans la profession réglementée d'avocat, disciplinaire d'autre part , avec un éventail de sanctions plus large allant jusqu'à la radiation, en application de règles distinctes et poursuivant un intérêt différent : la sanction pénale visant à la protection de l'intérêt I... de la société, alors que*

[1] Bonnissol (E.), « La confidentialité dans les échanges entre professions réglementées », *LPA*, 15 juillet 2007, n° 140, p. 51.

[2] Les sanctions prévues par les ordres médicaux comprennent l'avertissement ; le blâme ; l'interdiction temporaire avec ou sans sursis ou l'interdiction permanente d'exercer une ou plusieurs ou la totalité des fonctions de médecin, de chirurgien-dentiste ou de sage-femme, conférées ou rétribuées par l'État, les départements, les communes, les établissements publics, les établissements reconnus d'utilité publique ou des mêmes fonctions accomplies en application des lois sociales ; l'interdiction temporaire d'exercer avec ou sans sursis ; la radiation du tableau de l'ordre. En ce qui concerne la profession d'avocat, l'article 184 du Décret n° 91-1197 du 27 novembre 1991 inscrit les peines disciplinaires suivantes : 1 'avertissement ; le blâme ; l'interdiction temporaire, qui ne peut excéder trois années ; la radiation du tableau des avocats, ou le retrait de l'honorariat.

[3] CA Paris, 11 mai 2017, n° 10/15061.

[4] Pour la proportionnalité de la peine disciplinaire, v. également Civ. 1ère, 6 septembre 2017, n° 16-24.664, JurisData n° 2017 -017423.

la sanction disciplinaire a pour but de protéger les clients de l'avocat poursuivi[1] ». La Chambre criminelle a mis en regard deux principes – la nécessité des délits et des peines[2] et le précepte *non bis in idem* – et le cumul des sanctions disciplinaires et pénales. Elle a finalement estimé que ce dernier ne nuisait pas aux principes précités. « *Appartenant à des corps de règles distincts* », la Cour de cassation a reconnu qu'« *un médecin, un chirurgien-dentiste ou une sage-femme [...], pour les mêmes faits, [pouvaient faire] l'objet de poursuites devant deux juridictions ordinales différentes, en vue du prononcé de sanctions disciplinaires, ainsi que de poursuites pénales lorsque les faits commis ont eu pour objet de tromper, par des manœuvres frauduleuses, des organismes d'assurance-maladie pour en obtenir des sommes indues*[3] ». L'action pénale et l'action disciplinaire ne sont donc pas exclusives l'une de l'autre[4]. Enfin, le Conseil constitutionnel a jugé dans quatre décisions, que le cumul de dispositions instituant des sanctions pénales et disciplinaires, lorsque celles-ci sont infligées à l'issue de poursuites différentes en application de corps de règles distincts, peut, dans certaines circonstances, méconnaître le principe de nécessité des délits et des peines[5].

---

[1] CA Paris, 11 mai 2017, n° 10/15061, *préc ;* Crim., 10 janvier 2017, n° 15-85.519, *AJDA* 2017, n° 446 ; *D.* 2017., n° 1274, obs. Céré (J.-P.) et Herzog-Evans (M.).

[2] Conseil constitutionnel, 24 juin 2016, n° 2016-545 QPC, n° 2016-546 QPC, *D. actu.* 27 juin 2016, obs. Gallois (J.) ; *AJ pénal* 2016, p. 430, obs. Lasserre Capdeville (J.), *D.* 2016, p. 1372 et p. 1836, obs. Mascala (C.). « *Le principe de nécessité des délits et des peines implique [...] qu'une même personne ne puisse faire l'objet de poursuites différentes conduisant à des sanctions de même nature pour les mêmes faits, en application de corps de règles protégeant les mêmes intérêts sociaux* ».

[3] Crim., 27 juillet 2016, n° 16-80.694, *D.* 2016, p. 2424, obs. Roujou de Boubée (G.), Garé (T.), Ginestet (C.), Gozzi (M.-H.), Miniato (L.) et Mirabail (S.) ; *Dr. soc.* 2017, p. 145, étude Salomon (R.).

[4] Civ. 1ère, 17 mai 1988, n° 86-15.067, *Bull. civ.* I, n° 145 ; *D.* 1991, p. 302, obs. Brunois (A.) ; *LGP* 1989, n° 2, p. 491, obs. Flécheux (G.).

[5] Conseil constitutionnel, 18 mars 2015, n° 2014-453/454 QPC et n° 2015-462 QPC, *EASD et Oberthur, AJDA* 2015, n° 553, *AJDA* 2015, n° 1191, étude Idoux (P.), Nicinski (S.) et Glaser (E.) ; *D.* 2015, n° 894, note Le Fur (A.-V.) et Schmidt (D.) ; *D.* 2015, n° 874, point de vue Décima (O.) ; *ibid.*, n° 1506, obs. Mascala (C.) ; *ibid.*, n° 1738, obs. Pradel (J.) ; *ibid.*, n° 2465, obs. Roujou de Boubée (G.), Garé (T.), Ginestet (C.), Gozzi (M.-H.) et Mirabail (S.) ; *AJ pénal* 2015, p. 172, étude Mauro (C.) ; *ibid.*, p. 179, étude Bossan (J.) ; *ibid.*, p. 182, étude Lasserre Capdeville (J.) ; *Rev. des sociétés* 2015, p. 380, note Matsopoulou (H.) ; *RSC* 2015, n° 374, obs. (F.) Stasiak ; *ibid.*, n° 705, obs. Lamy (B. de) ; *RTD com.* 2015, p. 317, obs. Rontchevsky (N.). V. aussi Conseil constitutionnel, 24 juin 2016, n° 2016-545 QPC, *Wildenstein,* et n° 2016-546 QPC, *Cahuzac, D. actu.* 27 juin 2016, obs. Gallois (J.) ; *AJ pénal* 2016, p. 430, obs. Lasserre Capdeville (J.), *D.* 2016, n° 1372 ; *ibid.,* n° 1836, obs. Mascala (C.).

II. Le recours aux tiers – personnes publiques – par l'administration fiscale

598. L'administration utilise parfois, dans le cadre du contrôle et de la rectification des impositions, des informations transmises par des personnes physiques[1] ou morales autres que le contribuable[2]. Le droit de communication par lequel elle exerce cette prérogative ne répond à aucun formalisme[3] à la différence de la procédure de la vérification de comptabilité ou l'examen de la situation fiscale du contribuable[4]. Quelques exigences légales existent cependant : l'administration fiscale doit communiquer au contribuable ces informations ou documents lorsqu'il en fait la demande[5]. Quand elle procède à la rectification de la base d'imposition du contribuable, elle doit lui indiquer la provenance des informations[6], avec une précision suffisante – uniquement celles utilisées de manière effective pour procéder à la rectification[7] – leur origine ainsi que leur teneur de manière explicite[1].

---

[1] Les personnes physiques contactées dans le cadre de l'exercice du droit de communication, ne sont pas obligées de répondre favorablement à la demande de l'administration fiscale. Elles ne risquent pas non plus de sanction à leur égard si elles ne souhaitent pas communiquer les renseignements demandés.

[2] Deux catégories de personnes autres que le contribuable concerné sont visées, à travers l'exercice de ce droit de communication : les entreprises et les organismes publics (administrations de l'État, entreprises publiques, départements…).

[3] Conseil d'État, 5 décembre 2001, n° 197051, *SA Servec*, *RJF* 2/02, n° 199 ; *BDCF* 2/2002, n° 27, concl. Goulard (G.). L'administration n'est pas obligée d'informer le contribuable de l'exercice de son droit (Conseil d'État, 24 juillet 1981, n° 16733, *Buhrer, RJF* 11/87, n° 961 ; concl. Verny (J.-F.), *Dr. fisc.* 1982, n° 6, comm. 230), de même, qu'elle n'est pas obligatoirement tenue de laisser à la personne soumise au droit de communication un avis de passage (Conseil d'État, 10 décembre 1990, n° 68670, *CBI Import*, *JCP E* 1991, act. 162 ; *RJF* 2/91, n° 193). En ce qui concerne ce dernier propos, la doctrine administrative considère au contraire, que les agents des services fiscaux doivent laisser un avis pour que ne persiste aucun doute sur la nature de l'intervention sur place dont ils font l'objet (BOI-CF-COM-10-10-20-20131018, § 80).

[4] Conseil d'État, 27 avril 1987, n° 63634, *Menella, Dr. fisc.* 1987, n° 43, comm. 1948, concl. Saint-Pulgent ; *RJF* 6/87, n° 358. Par exemple, l'administration fiscale n'est pas obligée d'informer le contribuable de son intention d'exercer son droit de communication. Elle peut en user de manière inopinée en cas de doute sérieux sur un comportement frauduleux et de risque de dépérissement des documents.

[5] Article L. 76 B du LPF. V. aussi Conseil d'État, 27 avril 2011, n° 320551, *Dr. fisc.* 2011, n° 39, comm. 535.

[6] BOI 13-L-6-06, § 6. Le contribuable doit être informé par l'administration de l'origine des renseignements sur lesquels elle se fonde pour procéder à la rectification des bases d'imposition.

[7] Conseil d'État, 30 septembre 1996, n° 139846, *Leboeuf*, *RJF* 11/96, n° 1325 : Une nuance cependant, l'obligation ne s'étend pas aux informations « *fournies*

Cette obligation permet ainsi de réduire la portée du secret dans une telle procédure. Plus encore, le secret s'efface dès lors que l'administration fiscale requiert des informations auprès d'autres administrations publiques (**A**). Celles-ci, par le biais de l'interconnexion de données, y ont également accès, non pas sans quelques contraintes légales (**B**).

A. L'inopposabilité du secret des administrations publiques

599. En principe, les tiers soumis au secret professionnel ne peuvent l'opposer à l'administration fiscale pour faire échec à son droit de communication. Cela fait d'ailleurs partie des cas où la loi pénale[2] impose la révélation d'un secret même si le législateur reconnaît la nécessité de le préserver, notamment en ce qui concerne la nature de prestations[3].

600. D'autres catégories de tiers peuvent être impliqués indirectement dans la relation entre le contribuable et l'administration fiscale. Ils sont amenés, eux aussi, à lui communiquer des informations dans les procédures d'imposition qu'elle met en œuvre. Il s'agit essentiellement des administrations publiques, des organismes divers d'administration centrale, des administrations publiques locales et des administrations de sécurité sociale. Ainsi, aux termes de l'article L. 83 du LPF, les organes ayant un lien avec l'État ou soumis à son autorité (entreprises gérées autrefois ou actuellement par lui, collectivités territoriales) sont tenus de respecter les injonctions de l'administration qui peut demander à consulter les documents de service. Par exemple, les organismes de sécurité sociale[4] doivent obligatoirement et spontanément communiquer les informations relatives aux contribuables à l'administration fiscale. L'objectif est de contrôler la sincérité des recettes déclarées par les professionnels des secteurs médicaux et paramédicaux. Chacun d'eux doit faire parvenir un relevé récapitulatif qui mentionne, notamment, le montant des honoraires versés par les patients, les feuilles de maladie et les notes de frais indiquant le montant total des honoraires.

601. En revanche, aux termes de l'article L. 84 du LPF, la communication des renseignements relatifs à l'identité ou l'adresse des personnes ou d'ordre

---

annuellement par des tiers à l'administration ». V. à ce propos : Conseil d'État, 21 décembre 2006, n° 293749, *Duguay*, JurisData n° 2006-081061 ; *Rec.* p. 810 ; *Dr. fisc.* 2007, n° 40, comm. 895, concl. Collin (P.) ; *Procédures* 2007, comm. 70, note Pierre (J.-L.) ; *Dr. famille* 2007, comm. 93, note Douet (F.) ; *RJF* 3/07, n° 314 ; *BGFE* 2007, n° 4, p. 10 et s., obs. Ginter (É.).

[1] Conseil d'État, 16 novembre 2005, n° 270342, *SARL Manufacture française des chaussures Eram*, *RJF* 2/06, n° 179.

[2] Article 226-14 du Code pénal.

[3] Article L. 86 A du LPF.

[4] Visés par l'article L. 152 du LPF.

économique ou financier et recueillis au cours des enquêtes statistiques[1] est interdite à des fins de contrôle fiscal. Les administrations dépositaires d'informations soumises à ce qu'on appelle « le secret statistique » ne sont pas tenues de respecter l'obligation découlant de l'article L. 83 du LPF. Défini par l'article 5 de la loi n° 51-711 du 7 juin 1951, le secret statistique est l'interdiction, pendant soixante-quinze ans, de communiquer des données relatives à la vie personnelle et familiale, et plus généralement, aux faits et comportements d'ordre privé recueillis par le biais d'une enquête statistique. Cette obligation pèse sur toutes personnes ayant accès aux données collectées (enquêteurs, agents recenseurs, statisticiens, chercheurs autorisés). Elle concerne également les fonctionnaires et agents de l'État, de même que les personnels des services statistiques. Ceux-ci, en outre, sont soumis aux règles législatives et réglementaires sur le secret professionnel et à l'obligation de réserve s'appliquant aux dossiers et informations dont ils ont connaissance dans leur travail. Cette obligation n'est pas absolue : des dérogations sont accordées aux personnes qui en ont fait la demande auprès des administrations concernées, sur avis du Comité du secret statistique. Toutefois, la demande doit reposer exclusivement sur des besoins relevant de la statistique publique ou de la recherche scientifique ou historique.

602. Par ailleurs, les renseignements d'ordre économique ou financier ne peuvent quant à eux, être communiqués pendant vingt-cinq ans, sauf exceptions. En effet, de même que les dérogations sus mentionnées, la demande d'informations doit recueillir au préalable l'avis favorable du Comité du secret statistique. Les données recueillies, en effet, ne peuvent être utilisées à des fins de contrôle fiscal ou de répression économique. En matière fiscale, le secret statistique protège ainsi le contribuable en lui garantissant le respect de sa vie personnelle et familiale. Dans le même sens, les informations des entreprises collectées lors d'enquêtes statistiques, sont préservées, à la fois par le secret statistique et le secret des affaires, d'une intrusion de leurs concurrents. Quand celles du contribuable ne sont pas couvertes du secret statistique dans le cadre des prérogatives de l'administration fiscale, elles peuvent être recueillies auprès de toutes autres administrations et organismes, par le biais de l'interconnexion des données, une pratique soumise à des exigences légales.

[1] Les enquêtes statistiques, pour lesquelles les informations recueillies ne peuvent faire l'objet d'une communication, sont visées à l'article 2 de la loi n° 51-711 du 7 juin 1951 sur l'obligation, la coordination et le secret en matière de statistiques. Il s'agit précisément de celles émises par les services publics. Elles sont soumises, au préalable, au visa du ministre de l'Économie et du ministre à la compétence duquel ressortissent les intéressés.

B. L'interconnexion des données privées des contribuables

603. L'administration fiscale peut obtenir des informations auprès d'autres organismes (Caisse d'allocations familiales, Caisse nationale d'assurance vieillesse des travailleurs salariés (CNAVTS), Unions de recouvrement des cotisations de Sécurité Sociale et d'allocations familiales (URSSAF), Caisse primaire d'assurance maladie (CPAM), Caisse d'assurance retraite et de santé au travail (CARSAT), Pôle emploi…) par le croisement de données ou l'interconnexion de fichiers à des fins de contrôle, en vertu d'une convention signée entre eux. Les services fiscaux peuvent donc échanger des informations avec d'autres services publics pour vérifier la véracité des déclarations faites par les contribuables[1].

604. La loi permet également le croisement des données du contribuable spontanément ou sur demande entre les différentes directions du ministère de l'Économie et des Finances. Ainsi, selon l'article de L. 83 A du LPF, « *les agents de la direction générale des finances publiques, les agents de la direction générale des douanes et droits indirects et les agents de la concurrence, de la consommation et de la répression des fraudes peuvent se communiquer spontanément ou sur demande tous documents et renseignements détenus ou recueillis dans le cadre de l'ensemble de leurs missions respectives* ». Ils peuvent aussi consulter le Fichier national des comptes bancaires et assimilés (FICOBA), qui sert à recenser les comptes de toute nature (bancaires, postaux, d'épargne…) sur le territoire français. Il est toutefois impératif que l'utilisation de ces moyens soit strictement encadrée, d'où le rôle primordial de la Commission nationale de l'informatique et des libertés (CNIL). Les échanges de fichiers entre services de l'État sont en effet considérés comme de véritables traitements qui justifient que la CNIL se prononce sur leur légalité en rendant au préalable un avis motivé[2]. Or, il arrive que le transfert de données contrevienne à un secret (professionnel, médical, bancaire, fiscal, statistique)[3]. Dans ces conditions, seule la loi doit

---

[1] Article L. 114-8 alinéa 1 du CRPA : « *Les administrations échangent entre elles toutes les informations ou données strictement nécessaires pour traiter une demande présentée par le public ou une déclaration transmise par celui-ci en application d'un texte législatif ou réglementaire. Les administrations destinataires de ces informations ou données ne peuvent se voir opposer le secret professionnel dès lors qu'elles sont, dans le cadre de leurs missions légales, habilitées à connaître des informations ou des données ainsi échangées* ».

[2] Article L. 114-9 alinéa 1 du CRPA : « *Les échanges d'informations ou de données entre administrations prévues à l'article L. 114-8 s'effectuent selon des modalités prévues par décret en Conseil d'État, pris après avis motivé et publié de la Commission nationale de l'informatique et des libertés* ».

[3] L'article L. 114-9 du CRPA prévoit que : « 4° *Les informations ou données qui, en raison de leur nature, notamment parce qu'elles touchent au secret médical et au*

le lever pour autoriser la divulgation d'informations[1]. Par ailleurs, la CNIL doit informer les professionnels concernés par l'échange des fichiers, pour qu'ils sachent ce que deviendront les informations recueillies.

605. Voici quelques exemples intéressants de délibérations prises par la CNIL qui s'est montrée favorable à des échanges d'informations en matière fiscale entre organismes de l'État. Comme les assurés n'établissent pas toujours de déclarations exactes, la CNIL a autorisé la Direction générale des Finances publiques à transmettre, aux caisses de sécurité sociale, les revenus de leurs bénéficiaires[2]. De même, les données administratives des contribuables payant l'impôt sur le revenu et la taxe d'habitation sont accessibles aux comptables du Trésor chargés du recouvrement. Jusque-là, ces informations étaient réservées à la Direction générale des Finances publiques. D'une certaine manière, grâce au rôle de la CNIL, le secret du contribuable reste relativement préservé à l'occasion des croisements de données entre les organismes publics. En outre, le juge détient un rôle primordial dans la protection des informations des contribuables. Nécessairement, il représente dès lors une garantie dans la préservation du secret des tiers.

§ 2. Le rôle du juge dans la protection du secret professionnel

606. Le juge consolide la protection du secret en y apportant des garanties fortes (**I**). Toutefois, le législateur, en modifiant son régime par de multiples dérogations, réduit son champ d'application, bouleversant ainsi l'évolution de la lignée jurisprudentielle du juge (**II**).

I. Le juge, garant de la protection effective du secret

607. Le juge fiscal, qu'il soit de l'ordre administratif ou de l'ordre judicaire[3] s'impose en garant du secret des tiers. La garantie apportée par le juge de l'impôt est notamment caractérisée lorsqu'il constate et confirme la violation du secret professionnel des tiers (**A**), laquelle peut avoir des incidences sur la procédure d'imposition (**B**).

---

secret de la défense nationale, ne peuvent faire l'objet de ces échanges entre administrations ».

[1] V. CNIL, *La CNIL et les grands principes de la loi du 6 janvier 1978,* 19e rapport d'activité 1998, Paris, La Documentation française, 1999, 459 p., p. 44.

[2] CNIL, Délibérations n° 98-009 et 98-010 du 10 février 1998, n° 98-059 et n° 98-060 du 16 juin 1998 et n° 98-070 du 7 juillet 1998.

[3] Article L. 199 du LPF.

A. La sanction de la violation du secret des tiers

608. Le juge est l'autorité juridictionnelle qui garantit le respect de la protection effective du secret des tiers. Ainsi, il constate et sanctionne la violation du secret professionnel dès lors qu'elle est caractérisée, conformément à l'article 226-13 du Code pénal. Pour cela, elle doit d'abord présenter un élément matériel : la révélation d'une information secrète à un tiers, par une personne qui en est dépositaire, même lorsque la révélation est partielle, c'est-à-dire quand elle ne donne qu'une partie des informations relatives à la personne concernée. L'infraction est *a fortiori* caractérisée dès lors que l'information est dévoilée dans son intégralité. L'élément matériel peut aussi passer par la confirmation d'une rumeur ou la précision d'un élément d'information connu par un tiers. Ensuite, le juge du fond s'attache à vérifier l'existence de l'élément moral de l'infraction. Il se traduit par l'accomplissement intentionnel de l'acte de divulgation. L'information doit donc avoir été révélée sciemment par le professionnel tenu à une obligation de confidentialité[1].

609. Tout magistrat ayant son champ de compétences strictement défini, c'est le juge correctionnel qui est désigné pour connaître de ce type de délit. En outre, l'action publique se prescrit au bout de six années révolues à partir du moment où l'infraction a été commise, c'est-à-dire à compter de la divulgation de l'information à un tiers[2]. Notons également que l'infraction est commise dès la révélation de l'information, indépendamment de tout dommage subi par l'intéressé. Ce dernier peut d'ailleurs exercer son action devant le juge civil pour demander réparation du préjudice résultant de la violation du secret. Des sanctions disciplinaires peuvent être prononcées à l'encontre du contrevenant en plus de sanctions pénales et civiles.

610. En l'absence de recours juridictionnel devant le juge pénal, le juge administratif peut enjoindre l'État à indemniser le contribuable si un agent public a révélé illégalement ses informations. Par exemple, eu égard à une affaire traitant de la communication d'un extrait de rôle, le magistrat a exprimé que l'infraction était caractérisée. Pour lui, en effet, la délivrance du document contrevient aux articles 23 et 24 de la loi du 15 juillet 1914[3] relatifs au secret professionnel des agents des services fiscaux. Par conséquent, le fonctionnaire a commis une faute extrêmement grave qui oblige éventuellement l'État à verser une compensation financière à la

---

[1] Crim., 7 mars 1989, n° 87-90.500, *Bull. crim.* n° 109: « *l'intention frauduleuse consiste dans la conscience qu'a le prévenu de révéler le secret dont il a connaissance, quel que soit le mobile qui a pu le déterminer* ».

[2] Article 9 modifié par la loi n° 2017-242 du 27 février 2017 du Code de procédure pénale.

[3] Articles L. 103 et L. 104 du LPF.

victime. Le contribuable qui a subi un préjudice du fait de ces révélations peut alors être indemnisé[1].

611. Par ailleurs, toujours dans le cadre de cette protection exercée par le juge, un délit de recel de violation du secret professionnel peut être reconnu s'il est caractérisé [2]. En effet, si un document obtenu par l'intermédiaire de la violation d'un secret professionnel est utilisé[3], le délit de recel pourra être retenu dès lors qu'est constatée l'existence du délit de violation du secret professionnel en tous ses éléments[4]. La qualité de l'auteur de l'infraction préalable est un élément constitutif de l'infraction. Si l'auteur n'a pu être identifié et sa qualité connue, l'infraction préalable ne peut être établie ; par conséquent, le recel ne sera pas caractérisé[5]. Enfin, la liberté d'expression journalistique consacrée par l'article 10 de la Convention européenne de sauvegarde des droits de l'homme et des libertés fondamentales ne prévaut pas sur la protection des secrets de l'instruction ou du secret professionnel[6]. Le rôle du juge judiciaire est donc de s'assurer de l'intégrité du secret des tiers. Il détient une véritable fonction de préservation du secret en tant que garant de la liberté individuelle[7]. Le juge administratif analyse quant à lui, l'incidence de la violation du secret des tiers sur la régularité de la procédure d'imposition.

---

[1] Conseil d'État, 25 octobre 1935, n° 35457, *Époux Fleur-Santucci*, *Rec.* 1935, p. 983. V. aussi BOFiP BOI-DJC-SECR-10-10-20120912.

[2] Article 321-1 du Code pénal : « *Le recel est le fait de dissimuler, de détenir ou de transmettre une chose, ou de faire office d'intermédiaire afin de la transmettre, en sachant que cette chose provient d'un crime ou d'un délit. Constitue également un recel le fait, en connaissance de cause, de bénéficier, par tout moyen, du produit d'un crime ou d'un délit. Le recel est puni de cinq ans d'emprisonnement et de 375 000 euros d'amende* ».

[3] Crim., 3 avril 1995, *Bull. crim.* n° 142 ; *RSC* 1995, p. 821 ; Crim., 19 juin 2001, *Bull. crim.* n° 149 ; Crim., 12 juin 2007, n° 06-87.361, *RSC* 2008, p. 95 : L'information est exclue du champ d'application du recel. En effet, elle-seule ne peut faire l'objet d'un recel. La distinction repose entre le contenu informationnel d'un document et le support matériel de l'information, le premier étant insusceptible de recel, le second en revanche pouvant tomber sous le coup de la qualification pénale.

[4] Crim., 26 octobre 1995, *Bull. crim.*, n° 328, *RSC* 1996, p. 645, obs. Bouloc ; *Dr. pénal* 1996, p. 83, obs. Véron.

[5] Crim., 6 mars 2012, n° 11-80.801, *RSC* n° 603 ; *D.* 2012, p. 816, obs. Lavric ; *JCP* 2012, n° 18, p. 897, note Detraz ; *AJ pénal* 2012, p. 345, obs. Lasserre Capdeville.

[6] *Ibid.*

[7] Article 66 de la Constitution.

B. L'incidence de la violation du secret des tiers sur la procédure d'imposition

612. Le Conseil d'État a précisé dans quelle mesure le secret professionnel des professions libérales était opposable à l'administration fiscale. La protection du secret n'est en effet pas la même selon l'intérêt protégé, les enjeux fiscaux et la profession exercée. Le secret des professions juridiques n'a pas, par exemple, le même champ d'application que celui des professions médicales. L'appréciation du juge, quant à son opposabilité, s'effectue donc au cas par cas.

613. En outre, certains secrets sont nécessairement plus protégés que d'autres. C'est le cas du secret médical, en raison des risques d'atteinte à l'intimité même du patient. Le Conseil d'État veille donc à sa protection, notamment en matière fiscale, car l'administration peut exercer son pouvoir d'investigation dans le domaine médical. Dans un arrêt de principe du Conseil d'État du 24 juin 2015[1], le juge administratif a ainsi, affirmé qu'une vérification fiscale pouvait être annulée en cas de violation du secret professionnel. Il appartient en effet au juge administratif d'examiner la régularité de la procédure d'imposition suivie à l'égard de l'intéressé, au motif que celle-ci aurait porté atteinte à son secret[2]. Il peut être dérogé au secret professionnel par une disposition de nature législative[3], dans les

---

[1] Conseil d'État, 24 juin 2015, n° 367288, *SELAS Pharmacie Réveillon*, *Dr. fisc.* 2015, n° 38, comm. 572, concl. Nicolazo de Barmon (M.-A.), note Gibert (J.-C.) : « *Considérant qu'en statuant ainsi, alors qu'elle aurait dû rechercher si les informations nominatives du client en cause, bien qu'elles aient été recueillies à l'occasion de l'achat d'un produit sans prescription médicale, revêtaient un caractère secret dont la révélation par la personne qui en était dépositaire était prohibée par les dispositions des articles 226-13 du Code pénal et R. 4235-5 du Code de la santé publique, la cour administrative d'appel de Bordeaux a commis une erreur de droit ; que, par suite et sans qu'il soit besoin d'examiner les autres moyens du pourvoi, son arrêt doit être annulé* ».

[2] *Ibid.*, cons. 2 : « *S'il n'appartient qu'au juge répressif de sanctionner les infractions aux dispositions de cet article, il incombe au juge de l'impôt, lorsqu'un contribuable astreint au secret professionnel conteste, devant lui, la régularité de la procédure d'imposition suivie à son égard, au motif que celle-ci aurait porté atteinte à ce secret, d'examiner le bien-fondé d'un tel moyen ; que la révélation d'une information à caractère secret vicie la procédure d'imposition et entraîne la décharge de l'imposition contestée lorsqu'elle a été demandée par le vérificateur* ».

[3] Conseil d'État, 7 juillet 2004, n° 253711, *Wiedemann*, *Rec.* p. 320 ; *RJF* 10/04, n° 1023 ; *Dr. fisc.* 2004, n° 44-45, comm. 814, concl. Seners (F.) : Le Conseil d'État admet qu'il soit dérogé au secret médical « sur le fondement de dispositions réglementaires qui sont la conséquence nécessaire d'une loi ». Cet arrêt « *a ouvert l'accès aux documents nominatifs ne comportant aucune indication sur la nature des prestations médicales fournies non seulement aux agents vérificateurs mais*

limites strictement définies par le législateur[1]. Dans ces conditions, l'administration fiscale peut prendre connaissance d'informations relatives aux patients suivis par les praticiens contrôlés mais en aucun cas, elle ne doit les divulguer aux tiers. Elle est donc elle-même soumise à l'obligation de les garder secrètes. Ainsi, lorsque l'administration fiscale viole, non pas son propre secret professionnel, mais celui des professions qui y sont tenues, la sanction de cette violation entraîne la nullité de la procédure d'imposition. Tel est le cas du secret médical[2] ou encore du secret professionnel des avocats[3]. Il est à noter que la violation du secret professionnel n'est pas un moyen d'ordre public et le juge de l'impôt ne saurait donc le relever d'office. Le Conseil d'État s'est clairement prononcé en ce sens en matière de secret médical dans l'arrêt *Vandenbulcke*[4]. En revanche, la violation, par l'administration de sa propre obligation au secret professionnel est sans incidence sur la régularité de la procédure d'imposition[5]. Le juge fiscal

---

aussi [à] toutes les personnes auxquelles les dispositions légales donnent mission de concourir à la procédure d'imposition », notamment « *les membres de la commission départementale des impôts directs et des taxes sur le chiffre d'affaires* ».

[1] Conseil d'État, 8 février 1989, n° 54494, *Conseil national de l'Ordre des médecins et autres*, JurisData n° 1989-640405 ; *Inf. pharm.*, 1989, n° 323, comm. Denoix de Saint-Marc et Labetoulle: Une atteinte au secret médical peut être justifiée si elle est la conséquence nécessaire d'une disposition législative. En effet, seule la loi peut apporter de telles dérogations à la règle du secret professionnel. Un simple règlement ne le peut pas. C'est pourquoi, en matière fiscale, le décret n° 77-1520 du 31 décembre 1977 a été partiellement annulé par le Conseil d'État. Sa jurisprudence fiscale rappelle d'ailleurs régulièrement qu'en l'absence de toute disposition expresse de la loi, il ne saurait être dérogé à la règle du secret professionnel édictée par le Code pénal (Conseil d'État, 20 janvier 1999, n° 181011, *Meas*, *Dr. fisc.* 1999, n° 17, comm. 349).

[2] Conseil d'État, Ass., 21 juillet 1972, n° 72508, *Dr. fisc.* 1973, n° 18-19, comm. 726, concl. Schmeltz (G.) ; Conseil d'État, Ass., 12 mars 1982, n° 11413, *Conseil national de l'ordre des médecins*, *Dr. fisc.* 1982, n° 23, comm. 1225 ; *RJF* 5/82, n° 475, concl. Verny (J.-F.), p. 227 ; Conseil d'État, 14 avril 1982, n° 27228, *RJF* 6/82, p. 303 ; Conseil d'État, 24 novembre 1986, n° 18803, *Dr. fisc.* 1987, n° 12, comm. 620, concl. Fouquet (O.) ; CAA Nancy, 28 janvier 1993, n° 91-59, *Dr. fisc.* 1993, n° 46, comm. 2221, concl. Felmy (J.) ; Conseil d'État, 20 janvier 1999, n° 181011, *Meas*, *préc.*

[3] Com., 5 mai 1998, n° 96-30.116, *Société Value Investing Partners Inc. et a.*, *préc.*

[4] Conseil d'État, 12 mai 1997, n° 160785, *Dr. fisc.* 1997, n° 28, comm. 820, concl. Arrighi de Casanova ; *RJF* 7/97, n° 723.

[5] Conseil d'État, 19 décembre 1975, n° 88119, *Rec.* p. 652 ; *RJF* 2/76, n° 52 ; Conseil d'État, 20 mars 1985, n° 45589, *Dr. fisc.* 1985, n° 42, comm. 1765 ; CAA Lyon, 25 février 1993, n° 91-1025, *Dr. fisc.* 1994, n° 9, comm. 414. Lire pour une étude plus complète Bouchet (F.), « Secret professionnel des agents de l'administration fiscale », *JCl. Procédures fiscales*, Fasc. 312, 1er octobre 2014, §

apparait ainsi comme un régulateur des relations entre le contribuable, l'administration fiscale et le tiers. Cette fonction régulatrice des rapports évolue selon les changements de législation relative au secret des tiers.

II. Le juge et l'évolution de ses garanties

614. La garantie du secret professionnel a évolué dans la jurisprudence selon l'intervention du législateur en matière fiscale, du point de vue du secret médical (**A**) ou du secret de l'avocat (**B**).

A. L'évolution jurisprudentielle des garanties liées au secret médical

615. Durant des décennies, la jurisprudence fiscale relative à l'opposabilité du secret professionnel à l'administration fiscale, auquel sont soumis certains tiers, a presque exclusivement concerné les professions médicales et paramédicales. En matière de secret médical, le Conseil d'État s'est efforcé de protéger, de l'administration fiscale, l'identité des patients (**1**), autant du moins que l'a autorisé une législation tendant de plus en plus à satisfaire l'indiscrétion fiscale (**2**).

1. La protection par le Conseil d'État de l'identité des patients

616. Dans un premier temps, le juge administratif a souhaité garantir le secret absolu de toutes les informations des patients du médecin[1]. Cependant, elles n'ont pas toutes la même portée. Il s'agit de déterminer le degré d'atteinte à la confidentialité des informations relatives à l'état de la personne, à son nom, à l'acte médical pratiqué et aux honoraires dont elle s'est acquittée. L'identité du contribuable représente sans nul doute, l'information la plus sensible puisque c'est d'elle que découlent les autres informations : les éventuelles pathologies, les actes pratiqués… Ainsi, pour, le Conseil d'État, si des dispositions fiscales « *prévoient la communication des mentions correspondant à la nomenclature générale des actes professionnels* », elles « *ne prévoient pas la communication à ces agents des*

---

20 : Cette solution semble justifiée par le simple fait que les vices de la procédure de vérification et de la procédure de rectification (qui ne sont pas les mêmes) sont limitativement énumérés par la loi ; ils sont le corollaire des diverses garanties accordées au contribuable par le Livre des procédures fiscales, parmi lesquelles ne figure pas le respect du secret professionnel des agents de l'administration fiscale.

[1] V. Verclytte (S.), « Opposabilité du secret médical aux services fiscaux : évolutions législatives, confirmation jurisprudentielle », *RJF* 7/98, p. 535 ; Fouquet (O.), « Droit de communication », *JCl. Procédures fiscales*, Fasc. 310.

noms des clients du praticien[1] ». Toutefois, cette protection tend à s'amenuir.

2. Une protection des informations de plus en plus fragile

617. Par la suite, avec la loi n° 98-1266 du 31 décembre 1998, le législateur est intervenu pour tempérer ce principe à l'article 1649 quater G du Code général des impôts[2]. Le Conseil d'État a alors encadré le dispositif en admettant la possibilité pour l'administration de consulter, en application de l'article précité et du droit de communication prévu par l'article L. 86 A du LPF, un document, comptable ou non, fournissant des renseignements sur le paiement des actes effectués par un médecin sur des patients nommément désignés. Cet accès ne peut se faire qu'à la condition qu'il ne comporte aucune indication sur la nature des prestations médicales fournies aux patients[3]. Le juge administratif a confirmé cette interprétation dans l'affaire *Yllouz* du 21 mars 2012 : « *En imposant que les documents comptables tenus par les adhérents des associations de gestion agréée mentionnent, quelle que soit la profession exercée par l'adhérent, l'identité du client, les dispositions*

[1] Conseil d'État, Ass., 12 mars 1982, n° 11413, *Conseil de l'Ordre des médecins, Dr. fisc.* 1982, n° 23, comm. 1225 ; *RJF* 5/82, n° 475, concl. Verny (J.-F.), p. 227. Le Conseil d'État est particulièrement rigoureux au sujet du secret médical. Il estime en effet que dévoiler ne serait-ce que le nom du patient est une faute. V. Conseil d'État, 28 mai 1999, n° 189057, *M. Tordjemann, RFDA* 1999, n° 4, p. 886, n° 22.

[2] Conseil d'État, 12 mars 1982, n° 11095, *RJF* 5/82, n° 475 : « *Les documents tenus par les adhérents des associations définies à l'article 1649 quater F en application de l'article 99 du présent code doivent être établis conformément à l'un des plans comptables professionnels agréés par le ministre de l'économie et des finances.*
Les documents comptables mentionnés au premier alinéa comportent, quelle que soit la profession exercée par l'adhérent, l'identité du client ainsi que le montant, la date et la forme du versement des honoraires ». Le Conseil d'État a infléchi sa jurisprudence antérieure en admettant que les dispositions de l'article 1649 quarter G du Code général des impôts et de l'article L. 86 A du Livre des procédures fiscales, concernant les documents tenus par les associations de gestion agréées, permettent à l'administration d'accéder, sous couvert de son droit de communication, à des documents comptables ou non, fournissant des renseignements sur le paiement des actes intéressant des patients nommément désignés. Désormais, les services fiscaux peuvent avoir accès à des documents tels que le carnet de rendez-vous ou le registre d'admission d'une clinique comportant l'identité des patients, à l'exclusion de toute indication sur la nature des prestations ou des soins.

[3] Conseil d'État, 7 juillet 2004, n° 253711, *Wiedemann, Rec.* p. 320 ; *RJF* 10/04, n° 1023 ; *Dr. fisc.* 2004, n° 44-45, comm. 814, concl. Seners (F.) : Si les documents comptables contiennent des informations relatives à la nature des prestations fournies, celles-ci devront être occultées pour éviter de porter atteinte à la vie privée des personnes (Instruction n° 13 L-3-00, 23 mars 2000).

des articles 1649 quater G du CGI et L. 86 A du LPF ont entendu limiter le secret professionnel dont pouvaient notamment se prévaloir les professions médicales, afin de faciliter le contrôle de leurs revenus dans le cadre de la procédure d'imposition ». En conséquence, « *les agents vérificateurs ont accès à ces documents qui mentionnent l'identité du patient, sous réserve toutefois que ces derniers ne comportent aucune indication, même sommaire ou codée, concernant la nature des prestations médicales fournies aux patients*[1] ». Entrent ainsi clairement dans le champ du secret opposable à l'administration fiscale, les indications permettant de rapprocher l'identité d'une personne et la nature des prestations médicales qui lui ont été dispensées.

618. Le secret professionnel voit au fur et à mesure sa protection s'affaiblir. Une information capitale comme celle de l'identité du contribuable, dont les remparts ont cédé, donne une indication sur un phénomène qui tend à s'amplifier, notamment dans le cadre de la lutte contre la fraude et l'évasion fiscales. La divulgation de ces informations ne doit, néanmoins, pas faire oublier que l'exercice des prestations entre le professionnel et son patient ou client repose sur une relation de confiance fondée sur la confidentialité[2]. Ces mêmes problématiques se posent également relativement au secret de l'avocat.

B. L'évolution jurisprudentielle des garanties liées au secret de l'avocat

619. Le secret de l'avocat est en principe absolu. Sa portée a connu toutefois des inflexions au gré des dernières évolutions législatives, le rendant ainsi de plus en plus vulnérable aux demandes d'informations de l'administration fiscale (**1**). Certaines informations confidentielles continuent néanmoins de conserver leur caractère immuables (**2**).

1. Le secret professionnel de l'avocat : une protection relative des données du client

620. Le secret professionnel n'est pas seulement une obligation légale pour l'avocat, mais également une exigence d'ordre éthique : il figure parmi ses principaux devoirs déontologiques à l'article 2 du règlement intérieur national (RIN) de la profession d'avocat, tandis que la confidentialité des

---

[1] Conseil d'État, 21 mars 2012, n° 343986, *Yllouz*, *RJF* 6/12, n° 618.

[2] Crim., 15 décembre 1885, *DP* 1886, n° 1, p. 347 : « *En imposant à certaines personnes de respecter le secret professionnel, le législateur a entendu assurer la confiance qui s'impose dans l'exercice de certaines professions* ».

correspondances entre avocats est régie par l'article 3 du RIN[1]. Il bénéficie d'une protection de la part du pouvoir judiciaire, notamment en ce qui concerne le régime particulier des perquisitions dans les cabinets d'avocats[2]. Toutefois, l'évolution jurisprudentielle de ces dernières décennies marque une tendance à restreindre la portée du secret professionnel de l'avocat. Ces restrictions sont diverses et trouvent surtout leurs origines dans les changements opérés par le législateur en matière des secrets des tiers. Tel a été le cas avec les obligations déclaratives mises à la charge de l'avocat en cas de soupçon de blanchiment et fraude fiscale[3] ou encore lorsque ce dernier est soupçonné d'avoir pris part à la commission d'une infraction[4]. Cette tendance jurisprudentielle est également profondément marquée par le fait que le secret professionnel de l'avocat cède, au titre des entraves au secret autorisées par la loi, dans une large mesure, devant les prérogatives de l'administration fiscale. L'avocat doit lui renseigner l'origine de ses recettes, et, pour cela, lui permettre d'identifier ses clients mais pas la prestation réalisée. Or, cette contrainte contrevient au secret professionnel.[5]. Dans le même sens, le Conseil d'État a eu à préciser le 4 mai 2016[6] que le secret professionnel de l'avocat ne couvre pas les éléments relatifs à la domiciliation de son client, notamment en cas d'irrégularité des pièces comptables produites dans le cadre de la vérification.

---

[1] Ordonnance n° 2009-104 du 30 janvier 2009 relative à la prévention de l'utilisation du système financier aux fins de blanchiment de capitaux et de financement du terrorisme. V. *Supra :* Partie I, Titre II, Chapitre II, Section I, § 2.

[2] Pour plus de précisions, lire Nioré V., « Perquisitions chez l'avocat : défense des secrets et inviolabilité de l'asile sacré », *Lamy Axe Droit*, 2014, 234 p. ; Dusseau (L.), « De la nécessaire protection du secret professionnel du juriste d'entreprise grâce au statut d'avocat en entreprise », *LGP*, 31 juillet 2018, n° 28, p. 11.

[3] V. *Supra :* Partie I, Titre II, Chapitre II, Section I, § 2.

[4] Loi n° 2004-204 du 9 mars 2004, dite « *Perben II* », portant adaptation de la justice aux évolutions de la criminalité : Le juge des libertés et de la détention d'autoriser les écoutes téléphoniques pendant une enquête de flagrance ou une enquête préliminaire en cas de criminalité organisée. De même, les articles 100-4 et 100-7 du Code de procédure pénale réglementent les interceptions d'écoutes téléphoniques dépendant du cabinet ou du domicile d'un avocat. V. aussi Crim., 22 mars 2016, n° 15-83.205, *Bull. crim.* n° 93 ; JurisData n° 2016-004952 ; *JCP G* 2016, act. 581, Soulez Larivière (D.) ; *Procédures* 2016, comm. 171, Chavent-Leclère (A.-S.) ; CEDH, 16 juin 2016, Affaire 49176/11, *Versini-Campinchi et Crasnianski c/ France,* JurisData n° 2016-020706 ; *JCP G* 2016, act. 762, Rebut (D.) ; *RTDH* 2018, p. 179, note Morris (M.). Intercepter ces conversations nécessite des précautions légales et doit rester exceptionnel (CEDH, 24 août 1998, n° 23618/94, *Lambert c/ France*, *Rec.* 1998-V, pp. 2238-2239, § 21 ; CEDH, 6 septembre 1978, n° 5029/71, *Klass et autres/ Allemagne*, *Rec.* série A n° 28, pp. 23-25, p. 23, § 50).

[5] Conseil d'État, 7 juillet 2004, n° 253711, *AJDA* 2004, p. 1950.

[6] Conseil d'État, 4 mai 2016, n° 387466, *Société le Blevennec, préc.*

621. Partant de ces diverses évolutions, dans un rapport sur l'application effective du secret professionnel, présenté le 4 avril 2017 à l'ordre des avocats de Paris, Vincent Nioré et Jean-Pierre Grandjean, également avocats, avaient dressé un constat selon lequel le secret professionnel de l'avocat ne couvrirait désormais plus que le seul exercice des droits de la défense en matière pénale, étant exclue l'activité de conseil[1]. Le secret professionnel de l'avocat apparaîtrait relatif, au regard de la jurisprudence *contra legem* de la Chambre criminelle et du JLD du TGI de Paris, notamment en matière de conseil[2]. Cette tendance se confirmerait à l'égard de l'avocat de plus en plus soumis à des obligations déclaratives[3]. Il est bon aussi, selon certains auteurs, de relativiser, dans certains cas, le secret de l'avocat : dans l'exercice d'activités accessoires (celle de fiduciaire, de mandataire en transaction immobilière ou encore de mandataire sportif) comme en matière de blanchiment[4]. La confidentialité de certaines informations détenues par l'avocat conserverait néanmoins son caractère absolu.

2. L'immuabilité du caractère confidentiel des informations détenues par l'avocat

622. Les pièces, documents et correspondances échangés dans le cadre de consultations entre l'avocat et son client sont couverts par le secret professionnel notamment ceux protégeant l'identité des clients ainsi que la nature des prestations réalisées pour leur compte par le cabinet[5]. L'arrêt rendu en matière de contrôle fiscal rappelle l'étendue de ce principe[6].

623. Par ailleurs, l'exercice du droit de saisine par l'administration, prévu à l'article L. 16 B du LPF, est limité d'une part, par le principe de la libre défense qui impose le respect de la confidentialité des correspondances échangées entre un avocat et son client ; d'autre part, par l'exercice des droits de la défense[7]. Dès lors qu'il y a eu violation du secret professionnel durant le contrôle fiscal, la procédure fiscale ainsi que les impositions

---

[1] Nioré (V.), « En matière de conseil, le secret de l'avocat n'existe plus ! », Interviewé du bâtonnier aux contestations des perquisitions chez l'avocat, Propos recueillis par Olivia Dufour, *LGP*, 16 mai 2017, n° 19, p. 12.
[2] Nioré (V.), *ibid.*
[3] V. *Supra :* Partie I, Titre II, Chapitre II, Section I, § 2, II, B.
[4] Nioré (V.), *op. cit.*, p. 14.
[5] V. *Supra :* Partie I, Titre II, Chapitre II, Section I, § 2.
[6] Com., 3 mai 2012, n° 11-14.008, *Société Alexandre Holding*, *Dr. fisc.* 2012, n° 20, act. 227 ; *RJF* 8-9/12, n° 832 : Qu'il s'agisse de conseil ou de la défense que l'avocat apporte à son client, les documents propres à l'affaire les concernant sont du domaine du secret professionnel.
[7] CA Poitiers, 27 février 2018, n° 16/000736.

litigieuses sont frappées de nullité[1]. En revanche, si l'origine de la divulgation est attribuée au contribuable lui-même, l'argument tiré d'une violation du secret professionnel ne pourra conduire à l'annulation de la procédure[2]. Il en sera de même si ces informations auront été communiquées de façon conventionnelle et volontaire[3].

Conclusion de la Section II

624. La protection des informations personnelles du contribuable est exercée par le tiers lié à ce dernier par une relation professionnelle. Le secret professionnel du tiers préserve ainsi les secrets du contribuable. Toutefois, face aux buts jugés légitimement poursuivis par l'administration, la portée de son secret décline, ce qui implique nécessairement que les secrets du contribuable soient de moins en moins protégés. Mais le juge détient encore un rôle fondamental en ce qu'il constitue un rempart aux atteintes portées au secret professionnel. Il s'assure qu'elles sont proportionnées au but visé. L'enjeu à travers la protection du secret des tiers est double : la préservation de l'intégrité des informations confidentielles du contribuable mais aussi la préservation de l'ordre public. L'exercice des professions telles que celle du médecin ou de l'avocat repose en effet sur la confiance entre le patient/le client et le professionnel. Or, cette confiance est elle-même fondée sur le secret des échanges. Cette protection doit donc être garantie de manière durable par le législateur avec pour garde-fou le juge fiscal.

Conclusion du Chapitre II

625. La liberté est « *le moteur de notre société [...]. Le droit au secret est un des droits essentiels de notre société libre. Il est la condition d'existence d'une liberté individuelle. Si la vie privée de chacun n'est pas protégée [...]*

---

[1] CA Nancy, 28 janvier 1993, *Dr. fisc.* 1993, n° 46, comm. 2221 ; Conseil d'État, 24 juin 2015, n° 367288, *SELAS Pharmacie Réveillon, préc.*

[2] Conseil d'État, 12 décembre 2018, n° 414088, concl. Daumas (V.), note Tailfer (A.) ; JurisData n° 2018-022802 ; *Procédures* 2019, n° 2, comm. 63 Ayrault (L.) : « *La confidentialité des correspondances entre l'avocat et son client ne s'impose qu'au premier et non au second qui, n'étant pas tenu au secret professionnel, peut décider de lever ce secret, sans y être contraint* ».

[3] Conseil d'État, 22 janvier 1982, n° 21695, *RJF* 2/82, n° 155.

la liberté n'est plus qu'une liberté surveillée. Chacun a droit à un domaine réservé que recouvrent le silence et, un jour, l'oubli[1] ».

626. Il n'existe pas explicitement et spécifiquement, en matière fiscale, un « droit au secret » pour le contribuable. D'autres garanties lui sont offertes à travers ses droits et libertés fondamentaux tels que le droit de ne pas s'auto-incriminer. De même, ses informations personnelles sont protégées par le secret professionnel des tiers. L'absence de ce « droit au secret » pourrait s'expliquer par les buts légitimement visés par l'administration fiscale comme le recouvrement des créances publiques ou la recherche d'infractions fiscales. Toutefois, ses pouvoirs d'investigation restreignent considérablement certains secrets légitimes du contribuable comme celui de sa vie privée. L'intervention du juge apparaît ainsi comme une autre de ces garanties qui visent à protéger ses secrets. Certaines mesures légales ont par ailleurs pu contribuer à l'émergence d'une relative relation de confiance entre ce dernier et l'administration telle que la reconnaissance d'un droit à l'erreur pour le contribuable de bonne foi. En définitive, pour que ses libertés soient préservées, le contribuable doit bénéficier de dispositifs fiscaux lui permettant à la fois, de protéger ses informations à l'égard des tiers et d'accomplir ses obligations fiscales envers une administration qui doit se positionner dans un rôle d'accompagnatrice – préférant la prévention à la répression – et non d'inquisitrice.

---

[1] Peyrefitte (A.), *Compte rendu intégral, 2e séance, 1ère Séance du mardi 4 octobre 1977, Discussion projet de loi « Informatique et libertés », devant l'Assemblée nationale*, *JORF* 1977-1978, n° 79, 5 octobre 1977, p. 5787.

Conclusion du Titre I

Le contribuable et l'administration fiscale ont tous deux besoin du secret. L'un pour protéger ses informations privées, l'autre pour protéger les moyens qu'elle déploie dans le cadre de son action publique. Pourtant, la transparence implique que le secret voit son champ d'application restreint, à la fois du point de vue du contribuable, à l'égard de l'administration – lorsqu'il remplit ses obligations fiscales – et inversement, lorsque l'administration décide de se rendre plus accessible par exemple. Dans cette dernière hypothèse, la restriction est moins marquée dans le sens où l'administration fiscale dispose, par nature, de pouvoirs exorbitants de droit commun justifiant nécessairement de maintenir sa part au secret. Par exemple, en ce qui concerne la recherche des infractions fiscales ou la lutte contre l'évasion fiscales. Dans cette intention, elle peut même recourir aux tiers grâce à divers disposifs pour contourner le secret du contribuable (droit d'audition, demande de communication...). Seuls ceux soumis à une obligation légale au secret professionnel parviennent à garantir dans une certaine mesure, la confidentialité de ses informations. Mais cette protection se fragilise au gré des récentes législations conférant plus de moyens à l'administration même si la communication d'informations privées doit s'effectuer dans un cadre strict. Par exemple, l'interconnexion de données doit recueillir préalablement l'avis motivé de la CNIL. D'autre part, le contribuable ne peut véritablement opposer son secret à l'administration fiscale : ses obligations fiscales ne lui permettent pas d'exercer un droit à voir sa vie privée respectée. La protection de ses informations contre les « intrusions » de l'administration ne peut être assurée, de manière relative, que par les tiers et par le juge fiscal.

Titre II. L'exception : La levée du secret

627. « *La preuve de son existence ne peut être donnée qu'à travers sa révélation, mais une fois révélé, il perd aussitôt sa condition de secret*[1] ».

628. Le secret professionnel n'est pas le seul principe qui doit être observé. Il doit en effet se concilier avec d'autres tout aussi importants. L'application de ces principes implique que le secret soit divulgué. La levée du secret se caractérise ainsi par la divulgation de l'information confidentielle qui devient désormais communicable et accessible. Cependant, celle-ci ne peut être expressément prévue que par le législateur. La divulgation peut alors être autorisée en vertu de dispositions légales à celui qui en fait la demande. Elle est à cet égard une faculté que peut exercer un administré (**Chapitre I**). Par exemple, elle peut consister en un droit du contribuable à consulter son dossier fiscal. Mais, dans l'ère actuelle de la transparence en matière fiscale, notamment sous l'impulsion de travaux internationaux, la divulgation devient de plus en plus contrainte et imposée (**Chapitre II**).

---

[1] Barroso (H.), « Dire le secret », *Revue transdisciplinaire franco-portugaise sur le secret,* n° 1, 1998, 155 p., pp. 11-12, p. 11.

Chapitre I. La divulgation de l'information autorisée

629. Le champ d'application de la divulgation est défini en fonction des destinataires de l'information. Elle peut être partielle, c'est-à-dire strictement restreinte aux seules personnes autorisées que l'on nommera des bénéficiaires de l'information car elles ont un intérêt à la connaître (**Section I**). Sinon, l'accès à l'information est égal pour tous, ouvert à tout un chacun, quelle que soit la qualité du destinataire. La divulgation est alors publique (**Section II**).

Section I. La divulgation aux bénéficiaires autorisés

630. Un bénéficiaire est une personne remplissant toutes les conditions légales lui conférant l'ouverture d'un droit[1]. La divulgation, devant s'interpréter juridiquement comme un droit à l'accès ou à la communication de l'information confidentielle, s'effectue à l'égard des administrés autorisés, dans les limites déterminées par la loi. Autrement dit, elle peut consister en une faculté que peut exercer le bénéficiaire selon ses besoins administratifs ou l'objectif qu'il poursuit. La première partie de cette étude s'attachera à analyser la divulgation du point de vue du contribuable, voire plus généralement, de l'administré (**§ 1**). Toutefois, droit pénal et droit fiscal étant étroitement liés, il arrive que l'exercice de ces droits soit complexifié par des règles relatives à la charge de la preuve et à l'impérative licéité des informations produites lors d'un litige (**§ 2**).

§ 1. L'accès à l'information autorisé aux administrés

631. Depuis la loi n° 78-753 du 17 juillet 1978[2], l'administration a l'obligation de donner accès aux documents administratifs aux administrés qui en font la demande[3]. La loi de 1978 a ainsi constitué une avancée

---

[1] Cornu (G.), *Vocabulaire juridique*, *op. cit.*, p. 126, Définition de « *Bénéficiaire* » : Par atténuation de sens, le mot peut être synonyme de « titulaire », par exemple dans l'expression « bénéficiaire d'un droit » (créance, option, avantage matrimonial).

[2] Loi n° 78-753 du 17 juillet 1978 portant diverses mesures d'amélioration des relations entre l'administration et le public et diverses dispositions d'ordre administratif, social et fiscal.

[3] Lire Vincent (J.-Y.) et Cadeau (E.), « Accès aux documents administratifs, Régime général. Loi du 17 juillet 1978 », *JCl. Administratif*, Fasc. 109, 2010, n° 109-10 :

majeure pour avoir consacré la transparence de l'action administrative, rempart contre l'arbitraire de l'administration, longtemps confinée dans le secret[1] (**I**). Elle encadre les cas de divulgation autorisée des informations confidentielles en permettant l'accès aux documents administratifs à l'administré qui en fait la demande. De plus, en droit administratif, cette loi s'impose comme une référence et une garantie procédurale contre le refus de communication de l'administration (**II**).

I. L'accès aux documents administratifs : une garantie de transparence en matière fiscale

632. La divulgation de l'information, secrète à l'origine, est autorisée au bénéfice des administrés. Il conviendra d'abord d'identifier qui peut avoir accès à cette information (**A**). Nous analyserons ensuite de quelle manière la loi de 1978 ainsi que la jurisprudence ont instauré des conditions d'accès (**B**) qui, en matière fiscale, s'appliquent strictement aux documents administratifs désignés par la loi (**C**).

A. L'identification de l'administré dans son rapport avec l'administration fiscale

633. Il s'agira de savoir qui peut accéder à l'information auprès de l'administration fiscale. Si tout contribuable est un administré, tout administré n'est pas un contribuable dans son rapport avec l'administration fiscale. Ce dernier, rappelons-le, est une personne physique ou morale contribuant aux charges publiques en payant des impôts. À cet effet, il détient une dette envers le fisc. C'est en sa qualité de débiteur et en raison de

---

L'administration s'inscrit dans un mouvement de transparence dans sa communication avec l'administré dès les années 1970. Quatre principaux textes légaux ont marqué tout particulièrement ce mouvement : la loi n° 78-17 du 6 janvier 1978 autorisant l'accès des administrés aux informations nominatives recueillies sur eux et faisant l'objet de traitements publics automatisés (V. Fasc. 109-20) ; la loi n° 79-18 du 3 janvier 1979 qui libéralise et rationalise l'accès aux documents administratifs versés aux archives (V. Fasc. 109-20) ; la loi n° 79-587 du 11 juillet 1979 consacrant et étendant l'obligation de de motiver une décision administrative adressée à l'administré (V. Fasc. 107-30). Enfin, l'un des principaux piliers de cette politique de transparence est la loi n° 78-753 du 17 juillet 1978 : elle impose, aux personnes publiques et aux personnes privées chargées de l'exécution d'un service public, de communiquer, aux usagers qui en font la demande, les documents qu'elles ont élaborés ou qu'elles conservent. La simple consultation, la copie ou l'envoi d'un courriel sont les moyens privilégiés pour cela. Ces informations, cependant, doivent exister, être achevées, et détenir un caractère administratif.

[1] *Supra :* Partie I, Titre II, Chapitre I, Section II.

cette dette fiscale qu'il s'adressera à l'administration pour obtenir la communication de renseignements fiscaux (**1**). Or, nous l'étudierons, un administré peut aussi demander à avoir accès à une information fiscale confidentielle, en dehors de toute obligation au paiement d'une dette fiscale, encore que cet accès à l'information soit limité et autorisé sous conditions (**2**).

1. L'accès à l'information à raison d'une dette fiscale

634. À l'égard de l'administration, le contribuable est soumis à titre principal à des obligations fiscales. De même, les tiers qu'il a régulièrement mandatés et les ayants cause qui lui succèdent y sont également assujettis en son nom et qualité. En particulier, en cas de dette fiscale, le droit fiscal admet l'existence de codébiteurs solidaires à l'obligation de paiement. Deux situations peuvent alors être évoquées : l'obligation au paiement et la contribution au paiement[1]. Dans la première, sont visées les personnes tenues d'acquitter l'impôt et contre lesquelles l'administration fiscale peut exercer une action en recouvrement. Dans cette perspective, les officiers publics doivent faire l'avance des droits exigibles sur leurs actes. Cette première situation recouvre également la solidarité des parties[2]. En vertu du principe de la solidarité des parties, il y aura donc plusieurs débiteurs de l'obligation au paiement envers l'administration fiscale[3]. Quant à la contribution au paiement, elle fixe la quotité de l'impôt à payer.

635. De manière non exhaustive, le droit fiscal fait jouer un certain nombre de solidarités entre les contribuables. Que l'impôt touche au revenu ou à la fortune immobilière, les époux sont reconnus comme solidaires[4] . Quand un fonds de commerce fait l'objet d'une transaction entre deux personnes, le cédant et le concessionnaire sont tous deux solidaires. Il en va de même entre un dirigeant de droit ou de fait et la société au titre des dettes sociales[5] ; entre héritiers dans le cadre d'une succession[1] ; entre le

---

[1] V. BOI-ENR-DG-50-10-20-20140227.

[2] V. Articles 1311 et 1313 du Code civil. Il s'agit du rapport juridique obligatoire liant deux ou plusieurs créanciers (solidarité active) à deux ou plusieurs débiteurs (solidarité passive). Dans le premier cas de figure, chaque créancier a le droit d'exiger le paiement, en mains propres, et sans la présence des autres débiteurs, de la totalité de la créance. Dans le second cas de figure, chaque créancier est en droit d'exiger de n'importe lequel des débiteurs solidaires qu'il s'acquitte de la totalité de la dette en mains propres.

[3] Pour plus de précisions, v. Douay (M.), « Responsabilité solidaire des tiers », *JCl. Procédures fiscales*, Fasc. 588, 2011.

[4] V. *Infra :* Présente Section, § 1, I, A, 1, b.

[5] V. Article L. 267 du LPF et Com., 31 octobre 2006, n° 04-15.497, *Milhau*, Juris-Data n° 2006-035791 : La responsabilité solidaire des dirigeants sociaux n'est pas de droit. En effet, elle doit être prononcée par le juge. L'interruption de la prescription

propriétaire-bailleur et le locataire pour le paiement de la taxe d'habitation ou de la contribution économique territoriale s'ils n'ont pas prévenu l'administration du déménagement du locataire un mois avant leur départ[2]; entre la personne condamnée pour emploi de « travailleur clandestin » et le travailleur clandestin lui-même pour le paiement des impôts et taxes dus par ce dernier[3] ; entre le propriétaire d'un fonds de commerce mis en location-gérance et le loueur pour les dettes d'exploitation comprenant éventuellement des impôts impayés[4].

636. Dans le cadre de la solidarité entre époux, le principe est posé par le I de l'article 1691 *bis* du CGI en matière d'impôt sur le revenu et de taxe d'habitation[5] et par l'article 1723 *ter* 00-B du CGI en ce qu'il concerne le paiement de l'impôt sur la fortune immobilière. Ainsi, il en résulte que lorsque l'un ou l'autre des époux, ou l'un des partenaires liés par un pacs ne s'acquitte pas spontanément du paiement des cotisations d'impôt mises en recouvrement au nom du foyer fiscal, l'administration peut enclencher une procédure fiscale à l'encontre de l'un ou l'autre, pour le paiement total de la dette fiscale du foyer, sans qu'il y ait lieu de la répartir[6]. À charge pour l'un de solliciter auprès de l'autre, la somme correspondant à sa part de

---

de l'action ouverte à leur encontre en vue du prononcé de celle-ci est sans effet sur la prescription de l'action en recouvrement à l'encontre de la société. Lire aussi Hovasse (H.), « Pas de solidarité judiciaire pour une dette fiscale prescrite », *Dr. des sociétés*, n° 1, janvier 2007, comm. 10 ; Bissy (A. de), « Conformité à la Constitution de la solidarité des dirigeants au paiement de l'amende pour distribution occulte », *Bull. Joly* 2011, § 234, p. 508 ; Jeandidier (W.), « Les sanctions pénales en matière fiscale », *Dr. fisc.* 2007, n° 3, étude 58 et Jambort (S.), « La solidarité fiscale au regard des droits et libertés fondamentaux », *RDLF* 2011, chron. n° 6.

[1] Un héritier qui accepte purement et simplement la succession répond indéfiniment des dettes qui en dépendent. V. Articles 785 et suivants du Code civil.

[2] Article 1686 du CGI.

[3] Articles 1724 quater, 1724 quater B et 1724 quater C du CGI.

[4] Article 1684-3 du CGI. En outre, la solidarité de paiement prévue par les dispositions du 3 de l'article 1684 du CGI ne s'étend pas à la majoration pour mauvaise foi dont les impôts directs qu'elles visent peuvent être assortis en application de l'article 1729 du même code. V. à ce propos Conseil d'État, 28 juillet 2011, n° 313279, *SA Affinerie de l'Est*, *Rec.* p. 874.

[5] Aux termes desquels : « *I. – Les époux et les partenaires liés par un pacte civil de solidarité sont tenus solidairement au paiement : 1° De l'impôt sur le revenu lorsqu'ils font l'objet d'une imposition commune…* ».

[6] La décharge de la solidarité entre époux est possible sous conditions. Lire Pierre (J.-L.), « Conditions posées par la jurisprudence pour accepter la décharge de solidarité des conjoints », note sous CAA Paris, 5 janvier 2004, *Mas-Freigneaud*, *Procédures* 2004, n° 5, pp. 30-32. L'auteur procède à une présentation, sous forme de tableaux, des conditions de ressources justifiant, selon la jurisprudence, la décharge de la solidarité fiscale entre époux.

contribution[1]. Le principe de la solidarité s'exerce également pleinement quand un régime matrimonial de séparation de biens a été choisi. Il prend effet en outre pendant l'instance de divorce jusqu'à l'ordonnance de non-conciliation. Enfin, il s'applique aussi après le jugement de divorce si les ex-époux ne sont pas acquittés de certaines sommes auprès de l'administration fiscale au titre de l'imposition commune[2]. En revanche, le principe de solidarité fiscale ne s'étend pas à la contribution sociale généralisée portant sur les revenus mentionnés aux I et II de l'article 1600-0 C du CGI[3].

637. Dans les cas précédemment cités, l'administration peut se contenter de suivre la procédure avec un seul des débiteurs[4], puisque celui-ci peut représenter l'autre quand il s'agit des affaires de dettes[5]. Elle communique, à chacun d'eux, la proposition de rectification fiscale car elle peut être opposée, par l'un des débiteurs solidaires, à son codébiteur. De plus, elle sert à interrompre la prescription à l'égard de ce dernier. Les sommes à recouvrer dues par l'un des débiteurs solidaires sont elles aussi notifiées[6]. Parmi elles, les taxes et pénalités notamment engendrées par les opérations de contrôle car elles sont également touchées par la solidarité. À cet égard, le Code général des impôts (article 1682) indique que le rôle est exécutoire contre le

---

[1] Perrotin (F.), « Les limites de la solidarité fiscale entre époux », *LPA*, 22 août 2012, n° 168, p. 3.

[2] Les personnes divorcées ou séparées peuvent toutefois demander à être déchargées des obligations de paiement prévues au I de l'article 1691 *bis* ainsi qu'à l'article 1723 *ter*-00 B du CGI sous les conditions posées au II de l'article 1691 *bis* sus nommé.

[3] Conseil d'État, 10 juillet 2012, n° 336492, *Mme Auge, Rec.* p. 688.

[4] Obadia (E.), « Quelques limites jurisprudentielles au principe de solidarité fiscale », *in* EFE, *Redressements fiscaux – Actualité 2010*, Paris, 23 novembre 2010.

[5] Conseil d'État, 8 mars 2004, n° 248132, *M. Pinot, Rec.* p. 657. Lire aussi Séners (F.), « Les codébiteurs solidaires d'un impôt se représentent-ils mutuellement dans toutes les instances relatives à la dette ? », concl. sous Conseil d'État, 8 mars 2004, n° 248132, *M. Pinot, Dr. fisc.* 2004, n° 25, comm. 571 ; *BDCF* 6/04, pp. 36-38.

[6] En revanche, lorsque l'administration fiscale poursuit solidairement plusieurs débiteurs solidaires, elle est tenue de notifier préalablement à chacun d'eux un avis de mise en recouvrement (Article R. 256-2 du LPF). Lire à ce propos, pour plus de précisions : Perrotin (F.), « Dette fiscale, caution et avis de mise en recouvrement », *LPA*, 3 avril 2015, n° 67, p. 3. La règle ne saurait s'appliquer à la caution d'une dette fiscale, précise le Conseil d'État, dans sa décision du 17 décembre 2014, n° 366882, *SCI 22 rue du Bœuf, Rec.* p. 389. Pour la Haute juridiction administrative, « *en sa qualité de caution, la société ne pouvait être regardée comme un débiteur tenu solidairement au paiement d'une créance fiscale auquel l'Administration était tenue d'adresser un avis de mise en recouvrement, avant de procéder au recouvrement de la créance pour laquelle elle s'était portée caution, et, d'autre part, que l'Administration avait régulièrement interrompu la prescription du droit de reprise par un avis de mise en recouvrement adressé en temps utile au redevable légal de l'impôt* ».

contribuable, mais aussi ses représentants et ses ayants cause. Les cocontractants du débiteur, en revanche, n'en font pas partie, bien que la solidarité leur incombe au sujet du paiement de ces impositions supplémentaires[1].

638. Par ailleurs, deux principes gouvernent également la solidarité en matière fiscale : celui du contradictoire et le devoir de loyauté de l'administration. La Cour de cassation l'a ainsi rappelé dans un arrêt *Marie* du 18 novembre 2008[2]. Dans cette affaire, la Cour a déclaré irrégulière la procédure de contrôle diligentée par l'administration. Elle avait effectué deux notifications simultanées : celle d'une rectification fiscale à un débiteur qu'elle avait poursuivi en recouvrement, et celle d'un avis du Comité consultatif pour la répression des abus (CCRAD) à un autre. « *Ce procédé avait eu pour effet de créer une confusion contraire tant au caractère contradictoire de la procédure qu'au devoir général de loyauté*[3] ».

639. En application du principe de solidarité, les débiteurs solidaires peuvent avoir accès à un ensemble d'informations confidentielles au même titre que le débiteur principal[4]. Ils ont le droit d'obtenir de l'administration les informations fiscales qui le concernent dès lors qu'elles leur sont utiles[5]. Le contribuable principal et les débiteurs solidaires ayant les mêmes droits et obligations dans la procédure, ceux-ci peuvent ainsi avoir accès à son dossier fiscal. L'administration ne peut leur opposer un refus en se fondant sur le secret professionnel imposé aux agents des impôts par l'article L. 103 du LPF. « *Ce secret, s'agissant du débiteur solidaire de l'impôt, n'est pas opposable à celui-ci dans la mesure où les pièces couvertes par le secret sont utiles à sa défense dans la limite de la solidarité prononcée à son encontre*[6] ». La divulgation peut également s'effectuer au bénéfice des administrés même en l'absence de dette fiscale envers l'administration fiscale.

---

[1] CAA Paris, 10 mars 2010, *Société Aristo club*, n° 07PA03827 : La Cour administrative d'appel de Paris, constatant que les actes de poursuite délivrés à l'encontre d'un débiteur solidaire n'avaient été précédés d'aucune émission d'un titre exécutoire, décide de prononcer la décharge d'impositions à son encontre. De plus, l'administration fondait exclusivement ses poursuites sur le titre exécutoire délivré au débiteur principal, sans qu'elle parvienne à en établir l'existence.

[2] Com., 18 novembre 2008, *DGI c/Marie*, n° 07-19.762, *Bull.civ.* IV n° 195, *RJF* 2/09, n° 174 ; *BGFE* 1/09.

[3] Obadia (E.), « Quelques limites jurisprudentielles au principe de solidarité fiscale », *op. cit.*

[4] *Infra :* Présente Section.

[5] Article L. 311-1 du Code des relations entre le public et l'administration.

[6] Conseil d'État, 3 juillet 1985, n° 52011, *Dr. fisc.* 1985, n° 49, comm. 2160, concl. Latournerie (M.-A.) ; Conseil d'État, 17 février 1988, n° 49309 et 49342, *Dr. fisc.* 1989, n° 22-23, comm. 1078, concl. Martin (Ph.).

2. L'accès à l'information en l'absence de dette fiscale

640. La loi accorde à un administré, de manière stricte et limitative, le droit de demander la communication de l'avis d'impôt d'une tierce personne auprès de l'administration fiscale (**a**). La divulgation sera ainsi notamment autorisée pour le créancier ou débiteur d'aliments (**b**). De même, sera-t-elle permise lorsqu'une personne, dans le cadre de son activité professionnelle par exemple, voudra s'assurer de l'authenticité de certaines données à caractère fiscal fournies par une autre personne (**c**).

a. La consultation de l'avis d'imposition de tiers sous conditions strictes

641. En principe, la loi ne permet pas la consultation de l'avis d'impôt sur le revenu d'une tierce personne[1]. Toutefois, l'article L. 111 du LPF autorise, à ceux qui en font la demande, l'accès à certains renseignements figurant dans la déclaration d'impôt sur le revenu d'autres contribuables, si les uns et les autres dépendent de la même direction départementale. Il s'agit du nom patronymique, de la première lettre du prénom, de l'adresse du domicile ; du nombre de parts retenues pour le quotient familial ; du revenu global imposable ainsi que du montant de l'impôt sur le revenu. Seules les informations énumérées précédement donnent lieu à divulgation : les déclarations de revenus et revenus catégoriels restent secrets. La divulgation est, de plus, uniquement orale et non écrite sous réserve que le demandeur justifie son identité et que son domicile fiscal dépende de la circonscription de la direction départementale[2]. L'accès à ces informations relevant de la vie privée du contribuable contrevient pourtant à l'obligation de confidentialité à laquelle sont tenus les agents des services fiscaux. Il s'agit là d'une exception légale qui souffre néanmoins de prescriptions dont le non-respect entraînera l'application de sanctions pénales, administratives et civiles. En effet, les éléments communiqués par l'administration sont à usage strictement personnel. S'ils ne sont subordonnés à aucune exigence de justification de la part du demandeur, ce dernier doit signer la demande écrite auprès du service fiscal le contraignant à respecter une obligation de confidentialité. Ainsi, toute publication, pour un usage commercial ou professionnel par exemple, des éléments consultés est interdite[3]. Celui qui

---

[1] Article L. 103 du LPF.

[2] Le demandeur peut relever des informations par écrit. En revanche, l'usage de procédés de reproduction photographique ou de toute autre méthode qui s'apparenterait à une véritable reproduction du fichier n'est pas autorisé (Rép. min. n° 21703 à M. Bonnet (A.), *JOAN* 21 janvier 1980, p. 183).

[3] Conseil d'État, 29 juillet 1983, n° 38418, *Dr. fisc.* 1983, n° 50, comm. 2318, concl. Rivière : Dans cette affaire, une personne avait envoyé à un magistrat une lettre

viole cette obligation de confidentialité peut être condamné à payer une amende administrative dont le montant sera égal à celui des impôts divulgués[1]. En outre, il peut être poursuivi pénalement[2] à la suite d'un dépôt de plainte de la personne dont la situation fiscale a été rendue publique[3]. *Quid* alors de l'utilisation de ces éléments par le demandeur lors d'un procès ? Si en pratique, la communication des informations privées d'un tiers, sur le fondement de l'article précité, est rarement sollicitée, rien n'interdit le demandeur d'intenter une action en justice notamment s'il dispose d'un droit, d'un intérêt et d'une qualité à agir contre la personne faisant l'objet de la demande, sur le fondement de ces éléments. Tel est le cas des créanciers ou des débiteurs d'aliments.

b. Un accès moins contraignant à l'égard des créanciers et débiteurs d'aliments

642. Aux termes de l'article L. 111-II du LPF, « *les créanciers et débiteurs d'aliments dont la qualité est reconnue par une décision de justice peuvent consulter les éléments des listes mentionnées au I afférents à l'imposition de leur débiteur ou créancier, selon le cas, quelle que soit la direction départementale des finances publiques dans le ressort de laquelle*

---

mentionnant le montant de l'impôt sur le revenu d'un contribuable. Des copies de cette lettre avaient également été adressées à deux autres magistrats et à un avocat. L'administration a donc prononcé, à l'encontre de l'expéditeur de ces lettres, une amende sanctionnant la publication et la diffusion de ces informations fiscales. Le Conseil d'État a confirmé le bien-fondé de cette sanction. L'arrêt précité a été rappelé par le ministre chargé du Budget à l'occasion d'une réponse à un parlementaire. Ce dernier l'interrogeait sur la publication par un hebdomadaire d'extraits des feuilles d'imposition d'un dirigeant d'une grande entreprise française, en septembre 1989, alors qu'une grève opposait le personnel à la direction (V. Rép. min. budget n° 18434 à Auberger (Ph.), JOAN 5 mars 1990, p. 997 ; *Dr. fisc.* 1990, n° 25-26, comm. 1254). Le ministre a indiqué qu'en l'espèce, les sanctions prévues aux articles 1768 *ter* et 1772 (abrogés depuis) du CGI n'étaient pas applicables, dès lors que les informations diffusées n'étaient pas issues des listes publiées en application de l'article L. 111 du LPF, mais qu'une enquête administrative avait été ouverte et qu'une plainte avait été déposée pour soustraction de documents administratifs et violation du secret professionnel.

[1] V. Article 1762 du CGI.

[2] Le délit est caractérisé par son élément matériel, qui consiste à publier des listes de contribuables par tout moyen autre que ceux décrits par la procédure édictée à l'article L. 111 du LPF, l'élément intentionnel se présumant. En tout état de cause, le délit est constitué sans qu'il soit nécessaire d'apporter la preuve que le contrevenant a agi dans l'intention de nuire aux contribuables dont le nom est irrégulièrement divulgué, ou à d'autres personnes. Lire Bouchet (F.), « Publicité fiscale », *JCl. Procédures fiscales*, Fasc. 319, 2015, n° 28.

[3] V. Article 1772, 5e du CGI.

l'imposition du débiteur ou du créancier est établie ». Ainsi, un ex-époux bénéficiaire ou débiteur d'une pension alimentaire – décidée en vertu d'une décision de justice – peut demander à l'administration fiscale de lui communiquer certaines informations relatives aux revenus de son ex-conjoint débiteur ou bénéficiaire de la pension[1]. Dans le cas où l'un ou l'autre réside dans le même département, la consultation doit s'effectuer sur place dans les locaux de la direction départementale des finances publiques. En revanche, si le débiteur d'aliments réside dans un autre département, la loi fiscale autorise que la demande puisse être effectuée par correspondance. Elle est alors moins contraignante et l'accès à l'information n'est pas entravé pour des raisons liées à la circonscription géographique du service des impôts. Toutefois, en plus de justifier de son identité, le demandeur doit impérativement prouver sa qualité de débiteur ou de créancier alimentaire en fournissant une copie du jugement instaurant la pension alimentaire. Le service répond par écrit en mentionnant les seules informations communicables mentionnées ci-dessus.

643. Sur la base des éléments divulgués, le demandeur, créancier ou débiteur alimentaire peut demander que la pension soit révisée, si une dissimulation de revenus et d'éléments du patrimoine, grâce auxquels le jugement a déterminé le montant de la pension, est avérée [2]. À ce titre, le contrevenant peut encourir des sanctions pénales et civiles du chef du délit d'escroquerie[3]. Une autre hypothèse quant à la divulgation peut résider dans la vérification des données fiscales déjà fournies par une personne à une autre. Elle sera donc perçue comme une confirmation aux yeux du demandeur.

c. La mise en place du service de vérification des avis d'impôt sur le revenu : un accès à l'information peu contrôlé

644. Le service de vérification des avis d'impôt sur le revenu (SVAIR) permet à toute personne ayant besoin, dans le cadre de son activité, de vérifier certaines données à caractère fiscal. Pour ce faire, deux informations

[1] V. BOI-DJC-SECR-10-10-20120912.

[2] V. Article 595 du Code de procédure civile sur les cas d'ouverture du recours en révision d'un jugement.

[3] Article 313-1 du Code pénal : « *L'escroquerie est le fait, soit par l'usage d'un faux nom ou d'une fausse qualité, soit par l'abus d'une qualité vraie, soit par l'emploi de manœuvres frauduleuses, de tromper une personne physique ou morale et de la déterminer ainsi, à son préjudice ou au préjudice d'un tiers, à remettre des fonds, des valeurs ou un bien quelconque, à fournir un service ou à consentir un acte opérant obligation ou décharge.*

» *L'escroquerie est punie de cinq ans d'emprisonnement et de 375 000 euros d'amende* ». V. aussi Crim., 8 novembre 1962, *Bull. crim.*, n° 312.

doivent être renseignées : le numéro fiscal de la personne ayant fourni ces données ainsi que la référence de son avis d'impôt. Ainsi, si ces références sont valides, les informations correspondant à celles portées sur l'avis d'impôt fourni apparaissent sur le site internet du SVAIR de même que son avis de situation déclarative à l'impôt sur le revenu. À cet effet, peuvent y figurer des indications relatives à la vie privée telles que l'adresse, la date de mise en recouvrement, le nombre de parts fiscales, la situation familiale, le nombre de personnes à charge, le revenu brut, le revenu imposable, le montant de l'impôt sur le revenu ou encore le revenu fiscal de référence.

645. En divulguant ces données, ce service confirme celles qui ont déjà été fournies – les dernières authentifiées par l'administration fiscale – à un organisme social, une banque ou un bailleur. Il s'agit d'écarter en effet tout soupçon de falsification par un prestataire, un client ou un locataire, et de lutter contre la fraude. Pourtant, aucune identification précise du demandeur n'est exigée. La CNIL, dans un avis du 15 octobre 2013 paru au *Journal officiel* concluait que l'accès de ces données en ligne n'était pas assez sécurisé. Elle préconisait donc que tous ceux qui consultent le service de vérification des avis d'impôt sur le revenu « *s'identifient au préalable ou se connectent par l'intermédiaire de leur espace en ligne, ce qui donnerait un sens à la conservation des données de connexion*[1] ». Toute personne disposant de deux identifiants peut actuellement effectuer cette consultation sans justifier d'une quelconque qualité. À l'Assemblée nationale, les 8 mars 2016[2] et 7 mars 2017[3], le ministre de l'Économie et des Finances indiquait que la mention figurant sur le justificatif d'impôt sur le revenu informe les usagers que les données du document peuvent être vérifiées directement en ligne[4]. Il a également ajouté que « *les organismes tiers pourront accéder au service de vérification en ligne qui garantit l'authenticité des informations de votre avis ou de votre justificatif d'impôt* ».

---

[1] CNIL, Délibération n° 2013-237, 12 septembre 2013 portant avis sur un projet d'arrêté portant création par la Direction générale des Finances publiques d'un traitement automatisé de données à caractère personnel dénommé « service de vérification de l'avis d'impôt sur le revenu » (SVAIR) (demande d'avis n° 1676170), *JORF* n° 0240 du 15 octobre 2013, texte n° 48.

[2] Assemblée nationale, Réponse à la Question écrite n° 41102, 29/10/20, publié au *JO* le 29 octobre 2013, « informatique - fichiers - SVAIR. Droit d'accès. Mise en œuvre » par le député Lionel Tardy, Publié au *JO* le 8 mars 2016.

[3] Assemblée nationale, Réponse à la Question écrite n° 41100, 29/10/20, publié au *JO* le 29 octobre 2013, « informatique - fichiers - données personnelles. Protection » par la députée Marianne Dubois, Publié au *JO* le 7 mars 2017.

[4] La mention est la suivante : « *les données de ce document peuvent être vérifiées directement en ligne sur impots.gouv.fr. par l'organisme à qui le justificatif a été remis* »

646. Les réponses ministérielles visent restrictivement les organismes tiers[1], alors qu'un bailleur privé par exemple peut avoir accès à ces informations. Or, ce dernier n'est pas légalement soumis à une obligation au secret. Ce manque de contrôle pourrait donc entraîner des cas de violation de vie privée et créer des brèches dans l'obligation de confidentialité à laquelle est tenue l'administration fiscale. Hormis ces cas de divulgation d'informations privées, la loi autorise en principe la communication de documents administratifs aux administrés qui en font la demande sous conditions.

B. Les conditions « souples » permettant l'accès aux documents

647. Certaines administrations[2] ont le devoir de satisfaire les demandes de consultation des documents administratifs qu'elles ont en leur possession conformément au Code des relations entre le public et l'administration (article L. 311-1)[3]. L'accès aux documents administratifs est en effet un droit ouvert à tout administré (**1**) qui n'a pas à justifier son intérêt à agir (**2**). En outre, pour faciliter la consultation, il n'existe pas de formalisme particulier quant à la forme de la demande (**3**). Enfin, celle-ci ne doit être ni « abusive » ni « répétitive » (**4**).

1. Un droit largement ouvert

648. Le droit d'accès aux documents administratifs a été consacré par le juge constitutionnel en tant que liberté publique[4] faisant partie des

---

[1] Sont notamment visés les collectivités locales, les organismes sociaux, les banques, les préfectures, les organismes HLM …

[2] Il s'agit de l'État, des collectivités territoriales ainsi que des autres personnes de droit public ou des personnes de droit privé chargées d'une mission de service public.

[3] Les dispositions de l'article 2 de la loi de la loi n° 78-753 du 17 juillet 1978, dans leur dernière version abrogée du 1er janvier 2016, ont été partiellement reprises dans le Code des relations entre le public et l'administration en son article L. 311-1.

[4] Conseil constitutionnel, 23 octobre 2014, n° 2014-5 DC, *JORF* n° 0248 du 25 octobre 2014, p. 17736, texte n° 45, cons. 4 : « *Considérant, en second lieu, d'une part, que l'article 74 de la Constitution réserve à l'État la compétence dans les matières énumérées au quatrième alinéa de son article 73 ; que parmi ces matières figurent les « garanties des libertés publiques » ; qu'en vertu des dispositions du 2° de l'article 14 de la loi organique du 27 février 2004, qui reprend ces dispositions, les autorités de l'État sont compétentes en matière de « garanties des libertés publiques » ; que les règles relatives à l'étendue du droit des citoyens d'obtenir communication des documents administratifs mettent en cause les garanties des libertés publiques ; qu'il en résulte qu'il appartient à l'État de fixer les règles*

« *garanties fondamentales accordées aux citoyens*[1] ». Le Conseil constitutionnel le fonde sur l'article 15 de la Déclaration des droits de l'homme et du citoyen de 1789 qui dispose que « *la société a le droit de demander compte à tout agent public de son administration* » en rappelant, toutefois, qu'« *il est loisible au législateur d'apporter à ce droit des limitations liées à des exigences constitutionnelles ou justifiées par l'intérêt général, à la condition qu'il n'en résulte pas d'atteintes disproportionnées au regard de l'objectif poursuivi*[2] ». Ainsi, dans une décision n° 2020-834 du 3 avril 2020, les Sages ont pu relever que « *l'absence d'accès des tiers à toute information relative aux critères et modalités d'examen des candidatures effectivement retenus par les établissements porterait au droit garanti par l'article 15 de la Déclaration de 1789 une atteinte disproportionnée au regard de l'objectif d'intérêt général poursuivi, tiré de la protection du secret des délibérations des équipes pédagogiques*[3] ». Le droit d'accès aux documents administratifs a par ailleurs été codifié dans la loi du 17 juillet 1978 puis repris dans le Code des relations entre le public et l'administration, en son article L. 311-1.

649. La communication de documents administratifs par l'administration fiscale semble cependant contredire l'obligation au secret professionnel auquel sont astreints ses agents. Par souci de transparence, l'article 27 de la loi du 13 juillet 1983 portant droits et obligations des fonctionnaires, impose à ceux-ci de satisfaire aux demandes de communication des informations du public, conformément aux dispositions de l'article 26 de la loi précitée relatives au secret et à la discrétion professionnels. Les agents publics doivent donc déroger à leur obligation de secret pour communiquer les documents administratifs que les demandeurs sont en droit d'exiger, à condition toutefois, que leurs demandes soient déclarées recevables[4] et qu'elles ne soient pas abusives, « *en particulier par leur nombre ou leur caractère répétitif ou systématique*[5] ». Le droit d'accès aux documents

---

relatives à l'étendue de l'obligation de communication des documents administratifs… ».

[1] Conseil d'État, 29 avril 2002, n° 228830, *Ullmann*, *Rec.* p. 157 ; Champeil-Desplats (V.), « Le Conseil constitutionnel a-t-il une conception des libertés publiques ? », in *Jus Politicum, Le Conseil constitutionnel, gardien des libertés publiques ?,* mai 2012, n° 7.

[2] Conseil constitutionnel, 3 avril 2020, n° 2020-834 QPC, *UNEF [Communicabilité et publicité des algorithmes mis en œuvre par les établissements d'enseignement supérieur pour l'examen des demandes d'inscription en premier cycle]*, cons. 8, *JO* 4 avril 2020, texte n° 34 ; *JCP A* 2020, act. 227.

[3] *Ibid.*, cons. 17.

[4] Pour être recevable, la demande doit effectivement porter sur la communication d'un document.

[5] Article L. 311-2, alinéa 8 du Code des relations entre le public et l'administration (ancien article 2, alinéa 9 de la loi n° 78-753 du 17 juillet 1978).

administratifs, nominatifs ou non, est ainsi ouvert à toute personne, sans distinction de nationalité : tout citoyen français, comme toute personne étrangère[1] ; les personnes physiques et morales dont les entreprises, les syndicats, les associations, les administrations de l'État, les collectivités locales, les personnes publiques de statuts divers. D'autre part, les demandeurs n'ont pas à justifier d'un intérêt à agir.

2. L'absence de justification quant à un intérêt à agir

650. Le législateur n'a subordonné l'accès aux documents à aucune exigence d'intérêt à agir[2]. Ainsi, le demandeur qui exerce son droit d'accès à un document n'a pas à indiquer explicitement les motifs de sa demande auprès de l'administration[3]. En outre, lorsque certains textes particuliers exigent explicitement une qualité ou un intérêt à agir, cela n'affecte en rien la recevabilité des demandes présentées sur les fondements de la loi du 17 juillet 1978 dont les dispositions ont été reprises par le Code des relations entre le public et l'administration. Par exemple, l'article L. 37 du Code électoral[4] réserve aux seuls électeurs la possibilité de consulter les documents électoraux à condition qu'ils justifient d'un intérêt[5] et d'une

---

[1] Lambert (P.), « Le droit d'accès aux documents administratifs personnels », *RTHD*, n° 4, 1990, p. 361 s.

[2] V. Béal (A.), « Intérêt à agir », *JCl. Administratif*, Fasc. n° 1082, 2018, n° 1 : On peut sommairement définir l'intérêt à agir comme le titre en vertu duquel le requérant saisit la juridiction en cause.

[3] CADA, *Guide de l'accès aux documents administratifs*, La Documentation française, 1990, pp. 27-28, p. 27.

[4] Article L. 37 du Code électoral : « *Tout électeur peut prendre communication et obtenir copie de la liste électorale de la commune à la mairie ou des listes électorales des communes du département à la préfecture, à la condition de s'engager à ne pas en faire un usage commercial.*

» *Tout candidat et tout parti ou groupement politique peuvent prendre communication et obtenir copie de l'ensemble des listes électorales des communes du département auprès de la préfecture, à la condition de s'engager à ne pas en faire un usage commercial.* ».

[5] Dans sa décision n° 388979 du 2 décembre 2016, publiée au recueil Lebon, le Conseil d'État a considéré que le maire peut demander des précisions sur l'usage qu'entend faire un électeur des documents divulgués, quand bien même celui-ci a pris l'engagement de ne pas en faire un usage commercial La CADA définit cet usage comme le fait de mettre les données sur le marché, ou de les employer à des fins lucratives. La demande du maire se justifie en cas de soupçon d'infraction. Si l'électeur n'en tient pas compte, il peut se voir refuser la consultation des listes voulues.

qualité[1]. Par ailleurs, la demande d'accès à l'information n'est soumise à aucun formalisme particulier.

3. L'absence de formalisme légal de la demande

651. La demande n'est soumise à aucun formalisme légal, les agents de l'administration fiscale ne procédant qu'à « *un relevé passif*[2] » de renseignements. L'administration ne peut, en principe, subordonner la communication d'un document à la présentation d'une demande écrite préalable[3]. Toutefois, la preuve de l'existence d'une demande préalable est nécessaire pour justifier son droit à la communication, par exemple devant la CADA ou le juge administratif, dans l'éventualité d'une contestation. La demande écrite est donc utile, car elle facilite l'administration de la preuve. La demande doit également être suffisamment claire et précise pour identifier le document. Elle doit, en outre, porter sur un document existant et achevé[4]. En effet, l'administration n'est tenue ni de communiquer un document qui n'existe pas ou qui est incomplet, ni de réaliser des travaux de synthèse à la demande de particuliers, ni d'effectuer des recherches en vue de leur fournir une documentation sur un sujet donné. Enfin, précisons que certaines démarches administratives ne peuvent être assimilées à des demandes de communication de documents administratifs. C'est le cas de simples demandes de renseignements ou de délivrance d'attestations. Par ailleurs, la demande ne doit pas être abusive.

4. Les caractères « négatifs » de la demande

652. Les demandes ne doivent pas être « *abusives* », « *en particulier par leur nombre ou leur caractère répétitif ou systématique*[5] ». Une demande est considérée comme abusive lorsqu'elle a manifestement pour objet ou pour effet de perturber le fonctionnement du service public[6]. Pour apprécier le

---

[1] Une personne qui ne vote pas, et qui n'est pas considérée comme un électeur, est dans l'impossiblité de se voir communiquer les listes électorales. C'est notamment le cas des mineurs ou des personnes privées de leurs droits civiques.
[2] V. Glaser (E.), « Droit de communication : quelles garanties pour les contribuables ? », *RJF* 8-9/08, p. 787.
[3] CADA, 2 février 1995, *Guillot.*
[4] Article L. 311-2 du Code des relations entre le public et l'administration, alinéa 1 : « *Le droit à communication ne s'applique qu'à des documents achevés* » ; alinéa 2 : « *Le droit à communication ne concerne pas les documents préparatoires à une décision administrative tant qu'elle est en cours d'élaboration [...]* ».
[5] Article L. 311-2, alinéa 8 du Code des relations entre le public et l'administration (Ancien article 2, alinéa 9 de la loi n° 78-753 du 17 juillet 1978). V. aussi BOI-DJC-CADA-10-20120912.
[6] *Ibid.*

caractère abusif des demandes, la CADA procède à un examen casuistique. Elle analyse un certain nombre de critères tels que le nombre et le volume de documents demandés ; l'impossibilité matérielle de l'administration à traiter la demande ; la caractérisation d'une situation de conflit entre le demandeur et l'administration saisie ; le caractère répétitif et systématique de la demande ; le cas échéant, la faculté qu'a eu le demandeur à accéder au document auparavant ou le refus de ce dernier de s'acquitter des frais demandés. Par exemple, une demande portant sur un volume important de documents ou le fait pour une même personne de présenter plusieurs demandes à la même autorité publique ne sont pas forcément considérés comme des demandes abusives. La Commission cherche d'abord une solution au litige opposant le demandeur et l'administration avant de conclure au caractère abusif de la demande. Par ailleurs, cette demande doit porter sur des documents spécifiquement désignés par la loi.

C. Les documents administratifs pouvant être communiqués au contribuable

653. Dans les limites fixées par la loi, le contribuable a accès à certains documents administratifs (**1**). Les codébiteurs au paiement de l'impôt peuvent aussi avoir accès à des informations confidentielles (**2**).

1. La nature des documents communicables au contribuable

654. Dans une procédure fiscale qui le concerne, le contribuable est en droit d'accéder à son dossier fiscal et à tous les éléments qui ont fondé la décision litigieuse de l'administration fiscale[1] en vertu de la loi n° 78-753 du 17 juillet 1978. L'article L. 300-2 du Code des relations entre le public et l'administration, reprenant l'article 1er de la loi précitée, indique quels documents, considérés comme administratifs, peuvent être demandés. Il s'agit de tous ceux que l'administration produit ou reçoit, quels que soient leur date, leur lieu de conservation, leur forme et leur support[2] (dossiers, comptes rendus, rapports, procès-verbaux, statistiques, études, directives, instructions, circulaires...)[3].

---

1 CADA, avis n° 20061320, 30 mars 2006.

2 Des écrits, des enregistrements parlés, des vidéos, des supports informatisés.

3 En revanche, ne sont pas considérés comme administratifs : les documents des juridictions, y compris les juridictions administratives et financières ; les documents privés ; les documents à caractère judiciaire ; les documents d'état civil et les documents des assemblées parlementaires. Seule la consultation des documents des administrations relevant du pouvoir exécutif est encadrée par le Code des relations entre le public et l'administration. La CADA ne peut rendre d'avis sur l'accès du demandeur aux documents réservés aux pouvoirs législatif et judiciaire.

655. Hors procédure litigieuse, le contribuable a droit à l'accès des documents sur le fondement desquels ont été déterminés le calcul de l'impôt, les bases d'imposition de sa taxe foncière, des déclarations souscrites par son bailleur et ayant servi de base au calcul de la valeur locative retenue pour l'assiette de la taxe d'habitation[1], des fiches de calcul de la valeur locative des propriétés, des surfaces prises en compte, des coefficients de revalorisation et d'actualisation, de la réclamation formulée par les soins du demandeur et visant à la réduction de la valeur locative de son habitation. En outre, dans le cadre du contrôle fiscal, il peut demander à se voir communiquer l'avis de vérification de la comptabilité, des courriers échangés dans le cadre de la vérification, des « mises en demeure » de souscrire des déclarations au titre de l'impôt sur les sociétés et de la TVA, de la proposition de rectification, de la réponse à celle-ci et de l'avis de mise en recouvrement, ainsi que les documents obtenus par l'administration fiscale auprès des fournisseurs de la société contrôlée dans le cadre de l'exercice de son droit de communication, sous réserve de la protection des droits des tiers[2]. Sont également communicables : les tableaux et études statistiques relatifs aux bases d'imposition, des instructions et circulaires[3], des notes et réponses ministérielles ou encore la liste des États et territoires concernés par les dispositions de l'article 238-A du Code général des impôts.

656. Par ailleurs, dans le cadre d'une imposition directe locale, il est possible de demander l'extrait de rôle d'un contribuable, ou bien un certificat de non-inscription au rôle. Mais celui-là doit être nommé, soumis à la même imposition que le demandeur et apparaître sur le même rôle que lui. Le Conseil d'État – saisi en cassation – a rappelé le cadre précis dans lequel les informations sur les contribuables sont remises au demandeur. Le Livre des procédures fiscales [en particulier, son article L. 104 b)], en effet, lui en autorise l'accès, seulement si les contribuables sur lesquels porte sa demande sont désignés, assujettis à une imposition identique à la sienne, et si leur nom apparaît sur le même rôle que lui. Par conséquent, l'administration ne peut que refuser la communication de la liste des contribuables assujettis aux impositions perçues au profit d'une commune, telles les taxes foncières sur les propriétés bâties et non bâties, et la taxe d'habitation. En matière de communication des rôles, la décision confirme que l'autorité compétente est le service chargé du recouvrement et non celui chargé de l'assiette[4]. Par ailleurs, le débiteur solidaire a accès à un certain nombre de documents

---

[1] CADA, avis n° 20052087 du 26 mai 2005.

[2] CADA, avis n° 20072288 du 7 juin 2007.

[3] Article L. 300-2 du Code des relations entre le public et l'administration.

[4] Conseil d'État, 12 novembre 2007, n° 294262, *Ministre de l'économie, des finances et de l'industrie c/ Mme Brunel*, *Rec.* p. 794 ; *Dr. fisc.* 2007, n° 51, comm. 1069, concl. Landais (C.) ; *BDCF* 2008, n° 21.

confidentiels en vertu de la dette qui le lie solidairement au débiteur principal.

2. Les documents communicables au débiteur solidaire dans la limite de la solidarité

657. Le débiteur solidaire de l'impôt peut obtenir la communication des pièces du dossier fiscal du redevable principal[1] et tous les documents administratifs susmentionnés[2] puisqu'il est contribuable lui-même. La règle du secret professionnel n'est en effet pas opposable au débiteur solidaire de l'impôt dans la mesure où les pièces couvertes par le secret sont utiles à l'exercice de son droit à réclamation, dans la limite de la solidarité prononcée contre lui[3]. En revanche, l'administration n'est pas tenue de communiquer d'office les pièces de la procédure de contrôle fiscal suivie à l'encontre du redevable principal au débiteur reconnu solidaire du paiement de l'impôt sur le fondement de l'article L. 267 du LPF[4]. En cas de refus de communication de ces documents par l'administration, il dispose de garanties procédurales préservant sa liberté d'accès à ces informations confidentielles.

II. Les garanties procédurales contre le refus de communication de l'administration

658. Pour permettre à l'administré d'exercer pleinement son droit d'accès aux documents administratifs, le législateur a prévu des voies de recours en cas de refus de communication. Ce sont des garanties importantes contre les risques d'opposabilité, à tort, du secret de l'administration (**A**). Elles sont désormais intégrées dans le récent Code des relations entre le public et l'administration, véritable socle législatif limitant le secret et régissant les rapports entre les administrés et l'administration (**B**).

---

[1] *Supra :* Présente Section, § 1, I, C.

[2] V. *Supra :* Présente Section, § 1, I, C.

[3] Conseil d'État, 1er juin 1990, n° 65822, *Ministre du Budget c/ Bouxom*, *JCP E* 1990, I, n° 20060.

[4] Stoltz-Valette (A.), « L'Administration n'est pas tenue de communiquer d'office les pièces de la procédure de contrôle fiscal suivie à l'encontre du redevable principal au débiteur reconnu solidaire du paiement de l'impôt sur le fondement de l'article L. 267 du LPF », *Dr. fisc.* 2013, n° 42, comm. 488.

A. Les voies de recours en cas de refus de communication : des garanties primordiales contre le secret de l'administration

659. Le refus de communication de l'administration revêt plusieurs formes (**1**) pour lesquelles sont prévues des voies de recours administrative et juridictionnelle (**2**).

1. Les formes de refus de l'administration

660. Toute décision administrative refusant l'accès aux documents administratifs est notifiée au demandeur sous la forme d'une décision écrite motivée comportant l'indication des voies et délais de recours[1]. La décision peut être expresse. Elle doit alors être motivée, en vertu de l'article L. 311-14 du Code des relations entre le public et l'administration[2]. Elle peut aussi être tacite et dans ce cas, le silence gardé pendant plus d'un mois « *à compter de la réception de la demande [de communication du document administratif] par l'administration compétente*[3] » vaut décision de rejet. La décision tacite est dispensée de l'obligation de motivation[4], sauf si un texte en dispose autrement[5]. En effet, aux termes de l'article L. 232-4 du Code des relations entre l'administration et le public[6] : « *Une décision implicite intervenue dans les cas où la décision explicite aurait dû être motivée n'est pas illégale du seul fait qu'elle n'est pas assortie de cette motivation.*
« *Toutefois, à la demande de l'intéressé, formulée dans les délais du recours contentieux, les motifs de toute décision implicite de rejet devront lui être communiqués dans le mois suivant cette demande. Dans ce cas, le délai du recours contentieux contre ladite décision est prorogé jusqu'à l'expiration de deux mois suivant le jour où les motifs lui auront été communiqués* ». En ce sens, le fait que l'administré n'ait pas accès aux motivations de ces décisions fait naître une forme de secret qui lui est implicitement opposable.

---

[1] Conseil d'État, Ass., 13 juillet 2016, *M. Czabaj*, n° 387763, *Rec.* p. 340, concl. Henrard.

[2] Ancien article 25 de la loi du 17 juillet 1978 abrogé.

[3] Aux termes de l'article R. 311-12 du Code des relations entre le public et l'administration, « *le silence gardé par l'administration, saisie d'une demande de communication de documents en application de l'article L. 311-1, vaut décision de refus* ». Article R. 311-13 précise que « *Le délai au terme duquel intervient la décision mentionnée à l'article R. 311-12 est d'un mois à compter de la réception de la demande par l'administration compétente* ».

[4] Article 5 de la loi du 11 juillet 1979.

[5] Conseil d'État, 14 décembre 2001, n° 204761, *Ministre de l'emploi c/ Farida Dalli*, *Rec.* p. 643.

[6] Créé par ordonnance n° 2015-1341 du 23 octobre 2015.

661. Malgré la promulgation le 12 novembre 2013, de la loi habilitant le gouvernement à simplifier des relations entre l'administration et les citoyens[1], et posant pour principe général que le silence de l'autorité administrative, gardé pendant deux mois, vaut acceptation de la demande qui lui a été adressée, le refus de communication tacite de l'administration fait partie des exceptions motivant un rejet[2]. Dans cette hypothèse, l'administré peut alors tenter de contrer le secret de l'administration en utilisant les voies de recours administrative et juridictionnelle.

2. Les voies de recours administrative et juridictionnelle en cas de refus de communication

662. « *Dès l'origine, l'action de la CADA a prévenu un engorgement des tribunaux administratifs en ce qui concerne les litiges d'accès aux documents administratifs*[3] ». La saisine de la CADA[4] est un préalable obligatoire avant tout recours contentieux[5], à la suite de l'expiration d'un délai obligatoire d'un mois imparti à l'administration pour répondre à l'administré. Ainsi, une saisine formée avant l'expiration de ce délai est déclarée irrecevable. Il est à noter que la procédure ne peut être qualifiée de contentieuse avant la saisine de la Commission d'accès aux documents administratifs[6]. La saisine de la CADA ne peut avoir lieu qu'à la suite d'un refus de communication portant sur ses modalités[7]. Si la demande n'a pas été satisfaite, ni expressément refusée, la CADA exige du demandeur qu'il attende l'expiration du délai d'un mois à compter de sa demande.

663. Le demandeur peut s'opposer à l'administration si elle lui a refusé – explicitement, ou après plus d'un mois de silence – la consultation des

---

[1] Loi n° 2013-1005 du 12 novembre 2013 habilitant le gouvernement à simplifier les relations entre l'administration et les citoyens.

[2] V. *Supra :* Partie I, Titre I, Chapitre II, Section I, § 2.

[3] Lallet (A.) et Thiellay (J.-Ph.), « La Commission d'accès aux documents administratifs a trente ans », *AJDA* 2008, p. 1415.

[4] Lire Costa (J.-P.), « La Commission d'accès aux documents administratifs (CADA) », *RFDA* 1996, p. 184.

[5] Article L. 342-1 deuxième alinéa du Code des relations entre le public et les administrations.

[6] Conseil d'État, Sect., 19 février 1982, n° 24215, *Commaret*, *Rec.* p. 78. La décision du Conseil constitutionnel n° 88-154 L du 10 mars 1988 se prononce dans le même sens (Conseil constitutionnel, 10 mars 1988, n° 88-154 L DC).

[7] Si la CADA n'a pas le pouvoir de trancher elle-même les recours dont elle est saisie, elle ne peut davantage procéder à la communication de documents, en lieu et place de l'administration, ni prononcer une astreinte à l'encontre de celle-ci, ni réparer le préjudice résultant d'un défaut de communication. Elle se borne à rendre un avis non contraignant juridiquement.

documents qu'il voulait[1]. Pour cela, il doit saisir la CADA deux mois au plus après la décision de l'administration et, après qu'elle a rendu son avis, il peut saisir la juridiction administrative, la seule habilitée à juger les conflits traitant de la communication de documents administratifs et de décisions administratives. Cependant, si les documents souhaités concernent un régime spécial, le demandeur s'adresse exclusivement au juge administratif, car la CADA est incompétente pour se prononcer sur ce sujet. Le tribunal administratif compétent pour juger le litige est celui dans le ressort duquel l'administration concernée a son siège. Le demandeur ne peut pas interjeter appel de la décision prise en matière de communication des documents administratifs. Les autres affaires peuvent toutefois être portées devant une cour d'appel : si elles touchent à l'accès aux archives publiques ou à la réutilisation d'informations publiques[2]. Le demandeur devra ainsi se pourvoir en cassation devant le Conseil d'État.

B. La création du Code des relations entre le public et l'administration

664. Le Code des relations entre le public et l'administration (CRPA) est né d'une nécessité manifeste : celle de la transparence (**1**), au moment où le législateur cherche à limiter le secret de l'administration (**2**).

1. Un contexte favorable rendant impérative son adoption

665. Voilà peu de temps encore, les relations entre l'administration et les usagers du service public n'étaient régies que par la jurisprudence du Conseil d'État et quelques mesures législatives et réglementaires anciennes. Par exemple, le décret du 11 novembre 1864 expliquait aux ministres quoi faire en cas d'affaires contentieuses[3]. De bonnes volontés avaient bien cherché à réunir les textes existants, mais leur travail s'était révélé infructueux[4]. Par

---

[1] Article L. 431-1 du Code des relations entre le public et l'administration : « *Sous réserve des compétences dévolues à d'autres juridictions, les recours contentieux contre les décisions administratives sont portés devant les juridictions administratives de droit commun, dans les conditions prévues par le Code de justice administrative* ». V. également Tribunal des conflits, 2 juillet 1984, n° 02324 et n° 02325, *Vinçot et Leborgne c/ Caisse MSA du Finistère*, *Rec.* p. 450.

[2] Articles R. 222-13 3e et R. 811-1 du Code de la justice administrative

[3] Collection complète des lois, décrets, ordonnances, règlements, et avis du *Conseil d'État / J. B. Duvergier*, [archive], sur Gallica, 1er janvier 1864.

[4] Lire Tamzini (W.), Koubi (G.), Cluzel-Metayer (L.), *Lectures critiques du Code des relations entre le public et l'administration*, LGDJ, Collectif, janvier 2018, 240 p., p. 141 : Fruit d'un long travail de codification débuté en 1996, le Code des relations entre le public et l'administration constitue la troisième tentative de codification. V. également Geledan (F.), « Spectres du Léviathan : l'État à l'épreuve

conséquent, pour les citoyens surtout, les questions de droit administratif demeuraient d'une rare complexité.

666. Sollicité depuis plusieurs décennies par la doctrine[1], le droit administratif français avait accumulé un retard considérable par rapport à la plupart des pays européens déjà dotés d'une loi générale ou d'un code de procédure administrative à destination des administrés. C'était déjà le cas de l'Autriche, depuis 1925[2] ; de l'Espagne, depuis 1958 ; de l'Allemagne, depuis 1976 et de l'Italie, depuis 1990. De même, l'Union européenne disposait de codes de procédure administrative (Code européen de bonne conduite en 2005[3], Code de l'administration en 2007)[4]. Il paraissait alors impératif d'accélérer la procédure de codification en France. Les avancées législatives engagées dans les années 1970[5] ne semblaient plus alors suffisantes même si le substrat nécessaire à une codification de la procédure administrative était bien présent. C'est finalement lors de la conférence du 18 décembre 2012 du comité interministériel pour la modernisation de l'action publique (CIMAP), que la création d'un code des relations entre le public et les administrations (CRPA) a été décidée.

2. Les objectifs du CRPA

667. Le CRPA s'appuie sur l'ordonnance n° 2015-1341 (et le rapport l'accompagnant), ainsi que sur le décret n° 2015-1342 du 23 octobre 2015[6]. Il a deux visées : favoriser les rapports qu'entretiennent l'administration et

---

de la simplification administrative (2006-2015) », *RFAP* 2016/1, n° 157, p. 33 et Groulier (C.), « Le CPRA et la simplification. Quelques remarques », *JDA*, 2016, Dossier 02 « Les relations entre le public et l'administration », n° 69.

[1] Un auteur parlera à ce titre d'« *exception française* » : Gonod (P.), « Codification de la procédure administrative - La fin de "l'exception française" ? », *AJDA* 2014, pp. 395-403, p. 395.

[2] L'Autriche a adopté, dès 1925, quatre lois sur la procédure administrative.

[3] V. Code européen de bonne conduite du 6 septembre 2001.

[4] Mendes (J.), « La bonne administration en droit communautaire et le Code européen de bonne conduite administrative », *RFAP*, Vol. 131, 6 janvier 2010, pp. 555–571, p. 560.

[5] Dont la loi du 17 juillet 1978 sur l'accès aux documents administratifs, la loi du 11 juillet 1979 sur la motivation des actes administratifs, la loi du 12 avril 2000 sur les droits des citoyens dans leurs relations avec les administrations, et même les dispositions du Code de l'expropriation.

[6] La codification répond notamment à l'objectif de valeur constitutionnelle d'accessibilité et d'intelligibilité de la loi (Conseil constitutionnel, 16 décembre 1999, n° 99-421 DC, *Loi portant habilitation du gouvernement à procéder, par ordonnances, à l'adoption de la partie législative de certains codes*, cons. 13).

les citoyens[1] , et rendre plus compréhensibles les mesures qui les encadrent, tout en les adaptant[2]. Il rassemble un ensemble de dispositions relatives au droit d'accès à l'information des administrés, au règlement non contentieux des litiges ou encore au régime juridique des décisions administratives.

668. L'article 3 de la loi n° 2013-1005 du 12 novembre 2013 habilitant le gouvernement à simplifier les relations entre l'administration et les citoyens dispose désormais que : « *Ce code regroupe et organise les règles générales relatives aux procédures administratives non contentieuses régissant les relations entre le public et les administrations de l'État et des collectivités territoriales, les établissements publics et les organismes chargés d'une mission de service public. Il détermine celles de ces règles qui sont applicables aux relations entre ces administrations et entre ces administrations et leurs agents. Il rassemble les règles générales relatives au régime des actes administratifs. Les règles codifiées sont celles qui sont en vigueur à la date de la publication de l'ordonnance ainsi que, le cas échéant, les règles déjà publiées mais non encore en vigueur à cette date* ».

669. Dans ses cinq livres, le Code des relations entre le public et l'administration encadre les rapports qu'entretiennent les administrés et l'administration. La communication des documents administratifs et les exceptions à leur consultation sont détaillées dans les articles L. 311-1 à L. 311-8 du troisième livre[3]. Si l'administration en empêche l'accès, elle recevra un avis émis par la CADA, après qu'elle a été saisie, conformément à l'article L. 342-1 du Code[4]. La CADA, « *pierre angulaire de la transparence administrative*[5] », initialement décrite par le chapitre III (articles 20 à 23) de la loi de 1978 voit ses dispositions finalement abrogées et intégrées à l'article L. 340-1 et suivants du Code des relations entre le public et l'administration. De même, la loi n° 2013-1005 du 12 novembre 2013 a habilité le gouvernement à simplifier les relations entre l'administration et les citoyens et à adopter, par ordonnance, des mesures législatives destinées à « *définir les conditions dans lesquelles peuvent être communiqués aux demandeurs les avis préalables, ainsi que leur motivation lorsqu'ils sont défavorables, recueillis sur leur demande conformément aux dispositions législatives et réglementaires, avant que les autorités administratives n'aient rendu leur décision, en particulier lorsque la*

---

[1] Rapport au Président de la République relatif à l'ordonnance n° 2015-1341 du 23 octobre 2015 portant sur les dispositions législatives du Code des relations entre le public et l'administration.

[2] V. Compte-rendu de la séance du 18 décembre 2012 du Comité interministériel pour la modernisation de l'action publique (CIAMP), p. 31.

[3] Article L. 311-5 du Code des relations entre le public et l'administration.

[4] Article R. 343-3 du Code des relations entre le public et l'administration.

[5] Lallet (A.) et Thiellay (J.-P.), « La Commission d'accès aux documents administratifs a trente ans », *op. cit.*, p. 1415.

communication de ces avis est de nature à permettre au demandeur de modifier ou de compléter sa demande et de réduire le délai de réalisation de son projet ».

670. Ainsi, l'article L. 342-1 du Code des relations entre le public et l'administration précise les cas pour lesquels la CADA émet des avis. Il s'agit notamment des situations dans lesquelles elle a été saisie par un administré qui s'est vu opposer un refus de consultation ou de communication des documents d'archives publiques[1], un refus de communication ou un refus de publication d'un document administratif, et des actes et documents produits ou reçus par les assemblées parlementaires, ou une décision défavorable en matière de réutilisation d'informations publiques. Par ailleurs, dans la mise en œuvre des procédures d'imposition et en matière fiscale et pénale, les services fiscaux ne sont autorisés à divulguer des renseignements obtenus des tiers que dans un cadre légal strict.

§ 2. La licéité de la divulgation de l'information obtenue des tiers

671. Si la révélation volontaire des informations d'un contribuable, de la part d'un tiers, fait état d'une pratique contraire à une norme légale, alors la divulgation prend la forme d'une dénonciation. Cette dernière, bien que décriée par une partie de la doctrine est unanimement reconnu pour son utilité certaine par la loi et la jurisprudence (**I**). À cet effet, afin que l'information obtenue auprès des tiers soit utilisée dans le cadre des procédures d'imposition mises en place par l'administration fiscale, sa divulgation doit s'effectuer dans le respect d'exigences légales strictes (**II**).

I. La dénonciation fiscale : la divulgation d'une information faisant état d'une pratique illégale

672. Toute personne étrangère aux administrations publiques peut fournir des renseignements sur un contribuable ayant conduit à la découverte d'un manquement aux règles fiscales[2]. La dénonciation peut alors provenir d'un « aviseur » fiscal (**A**) ou d'un agent d'une administration publique (**B**).

---

[1] À l'exception des documents mentionnés au 3 de l'article L. 211-4 du Code du patrimoine : « 3° *Les minutes et répertoires des officiers publics ou ministériels et les registres de conventions notariées de pacte civil de solidarité* ».

[2] À l'exception des personnes déjà soumises à une obligation légale de soupçons d'infractions fiscales telles que les avocats.

A. La dénonciation par les « aviseurs » fiscaux

673. La dénonciation, dans son essence, est une pratique qui peut avoir des effets répréhensibles pénalement. Tel est le cas de la dénonciation calomnieuse qui comporte assurément des dérives. Mais elle a également ses vertus comme celle de permettre d'appréhender l'auteur d'un crime ou d'un délit[1]. C'est la raison pour laquelle en matière fiscale, et dans une certaine mesure, elle est reconnue et admise légalement (**1**). Elle est même encouragée par le procédé de la rémunération des aviseurs fiscaux (**2**).

1. Une pratique légale comportant des dérives dangereuses pour les droits des contribuables

674. L'administration peut décider de diligenter une opération de contrôle à la suite des informations qui lui ont été spontanément fournies par des tiers sur des contribuables. En principe, ces renseignements ne donnent lieu à examen que s'ils précisent la nature des agissements supposés être frauduleux. Les indicateurs et les « *aviseurs*[2] » fiscaux auxquels a recours l'administration fiscale constituent ainsi une source d'informations utiles, souvent pertinente, voire incontournable[3]. En effet, « *de même qu'il n'y a pas de bonne police sans indicateur, tous ceux qui travaillent dans les services chargés de tâches de surveillance et de contrôle savent que l'information clandestine est une clé de l'efficacité de leur travail*[4] ». L'administration fiscale dispose d'une totale liberté d'appréciation en la matière mais elle ne peut se contenter de faire état des irrégularités dénoncées sans chercher à les prouver[5]. Ainsi, les informations divulguées ne peuvent se suffire à elles-mêmes et doivent obligatoirement être étayées

---

[1] La dénonciation peut correspondre à un devoir civique afin d'alerter l'État contre les délits ou les crimes commis par des individus. De plus, de véritables obligations à la dénonciation sont instaurées ; par la loi pénale, par exemple, pour les crimes et délits d'après l'article 434-1 du Code pénal : « *Le fait, pour quiconque ayant connaissance d'un crime dont il est encore possible de prévenir ou de limiter les effets, ou dont les auteurs sont susceptibles de commettre de nouveaux crimes qui pourraient être empêchés, de ne pas en informer les autorités judiciaires ou administratives est puni de trois ans d'emprisonnement et de 45.000 euros d'amende.* ».

[2] À l'origine, la notion était tirée du vocabulaire de la douane et synonyme d'informateur. Aujourd'hui, la jurisprudence et loi l'emploient couramment. V. par exemple, Crim., 17 novembre 2004, n° 03-81.664 et Crim., 11 février 2004, n° 01-81.458 et n° 02-86.913.

[3] Albertini (J.-A.), « La dénonciation fiscale, une pratique occulte saisie par le droit », *D.* 2001, n° 39, p. 3131.

[4] Note sous CAA Lyon, 5 juillet 1994, *SARL O'Palermo*, *AJDA* 1995, p. 192.

[5] Conseil d'État, 3 mai 1961, n° 24640, *Dupont, Rec.* p. 544.

par tous autres moyens de droit ou de fait à l'appui d'éventuelles propositions de rectification[1]. L'administration se doit de procéder à des investigations de manière à confirmer ou infirmer l'information qui lui a été transmise.

675. La légitimité de la pratique de la dénonciation a été mise en cause par une partie de la doctrine pénaliste[2] notamment en raison de son caractère qualifié d'immoral, au point d'être assimilée à de la délation[3]. Si la jurisprudence et la doctrine administrative ne condamnent pas l'utilisation de la dénonciation par l'administration fiscale, il est impératif de « *mettre en balance les avantages que la société retire de la dénonciation du crime ou du délit avec les inconvénients qu'il y a à transformer chaque membre de la société en vigile de ses pairs et instaurer une surveillance mutuelle de tous par tous*[4] ». De même, la pratique de la dénonciation doit être rigoureusement encadrée, notamment en raison des risques éventuels liés à l'inexactitude des informations dénoncées, peu importe la motivation du tiers à révéler ce qu'il savait sur le contribuable. Figurant dans le même chapitre du Code pénal que les violations du secret professionnel (« *Chapitre VI : Des atteintes à la personnalité* »), la dénonciation calomnieuse est un délit défini dans les articles 226-10 à 226-12. L'article 226-10, en son premier alinéa, dispose ainsi que : « *la dénonciation, effectuée par tout moyen et dirigée contre une personne déterminée, d'un fait qui est de nature à entraîner des sanctions judiciaires, administratives ou disciplinaires et que l'on sait totalement ou partiellement inexact, lorsqu'elle est adressée soit à un officier de justice ou de police administrative ou judiciaire, soit à une autorité ayant le pouvoir d'y donner suite ou de saisir l'autorité compétente, soit aux supérieurs hiérarchiques ou à l'employeur de la personne dénoncée est punie de cinq ans d'emprisonnement et de 45.000 euros d'amende* ». C'est la raison pour laquelle le dénonciateur doit être en mesure d'établir la matérialité des faits.

---

[1] Cruvelier (E.), « Pouvoir de contrôle de l'administration fiscale », *op. cit.*, n° 24.

[2] Susini (J.), « Un chapitre de la psychologie policière : la dénonciation », *RSC* 1964, p. 887. V. également Di Marino (G.), « L'indicateur », *in* Aussel (J.-M.), Borricand (J.), Di Marino (G.), Normandeau (A.), Pradel (J.), *Problèmes actuels de science criminelle*, III, Vol. 26, 1990, PUAM, 208 p., p. 86.

[3] Il s'agit d'une dénonciation intéressée, méprisable, motivée par la cupidité, la jalousie ou la vengeance. V. également Serlooten (P.), « Morale et fiscalité des affaires », *in* Centre du droit des affaires de l'Université de sciences sociales de Toulouse, *La morale et le droit des affaires*, Montchrestien, 1996, 185 p., pp. 131-155.

[4] Lochak (D.), « La dénonciation, stade suprême ou perversion de la démocratie ? », *in L'État de droit, Mélanges en l'honneur de Guy Braibant*, Dalloz, 1996, 817 p., p. 451.

676. En outre, les informations rapportées doivent porter sur des faits graves, décrits avec précision, et justifiant un début d'enquête permettant de les corroborer afin d'identifier la fraude fiscale. En revanche, la dénonciation ne peut jamais fonder, seule, l'engagement d'une procédure de contrôle ou de perquisition fiscale. Les informations doivent également être délivrées de façon spontanée et non anonyme à l'administration. En effet, pour être recevable, la dénonciation doit être signée et indiquer l'identité du dénonciateur, dont l'administration se charge ensuite de protéger l'anonymat [1]. Les dénonciations anonymes, reçues par elle, ne sont officiellement jamais exploitées, ne faisant donc pas l'objet d'un suivi spécifique ou d'une comptabilisation[2].

677. Autrefois, l'anonymat de la dénonciation avait été admis sans pour autant être officiellement reconnu. Tel a été le cas notamment en matière de demande d'autorisation de visite domiciliaire. La Chambre commerciale avait défini les éléments de régularité d'utilisation d'une déclaration anonyme en ces termes : « *Attendu qu'il n'est pas interdit au juge de faire d'une déclaration anonyme dès lors que cette déclaration lui est soumise au moyen d'un document établi par les agents de l'administration et signée par eux, permettant ainsi d'en apprécier la teneur, et qu'elle est corroborée par d'autres éléments d'information décrits et analysés par lui*[3] ». Or, l'anonymat de la dénonciation pouvait entraîner des dérives de l'administration, en raison du fait que, étant donnée sa nature, la dénonciation anonyme interdisait au juge fiscal d'effectuer son contrôle sur le bien-fondé de la demande introduite par l'administration. D'une part, parce que la réalité d'une déclaration anonyme ne pouvait pas être vérifiée par le juge. En effet, rien n'interdisait à l'administration d'avoir recours à une dénonciation montée de toutes pièces qui lui aurait permis de justifier son action. D'autre part, « *le fait même que l'administration puisse opposer l'anonymat au juge ne permet pas au président du tribunal de grande instance de vérifier, en raison de l'opacité des éléments fournis leur origine, leur auteur, leur véracité et leur crédibilité*[4] ». Le juge s'est par exemple prononcé sur une affaire de dénonciation anonyme mettant en cause une société. D'après les accusations portées, elle aurait vendu des armes et aurait été titulaire de comptes à l'étranger sur lesquels des mouvements de fonds importants auraient été opérés. Le magistrat a estimé exploitables les

---

[1] Réponse du Ministère chargé du Budget, publiée dans le *JO* Sénat du 2 janvier 2014, p. 26.

[2] *Ibid.*

[3] Com., 15 décembre 1998, n° 97-30.122, *Garcia*, *LPA*, 26 mai 1999, n° 104, p. 9 ; Com., 15 juin 1999, n° 97-30.297, *Banque Dumenil-Leblé*, *RJF* 10/99, n° 1209.

[4] Albertini (J.-A.), « La dénonciation fiscale, une pratique occulte saisie par le droit », *op.cit.*, p. 3131.

informations divulguées : trois factures, qui n'indiquaient pas la nature des prestations effectuées, et quatre virements[1].

678. Les dérives d'une telle pratique, utilisée à des fins de recherche d'infractions fiscales sont dangereuses, attentatoires aux droits et libertés fondamentaux. L'administration qui a recueilli un certain nombre d'éléments peut faire valoir une dénonciation factice, faite anonymement. Elle enclencherait une procédure d'imposition qui, en fait, reposerait seulement sur des indices matériels[2]. La dénonciation anonyme pouvait alors entraîner des perquisitions fondées à l'origine sur de maigres indices. Alors que la raison qui pousse à révéler l'information n'est pas souvent inspirée par un motif vertueux et désintéressé, la dénonciation est encouragée pour mettre en lumière des infractions fiscales, preuve que seuls la véracité de l'information et les éléments probants qui l'étayent comptent, non pas les motifs justifiant leurs divulgations. C'est en sens que le procédé de la rémunération a été officiellement expérimenté en France.

2. La rémunération des aviseurs fiscaux

679. La dénonciation spontanée est une pratique officiellement reconnue et donc entérinée par le droit. Elle est d'ailleurs encouragée par la possibilité de rémunérer des indicateurs. À l'origine, à Rome, l'État incitait à la délation notamment en matière de fraude sur les successions par la prime d'un quart des sommes récupérées[3]. Sénèque écrivait à ce propos que « *ce fût partout comme une rage d'accuser qui épuisa Rome bien plus qu'une guerre civile*[4] ».

680. En France, le législateur a pour la première fois envisagé une rétribution des aviseurs à l'article 18 de la loi du 6 août 1905 aux termes duquel « *aucun indicateur ne peut prétendre à une remise de rémunération quelconque s'il n'est justifié par écrit que les renseignements qu'il a fournis l'ont été avant le procès-verbal*[5] ». En matière douanière, leur rémunération est fondée sur les dispositions du décret du 4 mars 1950 et fixée par un arrêté du 18 avril 1957 qui pose trois conditions : ne pas appartenir à l'administration ; fournir des informations ayant permis la découverte d'infraction ; ne pas avoir participé aux faits incriminés. En respectant ces

---

[1] Com., 1er décembre 1998, n° 96-30.226, *Société CML International*, *RJF* 2/99, n° 175.

[2] Albertini (J.-A.), « La dénonciation fiscale, une pratique occulte saisie par le droit », *op.cit.*

[3] Albertini (J.-A.), *ibid.*

[4] Boissier (G.), « Études de Mœurs romaines sous l'empire », *in* Les Délateurs, *Revue des Deux Mondes*, 2e période, T. 72, 1867, p. 305.

[5] Loi du 6 août 1905 relative à la répression des fraudes sur les vins et au régime des spiritueux

exigences, les informateurs peuvent recevoir une somme proportionnelle à la valeur des marchandises saisies, mais qui ne saurait dépasser un plafond déterminé par la loi.

681. La loi de finances pour 2017[1] a cherché à récompenser toute personne aidant, par la divulgation d'informations, à mettre au jour des infractions fiscales[2]. Un décret[3] et un arrêté[4] en ont notamment précisé les conditions. D'abord prévu à titre expérimental pour une durée de deux ans[5], le dispositif a ensuite été pérennisé par la loi n° 2018-898 du 23 octobre 2018 relative à la lutte contre la fraude[6]. Aux termes de l'article L. 10-0 AC du LPF[7], l'administration fiscale est désormais autorisée à « *indemniser* » toute personne étrangère aux administrations publiques qui lui fournit des renseignements révélant des manquements à certaines obligations fiscales. Sont en particulier visées les infractions relatives à la domiciliation en France et à la répression de l'évasion fiscale internationale ainsi qu'à l'obligation de déclarer les comptes bancaires, contrats de capitalisation et *trusts* détenus à l'étranger[8]. Les conditions et les modalités de la rémunération sont déterminées par arrêté du ministre chargé du Budget. C'est le directeur de la Direction nationale d'enquêtes fiscales (DNEF) qui soumet l'idée de rétribuer un aviseur au directeur général des finances publiques. Si ce dernier est d'accord, la rémunération est calculée selon le montant des impôts fraudés.

682. Cette politique de rétribution des aviseurs fiscaux s'inspire du rapport de l'OCDE intitulé « *Committing to Effective Whistleblower Protection* » paru en mars 2016[9] même si actuellement, la question n'est pas explicitement abordée dans les rapports de l'OCDE relatifs à

---

[1] Article 109 de la loi n° 2016-1917 du 29 décembre 2016 de finances pour 2017.

[2] Une instruction autographe du 8 mai 1973 a par exemple servi de référence pour la rémunération des indicateurs ayant conduit au constat d'une fraude. Elle indiquait notamment que la prime à son seuil « maximal » pouvait leur être versée. Une note de service du 16 décembre 1986 fixait également les règles applicables à la rémunération des aviseurs fiscaux et fournissait des informations générales relatives au montant des primes attribuables.

[3] Décret n° 2017-601 du 21 avril 2017, *JO* n° 0096, 23 avril 2017, texte n° 17.

[4] Arrêté du 21 avril 2017, *JO* n° 0096, 23 avril 2017, texte n° 23.

[5] La loi de finances pour 2022 a prorogé le dispositif d'indemnisation des aviseurs fiscaux pour les infractions fiscales les plus graves jusqu'au 31 décembre 2023.

[6] Article 21 de la loi n° 2018-898 du 23 octobre 2018.

[7] L'article a été crée par la loi n° 2019-1479 du 28 décembre 2019 de finances pour 2020.

[8] L'article L. 10-0 AC alinéa 1 du LPF énumère les manquements aux règles fiscales pouvant donner lieu à rémunération.

[9] OECD, "*Committing to Effective Whistleblower Protection*", March 16th, 2016, 216 p.

l'administration fiscale (*Tax administration reports*). Elle s'inscrit également dans le sens d'une reconnaissance du statut et de la protection des lanceurs d'alerte – nommés aussi aviseurs fiscaux – en France[1], qui s'est faite tardivement au regard des autres États membres de l'Union européenne[2]. L'adoption d'une telle mesure vise ainsi, en premier lieu, à inciter la dénonciation de pratiques fiscales illégales. Mais rappelons qu'elle est facultative. En deuxième lieu, en ayant recours à ce genre de méthode, il s'agit de renforcer les performances du contrôle fiscal qui fait état de « *fragilités préoccupantes*[3] ».

683. Par ailleurs, la rétribution d'aviseurs fiscaux existe déjà dans d'autres États, qui garantissent généralement le secret de l'identité de l'informateur, comme l'Australie, avec le programme *Tax informant*, depuis le 1er juillet 2018[4]. Le Royaume-Uni est déjà coutumier du dispositif puisque depuis 2009, sur un site internet dédié au *Her Majesty's Revenue and Customs* (HMRC)[5], elle recueille les dénonciations fiscales. Mais, officieusement, depuis 2005, les informations étaient déjà communiquées par l'intermédiaire de lignes téléphoniques confidentielles[6]. L'informateur peut être rémunéré même lorsqu'il ne divulgue que des informations partielles sur l'existence d'une fraude fiscale (commise par des ressortissants britanniques, au Royaume Uni ou à l'étranger), ou des éléments succincts mais jugés significatifs par les autorités[7]. Les barèmes de rémunération ne sont pas publics. Sait-on tout au plus par exemple, qu'en 2013, les informateurs ont reçu des indemnités de l'ordre de 400.000 livres et que les gratifications peuvent être comprises entre 10 et 15%[8].

---

[1] Loi dite « *Sapin II* » n° 2016-1691 du 9 décembre 2016 relative à la transparence, à la lutte contre la corruption et à la modernisation de la vie économique.

[2] *Supra :* Partie I, Titre II, Chapitre II, Section II.

[3] Cour des comptes, *Rapport annuel 2016*, La Documentation française, février 2016, p. 378.

[4] V. *Treasury Laws Amendment (Enhancing Whistleblower Protections) Act 2019* et Transparency.org, *Whistleblowing reforms in Australia show the way*, 11 février 2019. https://voices.transparency.org/whistleblowing-reforms-in-australia-show-the-way-7c4e373ef660 (consulté le 16 septembre 2018).

[5] Département non-ministériel du gouvernement du Royaume-Uni chargé du recouvrement des taxes et du paiement de certains services fournis par l'État, ainsi que des cotisations à la sécurité sociale britannique.

[6] Government of the United Kingdom, *Report tax evasion* : https://www.gov.uk/report-an-unregistered-trader-or-business (consulté le 16 septembre 2018).

[7] Servière (S.-F.), « Contrôle fiscal : le retour des aviseurs fiscaux », *Fondation IFRAP*, 20 décembre 2016.

[8] Servière (S.-F.), *ibid.*

684. Un autre État a déjà appliqué ce système de rétribution. Le Canada a en effet créé, en 2003, le « *Canada Revenue Agency*[1] » (CRA), et mis en place un dispositif de rémunération des informateurs fiscaux (*tax informant*), grâce au « *Informant Leads Program* ». Cette mesure se décline de deux façons. D'abord, le « *Stop internal tax evasion program* » permet à l'aviseur fiscal d'obtenir 5 à 15 % des sommes collectées, s'il détient des informations susceptibles d'engendrer des procédures de rectification fiscale de plus de 100.000 dollars. Ensuite, le « *Offshore Tax Informant Program* » (OTIP) a été instauré contre les pratiques d'évasions fiscales à l'étranger. Le barème de la rétribution est identique.

685. Aux États-Unis, le dispositif relatif à l'*Internal Revenue Service* (IRS) *Whistleblower Law* et inscrit dans le Code des États-Unis[2] existe en matière fiscale depuis 1867[3], puis a été repris dans le « *False Claims Act*[4] » de 1986. La loi américaine, notamment par le dispositif de l'« *IRS Informant Award* » prévoit deux types de récompenses[5]. Si les taxes, pénalités, intérêts et autres montants en litige dépassent 2 millions de dollars et que quelques autres critères sont remplis, l'IRS versera 15 à 30% du montant recouvré (15% à compter de 2 millions de dollars)[6]. L'IRS a également mis en place un programme de récompense pour les autres lanceurs d'alerte – généralement pour les montants litigieux n'atteignant pas le seuil de 2 millions de dollars en cas de litige ou impliquant un contribuable ayant un revenu brut inférieur à 200.000 dollars[7]. Il offre moins de récompenses, puisque le maximum de la rémunération va de 15% à 10 millions de dollars. Toutefois, dès lors que des poursuites judiciaires sont engagées, les informateurs ne peuvent plus en bénéficier. Par ailleurs, certaines

---

[1] Agence du gouvernement fédéral dont la fonction principale est de mettre en œuvre le droit fiscal fédéral. En outre, elle gère certains programmes sociaux ou économiques.

[2] *United States Code*, soit en français Code des États-Unis, v. n° 25 U.S.C. § 7623.

[3] Schwartz Miralles (J.), « Les récompenses financières des lanceurs d'alertes, portent-elles atteinte aux droits fondamentaux ? Le cas du droit américain », *La revue des droits de l'homme*, 12 juillet 2016.

[4] Loi fédérale américaine promulguée lors de la guerre de Sécession afin de protéger l'État contre la fraude d'entreprises ayant passé des contrats publics. La loi est l'un des mécanismes associés au *whistleblowing*.

[5] Le dispositif sera ensuite complété par des mesures spécifiques sur la régularisation des avoirs détenus à l'étranger, *Offshore Voluntary Disclosure Program* (2009), *Initiative* (2011*), Program* (2012).

[6] Servière (S.-F.), *Contrôle fiscal : le retour des aviseurs fiscaux, op. cit.* Ces règles se trouvent dans *Internal Revenue Code* IRC Section 7623 (b) - Règles de dénonciation. V. aussi *l'Internal Revenue Code* IRC Section 7623 (a) - Programme de traitement des demandes des informateurs.

[7] IRS, Whistleblower - Informant Award :
https://www.irs.gov/compliance/whistleblower-informant-award.

professions réglementées, comme celles des comptables et des avocats, n'y ont pas droit d'office, puisqu'elles sont assujetties à une obligation de confidentialité à l'égard de leurs clients. Ce système de rétribution, d'ailleurs très lucratif, a par exemple, permis l'enrichissement de Bradley Birkenfeld, ex-banquier et lanceur d'alerte dans l'affaire UBS. En 2007, ses dénonciations ont causé à son employeur, la plus grande banque suisse de gestion de fortune dans le monde, accusée de fraude fiscale aux États-Unis, une amende de 780 millions de dollars. Il aurait été rémunéré 75 millions de dollars pour ses informations[1].

686. « *Tous les moyens sont bons quand ils sont efficaces*[2] ». Dans le cadre de la lutte contre la fraude et l'évasion fiscales, peu importent les motivations qui justifient la dénonciation (vengeance, cupidité, jalousie…), seuls comptent la véracité de l'information et le résultat de la recherche de l'infraction fiscale. Or, si le moyen peut paraître discutable sur le plan éthique et moral[3], sur le plan fiscal, la pratique a eu des effets retentissants, ne serait-ce que du point de vue médiatique, avec la mise en lumière de certaines affaires : *Luxleaks, Panama Papers, Paradise Papers…* La dénonciation a engendré une prise de conscience qui s'est traduite, en matière législative, par l'adoption concomitante de certaines mesures du projet BEPS. Elle est donc utile à l'administration fiscale. Si pour les aviseurs fiscaux, la dénonciation est une faculté, pour les fonctionnaires, elle est obligatoire.

B. La dénonciation à des fins fiscales par le fonctionnaire

687. Les fonctionnaires ont l'obligation de déroger à leur secret professionnel pour préserver l'ordre public[4] s'ils ont eu connaissance d'un crime ou d'un délit dans l'exercice de leurs fonctions, ou s'ils détiennent des informations établissant l'existence d'une fraude fiscale[5]. En effet, aux termes de l'article 40 du CPP[6], « *le procureur de la République reçoit les*

---

[1] Lire Duval (J.-B.), « Procès UBS : Bradley Birkenfeld, le lanceur d'alerte devenu millionnaire », *Huffington Post*, 8 octobre 2018.

[2] Citation de Jean-Paul Sartres dans « Les Mains sales », pièce de théâtre en sept tableaux, écrite en 1948.

[3] Lochak (D.), « L'alerte éthique, entre dénonciation et désobéissance », *AJDA* 2014, p. 2237.

[4] Conseil d'État, 29 novembre 1982, n° 28305, *RJF* 1/83, n° 53. Les sommes ayant pour origines des détournements de fonds opérés à l'occasion d'une activité professionnelle de comptable sont imposables dans la catégorie des bénéfices non commerciaux. Lire à ce propos Chevalier (J.-P.), « Confidentialité et droit fiscal », *RIDC*, Vol. 50, n° 2, avril-juin 1998, pp. 611-628, p. 617.

[5] *Supra :* Partie I, Titre II, Chapitre II, Section I.

[6] BOI-CF-COM-10-50-20120912.

plaintes et les dénonciations et apprécie la suite à leur donner conformément aux dispositions de l'article 40-1.

688. « *Toute autorité constituée*[1], *tout officier public ou fonctionnaire qui, dans l'exercice de ses fonctions, acquiert la connaissance d'un crime ou d'un délit est tenu d'en donner avis sans délai au procureur de la République et de transmettre à ce magistrat tous les renseignements, procès-verbaux et actes qui y sont relatifs* ».

689. Ces dispositions générales s'appliquent à tous les crimes ou délits constatés au cours des opérations de contrôle fiscal et particulièrement lors des vérifications de comptabilité. Elles illustrent ainsi l'article 226-14 du Code pénal imposant la révélation du secret. C'est le cas en ce qui concerne les activités liées au trafic de drogue, à l'extorsion de fonds, à l'exercice illégal de la médecine, à la prostitution...Tous les gains réalisés à l'occasion de ces activités répréhensibles, voire criminelles, sont inévitablement imposés au titre des bénéfices non commerciaux. Dès lors que l'administration fiscale a eu connaissance de tels revenus, elle doit en faire part à d'autres administrations, c'est-à-dire aux autorités judiciaires dans les conditions prévues par l'article 40 du CPP.

690. Par ailleurs, son corollaire, l'article L. 101 du LPF dispose que « *L'autorité judiciaire doit communiquer à l'administration des finances toute indication qu'elle recueille, à l'occasion de toute procédure judiciaire, de nature à faire présumer une fraude commise en matière fiscale ou une manœuvre quelconque ayant eu pour objet ou pour résultat de frauder ou de compromettre un impôt.*

691. « *L'administration des finances porte à la connaissance du juge d'instruction ou du procureur de la République, spontanément dans un délai de six mois après leur transmission ou à sa demande, l'état d'avancement des recherches de nature fiscale auxquelles elle a procédé à la suite de la communication des indications effectuée en application du premier alinéa*[2] ». Dans ce cadre, les magistrats du parquet peuvent communiquer à l'administration fiscale des dossiers en instance devant toute juridiction civile ou criminelle spontanément ou sur sa demande préalable[3]. Les informations ainsi recueillies lui permettent de rechercher les infractions fiscales pour les sanctionner. Pourtant, la nature de l'obligation pesant sur les

---

[1] Dans le langage courant, cette notion vise d'une manière générale les magistrats et les hauts fonctionnaires investis d'un pouvoir reconnu. Le Littré précise qu'il s'agit des pouvoirs et fonctionnaires établis par une constitution pour gouverner. V. Réponse du Ministère de la justice publiée dans le *JO* Sénat du 1er octobre 2009, p. 2308 à la Question écrite n° 08239 de M. Jean-Pierre Demerliat.

[2] Conseil d'État, 22 novembre 1978, n° 06557, *RJ*, n° IV, p. 70. V. aussi Conseil d'État, 3 décembre 1990, n° 103101, *Société Antipolia*, *Dr. fisc.* 1991, n° 7, comm. 259, concl. Arrighi de Casanova (J.).

[3] Article L. 82 C du LPF.

fonctionnaires en cas de détention d'informations sur l'existence de fraude fiscale soulève des questions.

692. En principe, le non-respect d'une obligation entraîne l'application de sanctions, sinon, elle est vidée de sa substance. Ce qui la caractérise donc en premier lieu, c'est sa portée coercitive. Or, l'obligation de dénoncer instituée par les articles précités n'est assortie d'aucune sanction en cas de manquement[1]. C'est pourquoi dans les faits, elle est facultative, comme pour les aviseurs fiscaux. Les fonctionnaires qui remplissent cette obligation peuvent bénéficier en outre de la protection des lanceurs d'alertes[2]. En revanche, ils ne peuvent en aucun cas, demander ou obtenir rémunération pour leurs informations. Pour la mise en œuvre des procédures d'imposition à l'encontre du contribuable, les informations recueillies par l'administration fiscale ne peuvent être utilisées que si cette dernière s'affranchit de certaines obligations et dans le respect des droits du contribuable.

II. L'utilisation par l'administration fiscale, sous conditions, de l'information divulguée par les tiers

693. L'administration fiscale doit informer le contribuable, lorsqu'elle met en œuvre une procédure de rectification, de l'origine et de la teneur des renseignements fournis par les tiers (**A**). De même, en matière probatoire, l'utilisation par l'administration des informations communiquées par les tiers doit être licite et se faire dans le respect des droits de la défense du contribuable (**B**).

A. L'obligation de renseigner l'origine et la teneur des informations obtenues des tiers

694. Aux termes de l'article L. 76 B du LPF, il incombe à l'administration, d'informer le contribuable, avec une précision suffisante, de l'origine[3] et de la teneur[4] des renseignements obtenus – même oralement[1]

---

[1] Crim., 13 octobre 1992, n° 91-82456, JurisData n° 1992-003307 ; *Bull. crim.* n° 320. V. *Supra :* Partie I, Titre II, Chapitre II, Section I.

[2] Loi n° 2016-1691 du 9 décembre 2016 relative à la transparence, à la lutte contre la corruption et à la modernisation de la vie économique.

[3] Conseil d'État, 29 juillet 1998, n° 171541, *Prual*, *RJF* 10/98, n° 1223 ; Conseil d'État, 6 décembre 1995, n° 126826, *SA Samep*, *RJF* 1/96, n° 61, chron. Goulard (G.) ; *BDCF* 1/96, p. 62 ; Conseil d'État, 13 octobre 1999, n° 181010 et n° 181209, *Époux Blanc*, *RJF* 12/99, n° 1582.

[4] Conseil d'État, 7 mai 1980, n° 8255, *RJF* 6/80, n° 499 ; Conseil d'État, 14 mai 1986, n° 59590, *Petitdemange*, *RJF* 7/86, n° 719, concl. Racine (P.-F.) ; *Dr. fisc.* 1986, n° 40, comm. 1674.

– grâce à des tiers, sur lesquels elle s'est fondée pour motiver ses propositions de rectifications, et de lui communiquer les documents qu'il a demandés avant la mise en recouvrement des impositions[2]. L'administration fiscale est donc tenue à deux contraintes : respecter le droit du contribuable à être informé et lui permettre l'accès aux pièces demandées.

695. En outre, la proposition de rectification doit préciser les conditions de leur obtention (droit de communication, procédure de visite et de saisie, questionnement…)[3], l'identité du tiers auprès duquel la procédure a été menée (autorité fiscale étrangère, autorité judiciaire, entreprise,…) et la nature du document, c'est-à-dire le support de l'information (document administratif, procès-verbal, facture, contrat…)[4]. En revanche, sont par exemple exclues de cette obligation : les informations publiques[5] ; des données comparatives concernant une ou plusieurs autres personnes ou le

---

[1] Conseil d'État, 29 décembre 2000, n° 209523, *Rouch*, *RJF* 3/01, n° 341, concl. Mignon (E.) ; *BDCF* 3/01, n° 42.

[2] Conseil d'État, 22 février 2017, n° 398168, *SNC Invest OM*, *Dr. fisc.* 2017, n° 20, comm. 311 et Conseil d'État, 21 novembre 2018, n° 410741, *RJF* 4/19, n° 366, concl. Daumas (V.) : « *L'obligation faite à l'administration fiscale, qui découle de la première phrase de cet article [article L. 76 B du LPF], d'informer le contribuable de l'origine et de la teneur des renseignements qu'elle a utilisés pour procéder à des rectifications a pour objet de permettre à celui-ci, notamment, de discuter utilement leur provenance ou de demander que les documents qui, le cas échéant, contiennent ces renseignements soient mis à sa disposition avant la mise en recouvrement des impositions qui en procèdent, afin qu'il puisse vérifier l'authenticité de ces documents et en discuter la teneur ou la portée. La méconnaissance par l'administration de ces dispositions, qui constituent une garantie pour l'intéressé, demeure sans conséquence sur le bien-fondé de l'imposition s'il est établi qu'eu égard à la teneur du renseignement, nécessairement connu du contribuable, celui-ci n'a pas été privé, du seul fait de l'absence d'information sur l'origine du renseignement, de cette garantie. En revanche, lorsqu'en application de la deuxième phrase du même article, le contribuable en fait la demande à l'administration, celle-ci est tenue de lui communiquer les documents en sa possession qu'elle a obtenus auprès de tiers et qu'elle a utilisés pour établir les redressements, même si le contribuable a pu avoir par ailleurs connaissance de ces renseignements* ».

[3] Conseil d'État, 30 septembre 1996, n° 139846, *Lebœuf*, *RJF* 11/96, n° 1325, concl. Bachelier (G.) ; *BDCF* 6/96, p. 38. V. aussi : Conseil d'État, 27 avril 2009, n° 295346, *Bouget*, *RJF* 7/09, n° 667, chron. Daumas (V.), p. 547, concl. Escaut (N.) ; *BDCF* 7/09, n° 81.

[4] Perrotin (F.), « L'obligation d'information de l'Administration ne s'étend pas aux renseignements connus du contribuable », *LPA*, 30 juin 2016, n° 130, p. 4.

[5] Conseil d'État, 3 mai 2011, n° 318676, *Ministre c/ Arbogast*, *RJF* 7/11, n° 851, concl. Collin (P.) ; *BDCF* 7/11, n° 89. La loi autorisant le public à accéder aux comptes annuels des sociétés par actions, ils sont consultables au greffe du tribunal de commerce ou du tribunal judiciaire.

secteur d'activité dont relève le contribuable[1] ; les informations communiquées annuellement par des tiers à la fois à l'administration[2] et au contribuable telles que les imprimés fiscaux relatifs aux gains de cession de valeurs mobilières[3] ; les déclarations sur les traitements et salaires adressées à l'administration par les employeurs en application de l'article 87 du CGI[4]. De même, l'obligation d'information de l'administration ne s'étend pas aux renseignements déjà connus du contribuable[5].

696. Le non-respect de ces exigences entache la procédure d'irrégularité et entraîne la décharge des impositions fondées sur l'utilisation de ces renseignements et documents. Toutefois, l'irrégularité commise par l'administration dans la procédure d'imposition ne constitue pas une irrégularité substantielle de nature à vicier la procédure d'imposition « *dès lors qu'eu égard à la teneur du renseignement, nécessairement connu du contribuable, celui-ci n'est pas privé, du seul fait de l'absence d'information sur l'origine du renseignement, de la possibilité de discuter utilement le redressement litigieux*[6] ».

697. En outre, ces obligations voient leurs portées limitées par le secret professionnel qui incombe à l'agent des finances publiques, prévu à l'article L. 103 du LPF[7], ou à tout autre fonctionnaire[8]. L'administration ne peut donc

---

[1] Conseil d'État, 20 juillet 2007, n° 288145, *Dessille*, *RJF* 11/07, n° 1288 ; *Dr. fisc.* 2007, n° 48, comm. 1013, concl. Olléon (L.), note Pierre (J.-L.) ; Conseil d'État, 4 février 2013, n° 336592, *Paulin*, *RJF* 4/13, n° 421, concl. Hedary (D.) ; *BDCF* 2/13, n° 46 : Le juge administratif a considéré qu'il ne découle pas de la loyauté de la procédure d'imposition une obligation d'informer le contribuable de l'origine des données comparatives. En effet, la motivation de la proposition de rectification constitue déjà une garantie suffisante. Si l'administration fiscale procède à une rectification fiscale sur des éléments de comparaison issus de données chiffrées appartenant à d'autres entreprises, la proposition de rectification doit être motivée selon des exigences particulièrement fortes. V. notamment, Conseil d'État, 27 juillet 2012, n° 325436, *Catusse*, *RJF* 11/12, n° 1041, chron. Bokdam-Tognetti (E.), *RJF* 3/13, n° 219.

[2] Conseil d'État, Avis, 21 décembre 2006, n° 293749, *Duguay*, *RJF* 3/07, n° 314, concl. Collin (P.) ; *BDCF* 3/07, n° 32.

[3] Conseil d'État, 31 mars 2010, n° 297305, *Petit, RJF* 6/10, n° 618, concl. Burguburu (J.) ; *BDCF* 6/10, n° 67, chron. Daumas (V.) ; *RJF* 2/11, n° 123.

[4] Lire pour plus de précisions Labrune (N.), « Garanties relatives aux documents et renseignements obtenus de tiers : l'équilibre reste d'actualité », *RJF* 5/16, n° 393.

[5] Conseil d'État, 17 mars 2016, n° 381908, *Ministre des finances et des comptes publics c/ Monsterleet, Rec.* p. 75

[6] Conseil d'État, 7 novembre 2008, n° 301642, *Fontana et Madame de Framon, Rec.* p. 672 ; *RFJ* 1/09, n° 646, concl. Olléon (L.) ; *Dr. fisc.* 2008, n° 52, comm. 646.

[7] BOI-CF-PGR-30-10-20171004.

[8] V. Crim., 6 juillet 1894, *DP* 1899, n° 1, p. 171 : à propos d'un policier appelé à témoigner devant une cour d'assises et qui s'est retranché derrière son secret professionnel pour ne pas révéler le nom de ses informateurs.

pas communiquer au contribuable des informations confidentielles, couvertes par un secret protégé par la loi sauf execeptions prévues par le législateur[1]. Ces dernières sont dès lors occultées dans les documents communiqués. Dans le cas des dénonciations, l'anonymat du tiers est préservé[2]. Seules les informations permettant de vérifier leur véracité peuvent faire l'objet d'une divulgation auprès du contribuable. La lettre de dénonciation ne peut jamais être communiquée par exemple. Par ailleurs, en matière probatoire, l'information doit avoir été divulguée de manière licite.

B. La licéité de la divulgation de l'information en matière probatoire

698. Le juge contrôle la licéité des informations produites par l'administration fiscale. Pour la Cour de cassation, les preuves présentées par l'administration, la police ou un juge d'instruction doivent avoir été obtenues légalement. En revanche, un particulier, lui, peut produire des preuves acquises illégalement (des documents volés par exemple) : le juge ne peut les écarter de ce fait, il doit examiner leur force probante[3]. Par conséquent, le juge qui autorise une visite domiciliaire, en vertu de l'article L. 16 B LPF, ne peut se référer aux documents fournis par l'administration fiscale que s'ils sont obtenus et détenus par celle-ci « *de manière apparemment licite*[4] ». Les documents utilisés pour fonder l'autorisation judiciaire doivent donc avoir une origine licite, ce qui n'est évidemment pas le cas lorsque les pièces ont été soustraites frauduleusement.

699. Cette règle a été rappelée lors de l'affaire médiatique *HSBC Private Bank* dans laquelle un employé de la banque suisse avait récupéré au sein de son entreprise, au moyen d'un piratage informatique, des données contenant l'identité de contribuables français et les avait faites parvenir au procureur de la République de Nice[5]. Ce dernier les avait ensuite transmises à

---

[1] Cette limite avait déjà été posée dans Cour de cassation, Avis, 21 décembre 2006, n° 293749, *Duguay*, *RJF* 3/07, n° 314, concl. Collin (P.) ; *BDCF* 3/07, n° 32.

[2] *Supra :* Présent Chapitre, Section I, § 2, I.

[3] Crim., 15 juin 1993, n° 92-82.509, *Bull. crim.* n° 210.

[4] Com., 27 novembre 1991, n° 90-17.969, *Michaut et Entreprise Jean Lefebvre*, *D.* 1992, n° 122, concl. Jeol, noteTexidor (R.) ; *Dr. fisc.* 1992, comm. 789 ; *RJF* 1/92, n° 81 ; Com., 15 juin 1999, n° 97-30.098, *Association « Au coeur de la communication »*, *RJF* 10/99, n° 1208.

[5] Com., 31 janvier 2012, n° 11-13.097, *Dr. fisc.* 2012, n° 12, comm. 207, note Detraz (S.) ; *D.* 2012, n° 496 ; *Dr. des sociétés* 2012, p. 389, note Lopez (C.) ; *RTD com.* 2012, p. 419, obs. Neau-Leduc (P.). V. aussi Com., 21 février 2012, n° 11-15.162, JurisData n° 2012-002896 ; *Dr. fisc.* 2012, n° 16, comm. 262, étude Salomon (R.), n° 9 ; *Procédures* n° 4, 2012, comm. 137, note Ayrault (L.) ; Conseil constitutionnel, 4 décembre 2013, n° 2013-679 DC, *Loi n° 2013-1117 du 6*

l'administration fiscale, en application de l'article L. 101 du Livre des procédures fiscales. L'information ainsi recueillie avait conduit le ministre chargé du Budget en 2012, Éric Woerth, à mettre en demeure les personnes concernées de régulariser leur situation avant la fin de l'année civile. L'origine illicite des renseignements utilisés a cependant très vite été révélée[1]. La Cour de cassation devait déterminer s'il était possible au juge des libertés et de la détention d'autoriser une visite domiciliaire sur la base de pièces obtenues de manière illicite alors même que, si le détournement de données informatiques n'était pas contesté, les documents avaient légalement été transmis par le procureur de la République par le biais de l'article L. 101 du Livre des procédures fiscales. La Cour tranche finalement le litige en affirmant que le procureur de la République ne peut pas transmettre, comme le prévoit l'article L. 101 du LPF, des documents volés ou détournés, ou présumés comme tels, pour appuyer une demande de visites et saisies domiciliaires. Par conséquent, leur détention et leur utilisation par les services fiscaux sont illégales[2].

700. Par ailleurs, un jugement a estimé qu'une déclaration anonyme ne peut pas, à elle seule, justifier de demande d'autorisation de visite domiciliaire, selon l'article L. 16 B du LPF, auprès du juge judiciaire[3]. En ce qui concerne la communication de documents volés et recelés par les auteurs des dénonciations, le Conseil d'État admet définitivement que la circonstance que certaines pièces utilisées aient été ultérieurement déclarées nulles par le juge pénal était sans effet sur la régularité de la procédure fiscale[4]. Par conséquent, le fait que ces informations aient été dérobées demeure sans incidence sur la régularité de la procédure d'imposition[5]. Les juges du fond ont toutefois apporté une précision intéressante : l'administration ne peut s'appuyer, pour établir des rectifications fiscales, sur des pièces qu'elle a elle-même, obtenues de manière manifestement illicite[6]. Autrement dit, il ressort de divers arrêts que l'administration fiscale peut fonder une opération de contrôle sur des éléments qui lui ont été régulièrement fournis, quand bien même l'informateur les aurait lui-même illégalement acquis : l'indépendance de la procédure pénale et de la procédure fiscale entraîne pour conséquence que la régularité des

---

décembre 2013 relative à la lutte contre la fraude fiscale et la grande délinquance économique et financière, *Constitutions* 2014, p. 76, obs. La Mardière (C. de).

[1] Ayrault (L.), « Documents volés joints à une requête et communiqués par l'autorité judiciaire », *Procédures fiscales*, avril 2012, n° 4, comm. 137. V. aussi *Supra :* Partie II, Titre I, Chapitre I, Section II, § 1, II, B.

[2] V. *Supra :* Partie II, Titre I, Chapitre I, Section II, § 1, II, B.

[3] Com., 15 juin 1999, n° 97-30 297, *Banque Dumenil-Leblé*, *RJF* 10/99, n° 1209 ; *D.* 1999, *IR* p. 194.

[4] Conseil d'État, 6 décembre 1995, n° 126826, *SA Samep*, *RJF* 1/96, n° 61.

[5] Conseil d'État, 3 décembre 1990, n° 103101, *SA Antipolia*, *RJF* 2/91, n° 200.

[6] CAA Lyon, 5 juillet 1994, n° 92-392, *RJF* 10/94, n° 1122.

informations communiquées n'est appréciée qu'au regard de la seule procédure fiscale. *A contrario,* la procédure fiscale est viciée si l'administration a elle-même diligenté une procédure irrégulière afin d'obtenir ces documents. En outre, la divulgation et l'utilisation de l'information doivent se faire dans le respect des droits de la défense du contribuable[1]. Elle doit également veiller à se conformer au principe de la loyauté de la procédure d'imposition[2] ainsi qu'au principe d'égalité des armes[3] .

Conclusion de la Section I

701. La divulgation présente juridiquement deux versants : un droit à accéder à l'information confidentielle et un droit à la communiquer que l'administration fiscale garantit aux administrés, dans les limites déterminées par la loi. Ces droits sont désormais inscrits dans le Code des relations entre le public et l'administration. Mais la divulgation implique également un autre aspect qui est l'utilisation de l'information, notamment dans le cadre de l'exercice des prérogatives de puissance publique de l'administration. Dans la mise en œuvre des procédures d'imposition, l'administration fiscale n'est autorisée à se servir des renseignements obtenus des tiers que dans un cadre légal strict. En matière probatoire par exemple, la divulgation s'effectue conformément au principe de la loyauté de la preuve. Elle doit être licite. Cette divulgation ne peut avoir lieu que si l'administration s'affranchit de certaines obligations auprès du contribuable. Elle doit ainsi toujours s'accomplir en considération des droits de ce dernier.

Section II. La divulgation publique en matière fiscale

702. L'information, en matière fiscale, peut être accessible à tous, sans condition liée à la qualité ou à un quelconque éventuel intérêt à agir. La

---

[1] Conseil d'État, 31 octobre 1990, n° 51223, *Centre des infirmières danoises diplômées*, *RJF* 12/90, n° 1513, concl. Collin (P.) ; *BDCF* 3/07, n° 32 et Conseil d'État, Avis, 21 décembre 2006, n° 293749, *Duguay*, *RJF* 3/07, n° 314. Également, lire Travard (J.), « L'article L. 16 B du Livre des procédures fiscales. Nouvelles interrogations sur la conventionnalité des perquisitions fiscales », *Revue juridique de l'Ouest*, 2011, pp. 307-324.

[2] Glaser (E.), « Droit de communication : quelles garanties pour le contribuable ? », chron. *RJF* 9/08, p. 787 ; Conseil d'État, 29 décembre 2000, n° 209523, *Rouch*, *RJF* 3/01, n° 341 ; *BDCF* 3/01, n° 42, concl Mignon (E.).

[3] Conseil d'État, 2 février 2015, n° 371929, *Levy-Cerf*, *RJF* 4/15, n° 341 ; *BDCF* 4/15, n° 23, concl. Daumas (V.).

divulgation s'effectue ainsi par la publicité : elle porte à la connaissance du public des données sur la fiscalité (**§ 1**). La Convention judiciaire d'intérêt public (CJIP) a également été crééé dans cette perspective : la loi n° 2016-1691 du 9 décembre 2016 introduit un mécanisme permettant au procureur de la République de conclure une transaction avec une personne morale mise en cause pour certaines infractions telles que la fraude fiscale. Contrairement à la transaction fiscale, les modalités de mise en œuvre de la CJIP[1], les faits constitutifs de l'infraction commise, l'audience de validation judiciaire de la convention et la sanction prononcée à l'encontre de la personne morale sont rendus publics. Toutefois, sa mise en œuvre n'est pas sans soulever certaines problématiques au regard des principes rattachés à la publicité et aux droits fondamentaux (**§ 2**).

§ 1. La publicité en matière fiscale

703. Le secret renvoie à la non accessibilité de l'information, à l'inverse de la publicité qui, elle, contribue à la transparence. En matière fiscale, la publicité consiste à révéler publiquement des éléments de la situation fiscale personnelle d'un contribuable ou d'une ou plusieurs catégories de contribuables nommément désignés. Le secret ne peut plus être opposé par l'administration fiscale. La situation du contribuable peut ainsi être connue de tous, soit par la publicité de l'impôt prévue aux articles L. 111 à L. 112 A du LPF (**I**), soit par la publicité des débats et du prononcé du jugement (**II**). La publicité fiscale vise dès lors à inciter le contribuable à respecter ses obligations envers l'administration fiscale, notamment dans un objectif de lutte contre la fraude et l'évasion fiscales. Toutefois, – nous l'étudierons –, elle porte nécessairement atteinte au secret fiscal et à ses droits fondamentaux.

I. La publicité de l'impôt

704. Le champ d'application de la publicité de l'impôt est strictement encadré (**A**) mais dans son principe, elle interroge sur sa compatibilité avec les droits et liberté fondamentaux du contribuable (**B**).

[1] V. Agence française anticorruption, *Lignes directrices sur la mise en œuvre de la Convention judiciaire d'intérêt public*, 26 juin 2019, 18 p.

A. Un champ d'application strictement encadré

705. La publication de listes de contribuables et de renseignements les concernant déroge au secret fiscal[1]. La Cour européenne des droits de l'homme a en effet, jugé que le secret fiscal était légitime mais ne pouvait être considéré comme étant absolu puisque tout contribuable peut consulter la liste des personnes imposables dans sa commune et le montant de leur impôt[2]. Nous en détaillerons les fondements légaux (**1**). Si un tiers peut avoir accès aux éléments de la situation fiscale personnelle d'un contribuable, il lui est interdit de les divulguer s'il les a obtenus dans le cadre de la publicité de l'impôt (**2**).

1. Les fondements légaux de la publicité de l'impôt

706. La publicité de l'impôt a été organisée par l'article 5 de la loi du 4 avril 1926 portant création de nouvelles ressources fiscales. Des éléments de la situation fiscale personnelle du contribuable peuvent désormais être connus de tous [3]: aux mentions de son adresse, de son nom de famille et de la première lettre de son prénom, ont été ajoutés le montant de son revenu[4], l'indication du nombre de parts retenu pour l'application du quotient familial[5], le montant de son revenu imposable ainsi que le montant de l'impôt mis à sa charge[6].

707. Dès 1926, la loi permettait aux contribuables d'obtenir, dans les mairies, la communication de la liste des personnes assujetties à l'impôt. La loi du 23 décembre 1946 a de plus, fait mettre à la disposition des administrés, les listes des contribuables soumis à la taxe professionnelle, à la surtaxe et à l'impôt sur les sociétés[7]. De même, l'article L. 111 du LPF prévoit que la liste des contribuables à l'impôt sur le revenu et à l'impôt sur les sociétés peut être consultée à la Direction départementale des services fiscaux par les contribuables du ressort territorial dont ils dépendent[8]. Pour

---

[1] V. Bouchet F.), « Publicité Fiscale », *JCl. Procédures fiscales*, Fasc. n° 319, 2015.

[2] CEDH, 21 janvier 1999, n° 00029183/95, *Fressoz et Roire c/ France, Rec.* 1999-I, *RJF* 3/99, n° 367 ; *LGP,* 25-27 juillet 1999, p. 18, note Lambert (P.) ; *LPA,* 4 août 1999, n° 154, note Marie (R.). V. aussi Mignon, « Y a-t-il encore un secret fiscal ? », *RJF* 3/99, p. 178 ; *JCP* 1999, II, n° 10120, note Derieux (E.) ; Marie (R.), « Secret fiscal et liberté de la presse », *LPA*, 4 août 1999, n° 154, p. 11.

[3] Genevois (B.), « L'application du principe de proportionnalité aux amendes fiscales », *RFDA*, 1988, n° 4, p. 352.

[4] Article 38 de la loi n° 46-2914 du 23 décembre 1946.

[5] Article 9 de l'ordonnance n° 59-246 du 1959.

[6] Article 3 du décret n° 72-548 du 30 juin 1972.

[7] Albert (J.-L.), Pierre (J.-l.), Richer (D.), *Dictionnaire de droit fiscal et douanier*, Paris, Ellipses Marketing, 2007, pp. 508-509, p. 508.

[8] V. *Supra :* Partie II, Titre II, Chapitre I, Section I, § 1, I, A.

chaque commune, deux listes sont tenues. L'une concerne les personnes assujetties à l'impôt sur le revenu, l'autre regroupe celles assujetties à l'impôt sur les sociétés. La publicité de l'impôt doit répondre à une obligation stricte d'interdiction de divulgation des informations communiquées.

2. L'interdiction de divulgation des informations obtenues dans le cadre de la publicité de l'impôt

708. Si tout contribuable peut demander à avoir connaissance du montant de l'impôt à la charge d'un autre contribuable[1], il lui est interdit d'en faire publiquement état. En effet, « *La publicité de l'impôt est régulière tant qu'elle demeure individuelle ; elle devient illicite lorsque la connaissance des mêmes informations est collective*[2] ». L'article L. 111 – I *ter* du LPF interdit formellement la diffusion ou la publication, par tout moyen, des listes de contribuables ou de toute indication figurant sur ces listes se rapportant aux personnes nommément désignées. La violation de cette interdiction entraîne l'application de l'amende fiscale prévue à l'article 1762 du CGI, lequel énonce que « *toute infraction aux dispositions de l'article L. 111 du livre des procédures fiscales, relatif à la publicité de l'impôt, est punie d'une amende égale au montant des impôts divulgués* ». En outre, aux termes de l'article 1772 1 5° du CGI, « *1. Sont passibles, indépendamment des sanctions fiscales édictées par le présent code, d'une amende de 4.500 euros et d'un emprisonnement de cinq ans : [...]*
« *5° Quiconque publie ou fait publier, par tout autre moyen que celui prévu à l'article L. 111 du livre des procédures fiscales, tout ou partie des listes de contribuables visées audit article* ».

709. Si le service fiscal compétent est en mesure d'établir que ces informations ont été communiquées à des tiers, alors l'amende sera prononcée à l'encontre du contrevenant. Il lui adressera un courrier lui indiquant son montant, les motifs de droit et de fait qui en justifient l'application ainsi que le délai de trente jours dont il dispose pour faire parvenir ses observations. Le délai expiré, l'administration fiscale procèdera au recouvrement de l'amende[3]. Par ailleurs, le droit pénal prévoit qu'un contribuable, qui a vu publiés ses revenus ou son impôt, se plaigne en justice. L'administration informe alors le procureur de la République, du

---

[1] Article L. 111-I du LPF alinéa 3 : « *La liste est tenue par la direction départementale des finances publiques à la disposition des contribuables qui relèvent de sa compétence territoriale. L'administration peut en prescrire l'affichage* ».

[2] La Mardière (C. de), *La preuve en droit fiscal,* Paris, Lexis Nexis, Litec, 2009, 324 p., p. 84.

[3] BOI-DJC-SECR-10-20-90, § 110.

délit commis, comme l'indique le Code de procédure pénale, en son article 40[1]. Cette divulgation, à l'insu du contribuable, viole en effet, ses droits fondamentaux. C'est pour cette raison qu'il convient d'étudier leur compatibilité avec la publicité.

B. La compatibilité de la publicité de l'impôt avec les droits et libertés fondamentaux du contribuable

710. La publicité des informations touchant le contribuable provient, certes, du droit à l'information, mais elle semble mettre à mal le respect de la vie privée et refléter des contradictions dans la jurisprudence constitutionnelle (**1**). Néanmoins, elle se révèle un moyen indispensable pour dénoncer les ruptures d'égalité devant l'impôt (**2**).

1. Une atteinte manifeste à la vie privée du contribuable

711. La publicité peut apparaître contraire au principe du respect de la vie privée lorsque le législateur a exceptionnellement permis d'une part, la consultation, par des créanciers alimentaires, des éléments relatifs au débiteur ou au bénéficiaire de la pension domicilié dans un autre département (**a**) et, d'autre part, l'instauration d'un registre public des *trusts* (**b**).

a. L'accès aux listes des contribuables : une atteinte jugée compatible avec le droit au respect de la vie privée

712. En principe, si les informations détenues par une direction départementale des finances publiques ne sont accessibles qu'aux contribuables domiciliés fiscalement dans son ressort, le bénéficiaire d'une pension alimentaire, désigné par décision de justice, peut avoir accès aux déclarations de ressources du débiteur (et inversement, le débiteur peut consulter celles du bénéficiaire), s'il est domicilié dans un autre département[2]. Pour ce faire, il doit pouvoir justifier de sa qualité auprès de la DGFiP : c'est-à-dire produire une pièce officielle d'identité ainsi que le jugement qui prévoit à son profit ou à sa charge le versement d'une pension alimentaire[3].

---

[1] *Ibid.* Également, v. *Supra :* Partie I, Titre I, Chapitre II, Section I.

[2] V. *Supra :* Partie II, Titre II, Chapitre I, Section I, § 1, I, A.

[3] Par exception au principe selon lequel la consultation s'exerce en présentiel dans les locaux de la direction, la demande peut être effectuée par correspondance lorsque le demandeur ne réside pas dans le département. Dans ce cas, la demande doit être accompagnée d'une photocopie d'une pièce officielle d'identité et d'une copie du jugement qui prévoit la pension alimentaire.

713. Les droits d'accès à ces informations personnelles – élargis au créancier comme au débiteur alimentaire – sont pourtant des atteintes manifestes à la vie privée. En effet, « *la faculté offerte à l'administration de prescrire l'affichage de ces documents (article L. 111, 2e alinéa, du Livre des procédures fiscales) et la possibilité existant actuellement pour certains tiers d'avoir accès à ces informations (article R. 111-3 du même livre) porte des atteintes évidentes aux droits de l'homme tels qu'ils sont définis à l'article II de la Déclaration des droits de l'homme et du citoyen de 1789, à laquelle se réfère le préambule de la Constitution. Cette divulgation d'information concernant le revenu et le patrimoine des individus est en effet contraire au droit de chaque citoyen au respect de sa vie privée et peut permettre à des personnes peu scrupuleuses d'obtenir les informations permettant de perpétrer, à l'encontre de certains contribuables, des agissements (chantage, enlèvement avec demande de rançon) incompatibles avec la sûreté que reconnaît à chaque citoyen la Constitution*[1] ». Dans une décision du 29 décembre 1983[2], le Conseil constitutionnel avait été saisi pour se prononcer sur la constitutionnalité de la loi de finances de 1984 notamment sur l'article 114 intitulé « *mesure visant à permettre une meilleure transparence fiscale* ». L'article prévoyait une série de nouvelles mentions à ajouter aux listes. Par exemple, pour la liste concernant l'impôt sur le revenu, l'indication du montant de l'impôt et du nombre des parts du quotient familial, celle du revenu imposable et de l'avoir fiscal. L'article précité complète aussi la liste concernant l'impôt sur les grandes fortunes avec la mention du montant de l'impôt mis à la charge de chaque redevable et de l'indication de la valeur du patrimoine déclaré. Les sénateurs auteurs de la saisine, alléguaient que ces dispositions méconnaissaient la liberté individuelle consacrée par l'article 2 de la DDHC duquel découle le droit au secret de la vie privée. Selon eux, elles institueraient une dérogation aux règles du secret fiscal au profit de créanciers d'aliments sans en définir précisément la portée[3].

714. Le Conseil constitutionnel a rejeté le grief en considérant que ces dispositions étaient « *de nature à améliorer la sincérité des déclarations fiscales*[4] ». Il confirme l'utilité de la mesure sans pour autant se prononcer sur la question du secret fiscal en ce qui concerne la publicité de l'impôt[5]. Or, aucune obligation au secret ne pèse à l'égard de ces créanciers

---

[1] Conseil constitutionnel, 29 décembre 1983, n° 83-164 DC, *Loi de finances pour 1984*, *Rec.* p. 67.
[2] *Ibid.*
[3] *Ibid.,* cons. 35.
[4] *Ibid.,* cons. 44.
[5] Le Moal (A.), *Le secret en droit fiscal français*, *op. cit.*, p. 53 ; Lamarque (J.), Négrin (O.), Ayrault (L.), *Droit fiscal général,* Paris, Lexis Nexis, 4e éd., 2016, 1638 p., p. 332.

d'aliments qui pourront continuer à utiliser ces informations devant les juridictions judiciaires. En ce sens, la publicité de l'impôt apparaît en son principe, contradictoire : elle représente en effet, une garantie pour les créanciers alimentaires, mais reste compatible avec le principe du respect de la vie privée – d'après le Conseil constitutionnel – alors qu'elle dévoile des mentions touchant directement à la situation fiscale du contribuable[1]. Le raisonnement du Conseil diverge, en revanche, au sujet de la publicité du registre des *trusts* qui a également été jugée comme une atteinte manifeste au droit au respect de la vie privée.

b. La publicité du registre des *trusts* : une atteinte jugée incompatible avec le droit au respect de la vie privée

715. Afin de lutter contre la fraude fiscale et la grande délinquance économique et financière, le législateur avait instauré un registre public des *trusts*[2]. Il recensait les *trusts* ayant un lien territorial avec la France, et dont l'un au moins des constituants, bénéficiaires ou administrateurs, a son domicile fiscal en France ou y a un bien ou un droit, au sens de l'article 750 *ter* du CGI. L'instauration d'un tel registre public avait pour visée de s'inscrire dans un courant général de lutte pour la transparence économique et fiscale. L'exposé des motifs de la loi n° 2013-1117 du 6 décembre 2013, qui était venue modifier l'article 1649 AB alinéa 2 du CGI, disposait en ce sens : « *cet amendement vise à instaurer un registre public des trusts, comme existe un registre des entreprises. L'objectif de ce registre est de permettre plus de transparence sur ces montages juridiques opaques par lesquels transite 80% de l'évasion fiscale*[3] ». Pourtant, le 23 juin 2016, le décret[4] visant les modalités de mise en œuvre pratique de ce registre a fait

---

[1] Le Moal (A.), *op. cit.*, p. 56.

[2] Bendelac (E.), « Le registre public des trusts et sa saga législative », *LPA*, 17 février 2017, n° 035, p. 7. Afin de permettre à l'administration fiscale d'être informée de l'existence de *trusts* étrangers ayant un lien territorial avec la France, l'article 1649 AB du CGI impose à leurs administrateurs, depuis 2011, une déclaration relative à la constitution, la modification ou l'extinction, ainsi qu'au contenu des termes du *trust* (alinéa 1) ; et, tous les ans, une déclaration de la valeur vénale au 1er janvier de l'année des biens, droits ou produits capitalisés au sein du *trust* (alinéa 6). Le non-respect de l'une de ces obligations est passible d'une sanction édictée à l'article 1736 IV *bis* du CGI lequel prévoit que « *les infractions à l'article 1649 AB sont passibles d'une amende de 20.000 euros ou, s'il est plus élevé, d'un montant égal à 12,5% des biens ou droits placés dans le trust ainsi que des produits qui y sont capitalisés* ».

[3] Exposé des motifs de l'amendement n° 68 du 14 juin 2013 pris dans le cadre de la loi n° 2013-1117du 6 décembre 2013.

[4] Le législateur renvoyait à un décret en Conseil d'État le soin de définir les modalités de consultation de celui-ci (articles 368 à 368 C du CGI). En vertu des

l'objet d'un référé-suspension. Considérant l'argument selon lequel l'accès libre à des données personnelles porterait une atteinte disproportionnée au droit au respect de la vie privée comme suffisamment sérieux, le juge des référés du Conseil d'État avait fait droit à ce recours en prononçant la suspension temporaire du registre par l'ordonnance du 22 juillet 2016[1].

716. Parallèlement à la procédure de référé-suspension, une QPC a ensuite été renvoyée devant le Conseil constitutionnel. Ainsi, par une décision du 21 octobre 2016[2], le Conseil a déclaré que le registre public des *trusts*[3], était contraire à la Constitution, au motif qu'il porte « *une atteinte disproportionnée au respect de la vie privée* ». Si, en effet, il reconnaît qu'« *en favorisant, par les dispositions contestées, la transparence sur les trusts, le législateur a entendu éviter leur utilisation à des fins d'évasion*

---

dispositions issues du décret du 10 mai 2016 (Décret n° 2016-567, 10 mai 2016, *RFP* 2016, alerte 144), toute personne pouvait obtenir, par voie électronique, la délivrance des informations relatives au *trust* par une procédure sécurisée d'authentification, dont les modalités avaient été fixées par l'arrêté du ministre chargé du Budget du 21 juin 2016 (Arrêté 21 juin 2016, *JORF,* n° 0153 du 2 juillet 2016, texte n° 12).

[1] Conseil d'État, ordonnance, 22 juillet 2016, n° 400913, *Mme B*....

[2] Conseil constitutionnel, 21 octobre 2016, n° 2016-591 QPC, *Mme Helen S.*, *JORF* n° 0248 du 23 octobre 2016, texte n° 38 ; *JO*, 21 octobre 2016 ; *Defrénois,* 7 novembre 2016, n° 136, p. 9, p. 11 ; *LGP,* 6 décembre 2016, n° 281, p. 43 : Le Conseil constitutionnel ne sanctionnait pas le principe même d'un registre, mais son caractère public sans restriction aucune. Après cette déclaration d'inconstitutionnalité, le législateur a très vite réécrit cette disposition en limitant l'accès aux registres à certaines autorités. Lire à cet effet, Calle (P.), « Le phénix du registre public des *trusts* », *Defrénois*, 7 septembre 2017, n° 127, p. 56 ; Bendelac (E.), « Le registre public des *trusts* et sa saga législative », *LPA*, 17 février 2017, n° 035, p. 7.

[3] La loi donne une définition du *trust*, qui figure à l'article 792-0 *bis*, I, § 1 du CGI : « *Pour l'application du présent code, on entend par trust l'ensemble des relations juridiques créées dans le droit d'un État autre que la France par une personne qui a la qualité de constituant, par acte entre vifs ou à cause de mort, en vue d'y placer des biens ou droits, sous le contrôle d'un administrateur, dans l'intérêt d'un ou de plusieurs bénéficiaires ou pour la réalisation d'un objectif déterminé* ». Le constituant est défini comme étant « *soit la personne physique qui l'a constitué soit, lorsqu'il a été constitué par une personne morale, la personne physique qui y a placé des biens ou des droits* » (Article 792-0 *bis*, I, § 2 CGI). Il s'agit donc toujours d'une personne physique, mais qui peut avoir constitué son propre *trust* ou avoir recouru à un *trust* déjà créé ou bien par une personne physique administrateur de profession, ou bien par une personne morale. La loi assimile ainsi à celui qui a créé le *trust*, celui qui y a apporté des biens. Est *réputé* constituant du *trust* le bénéficiaire, dès lors que le *trust* perdure après le décès du constituant initial (Article 792-0 *bis*, II, § 3 CGI). Ces structures juridiques qui permettent de cacher l'identité des propriétaires réels d'actifs, sont au cœur des scandales de fraude et d'évasion fiscales, mais aussi de corruption ou encore de blanchiment d'argent.

fiscale et de blanchiment des capitaux. Il a ainsi poursuivi l'objectif de valeur constitutionnelle de lutte contre la fraude et l'évasion fiscales (point 5) », le Conseil constitutionnel énonce que « *la mention, dans un registre accessible au public, des noms du constituant, des bénéficiaires et de l'administrateur d'un trust fournit des informations sur la manière dont une personne entend disposer de son patrimoine. Il en résulte une atteinte au droit au respect de la vie privée. Or, le législateur, qui n'a pas précisé la qualité ni les motifs justifiant la consultation du registre, n'a pas limité le cercle des personnes ayant accès aux données de ce registre, placé sous la responsabilité de l'administration fiscale. Dès lors, les dispositions contestées portent au droit au respect de la vie privée une atteinte manifestement disproportionnée au regard de l'objectif poursuivi. Par conséquent, sans qu'il soit besoin d'examiner les autres griefs, le deuxième alinéa de l'article 1649 AB du Code général des impôts doit être déclaré contraire à la Constitution* (point 6) ».

717. Cette décision s'inscrit dans la continuité de la jurisprudence du Conseil constitutionnel en matière de contrôle de proportionnalité[1]. À cet effet, il mesure l'impact des mesures prises par le législateur, dans le cadre de la lutte contre la fraude et l'évasion fiscales, sur les libertés fondamentales[2]. Les Sages indiquaient en effet, que lorsque le législateur adoptait des telles mesures, il lui incombait de les concilier avec « *le respect des autres droits et libertés constitutionnellement protégés, au nombre desquels figure le droit au respect de la vie privée qui découle de l'article 2 de la Déclaration des droits de l'homme et du citoyen de 1789* ». Le Conseil constitutionnel ne sanctionnait pas le principe même d'un registre, mais son caractère public sans restriction aucune[3]. Après cette déclaration d'inconstitutionnalité, le législateur a très vite réécrit cette disposition[4] en

---

[1] Conseil constitutionnel, 29 décembre 2013, n° 2013-684 DC, *Loi de finances rectificative pour 2013, AJDA* 2014, 2517, p. 5

[2] Pannetier (S.), Khayat (M.), « Censure du registre public des *trusts* : vie et mort d'un OVNI juridique », *Dr. fisc.* 2016, n° 48, comm. 620.

[3] Lire Calle (P.), « Le phénix du registre public des *trusts* », *Defrénois,* 2017, n° 17, p. 56.

[4] L'ordonnance du 1er décembre 2016 (Ordonnance n° 2016-1635 du 1er décembre 2016, *RFP* 2017, alerte 4) renforçant le dispositif français de lutte contre le blanchiment et le financement du terrorisme, instaure, à son article 10, une nouvelle version du registre des *trusts* à l'article 1649 AB du CGI. Désormais, cet article institue un accès sans restriction pour les autorités compétentes et les cellules de renseignement financier, et une consultation encadrée pour les « entités assujetties » dont la profession exige une vigilance particulière face au blanchiment et au financement du terrorisme, comme les avocats, les notaires, les huissiers, les mandataires judiciaires, les commissaires-priseurs, les experts-comptables, les sociétés de domiciliation, les établissements financiers, la Banque de France, et

limitant l'accès aux registres à certaines autorités[1]. En tout état de cause, alors que le registre initial des *trusts* était accessible à tout contribuable français, la diffusion des données issues du nouveau dispositif est nécessairement plus restreinte et respecte en ce sens la portée de la décision du Conseil constitutionnel, car elle suppose de justifier d'un intérêt légitime à la consultation des données[2].

718. Cette solution peut paraître justifiée car le régime d'accessibilité qui caractérisait ce registre des *trusts* était extrêmement souple[3]. Dans la décision de renvoi précité, le Conseil d'État relevait en effet que « *ce registre [pouvait] être consulté par des tiers, non investis d'une mission de service public, et dispensés de justifier de tout intérêt légitime aux fins d'une telle consultation* (point 12) ». L'arrêté du 21 juin 2016 relatif aux conditions d'accès et d'utilisation des informations contenues dans le registre public des *trusts* précisait que « *toute personne physique ou morale ayant une occurrence fiscale en France par l'intermédiaire de son représentant légal [pouvait] consulter le registre public des trusts* ». Le renvoi opéré par le législateur au pouvoir réglementaire afin de déterminer les modalités de consultation du registre n'était assorti d'aucune indication particulière. Il aurait été à craindre une utilisation des informations à des fins malhonnêtes, encourageant une certaine forme de voyeurisme relativement mal venue, notamment en matière fiscale. Dans de telles conditions, il ne pouvait qu'être mis en exergue l'argument d'inconstitutionnalité eu égard à l'objet même de l'article 1649 AB du CGI. Ainsi, la consultation de ce registre, placé sous la responsabilité de l'administration fiscale, par des tiers « *non investis d'une mission de service public et dispensés de justifier de tout intérêt légitime aux*

---

divers organismes publics et privés notamment (article L. 561-2 du Code monétaire et financier).

[1] L'article L. 561-46 du Code monétaire et financier (crée par l'ordonnance n° 2016-163 du 1er décembre 2016, article 8) énumère ces autorités : la cellule de renseignement financier nationale mentionnée à l'article L. 521-23 du Code monétaire et financier ; les autorités judiciaires ; les agents de l'administration des douanes agissant sur le fondement des prérogatives conférées par le Code des douanes ; les agents habilités de l'administration des finances publiques chargés du contrôle et du recouvrement en matière fiscale et les autorités de contrôle mentionnées à l'article L. 561-36 du Code monétaire et financier. Les personnes assujetties à des obligations particulières liées à la lutte contre le blanchiment et le financement du terrorisme, mentionnées à l'article L. 561-2 du Code monétaire et financier ont également accès au registre dans le cadre d'au moins une des mesures de vigilance citées aux articles L. 561-4-1 à L. 561-14-2 du Code monétaire et financier.

[2] Marguerite (É.) et Debat (O.), « *Trust* - Inconstitutionnalité du caractère public du registre des *trusts* », *RFP* 2017, n° 1, comm. 1, pp. 28-31, p. 28.

[3] Lire Peyen (L.), « Le registre public des *trusts* et la vie privée des contribuables », *in Procédures fiscales - Aperçu rapide, Dr. fisc.* 2016, n° 48, act. 662.

fins d'une telle consultation[1] », a suffi à caractériser l'atteinte manifeste à la vie privée. Ce qui n'est pas le cas pour les créanciers alimentaires pour lesquels il existe un intérêt à la consultation : c'est-à-dire un droit à agir en justice en rapportant la preuve d'un manquement à une obligation du débiteur. Si l'instauration d'une telle mesure a été favorisé par un contexte de lutte contre la fraude et l'évasion fiscales, elle ne pouvait se faire à n'importe quel prix. La publicité a la fonction plus utile encore de caractériser des ruptures d'égalité devant l'impôt.

2. La publicité de l'impôt : un outil pour caractériser des ruptures d'égalité devant l'impôt

719. La publicité de l'impôt peut, par ailleurs, être un moyen indispensable dans la lutte contre la fraude et l'évasion fiscales. Elle remet en lumière le principe de l'égalité de l'impôt. Les listes étant consultables par tous, les contribuables peuvent s'assurer que les autres contribuables apportent leurs contributions aux charges publiques en fonction de leurs facultés contributives. Aussi, il n'est pas rare que le montant de l'impôt soit connu de tous s'il est rapporté dans la presse[2]. En effet, « *les dispositions relatives à la publicité de l'impôt permettent finalement à tout journaliste de révéler, par l'intermédiaire d'un contribuable du département dont l'anonymat peut être conservé sans aucune difficulté, le montant d'impôt sur le revenu versé par n'importe quelle personnalité publique, ainsi que les mentions qui vont avec : revenu imposable, parts de quotient familial, avoir fiscal*[3] ». À ce titre, la publicité de l'impôt est justifiée par la liberté d'expression et permet de dénoncer des ruptures d'égalité devant l'impôt. Ainsi, la condamnation d'un journaliste pour recel de copies d'avis d'imposition – obtenues à l'aide d'un fonctionnaire des impôts alors coupable du délit de violation du secret professionnel –, a été jugée disproportionné face aux buts légitimes poursuivis par le législateur, compte tenu de l'intérêt de la société démocratique à garantir la liberté de la presse[4].

---

[1] V. aussi Conseil d'État, référé, 22 juillet 2016, n° 400913, *Mme. S*, *Dr. fisc*. 2016, n° 48, comm. 621.

[2] À titre d'exemple : Cassel (B.), Pelloli (M.), « Airbnb n'a payé que 92.944 euros d'impôts en France en 2016 », *Le Parisien*, 7 août 2017.

[3] Mignon (E), « Y a-t-il encore un secret fiscal ? », *RJF* 3/99, p. 183. Lire également Looten (J.-P.), « Le fisc est-il soumis au secret professionnel ? », *Lamy fiscal* 2000, 10 août 1998, § 6851. Du même auteur : Looten (J.-P.), « Le secret fiscal : un objectif légitime qu'il faut bien se garder d'atteindre », *Nouvelles Fiscales*, 15 juin 2016, n° 1180, pp. 24-32.

[4] CEDH, Grande Chambre, 21 janvier 1999, n° 29183/95, *Fressoz et Roire c/ France, Rec.* 1999-1. La Cour européenne des droits de l'homme relate ainsi les faits du litige : Le 27 septembre 1989, le Canard enchaîné a fait paraître un article signé

La Cour européenne avait alors conclu à la violation, par la sanction du juge interne, de l'article 10 de la Convention européenne de sauvegarde des droits de l'homme[1]. Par ailleurs, la publicité des jugements fiscaux se révèle un moyen de dissuader et de lutter contre les infractions fiscales.

II. La publicité de la justice en matière fiscale

720. Véritable principe fondamental gouvernant le fonctionnement de la justice, la publicité s'applique aussi bien lors des audiences contentieuses

---

par M. Roire, intitulé ainsi : "*Calvet met un turbo sur son salaire*" et suivi du sous-titre suivant : "*Ses feuilles d'impôt sont plus bavardes que lui. Le patron de Peugeot s'est accordé 45,9 % de mieux en deux ans*". Cette information avait été révélée par une source sur la base des trois dernières feuilles d'impôt du PDG. Le juge pénal, saisi du litige à l'initiative de la victime, condamna les auteurs. La Cour de cassation (Com., 3 avril 1995, n° 93-81569, *Bull. crim.*, n° 142) confirma la condamnation, mais en termes prudents, en notant que seul était caractérisé le recel de documents provenant d'une violation du secret professionnel. Elle a aussi précisé qu'une information échappait au champ d'application du recel et que, dès lors, sa publication contestée ne relèverait que des dispositions légales spécifiques à la liberté de la presse ou de la communication audiovisuelle. La CEDH, tout en ne contestant pas que les informations litigieuses provenaient de « *documents conservés par l'Administration fiscale* » a relevé, dans son arrêt du 21 janvier 1999, que la publication des salaires de M. Calvet intervenait dans le cadre d'un débat sur les salaires, lié à un conflit interne à son entreprise et constituait ainsi « *une contribution à un débat public d'intérêt général* ». Elle a aussi rappelé que « *selon la Cour de cassation, les questions patrimoniales concernant une personne menant une vie publique, tel un dirigeant d'une grande entreprise, ne relèvent pas du domaine de la vie privée* ». Dans ces conditions, la Cour a estimé devoir plus particulièrement déterminer si l'objectif de préservation du secret fiscal, légitime en lui-même, « *offrait une justification pertinente et suffisante à l'ingérence* ». S'appuyant sur la circonstance que « *comme le gouvernement l'a admis, une certaine transparence existe quant à la connaissance des salaires et à leur augmentation... Si la publication des avis d'imposition était en l'espèce prohibée, les informations qu'ils véhiculaient n'étaient plus secrètes. D'ailleurs, les salaires des dirigeants des grandes entreprises, tels que M. Calvet, sont régulièrement publiés dans des revues financières, et le second requérant a affirmé, sans être contesté, s'être référé à ce type d'informations pour vérifier l'ordre de grandeur des salaires de l'intéressé. La protection des informations en tant que confidentielles ne constituait donc pas un impératif prépondérant* ». La Cour a donc conclu que la condamnation des journalistes était disproportionnée aux buts légitimement poursuivis. Par conséquent, il y a bien eu violation de la liberté d'expression.

[1] Article 10 Conv. EDH alinéa 1 : « *Toute personne a droit à la liberté d'expression. Ce droit comprend la liberté d'opinion et la liberté de recevoir ou de communiquer des informations ou des idées sans qu'il puisse y avoir ingérence d'autorités publiques et sans considération de frontière* ».

fiscales (**A**) que pour le prononcé des décisions de justice (**B**). Celle-ci est dès lors perçue comme une sanction du contribuable pour manquements aux règles pénales et fiscales.

A. La publicité des audiences contentieuses fiscales

721. La publicité des audiences contentieuses fiscales est un principe qui a été codifié dans la législation française (**1**). Pour l'administration fiscale, il constitue un moyen d'organiser la défense de ses agents mis en cause publiquement (**2**).

1. Les fondements légaux de la publicité des audiences

722. Si la publicité est reconnue par l'article 6 de la Convention européenne des droits de l'homme en tant que principe général applicable à toutes les juridictions administratives[1], pour le Conseil constitutionnel, « *il n'existe aucun principe général du droit prescrivant la publicité des débats en toute matière et devant toute juridiction*[2] ». Toutefois, aux termes de l'article L. 6 du Code de justice administrative, « *les débats ont lieu en audience publique* ».

723. Depuis le 1er janvier 1984[3], tous les litiges relatifs au contentieux, tant de l'assiette que du recouvrement des impôts, droits, taxes et redevances prévus au CGI, ainsi que des amendes fiscales correspondantes, sont jugés en séances publiques, quel que soit l'ordre de juridiction compétent pour statuer[4]. Cette disposition, codifiée à l'article L. 199 B du LPF, a généralisé une mesure déjà appliquée devant les tribunaux judiciaires, mais qui était écartée devant les tribunaux administratifs pour les litiges relatifs aux impôts sur le revenu et taxes accessoires, ainsi qu'aux amendes fiscales correspondantes. De même, ladite disposition ayant été d'application immédiate, tous les jugements intervenus depuis cette date en matière d'impôt sur le revenu ou d'impôt sur les sociétés, ont dû, à peine de nullité, être rendus en séance publique[5]. La mise en œuvre d'une telle mesure a pour justification de dissuader les éventuels fraudeurs, les décisions rendues

---

[1] CEDH, 29 octobre 1991, n° 12631/87, *Fejde c/ Suède*, série A n° 212-C, pp. 67-69, p. 68, § 28.

[2] Conseil constitutionnel, 8 novembre 1988, n° 88-1113 DC, *Rec.* p. 197 ; *AIJC* 1988, 412, obs. Genevois ; Le Moal (A.), *Le secret en droit fiscal français*, *op. cit.*, p. 56.

[3] Article 93, II de la loi de finances n° 83-1179 pour 1984 du 29 décembre 1983.

[4] Le Moal (A.), *op. cit.*, p. 57.

[5] Instruction DGI 27 avril 1984, *Dr. fisc.* 1984, n° 21-22, instr. 8056 ; ce moyen peut être soulevé d'office (Conseil d'État, 29 juillet 1983, n° 34578, *Dr. fisc.* 1984, n° 1, comm. 31, concl. Rivière (P.)).

servant ainsi d'exemple[1]. Pour autant, le législateur n'a pas exclu de procéder à des audiences en huis-clos, par dérogation aux dispositions de l'article L. 6 du CJA, si l'affaire présente un caractère particulièrement sensible[2]. Il arrive très rarement que l'audience se déroule sans le public : c'est le président de la formation de jugement qui en décide. Le magistrat se fonde par exemple sur la sauvegarde de l'ordre public ou sur le respect de l'intimité des parties, pour déterminer si des informations doivent rester secrètes[3]. Le principe de publicité des débats peut ainsi être modulé en fonction de considérations d'ordre public ou privé. Il permet par ailleurs à l'administration fiscale de défendre ses agents.

2. La publicité au service de la défense et de la protection des agents des impôts

724. Le caractère public des jugements fiscaux est susceptible d'être utilisé par l'administration fiscale afin d'organiser la défense de ses agents mis en cause publiquement, et nominativement par exemple, notamment par les organes de presse, dans le cadre de l'exercice de leur mission. Dans les situations où ce mode de défense apparaît opportun et utile, il pourra être fait état, après accord de l'administration centrale, conformément aux droits de rectification et de réponse institués par la loi du 29 juillet 1881 sur la presse, des jugements fiscaux rendus à l'encontre des contribuables concernés[4]. Une autre hypothèse est possible : celle que cette mise en cause est non nominative[5]. Dès lors, une simple explication insérée dans la presse, par exemple, pourra donner, sous les mêmes réserves, les mêmes informations.

725. Par ailleurs, il arrive que les jugements fiscaux de certaines affaires soient publiés, dans la presse notamment. L'administration, de cette façon, justifie, auprès de l'opinion publique, le bien-fondé de la position qu'elle a adoptée à l'égard des redevables concernés. Toute initiative dans ce cas est toutefois soumise à l'autorisation de la Direction générale des Finances publiques. Dans les diverses situations évoquées ci-dessus, seuls les renseignements contenus dans les jugements fiscaux prononcés après le 1er

---

[1] Le Moal (A.), *op. cit.*, p. 57.

[2] Le Moal (A.), *ibid.*

[3] Article L. 731-1 du Code de justice administrative et BOI-CTX-ADM-10-70-10-20120912. V. également Blin (M.), « Les moyens des services et les dispositions spéciales », Sénat, Rapport général n° 62, T. III (fait au nom de la Commission des Finances, du contrôle budgétaire et des comptes économiques de la Nation sur le projet de loi de finances pour 1984), p. 93.

[4] Bouchet (F.), « Publicité Fiscale », *JCl. Procédures fiscales*, Fasc. n° 319, 2015, *op. cit.*

[5] Il s'agit de griefs formulés à l'encontre de l'administration des impôts prise dans son ensemble, mais pas à l'égard d'un agent nommément désigné

janvier 1984 sont susceptibles d'être ainsi publiés, à l'exclusion de tous autres éléments d'information se rapportant à la situation fiscale des contribuables intéressés, qui demeurent couverts par le secret professionnel[1]. Il convient de s'intéresser à la publicité des décisions de justice en tant que sanction du contribuable condamné.

B. La publicité du prononcé de la décision de justice ou la « publicité-sanction »

726. La publicité du prononcé des décisions de justice évoque certaines pratiques de *name and shame* visant à dissuader la commission d'infractions fiscales[2]. Elle porte en effet à la connaissance du public les agissements du contribuable, ses manquements à la loi. Cette exposition s'analyse donc comme une forme de sanction du contrevenant.

727. Le jugement paraît d'abord dans le *Journal officiel de la République française*, puis il est intégralement ou non repris dans les journaux choisis par le juge[3]. Il peut aussi être publié pendant trois mois là où le condamné a son domicile, sur des panneaux spéciaux, ou bien sur son lieu de travail (sur la porte extérieure du bâtiment)[4]. Il arrive que les jugements de condamnation rendus par les tribunaux correctionnels entraînent des mesures de publicité spécifiques lorsqu'ils sanctionnent les manœuvres frauduleuses visées à l'article 1741 du CGI ou les agissements réprimés dans l'article 1743[5] ; les infractions fiscales énumérées aux articles 1771 à 1775 du CGI[6] ;

---

[1] V. Instruction 13 K-4-84, 22 mai 1984 ayant trait, notamment, à l'utilisation de la publicité des jugements fiscaux.

[2] V. *Supra :* Partie II, Titre I, Chapitre I, Section III, § 2, III.

[3] Article 1776 du CGI. V. aussi les conditions d'affichage et de diffusion de la décision de justice aux articles 131-35 ou 131-39 du Code pénal.

[4] La Chambre criminelle a estimé, s'agissant d'un maître-assistant de Faculté de droit, que les locaux universitaires dans lesquels l'intéressé exerçait ses activités ne pouvaient être considérés comme son établissement professionnel (Crim., 19 mai 1983, n° 82-93433, *Dr. fisc.* 1984, n° 6, comm. 227). Voir, pour plus de détails, le JurisClasseur Procédures fiscales, Fascicule 705.

[5] Lorsqu'il s'agit de délits passibles de sanctions pénales pour manœuvres frauduleuses (délits visés aux articles 1741 et 1743 du CGI, tels que soustraction frauduleuse à l'impôt, passation volontaire d'écritures inexactes ou fictives, fourniture de renseignements inexacts en vue de l'obtention d'agréments), la publicité est obligatoirement prescrite par le tribunal correctionnel qui a rendu le jugement de condamnation. Cette mesure s'applique que le contribuable soit en situation de récidive ou non. Les poursuites sont engagées dans les conditions prévues aux articles L. 229 à L. 231 du LPF.

[6] S'agissant des sanctions visées aux articles 1771 à 1775 du CGI (en particulier celle de l'article 1772, 1, 5°, qui a trait au délit de publication de listes de contribuables par un moyen autre que celui prévu à l'article L. 111 du LPF), l'article

la récidive de l'article 1789 du CGI[1] ; en cas d'infraction aux dispositions relatives à la déclaration de récolte ou de stock de vins[2]. La publicité des jugements instituée par l'article 93, II de la loi de finances pour 1984[3] constitue également une mesure de publicité-sanction à l'encontre des détracteurs de l'administration, lorsque cette dernière entend défendre ses agents mis en cause publiquement à raison de l'exercice de leur mission[4]. Mais la véritable publicité-sanction est celle ordonnée par le juge conformément aux dispositions de l'article 1741 du CGI, ou celle demandée par l'administration selon les termes de l'article 1776 du CGI. La Cour de cassation a pu juger, dans ce cadre, que le respect de la vie privée protégé par l'article 8 de la Convention européenne des droits de l'homme, ne fait pas obstacle à l'affichage et à la publication des décisions de justice[5].

728. La constitutionnalité[6] de l'article 1741 du Code général des impôts avait également été soulevée : dans une décision QPC du 10 décembre 2010, le Conseil constitutionnel a considéré que son quatrième alinéa était contraire à la Constitution[7]. Il obligeait le juge à faire publier, dans le *Journal officiel*, le jugement de la condamnation qu'il avait prononcée, et le

---

1776 du CGI prévoit que la publicité du jugement ne sera ordonnée que sur requête préalable de l'administration. La mise en œuvre de cette mesure implique donc une collaboration des ministères des Finances et de la Justice, en vue de définir les cas de recours à la publicité. V. notamment deux circulaires du 9 octobre 1972, respectivement adressées par le Garde des sceaux aux procureurs généraux et par le Directeur général des impôts aux directeurs des services fiscaux.

[1] Il s'agit du cas où un contrevenant, ayant encouru depuis moins de trois ans une des amendes fiscales ou des majorations prévues aux articles 1729, 1729 B et 1734 du CGI, commet intentionnellement une nouvelle infraction.

[2] Article 1818 du CGI.

[3] Loi n° 83-1179 du 29 décembre 1983 de finances pour 1984.

[4] Pour plus de précisions, lire Auby (J.-M.), « Le principe de la publicité et le droit public », *in Travaux du VIe Colloque des Instituts judiciaires*, Annales de la Faculté de droit de Toulouse, 1968, T. XVI, fasc. 1, pp. 255-269.

[5] Crim., 26 mars 1990, n° 89-82.637, *Blanchet Louis c/ Ministre de l'Économie, des Finances et de l'Industrie*, *Rec.* p. 405 ; *Dr. fisc.* 1991, n° 14, comm. 785 ; *Bull. crim.* 1990, p. 352.

[6] La Cour de cassation a, quant à elle, eu l'occasion d'affirmer la compatibilité de l'article 1741 du CGI avec les principes de la Convention européenne des droits de l'homme (Crim., 7 mars 2001, n° 00-82538, *Bull. crim.* 2001, n° 60, p. 202). Elle a jugé qu'une peine ne peut être prononcée que si la culpabilité de l'auteur d'une fraude fiscale a été reconnue par le juge pénal et que la cause de cette infraction a été examinée par un tribunal indépendant et impartial. Toutefois, les exigences résultant du droit au procès équitable, garanti par la CEDH, ne conduisent pas à la reconnaissance du principe constitutionnel d'individualisation des peines au sens que le Conseil constitutionnel donne à ce principe.

[7] Conseil constitutionnel, 10 décembre 2010, n° 2010-72/75/82 QPC, *M. Alain D. et autres*, *D.* 2011, n° 929, note Bouloc (B.). Lire Le Moal (A.), *op. cit.*, p. 58.

contraignait à en ordonner l'affichage, pour un temps plus ou moins long, indépendant de son pouvoir, et selon des modalités décidées par d'autres que lui. Mais c'était là, aux yeux des demandeurs, contrevenir aux principes de nécessité et d'individualisation des peines, consacrés à l'article 8 de la DDHC de 1789. Selon eux, la peine de publication et d'affichage du jugement ne devrait être appliquée que si le juge, tenant compte des circonstances propres à chaque espèce, l'a expressément ordonnée. La seule faculté dont il disposait – qui était de décider que la publication et l'affichage seraient faits de façon intégrale ou par extraits –, ne pouvait à elle seule garantir « *le respect des exigences qui découlent du principe d'individualisation des peines*[1] ». Par conséquent, le quatrième alinéa de l'article 1741 du CGI devait être déclaré comme étant contraire à la Constitution. Désormais, cet article dispose que « *la juridiction ordonne l'affichage de la décision prononcée et la diffusion de celle-ci dans les conditions prévues aux articles 131-35 ou 131-39 du Code pénal. Elle peut toutefois, par une décision spécialement motivée, décider de ne pas ordonner l'affichage de la décision prononcée et la diffusion de celle-ci, en considération des circonstances de l'infraction et de la personnalité de son auteur* ». L'article prévoit ainsi la possibilité pour le juge de ne pas procéder à la publication à condition toutefois d'en justifier les raisons.

§ 2. La transaction pénale en matière fiscale : entre transparence et problématiques juridiques relatives à l'accès à l'information

729. Instaurée par la loi Sapin II du 9 décembre 2016[2], la transaction pénale en matière fiscale prenant la forme d'une Convention judiciaire

---

[1] *Ibid.*, cons. 5 : « *Considérant que le juge qui prononce une condamnation pour le délit de fraude fiscale est tenu d'ordonner la publication du jugement de condamnation au Journal officiel ; qu'il doit également ordonner l'affichage du jugement ; qu'il ne peut faire varier la durée de cet affichage fixée à trois mois par la disposition contestée ; qu'il ne peut davantage modifier les modalités de cet affichage prévu, d'une part, sur les panneaux réservés à l'affichage des publications officielles de la commune où les contribuables ont leur domicile et, d'autre part, sur la porte extérieure de l'immeuble du ou des établissements professionnels de ces contribuables ; que, s'il peut décider que la publication et l'affichage seront faits de façon intégrale ou par extraits, cette faculté ne saurait, à elle seule, permettre que soit assuré le respect des exigences qui découlent du principe d'individualisation des peines ; que, dès lors, le quatrième alinéa de l'article 1741 du Code général des impôts doit être déclaré contraire à la Constitution* ».

[2] Loi n° 2016-1691 du 9 décembre 2016 relative à la transparence, à la lutte contre la corruption et à la modernisation de la vie économique.

d'intérêt public (CJIP) présente pour caractéristique la plus innovante sa transparence puisque désormais, l'information est accessible à tous (**I**). Pourtant, cet accès met en lumière certaines problématiques juridiques relative à la nature même de la convention (**II**).

I. Une transparence exemplaire en matière d'accès à l'information

730. Bien que la convention judiciaire d'intérêt public (CJIP) ne concerne pas les infractions pour lesquelles elle avait été conçue à l'origine[1], elle s'inscrit dans un contexte international favorable aussi bien au renforcement de la lutte contre le blanchiment de capitaux et la corruption qu'à la lutte contre l'évasion fiscale transfrontière. Elle marque ainsi la volonté du législateur français d'assurer l'effectivité de la répression à la fois en matière pénale et fiscale[2]. L'instauration d'un tel dispositif répond à deux objectifs : renforcer l'efficacité de la justice pénale française dans la répression de la corruption et éviter de pénaliser les entreprises françaises à l'étranger lorsqu'elles sont mises en cause dans des affaires de corruption internationale. La convention judiciaire d'intérêt public présente des spécificités liées à sa mise en œuvre (**A**). L'affaire *HSBC Private Bank Suisse SA* en constitue une illustration (**B**).

A. Les modalités de mise en œuvre de la convention judiciaire d'intérêt public

731. Introduite dans le projet de réforme Sapin II, supprimée par le Conseil d'État[3], puis réintroduite par voie d'amendement en première lecture

---

[1] Dezeuze (E.) et Pellegrin (G.), « Extension du domaine de la transaction pénale : la convention judiciaire d'intérêt public », *JCP G* 2017, n° 3, doctr. 64 : En effet, la CJIP était à l'origine conçue comme un outil destiné à réprimer plus efficacement les faits de corruption et de trafic d'influence et n'a été que tardivement étendue, à l'issue des débats parlementaires, à d'autres formes de criminalité économique. V. aussi les thèses suivantes : Causse (L.), *La transaction en matière pénale*, Paris, LGDJ, 1946, 230 p. Et celle de Perrier (J.-B.), *La transaction en matière pénale*, Paris, LGDJ, 2012, 806 p.

[2] Morel-Maroger (J.), « *HSBC Private Bank Suisse SA,* première signataire d'une convention judiciaire d'intérêt public », *LGP*, 27 février 2018, n° 08, p. 71.

[3] Dans son avis du 30 mars 2016 rendu public à l'initiative du Gouvernement, il note : « *Au cas présent, le Conseil d'État a considéré que le dispositif envisagé ne permettrait pas à la justice pénale d'assurer pleinement sa mission, qui est de concourir à la restauration de la paix publique et à la prévention de la récidive. Une audience publique est certes prévue, mais elle n'intervient que pour homologuer la convention définitive. En l'absence de contradiction et de débat public, l'intervention de la justice perd sa valeur d'exemplarité et la recherche de la vérité*

à l'Assemblée nationale, la CJIP est la transposition en France de la procédure américaine *Deferred Prosecution Agreement* (DPA)[1]. L'article 12 *bis* de la loi Sapin II énonce que le procureur peut proposer uniquement à une personne morale mise en cause pour des faits de corruption, trafic d'influence, blanchiment, blanchiment aggravé ou blanchiment de fraude fiscale une « convention judiciaire d'intérêt public » en échange de l'abandon des poursuites[2]. La convention peut aussi être conclue par un juge d'instruction dans le cadre d'une information judiciaire. En tout état de cause, l'action publique ne doit pas avoir été déclenchée. Cette convention prévoit plusieurs mesures à l'encontre de la personne morale : une amende dont le montant « *est fixé de manière proportionnée aux avantages tirés des manquements constatés, dans la limite de 30 % du chiffre d'affaires moyen annuel calculé sur les trois derniers chiffres d'affaires annuels connus à la date du constat de ces manquements. Son versement peut être échelonné, selon un échéancier fixé par le procureur de la République, sur une période qui ne peut être supérieure à un an et qui est précisée par la convention*[3] ». La CJIP peut obliger la personne morale à suivre un programme de mise en conformité de trois ans à ses frais et sous le contrôle de l'Agence française anticorruption. Toutefois, l'article précise que : « *Lorsque la victime est identifiée, et sauf si la personne morale mise en cause justifie de la réparation de son préjudice, la convention prévoit également le montant et les modalités de la réparation des dommages causés par l'infraction dans un délai qui ne peut être supérieur à un an. La victime est informée de la décision du procureur de la République de proposer la conclusion d'une convention judiciaire d'intérêt public à la personne morale mise en cause*[4]. *Elle transmet au procureur de la République tout élément permettant d'établir la réalité et l'étendue de son préjudice* ». Le président du TGI valide ensuite l'accord trouvé entre l'entreprise et le parquet qui sera insusceptible de recours par les parties. Il auditionne, en séance publique, la personne morale mise en cause ainsi que la victime, éventuellement

---

s'en trouve affectée. En outre, la victime se trouve privée d'une participation personnelle au procès pénal et son intervention est cantonnée à une demande d'indemnisation devant une juridiction civile ».

[1] Pour une analyse des procédures transactionnelles américaines, v. Garapon (A.) et Servan-Schreiber (P.) (dir.), *Deals de justice. Le marché américain de l'obéissance mondialisée*, 2013, PUF, 200 p. ; Mignon-Colombet (A.) et Buthiau (F.), « Le *defered prosecution agreement* américain, une forme inédite de justice négociée : Punir, surveiller, prévenir ? », *JCP G* 2013, n° 13, doctr. 359.

[2] Article 41-1-2 du Code de procédure pénale.

[3] Article 41-1-2 1°) du Code de procédure pénale. Lire Rousseau (A.), « Fraude fiscale et CJIP : Comment est déterminé le montant de l'amende lorsque le contribuable décide de conclure une convention judiciaire d'intérêt public pour mettre fin aux poursuites pénales ? », *JCP E* 2019, n° 52, étude 485, n° 1595.

[4] Article 41-1-2 du Code de procédure pénale.

accompagnées de leurs avocats. Néanmoins, la personne morale mise en cause peut exercer un droit de rétraction de la procédure dans un délai de dix jours à compter du jour de la validation. Si elle ne le fait pas, les obligations de la convention devront être exécutées par les parties. Mais si elle en fait usage, elle doit le notifier au procureur de la République par lettre recommandée avec avis de réception et la proposition de convention deviendra caduque. La convention commence par une présentation de l'entreprise mise en cause, expose ensuite les faits litigieux et les conditions dans lesquelles ceux-ci ont été révélés. La convention précise enfin les éléments ayant conduit à la fixation du montant de l'amende d'intérêt public. Sur ce modèle a été conclue la première CJIP entre le parquet national financier et la banque *HSBC Private Bank Suisse SA*.

B. L'affaire HSBC Private Bank Suisse SA

732. En décidant de conclure une CJIP avec le parquet national financier, la banque *HSBC Private Bank Suisse SA* est la première à avoir obtenu un non-lieu en acceptant de verser plus de trois cent millions d'euros au Trésor public[1]. La convention est publique et consultable sur internet[2]. Datée du 30 octobre 2017, elle a été homologuée par le TGI de Paris le 14 novembre suivant[3]. Entre 2006 et 2009, la banque s'est livrée au démarchage illicite et au blanchiment de fraude fiscale aggravé. Au total, elle aurait aidé ses clients à cacher 1,6 milliard d'euros grâce à divers moyens : des comptes non nominatifs, des services de banque restante, des offres de transferts d'avoirs vers des sociétés extraterritoriales. En accord avec le parquet national financier, la banque a payé 300 millions d'euros. Ce montant comprenait 86 millions d'euros de profit à restituer, 71 millions d'euros de pénalités, et 142 millions d'euros en réparation du préjudice de fraude. Par conséquent, à l'amende, calculée selon le maximum prévu par la loi, soit 30 % du chiffre d'affaires, se sont ajoutés les dommages et intérêts. Pourquoi une telle sévérité ? Parce que les enquêteurs n'ont pas vraiment pu compter sur une banque qui n'admit jamais les faits reprochés. Bien que l'infraction soit avérée, la sanction n'est pas une condamnation, ses effets restent donc nuls

[1] CJIP entre le parquet national financier (PNF) et *HSBC Private Bank* (Suisse) SA, 30 octobre 2017, n° PNF 11024092018, www.economie.gouv.fr, AFA ; TGI Paris, ordonnance, 14 novembre 2017, n° 11024092018 PNF ; Gaudemet (A.) et Dill (A.), « Convention judiciaire d'intérêt public : une première particulière », *JCP G* 2017, n° 51, act. 1331 ; *Dr. pénal* 2018, comm. 14, note Segonds (M.) ; *D. actu.,* 7 décembre 2017, obs. Dufourq (P.).

[2] Elle fait l'objet d'un communiqué de presse du procureur de la République. L'ordonnance de validation, le montant de l'amende d'intérêt public et la convention sont publiés sur le site internet de l'Agence française anticorruption

[3] Dufour (O.), « Convention judiciaire d'intérêt public : première coopération entre le PNF et le DOJ américain », *LPA*, 19 juin 2018, n° 122, p. 4.

en matière judiciaire (article 12 *bis* de la loi Sapin II). Le procureur de la République peut remettre en mouvement l'action publique, sauf élément nouveau dans trois situations : s'il n'a finalement pas validé la proposition de convention ; si la personne morale ne s'est pas acquittée de ses obligations dans le délai imparti ou, si celle-ci a décidé d'exercer son droit de rétractation. Durant l'exécution de la convention, la prescription de l'action publique est suspendue, ce qui n'est pas sans poser de problèmes juridiques.

II. L'accès à l'information et les problématiques juridiques soulevées par la mise en œuvre de la CJIP

733. La concurrence entre la justice pénale et les autorités administratives interroge sur la portée de la convention judiciaire d'intérêt public en ce qui concerne les poursuites diligentées par les autorités étrangères ou des autorités administratives indépendantes pour des faits similaires[1]. Le principe *non bis in idem*, riche de débats doctrinaux, va-t-il s'appliquer à la CJIP ou l'existence même d'un premier jugement répressif définitif, au sens strict du terme, suffit-elle pour faire obstacle au cumul de poursuites et de sanctions ? Des dispositions internationales restreignent les risques de double poursuite. Tel est le cas de l'article 14 alinéa 7 du pacte de New York ou de l'article 4 du Protocole n° 7 à la Convention européenne des droits de l'homme consacrant le principe selon lequel nul ne peut être poursuivi ou puni une seconde fois pour une infraction ayant déjà été jugée définitivement, conformément à la loi en vigueur dans chaque pays.

734. Or, il est intéressant de se demander si la conclusion d'une convention judiciaire d'intérêt public correspond à un « jugement définitif ». Pour le tribunal correctionnel de Paris, le 18 juin 2015, la conclusion d'un « *deferred prosecution* » éteignait l'action publique en France, dans l'affaire « *Pétrole contre nourriture II* », ce qui permettait ainsi l'application transnationale du principe *non bis in idem*. Une telle décision suit de manière cohérente l'arrêt du 11 février 2003, *Gözütuk et Brügge*[2], au terme duquel la

[1] V. notamment la condamnation d'UBS France pour des faits assez similaires à ceux ici reprochés à PBRS : sanction ACPR, 25 juin 2013, UBS (France) SA, procédure n° 2012-03 (sanction de l'évasion fiscale transfrontière) : *LGP*, 9 novembre 2013, n° 153, p. 33, note Morel-Maroger (J.) : La banque UBS a d'ailleurs refusé de signer une CJIP et a été renvoyée pour des qualifications pénales identiques à celles de la présente affaire devant le tribunal correctionnel par une ordonnance du 17 mars 2017.

[2] CJUE, 11 février 2003, Affaire C-187/01, *Hüseyin Gözütok* et Affaire C-385/01, *Klaus Brügge, AJDA* 2003, 377, chron. Belorgey (J.), Gervasoni et Lambert ; *D.* 2003, 1458, note Laferrière (J.) ; *RSC* 2003, 618, obs. Massias.

Cour de justice de l'Union européenne avait reconnu l'autorité de la chose jugée d'une décision de classement sans suite rendue par un parquet d'un autre État à l'issue d'une procédure alternative aux poursuites entraînant extinction de l'action publique. En effet, le considérant n° 30 indique que « *lorsqu'à la suite d'une procédure telle que celles en cause dans les affaires au principal, l'action publique est définitivement éteinte, la personne concernée doit être considérée comme ayant été "définitivement jugée" [...] pour les faits qui lui sont reprochés. En outre, une fois les obligations à charge du prévenu exécutées, la sanction que comporte la procédure d'extinction de l'action publique doit être considérée comme ayant été "subie"* ». Le considérant n° 31 prévoit quant à lui que « *le fait qu'aucune juridiction n'intervient dans le cadre d'une telle procédure et que la décision prise à l'issue de celle-ci ne prend pas la forme d'un jugement n'est pas de nature à infirmer cette interprétation, dans la mesure où de tels éléments de procédure et de forme ne sauraient avoir une quelconque incidence sur les effets de cette procédure* ». Aussi, dans la mesure où la convention judiciaire d'intérêt public éteint les poursuites et fait l'objet d'une homologation judiciaire, elle pourrait être assimilée à un jugement répressif, même si elle n'emporte pas reconnaissance de culpabilité[1]. Il est à souhaiter que les États étrangers retiennent cette analyse qui améliore la régulation internationale des poursuites. Mais même si la CJIP devait être considérée comme un jugement définitif, cette qualification serait loin de résoudre toutes les difficultés suscitées par l'application du principe *non bis in idem*, notamment face à des risques de poursuites diligentées dans plusieurs États[2].

735. Par ailleurs, le Conseil d'État estime que la transaction couvre un champ d'application trop large. Celle-ci vise des faits graves qui ne peuvent être traités dans le simple cadre d'une transaction en raison de leur complexité. La Haute juridiction administrative considère en outre qu'elle devrait se limiter à la corruption transnationale[3]. Il avait ainsi jugé que « *le dispositif envisagé ne permettrait pas à la justice pénale d'assurer pleinement sa mission, qui est de concourir à la restauration de la paix publique et à la prévention de la récidive* ». Indubitablement, il se heurte à l'attachement de la symbolique pénale qui se voit désormais dépossédée de la répression des infractions économiques et financières. Au-delà du cas de

---

[1] Morel-Maroger (J.), « Les difficultés posées par la mise en œuvre du principe *non bis in idem* dans un contexte international », *JCP E* 2015, n° 36, étude 1397.

[2] Conseil d'État, Avis sur un projet de loi relatif à la transparence, à la lutte contre la corruption et à la modernisation de la vie économique du Conseil d'État, séance du jeudi 24 mars 2016. Lire Morel-Maroger (J.), « *HSBC Private Bank Suisse SA,* première signataire d'une convention judiciaire d'intérêt public », *LGP*, 27 février 2018, n° 08, p. 71.

[3] Dufour (O.), « Quel avenir pour la convention judiciaire d'intérêt public *? », LPA*, 7 novembre 2016, n° 222, p. 4.

la corruption, cette question irrigue actuellement l'ensemble du droit pénal financier et n'a pas encore fait l'objet d'une étude plus approfondie en raison de l'instauration assez récente de cette mesure.

Conclusion de la Section II

736. La publicité découle du droit à l'information du contribuable. Dans une certaine mesure, ses vertus tiennent à son rapport à la transparence et à la lutte contre la fraude et l'évasion fiscales. Mais elle a des effets indésirables qui conduisent à des atteintes à la vie privée, parfois disproportionnées telles que l'adoption d'un registre public de *trusts* ou jugées compatibles avec les objectifs visés par le législateur, comme la consultation par les tiers des informations fiscales des contribuables. L'adoption de la CJIP et la transaction fiscale sont aux antipodes de l'accès à l'information du public en matière fiscale. Ce sont leurs champs d'application qui conditionnent l'ouverture ou la fermeture de l'accès aux renseignements. En effet, la transaction fiscale est une procédure spécifique à la matière fiscale. Sa nature justifie que soit verrouillé l'accès à l'information en raison du secret professionnel des agents des services fiscaux habilités, dans l'exercice de leurs fonctions et dans le cadre de leurs attributions, à collecter les documents et renseignements nécessaires à l'accomplissement de leurs missions d'assiette, de recouvrement et de contrôle de l'impôt. Les informations de la transaction fiscale ne peuvent donc être divulguées car elles touchent directement aux prérogatives de puissance publique de l'administration fiscale. À l'inverse, en raison du principe de publicité de la justice, la CJIP, procédure hybride du droit pénal et du droit fiscal, est publique. « *La justice est rendue publiquement. Sauf exception, les décisions de justice peuvent être diffusées, et chacun a le droit de se faire l'écho d'une décision qui a été prononcée à son égard*[1] ».

Conclusion du Chapitre I

737. Pour permettre l'accès à l'information en matière fiscale, le secret doit être levé. Sa divulgation est alors autorisée légalement, soit de manière restrictive aux seuls bénéficiaires disposant d'un intérêt à avoir connaissance de l'information ; soit de manière égale : l'information est consultable par tous, sans conditions, par le biais de la publicité. Depuis la loi n° 78-753 du 17 juillet 1978, l'administration a l'obligation de communiquer des documents administratifs aux administrés qui en font la demande. Il en va

---

[1] CA Colmar, 1ère chambre civile, 3 septembre 2002 *Sarl Webvisio c/ SA Mediavet et Jérôme S.* Juris-Data n° 2002 -184980.

ainsi en cas de dette fiscale par exemple. Un débiteur peut demander communication de documents fiscaux relatifs à sa situation. En application du principe de solidarité, les codébiteurs solidaires à l'obligation de paiement peuvent, au même titre que le débiteur principal, avoir accès à un ensemble d'informations confidentielles. Ils ont en effet le droit d'obtenir de l'administration les informations fiscales qui les concernent dès lors qu'elles leur sont utiles. Le contribuable principal et les débiteurs solidaires ont donc les mêmes droits et obligations dans la procédure. Par conséquent, le secret fiscal et le secret administratif ne peuvent leur être opposés. Pour garantir de manière effective le droit d'accès aux documents administratifs, le législateur a prévu des voies de recours administrative et juridictionnelle en cas de refus concernant leur communication. La levée du secret peut par ailleurs avoir lieu sous la forme d'une dénonciation. Les agents publics ont par exemple l'obligation de déroger à leur secret professionnel pour préserver l'ordre public s'ils ont eu connaissance d'un crime ou d'un délit dans l'exercice de leurs fonctions. En matière fiscale, cette obligation concerne les crimes ou délits tels que la fraude, constatés au cours des opérations de contrôle et particulièrement lors des vérifications de comptabilité. Elle fait partie des cas pour lesquels l'article 226-14 du Code pénal impose la révélation du secret.
Enfin, l'information, en matière fiscale, peut être accessible à tous, sans condition liée à la qualité ou à un quelconque éventuel intérêt à agir. La divulgation s'effectue ainsi par la publicité. La situation du contribuable peut être connue de tous, soit par la publicité de l'impôt prévue aux articles L. 111 à L. 112 A du LPF, soit par la publicité des débats et du prononcé du jugement. Mais en dévoilant certaines informations, elle porte assurément atteinte à la vie privée du contribuable. L'accès et la communication de l'information doivent donc s'effectuer dans des conditions strictement établies par la loi, de sorte que les droits du contribuable soient garantis. Cela est d'autant plus vrai que l'administration utilise ces informations à des fins de recherche d'infractions fiscales ou de mise en œuvre de procédures d'imposition. Le secret est ainsi modulé en fonction de sa finalité.

Chapitre II. La divulgation de l'information imposée

738. De nombreuses réformes fiscales – ayant pour point commun la lutte contre l'opacité des informations – sont intervenues au début du XXIe siècle. Par exemple, l'opposabilité du secret bancaire aux administrations fiscales a disparu, de nouvelles obligations déclaratives et documentaires ont été imposées aux contribuables, des échanges automatiques d'informations ont été mis en place… Aujourd'hui, la portée du secret est affaiblie chaque fois que la divulgation est de plus en plus contrainte en matière fiscale. Nous étudierons les raisons pour lesquelles les obligations de divulgation se sont renforcées (**Section I**) puis les éventuelles dérives qu'elles peuvent entraîner (**Section II**).

Section I. Les justifications au renforcement des obligations de divulgation

739. Deux raisons majeures peuvent justifier ce renforcement : la prévention et la lutte contre les infractions et l'évasion fiscales (**§ 1**) ainsi qu'un objectif de régulation de la concurrence fiscale (**§ 2**).

§ 1. La prévention et la lutte contre les infractions et l'évasion fiscales

740. Les mesures du projet BEPS[1] mettent à la charge du contribuable de nouvelles obligations de divulgation de ses informations (**I**). Les objectifs poursuivis par ce plan d'action, à savoir la lutte contre la fraude et l'évasion fiscales, justifient qu'il ne doive pas avoir de secret à l'encontre des autorités compétentes en la matière (**II**).

I. La compatibilité des mesures du Projet BEPS avec le secret des contribuables

741. Parmi ces mesures fiscales, nous étudierons les obligations documentaires liées aux prix de transfert (**A**), l'échange obligatoire et

---

[1] V. *Supra :* Partie I, Titre II, Chapitre II, Section I.

automatique des informations relatives aux *tax rulings* (**B**) ainsi que les obligations déclaratives des intermédiaires fiscaux (**C**).

A. Les obligations documentaires relatives au prix de transfert

742. Sous l'égide de l'OCDE, 31 pays[1] ont signé le 27 janvier 2016 l'accord multilatéral entre autorités compétentes sur l'échange des déclarations pays par pays (*Country-by-Country Reporting* [CbCR] ou *reporting* pays par pays)[2] en matière de prix de transfert. L'obligation de *reporting*, prévue dans l'action 13 du projet BEPS, impose aux entreprises françaises, membres d'un groupe multinational d'une certaine taille[3] de déclarer à l'administration fiscale les bénéfices du groupe, la répartition mondiale du chiffre d'affaires réalisé et des impôts payés, diverses informations de nature économique, comptable et fiscale pour chacune des juridictions dans lesquelles le groupe est présent ainsi que des informations sur la localisation et l'activité des entités qui le constituent.

743. Une fois ces informations recueillies, elles sont en principe échangées de manière automatique avec les administrations fiscales des autres États dans lesquels le groupe est implanté, sous réserve de réciprocité. La mesure, codifiée à l'article 223 *quinquies* C du CGI[4] est entrée en

---

[1] Vingt des vingt-huit États de l'UE avant le Brexit (notamment notamment l'Allemagne, l'Autriche, la Belgique, le Danemark, l'Espagne, la Finlande, la France, la Grèce, l'Irlande, l'Italie, le Luxembourg, les Pays-Bas, le Portugal, le Royaume-Uni et la Suède), et le Liechtenstein, la Norvège et la Suisse, l'Afrique du Sud, l'Australie, le Chili, le Costa-Rica, le Japon, la Malaisie, le Mexique et le Nigéria. Les États-Unis, par exemple, ne sont pas signataires de l'accord. Toutefois, un projet de réglementation publié le 21 décembre 2015 a prévu l'introduction du modèle de déclaration pays par pays tel que proposé dans le rapport BEPS de l'action 13 de l'OCDE. V. Milhac (E.) et Pasquier (C.), « États-Unis : chronique de l'année 2015 », *Dr. fisc.* 2016, n° 9, étude 197.

[2] ELF, « Transparence fiscale : l'échange automatique de renseignements sous le feu de l'actualité », *Francis Lefebvre*, 1er février 2016.

[3] L'article 223 *quinquies* C vise par exemple les entreprises qui établissent des comptes consolidés, détiennent ou contrôlent, directement ou indirectement, une ou plusieurs entités juridiques établies hors de France ou y disposent de succursales et dont le chiffre d'affaires annuel consolidé est supérieur ou égal à 750 millions d'euros. L'article L. 13 AA vise, quant à lui, entre autres, les personnes morales établies en France dont le chiffre d'affaires annuel hors taxes ou l'actif brut figurant au bilan est supérieur ou égal à 400 millions d'euros. En outre, les personnes morales établies en France dont le chiffre d'affaires annuel hors taxe ou l'actif brut figurant au bilan est supérieur ou égal à 50 millions d'euros (article 223 *quinquies* B du CGI) sont soumises à des obligations simplifiées en matière de prix de transfert.

[4] Issue de l'article 121 de la loi n° 2015-1785 du 29 décembre 2015 de finances pour 2016, obs. Sabin (N.) et Delaigue (B.) ; *JO* du 30 décembre 2015,

vigueur en France pour les exercices ouverts à compter du 1er janvier 2016[1] et a été en outre, déclarée conforme à la Constitution par le Conseil constitutionnel[2]. D'autres obligations déclaratives en matière de prix de transfert ont été codifiées aux articles 223 *quinquies* B du Code général des impôts et L. 13 AA du LPF[3]. Ainsi, en cas de manquement à ces obligations, le législateur prévoit l'application d'une amende prévue à l'article 1735 *ter* du CGI pouvant atteindre 5 % des rectifications opérées par l'administration fiscale ou 0,5 % du montant des sommes indiquées dans les documents ou compléments qui n'ont pas été communiqués à l'administration après mise en demeure (le plus élevé des montants).

744. Toutefois, l'instauration de telles obligations soulève des interrogations quant à la portée du secret des affaires en matière fiscale. Les informations transmises dans le cadre de l'obligation documentaire prévue aux articles L. 13 AA et L. 13 AB du LPF relèvent généralement du secret des affaires puisqu'elles concernent la stratégie fiscale adoptée par la personne morale. Par conséquent, devant l'administration fiscale, on peut considérer qu'il ne lui est pas opposable. Ces informations bénéficient en revanche d'une double protection à l'encontre des tiers : elles sont couvertes à la fois par le secret des affaires et le secret fiscal. En effet, « *les administrations fiscales doivent également garantir aux contribuables que les informations présentées dans le cadre de la documentation des prix de transfert demeureront confidentielles*[4] ».

745. Mais qu'en est-il de cette protection lorsque les informations relatives à la documentation des prix de transfert sont utilisées par les administrations dans le cadre des procédures fiscales ? Ces dernières viennent alimenter une base de données nationale concernant les transactions

---

1 Les premiers rapports ont été transmis à l'administration fiscale en 2017 conjointement à la déclaration fiscale annuelle. Lire Leroux (A.), « La communication fiscale des grands groupes », *Dr. fisc.* 2015, n° 50, étude 726.

2 Conseil Constitutionnel, 29 décembre 2013, n° 2013-685 DC, *Dr. fisc.* 2014, n° 1-2, comm. 70. Par la suite, le Conseil a déclaré inconstitutionnelle une disposition visant à rendre public le *reporting*. V. Conseil constitutionnel, 8 décembre 2016, n° 2016-741 DC, *Loi relative à la transparence, à la lutte contre la corruption et à la modernisation de la vie économique*, *AJDA* 2016, p. 2404 ; *Rev. des sociétés* 2017, p. 121, obs. Lecourt (B.).

3 Lire aussi Follorou (J.-G.) et Di Chiara (G.), « Loi Sapin 2 : extension de l'arsenal législatif de lutte contre l'évasion fiscale malgré la censure du Conseil constitutionnel », *Bulletin Joly Sociétés*, 1er janvier 2017, n° 01, p. 89.

4 OCDE, *Instructions relatives à la documentation des prix de transfert et aux déclarations pays par pays, Projet OCDE/G20 sur l'érosion de la base d'imposition et le transfert de bénéfices*, Éditions OCDE, 2014, 52 p., p. 26. Lire aussi l'ouvrage de l'OCDE intitulé *Garantir la confidentialité – Le Guide de l'OCDE sur la protection des échanges de renseignements à des fins fiscales,* éd. OCDE, 2012, 40 p.

sur le marché libre potentiellement comparables. Elles deviennent donc le support de « comparables secrets » sur lesquelles les administrations peuvent s'appuyer à des fins de comparabilité des prix de transfert, et le cas échéant, effectuer des rectifications fiscales. Le Manuel pratique des Nations Unies sur les prix de transfert et les Principes de l'OCDE applicables en matière de prix de transfert alertent contre l'utilisation de ces comparables, sauf si les informations requises sont divulguées aux contribuables dans les limites des règles de confidentialité nationales. Les pays ont à cet effet, adopté différentes positions relatives en la matière. Certains pays tels les États-Unis[1] ou l'Autriche[2] interdisent spécifiquement l'utilisation de ces comparables ou s'abstiennent de les utiliser dans la pratique[3] tandis que d'autres, comme le Mexique, n'hésitent pas à y recourir[4]. Le champ d'application du secret des informations recueillies dans le cadre de ces obligations déclaratives diffère donc selon les législations nationales. Ainsi, en Autriche, même divulguées dans le cadre des obligations déclaratives, elles ne pourront jamais être utilisées à titre de comparaison : le secret a une portée rigide. Alors qu'au Mexique, par exemple, sa portée est plus souple : l'administration fiscale peut se servir des informations confidentielles obtenues auprès de tiers mais doit alors les divulguer au contribuable vérifié – afin d'éviter tout préjudice – pour qu'il organise sa défense et conteste leur bien-fondé[5]. En vertu de cette procédure[6], les représentants du contribuable peuvent accéder à toutes les informations de tiers mais sont tenus responsables de toute divulgation susceptible de se faire au détriment des tiers qui les ont communiquées. À cet effet, sont occultées, dans tous les documents et rapports officiels notifiés au contribuable, les références aux noms des tiers. La double protection du

[1] OCDE, FMI, *Plateforme de collaboration sur les questions fiscales, Manuel pratique de résolution des difficultés d'accès à des données comparables pour les analyses de prix de transfert*, 2017, 138 p., p. 36 (V. « Encadré 9. Pratiques des pays : utilisation de comparables secrets »): Exploiter les comparables secrets au cours de procédures amiables est interdit par les services fiscaux des États-Unis (IRS).

[2] OCDE, FMI, *ibid.* En Autriche, l'utilisation de comparables secrets constitue une violation des droits fondamentaux du contribuable. Celui-ci doit être en mesure de se défendre avant qu'il ne soit procédé à une rectification et ce droit serait compromis par l'utilisation de comparables secrets.

[3] Par exemple, l'administration fiscale britannique (HMRC) n'utilise pas les comparables secrets, sauf pour étayer le refus d'un comparable potentiel.

[4] OCDE, FMI, *ibid.*, p. 36 : la loi mexicaine donne le droit à l'administration fiscale (SAT) d'utiliser les comparables secrets. Mais, pour cela, les « représentants » du contribuable vérifié doivent en connaître les détails.

[5] OCDE, *Examen de la législation et de la pratique des prix de transfert au Mexique par ses pairs*, éd. OCDE, 78 p., p. 33.

[6] Article 46 IV du Code fiscal fédéral (CFF) du Mexique.

secret fiscal et du secret des affaires demeure donc, mais sa portée continue de varier selon la législation en vigueur. Elle existe aussi dans une certaine mesure en ce qui concerne les *tax rulings*, également appelés « *rulings fiscaux*[1] », « *décisions fiscales anticipatives* » ou parfois « *rescrits fiscaux*[2] ».

B. L'échange obligatoire automatique des informations relatives aux *tax rulings*

746. L'affaire *Luxleaks,* en 2014, est le premier scandale d'ampleur mondiale[3] qui a permis de mettre en lumière les dérives attachées à la pratique des décisions fiscales anticipatives et des accords préalables en matière de prix de transfert. Cette affaire a en effet, révélé au grand jour les accords que des contribuables ont conclus avec l'administration fiscale luxembourgeoise pour supprimer ou éluder leur charge fiscale[4]. Parmi eux, de nombreuses multinationales comme Apple, Amazon, Heinz, Pepsi, Ikea et Deutsche Bank[5]. De cette façon, leur évasion fiscale a en quelque sorte trouvé une approbation juridique.

---

[1] Idot (L.), « Les rescrits fiscaux, un bel exemple de la complémentarité de l'intégration négative et de l'intégration positive », *Europe* 2016, n° 2, alerte 9.

[2] V. *Supra :* Partie II, Titre I, Chapitre I, Section I, § 2, II. Les rescrits fiscaux de droit français ne doivent pas être confondus avec la notion de *tax ruling* qui désigne ici les décisions anticipées de quelques États d'accorder un régime fiscal préférentiel négocié.

[3] D'autres scandales peuvent être cités également : l'affaire *SwissLeaks* ou *Swiss Leaks*, qui a révélé, en février 2015, un système international de fraude fiscale et de blanchiment d'argent mis en place par la banque britannique HSBC, depuis la Suisse ; l'affaire *Panama Papers*, qui a rendus publics plus de 11,5 millions de documents confidentiels issus du cabinet d'avocats panaméen Mossack Fonseca, révélant des informations sur plus de 214.000 sociétés *offshores* ainsi que des noms, notamment ceux de personnalités publiques, actionnaires de ces sociétés ; l'affaire *Paradise Papers,* qui a vu la divulgation massive, en novembre 2017, de documents confidentiels provenant d'un cabinet d'avocats des Bermudes, Appleby, et donnant des informations sur des sociétés *offshores*, divers montages d'optimisation fiscale pratiqués par des multinationales et personnalités publiques...Pour un panorama, lire Ladoux (L.), « Papers, Leaks et autres Files : quel impact sur la lutte contre la fraude et l'évasion fiscales ? », *Les Nouvelles Fiscales*, 1er décembre 2021, n° 1299.

[4] Lire Cabannes (X.), « Fiscalité internationale - Le nouveau régime luxembourgeois des décisions anticipées en matière fiscale », *Dr. fisc.* 2015, n° 3, étude 50.

[5] EURODAD, *Survival of the Richest: comment l'Europe soutient un système fiscal international injuste,* 7 décembre 2016 : le nombre d'accords fiscaux ou « rescrits fiscaux » conclus entre des multinationales et des gouvernements européens, qualifiés « d'accord de complaisance », est passé de 547 en 2013, à 972 en 2014 et à 1.444 en 2015 soit une augmentation de 260% en deux ans. Parmi ces pays, figurent

747. Pourtant, cette pratique, si elle n'a rien d'illégale, est remise en cause, tant les avantages accordés, défient l'objectif de transparence prônée par les États et le principe d'égalité devant les charges publiques. « *Certains États dans le besoin pratiquent ce qui apparaît aux yeux des uns – par comparaison avec la fiscalité lourde et mature des États voisins – comme une forme de dumping fiscal, quand d'autres y voient une pratique concurrentielle. Enfin, les taux d'impôt sur les sociétés – comme la base taxable –, très différents d'un pays à l'autre, apparaissent souvent confiscatoires dans certains États où ils dépassent 30 %, plafond considéré comme la limite extrême du consentement à l'impôt*[1] ».

748. L'évasion fiscale est donc le premier effet induit de la pratique des *tax rulings* lésant nécessairement les États tiers qui subissent une érosion de leur base imposable. En effet, lorsqu'une multinationale délocalise artificiellement ses flux financiers vers des territoires pratiquant l'impôt zéro ou une imposition faible, afin de payer le moins de taxes dans l'État dans lequel elle exerce réellement ses activités, elle participe à la perte de ses fonds publics, à l'accroissement d'inégalités devant l'impôt entre les contribuables. En outre, le dispositif des décisions fiscales anticipatives a pu être accusé de créer des distorsions de concurrence au sein du marché unique. En Belgique ou au Luxembourg, par l'octroi d'avantages fiscaux au bénéfice des multinationales, ont été ainsi caractérisées de véritables aides d'État contrevenant aux politiques de concurrence[2].

749. Afin de « *renforcer la transparence et le partage d'informations sur les décisions fiscales en matière transfrontière, y compris les accords préalables en matière de prix de transfert*[3] », une directive a été adoptée. Elle prévoit que les autorités fiscales nationales sont tenues de transmettre à tous les autres États membres, automatiquement et à intervalles réguliers, des informations de base sur leurs décisions fiscales en matière transfrontière[4]. Les États concernés peuvent demander davantage de

---

en tête la Belgique et le Luxembourg ayant octroyé 172 rescrits fiscaux depuis la découverte des *Luxleaks*.

[1] Communication de M. Claude Kern sur les rescrits fiscaux, Assemblée nationale, *Rapport d'information déposé par la commission des affaires européennes (1) sur le paquet anti-évitement fiscal de la Commission européenne* (COM(2016) 23 final), (COM(2016) 24 final), (COM(2016) 25 final), (COM(2016) 26 final), (COM(2016) 198 final), et présenté par Isabelle Bruneau et Marc Laffineur, 2 juillet 2015.

[2] *Infra :* Présente Section, § 2, II, B.

[3] Comm. UE, « Communication sur la transparence fiscale afin de lutter contre la fraude et l'évasion fiscales », COM (2015) 136, 18 mars 2015.

[4] Bouvier (M.), « Les "accords fiscaux préventifs" : une sécurité pour l'entreprise et pour l'administration », in *Écrits de fiscalité des entreprises, Études à la mémoire du Professeur Maurice Cozian*, Litec, 2009, 1000 p., pp. 127-136, p. 127, point 21.

précisions en recourant aux procédures prévues par la directive[1]. Dès le 8 décembre 2015, l'UE amendait la directive n° 2011/16/UE, relative à l'échange automatique d'informations[2], afin d'étendre son champ d'application aux *rulings*. En effet, la directive existante de 2011, relative à la coopération administrative dans le domaine fiscal, ne prévoyait qu'un échange spontané d'informations entre les autorités fiscales des États membres concernant les décisions fiscales anticipées. Il n'était pas obligatoire et les règles ne fixaient pas les intervalles auxquels les informations devaient être échangées[3].

750. La Commission européenne a par la suite prévu un paquet de mesures sur la transparence fiscale qu'elle a présenté le 28 janvier 2016[4] pour lutter contre les pratiques d'évasion fiscale qui ont une incidence directe sur le fonctionnement du marché intérieur (directive « *anti-BEPS*[5] »). Ce « *paquet de mesures*[6] », s'inscrivant dans le prolongement du plan d'action du projet BEPS de l'OCDE, est composé de dispositions législatives, nouvelles pour certaines, et de mesures non législatives et précise, en la complétant, ou en la mettant à jour, la stratégie esquissée par l'Union européenne, en particulier après le scandale *Luxleaks*. L'ensemble des éléments qui constituent le « paquet » vise donc à lutter contre l'optimisation fiscale agressive, à améliorer la transparence au sein de l'Union européenne ainsi que les conditions d'une concurrence fiscale juste et équitable[7]. Sa proposition principale introduit l'échange automatique de données entre les États et les multinationales – appelé également

---

[1] Conseil de l'UE, directive n° 2015/2376, 8 déc. 2015 modifiant la directive n° 2011/16/UE en ce qui concerne l'échange automatique et obligatoire d'informations dans le domaine fiscal, *JOUE* n° L 332, 18 décembre 2015, pp. 1-10.

[2] *Ibid.*

[3] Conseil européen, « Échange obligatoire d'informations dans le domaine fiscal : lutte contre l'évasion fiscale des entreprises », 9 décembre 2015.

[4] V. Maitrot de la Motte (A.), « La Commission européenne publie un « paquet sur la lutte contre l'évasion fiscale », *Dr. fisc.* 2016, n° 5, étude 137.

[5] COM (2016) 26 final, *Dr. fisc.* 2016, n° 5, 136.

[6] Doc. COM (2016) 23/2, commenté dans un document de travail, SWD (2016) 6/2. V. Maitrot de la Motte (A.), « La Commission européenne publie un « paquet sur la lutte contre l'évasion fiscale », *op. cit.*

[7] Voir également : Assemblée nationale, *Rapport d'information déposé par la commission des affaires européennes (1) sur le paquet anti-évitement fiscal de la Commission européenne* (COM (2016) 23 final), (COM(2016) 24 final), (COM(2016) 25 final), (COM(2016) 26 final), (COM(2016) 198 final), 17 mai 2016. https://www.assemblee-nationale.fr/14/pdf/europe/rap-info/i3751.pdf.

« *reporting* » pays par pays –, qui concerne les rescrits fiscaux[1] et les arrangements préalables en matière de prix de transfert. Le rescrit n'est pas une pratique illégale. En revanche, dès lors qu'il octroie des avantages fiscaux sélectifs à une entreprise par rapport à ses concurrents, il constitue une pratique fiscale agressive. Elle est donc concernée par le dispositif d'échange automatique d'informations.

751. Cette mesure constitue un outil indispensable de sécurisation des transactions intra-groupes. En même temps, elle permet aux administrations fiscales des différents États membres d'identifier les abus éventuels des opérateurs en la matière[2]. Les Sages ont jugé constitutionnel cet échange de données, prévu dans l'article 98 de la loi de finances pour 2014, car seules les informations déjà détenues par les entreprises doivent parvenir à l'administration[3]. La directive relative à la transparence des rescrits fiscaux rentrée en vigueur le 1er janvier 2017 concerne l'ensemble des rescrits fiscaux en fonctionnement et signés depuis le premier janvier 2012. Dans la première proposition de la Commission européenne, les rescrits fiscaux conclus lors des dix dernières années devaient être concernés par l'échange automatique de données. Mais ce délai a été revu à la baisse par les ministres des Finances de l'Union européenne. Toutefois, certains rescrits fiscaux conclus il y a plus de vingt ans restent encore valables, cette directive ne s'applique donc pas à eux. Leurs effets persistent et accroissent l'érosion des bases imposables des autres États.

752. Par ailleurs, à l'instar des informations figurant dans la documentation des prix de transfert, celles contenues dans les rescrits fiscaux sont couvertes à la fois du secret des affaires et du secret des agents fiscaux. Aucune disposition de droit français n'impose actuellement que l'administration fiscale rende publics ces rescrits. Cela s'expliquerait, en effet, par le fait que le rescrit contienne des informations révélatrices de la stratégie fiscale du contribuable et de son identité. Par conséquent, leur publication risquerait d'entrer en contradiction avec la protection visée par les secrets. En France, l'administration fiscale a choisi de faire connaître des rescrits par souci de transparence, en veillant toutefois à anonymiser certaines informations sensibles[4]. D'autres États ont adopté une position similaire en ce qui concerne la publication de ces rescrits ou accords

---

[1] Collet (M.), Ayrault (L.), « Droit souple » et droit public financier : quel contrôle pour les rescrits ?, Chronique de droit public financier », *RFDA*, septembre-octobre 2016, p. 1046.

[2] Raingeard de la Blétière (E.), « Échange de rescrits et des accords préalables en matière de prix de transfert : bientôt une réalité dans l'Union européenne ? », *Dr. fisc.* 2015, n° 22, act. 326.

[3] Conseil Constitutionnel, 29 décembre 2013, n° 2013-685 DC, *AJDA* 2014, p. 5 ; *AJCT* 2014, p. 107, obs. Lasserre Capdeville (J.).

[4] V. *Supra :* Partie II, Titre I, Chapitre I, Section I.

préalables. Par exemple, l'administration fiscale de Singapour (*Inland Revenue Authority*) met en ligne, sur son site internet, un résumé des accords fiscaux sous couvert d'anonymisation du bénéficiaire et autorisation expresse de ce dernier[1]. C'est le cas également de l'Australie, du Canada, de Hong Kong et de l'Afrique du Sud. En Europe, la plupart des administrations fiscales donne également accès à certaines informations de leurs décisions fiscales anticipatives. Par exemple, la législation polonaise en fait une obligation légale[2], de même que la Belgique, qui depuis 2005, publie ses décisions anticipées sous forme de synthèses anonymes individuelles ou collectives[3]. Si les obligations de divulgation pèsent sur les contribuables, elles s'étendent en plus désormais aux intermédiaires auxquels ils auront eu recours dans une optique d'optimisation fiscale.

C. Les obligations déclaratives des intermédiaires fiscaux

753. Le 25 mai 2018, le Conseil de l'UE a officiellement adopté la directive « DAC6 » visant à compléter la directive 2011/16/EU relative à la coopération administrative dans le domaine fiscal[4]. S'inscrivant dans le cadre de l'action 12 du projet BEPS, elle instaure de nouvelles règles de transparence strictes pour les intermédiaires[5] (conseillers fiscaux, comptables, banques, avocats…), qui conçoivent et font la promotion des dispositifs d'optimisation fiscale pour leurs clients, généralement grâce à des moyens transfrontières complexes. La directive devait être transposée au 31 décembre 2019 au plus tard dans les droits nationaux, les premiers échanges

---

[1] Deloitte Singapore, "*IRAS to publish summarized advance rulings*", 23 avril 2019.

[2] Nowak (T.), "*The Obligation of Publishing Issued Tax Interpretation (Tax Ruling) Under Polish Law*", *Revue Internationale de droit des données et du numérique*, août 2017, Vol. 3, pp. 95-106.

[3] Service Public Fédéral Finances Belge, *Rapport annuel 2018 du Service des Décisions Anticipées en matière fiscale*, 70 p., pp. 15-16.

[4] V. Directive (UE) 2018/822 du 25 mai 2018 dite « DAC6 » modifiant la directive 2011/16/UE en ce qui concerne l'échange automatique et obligatoire d'informations dans le domaine fiscal en rapport avec les dispositifs transfrontières devant faire l'objet d'une déclaration.

[5] V. Maurel (E.), *Rapport sur la proposition de directive du Conseil modifiant la directive 2011/16/UE en ce qui concerne l'échange automatique et obligatoire d'informations dans le domaine fiscal en rapport avec les dispositifs transfrontières devant faire l'objet d'une déclaration (COM (2017)0335* – C8-0195/2017 – 2017/0138(CNS)) Présenté devant le Parlement européen, 31 janvier 2018 : La notion d'intermédiaire est extrêmement vaste. V. à ce propos : Conseil de l'UE, proposition de directive modifiant la directive 2011/16/UE en ce qui concerne l'échange automatique et obligatoire d'informations dans le domaine fiscal en rapport avec les dispositifs transfrontières devant faire l'objet d'une déclaration COM/2017/0335 final - 2017/0138 (CNS), point 21.

automatiques entre administrations fiscales devant être réalisés le 31 octobre 2020. En France, cette opération a été effectuée par voie d'ordonnance[1], comme le prévoit l'article 22 de la loi n° 2018-898 du 23 octobre 2018 relative à la lutte contre la fraude. L'obligation pour les intermédiaires de déclarer un dispositif transfrontière a ainsi été codifiée à l'article 1649 AD du CGI.

754. Ils doivent désormais déclarer les dispositifs transfrontières comportant un ou plusieurs de ces marqueurs potentiellement dommageables[2] (aussi appelées « *marqueurs d'évasion fiscale internationale* »), c'est-à-dire des éléments indiquant que tel dispositif s'inscrit dans une optique d'évasion fiscale. Mais l'intermédiaire qui a fourni le dispositif transfrontière n'est pas le seul assujetti à cette obligation déclarative. Elle s'applique aux bénéficiaires du conseil dans deux cas : si l'Union européenne n'a pas déterminé qui assurerait le dispositif transfrontière, ou si cet intermédiaire est soumis au secret professionnel. Cette contrainte échoit enfin à ceux qui activent ce dispositif, quand il est préparé par des avocats ou des conseillers fiscaux en interne[3]. Le dispositif doit en outre, faire automatiquement l'objet d'une déclaration auprès des autorités fiscales[4] dans un délai de trente jours à compter de sa mise à

---

[1] Ordonnance n° 2019-1068 du 21 octobre 2019 relative à l'échange automatique et obligatoire d'informations dans le domaine fiscal en rapport avec les dispositifs transfrontières devant faire l'objet d'une déclaration.

[2] V. Directive (UE) 2018/822 du Conseil du 25 mai 2018 modifiant la directive 2011/16/UE en ce qui concerne l'échange automatique et obligatoire d'informations dans le domaine fiscal en rapport avec les dispositifs transfrontières devant faire l'objet d'une déclaration, article 8 *bis ter*, point 14, b). Ces « marqueurs » peuvent être définis comme des caractéristiques ou des éléments de pratiques fiscales dommageables. L'annexe IV de la directive 2011/16/UE du 15 février 2011 les référence et précise qu'ils peuvent faire l'objet de mises à jour ou être complétés par la Commission européenne. Par exemple, peuvent être considérés comme de principaux marqueurs : l'utilisation des pertes pour réduire la charge fiscale ; le recours à des régimes fiscaux spéciaux favorables ou à des dispositifs mis en œuvre par l'intermédiaire de pays qui ne répondent pas aux normes internationales de bonne gouvernance ou l'utilisation de régimes fiscaux convertissant un revenu en une autre catégorie de revenus imposés plus avantageusement.

[3] Tous les intermédiaires ayant contribué à mettre en place le dispositif fiscal (soit parce qu'ils sont présents dans des États membres différents soit parce qu'ils sont des acteurs indépendants locaux ayant contribué à constituer certains dispositifs fiscaux) sont assujettis à l'obligation de déclaration. Sauf lorsque l'intermédiaire prouve, conformément à la législation nationale, qu'elle a été accomplie par un autre intermédiaire.

[4] Le rattachement territorial à un État membre entraîne l'assujettissement à l'impôt. Il résulte soit des parties (double résidence fiscale simultanée dans des juridictions, résidences fiscales différentes, exercice d'une activité par le contribuable dans une

disposition auprès d'un client[1]. L'obligation de le déclarer ne signifie pas nécessairement qu'il est dommageable, mais les autorités fiscales doivent en avoir connaissance pour anticiper les éventuels risques d'évasion et de fraude fiscales. Les États membres échangent ensuite automatiquement les informations recueillies trimestriellement[2], sur les dispositifs d'optimisation fiscale, selon un format de déclaration standard. Les informations sont enfin enregistrées sur une base de données centralisée, ce qui leur permet de prendre des mesures pour neutraliser les dispositifs dommageables. Cette mesure instaure donc un dispositif préventif. Outre le fait d'avoir un effet dissuasif sur les intermédiaires fiscaux, elle a pour objet d'accroître leur réactivité (faculté de faire obstacle plus rapidement aux montages par le biais de modifications législatives ou règlementaires), d'assurer des conditions de concurrence équitable sur le marché intérieur et de lutter contre les distorsions du fonctionnement du marché intérieur.

755. La directive s'efforce de préserver le secret des affaires dans une certaine mesure. En effet, elle prévoit que la transmission d'informations ne devrait pas conduire à la *« divulgation d'un secret commercial, industriel ou professionnel, d'un procédé commercial ou d'informations dont la divulgation serait contraire à l'ordre public*[3] ». Le secret des affaires serait donc protégé, car les informations ne seraient pas dévoilées dans la déclaration du dispositif fiscal, même si, dans la déclaration, doit figurer une description des activités commerciales ainsi qu'un résumé du contenu de la décision fiscale anticipée en matière transfrontière ou de l'accord préalable en matière de prix de transfert. Face à une administration fiscale désireuse d'en savoir plus, le contribuable devra justifier en quoi l'information demandée risquerait de porter atteinte au secret des affaires.

---

autre juridiction par l'intermédiaire d'un établissement stable, situé ou non dans cette juridiction) soit du dispositif fiscal lui-même (impliquant au moins deux juridictions).

[1] Il est possible que la déclaration intervienne un jour après que le dispositif est disponible. Elle peut aussi avoir lieu vingt-quatre heures après que ce dernier est activable ; ou bien après la première étape de sa mise en route.

[2] V. Directive (UE) 2018/822 du Conseil du 25 mai 2018, « DAC6 », Article 8 *bis ter*, point 14. Les informations qui doivent être communiquées par un État membre, comprennent, par exemple, l'identification de la personne, autre qu'une personne physique, et, le cas échéant, le groupe de personnes auquel celle-ci appartient ; un résumé du contenu de la décision fiscale anticipée en matière transfrontière ou de l'accord préalable en matière de prix de transfert, y compris une description des opérations ou de l'ensemble des opérations concernées. Cela suppose aussi d'expliquer quelles activités commerciales sont exercées et quelles opérations sont envisagées, mais sans que le secret commercial, industriel ou professionnel en pâtisse, et en tenant compte de l'ordre public.

[3] Article 8 *bis ter,* point 14, c) de la Directive « DAC6 ».

756. Par ailleurs, s'agissant du secret professionnel de l'intermédiaire (l'avocat par exemple), la directive « DAC6 » précise que lorsque celui-ci est situé dans un État tiers, ou lorsque le schéma a été développé en interne par exemple, l'obligation de déclaration doit être accomplie par le contribuable concerné ou par un autre intermédiaire[1]. En droit français, l'ordonnance n° 2019-1068 du 22 octobre 2019 – prise sur le fondement de l'article 22 de la loi n° 2018-898 du 23 octobre 2018 relative à la lutte contre la fraude, portant transposition de la directive « DAC6 » – a maintenu l'obligation déclarative à l'égard de l'intermédiaire tenu légalement au secret professionnel. En revanche, elle y apporte une condition : l'intermédiaire doit recueillir l'accord du contribuable concerné par le dispositif transfrontière[2]. Malgré cette condition préalable, l'obligation déclarative est une atteinte au secret professionnel de l'intermédiaire car il doit divulguer à l'administration, mais aussi à des tiers intermédiaires, toutes les informations relatives à l'identité du contribuable et au dispositif transfrontière. On remarque que le secret de l'intermédiaire, notamment celui de l'avocat, protège de moins en moins l'information du contribuable[3]. D'une part, l'avocat voit ses obligations déclaratives renforcées à l'aune d'une politique tournée vers davantage de transparence ; d'autre part, il doit transmettre les informations du contribuable, jusqu'alors couvertes du secret professionnel, à l'administration fiscale. Ces obligations sont d'autant plus contraignantes qu'il peut encourir des sanctions en cas de manquements dans la déclaration. La directive a laissé à l'initiative de chaque État le soin de déterminer la sanction. Elle indique en effet que « *les États membres déterminent le régime des sanctions applicables aux violations des dispositions nationales prises en application de la présente directive et concernant les articles 8 bis bis et 8 bis bis bis, et prennent toute mesure nécessaire pour assurer la mise en œuvre de ces sanctions. Les sanctions ainsi prévues sont effectives, proportionnées et dissuasives*[4] ». En droit interne, l'article 1729 C *ter* du CGI dispose ainsi qu'en cas d'omission ou de manquement dans la

---

[1] Lartigue (M.), « Fraude fiscale et sociale : les conseils désormais menacés d'une amende administrative », *LGP*, 30 octobre 2018, n° 37, p. 7.

[2] « *À défaut de cet accord, l'intermédiaire notifie à tout autre intermédiaire l'obligation déclarative qui lui incombe* » (Article 1649 AE 4°) (2e alinéa) du CGI) et « *En l'absence d'autre intermédiaire, la notification d'obligation déclarative est adressée au contribuable concerné par le dispositif transfrontière. L'intermédiaire transmet également au contribuable concerné, le cas échéant, les informations nécessaires au respect de son obligation déclarative* » (Article 1649 AE 4°) (3e alinéa) du CGI). Pour plus de précisions, v. *Supra :* Partie I, Titre II, Chapitre II, Section I, § 2, II, B.

[3] Plus plus de précisions : Safi (F.), « L'opposabilité du secret professionnel de l'avocat : un pas en avant, deux pas en arrière… », *Dr. pénal* 2022, n°1, étude 2.

[4] Article 25 *bis* de la Directive « DAC6 ».

déclaration, l'intermédiaire ou le contribuable pourra être condamné à une amende allant jusqu'à 10.000 euros. En revanche, son montant ne peut excéder 5.000 euros s'il s'agit de la première infraction de l'année civile en cours et des trois ans précédents[1].

757. Par un arrêt du 25 juin 2021[2], le Conseil d'État a renvoyé à la CJUE, sur requête du Conseil national des barreaux, une question préjudicielle interrogeant la conformité au droit de l'Union européenne de l'article 8 bis ter, § 5, de la directive « DAC6 ». Si ce texte permet aux Etats-membres de dispenser les intermédiaires tenus d'une obligation au secret professionnel de communiquer à l'administration fiscale des informations relatives à la déclaration d'un dispositif transfrontière (sous réserve que l'intermédiaire dispensé notifie ces mêmes obligations déclaratives à un autre intermédiaire ou, en l'absence d'un tel intermédiaire, au contribuable concerné), il n'exclut pas par principe, l'avocat agissant dans le cadre d'une procédure juridictionnelle. La CJUE apportera donc des éclairages sur l'atteinte éventuelle que porte cet article au regard du droit à un procès équitable (garanti par les articles 47 de la Charte des droits fondamentaux de l'Union européenne et 6 de la ConvEDH) et du droit au respect de la vie privée (garanti par les articles 7 de la Charte et 8 de la Convention) et le cas échéant se prononcer sur la question de savoir si cette atteinte est justifiée et proportionnée au secret professionnel des avocats[3].

758. En définitive, cette obligation déclarative est sans conteste une atteinte à la protection des informations du contribuable. Est-il en effet nécessaire que les autorités fiscales y aient accès et qu'elles les conservent dans un fichier centralisé, surtout si le dispositif *in fine* n'est pas dommageable ? Apparaissant comme une mesure apportant des garanties de transparence et de lutte contre la fraude et l'évasion fiscales, cette obligation déclarative restreint nécessairement la portée du secret professionnel du tiers, supposé protéger l'information du contribuable en matière fiscale[4]. Il existe néanmoins d'autres remparts à l'intrusion de l'administration fiscale qui sont les droits et libertés fondamentaux.

---

[1] V. Partie I, Titre II, Chapitre II, Section I, § 2, II, B.

[2] CE, 25 juin 2021, n° 448486, *JCP G* 2021, 755.

[3] Vergnet (N.), « La directive DAC 6 et les deux visages du secret professionnel », *Dr. fisc.* 2021, n° 51-52, comm. 466.

[4] Garnerie (L.), « Secret professionnel et directive DAC6 », *LGP*, 18 juin 2019, n° 22, p. 6 : « *À l'occasion de leur conseil de l'ordre commun le 4 juin 2019, les barreaux de Paris, Bruxelles et Luxembourg ont réaffirmé leur attachement au secret professionnel des avocats. À cette occasion, ils ont adopté une résolution demandant aux instances européennes et gouvernementales que le « caractère constitutionnel » du secret professionnel de l'avocat soit reconnu, et que les avocats soient exclus « du dispositif de déclaration prévue par la directive "DAC6" ».* ».

II. L'inopposabilité du secret aux autorités compétentes

759. Le secret ne peut être opposé aux autorités agissant dans le cadre de la lutte contre les infractions et l'évasion fiscales. Dans cette intention, des échanges de données privées et confidentielles entre administrations ont été mis en place (**A**). De même, le législateur encadre leur divulgation au profit des organes administratifs et judiciaires (**B**).

A. L'échange d'informations entre administrations à des fins de lutte contre la fraude fiscale

760. Au cours des XIXe et XXe siècles, les États ont généralement été peu enclins à partager des renseignements fiscaux[1]. Le tournant décisif a été amorcé au début des années 2010 avec la prise de conscience que la législation fiscale ne prenait pas suffisamment en compte la réalité des échanges internationaux et les effets de la mondialisation. Il apparut dès lors que, d'une part, les problèmes fiscaux d'envergure mondiale devaient être traités à l'échelle internationale et que, d'autre part, l'échange de renseignements, tel qu'il existait, n'était pas suffisamment développé pour « *mettre fin à l'ère des paradis fiscaux*[2] ». Voilà pourquoi il est automatiquement mis en œuvre à l'échelle internationale – nous l'avons montré précédemment[3] – et se révèle moins contraignant à l'échelle nationale. Cette transformation a été en effet nécessaire pour lutter efficacement contre la fraude et l'évasion fiscales. En effet, les dispositifs d'optimisation fiscale sont souvent organisés au niveau international par les contribuables, notamment par les multinationales. Une action interétatique soutient donc l'action diligentée en droit interne.

761. L'assouplissement des règles d'échange en droit interne est intervenu avec l'article 3 de la loi n° 2018-898 du 23 octobre 2018 qui renforce les dispositifs nationaux déjà existants d'échanges d'informations entre administrations[4], organismes et autorités chargées de la lutte contre la

---

[1] Roussieau (C.), « L'échange automatique d'informations en matière fiscale dans le contexte international », *RIDE*, Vol. T. XXX, n° 3, 2016, pp. 363-385, p. 363.

[2] Roussieau (C.), *ibid.* V. G20, *Declaration on Strengthening the Financial System*, Londres, 2 avril 2009, § 15.

[3] V. *Supra :* Partie I, Titre II, Chapitre II, Section I, § 1, II, B.

[4] Article L. 83 A du LPF : « *Les agents de la direction générale des finances publiques, les agents de la direction générale des douanes et droits indirects et les agents de la concurrence, de la consommation et de la répression des fraudes peuvent se communiquer spontanément ou sur demande tous documents et renseignements détenus ou recueillis dans le cadre de l'ensemble de leurs missions*

fraude fiscale. Ainsi, le fisc faisant appel, dans les juridictions dévolues à la lutte contre la délinquance économique et financière, à des assistants spécialisés[1], le Livre des procédures fiscales les autorise à consulter des dossiers de la DGFiP[2] : FICOBA (fichier national des comptes bancaires et assimilés)[3], FICOVIE (fichier des contrats d'assurance-vie), PATRIM (traitement automatique pour estimer un bien), et BNDP (base nationale des données patrimoniales)[4].

762. Dans le cadre de la lutte contre la fraude fiscale, la loi précitée assouplit le droit de communication entre la direction générale de la prévention des risques (DGPR) et la direction générale des douanes et droits indirects (DGDDI)[5]. Poursuivant cet objectif, le législateur introduit également dans le LPF un article L. 101 A[6] qui prévoit un droit de communication spontané des services de greffes des tribunaux de commerce au profit de l'administration fiscale ou des douanes concernant toute information ou document de nature à faire présumer une fraude fiscale

763. Les services administratifs sont de plus en plus confrontés à des montages frauduleux complexes. L'accès à différents fichiers fiscaux aura donc pour bénéfice « *d'améliorer la rapidité et la qualité des investigations indispensables à la mise en évidence des fraudes complexes et organisées*[7] ». Afin de lutter contre l'évasion et la fraude fiscales, cette loi crée ainsi de nouveaux moyens d'échanges entre les administrations pour que l'accès aux données soit facilité et mis en œuvre avec plus de célérité. L'échange d'informations peut être automatique, spontané, sur demande ou sur

---

respectives ». V. *Supra :* Partie II, Titre I, Chapitre II, Section II, § 1, II, B (concernant l'interconnexion des données).

[1] Les assistants spécialisés de la DGFiP sont des agents de l'administration fiscale affectés au sein des juridictions spécialisées dans la lutte contre la délinquance économique et financière par application de l'article 706 du Code de procédure pénale. Ils ont été créés par la loi n° 98-546 du 2 juillet 1998 portant diverses dispositions d'ordre économique et financier afin d'apporter une aide aux juridictions spécialisées en matière économique et financière.

[2] Article L. 135 ZJ du LPF introduit par l'article 6 de la loi n° 2018-989 du 23 octobre 2018.

[3] V. *Supra :* Partie II, Titre I, Chapitre II, Section II, § 1, II, B (concernant l'interconnexion des données).

[4] Zarka (J.-C.), « La loi relative à la lutte contre la fraude », *LPA*, 16 novembre 2018, n° 230, p. 7.

[5] Article 59 *octies* du Code des douanes. V. Cariou (E.), *Rapport n° 1212 présenté devant l'Assemblée nationale sur le projet de loi relatif à la lutte contre la fraude (n° 1142)*, 25 juillet 2018, 402 p., p. 100.

[6] Article 146 de la loi n° 2021-1900 du 30 décembre 2021 de finances pour 2022.

[7] V. l'étude d'impact du projet de loi, 27 mars 2018, p. 21.

réquisition[1]. Il peut également s'agir d'un accès direct aux bases de données. Dans tous les cas, seule la loi autorise cette divulgation aux autorités compétentes dans le cadre de leurs missions respectives, de manière limitative.

B. Des obligations légales de divulgation au profit des autorités judiciaires et administratives

764. De nombreuses dérogations au secret professionnel sont prévues aux articles L. 113 à L. 166 F du LPF. Les dispositions des articles 704 et 705 du Code de procédure pénale définissent la compétence territoriale d'un tribunal judiciaire pouvant être étendue au ressort de plusieurs cours d'appel en matière de poursuite, d'instruction et éventuellement de jugement d'infractions économiques et financières précises. Pour mener à bien ces missions, le secret ne peut être opposé aux agents y exerçant leurs fonctions. Les articles L. 140 à L. 147 C du LPF prévoient ainsi dans quelles conditions le procureur de la République, le juge d'instruction, les juridictions de l'ordre judiciaire ou de l'ordre administratif, les bureaux d'aide judiciaire peuvent obtenir des renseignements auprès de l'administration fiscale sans se voir opposer le secret professionnel. Par exemple, à l'occasion du contentieux, le tribunal administratif reçoit pendant le délibéré, pour son intime conviction, communication intégrale en chambre du conseil de tous documents ou pièces concernant les entreprises ou personnes qu'il désigne[2]. En outre, l'article L. 511-33 du Code monétaire et financier dispose, en son alinéa 2, que « *outre les cas où la loi le prévoit, le secret professionnel ne peut être opposé [...] à l'autorité judiciaire agissant dans le cadre d'une procédure pénale*[3] ».

765. Les autorités financières ne peuvent également se voir opposer le secret professionnel des agents du fisc[4]. Ces derniers sont ainsi tenus de divulguer les informations qu'ils ont en leur possession aux magistrats, rapporteurs et conseillers maîtres en service extraordinaire de la Cour des comptes qui en font la demande. Pour les besoins d'enquêtes, le secret de l'administration fiscale doit être levé. Il arrive que l'enquête l'oblige à violer le secret qu'elle doit pourtant respecter. Par conséquent, les agents des services fiscaux peuvent être tenus de témoigner, sur demande des magistrats de la Cour des comptes, de la chambre régionale des comptes, ou par les

---

[1] V. Article L. 141 du LPF.

[2] Article L. 201 du LPF

[3] Voir aussi Crim., 9 mars 2011, n° 09-81.138, JurisData n° 2011 -006153.

[4] Mignon (E.), « Y'a-t-il encore un secret fiscal ? », *RJF* 3/99, p. 178.

rapporteurs auprès de la Cour de discipline budgétaire et financière[1]. En matière de lutte contre les infractions fiscales, cette divulgation est nécessaire pour évaluer les outils juridiques dont l'administration dispose, pour proposer des évolutions à leur utilisation ou pour modifier l'organisation des services du fisc. Dans cette perspective, la juridiction financière de l'ordre administratif révélait dans un rapport de novembre 2019, le montant chiffré de la fraude à la TVA (environ 15 milliards d'euros) et aux cotisations sociales (entre 20 et 25 milliards d'euros)[2]. Le montant de la fraude fiscale, quant à lui, n'avait pu être exactement établi avec certitude.

766. Plus généralement, en matière fiscale, d'autres dérogations au secret sont prévues. De manière non exhaustive[3], des renseignements fiscaux peuvent être divulgués au Défenseur des droits[4], aux membres du Conseil constitutionnel[5], à l'Autorité de la concurrence[6], entre services fiscaux[7], à la Haute autorité pour la transparence financière de la vie politique[8], à d'autres administrations et à diverses commissions telles ques la Commission nationale des impôts directs et des taxes sur le chiffre d'affaires prévue à l'article 1651 H du CGI[9], la commission départementale prévue à l'article L. 121-8 du Code rural et de la pêche maritime[10], le comité du contentieux fiscal, douanier et des changes[11], ainsi que la Commission des infractions fiscales (CIF)[12].

767. De manière plus spécifique à notre propos, la loi n° 2018-898 du 23 octobre 2018 relative à la lutte contre la fraude crée, quant à elle, de nouvelles obligations de divulgation au profit d'organes judiciaires qu'elle a elle-même institués. Elle instaure ainsi au sein de l'administration fiscale une police fiscale, un service complémentaire à celui du ministère de l'Intérieur :

---

[1] Article L. 140 du LPF. V. également les articles L. 141-5, L. 141-9, L. 241-4 et L. 314-4 du Code des juridictions financières.

[2] Cour des comptes, *Rapport : La fraude aux prélèvements obligatoires*, novembre 2019, 201 p.

[3] Pour la liste complète, v. Cariou (E.), *Rapport n° 1212 présenté devant l'Assemblée nationale sur le projet de loi relatif à la lutte contre la fraude (n° 1142)*, 25 juillet 2018, 402 p., pp. 88-103.

[4] Article L. 115 du LPF.

[5] Article L. 140 A du LPF.

[6] Article L. 116 du LPF et article L. 450-7 du Code de commerce.

[7] Article L. 117 du LPF.

[8] Article L. 139 B du LPF.

[9] Article L. 136 du LPF.

[10] Article L. 139 du LPF.

[11] Article L. 138 du LPF.

[12] V. Article L. 228 du LPF. V. *Supra :* Partie II, Titre I, Chapitre I, Section III.

la brigade nationale de répression de la délinquance fiscale (BNRDF)[1]. Ce nouveau service – dont la création a été réclamée par le parquet national financier – est chargé de mener des enquêtes judiciaires fiscales sous la direction d'un magistrat[2]. Il complète l'arsenal répressif de l'État pour détecter et déjouer les fraudes les plus complexes. L'article 28-2 du Code de procédure pénale modifié par la loi précitée, relatif aux pouvoirs de police spéciale attribués aux agents des services fiscaux, permet désormais d'affecter des officiers fiscaux judiciaires au sein du ministère chargé du Budget. Il revient tout particulièrement à l'autorité judiciaire de saisir ce nouveau service spécialisé dans la lutte contre la fraude fiscale ou la BNRDF, suivant le type de dossiers. Mais sa création a rencontré de vives oppositions, en particulier auprès de l'administration fiscale, qui a souhaité un temps conserver « *la mainmise sur le contentieux fiscal*[3] », et du Conseil d'État. Celui-ci considérait en effet que « *la création d'un second service d'enquête judiciaire fiscale hors du ministère de l'Intérieur ne serait pas conforme aux impératifs de bonne administration et susciterait de sérieux problèmes de concurrence entre services et de coordination de leurs interventions*[4] ». Les missions de la « police de Bercy » risquant de se recouper fortement avec celles de la BNRDF, ce service disparaît, sur décision du Sénat[5] ; mais, jugé trop utile contre la fraude fiscale, il renaît grâce à la loi n° 2018-898 du 23 octobre 2018 : « *La police fiscale rattachée à Bercy sera seulement chargée des cas de pure fraude fiscale, les autres faits de criminalité relevant de la BNRDF. La multiplicité des dossiers permettra largement d'occuper les deux services. Il appartiendra au magistrat responsable de choisir à qui confier l'instruction des dossiers. Presque tous nos voisins ont un service de police fiscale rattaché au ministère des finances*[6] ». Ce nouveau service est donc créé avec succès. La

---

[1] V. le décret n° 2010-1318 du 4 novembre 2010 qui a institué, au sein du ministère de l'Intérieur, la BNRDF, laquelle réunit des officiers de police judiciaire et des officiers fiscaux judiciaires.

[2] V. Assemblée nationale, Commission des lois, 24 juillet 2018, compte-rendu n° 108, p. 8.

[3] Cutajar (C.), « Le projet de loi relatif à la lutte contre la fraude », *D.* 2018, p. 1304.

[4] Conseil d'État, Avis, Sect. fin., 22 mars 2018, n° 394440, sur le projet de loi n° 2018-898, p. 2

[5] V. L'avis n° 600 de Nathalie Delattre, fait au nom de la commission des lois du Sénat, déposé le 26 juin 2018, p. 21 et son amendement n° COM-56 au projet de cette loi. La parlementaire (RDSE), rapporteure pour avis du projet de loi, s'est inquiétée du risque d'une « *guerre des services* », éventuellement causée par ce nouveau corps. Pour elle, il était préférable de renforcer les moyens de la BNRDF, plutôt que de créer un service concurrent.

[6] V. Cariou (E.), Montgolfier (A. de), *Rapport de la Commission mixte paritaire n° 194 (Assemblée nationale) et n° 14 (Sénat)*, 4 octobre 2018, 64 p., p. 8.

divulgation d'informations couvertes du secret tend, de plus, à s'accentuer pour réguler la concurrence fiscale, qui peut se révéler dommageable pour les États et les autres opérateurs économiques.

§ 2. La régulation de la concurrence fiscale

768. La fiscalité fait incontestablement partie du noyau dur de la souveraineté nationale. Les politiques fiscales relèvent en effet essentiellement de la compétence des États. Si la concurrence des systèmes fiscaux n'est pas un phénomène nouveau, elle a cependant été accentuée par la libéralisation des échanges de biens et services[1], par les mouvements de capitaux et de personnes ainsi que par l'intégration des économies européennes commencée depuis le début des années 1990[2]. Il est admis que l'attractivité d'un territoire national et les facteurs dont elle dépend – l'économie, la localisation des activités[3], ou la création d'emplois par exemple – nécessitent l'adoption de mesures fiscales avantageuses[4]. Mais le caractère dommageable de la concurrence fiscale ne peut être imputé au seul fait que la mesure fiscale confère un avantage à l'opérateur économique. Il s'agit en effet d'une conséquence naturelle de la libéralisation des échanges

---

[1] Pour une étude exhaustive des raisons de l'accentuation de la concurrence fiscale : Lambert (T.), « Réflexions sur la concurrence fiscale », *D.* 2010, n° 27, p. 1733 ; Didier (P.), « La notion de concurrence fiscale », *in* Terré (F.), (dir.), *L'impôt,* , Dalloz, coll. Archives de philosophie du droit, 2002, 547 p., p. 103, n° 46 ; Freminet (P. de), « L'Europe et la concurrence fiscale », *Revue d'économie financière*, octobre 2007, n° 90, p. 45 ; Gutmann (D.), « Globalisation et fiscalité », *L'année fiscale*, 2003, p. 109, § 6 ; Rapport OCDE, *La concurrence fiscale dommageable : un problème mondial,* 9 avril 1998, 90 p., p. 9, § 8 ; Dos Santos (A. C.), *L'Union européenne, et la régulation de la concurrence fiscale*, Bruylant, LGDJ, 2009, 696 p., pp. 40-44 ; Saint-Etienne (C.), Le Cacheux (J.), « La France dans la compétition fiscale européenne », *in Croissance équitable et concurrence fiscale,* Rapport du Conseil d'analyse économique, 18 octobre 2005, n° 56, 337 p., p. 13.

[2] Lire Magnin (É.), « Concurrence fiscale et modèle social dans l'Europe élargie : Convergence ou désunion européenne ? », *Revue d'études comparatives Est-Ouest*, Vol. 40, n° 2, 2009, pp. 55-86.

[3] Commission européenne, Communication au Conseil, au Parlement et au Comité économique et social européen du 1er octobre 1997, COM (97)495, *Vers une coordination fiscale européenne dans l'Union européenne, un ensemble de mesures pour lutter contre la concurrence fiscale dommageable, Dr. fisc.* 1997, n° 44, 1287.

[4] Lopez (C.), « La fiscalité comme vecteur de l'attractivité du territoire », *in* Leroy (M.), (dir.), *Mondialisation et fiscalité – la globalisation fiscale,* L'Harmattan, Finances publiques, décembre 2006, 286 p., p. 245 ; Lambert (T.), « Quelle fiscalité pour des projets planétaires ? », *in* Leroy (M.), (dir.), *Mondialisation et fiscalité – la globalisation fiscale, op. cit.,* p. 17.

et de la liberté des États de fixer leurs bases d'imposition. Il faut donc distinguer régimes fiscaux préférentiels acceptables et régimes fiscaux préférentiels dommageables[1]. Ces derniers mènent au constat que le secret est un vecteur de concurrence fiscale dommageable[2] (**I**). Pour réguler cette concurrence déloyale et endiguer ses effets, le législateur a pris des mesures (**II**).

I. Le secret : vecteur de concurrence fiscale dommageable

769. Il convient d'abord d'identifier ce qu'on peut considérer comme étant une pratique fiscale dommageable (**A**), puis d'en analyser les conséquences (**B**).

A. L'identification des pratiques fiscales dommageables

770. Plusieurs critères ont été établis par l'OCDE et l'Union européenne pour déterminer le caractère dommageable d'une pratique fiscale (**1**). Parmi eux, nous étudierons le faible niveau d'imposition (**2**) ainsi que le manque de transparence (**3**).

1. La pluralité des critères d'une pratique fiscale dommageable

771. La concurrence fiscale est un phénomène ambivalent[3] : il a comme avantage de diminuer la pression fiscale à laquelle sont soumis les contribuables notamment sur les bases les plus mobiles comme le capital ou les entreprises mais présente l'inconvénient d'être néfaste pour les finances

---

[1] Rapport OCDE, *La concurrence fiscale dommageable : un problème mondial, op. cit.*, p. 8.

[2] Plusieurs terminologies sont possibles : v. Delaunay (B.), « Essai de typologie des pratiques fiscales dommageables », *in* Lambert (T.), (dir.), *La fin des Paradis fiscaux*, Actes du Colloque organisé le 3 décembre 2010 par l'Institut international des sciences fiscales, le Centre d'études et de recherches administratives et politiques de Paris 13 et le Laboratoire d'études juridiques et politiques de l'université de Cergy-Pontoise, éd. Lextenso, coll. Grands Colloques, Montchrestien, 232 p., p. 41 et s. On retrouvera également la notion de « *pratiques fiscales dommageables* » – généralement employée dans les travaux de l'OCDE (Abery (E.), « *The OECD and harmful practices* », *Tax notes international*, 8/2007, pp. 823-851) ou celle de « *mesures fiscales dommageables* », terme qui figure quant à lui, dans les travaux de l'Union européenne.

[3] V. Pour un résumé des effets de la concurrence fiscale entre les États, Dos Santos (A. C.), « *L'Union européenne, et la régulation de la concurrence fiscale*, *op. cit.*, pp. 108-116.

publiques de certains États[1]. Il faut dès lors comprendre que la concurrence fiscale n'est pas interdite puisqu'elle a aussi des effets bénéfiques, à la différence de la discrimination. En revanche, seule celle qui est dommageable doit être éliminée, c'est-à-dire celle qui tend à attirer dans un pays, au prix d'un régime discriminatoire, les capitaux et les entreprises étrangères, donc les « *bases les plus mobiles*[2] ». Il existe donc une concurrence fiscale que l'on peut qualifier de saine[3], permettant à un État d'être libre dans le choix de ses politiques fiscales, tout en étant compatible avec le marché intérieur européen.

772. Dans cette perspective, l'OCDE et l'Union européenne ont reconnu, dès le milieu des années 1990, la nocivité de certaines pratiques fiscales. Les premiers travaux ont alors débuté au printemps 1996, avec la publication d'un rapport, en avril 1998, intitulé « *Concurrence fiscale dommageable : un problème mondial* », établissant les caractéristiques des mesures déloyales et les moyens visant à les restreindre, voire les supprimer[4]. Leurs traits communs sont donc les suivants : la recherche exclusive par un État d'une fiscalité préférentielle, la volonté d'attirer artificiellement les opérateurs économiques[5], l'absence d'échanges d'informations dans le cadre d'une coopération internationale[6], des taux d'imposition peu élevés voire nuls, des

---

[1] Lire aussi Besson (J.-L.), « Faut-il craindre la concurrence fiscale ? », *RFFP*, juin 2000, n° 70, p. 231.

[2] Monti (M.), « Il faut mettre fin à la concurrence fiscale déloyale », *LPA*, 23 décembre 1998, n° 153, p. 4.

[3] V. La frontière entre concurrence fiscale régulière et concurrence fiscale dommageable : Molé (A.), *Les paradis fiscaux dans la concurrence fiscale internationale*, Thèse de Droit, Université Paris Dauphine - Paris IX, 2015, 960 p., pp. 289-299, p. 292 ; Rubens (E.), *La fiscalité des entreprises, Aspects financiers de la concurrence fiscale dommageable au sein de l'Union européenne*, Larcier, Bruxelles, 2002, 218 p., p. 11 : « *un allègement de la charge fiscale visant à renforcer la compétitivité des entreprises domestiques, par exemple par une diminution des impôts prélevés sur les bénéfices, mais sans nuire aux États voisins en entrant dans une politique de moins-disant fiscal* ».

[4] Ault (H.), « Le travail accompli par l'OCDE et son esprit », *in La concurrence fiscale déloyale*, *RIDE* 1999, n° 3, p. 327.

[5] Périn-Dureau (A.), *L'obligation fiscale à l'épreuve des droits et libertés fondamentaux*, Dalloz, Nouvelle Bibliothèque de Thèses, avril 2014, 566 p., pp. 274-279, p. 278.

[6] V. aussi la notion d'État ou territoires dits « *non coopératifs* » (ETNC) et la liste: article 238-0 A du Code général des impôts (CGI) ; Coin (R.), « Répression de l'évasion fiscale internationale - Lutte contre les États et territoires non coopératifs (CGI, art. 238-0 A) », *JCl. Droit international*, octobre 2010 ; Annexe I du rapport de 1998 : « Recommandation du Conseil sur la lutte contre la concurrence fiscale dommageable », pp. 73-74 ; Vidal (J.-P.), « La transparence fiscale du contribuable dans un contexte international : faut-il prévoir la fin de l'évasion fiscale

mesures fiscales discriminatoires et trop peu transparentes. Cependant, un examen au cas par cas de ces critères est nécessaire pour déterminer le caractère déloyal de la pratique fiscale si seuls certains d'entre eux sont réunis. Dans une certaine mesure, ils ne sont pas cumulatifs et peuvent donc être alternatifs.

773. En même temps, sont abordées dans le rapport *Ruding*[1], les problématiques afférentes aux effets de la concurrence fiscale sur la construction du marché intérieur. Les deux rapports dits *Monti* ont ensuite rappelé la nécessité de lutter contre la concurrence fiscale dommageable[2]. Le deuxième rapport a notamment proposé un code de conduite à destination des États visant à coordonner leurs actions en faveur de la suppression des pratiques fiscales dommageables au sein du marché intérieur. Adopté par le Conseil ECOFIN le 1er décembre 1997[3], le Code de bonne conduite[4] dénombre lui aussi plusieurs critères indicatifs communs à ceux de l'OCDE[5] et, par ailleurs, protéiformes[6]. Il s'agit d'avantages octroyés de manière exclusive aux non-résidents ; d'avantages isolés de l'économie nationale ; d'absence de contrepartie liée à une activité économique réelle et substantielle ; d'une divergence par rapport aux principes internationaux en

---

internationale ? », *RFFP*, 1er novembre 2017, n° 140, p. 89 ; Saint-Amans (P.), « La transparence et l'échange d'information en matière fiscale : la longue marche de l'OCDE », *Dr. fisc.* 2010, n° 14, comm. 257.

[1] Comité de réflexion des experts indépendants sur la fiscalité des entreprises, rapport à la Commission des Communautés européennes, avril 1992, *Rapport portant sur les orientations en matière de fiscalité des entreprises dans le cadre de l'approfondissement du marché intérieur, dit rapport Ruding.* V. aussi Renard (G.), *Les règles communautaires en matière d'aides d'État et la fiscalité,* L'Harmattan, Entreprises et management, 2005, 178 p., pp. 43-45.

[2] Rapport de la Commission européenne, 20 mars 1996, SEC (96) 487, *La fiscalité dans l'Union européenne (Monti I) ;* Rapport de la Commission européenne, 22 octobre 1996, COM (96) 546, *La fiscalité dans l'Union européenne, rapport sur l'évolution des systèmes fiscaux, (Rapport Monti II).*

[3] Conseil CE, *Résolution du Conseil et des représentants des gouvernements des États membres sur un code de conduite dans le domaine de la fiscalité des entreprises,* 1er décembre 1997, *JOCE*, C, 2 du 6 janvier 1998, p. 2. V. aussi Castagnède (B.), *Précis de fiscalité internationale*, PUF, 3e éd., 2010, 580 p., n° 37 et 38, pp. 53-55.

[4] Pour plus de précisions : Dos Santos (A. C.), « Aides d'état, code de conduite et concurrence fiscale dans l'Union Européenne : Les centres d'affaires comme cibles », *RIDE*, Vol. T. 28, n° 1, 2004, pp. 9-45.

[5] « Le rapport du groupe de travail pour l'application du code de conduite en matière de fiscalité des entreprises », *Dr. fisc.* 2000, n° 16, p. 660.

[6] Altindag (S.), *La concurrence fiscale dommageable*, L'Harmattan, Finances publiques, 2009, 434 p., p. 42.

matière de taxation des bénéfices d'une multinationale ; enfin, d'un manque de transparence du fonctionnement du régime fiscal[1].

774. Ces critères sont alternatifs et « *associatifs*[2] » : c'est-à-dire qu'une pratique fiscale est considérée comme dommageable lorsque sont réunis le critère principal qui est le taux d'imposition avantageux (celui nettement inférieur par rapport à ceux qui s'appliquent normalement dans l'État membre concerné) et un autre critère sélectionné de manière pertinente. Par exemple, la constitution de sociétés *offshores* représente une pratique fiscale dommageable dès lors que sont caractérisées deux critères : le faible taux d'imposition du pays dans lequel est implantée la structure et l'isolement des avantages fiscaux aux non-résidents. Pour toutes ces pratiques, le critère du taux reste en définitive, le critère pivot.

2. Un niveau d'imposition insignifiant ou nul

775. Le premier critère majeur est la présence un taux d'imposition insignifiant, voire inexistant. « *De tels taux peuvent résulter du fait que le taux lui-même du barème est très bas ou de la façon dont le pays définit l'assiette d'imposition à laquelle le taux est appliqué*[3] ». Dès lors qu'un taux d'imposition est faible, il peut convaincre un acteur de localiser une assiette mobile là où elle est moins productive avant impôt. Ce critère peut également se traduire par un niveau inférieur de services publics[4] offerts aux opérateurs économiques par un pays[5] par rapport à un autre.

776. L'OCDE distingue à cet effet, trois situations dans lesquelles l'impôt prélevé dans un État est inférieur à celui qui aurait été prélevé sur un même

---

[1] Molé (A.), *Les paradis fiscaux dans la concurrence fiscale internationale*, *op. cit.*, p. 297.

[2] Molé (A.), *ibid.*

[3] Rapport OCDE, *La concurrence fiscale dommageable : un problème mondial, op. cit.*, p. 29.

[4] Bien ou service présentant deux caractéristiques : non rivalité (sa consommation par un agent n'empêche pas un autre agent de le consommer) et non exclusion (personne ne peut en être exclu). Lire Dubout (É.) et Maitrot de la Motte (A.), « Normativité, sélectivité et légitimité des régimes fiscaux dans l'Union européenne : les paradis fiscaux au purgatoire des aides d'État ? », *Dr. fisc.* 2012, n° 5, comm. 126.

[5] Périn-Dureau (A.), *L'obligation fiscale à l'épreuve des droits et libertés fondamentaux*, *op. cit.*, p. 280 ; Dos Santos (A. C.), *L'Union européenne et la régulation de la concurrence fiscale,* Bruylant, LGDJ, 2009, 696 p., pp. 72-75 ; Madiès (T.), Paty (S.) et Rocaboy (Y.), « Externalités fiscales horizontales et verticales. Où en est la théorie du fédéralisme financier ? », *Revue d'économie politique*, Vol. 115, n° 1, 2005, pp. 17-63.

revenu par un autre État[1]. Cet écart est caractéristique d'un régime fiscal préférentiel susceptible d'induire des effets dommageables. La première situation met en évidence un paradis fiscal[2] qui ne prélève généralement aucun impôt sur ce revenu, ou alors il est insignifiant. La seconde est celle dans laquelle un pays tire d'importantes recettes relatives à l'impôt sur le revenu des particuliers et des sociétés mais selon des caractéristiques préférentielles, de telle sorte que ce revenu est imposé à un taux réduit ou n'est pas imposé du tout. Enfin, la troisième situation fait état d'un pays qui fait profit de l'impôt sur le revenu ou sur les sociétés, toutefois, le taux d'imposition qu'il applique sur son territoire est inférieur à celui pratiqué ailleurs. Ces trois situations peuvent induire des effets néfastes sur la concurrence fiscale et être préjudiciables à un État. Mais, comme nous l'avons évoqué, il est nécessaire que soient réunis les facteurs précités pour déterminer ce caractère néfaste.

777. Par ailleurs, il n'existe pas formellement de seuil en droit international permettant de qualifier de faible ou insignifiant le niveau d'imposition d'un régime fiscal préférentiel dommageable. Cette limite est laissée à la libre appréciation des États. Ainsi, en France, « *les personnes sont regardées comme soumises à un régime fiscal privilégié dans l'État ou le territoire considéré si elles n'y sont pas imposables ou si elles y sont assujetties à des impôts sur les bénéfices ou les revenus dont le montant est inférieur de 40 % ou plus à celui de l'impôt sur les bénéfices ou sur les revenus dont elles auraient été redevables dans les conditions de droit commun en France, si elles y avaient été domiciliées ou établies*[3] ». Autrement dit, la comparaison s'effectue en prenant en compte la charge fiscale que le contribuable aurait dû supporter en France. Cependant, le seuil n'est pas fixe puisqu'il est réévalué par le législateur. Du 1er janvier 2006 au 1er janvier 2020, la limite était fixée à la moitié à celui de l'impôt sur les bénéfices ou sur les revenus de droit français. Néanmoins, le taux d'imposition n'est pas un critère suffisant et ne peut à lui-seul, justifier le caractère dommageable d'une pratique fiscale. Celle-ci est caractérisée par son opacité totale.

---

[1] Rapport OCDE, *La concurrence fiscale dommageable : un problème mondial, op. cit.*, pp. 21-22.

[2] Rapport OCDE, *op. cit.*, p. 26 : v. encadré sur les facteurs essentiels permettant d'identifier les paradis fiscaux. OCDE, *Rapport annuel de l'OCDE 2000*, éd. OCDE, Paris, 2000, 149 p., p. 57 : En outre, un Forum sur les pratiques fiscales dommageables a été mis en place pour établir une liste des paradis fiscaux et identifier les régimes préférentiels dommageables dans les pays Membres.

[3] Article 238 A alinéa 2 du CGI.

3. L'opacité des mesures fiscales dommageables

778. Cette caractéristique est relevée tant par le Code de conduite de 1997[1] que par le rapport relatif à la concurrence fiscale dommageable. L'OCDE donne, à cet effet, une définition négative du critère de l'opacité. Elle établit ainsi, dans son rapport d'avril 1998, les conditions permettant d'affirmer que l'administration d'un régime fiscal est suffisamment transparente. La première est que ce régime fiscal doit énoncer, de manière claire et précise, ses conditions d'applicabilité aux contribuables qui pourront ensuite les opposer aux autorités. La seconde condition consiste en la disponibilité des détails du régime et, plus particulièrement, à son application dans le cas d'un contribuable particulier. Autrement dit, l'accès aux informations relatives au régime fiscal doit être permis aux autorités fiscales des autres pays concernés[2]. Si ces deux critères ne sont pas remplis, alors le régime fiscal est opaque et susceptible d'être dommageable. C'est le cas, par exemple, de celui lié à la pratique du *tax ruling*[3], ou d'un régime dans lequel il n'existe pas de convention fiscale contenant une clause d'assistance administrative.

779. L'opacité des pratiques fiscales d'un pays présente pour inconvénient principal d'empêcher le pays d'origine où le revenu aurait dû être imposé, de prendre des mesures défensives. Plus encore, l'OCDE considère que les régimes fiscaux « *donnent à leurs bénéficiaires la possibilité de négocier avec les autorités fiscales*[4] ». Or, cela peut entraîner une inégalité de traitement entre des contribuables qui se trouvent dans des situations identiques, caractérisant ainsi une violation du principe d'égalité devant les charges publiques.

780. Mais certains États sont très attachés au secret de leurs mesures fiscales. Cette opacité est en effet, un argument de poids pour attirer artificiellement les investisseurs sur leurs territoires. Toutefois, elle introduit des problématiques liées au blanchiment d'argent provenant d'opérations illicites, de fraude et d'évasion fiscales, entraînant ainsi une perte de recettes

---

[1] Code de conduite du 1er décembre 1997, Conseil CE, *Résolution du Conseil et des représentants des gouvernements des États memebres sur un code de conduite dans le domaine de la fiscalité des entreprises,* Point B du Code, *JOCE*, C 2 du 6 décembre 1998, p. 2 ; Lambert (T.), « De l'harmonisation à l'intégration des législations fiscales nationales dans le cadre de l'Union européenne », *RTD com.*, juillet 2009, n° 3, p. 517.

[2] Rapport OCDE, *La concurrence fiscale dommageable : un problème mondial, op. cit.*, p. 32.

[3] V. *Supra :* Partie II, Titre I, Chapitre I, Section I.

[4] Rapport OCDE, *La concurrence fiscale dommageable : un problème mondial, op. cit.*, p. 32.

fiscales importante pour l'État dont ces investisseurs sont originaires[1]. Un pays, dont la législation fiscale contient des mesures opaques, facilite et favorise nécessairement la fraude et l'évasion fiscales. Il est alors appelé « *paradis fiscal*[2] » ou « État et territoire non coopératifs » (ETNC). La notion apparaît d'ailleurs à la fin des années 1990 à l'OCDE, à la suite de travaux commencés par le G7, en 1996, en matière de pratiques fiscales dommageables. En 1998, le rapport sur ce sujet établissait pour la première fois que le défaut d'échange d'informations – une des principales caractéristiques de l'opacité du régime fiscal – constituait un critère aidant à définir un paradis fiscal[3]. En effet, le seul critère lié à la fiscalité privilégiée d'un État ne suffisait pas à le qualifier en tant que tel[4]. Ce constat a par la suite, justifié l'adoption de mesures visant à instaurer des accords, soit bilatéraux, soit multilatéraux, en matière de coopération administrative et d'échanges de renseignements avec les autres pays. Ces mesures s'inscrivent

---

[1] Périn-Dureau (A.), *L'obligation fiscale à l'épreuve des droits et libertés fondamentaux*, *op. cit.*, p. 282 ; Gastaud (J.-P.), « Le pouvoir des États et la concurrence fiscale déloyale », *in La concurrence fiscale déloyale*, *RIDE*, octobre 1999, n° 3, p. 341 ; Rapport d'information de l'Assemblée nationale, 10 septembre 2009, n° 1902, *Rapport sur les paradis fiscaux ;* Commission européenne, Communication au Conseil, au Parlement et au Comité économique et social européen, COM (2009)201, *Encourager la bonne gouvernance dans le domaine fiscal,* 28 avril 2009.

[2] La notion apparaît aux côtés de celle de paradis réglementaire ou de paradis judiciaire. V. Choubaeva (V.), Fontanel (J.), « Les paradis fiscaux, réglementaires, bancaires et judiciaires ou les pays « filous » », Publications de l'Université d'Économie de Saint-Petersbourg, Esprit RI, Blog de l'Institut libre d'étude des relations internationales, 8 décembre 2015 ; Chavagneux (C.) et Palan (R.), *Les Paradis fiscaux*, 2007, Paris, La Découverte, Repères, 128 p., p. 54.

[3] V. Castagnède (B.), « Fiscalité internationale : Chronique de l'année 2009 », *Dr. fisc.* 2010, n° 8-9, étude 202 : Sur la base de critères définis dans son rapport de 1998 « Concurrence fiscale dommageable : un problème mondial », l'OCDE avait établi une liste des paradis fiscaux, distingués des régimes fiscaux préférentiels dommageables, publiée en 2000. Elle comprenait trente-cinq États ou territoires, généralement petits, souvent dépendants de juridictions politiques majeures (Le Royaume-Uni par exemple, pour ce qui concerne Anguilla, les îles Vierges britanniques, Gibraltar, île de Man, Jersey, Guernesey, Montserrat, Turks et Caïcos), ayant en commun de répondre au premier des facteurs d'identification du paradis fiscal, à savoir l'absence d'imposition ou une imposition uniquement insignifiante des revenus des non-résidents. Lire aussi Waal (A. de), « L'article 209 B du CGI : mythe ou réalité ? », *Dr. fisc.* 1991, n° 30, comm. 1031 ; Perrotin (F.), « Paradis fiscaux : la liste noire s'allonge », *LPA*, 7 juin 2019, n° 114, p. 4.

[4] Ulmann (Y.), « Association droit & affaires les pays non-coopératifs en matière bancaire et fiscale – Actes du Colloque du 12 mai 2010 – palais du Luxembourg, salle Monnerville », *Revue Droit & Affaires* n° 8, octobre 2010, p. 9.

dans un mouvement de lutte contre la concurrence fiscale déloyale qui a des effets sur les États et, plus largement, sur les opérateurs économiques.

B. Les conséquences de la concurrence fiscale dommageable

781. La concurrence fiscale est telle qu'elle réduit la souveraineté des États et les oblige à concilier l'attractivité de leur territoire avec la préservation du niveau de recettes prélevées sur les contribuables conformément aux grands principes du droit fiscal[1]. Les distorsions de concurrence contraignent certains États à alléger leur fiscalité et à l'aligner sur celles qui sont plus favorables aux opérateurs économiques. C'est donc là, une véritable course au *dumping fiscal* qui se met en place et qui peut avoir des effets notables sur d'autres secteurs[2]. C'est le cas en matière de charges sociales, pour lesquelles les différences entre pays sont plus importantes que les différences d'impôts sur le revenu. Lorsque des travailleurs sont « détachés » par leur employeur dans un autre pays, en vertu de la « *Directive Bolkestein* » de 1996[3], les charges sociales applicables sont celles du pays d'origine de l'employeur. Les charges sociales, jamais les mêmes d'un État à un autre, créent alors du *dumping social*. Or, elles peuvent atteindre jusqu'à 13 % du salaire en Roumanie alors qu'elles sont par exemple, de 45 % en France[4].

782. La concurrence fiscale nuit aussi à l'équité du système fiscal. Une pression fiscale répartie entre les agents économiques en fonction de leurs capacités contributives caractérise un système d'imposition équitable. Or, par le jeu des règles de la concurrence fiscale, les assiettes fiscales considérées comme les plus mobiles voient leur base d'imposition diminuer alors que celle des assiettes les moins mobiles s'alourdit[5]. En effet, la fuite des assiettes fiscales les plus mobiles vers les pays où elles sont le moins taxées, place l'État dont elles sont originaires face à une alternative : soit il accepte cette évasion fiscale se traduisant en pertes pour ses finances publiques, soit il diminue le taux d'imposition sur les bases mobiles.

---

[1] Rapport du Conseil des impôts, *La concurrence fiscale et l'entreprise,* 2004, n° 22, 397 p., p. 13.

[2] Hugounenq (R.), Le Cacheux (J.), Madiès (T.), « Diversité des fiscalités européennes et risques de concurrence fiscale », *Revue de l'OFCE*, n° 70, 1999, pp. 63-109.

[3] Directive 2006/123/CE du Parlement européen et du Conseil du 12 décembre 2006 relative aux services dans le marché intérieur1, dite « *directive Services* » ou « *directive Bolkestein* ».

[4] Heckly (C.), Oberkampf (E.), « Actualité du fédéralisme », *RFFP*, 1er novembre 2018, n° 144, p. 241.

[5] Rapport du Conseil des impôts, *La concurrence fiscale et l'entreprise,* 2004, *op. cit.,* p. 17.

Toutefois, pour compenser ses dépenses du même montant et pour continuer à se financer, il reporte la charge fiscale sur l'imposition des assiettes les moins mobiles. La concurrence fiscale dommageable peut ainsi conduire à une redistribution inéquitable des charges fiscales. Enfin, elle a des conséquences néfastes sur les entreprises. L'attribution d'avantages fiscaux à certaines d'entre elles au détriment d'autres, l'opacité de ces pratiques et par conséquent, le manque de transparence sur les conditions d'octroi de ces avantages, perturbent nécessairement les échanges internationaux et les capacités concurrentielles des États[1]. Ce constat est notamment flagrant entre les charges fiscales supportées par une entreprise internationale et une PME. Tous ces effets ont dès lors conduit à l'émergence de diverses mesures.

II. Les réponses aux pratiques fiscales dommageables

783. Diverses réponses ont été apportées au manque de transparence de ces pratiques. Nous étudierons tour à tour la coopération interétatique développée dans ce cadre (**A**), la publicité des pratiques fiscales dommageables (**B**), l'application des clauses de sauvegarde par les mécanismes des articles 123 *bis* et 209 B du CGI (**C**) puis l'instauration inédite de la taxe GAFA[2] (**D**).

A. La coopération interétatique

784. En raison de la dimension transfrontière de la fraude fiscale et de la grande délinquance économique et financière, une coopération entre États en matière fiscale, bancaire et pénale a été mise en place. Aujourd'hui indispensable pour l'administration fiscale, les services d'enquêtes et les magistrats[3], elle occupe une place centrale dans l'effort coordonné de lutte contre les infractions fiscales d'ampleur internationale. Chaque juridiction fiscale est donc censée collaborer selon des accords permettant un échange de renseignements en matière fiscale, conforme à la « norme internationale

---

[1] Périn-Dureau (A.), *L'obligation fiscale à l'épreuve des droits et libertés fondamentaux*, Dalloz, Nouvelle Bibliothèque de Thèses, avril 2014, 566 p., pp. 274-279, p. 277 ; Bénassy-Quéré (A.), Pisani-Ferry (J.), « Impôts sur les sociétés : concurrence ou harmonisation », *in Croissance équitable et concurrence fiscale*, Rapport du Conseil d'analyse économique, 18 octobre 2005, n° 56, pp. 86-92 ; Maitrot de la Motte (A.), *Souveraineté fiscale et construction communautaire*, Thèse, Paris V, 2004, LGDJ, coll. Bibliothèque de Science financière, T. 44, 2005, 537 p., p. 261, n° 483.

[2] Acronyme de Google, Amazon, Facebook, Apple.

[3] Perrotin (F.), « Coopération internationale : le bilan », *LPA*, 27 mars 2017, n° 061, p. 4.

», telle que définie sur la base des travaux effectués dans le cadre de l'OCDE.

785. La naissance de cette coopération est concomitante aux premiers travaux relatifs à la concurrence fiscale déloyale, comme la création du *Forum mondial sur la transparence et l'échange de renseignements à des fins fiscales*, en février 2000, dont l'objet principal a été la mise en œuvre d'un modèle d'accord sur l'échange de renseignements, en matière fiscale, bilatéral ou multilatéral. Il constitue avec l'article 26 du modèle de convention OCDE, le premier arsenal en matière de coopération administrative[1]. Les États ont ensuite développé une action collective en vue de démanteler le secret bancaire avec l'instauration d'une norme commune de déclaration[2].

786. La coopération judiciaire internationale, du point de vue pénal, et notamment en matière de lutte contre la fraude fiscale et contre la grande délinquance économique et financière, repose, en l'état actuel, sur une palette d'instruments juridiques, qu'il s'agisse de conventions bilatérales conclues entre la France et un autre État ou d'accords adoptés dans le cadre de négociations européennes ou internationales. En outre, divers actes procéduraux spécifiques sont mis en œuvre : commission rogatoire internationale, notification d'actes judiciaires, demande de transfèrement, dénonciation officielle[3]... dans le cadre de demandes d'entraide judiciaire. De même, dès lors que les dossiers de fraude fiscale et de grande délinquance économique et financière ont une forte dimension internationale et impliquent la réalisation d'investigations à l'étranger, ils sont confiés au procureur de la République financier. La coopération internationale représente donc une part importante de son activité[4].

---

[1] V. Article 26 du Modèle OCDE relatif à l'échange de renseignements entre États contractants. Lire dans cette intention : Gutmann (D.), « Les instruments non fiscaux de lutte contre l'évasion fiscale », *RFFP*, 1er avril 2010, n° 110, p. 57 ; Taieb (D.), « Échanges de renseignements : tour d'horizon », *LNF,* 1er septembre 2002, n° 875, p. 29 ; Saint-Amand (P.), « La transparence et l'échange de renseignements en matière fiscale : la longue marche de l'OCDE », *Dr. fisc.* 2010, n° 14, étude 257, p. 7.

[2] V. Pando (A.), « Coopération fiscale internationale : tour d'horizon des évolutions à venir », *LPA*, 2 avril 2014, n° 66, p. 4.

[3] Perrotin (F.), « Coopération internationale : le bilan », *LPA*, 27 mars 2017, n° 061, p. 4.

[4] Perrotin (F.), *ibid. :* Les 145 demandes d'entraide pénale internationale formulées en 2017 sont venues de l'étranger, pour 43 d'entre elles, et du parquet français, pour les 102 restantes. Deux ans plus tôt, la France s'était même adressée aux Bahamas, à Saint-Vincent-et-les-Grenadines, aux îles Vierges britanniques et à la Colombie, alors que ces territoires ou pays ne contribuent que difficilement à l'effort collectif quand il touche au domaine financier.

787. Mais l'action entre États, comme moyen de lutte contre les fraudes fiscales, reste encore à améliorer. « *Les réponses des autorités judiciaires étrangères aux demandes françaises d'entraide sont de qualité très inégale, du point de vue tant de la durée d'exécution (de deux mois à plus d'un an) que du contenu. Elles vont du refus de toute exécution à l'exécution complète de tous les actes, en passant par l'exécution partielle et par les demandes répétées et dilatoires de précisions supplémentaires*[1] ». Cette coopération se heurte en effet à divers obstacles, de nature juridique[2], technique (absence de fichier centralisé recensant les informations fiscales), ou administrative (surcharge de travail des services fiscaux causée par des demandes d'entraide pénale internationales, entraînant retards ou absence de réponse). Les recommandations portent sur la simplification des procédures mises en œuvre dans le cadre de cette coopération internationale, complexifiées par des législations très différentes de celle de la France[3]. L'harmonisation fiscale à l'échelle européenne, par le truchement de directives, peut dans une certaine mesure vaincre ces obstacles[4]. De même, l'adoption de normes communes d'échanges d'information a donné des résultats probants. Mais, à l'international, les autorités françaises continuent de rencontrer des blocages relatifs aux exigences procédurales, en terme de formalisme et de garanties à fournir (Singapour, Hong Kong) ou de preuves à rapporter avant d'engager toute perquisition, de demander la communication de documents bancaires ou encore, d'autoriser la saisie ou la confiscation d'avoirs criminels (Canada,

---

[1] Rapport d'information sur l'évaluation de la loi n° 2013-1117 du 6 décembre 2013, relative à la lutte contre la fraude fiscale et la grande délinquance économique et financière et de la loi organique n° 2013-1115 du 6 décembre 2013, relative au procureur de la République financier, n° 4457, enregistré à la présidence de l'Assemblée nationale le 8 février 2017.

[2] Perrotin (F.), « Coopération internationale : le bilan », *LPA*, 27 mars 2017, n° 061, p. 4 : Ainsi, la Suisse ne participe pas toujours à l'effort international quand certaines opérations fiscales ne sont pas, pour elle, des délits de fraude fiscale. Il en va ainsi de la soustraction fiscale, qu'elle différencie de l'escroquerie fiscale qui elle, est une infraction pénale en droit suisse.

[3] Rapport d'information sur l'évaluation de la loi n° 2013-1117 du 6 décembre 2013, relative à la lutte contre la fraude fiscale et la grande délinquance économique et financière et de la loi organique n° 2013-1115 du 6 décembre 2013, *op. cit.*

[4] Vapaille (L.), « Harmonisation fiscale et rapprochement des législations, ou de l'inadéquation des moyens aux objectifs », *in* Leroy (M.), (dir.), *Mondialisation et fiscalité – la globalisation fiscale, op. cit.*, p. 121 ; Lambert (T.), « De l'harmonisation à l'intégration des législations fiscales nationales dans le cadre de l'Union européenne », *RTD com.*, juillet 2009, n° 3, p. 517 ; Freminet (P. de), « Le monde financier entre concurrence et harmonisation fiscale », *Revue d'économie financière*, juillet 2000, n° 57, p. 181 ; Durand (P.), « L'harmonisation fiscale européenne à la recherche d'une nouvelle légitimité », *Dr. adm.*, janvier 1994, n° 277, p. 20.

États-Unis, Israël). Par exemple, le Canada exige une forte caractérisation des éléments de preuve, y compris au stade de l'enquête, alors même que celle-ci a pour objet de vérifier la réalité des faits dénoncés. La coopération interétatique est donc un mécanisme imparfait, condamné à demeurer insatisfaisant : en effet, l'application de normes communes instaurées dans cette intention se heurtera toujours à la souveraineté des États en matière fiscale et aux multiples spécificités de leurs législations.

B. La publicité des pratiques dommageables

788. Deux dispositifs majeurs seront analysés dans cette partie : la technique du *name and shame* (**1**) ainsi que le dispositif de publication des aides d'État (**2**).

1. La technique du *name and shame*

789. La visée de la technique du *name and shame* est à la fois défensive et dissuasive. Elle consiste à « montrer pour faire honte » : l'identité de celui qui ne se conforme pas aux règles fiscales est exposée. Elle s'applique aux opérateurs économiques ne respectant pas le jeu d'une concurrence fiscale saine et vertueuse, à deux échelles : l'une à échelle mondiale avec la publication d'une liste d'États ou de territoires assimilés à des paradis fiscaux ; l'autre à l'échelle nationale avec des critères visant à les identifier et les sanctionner.

790. À l'échelle mondiale, sous l'impulsion des crises financières de 2007 et 2008[1], l'OCDE a conduit des travaux aux fins d'identifier les paradis fiscaux réglementaires[2]. L'organisation établit ainsi une distinction entre trois catégories d'États ou de territoires suivant des critères préalablement définis[3]. La première catégorie regroupe dans la « liste blanche », ces États

---

[1] Lubochinsky (C.), « La crise financière 2007-2008 : d'un effet de levier excessif à une régulation inadaptée », *Revue Droit et Affaires* n° 7, décembre 2009, p. 1.

[2] Ministre du Budget, « Conclusions de la conférence relative aux paradis fiscaux du 21 octobre 2008 », *Dr. fisc.* 2008, n° 44, act. 321, p. 5 ; Rapport OCDE, *Coopération fiscale 2009 : vers l'établissement de règles du jeu équitables,* avril 2009 ; Saint-Amand (P.), « La transparence et l'échange de renseignements en matière fiscale : la longue marche de l'OCDE », *Dr. fisc.* 2010, n° 14, étude 257, p. 7.

[3] L'OCDE a déterminé quatre facteurs d'identification : absence d'imposition ou imposition insignifiante des revenus, absence d'un système effectif d'échange de renseignements avec les autres États, absence de transparence dans le fonctionnement des dispositions législatives, juridiques ou administratives comme le secret bancaire, et absence d'obligation d'exercer une activité substantielle dans le territoire considéré.

ou territoires qui se conforment aux règles internationales de transparence. La « liste grise » rassemble, quant à elle, ceux qui se sont engagés à les respecter. Enfin, dans la « liste noire », figurent ceux qui refusent de les mettre en œuvre. Chaque année, l'OCDE s'assure de l'effectivité des accords d'échanges d'informations signés par les États des deux dernières listes[1]. L'Union européenne publie aussi, à la même fréquence, une liste des paradis fiscaux (une liste grise et liste noire des paradis fiscaux) pour les inciter à modifier leurs pratiques fiscales[2]. La liste représente généralement un outil permettant d'identifier au niveau mondial les risques de pratiques fiscales abusives et de concurrence fiscale déloyale[3]. Mais elle a surtout une visée dissuassive puisque les États ou territoires à fiscalité privilégiée figurant dans la liste sont contraints de modifier leurs législations fiscales. Dans l'attente de ces changements, l'Union européenne et les États membres pourraient appliquer des mesures défensives[4]. La première liste de paradis fiscaux, publiée le 17 juin 2015 par la Commission européenne, et créée à partir des différentes listes noires établies par les États membres de l'Union européenne (dont la France), fut baptisée « liste Moscovici » ; elle comprenait alors trente États et territoires[5].

791. Pour la France, un État ou un territoire est considéré comme non collaboratif s'il ne fait pas partie de l'Union européenne à partir du 1er janvier 2010, si l'OCDE s'est intéressée à ses pratiques fiscales, et s'il n'a signé aucune convention d'assistance administrative d'échange réciproque d'informations fiscales[6].

---

[1] V. à cet effet, les travaux du Forum mondial sur la transparence et l'échange de renseignements à des fins fiscales, mis en place pour la première fois en 2010. Lira aussi, Lambert (L.), « Réflexions sur la concurrence fiscale », *D.* 2010, n° 27, p. 1733 ; Perrotin (F.), « La Commission européenne publie sa liste noire des paradis fiscaux », *LPA*, 9 juillet 2015, n° 136, p. 3.

[2] Le groupe chargé de son élaboration (« Code de conduite ») peut recommander une mise à jour à tout moment.

[3] Perrotin (F.), « Paradis fiscaux : la liste noire s'allonge », *LPA*, 7 juin 2019, n° 114, p. 4.

[4] Berthet (K.), *L'évolution de la lutte contre les paradis fiscaux : Europe, États-Unis*, Larcier, 2015, 584 p., § 946 et s., p. 409 et s.

[5] Pour l'année 2015, la liste paneuropéenne des trente paradis fiscaux est la suivante : Andorre ; Anguille ; Antigua et Barbuda ; Bahamas ; Barbade ; Belize ; Bermudes ; British Virgin Islands (Îles Vierges britanniques) ; Brunei ; Cayman Islands (Îles Cayman) ; Cook Islands (Îles Cook) ; Grenade ; Guernsey ; Hong Kong ; Liberia ; Liechtenstein ; Maldives ; Marshall Islands (Îles Marshall) ; Maurice ; Monaco ; Montserrat ; Nauru ; Niue ; Panama ; Saint Kitts et Nevis ; Saint Vincent et les Grenadines ; Seychelles ; Turks et Caicos ; US Virgin Islands ; Vanuatu.

[6] Article 238 0 A du CGI issu de la troisième loi de finances rectificative n° 2009-1674, 30 décembre 2009, article 22, I A, *Dr. fisc.* 2010, n° 5, comm. 118.

792. Cette technique « d'exposition » aux fins de pression politique et d'incitation à modifier des législations fiscales est relativement efficace. Elle encourage ces États et territoires à négocier des conventions fiscales comportant des clauses d'assistances administratives et d'échanges de renseignements. Elle les contraint à réformer leur fiscalité et à supprimer leurs mesures fiscales dommageables. Toutefois, la multiplication de ces listes rend complexe l'identification des États se livrant à une concurrence déloyale, donnant lieu, parfois, à diverses divergences d'interprétation[1]. En effet, outre les listes précitées, nous trouvons celle du réseau *Tax Justice Network*, du GAFI et la liste américaine reposant sur la définition des paradis fiscaux proposée par le *US Senate* le 15 janvier 2015[2]. Chacune d'entre elles est dressée sur des critères variants d'une institution à l'autre, si bien que certains États et territoires, parce qu'ils ont signé des accords de coopération, n'y figurent pas, alors qu'ils sont reconnus pour leur fiscalité avantageuse et présentent tous les « attraits » d'un paradis fiscal[3]. De plus, elles sont amenées à évoluer dans le temps et dans l'espace et ne prévoient pas toutes des sanctions[4]. Face à ce risque de confusion, un rapport d'information de l'Assemblée nationale, déposé par la commission des affaires étrangères, proposait, dès 2012, « *d'établir une liste unique de paradis fiscaux selon trois critères (fiscal, lutte contre le blanchiment, prudentiel), à la place des trois listes actuelles (OCDE, GAFI et Conseil de stabilité financière)* [5] ». Mais cette préconisation est restée lettre morte. La publicité des mesures fiscales dommageables est également une technique utilisée dans le cadre des aides d'État.

---

[1] Feuerstein (I.-F.), « Ce que signifient les listes de paradis fiscaux », Les Échos.fr, 25 avril 2016 ; Stifani (F.), Berthet (K.), Létienne (P.), « L'imbroglio des listes d'ETNC », *LPA*, 11 juillet 2016, n° 137, p. 10.

[2] Gravelle (J. G.), *Tax Havens : International Tax Avoidance and Evasion, Congressional Research Service*, 15 janvier 2015 ; v. aussi le fameux projet de loi américain de lutte contre les paradis fiscaux *Stop Tax Haven Abuse Act*, H.R.297 — 114th Congress (2015-2016).

[3] Lasserre Capdeville (J.), « Évolutions en matière de lutte contre les paradis fiscaux et le blanchiment des capitaux », *LPA*, 27 septembre 2013, n° 194, p. 21.

[4] Il s'agit alors de simples recommandations (OCDE, GAFI par exemple).

[5] « Lutte contre les paradis fiscaux : si l'on passait des paroles aux actes », *Rapport d'information, commission des affaires étrangères, Assemblée nationale*, n° 1423, 9 octobre 2013 ; Stifani (F.), Berthet (K.), Létienne (P.), « L'imbroglio des listes d'ETNC », *LPA*, 11 juillet 2016, n° 137, p. 10 ; Lasserre Capdeville (J.), « Évolutions en matière de lutte contre les paradis fiscaux et le blanchiment des capitaux », *op. cit.*, p. 21.

2. La publicité des aides d'État

793. La concurrence fiscale déloyale consiste en l'octroi à des opérateurs économiques d'un avantage fiscal qui leur permet d'alléger voire éluder leur charge fiscale par rapport à leurs concurrents. Ce privilège, qui peut prendre la forme d'une aide d'État, crée des distorsions de concurrence sur le marché, préjudiciables aux autres opérateurs. Il est par conséquent incompatible avec le bon fonctionnement du marché intérieur[1]. L'Union européenne a adopté une réglementation visant à limiter la mise en œuvre de mesures fiscales dommageables pour les États membres. Dans cette perspective, le Code de conduite, adopté le 1er décembre 1997, prévoit, dans son point J, que la Commission européenne s'engage « *à veiller scrupuleusement à la mise en œuvre rigoureuse des règles relatives aux aides en cause, en tenant compte, inter alia, des effets négatifs de ces aides que l'application du code mettra en évidence* » ainsi qu'« *à publier les lignes directrices pour l'application des règles relatives aux aides d'État aux mesures relevant de la fiscalité directe des entreprises pour la mi-1998* ». De plus, les régimes fiscaux seront analysés au cas par cas et soumis, de la même façon, aux cadres du traité[2]. La Commission a donc un rôle primordial dans le contrôle des avantages fiscaux accordés aux opérateurs économiques. L'article 108 du TFUE lui confère un pouvoir de contrôle permanent des aides d'État qui ne peuvent donc être mises en œuvre qu'avec son accord. Ainsi, elle peut ouvrir, de sa propre initiative, des procédures aux termes desquelles elle peut enjoindre à l'État membre concerné, non seulement d'y mettre fin, mais surtout, de procéder à la récupération d'un montant équivalent à l'avantage accordé, cette obligation de restitution pouvant porter sur une période de dix années précédant l'ouverture de la procédure.

794. Il convient de préciser qu'une pratique administrative discrétionnaire ne présume pas de manière systématique de l'existence d'une aide d'État. Celle-ci sera caractérisée par son opacité : « *Les "administrative rulings", en*

---

[1] Maitrot de la Motte (A.), *Souveraineté fiscale et construction communautaire*, Thèse de droit, Paris V, 2004, LGDJ, Bibliothèque de science financière, T. 44, 2005, 552 p., n° 146-158, pp. 93-98 ; Du même auteur : « La prohibition des aides d'État sous forme fiscale, le Code de conduite et la prohibition des entraves : quelle cohérence ? Les aides d'État sous forme fiscale », *Dr. fisc.* 2008, n° 48, étude 595 ; Meier (E.), Perrot (T.), « Les aides d'État comme instrument de lutte contre la concurrence fiscale dommageable : la pierre philosophale ? », *Dr. fisc.* 2002, n° 3, pp. 136-149, p. 136.

[2] Dos Santos (A. C.), « Aides d'État, code de conduite et concurrence fiscale dans l'Union Européenne : Les centres d'affaires comme cibles », *RIDE*, Vol. T. XVIII, n° 1, 2004, pp. 9-45, p. 27 ; du même auteur : « *Point J of the Code of Conduct or the primacy of politics over Administration* », *European Taxation*, Vol. 40, n° 9, 2000, pp. 417-421.

tant que procédures destinées à fournir une simple interprétation des règles générales, ne donnent pas lieu en principe à une présomption d'aide. L'opacité des décisions des administrations et la marge de manœuvre dont elles peuvent parfois disposer alimentent cependant la présomption que tel est au moins leur effet dans certains cas. Ceci n'entrave pas les possibilités pour les États membres de fournir à leurs contribuables sécurité juridique et prévisibilité sur l'application des règles fiscales générales[1] ». Ainsi, depuis juin 2014, la Commission a lancé plusieurs procédures formelles d'examen au titre des aides d'État à l'encontre de rescrits fiscaux délivrés par le Luxembourg, les Pays-Bas et l'Irlande à certaines multinationales telles qu'Amazon[2], Fiat[3], Starbuck[4] et Apple[5] concernant la validation anticipée des critères de détermination de leurs prix de transfert[6]. En effet, le rescrit fiscal avantageux, grâce auquel une entreprise est dispensée de charge d'impôt, peut s'apparenter à une aide indirecte de l'État qui l'a octroyé. Dans ces décisions comme dans les autres procédures formelles d'examen

---

1 Communication de la Commission sur l'application des règles relatives aux aides d'État aux mesures relevant de la fiscalité directe des entreprises, JO, n° C 384 du 10 décembre 1998, pp. 0003-0009, § 21.

2 Commission Européenne, Décision du 4 octobre 2017, Concernant l'aide d'État SA.38944, mise à exécution par le Luxembourg en faveur d'Amazon.

3 Commission Européenne, Décision du 21 octobre 2015, Concernant l'aide d'État SA.38375 (2014/C ex 2014/NN) mise à exécution par le Luxembourg en faveur de Fiat.

4 Commission Européenne, Décision du 21 octobre 2015, Concernant l'aide d'État SA.38374, mise à exécution par le Pays-Bas en faveur de Starbucks.

5 Commission Européenne, Décision du 30 août 2016, Concernant l'aide d'État SA.38373, mise à exécution par l'Irlande en faveur de Apple. Apple s'est ainsi vue infliger une obligation de remboursement de 13 milliards d'euros en 2016 pour avoir bénéficié d'un traitement fiscal privilégié en Irlande. L'ensemble des bénéfices de la société était ainsi enregistré dans le pays qui lui avait accordé un rescrit fiscal l'exonérant presque totalement d'impôts (l'entreprise avait négocié avec Dublin un régime fiscal lui permettant de faire baisser son taux d'imposition en Europe de 1 % en 2003 puis 0,0005 % en 2014, d'après les résultats de l'enquête européenne démarrée en 2013). Une pratique interdite selon Bruxelles, pour qui il s'agirait d'une aide d'État déguisée.

6 Lire Perrotin (F.), « Transparence fiscale : un accord sur les rulings », *LPA*, 3 novembre 2015, n° 219, p. 4. Les prix de transfert sont les prix facturés pour des transactions commerciales entre différentes entités d'un même groupe, en particulier les prix fixés pour des biens vendus ou des services fournis par une filiale d'un groupe d'entreprises à une autre filiale du même groupe. Les prix des transactions intragroupes doivent être correctement estimés sur la base des prix du marché. Si les autorités fiscales acceptent le calcul de l'assiette d'imposition proposée par une entreprise qui n'est pas basée sur une rémunération aux conditions du marché, alors une aide d'État pourrait être caractérisée.

encore en cours, la Commission a considéré que les administrations fiscales en cause ont validé des méthodes fondées sur un ensemble de critères qui ne respectaient pas le principe « de pleine concurrence » mais qui étaient retenus dans les rescrits octroyés par ces États. Ceux-ci auraient ainsi, en pratique, permis à ces entreprises, par le biais de leur politique de prix de transfert, de minorer leurs bénéfices imposables, et leur aurait donc accordé des aides d'État illégales. Par la suite, la Commission a, en décembre 2014, formellement demandé à tous les États membres de lui indiquer leurs pratiques en matière de rescrits et de lui communiquer tous ceux qu'ils auraient accordés depuis 2010.

795. Toutes les aides fiscales (aides d'État individuelles et régimes d'aides d'État) ne sont donc pas interdites en vertu des exceptions au principe d'interdiction des aides d'État définies par le Traité et la Commission européenne. En revanche, il incombe aux États membres et aux autorités publiques de les publier par souci de transparence. Pour ce faire, ils doivent d'abord les notifier à la Commission européenne. Après que celle-ci l'aura approuvée, l'aide fiscale entrera en vigueur dans les vingt jours suivant son enregistrement au greffe de la Commission.

796. En France, la liste des régimes d'aides et aides individuelles notifiés est publiée sur le site internet du gouvernement « www.europe-en-france.gouv.fr » depuis le 30 juin 2016[1]. L'article 21 de la loi n° 2020-1508 du 3 décembre 2020 portant diverses dispositions d'adaptation au droit de l'UE en matière économique et financière (DDADUE) autorise en effet l'administration fiscale à rendre publiques certaines informations fiscales relatives aux bénéficiaires d'aides d'État au sens de l'article 107 du TFUE, lorsque le montant de l'aide excède un certain montant (article L. 112 B du LPF). De manière générale, les États membres sont tenus de faire connaître certaines informations relatives aux aides d'État dont le montant excède 500.000 euros. Ainsi, doivent apparaître l'identité de la personne morale bénéficiaire ; sa forme sociale ; le lieu de son siège social et son secteur d'activité ; le montant et l'objectif de l'aide ; sa date d'octroi et son fondement juridique[2].

797. Conformément aux dispositions du règlement n° 2015/1589 du 13 juillet 2015 portant modalités d'application de l'article 108 du Traité sur le fonctionnement de l'Union européenne, la Commission est tenue de publier ses décisions en matière d'aides d'État au JOUE. Sont visées les aides (régimes d'aide et aides individuelles) accordées sur la base du Règlement général d'exemption par catégorie (RGEC) n° 651/2014 du 17 juin 2014[3] qui

---

[1] https://www.europe-en-france.gouv.fr/fr/aides-d-etat/regimes-d-aide.

[2] Direction des affaires juridiques du ministère de l'économie et des finances, *Vademecum des aides d'État*, 8e éd., 2016, 384 p., p. 71

[3] Règlement n° 651/2014, *JOUE* du 26 juin 2014, entré en vigueur le 1er juillet 2014.

déclare certaines catégories d'aides compatibles avec le marché intérieur en application des articles 107 et 108 du traité qui prévoit des obligations de publicité pour les mesures d'aide relevant de son champ d'application[1]. Elles sont plus détaillées quand le montant dépasse 500.000 euros. Des aides octroyées dans les secteurs agricoles et forestiers et dans les zones rurales sont elles aussi soumises à cette contrainte, à la condition d'être compatibles avec le marché intérieur, en application des articles 107 et 108 du TFUE, et sont plus ou moins détaillées, selon leur somme.

798. La publication des aides a beau être précieuse pour toute contestation émanant des concurrents, elle divulgue des informations parfois sensibles sur leurs bénéficiaires (par exemple, les raisons pour lesquelles l'aide a été accordée peuvent révéler la stratégie commerciale du bénéficiaire qui n'aurait pas souhaité la rendre publique à un moment clé). Ces aides, étant rendues publiques, perdent leur caractère secret, si bien que les concurrents peuvent alors tirer profit des informations qui les accompagnent. D'autres mécanismes sont instaurés, cette fois, par le législateur français pour lutter contre les effets des mesures fiscales dommageables tels que les clauses de sauvegarde.

C. Les clauses de sauvegarde : les mécanismes des articles 123 *bis* et 209 B du CGI

799. Lutter contre les mesures fiscales dommageables pratiquées par les États ou territoires à fiscalité privilégiée, nécessite l'adoption de dispositifs en droit interne. Parce qu'elles ont pour conséquence d'inciter à la fraude et l'évasion fiscales, le législateur français a prévu aux articles 209 B et 123 *bis* du CGI des clauses de sauvegarde permettant d'imposer les bénéfices qui auront été délocalisés hors du territoire français.

800. S'ils font suite à une activité exercée dans un pays à régime fiscal privilégié, l'article 123 *bis* du CGI impose en France les profits d'une entité, à condition que celui qui détient plus de 10 % de son capital ou de ses droits ait son domicile sur le territoire français. L'article 209 B du CGI prévoit, quant à lui, de soumettre à l'impôt sur les sociétés les bénéfices réalisés par une entreprise ou entité juridique soumise à un régime fiscal privilégié au

---

[1] *Ibid.*, p. 61 et p. 73 : « *Depuis l'adoption du nouveau RGEC, de nouvelles catégories d'aides au fonctionnement peuvent être déclarées compatibles, sous certaines conditions, en franchise de notification à la Commission. Tel est le cas, par exemple, des aides au fonctionnement à finalité régionale, des aides au fonctionnement en faveur de la promotion de l'énergie produite à partir de sources renouvelables, des aides au fonctionnement en faveur de la culture et de la conservation du patrimoine, ou encore des aides en faveur des infrastructures sportives et des infrastructures récréatives multifonctionnelles* ».

sens de l'article 238 A du CGI[1] lorsque plus de 50 % de son capital ou de ses droits sont détenus directement ou indirectement par une personne morale établie en France et passible de l'impôt sur les sociétés[2]. Toutefois, les dispositions figurant au I de l'article 209 B ne s'appliquent pas si « *la personne morale établie en France démontre que les opérations de l'entreprise ou de l'entité juridique établie ou constituée hors de France ont principalement un objet et un effet autres que de permettre la localisation de bénéfices dans un État ou territoire où elle est soumise à un régime fiscal privilégié*[3] ». De même, depuis la décision n° 2016-614 QPC du 1er mars 2017[4], le législateur a introduit au 4 *bis* de l'article 123 *bis* du CGI, une clause de sauvegarde, qui s'applique à tous les pays signataires avec la France d'une convention d'assistance administrative en vue de lutter contre la fraude et l'évasion fiscales, ainsi qu'une convention d'assistance mutuelle en matière de recouvrement[5]. Dans cette perspective, sont exclus des champs d'applications des articles précités, les États ou territoires non coopératifs au sens de l'article 238-0 A du CGI.

---

[1] BOI-INT-DG-20-50-20140211, § 170.

[2] Article 209 B, I du CGI.

[3] V. Conseil d'État, 28 novembre 2012, n° 338682, *Société BNP Paribas* et n° 341128, *Ministre c/ Société BNP Paribas*, JurisData n° 2012-027795 ; *Dr. fisc.* 2013, n° 7-8, comm. 158, concl. Aladjidi (F.), note Austry (S.). Lire Bokdam-Tognetti (É.), « Article 209 B, causeries autour de la clause de sauvegarde », *RJF* 2/13, n° 107 ; Conseil d'État, 13 décembre 2015, n° 372522, *Ministre c/ Société BNP Paribas International*, JurisData n° 2015-029384 ; *Dr. fisc.* 2016, n° 21, comm. 342, concl. Bokdam-Tognetti (É.), note Austry (S.) ; Morterol (A.), « Régime des ETNC et clause de sauvegarde de l'article 145, 6, d du CGI - Des commentaires administratifs discutables, mais une possible clause de « grand-père » ? », *Dr. fisc.* 2016, n° 36, act. 490.

[4] Conseil constitutionnel, 1er mars 2017, n° 2016-614 QPC, *Lacquemant, Dr. fisc.* 2017, n° 10, act. 159.

[5] V. aussi BOI-INT-DG-20-50-20140211, § 310. L'article 123 bis, 4 bis, a été modifié et prévoit désormais : « *4 bis. Le 1 n'est pas applicable, lorsque l'entité juridique est établie ou constituée dans un État membre de l'Union européenne ou un autre État ou territoire ayant conclu avec la France une convention d'assistance administrative en vue de lutter contre la fraude et l'évasion fiscales ainsi qu'une convention d'assistance mutuelle en matière de recouvrement ayant une portée similaire à celle prévue par la directive 2010/24/ UE du Conseil du 16 mars 2010 concernant l'assistance mutuelle en matière de recouvrement des créances relatives aux taxes, impôts, droits et autres mesures et qui n'est pas un État ou territoire non coopératif au sens de l'article 238-0 A, si l'exploitation de l'entreprise ou la détention des actions, parts, droits financiers ou droits de vote de cette entité juridique par la personne domiciliée en France ne peut être regardée comme constitutive d'un montage artificiel dont le but serait de contourner la législation fiscale française* ».

801. Dans sa jurisprudence, le Conseil d'État consacre l'utilité de la clause de sauvegarde de l'article 209 B du CGI. Étant qualifiée de « générale », il lui attribue une définition étendue. Elle s'oppose à la clause dite « automatique », pour qui les dispositions de cet article ne s'appliquent pas en cas d'activité industrielle ou commerciale sur le marché local (c'est-à-dire exercée dans l'État à régime fiscal privilégié, selon les termes du texte en vigueur)[1]. Quant aux situations visées par les dispositions des articles 123 *bis* et 209 B du CGI, le contribuable doit prouver qu'il ne s'est pas établi dans un État à fiscalité privilégiée pour se soustraire au droit français[2].

802. Les clauses de sauvegardes ont donc une portée étendue. Mais en pratique, leur application est extrêmement limitée car, en l'état actuel, la liste des ETNC tend à se restreindre sous la pression internationale. L'échange automatique d'informations apparaît comme le modèle de coopération internationale à suivre en matière fiscale. À terme, elles pourraient être vidées de leur portée pratique. Dans cette même lignée, le législateur français a prévu de mettre en œuvre, de manière inédite, la taxe GAFA.

D. La mise en œuvre inédite de la taxe GAFA

803. Les écarts de taxation entre États créent une concurrence fiscale dont certaines multinationales du secteur du numérique tirent profit. Par exemple, l'Irlande, le Luxembourg ou les Pays-Bas offrent des niveaux d'imposition attractifs qui se traduisent en perte de fonds publics pour les autres États[3]. En effet, « *parce qu'ils proposent des services dématérialisés, les géants du numérique peuvent localiser le siège social de leur filiale européenne et partant leurs bénéfices, dans un État à fiscalité avantageuse, tout en ayant des utilisateurs partout dans le monde. Conséquence : dans l'UE, les entreprises du numérique sont soumises à un taux d'imposition effectif en moyenne deux fois moins élevé que celui applicable aux entreprises traditionnelles. Autant de manques à gagner pour les États dans lesquels*

---

[1] Conseil d'État, 28 novembre 2012, n° 338682, *Société BNP Paribas* et n° 341128, *Ministre c/ Société BNP Paribas*, concl. Aladjidi (F.), note Austry (S.), JurisData n° 2012-027795. V. Austry (S.), « Lutte contre l'évasion fiscale - Clause de sauvegarde de l'article 209 B : une (re)naissance ? », *JCP A* 2013, n° 8, comm. 1128.

[2] Conseil constitutionnel, 1er mars 2017, n° 2016-614 QPC, *Lacquemant, Dr. fisc.* 2017, n° 10, act. 159.

[3] Pando (A.), « Le défi de la taxation des GAFA », *LPA*, 9 avril 2019, n° 71, p. 7 : Selon le Syndicat des régies internet, la société Google France a déclaré 325 millions d'euros de chiffre d'affaires, sur lesquels elle a payé 14 millions d'euros d'impôts. Cependant, les seules recettes publicitaires pourraient lui avoir rapporté environ 2 milliards d'euros.

elles réalisent pourtant leurs activités et font subir aux entreprises traditionnelles du même secteur une concurrence défavorable[1] ».

804. Partant de ce constat, a émergé l'idée d'une taxe qui s'adresserait uniquement à ces entreprises du numérique. En France, la loi portant création d'une taxe sur les services numériques et modification de la trajectoire de baisse de l'impôt sur les sociétés – également appelée « *Taxe GAFA*[2] » –, a ainsi été adoptée le 11 juillet 2019 et publiée au *Journal officiel* du 25 juillet 2019[3]. Elle inscrit ainsi le dispositif aux articles 299 à 300 du CGI et concerne les services d'intermédiation et de publicité ciblée fournis à des annonceurs (y compris la vente de données des utilisateurs à des fins publicitaires). Il s'agit des entreprises détenant « *une forte empreinte numérique*[4] », quelle que soit la localisation de leurs lieux d'établissement, c'est-à-dire celles dont les recettes tirées des services taxables franchissent deux seuils l'année précédant celle au titre de laquelle la taxe est due. Soit un chiffre d'affaires de 750 millions d'euros réalisé dans le monde, et, en France, s'élevant à 25 millions d'euros. Cette taxe de 3 % est appliquée après un calcul assez complexe : les bénéfices annuels de l'entreprise effectués dans le monde sont affectés d'un coefficient. Celui-ci équivaut à la proportion des utilisateurs français du service en question[5]. Les seuils ainsi fixés devraient permettre d'épargner fiscalement les *start-ups*, pour favoriser leur développement en France. De même, pour les sociétés redevables de la taxe, son montant constituera une charge déductible de l'assiette de l'impôt sur les sociétés auquel elles sont assujetties.

805. Si la taxe GAFA au niveau européen a échoué à se mettre en place[6], d'autres États membres ont aussi réfléchi à la possibilité de l'appliquer dans leur système fiscal. C'est le cas de l'Espagne ou du Royaume-Uni. La

---

[1] Pando (A.), *ibid.*

[2] Google, Apple, Facebook et Amazon.

[3] Loi n° 2019-759, 24 juillet 2019, *JO*, 25 juillet 2019, texte n° 1.

[4] « Instauration de la taxe sur les services numériques (taxe GAFA) », *Dr. fisc.* 2019, n° 36, act. 377.

[5] Crichton (C.), « Le ministre de l'économie et des finances dépose son projet de loi « *Taxe GAFA* », *D. IP/IT* 2019, p. 203.

[6] L'Irlande, la Suède, le Danemark et la Finlande ont rejeté le projet, empêchant l'unanimité nécessaire au sein de l'Union pour parvenir à un accord. En effet, le Conseil doit se prononcer d'une même voix sur les propositions présentées avant que celles-ci puissent être adoptées au niveau de l'Union européenne. V. Communication de la Commission au Parlement européen, au Conseil européen et au Conseil, COM(2019) 8 final, « Vers un processus décisionnel plus efficace et plus démocratique en matière de politique fiscale dans l'Union », 15 janvier 2019, p. 1.

France est donc une pionnière en la matière[1]. En outre, elle anticipe l'adoption d'un projet au niveau de l'OCDE (prévu à l'horizon 2020) qui concourrait à instaurer la taxe GAFA à l'échelle internationale. Une fois instaurées, les nouvelles règles fiscales déterminées au sein de l'OCDE se substitueront à la taxe française.

Conclusion de la Section I

806. Le renforcement des obligations de divulgation se justifie par la prévention et la lutte contre les infractions et l'évasion fiscales ainsi que par un objectif de régulation de la concurrence. Ce renforcement, aux plans international, européen et national, provient d'une mondialisation dans laquelle les échanges internationaux se sont intensifiées. Or, la fiscalité n'y dérogeant pas, elle doit s'adapter à ces évolutions. Le plus important des chantiers du droit fiscal international commencé au début du XXIe siècle : le projet BEPS a instauré des obligations de divulgation, comme la documentation en matière de prix de transfert ou l'échange automatique des informations relatives aux *tax rulings*. En droit interne, ces divulgations se font par des échanges automatiques ou, entre administrations, à la demande ou sous forme d'accès direct à certaines bases de données. Le secret des opérateurs économiques est donc de plus en plus restreint par ces obligations au profit des autorités administratives et judiciaires compétentes en matière de lutte contre la fraude et l'évasion fiscales. De même, parce que le secret est un vecteur de concurrence fiscale déloyale, sa portée est restreinte par l'adoption de dispositifs fiscaux tels que la coopération entre États ou la publicité des mesures fiscales dommageables.

Section II. Les dérives d'un renforcement des obligations de divulgation

807. Le secret est légitime et doit le rester pour éviter les dérives d'un renforcement des obligations de divulgation (**§ 1**), véritable phénomène accentué par le développement des nouvelles technologiques (**§ 2**).

[1] Coustet (T.), « « *Taxe GAFA* » : la France veut donner l'exemple », *D. actu.,* 12 mars 2019.

§ 1. Le secret légitime

808. Le secret, dont découle un ensemble de droits et libertés fondamentaux[1], doit impérativement être préservé. Dans notre société, et plus particulièrement dans le droit positif, il est légitime. Mais pour cela, le secret doit être justifié[2]. Nous avons vu précédemment qu'il a pour fonction de préserver à la fois des intérêts publics et privés[3]. Il est ainsi nécessaire pour réguler les rapports juridiques (**I**). Mais ses enjeux sont tels, que s'il advenait à disparaître, la démocratie libérale[4] ne saurait exister et perdurer, car malgré ses défauts, celle-ci constitue « *un système politique permettant un équilibre, rarement atteint à ce point, entre la protection des libertés des individus, la construction d'un modèle social, facteur de progrès économique et social et la défense d'un système de valeurs, facteur d'intégration*[5] » (**II**).

I. Une fonction régulatrice des rapports juridiques

809. En matière fiscale, les rapports entre le contribuable et l'administration sont déséquilibrés (**A**). Des « contrepoids » ont donc été prévus par le législateur pour rétablir l'équilibre entre les forces en présence (**B**).

---

[1] V. *Supra :* Partie II, Titre I, Chapitre II, Section I, § 1.

[2] Warusfel (B.), « Les secrets protégés par la loi, limites à la transparence », *Revue générale nucléaire*, 2003, n° 1, janvier-février, pp. 62-66, p. 62.

[3] V. *Supra :* Partie I, Titre I, Chapitre I, Section I.

[4] Avis du Comité économique et social européen sur « Une démocratie résiliente grâce à une société civile forte et diverse », *JO*, 5 juillet 2019, n° C228, p. 24 : « *La démocratie libérale suppose, entre autres, la garantie des droits fondamentaux, une justice indépendante, un mécanisme opérationnel de contrôles et d'équilibres mutuels entre les pouvoirs, une administration exempte de corruption, qui fournisse des services bien gérés d'intérêt général, et une société civile dynamique* ».

[5] Mathieu (B.), « Le droit et la démocratie : des relations ambigües », *JCP G* 2018, n° 22, doctr. 623. Pour aller plus loin : Jaume (L.), « « Démocratie illibérale » : une nouvelle notion ? », *Constitutions* 2019, p. 177 ; Grasso (G.), « Démocratie libérale contre démocratie non libérale : le cas des partis politiques européens et du respect des valeurs sur lesquelles se fonde l'Union européenne », *Constitutions* 2018, p. 479 ; (sans auteur), « La crise de la démocratie libérale », *Les cahiers de la justice* 2019, p. 1 ; Bénoit (F.-P.), *La Démocratie libérale*, PUF, 1978, 391 p., pp. 36-43.

A. Un déséquilibre tangible dans les forces en présence

810. Reconnaître à chaque partie un droit au secret revient à la doter d'un instrument qu'elle peut opposer, soit pour se défendre, soit pour revendiquer une chose, un droit ou une liberté. Pour être effectif, il doit pouvoir être opposé aux autres. Il est donc une arme dans un rapport de force. Or, en matière fiscale, l'administration dispose de pouvoirs exorbitants grâce auxquels elle exerce une contrainte sur le contribuable. Elle est considérée comme étant « *une entrave à la liberté du contribuable ou du citoyen-entrepreneur : elle oblige, vérifie et sanctionne le cas échéant [...] Certains voient dans le fisc un ennemi personnel auquel ils reprochent volontiers de contrôler leur moyen d'existence, de leur prendre une partie de leurs revenus et finalement de peser sur leur liberté*[1] ». La contrainte qu'elle exerce n'a de limites que les droits et libertés reconnus à ce dernier[2]. Dans le cadre des procédures d'imposition, le contribuable ne peut refuser à l'administration fiscale de lui communiquer des informations à caractère privé. De même, il n'a ni l'assurance, ni même la capacité de s'assurer qu'elles seront effectivement protégées, après leur traitement et leur conservation, et que leur protection sera adaptée, par exemple, aux nouveaux moyens d'investigation mis en œuvre[3]. Voilà qui, *mutatis mutandis*, rappelle le combat de David contre Goliath, surtout quand le contribuable est une personne physique[4]. En effet, une entité juridique économique telle une multinationale dispose de moyens rivalisant avec ceux de l'administration fiscale : des services fiscaux à sa disposition, une trésorerie dédiée aux procédures fiscales, des moyens humains et matériels (avocats, fournitures,

---

[1] Lambert (T.), « Le contribuable face à l'administration fiscale », *in* CURAPP, *Psychologie et science administrative*, PUF 1985, pp. 102-121, p. 106 et p. 117 ; V. Beltrame (P.), « La résistance à l'impôt et le droit fiscal », *RFFP*, 1984, n° 5, Les résistances à l'impôt, pp. 21 à 34 et Noël (G.), « Relations entre l'administration fiscale et les contribuables – Caractéristiques », *JCl. Procédures fiscales*, Fasc. n° 215, septembre 2011, n° 20.

[2] Lambert (T.), « Le contribuable face à l'administration fiscale », *op. cit.,* p. 107 : Le contribuable peut s'opposer juridiquement aux pouvoirs de l'administration afin de remédier à une situation *a priori* défavorable. Cependant, leurs relations demeurent assez insatisfaisantes, en particulier quand il s'agit de l'administration fiscale, car les moyens dont dispose le contribuable ne lui assurent pas l'égalité qu'il cherche à obtenir face à elle : ils ont plutôt pour but de le convaincre du bien-fondé d'un système fiscal.

[3] V. *Infra :* Présente Section, § 2, II, A.

[4] Bègue (G.), *Confidentialité et prévention de la criminalité financière, étude de droit comparé*, Bruylant, coll. Droit et Économie, 2017, 1018 p., p. 736 ; Noël (G.), « Relations entre l'administration fiscale et les contribuables – Caractéristiques », *JCl. Procédures fiscales*, Fasc. n° 215, septembre 2011, n° 20.

transports si besoins…). Pensons ainsi à la stratégie fiscale bien connnue des GAFA. En comparaison, un simple particulier est en situation de faiblesse. Par exemple, « *pour beaucoup de contribuables, entreprises individuelles, petits commerçants, artisans, profession libérale indépendantes, la vérification est vécue comme un calvaire...*[1] ». C'est pourquoi, le secret constitue une arme qu'il peut opposer, dans les cas prévus par la loi, à l'administration et aux tiers.

811. Le secret est un garde-fou indispensable face aux dérives de la transparence de laquelle découle de plus en plus de nouvelles obligations de divulgation. C'est donc la raison pour laquelle il est prévu des « contrepoids » pour rétablir l'équilibre entre les forces en présence.

B. Des « contrepoids » indispensables

812. Dans leur relation avec l'administration, les contribuables n'ont effectivement que peu de poids[2]. Le législateur doit donc leur accorder des garanties qui vont servir de « contrepoids » au déséquilibre provoqué par l'exercice des prérogatives de l'administration. En première lieu, ces garanties représentent les droits et libertés fondamentaux du contribuable, puis les droits qu'il détient à l'occasion des procédures d'imposition. Dans cette perspective, le secret trouve sa place puisque, comme nous l'avons

---

[1] Geffroy (J.-B.), *Grands problèmes fiscaux contemporains*, PUF, coll. Droit fondamental, 1993, 671 p., p. 553.

[2] L'idée d'une administration fiscale toute puissante a longtemps été soulevée par la doctrine et, c'est le cas encore aujourd'hui. Les critiques à son encontre remonte d'ailleurs à l'Ancien Régime (V. *Supra :* Partie I, Titre II, Chapitre I). V. par exemple : Gicquel (E.), « La fraude fiscale », *Dr. fisc.* 2007, n° 28, étude 725 ; Fouquet (O.), Vulpillière (J.-P. de), Givré (Yann de), Lieb (J.-P.), Charpentier (C.), Gouthière (B.), « Abus de droit - Débat autour de l'abus de droit », *Dr. fisc.* 2007, n° 47, comm. 979 ; Noël (G.), « Relations entre l'administration fiscale et les contribuables – Caractéristiques », *op. cit.* ; Geffroy (J.-B.), *Grands problèmes fiscaux contemporains*, PUF, coll. Droit fondamental, 1993, 671 p., pp. 553-554 : La dégradation des relations entre les contribuables et l'administration fiscale daterait de 1963. Selon J.-B. Geffroy, « *cette dégradation est en grande partie liée aux transformations de la fiscalité et de la nature même de l'impôt. La date charnière est semble-t-il celle de la réforme de 1963 dont les transformations sémantiques sont très significatives : ne passe-t-on pas du rehaussement à la notification de redressement ? À partir de 1963, note J. Dubergé, la DGI s'est transformée en une administration de contrôle essentiellement répressive. Il ne saurait en être autrement puisque la formation à l'École nationale des impôts est essentiellement axée sur la vérification qui a fini par absorber les autres fonctions traditionnelles, conférant à tout jeune inspecteur le sentiment d'être investi d'une mission de justicier. Les rapports administration-contribuable en ont inévitablement été altérés* ».

précédemment évoqué, il peut être opposé dans des cas prévus par la loi. C'est le cas par exemple du secret des correspondances lors d'une perquisition fiscale.

813. De récentes dispositions législatives ont œuvré à équilibrer ces rapports, comme en 2016, l'instauration du Code des relations entre le public et l'administration qui rassemble dans un même *corpus* les droits des contribuables, notamment dans l'accès à l'information ou la reconnaissance d'un droit à l'erreur dans la déclaration d'imposition. En outre, de nouvelles obligations de confidentialité touchent la collecte, le traitement et la conservation des renseignements fiscaux. On les retrouve dans le Règlement Général sur la Protection des Données (RGPD) entré en vigueur en mai 2018[1]. Celui-ci oblige les organismes publics à se doter d'un *Data Protection Officer* dont les missions sont de piloter la gestion et le traitement des données et de s'assurer du respect des obligations juridiques[2]. La protection des données recueillies, en raison de leur sensibilité, doit être optimale. Pour cela, une stricte confidentialité doit être observée par les administrations publiques. Des sanctions sévères, pouvant être de nature pécuniaire[3], sont appliquées par la CNIL en cas de manquement[4]. Par exemple, la formation restreinte de la Commission a condamné la société Google le 21 janvier 2019 à une amende de 50 millions d'euros « *en application du RGPD pour manque de transparence, information insatisfaisante et absence de consentement valable pour la personnalisation de la publicité*[5] ». Suivant la technique du *name and shame,* la sanction a été rendue publique[6].

814. L'équilibre tente d'être maintenue, cette fois, à l'échelle mondiale. Sans être spécifique à la matière fiscale, la préservation du secret,

---

[1] V. *Infra* pour plus de précisions.

[2] V. *Infra :* Présente Section, § 2, II, B.

[3] La sanction maximale est de 20 millions d'euros. Pour les entreprises, la peine la plus lourde équivaut à 4 % du chiffre d'affaires qu'elle produit en une année, dans le monde (article 83 du RGPD).

[4] Pour exemples, V. Délibération de la formation restreinte n° SAN-2018-012 du 26 décembre 2018 prononçant une sanction pécuniaire à l'encontre de la société Bouygues Telecom ; Délibération de la formation restreinte n° SAN-2018-011 du 19 décembre 2018 prononçant une sanction pécuniaire à l'encontre de la société Uber France SAS.

[5] V. Site internet de la CNIL : https://www.cnil.fr/fr/la-formation-restreinte-de-la-cnil-prononce-une-sanction-de-50-millions-deuros-lencontre-de-la : CNIL, « La formation restreinte de la CNIL prononce une sanction de 50 millions d'euros à l'encontre de la société Google LLC », 21 janvier 2019.

[6] Délibération n° SAN-2019-001 du 21 janvier 2019 Délibération de la formation restreinte n° SAN – 2019-001 du 21 janvier 2019 prononçant une sanction pécuniaire à l'encontre de la société Google LLC.

notamment sous le prisme de la vie privée et la protection des données à caractère personnel, demeure une préoccupation du droit international. Les premiers travaux ont débuté voilà une quarantaine d'années. Ainsi, sous l'égide de l'OCDE, les Lignes directrices sur la protection de la vie privée et les flux transfrontières de données de caractère personnel ont été adoptées le 23 septembre 1980 par le Conseil de l'OCDE sous la forme d'une recommandation[1]. Elles n'ont pas de force contraigante mais constituent une base juridique suffisante pour des dispositions plus protectrices de la vie privée. Outre la définition de principes essentiels applicables dans le domaine de la vie privée et de la protection des données, les lignes directrices fournissent aux États membres les orientations générales à suivre. Elles ont été actualisées en 2010 et adoptées dans leur nouvelle version par le Conseil des ministres de l'OCDE le 11 juillet 2013[2]. Dans le même sens, ont suivi la Déclaration sur les flux transfrontières de données de 1985 et la Déclaration relative à la protection de la vie privée sur les réseaux de 1988. Divers travaux sont menés également à l'échelle européenne[3]. Toutefois, ces initiatives visant à renforcer les obligations de confidentialité concernent principalement la collecte, le traitement et la conservation des données personnelles. Elles ne limitent en rien leur transmission aux organismes publics par les contribuables, qui demeurent toujours contraints de les communiquer. Le secret du contribuable est donc un moyen renforcé à l'égard des tiers, non pas à l'égard de l'administration. Il est de plus en plus difficile d'imaginer des refus de transmission d'informations privées aux services fiscaux, car elles sont nécessaires à la détermination des bases imposables. Même si l'administration est dépositaire de ces secrets, le droit l'autorise à recueillir les informations de manière coercitive et à les utiliser. Or, ces agissements peuvent apparaître liberticides.

---

[1] OECD/LEGAL/0188, *Recommandation du Conseil concernant les Lignes directrices régissant la protection de la vie privée et les flux transfrontières de données de caractère personnel*, 23 septembre 1980.

[2] La CNIL représentait la Conférence internationale des commissaires à la protection des données et à la vie privée lors de cette réunion.

[3] La Journée de la protection des données a été instaurée par le Conseil de l'Europe en 2006. Le 28 janvier, elle est célébrée en même temps que la date d'ouverture à la signature de la Convention pour la protection des personnes à l'égard du traitement automatisé des données à caractère personnel (Convention n° 108). Elle est renommée « *Privacy Day* » (journée du respect de la vie privée) ou « *Data Privacy Day* » (journée du respect de la vie privée et des données) ailleurs dans le monde.

II. Les enjeux à travers la reconnaissance du secret

815. Parce qu'il préserve la liberté des individus (**A**), le secret vise aussi, dans une certaine mesure, à maintenir la démocratie libérale (**B**).

A. Une raison évidente : la préservation de la liberté

816. « *Pour vivre heureux, vivons cachés*[1] ». Cette expression courante signifie que le secret constitue un moyen de préserver sa liberté individuelle, gage de bonheur[2]. Mais la liberté dépend aussi du choix de dévoiler des éléments de sa vie privée ou au contraire, de les enfermer dans une bulle de confidentialité[3]. « *L'individu, selon, qu'il est volubile ou discret, extraverti ou pudique, choisira les éléments d'information qu'il souhaite dévoiler ou non*[4] ». La liberté de mettre ou non en lumière ces éléments est aussi révélateur de la capacité de discernement de son détenteur qui catégorise les évènements de sa vie privée et de son intimité[5]. Il peut s'agir de la vie de famille, du couple, de la religion, des opinions politiques, de la situation patrimoniale et financière, des secrets de famille… Tant qu'il ne pèse pas sur lui d'obligation légale, le contribuable peut décider de garder le secret exclusivement pour lui, ou le réserver à son cercle familial, ou encore, selon son libre arbitre, le révéler à ses amis. De même, il peut être partagé avec le tiers de confiance, une personne qui, en raison de son état ou de sa profession est soumise au secret professionnel.

817. Du secret découlent une liberté et une volonté de contrôler ce que le détenteur estime lui appartenir. Puisqu'il s'agit de son secret, il en dispose à sa convenance. Cette liberté lui offre ainsi un sentiment de sécurité. Le droit consolide cette sécurité en procurant à certains instruments juridiques un haut degré de confidentialité. La codification de ces mécanismes permet ainsi de reconnaître la valeur du secret. Tel est le cas du *trust,* pour lequel est préservé le secret en matière fiscale, patrimoniale et successorale[6]. D'origine anglo-saxonne, ce dispositif a pour objectif de diviser le droit de propriété

---

[1] Florian (J.-P. C. de), « Le grillon », *Fables,* Livre II, Paris, Librairie de la Bibliothèque Nationale, 1876, 160 p., p. 46.

[2] Bègue (G.), *Confidentialité et prévention de la criminalité financière, étude de droit comparé*, Bruylant, coll. Droit et Économie, 2017, 1018 p., p. 750.

[3] Beresniak (D.), *Secrets, pourquoi on parle, pourquoi on se tait ?,* Grancher, coll. Ouverture, 2004, 8190 p., p. 24.

[4] Bègue (G.), *op. cit.,* p. 740.

[5] Bègue (G.), *ibid.,* pp. 744-745.

[6] Les *trusts* sont utilisés principalement comme instrument de planification successorale. Lire à ce propos : Peisse (H.), « Organisation du patrimoine au travers d'un *trust* américain », *Defrénois,* 15 décembre 2015, n° 23, p. 1243.

entre le constituant, le *settlor* et le *trustee* pour affecter des biens et/ou des droits dans un patrimoine d'affectation, le *trust fund*[1]. En droit français, l'article 792-0 *bis* du CGI[2] définit le *trust* comme « *l'ensemble des relations juridiques créées dans le droit d'un État autre que la France par une personne qui a la qualité de constituant, par acte entre vifs ou à cause de mort, en vue d'y placer des biens ou droits, sous le contrôle d'un administrateur, dans l'intérêt d'un ou de plusieurs bénéficiaires ou pour la réalisation d'un objectif déterminé* ».

818. Le dispositif présente des avantages à plusieurs égards. En effet, « *le voile juridique que constitue cet instrument, entraînant dépossession des actifs et transfert de la legal ownership vers le trustee par le settlor, va permettre à ce dernier de jouir paisiblement de son patrimoine et de le transmettre sans crainte d'agressions extérieures qui mettraient en danger sa conservation et sa transmission*[3] ». Un tel instrument prémunit surtout contre les risques d'atteinte à la vie privée, notamment par les médias : y recourent généralement des personnes fortunées, souvent des personnalités publiques. Certains types de *trusts* garantissent ainsi l'anonymat du *settlor* et celui des *beneficiaries*[4]. Bien que sa disparition soit prônée par de nombreux hommes politiques, des associations[5], des médias, des sociétés de lobbying…le *trust* demeure une institution juridique, dont l'impérative confidentialité est rappelée par le juge constitutionnel en vertu du droit au respect de la vie privée[6]. Actuellement, ce droit est l'une des libertés les

---

[1] Farhi (S.), « *Trust* et droit français : les petits pas du législateur », *LGP*, 20 mars 2018, n° 11, p. 12.

[2] Le *trust* est introduit pour la première fois dans la législation française dans l'article 14 de la première loi de finances rectificative pour 2011 n° 2011-900 du 29 juillet 2011. V. pour une étude complète Peisse (H.), Tour-Sarkissian (P.), *Trusts américains et pratique notariale française*, *Defrénois,* mai 2013, 378 p.

[3] Bègue (G.), *Confidentialité et prévention de la criminalité financière, étude de droit comparé*, *op. cit.,* p. 749.

[4] Bègue (G.), *ibid.*

[5] C'est le cas des associations TJN (*Tax Justice Network*) ou ATTAC (Association pour la taxation des transactions financières et pour l'action citoyenne). Par exemple, l'initiative citoyenne européenne, « *Pour une Europe plus juste, neutralisons les sociétés écrans* » lancée par la plateforme Paradis fiscaux et soutenue par plusieurs associations proposait à la Commission européenne de soumettre au Conseil et au parlement européen, une proposition de règlement pour consacrer l'obligation de transparence des sociétés et des *trusts*.

[6] Conseil constitutionnel, 21 octobre 2016, n° 2016-591 QPC. V. Bendelac (E.), « Le registre public des *trusts* et sa saga législative », *LPA*, 17 février 2017, n° 035, p. 7 ; Callé (P.), « Le phénix du registre public des *trusts* », *Defrénois*, 7 septembre 2017, n° 17, p. 56 : Le Conseil constitutionnel censure le caractère public du registre des *trusts* et non le principe même du registre. V. aussi *Supra :* Partie II,

plus menacées à cause de la libéralisation des échanges, de l'essor des nouvelles technologies et de l'affranchissement des frontières par internet. La vie privée est le « *point fragile de la liberté individuelle*[1] », pourtant nécessaire au maintien de la démocratie.

B. Une raison sous-jacente : le maintien de la démocratie libérale

819. Le secret est l'une des raisons ayant conduit à la Révolution française[2] et pourtant, à ce jour, il faut le reconnaître, il est l'une des composantes fondamentales de la démocratie, un pilier des droits de l'Homme. La démocratie se caractérise, en effet, par l'équilibre entre la préservation des libertés individuelles et, paradoxalement, celle des diverses atteintes qui leur sont portées, conformément à la loi et en vertu de l'intérêt général. Dans cette perspective, de nombreux États ont par exemple, constitutionnalisé le droit au respect de la vie privée[3] et l'ont réaffirmé, par la voix des diverses juridictions nationales et européennes. Par conséquent, un droit au secret dévolu à chaque individu est implicitement reconnu. Cette liberté en est la traduction juridique.

820. Par ailleurs, le secret intervient dans l'exercice de la liberté d'entreprendre, une autre liberté individuelle[4]. Les stratégies fiscales concourent en effet au jeu d'une concurrence acceptable sur le marché. Certaines informations de nature fiscale ou présentant un intérêt en la matière doivent donc se voir garantir une confidentialité par le biais du secret des affaires. Le secret est indispensable dans la libre concurrence car il contribue à une économie saine et vigoureuse au sein d'un marché commun[5].

Titre II, Chapitre I, Section II, § 1, I B (concernant la publicité du registre des *trusts*).

[1] Stirn (B.), *Les libertés en questions*, Montchrestien, 2e éd., 1998, 160 p., p. 17.

[2] V. *Supra :* Partie I, Titre II, Chapitre I, Section I, § 2.

[3] Lire par exemple : Burgorgue-Larsen (L.), « L'appréhension constitutionnelle de la vie privée en Europe », *in* Sudre (F.), (dir.), *Le droit au respect de la vie privée au sens de la Convention européenne des droits de l'homme*, Bruylant, coll. Droit et Justice, 2005, 336 p., p. 69 s.

[4] Cornu (G.), *Vocabulaire juridique, op. cit.,* p. 613, Définition de « Liberté *individuelle » : « *Droit fondamental de faire tout ce que la société n'a pas le droit d'empêcher ; exercice des volontés légitimes de chacun dans la limite des nécessités de l'ordre social* ». Par opposition aux libertés collectives, qui ne peuvent être exercées individuellement, telles que la liberté d'association ou la liberté syndicale, le droit de grève...

[5] Pour plus de précisions : Sraer (D.), « Les vertus de la concurrence », *in* Reynié (D.), (dir.), *Innovation politique 2012*, PUF, 2012, 652 p., pp. 129-161 ; v. aussi Hubert (P.), Castan (A.), « Droit constitutionnel et liberté de la concurrence »,

Cette liberté entraîne une compétition de nature à satisfaire, à la fois, les besoins des consommateurs et les opérateurs économiques. Cependant, ne pouvant être totale, elle est assortie d'un ensemble de règles que les entreprises se doivent de respecter.

821. La démocratie libérale repose donc sur un socle solide de droits et libertés fondamentaux dont le renforcement, en matière fiscale, passe nécessairement par l'adoption de législations visant à empêcher toutes incursions néfastes dans l'accès et l'utilisation des données relatives aux contribuables. Or, ces limites, à l'heure actuelle, ne semblent pas concerner les États dont les actions sont légitimées par des objectifs de lutte contre la fraude et l'évasion fiscales. Mais à trop imposer des obligations de divulgation, n'encourt-on pas la disparition du droit au secret ? S'il en était ainsi, la démocratie se verrait vraisemblablement supplantée par la tyrannie. Que le secret soit susceptible de donner lieu à des décisions arbitraires[1] ou garantisse d'autres libertés individuelles, son existence et sa reconnaissance sont indispensables à la fois pour toute personne physique et morale, ainsi que pour toute société se revendiquant comme démocratique. Cette problématique intervient notamment avec l'informatisation des données fiscales.

§ 2. Le secret et l'informatisation des données fiscales

822. Le droit fiscal éprouve d'importantes difficultés à appréhender les mécanismes et enjeux de l'économie numérique. Il s'agit en effet d'un secteur en pleine expansion, regroupant l'ensemble des technologies de l'information et de la communication (TIC)[2]. En perpétuelles évolutions, l'économie numérique subit un processus plus général de transformation des métiers et des techniques qui s'appuie sur la dématérialisation et l'installation d'infrastructures numériques telles que les ordinateurs, les mises en réseau et tout autre équipement dérivé de l'informatique. Ce processus, qui englobe la numérisation[3] et la digitalisation[1], concerne tous les acteurs économiques, sans exception : c'est l'*informatisation*.

Cahiers cons. const., n° 49 (dossier : L'entreprise), octobre 2015, pp. 15-27 et Mello (X. de), « Loyauté ou liberté de la concurrence ? », *LPA*, 13 juillet 1994, n° 83, p. 37

[1] V. *Supra :* Partie I, Titre II, Chapitre I, Section I.

[2] Selon l'OCDE et l'Insee, le secteur des TIC concerne l'ensemble des entreprises qui produisent des biens et services supportant le processus de numérisation de l'économie, c'est-à-dire la transformation des informations utilisées ou fournies en informations numériques (informatique, télécommunications, électronique). Définitions su site de l'INSEE.

[3] Procédé qui consiste à transformer en données informatiques tous types de document, papier, audio, vidéo...

823. Les difficultés du droit à appréhender et à s'adapter à toutes ces transformations sont notamment accentuées par la naissance de la *blockchain* et les innovations technologiques en découlant. Celles-ci posent des problèmes inédits quant à la portée du secret en matière fiscale (**I**). De monnaie virtuelle à outil de gouvernance, d'identification et/ou de certification, les diverses applications de la *blockchain* se multiplient et trouvent écho dans la fiscalité. Cette technologie se développe ainsi dans le cadre d'une économie numérique qui évolue rapidement. Or, celle-ci oblige l'administration à se doter de nouveaux outils, à transformer ses « techniques », à repenser l'organisation de ses services, et pose la question de la compatibilité de ces évolutions avec les droits et libertés fondamentaux (**II**).

I. Le secret et la technologie de la *blockchain*

824. Nous la définirons (**A**) avant de la mettre en perspective avec l'état actuel de la législation fiscale (**B**). Nous verrons également que certains travaux ont été menés en droit de l'Union européenne pour tenter de mieux cerner les problématiques relatives à la *blockchain* (**C**).

A. La définition de la *blockchain*

825. En sciences dites « dures », la technologie de la *blockchain* est définie comme une suite de blocs contenant des informations qui sont stockées, vérifiées et sécurisées de façon transparente et, surtout, sans organe de contrôle central[2]. Autrement dit, il s'agit d' « *un grand livre sans maître, écrit par tous ceux qui le veulent, dans un lieu virtuel, hors du temps et de l'espace, et donc de toute autorité étatique*[3] ». Elle peut être publique et dans ce cas, être utilisée et lue par toute personne dans le monde. Sinon, elle est dite « *de consortium* » ou privée et ne concernera que des personnes déterminées. La *blockchain* publique rend publiques toutes les transactions

---

[1] Procédé qui consiste à « repenser » l'organisation d'une société, de l'utilisation de ses outils nécessairement informatiques aux échanges relationnels dans le cadre professionnel. Il implique la mise en place de nouveaux canaux de communication interne et externe. Avec le numérique, un système de travail collaboratif doit être mis en place et valorisé. La digitalisation fait aussi appelle à la dématérialisation, au point qu'une entreprise qui se dit « digitale » n'utilise plus de stylo, ni de papier.

[2] Définition de « *blockchain* » dans un article en ligne de Blockchain France, « Qu'est-ce que la *blockchain* ? », consulté sur :
https://blockchainfrance.net/decouvrir-la-blockchain/c-est-quoi-la-blockchain/.

[3] Renoux (V.) Bernard (S.), « Crypto-monnaies et *Initial Coin Offerings* : voyage en terre inconnue », *Dr. fisc.* 2018, n° 5, étude 150.

ou informations inscrites en son sein[1]. Tous les utilisateurs-participants peuvent lire, écrire et participer au processus de consensus, sans limitation. Quant à la *blockchain* de *consortium,* ses participants sont soigneusement sélectionnés et leur nombre est limité. Le contrôle des informations inscrites sur cette *blockchain* peut être soit public, soit restreint aux participants, voire hybride[2].

826. À elle seule, une telle technologie combine trois techniques qui sont : les bases de données numériques partagées[3], la cryptographie[4], et les échanges en pair à pair[5]. En outre, elle présente pour particularité d'avoir trois fonctions : le transfert d'actifs[6] et d'informations, la fonction de registre normalement infalsifiable, et l'automatisation de transactions (par exemple, la technologie du *smart contract*[7])[8]. La notion n'est pas ignorée des sciences sociales. En droit français par exemple, le Code monétaire et financier en donne une définition moins technique : il s'agit d'« *un dispositif d'enregistrement électronique partagé permettant l'authentification de ces*

[1] Le *Bitcoin* est la principale *blockchain* publique. Toute personne ayant un accès à Internet peut y prendre part.

[2] Tordeurs (A.), « Une approche pédagogique de la *blockchain* », *RISF* 4/2017, p. 8., note n° 15. V. par exemple XinFin une société dont le siège social est à Singapour et qui a développé le protocole *blockchain* XDC.

[3] Tordeurs (A.), *op. cit.*, p. 9.

[4] Chouli (B.), Goujon (F.) et Leporcher (Y.-M.), « Les *blockchains* : De la théorie à la pratique, de l'idée à l'implémentation », éd. ENI, 2017, p. 30. Technologie utilisant des fonctions mathématiques ou des processus analytiques pour transformer une information normale et claire en jargon inintelligible qui représente le texte chiffré.

[5] Technologie permettant à des utilisateurs de partager leurs ressources et de bénéficier de celles des autres de manière décentralisée et ouverte. Lire Guédon (P.), « Fiscalité internationale - *Blockchain* et prix de transfert », *Dr. fisc.* 2018, n° 38, étude 392.

[6] Par exemple, le *Bitcoin* évoqué plus loin.

[7] Blockchain France, « Les applications prometteuses des *smart contracts* », 28 janvier 2016, consulté sur https://blockchainfrance.net/2016/01/28/applications-smart-contracts/ : « *il s'agit de programmes autonomes qui, une fois démarrés, exécutent automatiquement des conditions définies au préalable et inscrites dans la blockchain. Ils fonctionnent comme toute instruction conditionnelle de type « if – then » (si telle condition est vérifiée, alors telle conséquence s'exécute)* ».

[8] Bondard (C.), Chénu (G.), Dufournaud (S.), Guiader (F.) et de Vauplane (H.), « Quelques utilisations actuelles de cet outil en droit des affaires – monnaies virtuelles, transmission des instruments de paiement, outils de financement, *smart contracts...* », *JCP E* 2017, n° 36, étude 1471 ; Guédon (P.), « Fiscalité internationale - *Blockchain* et prix de transfert », *Dr. fisc.* 2018, n° 38, étude 392.

opérations, dans des conditions de sécurité, définies par décret en Conseil d'État[1] ».

827. Les opérateurs économiques s'intéressent de plus en plus à la *blockchain*, car, grâce à elle, l'échange de données est plus sûr et plus authentique ; les tiers de confiance qui servaient d'interprètes dans les relations sont remplacés par un système automatique[2]. Ses principales « vertus » viennent surtout du fait qu'elle crée un registre infalsifiable distribué et transparent, notamment pour la *blockchain* publique. Cette dernière impose en effet de rendre toutes les transactions commerciales publiques. Dans cette perspective, il ne peut donc y avoir de secret des affaires. C'est la raison pour laquelle les opérateurs privés privilégient la *blockchain* de *consortium* qui permet un contrôle du processus.

828. D'autres technologies sont issues de ce système : c'est le cas de la crypto-monnaie[3] dont la plus connue est le *Bitcoin*[4]. Soulignons d'ailleurs que, étymologiquement, le terme crypto, du grec « *kruptos* », signifie « caché ». Voilà donc une innovation opaque qui assure pourtant des opérations transparentes et une certification autonome. Il s'agit d'une monnaie virtuelle qui n'est utilisée que dans le cadre de la vente d'un bien ou d'un service, ou comme monnaie d'échange, notamment à des fins spéculatives. Toutefois, le droit lui refuse la qualification de monnaie. Elle doit par conséquent être considérée comme une chose et ne peut être admise comme la contrepartie monétaire d'une vente[5]. Par ailleurs, certains

---

[1] Article L. 223-12 du Code monétaire et financier.

[2] Charentenay (S. de), Rédaction Lextenso, « *Blockchain* et Droit : *Code is deeply Law* », *LGP*, 14 novembre 2017, n° 39, p. 15.

[3] Créée en 2008 par Satoshi Nakamoto (Nakamoto (S.), « *Bitcoin : A Peer-to-Peer Electronic Cash System* », *Bitcoin.org*, 2009), sa valeur dépasse les 15.000 dollars. Le *Bitcoin* est la plus connue de toutes les crypto-monnaies ; parmi elles, le Litcoin, l'Ethereum et le Ripple. Lire à cet effet, Renoux (V.) Bernard (S.), « Crypto-monnaies et *Initial Coin Offerings* : voyage en terre inconnue », *Dr. fisc.* 2018, n° 5, étude 150.

[4] Le *Bitcoin* est une création issue de la *blockchain* mais c'est lui qui l'a rendue célèbre : il s'ensuit donc une confusion fréquente.

[5] V. Vauplane (H. de), « *Bitcoin* : monnaie de singe ou monnaie légale ? L'analyse juridique », *Banque,* juillet-août 2013, p. 79 ; Lasserre-Capdeville (J.), « Le *Bitcoin* », *JCP E* 2014, n° 3, act. 25 ; Roussille (M.), « Le *Bitcoin* : objet juridique non identifié », *Banque et droit,* 2015, n° 159, p. 27 ; Bonneau (Th.), « Le *Bitcoin,* une monnaie ? », *Banque et droit,* 2015, p. 8 ; Mathey (N.), « La nature juridique des monnaies alternatives à l'épreuve du paiement », *RD bancaire et fin.,* 2016, dossier 41, n° 16 et s. ; Bali (M.), « Les crypto-monnaies, une application des *blockchain* technologies à la monnaie », *RD bancaire et fin.,* 2016, étude 8, n° 19-23.

raisonnements doctrinaux la voient comme un bien[1]. Une vente de biens ou de services, avec en contrepartie, des crypto-monnaies, doit donc être pris pour un échange au sens de l'article 1702 du Code civil[2].

829. Mais le principal obstacle à l'utilisation de la *blockchain* ainsi que l'une des raisons de la méfiance des régulateurs à l'égard de cette technologie, c'est le caractère anonyme des participants. Certains préfèrent parler de « pseudonymat » plutôt que d'anonymat[3] car « l'identité » de l'utilisateur est constituée par une clé publique attachée à son portefeuille qui ne peut jamais être modifiée[4] et permet, en principe, de l'identifier. Mais dans les faits, il est impossible de connaître réellement l'identité de l'utilisateur qui emploie cette clé publique, sauf si celui-ci la communique de son propre gré. Le secret qui porte sur cette information ne peut ainsi être levé que s'il existe une obligation légale de la révéler. Or, en l'état actuel, rien n'empêche un utilisateur de déclarer un seul de ses « identifiants *blockchain* » tout en ayant en réalité d'autres portefeuilles. C'est pourquoi, en matière fiscale, il est exclu que des administrations travaillent à l'aide de cette technologie. Plus encore, en raison de l'incertitude sur l'identification de l'utilisateur, émergent de nouvelles problématiques relatives à l'imposition des bénéfices réalisés par un contribuable dans le cadre de transactions recourant à la *blockchain*.

B. Une technologie en décalage avec l'état actuel de la législation fiscale

830. Le milieu des années 2010 est marqué par la multiplication de divers travaux en droit fiscal relatifs à la *blockchain*[5]. La fiscalité en la matière est

---

[1] Mekki (M.), « Les mystères de la *blockchain* », *D.* 2017, p. 2160, n° 10. Sur la particularité de ce bien, Bali (M.), « Les crypto-monnaies, une application des blockchain technologies à la monnaie », *op. cit.*, n° 14 à 17.

[2] Article 1702 du Code civil : « *L'échange est un contrat par lequel les parties se donnent respectivement une chose pour une autre* ».

[3] Guédon (P.), « Fiscalité internationale - *Blockchain* et prix de transfert », *Dr. fisc.* 2018, n° 38, étude 392.

[4] Faure-Muntian (V.), Ganay (C. de), Le Gleut (R.), *Les enjeux technologiques des blockchains (chaînes de blocs)*, Rapport du Sénat n° 584 (2017-2018) fait au nom de l'Office parlementaire d'évaluation des choix scientifiques et technologiques, déposé le 20 juin 2018, 209 p., p. 25 : « *Sans autre indice, on ne peut identifier le propriétaire d'une clé publique, mais si le lien est fait, on peut alors retracer toutes les transactions qu'il a reçues et envoyées. Le Bitcoin est donc un système pseudonyme plus qu'anonyme. La clé publique est diffusable et permet de recevoir des transactions, la clé privée est quant à elle gardée secrète* ».

[5] V. quelques articles généraux : Benghozi (P.-J.) et Mellier (G.), "*The Internet of Things : a New Paradigm for Regulation ?*", *Journal of Law and Economic*

d'ailleurs récente au regard de l'apparition de cette technologie en 2008[1] et porte notamment sur les transactions utilisant les crypto-monnaies. Les revenus dégagés par une plateforme numérique recourant à la technologie de la *blockchain* sont automatiquement imposés en droit français lorsque la personne, physique ou morale, qui l'utilise, a une activité économique en France ou y réside[2]. Comme il n'existe aucun critère de rattachement réel à la France des revenus d'une plateforme numérique, le critère de rattachement nécessaire à l'imposition sera fondé sur la personne bénéficiaire du revenu et non sur le revenu en lui-même[3].

831. Dans le système français, toute la difficulté réside dans l'appréhension de la crypto-monnaie eu égard aux règles fiscales existantes. À l'heure actuelle, « *d'un point de vue fiscal, l'échange est imposé comme une double vente dans laquelle le prix est payé en nature*[4]. *Dans l'hypothèse de l'échange d'un bien ou d'un service contre une monnaie virtuelle, la première vente sera celle du bien ou du service, et la deuxième vente celle de la crypto-monnaie. Pour la première vente, la catégorie d'imposition du revenu dépendra de façon classique de la nature de l'activité. En l'absence d'autre définition, le produit de cette seconde vente sera imposé comme un revenu assimilé aux bénéfices non commerciaux*[5]. *Par conséquent, la première vente sera vraisemblablement imposée pour la valeur du bien ou*

Regulation, 2016, 5, Vol. 9, n° 1 ; Benghozi (P.-J.), « L'économie numérique : une économie disruptive ? », *Cahiers Français, Numéro spécial : L'économie à l'heure du numérique*, La Documentation française, n° 392, avril 2016 ; Benghozi (P.-J.) et Paris (T.), « *The cultural economy in the digital age : A revolution in intermediation ?* » *City, Culture and Society*, Vol. 7, n° 2, june 2016, pp. 75-80 ; Ainsworth (R. T.) et Shact (A.), « *Blockchain Technology Might Solve VAT Fraud* », *Tax Notes International*, 26 septembre 2016, p. 1165 ; Schwanke (A.), « *Bridging the digital gap : How tax fits into cryptocurrencies and blockchain development* », *International Tax Review*, 23 mars 2017 ; Guillebon (Th.), « Quel régime fiscal pour les *Bitcoins* ? », *Dr. fisc.* 2015, n° 38, act. 514 ; Benghozi (P.-J.), « Blockchain : objet à réguler ou outil pour réguler ? », *JCP A* 2017, n° 36, étude 1470 ; Vabres (R.), « Le statut fiscal de la monnaie virtuelle en droit français », *RISF* 4/2014, p. 44 ; Renoux (V.) et Bernard (S.), « Crypto-monnaies et *Initial Coin Offerings* : voyage en terre inconnue », *Dr. fisc.* 2018, n° 5, étude 150.

[1] Satoshi Nakamoto, l'inventeur du *Bitcoin*, a été le premier à appliquer une chaîne de blocs décentralisée en 2008.

[2] Renoux (V.) Bernard (S.), « Crypto-monnaies et *Initial Coin Offerings* : voyage en terre inconnue », *op. cit. ;* Guédon (P.), « Fiscalité internationale - *Blockchain* et prix de transfert », *Dr. fisc.* 2018, n° 38, étude 392.

[3] V. pour plus de précisions concernant la fiscalité des revenus de l'économie numérique, Renoux (V.) et Bernard (S.), « Quelle imposition pour les revenus de l'économie numérique ? », *Dr. fisc.* 2017, n° 39, étude 477.

[4] BOI-TVA-BASE-10-20-30.

[5] Article 92,1er alinéa, du CGI.

du service et la seconde pour la valeur de la plus-value[1] *déduite de la différence entre la valeur d'obtention de la monnaie virtuelle en euros et sa valeur en euros au jour de la vente. L'administration fiscale semble à ce titre tirer une juste conclusion de la nature de l'opération en suggérant un traitement identique à celui décrit*[2]. *Pour les deux ventes, le revenu sera rattaché à la période d'imposition au cours de laquelle la vente est réalisée*[3], *suivant les règles habituelles*[4] ». En outre, le régime fiscal applicable aux crypto-actifs est comparable au prélèvement forfaitaire unique (PFU) applicable aux revenus de capitaux mobiliers, et aux gains et profits assimilés. Les plus-values réalisées à titre occasionnel sur les crypto-actifs, à compter du 1er janvier 2019, sont assujetties, comme les plus-values sur titres, au prélèvement forfaitaire unique (PFU)[5] de 30 %, soit 12,8 % d'imposition et 17,2 % de prélèvements sociaux[6].

832. Par ailleurs, les opérations réalisées sur la *blockchain* demeurent en principe soumises à la TVA dont les modalités sont prévues par la directive n° 2006/112/CE[7] et transposées en droit interne[8]. Ainsi, les opérations intégreront le champ d'application de la TVA, si elles sont des livraisons de biens ou des prestations de services effectuées à titre onéreux sur le territoire d'un État membre par un assujetti agissant en tant que tel[9]. En d'autres termes, tout particulier ou personne morale qui effectue régulièrement des échanges de cryptos contre des biens ou des services devrait être assujetti à la TVA sur le montant total converti en euros au jour de la vente. En revanche, la CJUE considère que « *les prestations de services [...] qui consistent en l'échange de devises traditionnelles contre des unités de la devise virtuelle « Bitcoin », et inversement, effectuées contre le paiement d'une somme correspondant à la marge constituée par la différence entre, d'une part, le prix auquel l'opérateur concerné achète les devises et, d'autre part, le prix auquel il les vend à ses clients, constituent des opérations*

---

[1] Article 93 du CGI.

[2] BOI-BNC-CHAMP-10-10-20-40, § 1080.

[3] Concernant les revenus des personnes assujetties à l'impôt sur le revenu, v. article 12 du CGI ; pour ceux des contribuables assujettis à l'impôt sur les sociétés : Article 38, 2 du CGI.

[4] Renoux (V.) et Bernard (S.), « Crypto-monnaies et *Initial Coin Offerings* : voyage en terre inconnue », *Dr. fisc.* 2018, n° 5, étude 150.

[5] Le terme anglo-saxon de « *flat tax* » est aussi utilisé pour désigner le prélèvement forfaitaire unique (PFU). Il s'applique à la majorité des produits financiers.

[6] Article 41 de la loi n° 2018-1317 du 28 décembre 2018 de finances pour 2019 créant l'article 200 C du CGI.

[7] Conseil européen, directive n° 2006/112/CE, 28 novembre 2006 relative au système commun de taxe sur la valeur ajoutée.

[8] Article 256 du CGI.

[9] Article 256, I, du CGI.

exonérées de la taxe sur la valeur ajoutée[1] ». Autrement dit, à partir du moment où les transactions sur devises, billets et monnaies ayant cours légal sont qualifiées d' « opérations de change », elles peuvent être exonérées de TVA prévue par la directive européenne.

833. Alors que la France souhaite développer un régime fiscal attractif des transactions reposant sur cette technologie, le cadre juridique des crypto-actifs[2] apparaît encore insuffisant, précaire et inadapté selon les professionnels du secteur, malgré les récentes avancées de la loi PACTE[3] et de la loi de finances pour 2019[4]. En effet, les lois précitées insèrent de nouvelles dispositions au Code monétaire et financier qui définissent par exemple les notions de crypto-actifs[5], de jetons[6] ou de *Initial Coin Offering*

---

[1] CJUE, 22 octobre 2015, Affaire C-264/14, *Skatteverket c/ David Hedqvist*, point 53 ; *Dr. fisc.* 2015, n° 45, act. 608 ; *RJF* 1/16, n° 105.

[2] Autre synonyme de la crypto-monnaie. Selon l'Institut national de la consommation, il s'agit d'*« actifs virtuels stockés sur un support électronique permettant à une communauté d'utilisateurs les acceptant en paiement de réaliser des transactions sans avoir à recourir à la monnaie légale* » (V. https://www.economie.gouv.fr/particuliers/cryptomonnaies-cryptoactifs et Cuny (D.), « *Blockchain*, token, ICO... le lexique de la folie crypto », *La Tribune*, 24 octobre 2018). Il peut s'agir de toutes sortes d'actifs numériques appelés aussi « tokens » ou, en français, « jetons ». Ces actifs sont souvent émis dans le cadre d'une *Initial Coin Offering* (ICO) : une nouvelle méthode de levée de fonds plus rapide et moins coûteuse par rapport au financement par la Bourse, les banques ou le capital-risque. Les jetons émis peuvent s'apparenter à des titres financiers (« security token ») ou accorder un droit d'usage (jeton utilitaire ou « utility token »), comparable à des points fidélité (miles d'avion) ou à de la précommande.

[3] Loi n° 2019-486 du 22 mai 2019 relative à la croissance et la transformation des entreprises dite loi PACTE (plan d'action pour la croissance et la transformation des entreprises).

[4] Loi n° 2018-1317 du 28 décembre 2018 de finances pour 2019, *JORF,* n° 0302 du 30 décembre 2018.

[5] Article L. 54-10-1 du CMF issu de l'article 86 de la loi n° 2019-486 du 22 mai 2019 et article 41 de la Loi de finances pour 2019 : « *2° Toute représentation numérique d'une valeur qui n'est pas émise ou garantie par une banque centrale ou par une autorité publique, qui n'est pas nécessairement attachée à une monnaie ayant cours légal et qui ne possède pas le statut juridique d'une monnaie, mais qui est acceptée par des personnes physiques ou morales comme un moyen d'échange et qui peut être transférée, stockée ou échangée électroniquement.* ».

[6] Article L. 552-2 du CMF : « *Aux fins du présent chapitre, constitue un jeton tout bien incorporel représentant, sous forme numérique, un ou plusieurs droits pouvant être émis, inscrits, conservés ou transférés au moyen d'un dispositif d'enregistrement électronique partagé permettant d'identifier, directement ou indirectement, le propriétaire dudit bien* ».

(ICO)[1]. Le rôle de l'Autorité des marchés financiers est en outre renforcé. Ainsi, elle devient compétente pour réguler les émissions de jetons qui échapperaient au cadre actuel de la réglementation financière, notamment celui des offres au public de titres financiers[2]. Elle délivre aussi des visas aux émetteurs de jetons se conformant à la législation, si bien que les investisseurs sont capables d'identifier les acteurs légitimes et sont motivés à mener leurs projets en France[3].

834. Mais les zones d'ombres entourant le fonctionnement même de la *blockchain* – notamment relatives à l'anonymat de son utilisateur – empêchent l'administration fiscale de mener à bien ses prérogatives liées au contrôle fiscal. Les enjeux juridiques de cette technologie, véritable « *royaume de l'extra-territorialité*[4] », sont donc considérables[5]. Parmi eux, le régime fiscal des cryptomonnaies est l'un des plus marquants, mais le statut des transactions opérées par l'intermédiaire de la *blockchain*, la valeur juridique des *smart contracts*, l'opacité des opérations menées souvent sous couvert d'anonymat, la protection de la vie privée[6], sont autant de sujets toujours très discutés.

835. À travers l'anonymat, l'absence de contrôle et la vague spéculative qui les caractérisent, les monnaies virtuelles s'accompagnent également de pratiques frauduleuses : elles favorisent le blanchiment d'argent, la fraude et l'évasion fiscales et participent au financement du terrorisme. Or, actuellement, le législateur ne contraint personne à donner son identité quand il ouvre un compte crypto-actif. Selon un rapport d'information, « *il aurait été opportun de proposer l'interdiction de la diffusion et du commerce de crypto-actifs visant à garantir un anonymat complet en empêchant, par leur conception, toute procédure d'identification. C'est le cas d'un certain nombre de crypto-actifs (Monero, PIVX, DeepOnion, Zcash...) dont le but*

---

[1] Article L. 552-3 du CMF : « *Une offre au public de jetons consiste à proposer au public, sous quelque forme que ce soit, de souscrire à ces jetons. Ne constitue pas une offre au public de jetons l'offre de jetons ouverte à la souscription par un nombre limité de personnes, fixé par le règlement général de l'Autorité des marchés financiers, agissant pour compte propre* ».

[2] Article L. 621-9, 4°) du CMF

[3] Article L. 552-4 alinéa 1er du CMF : « *Préalablement à toute offre au public de jetons, les émetteurs peuvent solliciter un visa de l'Autorité des marchés financiers* ».

[4] Assemblée nationale, *Rapport d'information n° 1624 sur les monnaies virtuelles*, sous la présidence d'Eric Woerth, avec Pierre Person comme rapporteur, enregistré à l'Assemblée nationale le 30 janvier 2019, 146 p., p. 55.

[5] V. France Stratégie, *Rapport « Les enjeux des blockchains »*, sous la direction de Toledano (J.), juin 2018, 150 p.

[6] V. pour plus de précisions, Deroulez (J.), « *Blockchain* et données personnelles - Quelle protection de la vie privée ? », *JCP G* 2017, n° 38, étude 973.

est de contourner toute possibilité d'identification des détenteurs. À ce jour, la régulation n'est pas allée jusque-là[1] ». Face aux risques induits par les multiples failles des législations en vigueur, il est recommandé une harmonisation à l'échelle européenne des règles fiscales, voire une coopération étatique dans le domaine de la *blockchain*.

C. La fiscalité, parent pauvre des travaux européens sur la *blockchain*

836. Une coopération entre États membres de l'Union européenne est nécessaire afin de définir une stratégie commune et assurer un développement maîtrisé, démocratique, éthique et sécurisé de la *blockchain*[2]. Les enjeux de cette technologie ont déjà été cernés par l'Union européenne mais les premiers travaux menés demeurent encore embryonnaires. Pour la première fois, en 2016, la Commission européenne organisait un atelier collaboratif intitulé « *Blockchain for Social Good* » dont l'objectif était de dresser un état des lieux des activités existantes dans le domaine de la technologie *blockchain* et qui ont un effet sur la société. Il s'agissait, d'abord, de réaliser un constat des dispositions actuelles en matière de réglementation et de normalisation, puis d'établir un plan d'action dans lequel la Commission européenne s'investirait dans ces domaines, en particulier dans le cadre du programme Horizon 2020[3]. En février 2017, le service de recherche du Parlement a ensuite publié un rapport sur les effets de la *blockchain* en matière juridique, sociale et éthique[4]. Poursuivant sur cette lancée, la Commission européenne a lancé son Observatoire-forum des chaînes de blocs en février 2018[5], dont la mission sera d'observer les

---

[1] Assemblée nationale, *Rapport d'information n° 1624 sur les monnaies virtuelles*, *op. cit.*, p. 9.

[2] Pignel (M.), « La technologie *blockchain* : Une opportunité pour l'économie sociale ? », *Pour la Solidarité (PLS), European Think Tank*, juin 2019, 31 p., p. 18 ; Bénassy-Quéré (A.), Trannoy (A.) et Wolff (G.), « Renforcer l'harmonisation fiscale en Europe », *Notes du Conseil d'analyse économique*, Vol. 14, n° 4, 2014, pp. 1-12.

[3] Il regroupe les programmes de recherche et d'innovation européens tels que le programme-cadre de recherche et développement technologique (PCRDT) - l'outil principal de financement de la recherche européenne – l'Euratom (la Communauté européenne de l'énergie atomique), les actions pour l'innovation du programme-cadre pour l'innovation et la compétitivité, l'institut européen d'innovation et de technologie.

[4] Boucher (P.), « Comment la technologie de la chaîne de blocs pourrait changer nos vies », Parlement européen, Service de recherche, février 2017.

[5] L'Observatoire-forum dresse un constat des grandes évolutions de la *blockchain* dans l'Union européenne, en souligne les faiblesses, formule des recommandations. Il établit également les priorités émergentes de la *blockchain :* par exemple la

évolutions de la technologie en Europe, et a investi plus de 80 millions d'euros dans des projets soutenant son utilisation. Enfin, le 10 avril 2018, les États membres de l'UE ont mis en place un *consortium*, l'*European Blockchain Partnership* (EBP), ayant pour objectif d'instaurer des infrastructures sécurisées, de développer le front numérique et le potentiel de la *blockchain* en Europe pour offrir de meilleurs services aux citoyens.

837. La tendance actuelle lancée par la Commission européenne est plus une promotion de l'innovation qu'une réglementation commune et une régulation de la *blockchain*. Elle est en effet marquée par la volonté de l'Union européenne de devenir « *un leader dans le domaine de la technologie de la chaîne de blocs*[1] » en créant un « *marché unique de la blockchain* ». Les innombrables possibilités qu'offre cette technologie – présentes et futures – sont telles qu'on assiste aujourd'hui à une véritable course à l'attractivité sur le plan de l'innovation mais également sur le plan fiscal, à l'étranger[2] et entre États membres de l'UE. Son développement ébranle non seulement les institutions classiques mais aussi les secteurs : économiques, juridiques, sociales, financiers… Le rôle de l'Union européenne est donc primordial pour harmoniser les politiques en matière de crypto-actifs dont les taux d'imposition sont particulièrement différents. La France est l'un des six États membres dans lequel l'imposition sur les plus-values en crypto-monnaies est la plus élevée (le taux de prélèvement est de

---

clarification du cadre législatif et règlementaire, permettant les problèmes de compatibilité entre la *blockchain* et le RGPD V. à cet effet, Observatoire-forum des chaînes de blocs, *Rapport sur l'innovation blockchain en Europe*, 27 juillet 2018, 25 p. ; « *Blockchain* et RGPD : La CNIL propose une grille d'analyse et des premières recommandations », *Revue Contrats Concurrence Consommation* n° 11, novembre 2018, alerte 50 ; Weinbaum (N.), « La preuve du consentement à l'ère du RGPD et de la *blockchain* », *JCP E* 2018, n° 10, étude 1110 ; Deroulez (J.), « Nouvelles technologies - *Blockchain* et données personnelles Quelle protection de la vie privée ? », *JCP G* 2017, n° 38, étude 973 ; Martin-Forissier (C.), « *Blockchain* et RGPD, une union impossible », *CNIL, Laboratoire d'innovation numérique*, 28 juillet 2017.

[1] Kaili (E.), « Chaîne de blocs : "Nous aspirons à faire de l'UE un leader dans le domaine" », Parlement européen, Actualités, Économie, 16 mai 2018 [en ligne].

[2] Certains pays sont considérés comme des paradis fiscaux en la matière : Singapour, Malte, la Malaisie, la Biélorussie, la Suisse. À l'inverse, par exemple, la Chine a banni les plateformes d'échanges en crypto-monnaies, ainsi que les ICOs (*Initial Coin Offerings*) de son marché intérieur, ce qui n'est pas le cas du Japon qui considère les crypto-actifs comme un moyen de paiement officiel. Aux États-Unis, une taxation de 0%, 15% ou 20% est appliquée, suivant la tranche d'imposition des gains détenus plus d'une année. Lire article sur le site Toutsurle*bitcoin*, « Taxation du *Bitcoin* : le point à l'étranger », 2018 [en ligne]. V. également Assemblée nationale, *Rapport d'information n° 1624 sur les monnaies virtuelles*, *op. cit.*, Annexe Exemples de régulations étrangères des crypto-actifs.

30 %) avec les pays nordiques tels que la Suède, la Norvège et la Finlande, tout comme la Hongrie et l'Irlande. Ce qui n'est pas le cas du Portugal ou de la Belgique, véritables « paradis fiscaux » en la matière, pour lequel le taux d'imposition peut être égal à 0 %. En Allemagne aussi, l'imposition est avantageuse, car le pays n'applique pas de TVA sur les crypto-monnaies. De plus, si au cours d'une année fiscale, les investisseurs réalisent une plus-value en crypto monnaies de moins de 800 euros, ils ne paient pas d'impôts. En revanche, au delà de ce montant, une *flat tax* de 25% s'applique sur les gains réalisés. Toutefois, après un an de détention, les plus-values sont exonérées d'impôt.

838. Le rôle de l'Union européenne est inexistant dans la fiscalité de la *blockchain*. Il s'agit en effet d'une matière qui ressort du noyau dur des États membres. Mais les risques que présente une telle technologie notamment en ce qui concerne l'évasion et la fraude fiscales, le blanchiment d'argent, le financement du terrorisme, et son inéquation avec la législation actuelle laissent présager de futures dispositions visant, tout au plus, à réguler la concurrence fiscale en la matière. L'OCDE a d'ores et déjà soulevé ces problématiques dans ses travaux, en particulier, à l'occasion de son Forum mondial annuel sur les politiques en matière de *blockchain*[1], organisé depuis 2018. Toutefois, les réflexions menées sur le sujet demeurent là encore, sommaires.

II. Le traitement des données fiscales au regard des droits et libertés fondamentaux

839. L'administration fiscale se dote de nouveaux moyens technologiques dans le cadre de l'exercice de ses prérogatives de puissance publique (**A**). Toutefois, leur utilisation doit s'effectuer dans un cadre réglementé notamment au regard du Règlement général sur la protection des données (**B**).

A. L'utilisation opaque par l'administration fiscale des nouvelles technologies

840. Les techniques et méthodes employées par l'administration fiscale doivent évoluer et s'adapter à celles des fraudeurs[2]. Pour mener à bien ses

---

[1] OECD, *Global Blockchain Policy Forum, "The Policy Environment for Blockchain Innovation and Adoption"*, september 2019.

[2] Cocheteux (P.), « Contrôle fiscal : vers une autre informatique liée aux réorganisations au sein de la DGFiP », *LPA*, 22 décembre 2017, n° 255, p. 9 ; Brasseur (C.), *Enjeux et usages du Big data : Technologies, méthodes et mise en œuvre*, Hermès, Management & informatique, 2013, 214 p., p. 49 ; Karoui (M.),

investigations, elle recourt donc aux nouvelles technologies de l'information et de la communication. Depuis un arrêté de 2014[1], l'administration fiscale regroupe, dans un outil utilisant l'intelligence artificielle, baptisé « *ciblage de la fraude et valorisation des requêtes*[2] » (CFVR), les informations issues de nombreux fichiers : adresses, numéros Siren et Siret, numéro TVAI, dépôt de brevets et marques, dates de création et de cessation d'entreprises, données URSSAF, CAF, Sécurité sociale, régime d'imposition, les transactions commerciales réalisées par les utilisateurs sur des plateformes d'économie collaborative[3]… Cet instrument comprend les données issues

---

Davauchelle (G.) et Dudezert (A.), « Big data : Mise en perspective et enjeux pour les entreprises », *ISI* 2014, Vol. 19, n° 3, pp. 73-92.

[1] Arrêtés du 21 février 2014 (*JO* n° 25) et 16 juillet 2015 (*JO* n° 55) portant création par la Direction générale des Finances publiques d'un traitement automatisé de lutte contre la fraude dénommé « ciblage de la fraude et valorisation des requêtes » : au départ, la mise en place du dispositif concernait uniquement la détection de la fraude à la TVA. Après validation par la Commission nationale de l'informatique et des libertés (CNIL) dans sa délibération n° 2017-226 du 20 juillet 2017, un arrêté du 28 août 2017 (*JO* n° 0265) a ensuite étendu la compétence de la cellule chargée du *data mining* aux particuliers, à titre expérimentale, pour une durée de deux ans. L'article 57 de la loi de finances pour 2020 fait l'essai d'une nouvelle façon de travailler. Pendant trois ans, l'administration fiscale est libre de tirer profit des informations que publient les internautes usagers de plateformes en ligne. Pour cela, elle a le droit de faire appel à des traitements informatisés et automatisés sans reconnaissance faciale. V. aussi Manuel Moreno (J.) et Poigt (L.), « Le fisc généralise le contrôle des données via le *data mining* », *EFL*, La Quotidienne, 28 novembre 2017 ; Perrotin (F.), « Quel bilan pour la lutte contre la fraude à la TVA ? », *LPA*, 18 février 2016, n° 35, p. 4.

[2] Baffert (E.), « Les *big data* au service de la lutte contre la fraude fiscale : l'EDEN tiendra-t-il ses promesses ? », *Dr. fisc.* 2015, n° 23, étude 393 ; Lubin (J.-J.), « Contribuables, vous serez tous profilés ! », *RFP* 2015, n° 11, repère 10 : Des expériences similaires existent déjà à l'étranger. Par exemple, le SPF Finance belge réalise depuis quelques années des contrôles sur la base d'informations issues du *data mining*. Il fait d'ailleurs état de résultats satisfaisants en matière de fraudes organisées et cycliques de type « carrousel ». En Italie, le « redditometro », mis en place en 2013, est un indicateur de richesse permettant de recouper les déclarations de revenus et les dépenses de plus de 35.000 foyers italiens. Mais le bilan est mitigé. Aux États-Unis, le dispositif s'appelle Plateforme « MeF ». En Grande-Bretagne, il s'agit du dispositif « Connect ». Ces outils ont fait leurs preuves notamment en ce qui concerne les déclarations rectificatives et les remboursements d'impôts en matière de TVA et impôts directs.

[3] Article 242 *bis* du CGI : « *L'entreprise, quel que soit son lieu d'établissement, qui en qualité d'opérateur de plateforme met en relation à distance, par voie électronique, des personnes en vue de la vente d'un bien, de la fourniture d'un service ou de l'échange ou du partage d'un bien ou d'un service est tenue […] 3° D'adresser par voie électronique à l'administration fiscale, au plus tard le 31*

des réseaux sociaux, mais également, les images satellitaires rendues disponibles par les services comme *Google Maps*, afin, par exemple, de vérifier l'existence d'une piscine extérieure non déclarée chez un particulier[1]. L'administration fiscale est autorisée à exploiter la masse des données ouvertes, disponibles publiquement ; ce qui dépasse la simple consultation[2].

841. De manière inédite, l'intelligence artificielle intervient ainsi au service de l'administration fiscale dans une démarche que l'on appelle le *data-mining*[3]. Les nouvelles méthodes développées dans ce cadre, permettent de croiser de plus grandes quantités de données au sujet des contribuables. Elles ont pour visée de détecter plus efficacement et plus rapidement d'éventuelles incohérences entre les différentes informations dont dispose l'administration fiscale (issues des comptes bancaires, des assurances-vie par exemple)[4]. Si les informations se recoupent, l'administration a le droit d'exiger des réseaux sociaux ou d'entreprises comme Google qu'ils lui communiquent les données privées du contribuable, comme celles des publications ou des messages adressés uniquement à ses proches. Cette démarche de *data-mining* s'est concrétisée, depuis la fin de l'année 2013, par la création de la cellule spéciale : la

---

janvier de l'année suivant celle au titre de laquelle les informations sont données, un document récapitulant l'ensemble des informations mentionnées au 2° » (il peut s'agir par exemple, du montant total brut et du nombre de transactions réalisées par l'utilisateur au cours de l'année civile précédente). Sont ainsi concernées les plateformes telles que Airbnb, le Bon coin ou BlaBlacar. Lire Zarka (J.-C.), « La loi relative à la lutte contre la fraude », *LPA*, 16 novembre 2018, n° 230, p. 7.

[1] Macke (G.), « Le fisc passe à l'intelligence artificielle pour traquer les fraudeurs », *Challenges*, 10 février 2019 : Il est fréquent que les réseaux sociaux servent aux contrôleurs : en consultant les comptes des contribuables, ils s'assurent que leurs déclarations sur leur train de vie ou leur domiciliation sont vraies. Par exemple, les services fiscaux ont opéré des rectifications en se fondant sur les CV de cadres dirigeants ayant indiqué sur le réseau professionnel LinkedIn travailler à Paris alors que la société avait déclaré ne pas avoir d'établissement en France. De même, les services fiscaux de Lot-et-Garonne utilisent les vues aériennes de Google Maps pour repérer des piscines de particuliers qui n'ont pas été déclarées pour la taxe foncière.

[2] Article 57 de la loi de finances pour 2020.

[3] Le Big Data, « Data Mining : qu'est-ce que l'exploration de données ? », 31 janvier 2018 [en ligne] : « *En règle générale, le terme Data Mining désigne l'analyse de données depuis différentes perspectives et le fait de transformer ces données en informations utiles, en établissant des relations entre les données ou en repérant des patterns* ».

[4] Sivieude (O.), « Les enjeux du contrôle fiscal pour l'administration », *RFFP*, 1er mai 2017, n° 138, p. 43 ; Perrotin (F.), « Les résultats du contrôle fiscal », *LPA*, 21 janvier 2019, n° 015, p. 5 ; Leroy (M.), « L'organisation du contrôle fiscal : une forme originale de bureaucratie », *RFSP*, Vol. 44, n° 5, octobre 1994, pp. 811-835.

« *Mission Requête et Valorisation* », chargée de développer les outils d'analyse comme le logiciel CFVR, qui accélère, dans le cadre du contrôle fiscal, la découverte de fraudes complexes. La Délégation nationale à la lutte contre la fraude (DNLF) apporte également son appui méthodologique.

842. L'administration fiscale recourt désormais aux algorithmes[1], composante essentielle de l'intelligence artificielle, dans le contrôle de l'imposition. Ceux du logiciel CFVR analysent par exemple, les caractéristiques de l'ensemble des entreprises contrôlées et les profils des particuliers, pour modéliser des indicateurs de fraude et donc identifier automatiquement des cas suspects[2]. Cette technologie rassemble ainsi une masse incommensurable de données fiscales informatisées sur tous les contribuables. Elle puise ses informations sur des bases disponibles publiquement mais également, de manière discutable, sur des bases de données privées. Or, dans ce dernier cas, l'une des « barrières » empêchant cette collecte est l'autorisation que l'utilisateur confère à l'accès à ses propres informations sur les réseaux sociaux. En effet, le critère de paramétrage du compte par son titulaire, combiné à une appréciation quantitative ou qualitative des personnes y ayant accès permet de déterminer si le compte du réseau social présente un caractère public ou privé. L'utilisation du matériel pour s'y connecter ou le cadre professionnel dans lequel ont lieu les échanges ne constituent pas des critères d'appréciation. Mais la frontière entre ce qui relève du privé et du public est floue, donnant lieu à une abondante jurisprudence, notamment en droit social [3]. La CNIL contrôle aussi le respect de la règlementation dans cette collecte massive de données[4].

843. Toutefois, les principaux concernés, c'est-à-dire ceux à qui appartiennent ces informations, n'ont aucun droit à contester ni leur collecte, ni leur traitement. En réalité, ils ne savent pas lesquelles ont été recueillies

---

[1] CNIL, « Comment permettre à l'homme de garder la main ? Les enjeux éthiques des algorithmes et de l'intelligence artificielle », *synthèse du débat public dans le cadre de la mission de réflexion éthique confiée par la loi pour une république numérique*, décembre 2016, p. 5 : D'un point de vue technique, l'algorithme se définit comme « *une suite finie et non ambigüe d'instructions permettant d'aboutir à un résultat à partir de données fournies en entrée* »

[2] Duclercq (J.-B.), « Le droit public à l'ère des algorithmes », *RDP*, 1er septembre 2017, n° 5, p. 1401 ; Duclercq (J.-B.), « Les effets de la multiplication des algorithmes informatiques sur l'ordonnancement juridique », *Communication Commerce électronique* n° 11, novembre 2015, pp. 15-21.

[3] V. *Supra :* Partie I, Titre I, Chapitre II.

[4] V. CNIL, Délibération n° 2017-226 du 20 juillet 2017 portant avis sur un projet d'arrêté modifiant l'arrêté du 21 février 2014 portant création par la Direction générale des Finances publiques d'un traitement automatisé de lutte contre la fraude dénommé « ciblage de la fraude et valorisation des requêtes ».

par le logiciel et quand bien même en auraient-ils une vague idée, ils n'ont pas l'assurance que ce dernier n'aurait pas en sa possession des informations censées relevées de la sphère privée ou des informations dont ils en auraient strictement limité l'accès. L'utilisation de cette technologie est donc opaque, d'autant plus qu'il n'existe pas de rapport public indiquant précisément les indicateurs de fraudes retenus par le logiciel, les paramètres de son algorithme ou les statistiques de son activité et de son impact sur le contrôle fiscal. En outre, l'administration fiscale garde secrète la grille d'analyse permettant de connaître les critères de sélection des dossiers soumis au contrôle fiscal. L'article R. 311-3-1-1 du CRPA rappelle pourtant « *le droit [...] d'obtenir la communication des règles définissant [le] traitement [algorithmique] et des principales caractéristiques de sa mise en œuvre, ainsi que les modalités d'exercice de ce droit à communication et de saisine, le cas échéant, de la Commission d'accès aux documents administratifs*[1] ». Toutefois, ce droit s'exerce « *sous réserve de ne pas porter atteinte à des secrets protégés par la loi*[2] » ou des intérêts énoncés au 2° de l'article L. 311-5 du CRPA[3]. La CADA refuse en effet la communication des critères de sélection des dossiers, servant de paramètres à l'algorithme, au motif qu'elle

[1] V. Article R. 311-3-1-1 du CRPA introduit par le décret n° 2017-330 du 14 mars 2017 relatif aux droits des personnes faisant l'objet de décisions individuelles prises sur le fondement d'un traitement algorithmique ; notamment Coppolani (P.), « Le décret n° 2017–330 du 14 mars 2017 relatif aux droits des personnes faisant l'objet de décisions individuelles prises sur le fondement d'un traitement algorithmique : vers une victoire à la Pyrrhus ? », *I2D – Information, données & documents*, Vol. 54, n° 4, 2017, pp. 16-21. En outre, aux termes de l'article L. 311-3-1 du même code, « *une décision individuelle prise sur le fondement d'un traitement algorithmique comporte une mention explicite en informant l'intéressé. Les règles définissant ce traitement ainsi que les principales caractéristiques de sa mise en œuvre sont communiquées par l'administration à l'intéressé s'il en fait la demande* ».

[2] V. Article R. 311-3-1-2 du CRPA. À cet effet, peuvent être transmises, sur demande de l'administré et de manière intelligible, les informations suivantes : « *le degré et le mode de contribution du traitement algorithmique à la prise de décision* » ; « *les données traitées et leurs sources* » ; « *les paramètres de traitement et, le cas échéant, leur pondération, appliqués à la situation de l'intéressé* » et « *les opérations effectuées par le traitement* ».

[3] Conseil constitutionnel, 12 juin 2018, n° 2018-765 DC, *Loi relative à la protection des données personnelles*, *JCP A* 2018, act. 517 ; *JCP E* 2018, act. 624, cons. 70 : « *lorsque les principes de fonctionnement d'un algorithme ne peuvent être communiqués sans porter atteinte à l'un des secrets ou intérêts énoncés au 2 ° de l'article L. 311-5 du Code des relations entre le public et l'administration, aucune décision individuelle ne peut être prise sur le fondement exclusif de cet algorithme* ».

porterait atteinte à la recherche d'infractions fiscales[1]. Ils ne sont divulgués que vingt-cinq ans après la date de la pièce la plus récente figurant dans le dossier fiscal du contribuable[2]. Autrement dit, cette communicabilité ne s'opérerait logiquement qu'après son décès. Il est donc indéniable que l'administration fiscale, en usant de ces nouvelles technologies, porte atteinte au secret du contribuable. Cet « appétit[3] » croissant de l'administration pour ses données introduit nécessairement des problématiques vis-à-vis de sa vie privée.

844. Le Conseil constitutionnel a, quant à lui, avalisé le dispositif de surveillance sur internet, jugeant dans sa décision du 27 décembre 2019, que le législateur a « *assorti le dispositif critiqué de garanties propres à assurer, entre le droit au respect de la vie privée et l'objectif de valeur constitutionnelle de lutte contre la fraude et l'évasion fiscales, une conciliation qui n'est pas déséquilibrée*[4] ». En revanche, le Conseil constitutionnel n'a pas trouvé nécessaire l'emploi de ce procédé contre les contribuables ayant déjà été mis en demeure de produire leur déclaration fiscale. S'agissant des données relatives aux traitements algorithmiques du dispositif utilisé par l'administration fiscale, la juridiction constitutionnelle ne s'est pas prononcée sur leur communicabilité aux contribuables. Toutefois, dans une décision du 3 avril 2020, tout en rappelant que « *la société a le droit de demander compte à tout agent public de son administration* » (article 15 de la DDHC), les Sages ont relevé qu'« *il est loisible au législateur d'apporter [au] droit [d'accès aux documents administratifs] des limitations liées à des exigences constitutionnelles ou justifiées par l'intérêt général, à la condition qu'il n'en résulte pas d'atteintes disproportionnées au regard de l'objectif poursuivi*[5] » (considérant 8). Suite aux réserves émises par la Commission nationale de

---

[1] Article L. 311-5, 2°, du CRPA : ne sont pas communicables les documents « *dont la consultation ou la communication porterait atteinte [...] à la recherche et à la prévention, par les services compétents, d'infractions de toute nature* ».

[2] Farge (P.), « Opacité de l'administration fiscale », *Legavox*, 1er mars 2019.

[3] Crouy-Chanel (E. de), « Procédures fiscales : chronique de l'année 2021 », *Dr. fisc.* 2022, n° 12, étude 166, note 3.

[4] Conseil constitutionnel, 27 décembre 2019, n° 2019-796 DC, *Loi de finances pour 2020*, cons. 93, *AJDA* 2020, p. 5 ; *AJ fam.* 2020, p. 6 ; *AJCT* 2020, p. 32 ; *RFP* 2020, n° 1, act. 1 ; *Dr. fisc.* 2020, n° 1, comm. 6.

[5] Conseil constitutionnel, 3 avril 2020, n° 2020-834 QPC, *UNEF [Communicabilité et publicité des algorithmes mis en œuvre par les établissements d'enseignement supérieur pour l'examen des demandes d'inscription en premier cycle]*, cons. 8, *JO* 4 avril 2020, texte n° 34 ; *JCP A* 2020, act. 227. V. aussi *Supra :* Partie II, Titre II, Chapitre I, Section I, § 1, I, B.

l'informatique et des libertés[1], le Conseil constitutionnel a prévu d'examiner à nouveau le dispositif à l'issue de sa période d'expérimentation, pour s'assurer de la conciliation équilibrée entre le droit au respect de la vie privée et l'objectif de valeur constitutionnelle de lutte contre la fraude et l'évasion fiscale[2].

845. La recherche d'infractions et la lutte contre la fraude et l'évasion fiscales peuvent donc justifier la restriction de l'accès à certaines données fiscales ayant fait l'objet d'un traitement algorithmique. Également consciente des problèmes posés, notamment du point de vue de la vie privée, l'Union européenne a tenté de réglementer la collecte et le traitement de ces données.

B. Un cadre réglementé : le Règlement général sur la protection des données (RGPD)

846. Toute collecte et tout traitement de données personnelles[3] sont soumis à des obligations strictes visant à renforcer la protection de la vie privée des utilisateurs concernés. Ces obligations sont imposées à tous les organismes recueillant et exploitant les données appartenant aux citoyens ou résidents européens : les responsables de traitement agissant au sein de toute entreprise, association et administration ainsi que leurs sous-traitants (hébergeurs ou agences de communication par exemple), établis ou non dans l'Union européenne, mais dont l'activité implique un traitement de données personnelles de résidents européens. Parmi ces impératifs, figure notamment la désignation d'un délégué chargé de prendre les mesures nécessaires à la mise en conformité de l'organisme dans lequel il exerce. Dans cette perspective, il peut être amené à limiter la quantité de données personnelles collectées ou traitées. En outre, il veille à ce que l'organisme respecte la durée raisonnable de conservation de ces informations personnelles et en assure l'accès immédiat aux personnes concernées, qui ont le droit de les consulter, de les modifier, d'en demander la portabilité, mais également la suppression définitive.

---

[1] CNIL, délib. n° 2019-114, 12 sept. 2019 portant avis sur le projet d'article 57 du projet de loi de finances pour 2020 .

[2] CHAGNEAU (A.) et GRANGER (P.), « La lutte contre la fraude à la TVA : de nouvelles règles dans le cadre de la digitalisation de l'économie », Cahiers de droit de l'entreprise n° 1, Janvier 2020, dossier 6.

[3] Article 4 du RGPD : « *on entend par « données à carctère personnel », toute information se rapportant à une personne identifiée ou [...] identifiable* », c'est-à-dire pouvant l'être de manière directe ou non, par un ou plusieurs éléments se référant à son identité. La Charte des droits fondamentaux de l'Union européenne (article 8) ainsi que le Traité sur le fonctionnement de l'Union européenne (article 16) font de la protection de ce type de données un droit fondamental.

847. De manière plus spécifique à l'objet de notre étude, l'administration fiscale est soumise à ces obligations puisqu'elle recueille des données personnelles nécessaires à la détermination de l'assiette imposable, au recouvrement de l'impôt ou à la recherche des infractions fiscales par exemple. L'article 6.1 du RGPD dispose, au point c), que le traitement de celles-ci est considéré comme licite dès lors qu'il « *est nécessaire au respect d'une obligation légale à laquelle le responsable du traitement est soumis* ». Le point e) autorise en outre le traitement lorsque ce dernier est « *nécessaire à l'exécution d'une mission d'intérêt public ou relevant de l'exercice de l'autorité publique dont est investi le responsable du traitement* ». Ces dispositions permettent à l'administration fiscale de collecter et traiter, en parfaite conformité avec le RGPD, des données à caractère personnel. En effet, le premier point valide l'activité des organismes collecteurs qui sont chaque jour amenés à transmettre des informations à l'administration fiscale, afin de respecter une obligation légale à laquelle ils sont soumis. Quant au second, il autorise le traitement de ces données par l'administration fiscale, car elle agit dans le cadre d'une mission d'intérêt public et est investie de l'autorité publique. Précisons que les différents fondements juridiques au traitement de ces données fiscales, prévus à l'article 6.1 du RGPD, sont alternatifs. Ainsi, nul besoin pour l'administration fiscale de recueillir le consentement de la personne concernée par le traitement de données personnelles[1].

848. Outre la grande liberté qui leur est accordée, les administrations étatiques chargées des données fiscales n'ont pas à respecter l'intégralité des droits du titulaire des données, dans le cas d'une collecte de données, à l'inverse des opérateurs privés. En effet, l'article 23.1 du règlement dispose que le droit de l'Union ou le droit de l'État membre peuvent « *limiter la portée des obligations et droits* » de la personne concernée par le traitement, à condition qu'une « *telle limitation respecte l'essence des libertés et droits fondamentaux et qu'elle constitue une mesure nécessaire et proportionnée dans une société démocratique* ». Parmi les fondements permettant cette limitation, nous retrouvons au point d) « *la prévention et la détection d'infractions pénales, ainsi que les enquêtes et les poursuites en la matière [...]* ». Elles justifient les restrictions autorisées par le règlement dès lors que l'administration agit en matière d'infractions fiscales et pénales. Le fondement lui conférant le plus de latitude figure au point e) : les limitations sont possibles dès lors que l'objectif recherché concerne « *un intérêt économique ou financier important de l'Union ou d'un État membre, y compris dans les domaines monétaire, budgétaire et fiscal [...]* ». Hormis ces cas, un justiciable qui constaterait une violation de ses données fiscales

---

[1] Article 6.1.a du RGPD.

par un organisme public ou privé peut directement invoquer le non respect des dispositions du RGPD devant les juridictions nationales[1].

849. Par ailleurs, le règlement consacre les droits fondamentaux des personnes dont les données font l'objet d'un traitement[2]. Ainsi, toute personne a le droit de recevoir des informations relatives au traitement de ses données personnelles ; d'y avoir accès ; d'obtenir la rectification[3], la suppression[4] ou la restriction de toute donnée incorrecte, inexacte ou incomplète[5]. Elle a également le droit à la portabilité de ses données personnelles vers un autre responsable du traitement des données que celui qui les a initialement traitées, ainsi que le droit de s'opposer à leur utilisation commerciale[6]. En cas de fuite et de piratage de ces informations cruciales, de violations de données à caractère personnel[7] ou de non respect des droits sus mentionnés, les sanctions susceptibles d'être appliquées par la CNIL aux

---

[1] Ce recours juridictionnel est permis en cas de refus ou d'absence de réponse dans un délai d'un mois de la personne publique ou privée qui ne s'est pas conformée aux dispositions du règlement. Il peut être introduit en même temps qu'une réclamation formulée auprès de la CNIL (article 77 à 79 du RGPD).

[2] Beyneix (I.), « Le traitement des données personnelles par les entreprises : *big data* et vie privée, état des lieux », *JCP G* 2015, n° 46-47, doctr. 1260 ; Conroy (F.) et Cytermann (L.), « La stratégie juridique au cœur de l'innovation numérique », *Revues des Juristes de Sciences Po,* n° 10, mars 2015, p. 118.

[3] Article 14 du RGPD.

[4] Il s'agit là, du droit à l'effacement, souvent appelé « droit à l'oubli numérique ». Il est consacré dans plusieurs hypothèses, notamment : le retrait du consentement, l'opposition au traitement, tous traitements illicites de données (Article 17 du RGDP). La notion de « *droit au déférencement* » est préféré par certains auteurs (Richard (J.), « Le numérique et les données personnelles : quels risques, quelles potentialités ? », *RDP*, 1er janvier 2016, n° 1, p. 87) car le droit à l'oubli ne tiendrait pas compte de toutes les situations complexes. La CJUE consacre quant à elle, un droit au « déréférencement » plutôt qu'un « droit à l'oubli » (V. CJUE, 13 mai 2014, Affaire C -131/12, *Google Spain c/ AEPD et Mario Costeja Gonzalez*, *JCP G* 2014, act. 768, Marino (L.) ; D. 2014, p. 1476, note Benabou (V.-L)., Rochfeld (J.) et Martial-Braz (N.)).

[5] Lire Oberdorff (H.), « La République numérique : un nouvel espace pour de nouveaux droits ? », *RDP*, 1er mai 2018, n° 3, p. 665.

[6] Krainc (D.), « Un nouvel eldorado numérique », *in Dossier Big data, le carburant de l'économie numérique : La jaune et la rouge*, mars 2014, p. 7 ; Marino (L.), « Notre vie privée : des *little data* aux *big data* », *JCP G,* 19 novembre 2012, n° 47, n° hors-série ; Marchand (J.), « L'*open data*, la réutilisation des données publiques entre exigence démocratique et potentiel économique », *JCP A* 2014, n° 7, étude 2038 ; Marino (L.), « L'*open data*, une mine d'or pour les juristes », *JCP G* 2014, prat. 438 ; Bourcier (D.) et Filippi (P. de), « L'*open data* : universalité du principe et diversité des expériences ? », *JCP A* 2013, n° 37, étude 2260.

[7] Article 4.12) du RGPD.

organismes responsables sont particulièrement sévères[1]. La CNIL est en effet l'autorité nationale de contrôle chargée de s'assurer de la mise en conformité des traitements des données avec le RGPD[2]. Toute violation de ses dispositions doit dès lors lui être notifiée[3] et les décisions qu'elle rend peuvent être susceptibles de faire l'objet d'un recours pour annulation devant le Conseil d'État, statuant en premier et en dernier ressort[4].

850. La consécration et la consolidation de ces droits dans le RGPD interviennent alors que les activités numériques se développent à une vitesse exponentielle. Aussi, les évolutions technologiques amplifient-elles l'exercice de certains droits comme la liberté d'expression et de communication (par exemple sur les réseaux sociaux) ou la liberté d'accès à l'information. Elles bouleversent tous les pans de la société : des habitudes quotidiennes des utilisateurs, aux transformations de l'organisation de l'administration. Or, tous ces changements ne se font pas sans conséquences. Apparaissent divers risques, nouveaux ou accrus, tels que l'atteinte à la vie privée et à la réputation, par suite de la publication de contenus ; des risques à la sureté et au droit à la sécurité ; des collectes ou une conservation de données injustifiées ou disproportionnées ; des diffusions de contenus incitant à des comportements illicites (haine raciale, discrimination, violence, criminalité). D'autres dangers voient le jour, comme le développement de la cybercriminalité ; le contournement ou la violation, parfois involontaire, des obligations de réserve, de discrétion, ou même de secret, qui pèsent sur certaines professions[5].

---

[1] La CNIL dispose d'une palette de sanctions (article 20 de la loi n° 78-17 du 6 janvier 1978 relative à l'informatique, aux fichiers et aux libertés) telles que : prononcer un rappel à l'ordre ; limiter temporairement ou définitivement un traitement de données ; ordonner une mise en conformité du traitement et sous astreinte, suspendre les flux de données ; prononcer une amende administrative (article 83 du RGPD) ; enjoindre de satisfaire aux demandes d'exercice des droits des personnes. Des sanctions pénales peuvent être prononcées (articles 226-16 à 226-24 du Code pénal).

[2] Article 55 du RGPD.

[3] Article 33 et 34 du RGPD.

[4] Conseil d'État, 17 avril 2019, n° 423559, *Association pour le développement des foyers c/ CNIL*, *Revue Légipresse* 2019, p. 260 ; Conseil d'État, 6 décembre 2019, n° 403868 et n° 403869, *AJDA* 2019, p. 2516.

[5] Sauvé (J.-M.), Intervention sur « la protection des droits fondamentaux à l'ère du numérique », *Fondation Varenne (Remise des prix de thèse de la Fondation Varenne)*, 12 décembre 2017, 11 p., p. 3 ; Richard (J.), « Le numérique et les données personnelles : quels risques, quelles potentialités ? », *RDP*, 1er janvier 2016, n° 1, p. 87 ; Conseil d'État, *Le numérique et les droits fondamentaux*, Étude annuelle 2014, La Documentation française, 2014, 446 p., pp. 35-40 ; Beyneix (I.), « Le traitement des données personnelles par les entreprises : *big data* et vie privée, état des lieux », *JCP G* 2015, n° 46-47, doctr. 1260.

851. C'est pourquoi il est nécessaire de définir un cadre juridique adapté au numérique pour assurer, en même temps, la protection de tous les droits fondamentaux et la satisfaction des intérêts privés ou publics en cause[1]. Son renforcement aussi est nécessaire, au regard des nouveaux moyens technologiques mis en œuvre par l'administration. Les évolutions incontrôlées et dangereuses des moyens informatiques ont conduit le Conseil d'État, en 2014, à suggérer un droit à l'« *autodétermination informationnelle*[2] » en matière de données personnelles. Il a aussi proposé un droit d'alerte au sujet de ces informations, et a recommandé de définir les obligations des plateformes envers leurs utilisateurs, de renforcer le rôle de conseil et d'accompagnement de la CNIL concernant les responsables de traitement et de créer auprès d'elle, une procédure de « *rescrit données personnelles*[3] ». Toutefois, force est de constater que l'essor des nouvelles technologies est plus rapide que la construction d'un système de protection des droits sur internet.

Conclusion de la Section II

852. Le déséquilibre du rapport de force entre le contribuable et l'administration fiscale est patent. C'est la raison pour laquelle le législateur s'efforce de préserver les garanties représentant les droits et libertés fondamentaux de l'un, mais aussi celles qui encadrent l'exercice des prérogatives de l'autre. Parmi elles, le secret a légitimement sa place. Il est, à l'instar de la transparence, nécessaire, voire indispensable à la démocratie et à la préservation des libertés individuelles. Mais dans une ère où se développent rapidement les nouvelles technologies, où toutes les activités numériques changent la face des échanges économiques, les techniques et l'organisation de l'administration, des problématiques afférentes au secret apparaissent notamment en matière fiscale. En particulier, la technologie de la *blockchain*, secteur encore peu régulé[4], présente de nombreux enjeux touchant à la fiscalité, mais aussi à l'opacité des opérations recourant à cette technologie, menées souvent sous couvert d'anonymat, ou encore, à la protection de la vie privée. Pour s'adapter à ces mutations, l'administration transforme ses méthodes d'investigation : elle utilise de manière opaque des

---

[1] Sauvé (J.-M.), Intervention sur « la protection des droits fondamentaux à l'ère du numérique », *op. cit.*, p. 5.

[2] Il permet à l'individu de décider de la communication et de l'utilisation de ses données personnelles.

[3] Conseil d'État, *Le numérique et les droits fondamentaux*, Étude annuelle 2014, La Documentation française, 2014, 446 p., pp. 337-350.

[4] Canivet (G.), « Blockchain et régulation », *JCP E* 2017, n° 36, étude 1469.

algorithmes qui, en recueillant massivement des données personnelles, lui permettent de détecter plus rapidement la fraude fiscale. Toutefois, leur collecte et leur traitement doivent être réalisés dans un cadre strict. Si le RGPD consacre en effet de nouvelles obligations incombant à l'administration, les droits des personnes à qui appartiennent ces données nécessitent d'être renforcés.

Conclusion du Chapitre II

853. La lutte contre l'évasion et la fraude fiscales est l'un des principaux enjeux des politiques fiscales actuelles. Les travaux internationaux ont conduit à l'adoption de multiples obligations de divulgation à la charge des opérateurs économiques. La transparence des informations fiscales relatives à leurs activités apparaît en effet comme une solution face à l'érosion des bases d'imposition des États. Le renforcement de ces obligations de divulgation se justifie en outre, par un objectif de régulation de la concurrence fiscale qui peut se révéler préjudiciable aux autres États. Par exemple, dans l'Union européenne, les décisions fiscales anticipatives ont longtemps pu être dommageables à la concurrence, car elles ont souvent conduit à négocier avec les contribuables des impositions plus faibles voire quasiment nulles. Le secret doit ainsi s'effacer au bénéfice des autorités administratives et judiciaires compétentes. Mais il doit être préservé pour prémunir contre toutes divulgations attentatoires à leurs libertés ceux dont les informations sont révélées. Il s'agit là d'une impérieuse nécessité dans une ère de mondialisation où les nouvelles technologies évoluent de façon exponentielle. De plus en plus présentes dans les entreprises, elles transforment les techniques et l'organisation des administrations, introduisent certains moyens favorisant l'évasion fiscale, le blanchiment d'argent… Mais elles mettent surtout en danger la protection des données personnelles. Or, le droit fiscal appréhende mal ces nouvelles technologies car, bien que les possibilités qu'elles offrent soient nombreuses, elles sont récentes, donc encore inabouties. Quoi qu'il en soit, leur encadrement juridique doit d'abord prendre en compte le renforcement des libertés et droits fondamentaux des contribuables. Leur intangibilité doit être garantie par le législateur. Enfin, parce que les activités numériques présentent leurs propres spécificités, de nouveaux droits doivent leur être consacrés comme le droit d'alerte en matière de protection des données personnelles.

Conclusion du Titre II

854. Le secret recouvre un ensemble normatif protégé par le législateur. Ne pouvant être appliqué de manière rigide, de nombreuses exceptions sont prévues. Elles prennent la forme d'obligations de divulgation qui permettent aux personnes autorisées par la loi d'accéder à l'information confidentielle, c'est-à-dire certains documents administratifs sur le fondement desquels ont été déterminés le calcul de son impôt. Dans une certaine mesure, les tiers peuvent également avoir accès à ces informations. C'est le cas du débiteur solidaire dans la limite de la solidarité. Par ailleurs, la divulgation peut aussi prendre la forme d'une dénonciation fiscale mais cette dernière doit être étayée par des éléments matériels recueillis par l'administration. De plus, l'utilisation des informations communiquées par les tiers est strictement encadrée dans la mise en œuvre des procédures d'imposition ou en matière probatoire.

855. La levée du secret s'effectue en outre, par l'intermédiaire de la publicité de l'impôt. À cet effet, elle constitue un moyen utile dans la lutte contre la fraude et l'évasion fiscales, ainsi qu'un outil permettant de réguler la concurrence fiscale. C'est en ce sens que la Convention judiciaire d'intérêt public (CJIP) a été créée en droit interne, par la loi *Sapin II* n° 2016-1691 du 9 décembre 2016 ; que des mécanismes tels que les clauses de sauvegarde ont été instaurés pour imposer les bénéfices qui auront été délocalisés dans des États ou territoires à fiscalité privilégiée. La technique du *name and shame* et la publicité des aides d'État poursuivent également ces objectifs. Elles ont notamment des effets dissuasifs et préventifs. Le secret devient ainsi de moins en moins opposable aux autorités administratives et judiciaires. Les nouvelles obligations de divulgation prévues par le projet BEPS illustrent bien ce constat : l'obligation documentation en matière de prix de transfert, l'échange obligatoire automatique des informations relatives aux *tax rulings* en particulier restreignent la portée du secret. Toutefois, le renforcement des obligations comporte des risques, notamment en ce qui concerne la préservation des libertés individuelles et le maintien de la démocratie. Ces risques sont davantage exacerbés par l'essor des nouvelles technologies qui transforment l'organisation de l'administration fiscale et entraînent l'apparition de méthodes inédites de fraude fiscale. Il est ainsi impératif de rappeler la fonction et la visée du secret : équilibrer les diverses forces en présence et protéger les intérêts publics et privés.

Conclusion de la Partie II

856. L'étude du secret en matière fiscale permet d'établir un véritable régime juridique. Il est un principe duquel se déduit un ensemble de règles normatives que le législateur tente de préserver. Rappelons qu'en matière fiscale, le rapport juridique est généralement tripartite : entre l'administration fiscale et le contribuable interviennent, dans certaines circonstances, les tiers. À chacun, est reconnu un « droit au secret », c'est-à-dire des droits et libertés qui leur permettent de protéger la confidentialité de leurs informations.

857. Le secret de l'administration fiscale protège les données personnelles des contribuables mais aussi son action et les moyens qu'elle met en œuvre. Il est opposable dans les procédures d'impositions dans les limites des droits et garanties du contribuable, c'est-à-dire lors des phases de contrôle et de rectification fiscales. Par exemple, l'intervention de l'administration doit être menée secrètement dans le cadre du contrôle fiscal inopiné. Au cours de la procédure de rectification fiscale, si le principe du contradictoire constitue une garantie forte pour le contribuable, ce dernier peut se voir opposer un secret dans des cas strictement prévus par la loi ; par exemple, lorsque la communication des documents risquerait de nuire au bon fonctionnement des pouvoirs publics. De même, pour fonder une imposition, l'utilisation de certains éléments de comparaison – issus de déclarations d'autres redevables, devant une commission départementale des impôts ou une commission départementale de conciliation – est confidentielle, tout comme la procédure de transaction fiscale entre le contribuable et l'administration. Enfin, l'opportunité devant la CIF de déclencher des poursuites pénales est marquée du sceau du secret pour des infractions fiscales bien spécifiques. Le caractère opaque d'une telle procédure a d'ailleurs été dénoncé par la Cour des comptes, notamment, en ce qui concerne les critères de sélection des dossiers dont l'administration fiscale décide de clore le contentieux.

858. Par ailleurs, le contribuable et les tiers peuvent opposer leurs secrets à l'administration fiscale. La protection des informations personnelles de l'un est assurée par l'autre en raison de leur relation professionnelle. Le secret professionnel du tiers préserve ainsi les secrets du contribuable. Néanmoins, il est patent de constater que la portée de ces secrets se réduit à une peau de chagrin face aux prérogatives de puissance publique visant à recouvrer l'impôt. Elle est restreinte par des obligations déclaratives. C'est la raison pour laquelle le législateur et le juge jouent un rôle particulier dans la protection de leurs secrets. Pour alléger un peu le poids psychologique liée à la charge fiscale, une certaine autonomie dans la déclaration de leurs informations privées doit leur être accordée. Toutefois, cette autonomie est contrôlée même si le rapport avec l'administration fiscale est censé reposer sur une relation de confiance réciproque. C'est dans cette intention qu'a été consacré le droit à l'erreur pour le contribuable de bonne foi.

859. Mais le législateur prévoit des dérogations à ce principe du secret. La levée du secret se concrétise ainsi par l'accès et la communication de l'information confidentielle. Si l'administration s'y oppose, le contribuable dispose de garanties procédurales telles que le recours administratif et juridictionnel, prévu dans le Code des relations entre le public et l'administration, et qui compile un ensemble de principes dont celui relatif à l'accès à l'information. En outre, la divulgation peut s'effectuer par l'intermédiaire de la dénonciation fiscale dont la légitimité a cependant soulevé des questions, notamment en raison de son immoralité présumée, parfois assimilable à de la délation. Elle l'est d'autant plus qu'actuellement, les indicateurs appelés aussi « aviseurs fiscaux » peuvent désormais être rémunérés. Toutefois, la dénonciation peut porter atteinte aux libertés et droits fondamentaux des contribuables quand elle donne lieu à des perquisitions « à l'aveugle », fondées sur de maigres indices.

860. Véritable antinomie du secret, la publicité représente aussi une forme de levée du secret en matière fiscale. La situation du contribuable peut en effet, être révélée soit par l'application du principe de publicité de l'impôt, soit par celui de la publicité des audiences contentieuses fiscales. Par exemple, tout contribuable est libre de consulter la liste des personnes imposables dans sa commune et le montant de leur impôt. La divulgation est légalement autorisée aux bénéficiaires ou débiteurs d'une pension alimentaire. Elle garantit en outre la transparence de l'action publique de l'administration. C'est l'objectif de la Convention judiciaire d'intérêt public même si sa mise en œuvre et sa nature particulière inédites interrogent, par exemple, sa compatibilité avec le principe *non bis in idem* selon lequel nul ne peut être poursuivi ou puni en raison d'une infraction pour laquelle il a déjà été acquitté ou condamné par un jugement définitif. Toutefois, la publicité, instituée dans une optique de transparence de l'action publique peut être contraire aux libertés et droit fondamentaux. Ainsi, par une décision du 21 octobre 2016[1], le Conseil a déclaré que le registre public des *trusts*, était contraire à la Constitution, au motif qu'il porte « *une atteinte disproportionnée au respect de la vie privée* ».

861. Mais les cas de levée du secret en matière fiscale se multiplient. Ils se renforcent dans le cadre de la lutte contre l'évasion et la fraude fiscale ou encore, pour atteindre l'objectif de régulation d'une concurrence fiscale qui peut se révéler dommageable pour les États. Diverses solutions ont été apportées pour tenter de contenir ces phénomènes d'ampleur mondiale : la coopération interétatique, la publicité des aides d'État… Toutefois, implicitement, ces objectifs s'attaquent au secret, considéré comme un

---

[1] Conseil constitutionnel, 21 octobre 2016, n° 2016-591 QPC, *Mme Helen S.*, *JORF* n° 0248 du 23 octobre 2016, texte n° 38.

véritable vecteur de fraude, d'évasion fiscales et de concurrence déloyale. Il l'est encore plus avec l'évolution exponentielle des nouvelles technologies de l'information et de la communication. Actuellement, le droit fiscal est confronté à d'importantes difficultés à appréhender les mécanismes et les enjeux de l'économie numérique, notamment avec la technologie de la *blockchain*. Face à la collecte et au traitement des données personnelles, le RGPD consacre de nouvelles obligations auxquelles doit se soumettre l'administration. La levée du secret s'effectue ainsi dans un cadre législatif et réglementaire strict qui doit continuer à évoluer et à apporter des garanties nouvelles au contribuable.

Conclusion générale

> *« Dans une économie mondialisée, on n'atteindra pas l'idéal ; il faut essayer de se situer dans un couloir acceptable*[1] ».
>
> *(Jean BIZET, Président de la Commission des affaires européennes)*

862. En matière fiscale, l'impératif de garder secrètes les données auxquelles a accès le Trésor public se heurte à plusieurs exigences contradictoires. Il apparaît en effet, particulièrement délicat de concilier le secret des données fiscales avec des intérêts jugés tout aussi dignes de protection tels que l'exigence de transparence de l'action publique. Ces contradictions s'observent notamment dans les rapports juridiques entre l'administration fiscale et le contribuable. Les dispositifs fiscaux mettent en exergue cette perpétuelle confrontation entre les prérogatives de l'administration et les garanties dont dispose le contribuable. Or, il pèse de plus en plus d'obligations déclaratives sur ce dernier. C'est la raison pour laquelle le secret professionnel est institué par le législateur : pour protéger les informations du contribuable, qu'il s'agisse du secret des agents des services fiscaux ou celui des tiers (avocats, médecins…).

863. Il semble indispensable dans notre étude de relever le caractère interdisciplinaire du thème abordé afin de comprendre l'origine du secret, les raisons des oppositions entre les divers intérêts en présence mais également les solutions que le droit peut apporter. Il faut d'abord retenir que le secret est une thématique ancienne abordée dans les autres disciplines des sciences sociales telles que la psychologie[2], la philosophie[3] ou la sociologie[4]. Cela est lié au fait que le secret est, à l'origine, inhérent à l'être humain et contribue à

---

[1] Cette phrase est prononcée par Jean Bizet dans le cadre de l'examen, par la Commission des affaires européennes, de la *Proposition de directive du Conseil modifiant la directive 2011/16/UE en ce qui concerne l'échange automatique et obligatoire d'informations dans le domaine fiscal*, COM (2015) 135 final du 18 mars 201, 2 juillet 2015.

[2] Castoriadis-Aulagnier (P.), « Le droit au secret : condition pour pouvoir penser », *Nouvelle revue de psychanalyse*, n° 14, 1976, pp. 141–157 ; Catry (C.) et Marcelli (D.), « L'intime et le secret dans la consultation pédopsychiatrique », *Enfances & Psy*, Vol. 39, n° 2, 2008, pp. 23-30.

[3] Boutang (P.), *Ontologie du secret*, Paris, PUF, 1973, 536 p.

[4] Simmel (G.), *Secret et sociétés secrètes* (traduction française du chapitre V de "Soziologie", ouvrage de Simmel paru à Berlin en 1908), Circé, 1996, 128 p.

façonner sa singularité et son identité. D'autres aspects scientifiques doivent aussi être pris en compte pour cerner de manière transversale les problématiques afférentes à un tel sujet. C'est le cas de l'économie, de la finance, de la psychologie fiscale… Pour définir le secret, une analyse de ses éléments constitutifs s'impose. La science juridique fournit à cet effet, le substrat nécessaire et le plus pertinent à notre étude. Il apparaît ainsi en matière fiscale que le secret est protéiforme. Plusieurs secrets trouvent à s'appliquer. Les multiples liens de la fiscalité avec les autres disciplines juridiques sont abordées ; le secret bancaire, le secret des affaires, le secret administratif ou encore le secret médical sont donc étudiés.

864. Mais le secret est souvent perçu négativement. À l'égard de l'administration, il est lié au pouvoir arbitraire qu'elle détenait sous l'Ancien Régime[1]. Concernant le contribuable, il s'apparente à la dissimulation des informations nécessaires à l'établissement de l'assiette imposable et au recouvrement de l'impôt. Il est ainsi un obstacle à la volonté de transparence des politiques fiscales mises en place par les États. Cette politique de transparence prônée par ces derniers se justifie par diverses raisons : un processus vertueux de transformation des pratiques des sociétés, érigé en politique législative[2] ; un objectif de régulation de la concurrence fiscale… Elle introduit dès lors de nouvelles obligations de divulgation au profit des contribuables. La transparence se manifeste par l'intermédiaire de la publicité ; elle a par exemple permis l'adoption de la Convention judiciaire d'intérêt public. Dans ce contexte, le juge fiscal s'efforce d'endiguer et de canaliser les prérogatives exceptionnelles reconnues à l'administration. Le législateur, intervient également dans une certaine mesure car sa marge de manœuvre est restreinte[3]. Pour des raisons de justice sociale et de lutte contre les ruptures d'égalité devant les charges publiques, il œuvre pour que l'administration se munisse d'outils performants mais qui s'adaptent aussi aux nouvelles méthodes de fraudes.

865. Toutefois, il semble que cet équilibre ne puisse vraiment jamais être atteint de manière satisfaisante. En effet, « *l'air du temps est à la transparence, non au secret […]. C'est au nom de la transparence, synonyme de la vérité devenue la première et l'ultime vertu de la démocratie […] que les secrets sont pourchassés*[4] ». L'exigence démocratique tend donc à la disparition des secrets. Celle progressive du secret bancaire à l'égard de

---

[1] Lire aussi Gaïd (A.), Brassart (L.), « Administrer sous la Révolution et l'Empire », *Annales historiques de la Révolution française*, Vol. 389, n° 3, 2017, pp. 3-18.

[2] Drummond (F.), « L'information des actionnaires et des investisseurs », *in* Colloque *Entreprise : information et rumeur*, *RJC* 2005, n° spécial, p. 20 et s.

[3] Chevalier (J.-P.), « Confidentialité et droit fiscal », *RIDC*, Vol. 50, n° 2, avril-juin 1998, pp. 611-628, p. 627.

[4] Varaut (J.M.), « Secret et transparence », *LGP*, 14 septembre 2002, n° 257, p. 2.

l'administration fiscale illustre parfaitement ce mouvement. Comme si elle avait été inéluctable. Or, la mise en place de l'échange automatique d'informations bancaires en l'absence de doutes sur le caractère frauduleux des avoirs détenus à l'étranger peut paraître excessive. On se situe ainsi dans une optique à la fois préventive et dissuasive, moins dans un cadre répressif. Est-il dès lors acceptable d'agir sous couvert de dissuasion et de prévention alors que le risque ne serait pas produit ? N'est-ce pas là contraire à l'objectif de confiance que tente d'instaurer le législateur dans les rapports entre l'administration et les assujettis ? Ces changements de législation doivent être menés avec circonspection notamment parce qu'on ne peut ignorer qu'ils peuvent entraîner des atteintes aux droits et libertés fondamentaux. De même, la dimension psychologique liée au prélèvement de l'impôt suppose une confiance mutuelle, sans quoi le contribuable risque de se montrer récalcitrant.

866. Dans ce contexte, la transparence a pu être qualifiée d'ambiguë : elle libère mais elle induit la surveillance[1]. Le Professeur Jean Carbonnier avait déjà évoqué les possibles dérives de la transparence en relevant que la transparence pouvait dégénérer en transparence chicane[2]. Pourtant, il ne peut pas y avoir d'État contemporain et démocratique sans secret. Les secrets de la puissance publique doivent justifier leur légitimité face aux secrets privés. En réalité, ils les protègent, alors que, naguère, ceux-là nuisaient à leurs prérogatives. Les secrets privés deviennent, d'ailleurs, de moins en moins opposables à l'administration. L'inopposabilité du secret bancaire en constitue une illustration. En fait, le niveau de protection que les secrets des tiers (par exemple celui du médecin ou de l'avocat) pouvaient conférer aux secrets des contribuables se déplace vers un autre niveau : celui du secret de l'administration. Les procédures d'imposition sont des procédures coercitives au cours desquelles sont en effet recueillies de nombreuses informations relatives à la vie privée. Cependant, cette collecte peut également s'effectuer auprès des tiers au point que ces derniers, contre qui initialement le secret prémunissait toutes atteintes, deviennent des « auxiliaires passifs » de l'administration fiscale. Le contrôle fiscal touche le contribuable, mais il est élargi au tiers, notamment du fait du droit de communication[3]. L'administration fiscale peut en effet, prendre

---

[1] Chaput (Y.), « La transparence : clair-obscur juridique d'un concept économique », Colloque Entreprise : *information et rumeur*, *RJC* 2005, n° spécial, pp. 7-11. V. aussi Salin (P.) et Maine (M.), « Le mythe de la transparence imposée », *JCP E* 2003, n° 45, étude 1586 ; Bury (B.), « La transparence en droit des affaires : quelle valeur ? », *Transparence en droit des affaires*, *JDS* 2006, p. 23.

[2] Carbonnier (J.), « Propos introductifs », Colloque Deauville *La transparence*, *RJC* 1993, n° spécial, p. 9, spéc. p. 13.

[3] Conseil d'État, Sect., 6 octobre 2000, n° 208765, *SARL Trace, Rec.* p. 406 : Le Conseil d'État définit ce droit comme une demande de renseignements, destinée à

connaissance de documents relatifs à un contribuable, détenus par des tiers, personnes physiques ou morales[1]. Ils peuvent être utilisés pour l'assiette et le contrôle de tous impôts et taxes. Certaines procédures conservent néanmoins un secret quasi absolu : c'est le cas de la transaction fiscale dont on ne connaît pas les modalités de mise en œuvre. D'autres, voient leurs secrets « modulés » : le rescrit fiscal par exemple peut être publié par souci de transparence mais les informations couvertes du secret des affaires sont occultées ou anonymisées.

867. Plusieurs réformes ont contribué au renforcement des garanties offertes au contribuable : la création du Code des relations entre le public et l'administration en 2016 (*corpus* de textes codifiant entre autres le droit d'accès à l'information), la loi « *pour un État au service d'une société de confiance* » (ESSOC) de 2017 consacrant le droit à l'erreur ou encore le Règlement général sur la protection des données. Tous ces textes ne consolident pas le secret du contribuable mais lui confèrent des droits dans les procédures d'imposition, la collecte, le traitement et l'utilisation de ses données personnelles. En comparaison du nombre des réformes adoptées dans cette intention, on remarque que celui des réformes instituant des obligations de divulgation est bien plus élevé. Cette augmentation vient de l'impulsion donnée par les travaux menés à l'échelle internationale, et notamment le plan d'action mis en place par l'OCDE : le projet BEPS. La lutte contre l'évasion et la fraude fiscales a ainsi légitimé le dispositif de *reporting* dans le cadre des prix de transfert, l'échange obligatoire automatique des informations relatives aux *tax rulings,* ou encore les obligations déclaratives des intermédiaires fiscaux.

868. Plusieurs propositions de réformes pourraient pourtant protéger le secret du contribuable. Par exemple, actuellement, aucun texte légal en droit interne ne reconnaît explicitement le secret professionnel des agents des services fiscaux comme une garantie des droits du contribuable. Si bien que, si ce secret est violé, la régularité de la procédure d'imposition ne peut être remise en cause. Or, il y a bien là, une atteinte caractérisée au respect de la vie privée. De même, il conviendrait de mieux préciser l'articulation entre la procédure d'audition et le secret fiscal. Les questions posées lors de l'entretien doivent « *être précises et ciblées pour permettre notamment de mieux appréhender la fraude fiscale internationale et d'aider à l'identification des mécanismes de fraude*[2] ». Toutefois, il est difficilement concevable que l'administration fiscale n'exploite pas les informations confidentielles dont elle dispose sur le contribuable contrôlé pour parvenir à

---

fixer l'assiette du contribuable et à la vérifier. La demande peut être adressée aux tiers. L'administration est libre aussi de chercher à obtenir tout document quant à l'activité professionnelle de l'intéressé.

[1] Article L. 81 du LPF.

[2] BOI-CF-COM-20-50-20180207, § 100.

ses fins. Ces risques existent bels et bien mais il n'y a pas là encore, de garanties contre ces éventuelles divulgations.

869. Par ailleurs, l'accès à l'information face au secret de l'administration fiscale devrait être amélioré. Il est patent que ce principe érigé à l'article L. 311-1 du Code des relations entre le public et l'administration ne puisse être appliqué de manière absolue. Les exceptions prévues à l'article L. 311-5 du même code sont en effet nécessaires pour préserver des intérêts publics et un accès trop restreint à l'information risquerait de paralyser l'action publique. Néanmoins, certaines informations continuent à être occultées sans justifications raisonnables et ce constat devient flagrant avec les nouveaux dispositifs et moyens développés par l'administration pour mener à bien ses investigations. L'utilisation des nouvelles technologies dans le cadre de la transformation de ses techniques interrogent inévitablement la compatibilité des données fiscales recueillies avec les droits du contribuable. Elle induit surtout l'impérative nécessité pour l'administration de s'adapter aux évolutions d'une économie numérique encore mal appréhendée juridiquement.

870. Dans une même balance, sont pris en compte de multiples enjeux et divers intérêts –publics comme privés – : la préservation des libertés individuelles, le respect de la vie privée, les exigences du contrôle fiscal… Il est donc extrêmement délicat de trouver un équilibre entre tous ces impératifs. Dire qu'il existe un intérêt supérieur qui justifierait des atteintes au secret professionnel[1] reviendrait à nier que tous les droits, toutes les garanties en découlant seraient relégués au second plan quand le besoin s'en ressentirait. Pourtant, elles sont tout aussi dignes de considération et, par conséquent, ne devraient pas être écartées hâtivement. La cohabitation juridique entre ces normes est nécessairement difficile à atteindre, voire à maintenir. Pour y parvenir, chacune des parties du rapport juridique, en matière fiscale, doit recevoir l'assurance que ces garanties existent et lui sont reconnues. La lutte contre la fraude et l'évasion fiscales est une nécessité : la justice fiscale et le principe d'égalité en matière fiscale commandent en effet que le législateur agisse activement en ce sens. En revanche, « *l'apport du droit en faveur d'une amélioration de la transparence ne devrait pas se faire au détriment du principe de confidentialité*[2] ».

871. Aujourd'hui, on peut utilement se demander ce qu'il reste du secret[3]. Dans ce contexte, où « *[l]'air du temps est à la transparence*[1] », le secret

---

[1] Bouloc (B.), « Le secret professionnel du banquier : principes et limites », *LGP*, 27-29 juin 2004, n° 181, p. 15.

[2] Bègue (G.), *Confidentialité et prévention de la criminalité financière, étude de droit comparé*, *op. cit.*, p. 1128.

[3] Brard (Y.), « Que reste-t-il du secret professionnel opposable au fisc », *Dr. fisc.* 1991, n° 25, pp. 960-963 ; Chambre (J.), « Secret professionnel de l'avocat et incitation à la dénonciation », *LGP*, 25 mai 2002, n° 145, p. 782.

semble aujourd'hui relatif, touché qu'il est par les nombreuses atteintes tantôt imposées, tantôt autorisées par le droit[2]. Or, le secret a une fonction vertueuse : celle de garde-fou indispensable face aux dérives de la transparence de laquelle découlent de plus en plus de nouvelles obligations de divulgation. Il est un garant des libertés individuelles et un pilier de la démocratie[3]. Il convient donc de retenir que son maintien est indispensable à condition que ses effets soient maîtrisés et modulés en fonction des intérêts auxquels il est confronté.

---

[1] Varaut (J.-M.) et Ruet (L.), « Secret professionnel et confidentialité dans les professions juridiques et judiciaires », *LGP*, 10-12 août 1997, p. 1054.

[2] Mayaud (Y.), « La condamnation de l'évêque de Bayeux pour non-dénonciation, ou le tribut payé à César… », *D.* 2001, p. 3454, note 125 : « *La dénonciation sert donc de justification à la violation du secret, et le secret de justification à la non-dénonciation* ».

[3] Bègue (G.), *Confidentialité et prévention de la criminalité financière, étude de droit comparé*, *op. cit.,* p. 1139 ; Haarscher (G.), Glandsforff (F.), *L'avocat et la transparence,* Bruylant, 2006, 250 p., p. 227 : Le secret et la transparence sont deux exigences démocratiques « *terriblement difficiles à mettre en œuvre* ».

Bibliographie

I. Ouvrages généraux

A. Dictionnaires

ALBERT (J.-L.), PIERRE (J.-L.), RICHER (D.), *Dictionnaire de droit fiscal et douanier*, Paris, Ellipses Marketing, 2007, 598 p.

ALLAND (D.), RIALS (S.), *Dictionnaire de la culture juridique*, PUF, 2003, 1680 p.

AUGENDRE (G.), BELAISCH (F.), BYK (C.), VAILLANT (M.), *Dictionnaire permanent bioéthique et biotechnologies*, Éditions législatives, 1994, 3950 p.

BAILLY (A), *Le Grand Bailly - Dictionnaire Grec-Français*, Hachette Éducation, 2000, 2272 p.

BARILARI (A.) et DRAPÉ (R.), *Lexique fiscal*, Dalloz, 2e éd., 1992, 190 p.

BÉLY (L.), (dir.), *Dictionnaire de l'Ancien régime*, PUF, Quadrige, 2010, 1408 p.

CORNU (G.), *Vocabulaire juridique*, Paris, PUF, 12e éd., 2018, 1104 p.

DAREMBERG (C.) et SAGLIO (E.), *Dictionnaire des antiquités grecques et romaines*, Paris, Hachette, 1873, 1601 p.

GAFFIOT (F.), *Le Gaffiot de Poche - Dictionnaire Latin-Français*, Hachette, 2012, 822 p.

GUINCHARD (S.) et DEBARD (T.), *Lexique des termes juridiques 2017-2018*, Dalloz, 25e éd., 2017, 1214 p.

LA VILLEGUÉRIN (Y. de), Rédaction du Groupe Revue Fiduciaire, *Dictionnaire fiscal 2019,* Paris, Groupe Revue Fiduciaire, 34e éd., 2019, 1872 p.

LAROUSSE, *Dictionnaire Larousse poche 2018*, Paris, éd. Anniversaire bicentenaire Pierre Larousse, 23e éd., 2017, 1 088 p.

LE PETIT ROBERT, *Dictionnaire de la langue française*, Paris, éd. Dictionnaires Le Robert, 2012, 2837 p.

LE ROBERT, *Dictionnaire des synonymes, nuances et contraires*, éd. Le Robert, coll. Les Usuels, 2011, 1140 p.

MANGENOT (E.), *Dictionnaire de Théologie Catholique*, Paris, éd. Letouzey et Ané, 1908-1909, 65 000 p.

MARION (M.), *Dictionnaire des institutions de la France aux XVIIe et XVIIIe siècles*, Paris, Éditions Picard, 1923, 564 p.

PHILIP (L.), ORSONI (G.), *Dictionnaire encyclopédique de finances publiques*, Paris, Économica, 2017, 992 p.

VAN LANG (A.), GONDOUIN (G.) et INSERGUET-BRISSET (V.), *Dictionnaire de droit administratif*, Sirey, 7e éd., 2015, 516 p.

B. Manuels, traités et ouvrages usuels

Manuels et ouvrages anciens

ALLIX (E.), *Traité élémentaire de science des finances et de législation financière française*, Paris, Rousseau et Cie, 4e éd., 1921, 642 p.

ARDANT (G.), *Histoire de l'impôt, Tome I : de l'Antiquité au XVIIème siècle,* Les Grandes Études Historiques, Fayard, 1971, 633 p.

AUBY (J.-M.) et DRAGO (R.), *Traité de contentieux administratif*, T. 2, Paris, LGDJ, 2e éd., 1975, 621 p.

BELTRAME (P.), *L'impôt*, Paris, éd. MA, 1987, 191 p.

CHAPUS (R.), *Droit administratif général*, T. II, Montchrestien, 10e éd., 1997, 1283 p.

CHAVANNE (A.) et BURST (J.-J.), *Droit de la propriété industrielle*, Dalloz, 4e éd. 1993, 900 p.

EISENMANN (C.), *Cours de droit administratif*, LGDJ, T. I, 1982, 788 p. et T. II, 1983, 910 p.

FOUGÈRE (L.), *L'Administration de la France sous la Révolution*, Librairie Droz, 1992, 262 p.

GEFFROY (J.-B.), *Grands problèmes fiscaux contemporains*, Paris, PUF, Droit Fondamental, 1993, 671 p.

GHESTIN (J.), *Traité de droit civil, La formation du contrat,* LGDJ, 3e éd., 1993, 976 p.

HAURIOU (M.), *Précis de droit administratif*, Paris, éd. Larose et Forcel, 4e éd., 1900, VI-896 p.

HÉLIE (F.), *Traité de l'instruction criminelle ou théorie du Code d'instruction criminelle*, T. II, Bruxelles, Bruylant-Christophe et Cie, 1865, 762 p.

JÈZE (G.), *Cours élémentaire de science des finances et de législation financière française* (Réimpression de l'édition de 1931), La Mémoire du droit, Faculté Jean-Monnet, 2013, 432 p.

KANT (E.), *Vers la paix perpétuelle*, Konigsberg, 1796, 160 p.

KAYSER (P.), *La protection de la vie privée par le droit. Protection du secret de la vie privée*, Économica, 3e éd., 1995, IV-605 p.

LA ROCHEFOUCAULD (F. de), *Réflexions ou sentences et maximes morales*, Paris, Lefèbvre, coll. des Classiques français, 1844, 384 p.

LAFERRIÈRE (É.), *Traité de la juridiction administrative et des recours contentieux*, T. 1, 2 Vol., 1896, 675 p.

LAFERRIÈRE (J.), WALINE (M.), *Traité élémentaire de science et de législation financière*, Paris, LGDJ, 1952, 581 p.

LAMARQUE (J.), *Droit fiscal général*, Litec, coll. Les cours de droit, 1998, 728 p.

LAMBERT (T.), *Contrôle fiscal*, PUF, Droit Fondamental, 2e éd., 1998, 464 p.

LASSERRE (B.), LENOIR (N.) et STIRN (B.), *La transparence administrative*, PUF, 1987, 256 p.

LEHUËROU (J. M.), *Institutions Mérovingiennes*, Paris, éd. Joubert Libraire, 1843, 559 p.

MEHLL (L.), BELTRAME (P.), *Science et technique fiscales*, Paris, PUF, 1984, 786 p.

MERLE (R.), VITU (A.), *Traité de droit criminel, Tome 1. Problèmes généraux de la science criminelle. Droit pénal spécial*, Cujas, 7e éd., 1997, 1068 p.

MONTEIL (A.-A.), *Histoire financière de la France depuis les premiers temps de la monarchie jusqu'à nos jours*, avec introduction, supplément et notes, par Charles Louandre, éd. Hachette BNF, 1881, 360 p.

MOREAU (J.), *Droit administratif*, Paris, PUF, coll. Droit fondamental, 1989, 576 p.

NOYER (A.), *La sûreté de l'État (1789-1965)*, LGDJ, 1966, 199 p.

ROSANVALLON (P.), *L'État en France de 1789 à nos jours*, éd. du Seuil, collection Histoire, 1990, 369 p.

STIRN (B.), *Les libertés en questions*, Montchrétien, 2e éd., 1998, 160 p.

TAISNE (J.- J.), *La déontologie de l'avocat*, Dalloz, Connaissance du droit, 2ème éd., 1999, 161 p.

TROTABAS (L.), COTTERET (J.-M.), *Droit fiscal*, Paris, Dalloz, Précis, 8e éd., 1997, 434 p.

VAPAILLE (L.), *La doctrine administrative fiscale,* L'Harmattan, Finances publiques, Paris, 1998, 448 p.

Manuels et ouvrages contemporains

BAUDU (A.), *Droits des procédures fiscales*, Gualino/Lextenso, Droit expert, octobre 2018, 204 p.

BÉNABENT (A.), *Droit des obligations*, LGDJ, Précis Domat, 17e éd., 2018, 736 p.

BONICHOT (J.-C.), CASSIA (P.), POUJADE (B.), *Les grands arrêts du contentieux administratif*, Dalloz, 6ème éd., 2018, 1516 p.

BOUVIER (M.), ESCLASSAN (M.-C.), LASSALE (J.-P.), *Finances publiques*, Paris, LGDJ, 9 e éd., 2008, 960 p.

BOUVIER (M.), *Introduction au droit fiscal général et à la théorie de l'impôt,* LGDJ, 13e édition, 2016, 272 p.

BUBLOT (J.), FRANSSEN (C.), KRINGS (M.), LITANNIE (T.), TRAVERSA (E.), WARZÉE (J.), *Le contrôle fiscal : Aspects pratiques et actualités*, éd. Anthemis, Collectif, 4 mai 2016, 226 p.

CASTAGNÈDE (B.), *Précis de fiscalité internationale*, PUF, 3e éd., 2010, 580 p.

CATTEAU (D.), *Les Fondamentaux Finances publiques 2018-2019, droit budgétaire et comptabilité publique*, Hachette Éducation, coll. Les fondamentaux, 2018, 168 p.

CHAPUS (R.), *Droit administratif général*, T. 1, Paris, LGDJ, Précis Domat, 15e éd., 2001, 1440 p.

CHAUMET (P.-O.), *Histoire du Droit et des Institutions 1750-1914*, Paris, Ellipses Marketing, 2016, 264 p.

CHIFFLOT (N.), CHRÉTIEN (P.), TOURBE (M.), *Droit administratif 2018-2019*, Sirey, Sirey Université, 16e éd., 2018, 876 p.

COLLET (M.), *Procédures fiscales. Contrôle, contentieux et recouvrement de l'impôt*, Paris, PUF, 2011, 340 p.

CORNU (G.), *Droit civil. Les personnes*, Domat Montchrestien, 13e éd., 2007, 256 p.

DAL FARRA (T.), GAUDEMET (Y.), ROLIN (F.), STIRN (B.), *Les grands avis du Conseil d'État,* Dalloz, 2e éd., 2002, 582 p.

DAVID (C.), FOUQUET (O.), PLAGNET (B.) et RACINE (P. F.), *Les grands arrêts de la jurisprudence fiscale,* Dalloz, 4e éd., 2003, 1085 p.

DORD (O.), *Droit de la fonction publique*, PUF, 3e éd., 2017, 416 p.

DOS SANTOS (A. C.), *L'Union européenne, et la régulation de la concurrence fiscale*, Bruylant, LGDJ, 2009, 696 p.

FRADIN (J.-P.), GEFFROY (J.-B.), *Traité du droit fiscal de l'entreprise*, PUF, Droit fondamental, 2003, 974 p.

FRISON-ROCHE (M.- A.) et PAYET (M.-S.), *Droit de la concurrence*, Dalloz, Précis, 2018, 464 p.

GARAPON (A.) et SERVAN-SCHREIBER (P.) (dir.), *Deals de justice. Le marché américain de l'obéissance mondialisée*, 2013, PUF, 200 p.

GOUTHIÈRE (B.), *Les impôts dans les affaires internationales*, éd. Francis Lefebvre, 12e éd., 2018, 1674 p.

GRABARCZYK (K.), *Les principes généraux dans la jurisprudence de la Cour européenne des droits de l'homme*, éd. Presses universitaires d'Aix-Marseille, 2008, 558 p.

GROSCLAUDE (J.) et MARCHESSOU (P.), *Procédures fiscales*, Dalloz, Paris, 6e éd., 2012, 380 p.

HOERNI (B.), *Éthique et déontologie médicale*, Masson, coll. Abrégés, 2e éd., 2000, 115 p.

LA MARDIÈRE (C. de), *Droit fiscal général*, Flammarion, 2e éd., 2015, 384 p.

LAMARQUE (J.), NÉGRIN (O.), AYRAULT (L.), *Droit fiscal général*, Paris, Lexis Nexis, 4e éd., 2016, 1650 p.

LAMBERT (T.), DRIÉ (J.-C.), *Procédures de contrôle fiscal, la voie de l'équilibre*, L'Harmattan, coll. Finances Publiques, 2005, 384 p.

LAQUIÈZE (A.), *Les origines du régime parlementaire en France*, 1814-1848, PUF, coll. Léviathan, 2002, 448 p.

LE GALL (J.-M.), *L'Ancien Régime, (XVIe-XVIIe siècles), Une histoire personnelle de la France (tome IV),* PUF, 2013, 196 p.

LONG (M.), WEIL (P.), BRAIBANT (G.), DEVOLVÉ (B.), *Les grands arrêts de la jurisprudence administrative,* Dalloz, 22e éd., 2019, 1048 p.

MALAURIE (P.) et AYNÈS (L.), *Droit des personnes*, LGDJ, 8e éd. 2015, 416 p.

MALAURIE (P.) et MORVAN (P.), *Introduction au droit*, LGDJ, coll. Droit civil, 6e éd., 2016, 480 p.

MALAURIE-VIGNAL (M.), *Droit de la concurrence interne et européen*, Sirey, Sirey Université, 8e éd., 2019, 402 p.

MOSSE (C.), SCHNAPP-GOURBEILLON (A.), *Précis d'histoire grecque*, Armand Colin, 2e éd., 2009, 374 p.

MOUSNIER (R.), *Les Institutions de la France sous la monarchie absolue, 1598-1789*, Paris, PUF, Quadrige Manuels, 2003, 1253 p.

NOURISSAT (C.), MALLET-BRICOUT (B.), (dir.), *La transaction dans toutes ses dimensions*, Paris, Dalloz, Thèmes et commentaires, 2006, 214 p.

PLANTEY (A.), *La fonction publique. Traité général*, Litec, 2e éd. 2001, 826 p.

RUBENS (E.), *La fiscalité des entreprises, Aspects financiers de la concurrence fiscale dommageable au sein de l'Union européenne*, Larcier, Bruxelles, 2002, 218 p.

SCHWARZE (J.), *Droit administratif européen*, Bruylant, 2009, 1631 p.

SEILLER (B.), GUYOMAR (M.), *Contentieux administratif*, Paris, Dalloz, HyperCours, 5e éd., 2019, 642 p.

STIRN (B.), *Vers un droit public européen*, LGDJ, 2015, 2e éd., 158 p.

SUDRE (F.), *Les grands arrêts de la Cour européenne des droits de l'homme*, PUF, coll. Thémis-droit, 5e éd., 2009, 950 p.

TAMZINI (W.), KOUBI (G.), CLUZEL-METAYER (L.), *Lectures critiques du Code des relations entre le public et l'administration*, LGDJ, Collectif, janvier 2018, 240 p.

TERRÉ (F.), LEQUETTE (Y.), CAPITANT (H.), *Grands arrêts de la jurisprudence civile*, Dalloz, 11e éd., 2000, 675 p.

TERRÉ (F.), *Introduction générale au droit*, Dalloz, 10e éd., 2015, 636 p.

VÉRON (M.), *Droit pénal spécial*, Dalloz, 11e éd., 2016, 448 p.

VIGOUROUX (C.), *Déontologie des fonctions publiques*, Paris, Dalloz, 2012, 731 p.

VILLEY (M.) *Philosophie du droit. Définitions et fins du droit. Les moyens du droit*, Dalloz, 2001, 340 p.

II. Ouvrages spéciaux, monographies, mémoires, thèses

A. Ouvrages spéciaux et monographies

ACCARIAS DE SERIONNE (J.), *La liberté de penser et d'écrire*, Imprimerie de la Cour, 1775, T. II, 196 p.

AFSCHRIFT (T.), *La levée du secret bancaire fiscal*, Larcier, 2011, 158 p.

AFSCHRIFT (T.), *L'abus fiscal*, Larcier, 2013, 286 p.

ALTINDAG (S.), *La concurrence fiscale dommageable*, L'Harmattan, Finances publiques, 2009, 434 p.

ANDREAU (J), *Banque et affaires dans le monde romain*, Paris, Seuil, 2001, 336 p.

AUBERT (M.), KERNEN (J.-P.), SCHÖNLE (H.), *Le secret bancaire Suisse*, éd. Staempfli & Cie, 1976, 423 p.

AUGSBURGER-BUCHELI (I.), Perrin (B.), *Les enjeux juridiques du secret bancaire*, Paris, L'Harmattan, coll. Les Actes de l'ILCE, 2011, 234 p.

BALANDIER (G.), *Le pouvoir sur scènes*, Paris, Fayard, 2006, 248 p.

BEAULIEU (E.-P.), *Les gabelles sous Louis XIV,* Genève, Slatkine Reprints, 1974, 232 p.

BEKAERT (H.), *La manifestation de la vérité dans le procès pénal*, Bruxelles, Bruylant, 1972, 367 p.

BEN SOUSSAN (P.), GORI (R.), *Peut-on vraiment se passer du secret ? L'illusion de la transparence,* éd. Erès, coll. Poche – Psychanalyse, 2013, 198 p.

BENTHAM (J.), *Panoptique*, éd. Mille et Une Nuits, La Petite Collection, 72 p.

BERESNIAK (D.), *Secrets, pourquoi on parle, pourquoi on se tait ?,* Grancher, coll. Ouverture, 2004, 8190 p.

BERTHET (K.), *L'évolution de la lutte contre les paradis fiscaux : Europe, États-Unis*, Larcier, 2015, 584 p.

BESSON (S.), *Le secret bancaire, la place financière suisse sous pression*, Presses polytechniques et universitaires romande, coll. Le Savoir suisse, 2009, 138 p.

BETCH (M.), *Le juge judiciaire et l'impôt*, LexisNexis, Litec Fiscal, 2010, 358 p.

BONELLO (Y.-H.), *Le secret*, PUF, Que sais-je ?, 1998, 127 p.

BOUTANG (P.), *Ontologie du secret*, Paris, PUF, 2009, 544 p.

BRACHET (B.), *Le système fiscal français,* Paris, LGDJ, 7e éd., 1997, 216 p.

BRASSEUR (C.), *Enjeux et usages du Big data : Technologies, méthodes et mise en œuvre*, Hermès, Management & informatique, 2013, 214 p.

BRUYÈRE (B.), *Les psychologues et le secret professionnel*, éd. Armand Collin, 2011, 160 p.

BYUNG-CHUL (H.), *La société de transparence,* PUF, Hors collection, 2017, 96 p.

CASSIERS (V.), GILSON (S.), *L'entreprise et le secret*, Larcier, 2014, 330 p.

CHATEAURAYNAUD (F.), TORNY (D.), *Les sombres précurseurs : une sociologie pragmatique de l'alerte et du risque,* éd. École des Hautes Études en Sciences Sociales (EHESS), Paris, 2000, 476 p.

CHAVAGNEUX (C.), PALAN (R.), *Les paradis fiscaux*, La Découverte, coll. Repères, 2012, 128 p.

COZIAN (M.), *Le secret professionnel et le fisc*, Paris, Travaux et recherches de l'Institut de droit comparé de Paris, Les Éditions de L'Épargne, 1970, p. 363.

DAMIEN (A.), *Le secret nécessaire*, Desclée de Brouwer, 1989, 138 p.

DECROIX (A.), *Question fiscale et réforme financière en France, 1749-1789 : logique de la transparence et recherche de la confiance publique*, PUAM, 2006, Vol. 1, 638 p.

DELALANDE (N.), *Les batailles de l'impôt. Consentement et résistances, de 1789 à nos jours*, Seuil, 2011, 464 p.

DEWERPE (A.), *Espion – Une anthropologie historique du secret d'État contemporain*, Gallimard, 1994, 478 p.

DU MANOIR DE JUAYE (T.), MARCELIN (S.), *Le secret des affaires*, LexisNexis, Droit Professionnels, 2019, 350 p.

DUBERGE (J.), *Les Français face à l'impôt : essai de psychologie fiscale,* Paris, LGDJ, 1990, 320 p.

DURAND - BARTHEZ (P.), *La protection du secret des affaires – État des lieux en droit civil français et projet européen*, Lextenso-Fondation pour le droit continental, 2015, 158 p.

FARQUET (C.), *Expertise et négociations fiscales à la Société des Nations, Relations internationales, 1923-1939,* PUF, 2010, 142 p.

FAUT, *Le secret professionnel et l'avocat*, Carcassonne, Imp. de Gabelle, 1912, 145 p.

FOUCAULT (M.), *Surveiller et punir. Naissance de la prison*, Paris, Gallimard, 1975, 360 p.

FOUCAULT (M.), *Dits et écrits II, 1976-1988*, Gallimard, 2001, 1736 p.

FOUCAULT (M.), *Naissance de la biopolitique. Cours au Collège de France 1978-1979*, Paris, Gallimard, 2004, 368 p.

FRISON-ROCHE (M.-A.), *Secrets professionnels*, Paris, éd. Autrement, coll. Essais 1999, 255 p.

FRYDMAN (R.), FLIS-TREVES (M.) et ACHACHE (G.), (dir.), *Tout dire ? Transparence ou secret,* Paris, PUF, 2012, 200 p.

GARINOT (J.-M.), LOQUIN (É.), *Le secret des affaires,* Paris, Lexis Nexis, Coll. Travaux du Centre de recherche sur le droit des marchés et des investissements internationaux, 2013, 400 p.

GENIER (Y.), *La fin du secret,* Lausanne, éd. Presses polytechniques et universitaires romandes, 2014, 143 p.

GENTY-LAURENT (A.), *Le droit bancaire*, Paris, éd. De Vecchi, 2002, 96 p.

GIBERT (J.-P.), *Institutions ecclésiastiques et bénéficiales suivant les principes du droit commun et les usages de France,* éd. Paris, T. 2, 1751, 704 p.

GIRARD (C.), *Culpabilité et silence en droit comparé*, L'Harmattan, coll. Logiques juridiques, Paris, 1997, 218 p.

GODEAU (R.), *La France en faillite : La Vérité sur l'explosion de la dette publique*, éd. Calmann-Lévy, 2006, 368 p.

HAARSCHER (G.), GLANDSFORFF (F.), *L'avocat et la transparence,* Bruylant, 2006, 250 p.

HABERMAS (J.), *L'Espace public* : *Archéologie de la publicité comme dimension constitutive de la société bourgeoise*, 1990, Paris, Payot, 322 p.

HERTZOG (R.), *Le juge fiscal*, Paris, Économica, Finances Publiques, 1988, 302 p.

HOERNI (B.), BENEZECH (M.), *Le secret médical. Confidentialité et discrétion en médecine*, éd. Masson, coll. Abrégés, 1996, 112 p.

JEREZ (O.), *Le secret bancaire*, Revue Banque, coll. Les essentiels de la banque, 2000, 125 p.

LA MARDIÈRE (C. de), *La preuve en droit fiscal,* Paris, Lexis Nexis, Litec, 2009, 324 p.

LARCENEUX (A.), OLIVIER-LEPRINCE (J.), *Le secret nucléaire : information et participation citoyenne. France*, éd.s universitaires de Dijon, 2014, 427 p.

LASSERRE CAPDEVILLE (J.), *Le secret bancaire : approches nationale et internationale*, Paris, Revue Banque, coll. Les essentiels de la banque et de la finance, 2014, 128 p.

LE BRETON (D.), *Du Silence. Essai d'anthropologie*, Paris, Métailié, 1997, 288 p.

LEROY (M.), *L'impôt, l'état et la société : la sociologie fiscale de la démocratie interventionniste*, Paris, Économies, Finances Publiques, 2010, 376 p.

LÉVY-SOUSSAN (P.), *Éloge du secret*, Paris, Hachette Littératures, 2006, 192 p.

MARCELLIN-TAUPENAS (S.), DU MANOIR DE JUAYE (T.), *Le secret des affaires*, Paris, LexisNexis, 2e éd., 2016, 2019, 350 p.

MARION (M.), *Les impôts directs sous l'Ancien Régime principalement au XVIIIème siècle*, Paris, éd. Edouard Cornély et Cie, 1910, 434 p.

MARTIN (P.), *Le secret des affaires en droit français* éd. Dedale, 2009, 346 p.

MARTINEZ (J. C.), *La fraude fiscale*, Paris, PUF, 1990, coll. Que sais-je ?, 126 p.

MATTHIEU (R.), *Dans le labyrinthe fiscal*, Paris, éd. Albin Michel, 2010, 304 p.

MERLEN (E.), PLOQUIN (F.), *Contribuables vous êtes cernés ! Le fisc, dernière forteresse de la République*, Seuil, 2000, 339 p.

MOSSER (F.), *Les intendants de Finances au XVIIIe siècle. Les Lefèvre d'Ormesson et le département des impositions (1715-1777)*, Genève-Paris, Librairie Droz, 1978, 327 p.

MOUSNIER (R.), *Fureurs paysannes. Les paysans dans les révoltes du XVIIème (France, Russie, Chine)*, Paris, éd. Calmann-Levy, coll. Les grandes vagues révolutionnaires, 1967, 360 p.

NECKER (J.), *Compte rendu au Roi: par M. Necker, directeur général des finances, au mois de janvier 1781*, Paris, 1781, 86 p.

NECKER (J.), *Œuvres complètes de M. NECKER*, T. IV : *De l'administration des finances de la France*, Paris, Treuttel et Würtz, 1821, 468 p.

PASQUIER (M.), *Le principe de transparence en Suisse et dans le monde*, Presses polytechniques et universitaires romandes, mars 2013, 286 p.

PERRAULT (G.), *Le secret du Jour*, Fayard, 1964, 3e éd., 348 p.

PHILIPPE (P.), *Les droits de la défense face au contrôle fiscal*, Économica, 2005, 322 p.

PHILIPPE (X.), *Le contrôle de proportionnalité dans les jurisprudences constitutionnelle et administrative françaises*, Économica, PUAM, coll. Sciences et droit administratif, 1990, 542 p.

PY (E.) et GARINOT (J.-M.), *La protection des secrets d'affaires – Enjeux et perspectives*, LexisNexis, Vol. 44, 2015, 216 p.

RENARD (G.), *Les règles communautaires en matière d'aides d'État et la fiscalité,* L'Harmattan, Entreprises et management, 2005, 178 p.

RIBS (J.), *Secret et démocratie*, La Documentation française, Paris, 1997, 90 p.

SALIN (P.), *La Tyrannie fiscale,* éd. Odile Jacob, 2014, 331 p.

SCHMITT (L.), *Le Secret*, Paris, éd. Odile Jacob, 2017, 240 p.

SCHMÖLDERS (G.), *Psychologie des finances et de l'impôt,* Paris, PUF, coll. SUP, 1973, Vol. n° 29, 314 p.

SIMMEL (G.), *Secret et sociétés secrètes*, Circé, 1996, 128 p.

SMEDLEY-WEILL (A.), *Les intendants de Louis XIV*, Paris, Fayard, 1995, 374 p.

STERN (J.), *La science du secret*, Paris, éd. Odile Jacob, 1998, 204 p.

TEISSIER (A.), DI MARINO (G.), *Le secret professionnel du banquier*, PUAM, 2000, 709 p.

VERDIER (P.) et ROSENCZVEIG (J.-P.), *Le secret professionnel en travail social et médico-social*, Paris, Dunod, 5e éd., 2011, 192 p.

VIGNAL (N.), *La transparence en droit privé des contrats, Approche critique de l'exigence*, PUAM, 1998, 352 p.

VIRICELLE (R.), BÉBÉAR (C.), AUVIGNE (F.), *Les modalités de mise en œuvre du prélèvement à la source de l'impôt sur le revenu en France*, Paris, La Documentation française, 27 mars 2007, 184 p.

VITRUY (A.), *Études Sur Le Régime Financier de La France Avant La Révolution de 1789 ; Tome 1, Les impôts romains dans la Gaule du Vème au Xème siècle – Le régime financier de la monarchie féodale aux XIème, XIIe et XIIIe siècles,* Paris, éd. Guillaumin et Cie, 1878, 568 p.

WARUSFEL (B.), *Contre-espionnage et protection du secret – Histoire, droit et organisation de la sécurité nationale en France*, éd. Lavauzelle, 2000, 495 p.

WITZ (C.), *La fiducie en droit privé français*, Paris, Économica, 1981, 351 p.

B. Ouvrages collectifs et actes de colloques (contributions)

AFSCHRIFT (T.) et ROMBOUTS (A.), « Le contribuable et les droits de l'homme », *in La mise en œuvre interne de la Convention européenne des droits de l'homme*, éd. Jeune Barreau de Bruxelles 1994, 330 p., pp. 249-282.

AUBY (J.-M.), « Le principe de la publicité et le droit public », *in Travaux du VIe Colloque des Instituts judiciaires*, Annales de la Faculté de droit de Toulouse, 1968, T. XVI, fascicule 1, pp. 255-269.

AYRAULT (L.) et SIERACZEK (M.), « La Commission des infractions fiscales : analyse critique après trente ans d'existence », *in Ecrits de fiscalité des entreprises, Études à la mémoire du Professeur Maurice Cozian*, Litec, 2009, 1000 p., p. 686.

BIDAULT (F.) et JARILLO (J.C.), « La confiance dans les transactions économiques », *in* BIDAULT (F.), GOMEZ (P.-Y.) et MARION (G.), (dir.), *Confiance, entreprise et société, Mélanges en l'honneur de Roger Delay Termoz,* éd. ESKA, 1995, pp. 109-123.

BLANCHER (R.), « Le secret fiscal et le droit français », *in* Travaux de l'association Henri Capitant, *Le secret et le droit*, Journées libanaises, Dalloz, T. XXV, 1974, 820 p., pp. 537-557.

BOURS (J.-P.), *La notion de secret dans ses rapports avec le droit fiscal, in Réflexions offertes à Paul Sibille,* Bruylant, Bruxelles, 1981, 970 p., p. 233.

BOUVIER (M.), « Les "accords fiscaux préventifs" : une sécurité pour l'entreprise et pour l'administration », in *Écrits de fiscalité des entreprises,*

Études à la mémoire du Professeur Maurice Cozian, Litec, 2009, 1000 p., pp. 127-136.

BRAIBANT (G.), « Le principe de proportionnalité », *in Le juge et le droit public, Mélanges offerts à Marcel Waline*, LGDJ, 1974, T. II, p. 297.

BRAIBANT (G.), « Droit d'accès et droit à l'information », *in Services publics et libertés, mélanges offerts au professeur Robert-Édouard Charlier*, Paris, éd. Émile Paul, 1981, 895 p., p. 703.

BURGORGUE-LARSEN (L.), « L'appréhension constitutionnelle de la vie privée en Europe », *in* SUDRE (F.), (dir.), *Le droit au respect de la vie privée au sens de la Convention européenne des droits de l'homme*, Bruylant, coll. Droit et Justice, 2005, 336 p., p. 69.

CARBONNIER (J.), « Propos introductifs », *in* Colloque Deauville « La transparence », *RJC* 1993, n° spécial, p. 9, spéc. p. 13.

CHAPUT (Y.), « La transparence : clair-obscur juridique d'un concept économique », Colloque Entreprise : *information et rumeur*, *RJC* 2005, n° spécial, pp. 7-11.

CHEVALLIER (J.), « Les fondements idéologiques du droit administratif français », *in* CHEVALLIER (J.), (dir.), *Variations autour de l'idéologie de l'intérêt général*, Paris, PUF, 1978-1979, T. 2, 330 p., p. 56.

CHEVALLIER (J.), « Le mythe de la transparence administrative », *in* CURAPP, *Information et transparence administrative,* PUF, 1988, 280 p., pp. 239-275.

CHRÉTIEN-GONI (J.P.), « *Institutio arcanae* - Théorie de l'institution du secret et fondement de la politique », *in* LAZZERI (C.) et REYNIÉ (D.), (dir.), *Le pouvoir de la raison d'État*, PUF, coll. Recherches politiques, 1992, p. 152, 266 p., pp. 135-190.

CLAYES-BOUUAERT (I.), *Le secret en droit fiscal, in* Travaux de l'association Henri Capitant, *Le secret et le droit*, Journées libanaises, Dalloz, T. XXV, 1974, 820 p., p. 141.

CONTAMINE-RAYNAUD (M.), « Le secret de la vie privée », *in* LOUSSOUARN (Y.) et LAGARDE (Y.), (dir.), *L'information en droit privé*, Travaux de la conférence d'agrégation, Paris, LGDJ, 1978, 588 p., p. 401.

CRÉMIEUX (M.), « Le secret des affaires » *in* LOUSSOUARN (Y.) et LAGARDE (P.), (dir.), *L'information en droit privé,* Travaux de la conférence d'agrégation, Paris, LGDJ, 1978, 588 p., p. 458.

DELALANDE (N.), « La réforme fiscale et l'invention des classes moyennes, l'exemple de la création de l'impôt sur le revenu », *in* BEZÈS

(P.), SINÉ (A.), (dir.), *Gouverner (par), les finances publiques*, Sciences Po, 2011, 526 p., p. 117.

DELAUNAY (B.), « Essai de typologie des pratiques fiscales dommageables », *in* LAMBERT (T.), (dir.), *La fin des Paradis fiscaux*, Actes du Colloque organisé le 3 décembre 2010 par l'Institut international des sciences fiscales, le Centre d'études et de recherches administratives et politiques de Paris 13 et le Laboratoire d'études juridiques et politiques de l'université de Cergy-Pontoise, éd. Lextenso, coll. Grands Colloques, Montchrestien, 232 p., p. 41

DELVOLVÉ (P.), « Transparence administrative », *in* Colloque de Deauville, organisé les 19-20 Juin 1993, *Revue de jurisprudence commerciale*, 1993, n° spécial, p. 24.

DI MARINO (G.), « L'indicateur », *in* AUSSEL (J.-M.), BORRICAND (J.), DI MARINO (G.), NORMANDEAU (A.), PRADEL (J.), *Problèmes actuels de science criminelle*, III, Vol. 26, 1990, PUAM, 208 p., p. 86.

DIDIER (P.), « La notion de concurrence fiscale », *in* TERRÉ (F.), (dir.), *L'impôt, ,* Dalloz, coll. Archives de philosophie du droit, 2002, 547 p., p. 103.

DRUMMOND (F.), « L'information des actionnaires et des investisseurs », *in* Colloque *Entreprise : information et rumeur*, *RJC* 2005, n° spécial, p. 20 et s.

DUPONT (J.-C.), « De la paix sociale à l'État de droit : "la proportionnalité" de l'impôt (1815-1920) », *in* BERNS (T.), XIFARAS (M.), (dir.), *La philosophie de l'impôt*, Université libre de Bruxelles, Bruylant, 2006, 270 p., p. 116.

GAUDEMET (P.-M.), « Rapport général », *in* Association Henri Capitant, *Le secret et le droit, Journées libanaises de Beyrouth,* Travaux de l'Association Henri Capitant, Paris, Dalloz, 1976, T. XXV, 820 p., p. 497.

GAVALDA (C.), « Le secret des affaires », *in Mélanges offerts à René Savatier*, Paris, Dalloz 1965, 974 p., p. 291.

GOBEAUT (D.), « L'accès des contribuables à l'information fiscale : De l'action gouvernementale à la pratique administrative », *in* Centre universitaire de recherches administratives et politiques de Picardie, *Information et transparence administratives,* Colloque, Amiens, 11 mars 1988 (Publications du Centre universitaire de recherches administratives et politiques de Picardie), 280 p., pp. 111-127.

GOUTAL-ARNAL (V.), « Transparence dans les finances publiques de l'Ancien Régime à la Restauration : continuités et ruptures » *in* BEZÈS (P.), DESCAMPS (F.), KOTT (S.), TALLINEAU (L.), (dir.), *L'invention de la gestion des finances publiques : Élaborations et pratiques du droit budgétaire et comptable au XIXe siècle (1815-1914)*, Cheff-IGPDE, 2010, 580 p., pp. 115-127.

GUILLAUME (M.), « Secrets régaliens : le cas du secret Défense », *in Actes du colloque « Transparence et secret »*, colloque pour le XXVe anniversaire de la loi n° 78-753 du 17 juillet 1978 sur l'accès aux documents administratifs, Institut français des Sciences administratives, Commission d'accès aux documents administratifs, Paris, La Documentation française, 2004, 334 p., pp. 205-213.

GUTMANN (D.), « Du droit à la philosophie de l'impôt », *in L'Impôt, Archives de philosophie du droit*, T. 46, Dalloz, 2002, 548 p.

GUTMANN (D.), « Le juge fiscal et la loi étrangère », *in Mélanges en l'honneur de Cyril David*, LGDJ, 2005, 448 p., p. 191.

ITEN (J.-L.), « Le secret et la liberté d'expression », *La liberté d'expression et ses juges, Nouveaux enjeux, Nouvelles perspectives*, Colloque international de Beyrouth, 2 et 3 mars 2017, pp. 245-269.

KIEFFER (B.), GREGORIUS (P.), « Le secret bancaire luxembourgeois : *Sense and Sensibility* », *in* ouvrage collectif *Droit Bancaire et Financier au Luxembourg*, Anthémis et Larcier, 2014, Vol. II : Droit bancaire, 3584 p., pp. 997-1060.

LA MARDIÈRE (C. de), « La transaction, regard fiscal », *in* MALLET-BRICOUT (B.), NOURRISSAT (C.), (dir.) *La transaction dans toutes ses dimensions*, Colloque organisé par le Centre de droit privé : « Théorie juridique et l'Equipe de droit international et comparé », tenu en décembre 2005, Paris, Dalloz, Thèmes et commentaires, 2006, 214 p., pp. 169-174.

LA MARDIÈRE (C. de), « Pour tenter d'en finir avec l'autonomie et le réalisme du droit fiscal », *in* CHADEFAUX (M.), DEBOISSY (F.), LA MARDIÈRE (C. de), (dir.), *Ecrits de fiscalité des entreprises, études à la mémoire du professeur Maurice Cozian*, Lexis Nexis, Mélanges, 2009, 970 p., pp. 137-144.

LAMARQUE (J.), « L'article L. 16 B après l'arrêt Ravon : libres propos d'un juriste libre », *in* CHADEFAUX (M.), DEBOISSY (F.), LA MARDIÈRE (C. de), (dir.), *Ecrits de fiscalité des entreprises, études à la mémoire du professeur Maurice Cozian,* Litec Lexis Nexis, Mélanges, 2009, 970 p., p. 720.

LAMBERT (T.), « Le contribuable face à l'administration fiscale », *in* DRAI (R.), *Psychologie et science administrative*, Colloque organisé par le Centre universitaire de recherches administratives et politiques, Picardie, mai 1985, Paris, PUF, 1985, 287 p., pp. 102-121.

LAMBERT (T.), « Les pouvoirs de l'administration et garanties du contribuable dans le contrôle fiscal français », *in Fiscalité et évitement de l'impôt : une comparaison franco - russe* (ouvrage collectif), L'Harmattan, coll. Finances publiques, 2003, 204 p., pp. 111-122.

LAMBERT (T.), « Quelle fiscalité pour des projets planétaires ? », *in* LEROY (M.), (dir.), *Mondialisation et fiscalité – la globalisation fiscale,* L'Harmattan, Finances publiques, décembre 2006, 286 p., p. 17.

LAMBERT (T.), « En guise de réflexions, Sanctions pénales : beaucoup d'ombres et peu de lumières », *in* Lambert (T.), (dir.), *Les sanctions pénales fiscales*, L'Harmattan, Finances publiques, 2007, 192 p.

LECLERC (H.), « Quelles limites au droit d'accès », *in Actes du colloque « Transparence et secret »*, colloque pour le XXVème anniversaire de la loi n° 78-753 du 17 juillet 1978 sur l'accès aux documents administratifs, *op. cit.,* pp. 193-194.

LOCHAK (D.), « La dénonciation, stade suprême ou perversion de la démocratie ? », *in L'État de droit*, *Mélanges en l'honneur de Guy Braibant*, Dalloz, 1996, 817 p., p. 451.

LOISEAU (G.), « Les secrets de la vie privée et la liberté d'expression », Rapport de Synthèse *in* Actes du colloque annuel de La Semaine juridique, *Le secret à l'ère de la transparence*, *JCP G* 2012, hors-série supplément au n° 47, pp. 44-47.

LOPEZ (C.), « La fiscalité comme vecteur de l'attractivité du territoire », *in* LEROY (M.), (dir.), *Mondialisation et fiscalité – la globalisation fiscale,* L'Harmattan, Finances publiques, décembre 2006, 286 p., p. 245.

MASCLET DE BARBARIN (M.), « Le caractère nécessairement prescriptible du pouvoir d'imposition de l'administration fiscale, première application positive du principe de sécurité juridique en droit fiscal », *Mélanges en l'honneur de Christian Louit*, Bruylant, 2016, 498 p., pp. 399-418.

MEKKI (M.), « Preuve et vérité », *in La preuve*. Journées internationales 2013 d'Amsterdam, Pays-Bas et Liège, Belgique, coll. Travaux Henri Capitant, Vol. LXIII, Paris / Bruxelles, LB2V et Bruylant, 2015, 1072 p., pp. 813-847.

NETTER (E.), « La liberté d'expression sur les réseaux sociaux en droit français », *in* Ndior (V.), (dir.), *Droit et Réseaux sociaux*, Lextenso, 2015, 204 p., p. 39.

NEUER (J.-J.), « Le rôle du conseil dans le cadre d'un contrôle fiscal », *in Contrôle fiscal, Principes et pratiques* (ouvrage collectif), Économica, coll. Audit, Gestion, Fiscalité, 1988, 300 p., p. 167.

NOEL (G.), « La loyauté dans le « couple administration fiscale-contribuable », *Écrits de Fiscalité des entreprises – Études à la Mémoire du Professeur Maurice Cozian*, LexisNexis, novembre 2009, 1000 p., pp. 77-125.

NOUGARET (C.), « Les archives incommunicables. Quel avenir pour une notion controversée ? », *in* MONNIER (S.) et FIORENTINO (K.), (dir.), *Le droit des archives publiques, entre permanence et mutations*, actes du colloque « La réforme du droit des archives » organisé par l'université de Dijon en juin 2013, L'Harmattan, 2014, 427 p., pp. 47-63.

PIMONT (Y.), « Le fisc, le contribuable et les tiers », *in Mélanges en l'honneur de Monsieur le Professeur Paul-Marie Gaudemet, Etudes de finances publiques*, Économica, Paris, 1984, 1046 p., pp. 637-656.

PUISSOCHET (J.-P.), « Vous avez dit confiance légitime ? (Le principe de confiance légitime en droit communautaire) », *in Mélanges en l'honneur de Guy Braibant*, Dalloz, 1996, 817 p., pp. 581-596.

RAINAUD (J.-M.), « La transparence en droit comparé », *in* RIDEAU (J.), (dir.), *La transparence dans l'Union européenne : mythe ou principe juridique ?*, Paris, LGDJ, 1999, 282 p.

RAKOTOVAHINY (M.-A.), « La transparence dans les procédures collectives », *in* KRYNEN (J.), (dir.), *Le Droit saisi par la Morale*, 337 p., pp. 295-306.

RAYMOND (G.), « Les techniques de vente au consommateur », *in La vente éclatée : la diversité des régimes juridiques dans les ventes de marchandises,* colloque de Deauville, 7-8 juin 1997 organisé par l'Association Droit et commerce, *RJ com.,* Ancien journal des agréés (Paris), novembre 1997, 183 p., p. 56.

RIDEAU (J.), « Jeux d'ombres et de lumières en Europe » *in* RIDEAU (J.), *La transparence dans l'Union européenne : mythe ou principe juridique ?*, Paris, LGDJ, 1999, 282 p., p. 6.

ROBERT (E.), « Chapitre 4. Transparence fiscale », *in* HUNAULT (M.), (dir.), *La Lutte contre la corruption, le blanchiment, la fraude fiscale*, Presses de Sciences Po, 2017, 232 p., pp. 117-135.

ROUDAUT (S.), « 3. Le secret dans la tradition chrétienne », *in* AFIREM, *Secret maintenu, secret dévoilé, À propos de la maltraitance*, éd. Karthala, 1994, pp. 43-51.

SAMET (C.), « La fraude et l'escroquerie », *in* BEAUR (G.), (dir.), *Fraude, contrefaçon, contrebande de l'Antiquité à nos jours,* Librairie Droz, 2007, pp. 639-660.

SERLOOTEN (P.), « Morale et fiscalité des affaires », *in* Centre du droit des affaires de l'Université de sciences sociales de Toulouse, *La morale et le droit des affaires*, Montchrestien, 1996, 185 p., pp. 131-155.

SPIRE (A.), WEIDENFELD (K.), « Chapitre 3. Du contrôle au procès », *in* SPIRE (A.) et WEIDENFELD (K.), (dir.), *L'impunité fiscale. Quand l'État brade sa souveraineté*, éd. La Découverte, 2015, pp. 69-82.

SRAER (D.), « Les vertus de la concurrence », *in* REYNIÉ (D.), (dir.), *Innovation politique 2012*, PUF, 2012, 652 p., pp. 129-161.

TALLINEAU (L.), « La charte des droits et obligations du contribuable vérifié », *in Mélanges en hommage au Doyen Madiot*, Bruylant, 2000, 514 p., pp. 449-475.

ULMANN (Y.), « Association droit & affaires les pays non-coopératifs en matière bancaire et fiscale – Actes du Colloque du 12 mai 2010 – palais du Luxembourg, salle Monnerville », *Revue Droit & Affaires* n° 8, octobre 2010, p. 9.

VAPAILLE (L.), « Harmonisation fiscale et rapprochement des législations, ou de l'inadéquation des moyens aux objectifs », *in* LEROY (M.), (dir.), *Mondialisation et fiscalité – la globalisation fiscale,* L'Harmattan, Finances publiques, décembre 2006, 286 p., p. 121.

VERDIER (P.), « Histoire du secret, secret de l'histoire » *in* AFIREM, (dir.), *Secret maintenu, secret dévoilé, À propos de la maltraitance*, éd. Karthala, 1994, 431 p., pp. 125-141.

VIVANT (M.), « Les clauses de secret », *in* IDA, L*es principales clauses des contrats conclus par les professionnels*, 1991, PUAM, 242 p., p. 101.

WARUSFEL (B.), « L'ambiguïté de la notion de "brevetabilité du logiciel", La Propriété Intellectuelle en question(s), Regards croisés européens », Colloque 16-17 juin 2005, Litec, coll. IRPI, n° 27, 224 p., p. 165.

C. Mémoires et thèses

ABITAM (A.), *Les garanties des contribuables dans les procédures d'imposition*, Thèse de droit, Paris, 1999, 690 p.

ANDT (É.), *La Procédure par rescrit*, Thèse de droit, Paris, Recueil Sirey, 1920, 140 p.

BACHLOUCH (S.), *La prévention et le règlement amiable des difficultés des entreprises en droit comparé franco-marocain*, Thèse de droit, Université Paris-Est, 2012, 375 p.

BAUDOUIN (J.-L.), *Secret professionnel et droit au secret dans le droit de la preuve. Étude de droit québécois comparé au droit français et à la common law*, Paris, LGDJ, Vol. 3, 1965, 250 p.

BÈGUE (G.), *Confidentialité et prévention de la criminalité financière, étude de droit comparé*, Bruylant, coll. Droit et Économie, 2017, 1018 p.

BENHAMOU (J.), *Le Secret fiscal*, Mémoire DEA, Finances publiques et fiscalité, Université Paris II Panthéon Assas, 1976, 100 p.

CAUSSADE (T.), *La stratégie fiscale de l'entreprise : entre optimisation et fraude*, Thèse de droit, Toulouse, Université Toulouse Capitole, 2017, 774 p.

CAUSSE (L.), *La transaction en matière pénale*, Paris, LGDJ, 1946, 230 p.

CHWAIKANI (R.), *Les obligations du médecin dans le contrat médical, étude comparée entre le droit français et le droit libanais*, Thèse de droit, Université de Rennes 1, 2016, 500 p.

COLAS (B.), *L'OCDE et l'évolution du droit international de l'économie et de l'environnement*, Thèse de droit, 1995, éd. OCDE, 2012, 402 p.

COUTURIER (M.), *Pour une analyse fonctionnelle du secret professionnel*, Thèse de droit, Lille, Université du droit et de la santé, 2004, 719 p.

DARTIGUELONGUE (J.-P.), *Le secret dans les relations juridiques,* Thèse de droit, Université de Bordeaux, 1968, 220 p.

DEBOISSY (F.), *La simulation en droit fiscal*, LGDJ, Thèses, Bibliothèque de droit privé, T. 276, 496 p.

DELLIS (G.), *Droit pénal et droit administratif. L'influence des principes du droit pénal sur le droit administratif répressif*, LGDJ, coll. Bibliothèque de Droit Public, 1997, 464 p.

DUTEL (H.), *Le secret bancaire et les pouvoirs d'investigation de l'administration fiscale*, Université d'Aix-Marseille, 2003, 627 p.

EL GHARBI (M.), *L'obligation d'information dans les contrats*, Thèse de droit, Paris, Université Paris-Est, 1994, 438 p.

FABRE-MAGNAN (M.), *Essai d'une théorie de l'obligation d'information dans les contrats*, Paris, LGDJ, Anthologie du droit, 2014, 596 p.

FAVOREU (L.), *Du déni de justice en droit public interne*, Thèse de droit, Paris, 1962, LGDJ, 1964, 583 p.

FILLION (S.), *Du secret à la transparence : pour un État plus proche des citoyens*, Mémoire, IEP Lyon, 21 juin 2006, 128 p.

FLANDROIS (C.), *La loyauté de la concurrence*, Thèse de droit, Lyon, Université Lyon III, 2002, 464 p.

FRADIN (J.-P.), *Le Secret professionnel et le fisc*, Thèse de droit, Poitiers, 1980, 641 p.

GILLOT (M.-C.), *Secret et publicité dans les procédures juridictionnelles,* Thèse de droit, Vincennes Saint-Denis, Université de Paris 8, 1991, 221 p.

GRAF (O.), *La personne morale : un non-professionnel ?,* Thèse de droit, Université Aix-Marseille, 2015, 349 p.

HABOUBI (C.), *Le secret en droit des assurances*, Thèse de droit, Lyon, Université Jean Moulin, 2009, 476 p.

LA MARDIÈRE (C. de), *Recours pour excès de pouvoir et contentieux administratif de l'impôt*, LGDJ, Bibliothèque de science financière, T. 41, 2002, 343 p.

LAGOUEYTE (P.), *Candidature officielle et pratiques électorales sous le Second Empire (1852-1870)*, Thèse d'histoire, Paris I, 1990, 1622 p.

LAUMONIER (A.), *La coopération fiscale entre États dans la lutte contre la fraude et l'évasion fiscales internationales*, LGDJ, Thèse, Bibliothèque de finances publiques et fiscalité, 2017, 546 p.

LAVEISSIERE (J.), *Le silence de l'Administration,* Thèse de droit, Université de Bordeaux, 1979, 618 p.

LE MOAL (A.), *Le secret en droit fiscal français*, Lille, coll. Mémoire, Université du droit et de la santé de Lille, 2015, 120 p.

LE TEUFF (B.), *Census : les recensements dans l'empire romain d'Auguste à Diocletien. Archéologie et Préhistoire*, Thèse d'histoire, Université Michel de Montaigne, Bordeaux III, 2012, 548 p.

LECAILLE (D.), *Secret et confidentialité en droit communautaire*, Thèse de droit, Lille, Université du droit et de la santé, 2002, 515 p.

LOUHIBI BENATEK (F.), *Le secret professionnel*, Thèse de droit, Université de Nice, 1997, 479 p.

MAITROT DE LA MOTTE (A.), *Souveraineté fiscale et construction communautaire*, Thèse, Paris V, 2004, LGDJ, coll. Bibliothèque de Science financière, T. 44, 2005, 537 p.

MARIAGE (V.), *Le secret et le droit: contribution à l'étude de la notion d'information*, Thèse de droit, Université de Versailles-Saint-Quentin-en-Yvelines, 1999, 506 p.

MOLÉ (A.), *Les paradis fiscaux dans la concurrence fiscale internationale*, Thèse de Droit, Université Paris Dauphine - Paris IX, 2015, 960 p.

MONTALIVET (P. de), *Les objectifs de valeur constitutionnelle*, Paris, Dalloz, coll. Bibliothèque parlementaire et constitutionnelle, 2006, 680 p.

MONTANÉ DE LA ROQUE (P.), *L'inertie des pouvoirs publics,* Thèse de droit, Paris, Dalloz, 1950, 546 p.

MOURGEON (J.), *La répression administrative*, Thèse de droit, Paris, LGDJ, 1967, 646 p.

PELLETIER (M.), *Les normes du droit fiscal,* Dalloz, Nouvelle Bibliothèque de Thèses, Vol.78, 2008, 594 p.

PÉRIN-DUREAU (A.), *L'obligation fiscale à l'épreuve des droits et libertés fondamentaux*, Dalloz, Nouvelle Bibliothèque de Thèses, Vol. 136, 2014, 566 p.

PERRIER (J.-B.), *La transaction en matière pénale*, Paris, LGDJ, 2012, 806 p.

PONTILLO (F.), *Le secret et le droit*, Thèse de droit, Montpellier, Université de Montpellier I, 2002, 379 p.

POUNT-BÉZY (J.), *Le secret des affaires commerciales devant le fisc*, Thèse de droit, Toulouse, éd. E.-B. Soubiron, 1926, 226 p.

RAPPO (A.), *Le secret bancaire, sa portée dans le temps, dans l'espace et dans les groupes de sociétés,* Thèse de droit, Berne, éd. Staempfli ASR, 2002, 321 p.

RECIO (M.), *Le secret et le droit*, Thèse de droit, Toulouse, Université de Toulouse I, 2009, 688 p.

REYDELLET (M.), *L'obligation de réserve des agents publics*, Thèse de droit, Université d'Aix-Marseille III, 1977, 1016 p.

SACKER (A.), *Du secret professionnel du banquier*, Thèse de droit, Paris, éd. Pichon (R.) et Durand-Auzias, 1933, 116 p.

TÉTARD (C.), *Le secret en droit social*, Thèse de droit, Lille, Université du droit et de la santé, 2004, 471 p.

VAPAILLE (L.), *Recherche sur la doctrine administrative en droit fiscal : exemple de l'imposition sur la fortune : (Impôt sur les grandes fortunes - Impôt de solidarité sur la fortune)*, Thèse de droit, Paris, L'Harmattan,1998, 402 p.

VINDARD (V.), *La qualification en droit fiscal*, Thèse de droit, Université de Rennes 1, 2014, 576 p.

WARUSFEL (B.), *Le secret de la défense nationale - Protection des intérêts de la nation et libertés publiques dans une société d'information*, Thèse de droit, Université Paris 5 René Descartes, 1994, 524 p.

III. Articles

A. Articles juridiques

ABERY (E.), « *The OECD and harmful practices* », *Tax notes international*, 8/2007, pp. 823-851.

AINSWORTH (R. T.) SHACT (A.), « *Blockchain Technology Might Solve VAT Fraud* », *Tax Notes International*, 26 septembre 2016, p. 1165.

ALBERTINI (J.-A.), « La dénonciation fiscale, une pratique occulte saisie par le droit », *D.* 2001, n° 39, p. 3131.

AULT (H.), « Le travail accompli par l'OCDE et son esprit », *in La concurrence fiscale déloyale*, *RIDE* 1999, n° 3, p. 327.

AUSTRY (S.), « Débat oral et contradictoire : où en est la jurisprudence ? », *RJF* 3/97, p. 142.

AYAT (M.), « Le silence prend la parole: la percée du droit de se taire en droit pénal comparé et en droit international pénal », *Archives de politique criminelle*, Vol. 24, n° 1, 2002, pp. 251-278.

AYRAULT (L.), « Documents volés joints à une requête et communiqués par l'autorité judiciaire », *Procédures fiscales* n° 4, avril 2012, comm. 137.

AYRAULT (L.), « Le principe d'égalité en matière fiscale », *Cahiers cons. const.,* Titre VII, n° 4, avril 2020.

AZOUAOU (P.), « L'indiscrétion des fonctionnaires », *L'Actualité juridique. Fonctions publiques*, Vol. 5, 2014, pp. 268-276.

BAFFERT (E.), « Les *big data* au service de la lutte contre la fraude fiscale : l'EDEN tiendra-t-il ses promesses ? », *Dr. fisc.* 2015, n° 23, étude 393.

BALI (M.), « Les crypto-monnaies, une application des *blockchain* technologies à la monnaie », *RD bancaire et fin.* 2016, étude 8, n° 19-23.

BARBIER-GAUCHARD (A.), « La concurrence fiscale dans l'Union européenne. Les politiques budgétaires confrontées à la mobilité », *Politique étrangère*, Vol. été, n° 2, 2008, pp. 385-400.

BARILARI (A.) « Le consentement à l'impôt, fragile mais indispensable aporie », *Regards croisés sur l'économie*, 2007/1, pp. 27-37.

BARILARI (A.), « Décisions du Conseil constitutionnel intervenues en 2016 en matière fiscale », *RFFP*, 1er mai 2017, n° 138, p. 325.

BEAUD (O.), « Obligation de réserve ou devoir de parler ? Deux conceptions de la fonction publique », *AJDA* 2010, p. 865.

BELORGEY (J.-M.), « L'État, entre transparence et secret », *Revue Pouvoirs*, n° 97, 2001, p. 32.

BELRHALI-BERNARD (H.), « Le droit de l'environnement : entre incitation et contrainte », *RDP*, 1er novembre 2009, n° 6, p. 1683.

BELTRAME (P.), « La résistance à l'impôt et le droit fiscal », *RFFP*, 1984, n° 5, Les résistances à l'impôt, pp. 21 à 34.

BENDELAC (E.), « Le registre public des trusts et sa saga législative », *LPA*, 17 février 2017, n° 035, p. 7.

BENGHOZI (P.-J.) et PARIS (T.), « *The cultural economy in the digital age : A revolution in intermediation ?* » *City, Culture and Society*, Vol. 7, n° 2, june 2016, pp. 75-80.

BENGHOZI (P.-J.), « Blockchain : objet à réguler ou outil pour réguler ? », *JCP A* 2017, n° 36, étude 1470.

BERLIOZ (P.), « Informations secrètes de l'entreprise : une protection annoncée », *RDC* 2015, p. 124.

BESSON (J.-L.), « Faut-il craindre la concurrence fiscale ? », *RFFP*, juin 2000, n° 70, p. 231.

BÉVIÈRE-BOYER (B.), « L'opportunité du maintien du contrat médical confirmée par les dispositions de l'ordonnance n° 2016-131 du 10 février 2016 portant réforme du droit des contrats, du régime général et de la preuve des obligations », *LPA*, 8 mars 2017, n° 048, p. 5.

BEYNEIX (I.), « Le traitement des données personnelles par les entreprises : *big data* et vie privée, état des lieux », *JCP G* 2015, n° 46-47, doctr. 1260.

BIGOT (C.), « Protection des droits de la personnalité et liberté de l'information », *D.* 1998, chron. p. 235.

BIROSTE (D.), « La HATVP : l'autorité de contrôle de la transparence de la vie publique », *LPA*, 22 juillet 2015, n° 145, p. 7.

BISSY (A. de), « Conformité à la constitution de la solidarité des dirigeants au paiement de l'amende pour distribution occulte », *Bull. Joly* 2011, § 234, p. 508.

BOKDAM-TOGNETTI (É.), « Article 209 B, causeries autour de la clause de sauvegarde », *RJF* 2/13, p. 107.

BONDARD (C.), CHÉNU (G.), DUFOURNAUD (S.), GUIADER (F.) et VAUPLANE (H. de), « Quelques utilisations actuelles de cet outil en droit des affaires – monnaies virtuelles, transmission des instruments de paiement, outils de financement, *smart contracts*... », *JCP E* 2017, n° 36, étude 1471.

BONNEAU (Th.), « Le *Bitcoin*, une monnaie ? », *Banque et droit* 2015, p. 8.

BONNISSOL (E.), « La confidentialité dans les échanges entre professions réglementées », *LPA*, 15 juillet 2007, n° 140, p. 51.

BOUCHET (F.), « Nouvelles dérogations au secret professionnel de l'Administration aux fins de recherche des bénéficiaires de comptes bancaires et de contrats de capitalisation ou d'assurance-vie », *Dr. fisc.* 2014, n° 30, comm. 468.

BOUCHET (F.), « Secret professionnel des agents de l'administration fiscale », *JCl. Procédures fiscales*, Fasc. 312, 1er octobre 2014.

BOUCHET (F.), « Publicité fiscale », *JCl. Procédures fiscales*, Fasc. 319, 2015.

BOULANGER (J.), « Rapport général : La méthode depuis le Code civil de 1804 au point de vue de l'interprétation judiciaire », *RIDC*, Vol. 2, n° 4, octobre-décembre 1950, pp. 746-757.

BOULOC (B.), « Le secret professionnel du banquier : principes et limites », *LGP*, 27-29 juin 2004, n° 181, p. 15.

BOURDONCLE (R.), « De l'obligation de réserve qui s'impose aux fonctionnaires français », *D.* 1960, chron. p. 237.

BOURGAIN (A.), « Vers la fin du secret bancaire dans les centres financiers *offshores* : une question d'éthique et de concurrence fiscale », *Revue d'économie financière*, Vol. 119, n° 3, 2015, pp. 287-302.

BOUTON (J.), « Vers une généralisation du lanceur d'alerte en droit français », *RDT*, 2014, pp. 471-481.

BOUVIER (M.), « Mutations des finances publiques et crise du pouvoir politique ? », *RFFP*, 2002, n° 79, p. 241.

BOUVIER (M.), « Justice fiscale : un enjeu éthique et philosophique », *RFFP*, 1er novembre 2010, n° 112, p. 5.

BOUVIER (M.), « Un système fiscal français en mutation », *Après-demain* 2014/1, n° 29, pp. 3-5.

BRANDEAU (J.), « Régularité de l'avis de la commission des infractions fiscales et délégation de signature », *LPA*, 8 août 2001, n° 157, p. 4.

BRARD (Y.), « Que reste-t-il du secret professionnel opposable au fisc ? », *Dr. fisc.* 1991, n° 25, p. 960.

BRARD (Y.), « Secret professionnel : développements récents et perspectives », *Dr. fisc.* 1999, n° 46-47, pp. 1421-1425.

BRARD (Y.), « Secret professionnel – Secret opposable à l'Administration », *JCl. Procédures fiscales*, Fasc. 313, 2000.

BRÉCHOT (F.-X.), « Le fonctionnaire, le masque de cochon et l'obligation de réserve », *AJDA* 2017, p. 1008.

BREDIN (J.-D.), « Secret, transparence et démocratie », *Revue Pouvoirs,* 2001/2, février 2001, n° 97, pp. 5-15.

BRUNEL (G.), « La CJUE étend aux procédures non juridictionnelles la liberté de choix de l'avocat par l'assuré », *RGDA*, juin 2016, n° 06, p. 329.

BUI-XUAN (O.), « Les secrets de l'administration », *RDP*, 1er juillet 2012, n° 4, p. 1119.

BURY (B.), « La transparence en droit des affaires : quelle valeur ? », *Transparence en droit des affaires*, *JDS* 2006, p. 23.

CABANNES (X.), « Le rescrit fiscal : propos introductifs », *Dr. fisc.* 2015, n° 27, étude 440.

CABANNES (X.), « Fiscalité internationale - Le nouveau régime luxembourgeois des décisions anticipées en matière fiscale », *Dr. fisc.* 2015, n° 3, étude 50.

CABON (S.-M.), « Le particularisme du déclenchement des poursuites pénales : le maintien du "*verrou de Bercy*" », *Dr. fisc.* 2014, n° 46, étude 620.

CALLÉ (P.), « Le phénix du registre public des *trusts* », *Defrénois,* 2017, n° 17, p. 56.

CALONNEC (M.), « Le secret bancaire et la fiscalité internationale », *LGP,* 14 novembre 2016, n° 226-227, p. 60.

CAMUZAT (A.), « Accès aux origines : rejet de la demande d'accès aux origines dans le cadre de l'accouchement sous X », *Dr. fam.,* n° 1, janvier 2019, comm. 7.

CANAS (S.), « L'influence de la fondamentalisation du droit au respect de la vie privée sur la mise en œuvre de l'article 9 du code civil », *Cahiers cons. const.,* Vol. 48, n° 3, 2015, pp. 47-58.

CANIVET (G.), « Blockchain et régulation », *JCP E* 2017, n° 36, étude 1469.

CARBONNIER (J.), « Le silence et la gloire », *D.* 1951, chron. XXVIII, pp. 119-122, p. 121.

CARBONNIER (J.), « L'hypothèse du non-droit », *Arch. phil. dr.*, S., 1963, pp. 25-47.

CARCASSONNE (G.), « Le trouble de la transparence », *Revue Pouvoirs*, n° 97, 2001, p. 23.

CASEAU-ROCHE (C.), « La clause de confidentialité », *AJCA* 2014, p. 119.

CASTAGNÈDE (B.), « Fiscalité internationale : Chronique de l'année 2009 », *Dr. fisc.* 2010, n° 8-9, étude 202.

CASTRONOVO (M.), « Clause de clientèle et clause de non-concurrence », RDT 2010, p. 507.

CÉDILE (G.), « Le signalement par le psychologue est-il compatible avec le respect du secret professionnel », *AJ pénal*, 2011, p. 579.

CERF-HOLLENDER (A.), « Les lanceurs d'alerte : quelle protection ? », *D.* 2016, p. 1128.

CHAGNEAU (A.) et GRANGER (P.), « La lutte contre la fraude à la TVA : de nouvelles règles dans le cadre de la digitalisation de l'économie », *Cahiers de droit de l'entreprise*, n° 1, Janvier 2020, dossier 6.

CHAMBRE (J.), « Secret professionnel de l'avocat et incitation à la dénonciation », *LGP*, 25 mai 2002, n° 145, p. 782.

CHAMPEIL-DESPLATS (V.), « Le Conseil constitutionnel a-t-il une conception des libertés publiques ? », in *Jus Politicum, Le Conseil constitutionnel, gardien des libertés publiques ?,* mai 2012, n° 7.

CHARENTENAY (S. de), Rédaction Lextenso, « *Blockchain* et Droit : *Code is deeply Law* », *LGP*, 14 novembre 2017, n° 39, p. 15.

CHEVALIER (J.-P.), « Confidentialité et droit fiscal », *RIDC*, Vol. 50, n° 2, Avril-juin 1998, Étude de droit contemporain, pp. 611-628.

CLAVERIE-ROUSSEL (C.), « Le délit de fraude fiscale et les délits voisins », *Dr. fisc.* 2014, n° 46, étude 622.

COCHETEUX (P.), « La police fiscale », *LPA*, 12 août 2011, n° 160, p. 7.

COCHETEUX (P.), « Contrôle fiscal : vers une autre informatique liée aux réorganisations au sein de la DGFiP », *LPA*, 22 décembre 2017, n° 255, p. 9

COHEN-JONATHAN (G.), « L'égalité des armes selon la Cour européenne des droits de l'homme », *LPA,* 28 novembre 2002, n° 238, p. 22 et s.

COLLET (M.) et COLLIN (P.), « Le cumul de sanctions pénale et fiscale face aux exigences constitutionnelles et européennes », *JCP G* 2016, n° 29, act. 847.

COLLET (M.), AYRAULT (L.), « Droit souple » et droit public financier : quel contrôle pour les rescrits ?, Chronique de droit public financier », *RFDA*, septembre-octobre 2016, p. 1046.

COLLIN (P.), « Procédures fiscales : chronique de l'année 2012 », *Dr. fisc.* 2013, n° 9, étude 176.

COSSU (G.), « Le secret professionnel de l'avocat : les informations permettant l'identification du client », *Le Petit Juriste*, 9 juillet 2016.

COSTA (J.-P.), « Le principe de proportionnalité dans la jurisprudence du Conseil d'État », *AJDA* 1988, p. 434.

COSTA (J.-P.), « La Commission d'accès aux documents administratifs (CADA) », *RFDA* 1996, p. 184.

COTTET (M.), « Le secret de la personne protégé par le médecin : le secret médical », *LPA*, 14 novembre 2016, n° 226-227, p. 36.

CRICHTON (C.), « Le ministre de l'économie et des finances dépose son projet de loi « Taxe GAFA » », *D. IP/IT* 2019, p. 203.

CROUY-CHANEL (E. de), « Procédures fiscales : chronique de l'année 2021 », *Dr. fisc.* 2022, n° 12, étude 166

CUTAJAR (C.), « Plaidoyer pour la suppression du "*verrou de Bercy*". À propos du projet de loi relatif à la lutte contre la fraude fiscale et la grande délinquance économique et financière », *JCP G* 2013, n° 26, act. 728.

CUZACQ (N.), « Le mécanisme du *Name and Shame* ou la sanction médiatique comme mode de régulation des entreprises », *RTD com.*, avril-juin 2017, p. 473.

DARRIEUFORT (J.-P.), « Le renforcement du principe du contradictoire », *Dr. fisc.* 2005, n° 12, pp. 597-600.

DEBOISSY (F.), « Blanchiment de fraude fiscale : après le flux le reflux ? », *Dr. fisc.* 2019, n° 198, étude 198.

DEGUERGUE (M.), « Le silence de l'Administration en droit administratif français », *Les Cahiers de droit*, 2015, n° 56, (3-4), pp. 389–410.

DELALANDE (N.), « Jaurès, les socialistes et l'impôt : les incertitudes du discours républicain. Conférence Jaurès 2010 », *Cahiers Jaurès* 2010/3, n° 197, pp. 3-26.

DELALANDE (N.), « France : un niveau élevé de civisme fiscal », *Revue Projet : « Comment relégitimer l'impôt ? »*, 2014/4, n° 341, pp. 6-14.

DELGA (J.), « Le secret de l'instruction et l'atteinte à la présomption d'innocence », *Communication Commerce électronique,* n° 6, juin 2007, alerte 99.

DELVOLVÉ (P.), « Le secret en droit public », *RDP*, 1er juillet 2012, n° 4, p. 1171.

DEPINCÉ (M.), « La clause de non-concurrence post-contractuelle et ses alternatives », *RTD com.* 2009, p. 259.

DEROULEZ (J.), « *Blockchain* et données personnelles - Quelle protection de la vie privée ? », *JCP G* 2017, n° 38, étude 973.

DETRAZ (S.), « La pérennisation jurisprudentielle du cumul des répressions fiscale et pénale », *Dr. fisc.* 2019, n° 11, étude 201.

DETRAZ (S.), « La transmission automatique des dossiers pénaux au parquet ou l'art de se passer de la Commission des infractions fiscales », *Revue européenne et internationale de droit fiscal*, 2020, n° 2, pp. 202-208.

DEZEUZE (E.) et PELLEGRIN (G.), « Extension du domaine de la transaction pénale : la convention judiciaire d'intérêt public », *JCP G* 2017, n° 3, doctr. 64.

DIARRA (É.), « La fiscalité numérique : quel avenir ? », *RFFP*, 1er mai 2016, n° 134, p. 3.

DOS SANTOS (A. C.), « *Point J of the Code of Conduct or the primacy of politics over Administration* », *European Taxation*, Vol. 40, n° 9, 2000, pp. 417-421.

DOS SANTOS (A. C.), « Aides d'État, code de conduite et concurrence fiscale dans l'Union Européenne : Les centres d'affaires comme cibles », *RIDE*, Vol. T. 28, n° 1, 2004, pp. 9-45.

DRIE (J.-C.), « La fin du "verrou de Bercy" (ou presque) : d'une décision du Conseil constitutionnel à une réflexion sur l'égalité fiscale », *Revue européenne et internationale de droit fiscal*, 2020, n° 1, pp. 120-126.

DUBOUT (É.) et MAITROT DE LA MOTTE (A.), « Normativité, sélectivité et légitimité des régimes fiscaux dans l'Union européenne : les paradis fiscaux au purgatoire des aides d'État ? », *Dr. fisc.* 2012, n° 5, comm. 126.

DUCLERCQ (J.-B.), « Les effets de la multiplication des algorithmes informatiques sur l'ordonnancement juridique », *Communication Commerce électronique* n° 11, novembre 2015, pp. 15-21.

DUCLERCQ (J.-B.), « Le droit public à l'ère des algorithmes », *RDP*, 1er septembre 2017, n° 5, p. 1401.

DUFOUR (O.), « Quel avenir pour la convention judiciaire d'intérêt public ? », *LPA*, 7 novembre 2016, n° 222, p. 4.

DUFOUR (O.), « Convention judiciaire d'intérêt public : première coopération entre le PNF et le DOJ américain », *LPA*, 19 juin 2018, n° 122, p. 4.

DUHAMEL (J.-C.), « La transparence : outil de conciliation de la finance et du management », *Revue française de gestion*, 2009/8, n° 198-199, pp. 59-75.

DUMONT (A.), « La justice en droit fiscal », *RFFP*, 1er novembre 2017, n° 140, p. 283.

DUMOULIN (L.), « Les droits de la personnalité des personnes morales », *Dr. soc.* 2006, p. 1.

DUPONT (M.), « Le libre choix du médecin : son évolution depuis la loi du 4 mars 2002 », *RDSS* 2007, p. 759.

DURAND (P.), « L'harmonisation fiscale européenne à la recherche d'une nouvelle légitimité », *Dr. adm.,* janvier 1994, n° 277, p. 20.

DUSSEAU (L.), « De la nécessaire protection du secret professionnel du juriste d'entreprise grâce au statut d'avocat en entreprise », *LGP*, 31 juillet 2018, n° 28, p. 11.

ELLIS (M.), « Advance Rulings. Rapport général », *IFA. Cahiers de droit fiscal international*, Vol. 84, n° 2, 1999, p. 22.

ESCLASSAN (M.-C.), « Le régime fiscal des départements d'outre-mer », *RFFP*, 1991, n° 33, pp. 39-62.

FADLALLAH (I.), BAUDE-TEXIDOR (C.), « Les visites et saisies domiciliaires en droit fiscal français au regard de la garantie des droits fondamentaux », *LGP*, 18 novembre 2003, n° 322, p. 2.

FARHI (S.), « *Trust* et droit français : les petits pas du législateur », *LGP*, 20 mars 2018, n° 11, p. 12.

FARQUET (C.), « Lutte contre l'évasion fiscale : l'échec de la SDN durant l'entre-deux-guerres », *L'Économie politique*, 2009/4, n° 44, pp. 93-112.

FASTERLING (B.), DUHAMEL (J.-C.), « Le *Comply or explain* : la transparence conformiste en droit des sociétés », *RIDE*, T. XXIII, n° 2, 2009, pp. 129-157.

FÉRAL-SCHUHL (C.), « Le renforcement du secret professionnel de l'avocat », *D.* 2012, n° 2584.

FLAUSS (J.-F.), « Fiscalité et droits substantiels garantis par la Convention européenne des droits de l'homme », *LPA*, 6 juillet 1994, n° 80.

FOEGLE (J.-Ph.) et PRINGAULT (S.), « Les lanceurs d'alerte dans la fonction publique », *AJDA*, Vol. 39, 2014, pp. 2256-2270.

FOHRER-DEDEURWAERDER (E.), « Le juge fiscal et les questions préalables entachées d'extranéité - À propos de trois décisions récentes du juge fiscal », *Dr. fisc.* 2016, n° 48, comm. 604.

FOLLOROU (J.-G.) et DI CHIARA (G.), « Loi Sapin 2 : extension de l'arsenal législatif de lutte contre l'évasion fiscale malgré la censure du Conseil constitutionnel », *Bulletin Joly Sociétés*, 1er janvier 2017, n° 01, p. 89.

FOREST (D.), « Considérations actuelles sur la société de surveillance », *LGP*, 30 avril 2009, n° 120, p. 8.

FOUGÈRE (L.), « Les secrets de l'administration », *Bulletin de l'Institut international d'administration publique*, 1967, p. 21.

FOUQUET (O.), VULPILLIÈRE (J.-P. de), GIVRÉ (Yann de), LIEB (J.-P.), CHARPENTIER (C.), GOUTHIÈRE (B.), « Abus de droit - Débat autour de l'abus de droit », *Dr. fisc.* 2007, n° 47, comm. 979.

FOUQUET (O.), « Améliorer la sécurité juridique des relations entre l'administration fiscale et les contribuables : une nouvelle approche », *Dr. fisc.* 2008, n° 27, comm. 403.

FOURMENT (F.), « Nul n'est tenu de s'accuser, d'où le droit de chacun de se taire », *LGP*, 24 janvier 2017, n° 04, p. 65.

FRANCOIS (L.), « La liberté d'expression de l'avocat confronté à son obligation de respect du secret professionnel », *D.* 2012, p. 667.

FREMINET (P. de), « Le monde financier entre concurrence et harmonisation fiscale », *Revue d'économie financière*, juillet 2000, n° 57, p. 181.

FREMINET (P. de), « L'Europe et la concurrence fiscale », *Revue d'économie financière*, octobre 2007, n° 90, p. 45.

FROMONT (M.), « Le principe de proportionnalité », *AJDA* 1995 (numéro spécial) p. 156.

FRYDMAN (B.), « La transparence un concept opaque ? », *Journal des tribunaux*, 2007/6265, p. 300.

GAÏD (A.), BRASSART (L.), « Administrer sous la Révolution et l'Empire », *Annales historiques de la Révolution française*, Vol. 389, n° 3, 2017, pp. 3-18.

GARAUD (E.), « Droit au procès équitable : le champ d'application en matière fiscale s'amenuise », *LPA*, 14 janvier 2005, n° 10, p. 16.

GARINOT (J.-M.), « Clause de confidentialité, opposabilité et production en justice d'une transaction », *LPA*, 23 janvier 2014, n° 23, p. 9.

GARNERIE (L.), « Secret professionnel et directive DAC6 », *LGP*, 18 juin 2019, n° 22, p. 6

GASTAUD (J.-P.), « Le pouvoir des États et la concurrence fiscale déloyale », *in La concurrence fiscale déloyale*, *RIDE* 1999, n° 3, p. 341.

GAUDEMET (A.) et DILL (A.), « Convention judiciaire d'intérêt public : une première particulière », *JCP G* 2017, n° 51, act. 1331.

GELEDAN (F.), « Spectres du Léviathan : l'État à l'épreuve de la simplification administrative (2006-2015) », *RFAP* 2016/1, n° 157, p. 33.

GENEVOIS (B.), « L'application du principe de proportionnalité aux amendes fiscales », *RFDA*, 1988, n° 4, p. 352.

GHESTIN (J.), « La réticence, le dol et l'erreur sur les qualités substantielles », *D.* 1971, p. 247.

GHICA-LEMARCHAND (C.), « La responsabilité pénale de la violation du secret professionnel », *Revue de droit sanitaire et social*, 2015, pp. 419-436.

GICQUEL (E.), « La fraude fiscale », *Dr. fisc.* 2007, n° 28, étude 725.

GIROUX (G.), « Le droit du public à l'information », *Communication. Information Médias Théories*, Vol. 6, n° 1,1983, pp. 24-42.

GLASER (E.), « Droit de communication : quelles garanties pour les contribuables ? », *RJF* 8-9/08, p. 787.

GOFFAUX CALLEBAUT (G.), « Le secret des affaires enfin pris en compte face aux mesures d'instruction *in futurum* », *Bulletin Joly Sociétés*, 1er novembre 2017, n° 11, p. 6570.

GOGUEL-NYEGAARD (S.), « Blanchiment de fraude fiscale, les glissements dérangeants de la répression », *AJP* 2016, p. 186.

GONOD (P.), « Codification de la procédure administrative - La fin de "l'exception française" ? », *AJDA* 2014, pp. 395-403.

GRIDEL (J.-P.), « La personne morale en droit français », *RIDC*, Études de droit contemporain, Vol. 42, n° 2, avril-juin 1990, pp. 495-512.

GUÉDON (P.), « Fiscalité internationale - *Blockchain* et prix de transfert », *Dr. fisc.* 2018, n° 38, étude 392.

GUENÉ (C.), « La fraude fiscale sur Internet », *RFFP*, 1er août 2014, n° 127, p. 99.

GUILLEBON (Th.), « Quel régime fiscal pour les *Bitcoins* ? », *Dr. fisc.* 2015, n° 38, act. 514.

GUPHE (P.), « Le secret professionnel du banquier en droit français et en droit comparé », *RTDC*, 1948, p. 20.

GUTMANN (D.), « Globalisation et fiscalité », *L'année fiscale*, 2003, p. 109.

GUTMANN (D.), « Les instruments non fiscaux de lutte contre l'évasion fiscale », *RFFP*, 1er avril 2010, n° 110, p. 57.

GUTMANN (D.), « Dossier : La lutte contre la fraude fiscale », *Cahier de droit de l'entreprise*, mars-avril 2011, p. 20.

GUTMANN (D.), « La « pénalisation » du droit fiscal : mythe ou réalité », *Dr. fisc.* 2011, n° 4, comm. 122.

HAMADI (H.), « L'accord multilatéral concernant l'échange automatique de renseignements relatifs aux comptes financiers – Un accord atypique marquant un pas décisif vers la fin du secret bancaire », *Dr. fisc.* 2015, n° 3, comm. 49.

HAMONIC-GAUX (A.-G.), « Les sources européennes du nouveau civisme fiscal : l'adoption d'un Code européen du contribuable », *RFFP*, 1er février 2018, n° 141, p. 271.

HAUSER (J.), « Secret bancaire et vie privée », *RTD civ.* 2003, p. 477.

HAUTIN (D.) et BEN CHAABANE (M.), « Les conséquences de la chute du secret bancaire en matière fiscale », *RFE*, n° 4, juin 2014, pp. 23-30, p. 23.

HECKLY (C.), OBERKAMPF (E.), « Actualité du fédéralisme », *RFFP*, 1er novembre 2018, n° 144, p. 241.

HÉRITIER (A.), « Un catalogue des projets d'impôt sur le revenu, une analyse fiscale de 1848 à 1914 », *Revue Trésor,* 1999, n° 7, p. 420.

HOLLEAUX (A.), « Les lois de la "troisième génération des droits de l'Homme" ; ébauche d'étude comparative », *Revue française d'Administration publique*, n° 15, juillet-septembre 1980, p. 528.

HUBERT (P.), CASTAN (A.), « Droit constitutionnel et liberté de la concurrence », *Cahiers cons. const.*, n° 49 (dossier : L'entreprise), octobre 2015, pp. 15-27.

HUET (J.), « Le secret commercial et la transparence de l'information », *LPA*, 15 février 1988, n° 20, p. 12.

HUGOUNENQ (R.), LE CACHEUX (J.), MADIÈS (T.), « Diversité des fiscalités européennes et risques de concurrence fiscale », *Revue de l'OFCE*, n° 70, 1999, pp. 63-109.

JACQUOT (N.), « La réaction des États face à l'optimisation fiscale », *LPA*, 15 mai 2002, n° 97, p. 20.

JACQUOT (N.), MISPELON (P.), « QPC sur le cumul des sanctions pénales et fiscales : une décision sans gravité ? », *Dr. fisc.* 2016, n° 26, act. 409.

JAMBORT (S.), « La solidarité fiscale au regard des droits et libertés fondamentaux », *RDLF* 2011, chron. n° 6.

JARRIGE (J.), « Le projet BEPS à mi-parcours : l'état des travaux de l'OCDE après un an de négociations », *Dr. fisc.* 2015, n° 14, étude 235.

JEANDIDIER (W.), « Les sanctions pénales en matière fiscale », *Dr. fisc.* 2007, n° 3, étude 58.

JEAN-PIERRE (D.), MELIN-SOUCRAMANIEN (F.), « Le principe de l'égalité des armes », *RRJ* 1993-2, pp. 489-510.

JÈZE (G.), « Essai d'une théorie générale de l'abstention en droit public », *RDP*, 1905, p. 764.

JÈZE (G.), « L'évolution de l'impôt en France », *RIDC*, 1998, Vol. 50, n° 2, p. 611.

KAHN (A.), « Le secret médical : d'Hippocrate à internet », *D.* 2009, p. 2623.

KAROUI (M.), DAVAUCHELLE (G.) et DUDEZERT (A.), « Big data : Mise en perspective et enjeux pour les entreprises », *ISI* 2014, Vol. 19, n° 3, pp. 73-92.

KESSLER (D.), « L'entreprise entre transparence et secret », *Revue Pouvoirs,* 2001/2, n° 97, pp. 33-46.

KLEINER (C.), « Les droits de l'homme et le secret bancaire : opposition ou subsomption ? » *JDI* (Clunet) n° 4, octobre 2014, doctr. 15.

KOUBI (G.), « Réflexions sur la qualité de fonctionnaire-citoyen », *LPA*, 29 juillet 1988, p. 2.

KOURALEVA-CAZALS (P.), « La simplification de l'action publique en matière fiscale », *RFAP*, Vol. 157, n° 1, 2016, pp. 83-94.

LA MARDIÈRE (C. de), « Un contre-exemple ? La politique fiscale en France au XVIIème siècle », *RFFP*, 1er mai 2014, n° 126, p. 63.

LABRUNE (N.), « Garanties relatives aux documents et renseignements obtenus de tiers : l'équilibre reste d'actualité », *RJF* 5/16, p. 393.

LACROIX-DE SOUSA (S.), « Les personnes morales privées de droit à la vie privée », *LPA*, 28 juillet 2016, n° 150, p. 17.

LAÉ (J.-F.), « Les règles du silence en droit », *Ethnologie française*, Vol. 32, n° 1, 2002, pp. 61-67.

LAFAIX (J.-F.), « Le sens du silence », *RDP*, 1er juillet 2012, n° 4, p. 1032.

LAGRÉE (J.), « Éthique et partage du secret », *Revue de droit sanitaire et social*, 2015, pp. 465-473.

LALLET (A.) et THIELLAY (J.-Ph.), « La Commission d'accès aux documents administratifs a trente ans », *AJDA* 2008, p. 1415.

LAMBERT (P.), « Le droit d'accès aux documents administratifs personnels », *RTHD*, n° 4, 1990, p. 361 s.

LAMBERT (T.), « La transaction fiscale : une pratique autant qu'un droit », *BF Francis Lefebvre*, 1999, 5, pp. 271-276.

LAMBERT (T.), « La place des sanctions pénales dans le dispositif général de lutte contre la fraude fiscale », *LPA*, 30 avril 1999, n° 86, p. 8.

LAMBERT (T.), « Effet de surprise et contrôle fiscal : le contrôle inopiné », *BF Francis Lefebvre*, 2003, pp. 671-676.

LAMBERT (T.), « L'Administration fiscale et le secret », *BF Francis Lefebvre*, 2005, 6/05, pp. 447-453.

LAMBERT (T.), « De l'harmonisation à l'intégration des législations fiscales nationales dans le cadre de l'Union européenne », *RTD com.*, juillet 2009, n° 3, p. 517.

LAMBERT (T.), « Réflexions sur la concurrence fiscale », *D.* 2010, n° 27, p. 1733.

LARTIGUE (M.), « Fraude fiscale et sociale : les conseils désormais menacés d'une amende administrative », *LGP*, 30 octobre 2018, n° 37, p. 7.

LASSERRE CAPDEVILLE (J.), « Évolutions en matière de lutte contre les paradis fiscaux et le blanchiment des capitaux », *LPA*, 27 septembre 2013, n° 194, p. 21.

LASSERRE-CAPDEVILLE (J.), « Le *Bitcoin* », *JCP E* 2014, n° 3, act. 25.

LAURENT (A.), « L'agent public lanceur d'alerte : de la déontologie à la transparence ? », *RDP*, 1er juillet 2016, n° 4, p. 1095.

LAVAINE (M.), « L'anonymat n'exonère pas de l'obligation de réserve », *AJDA* 2018, p. 2260.

LEBLOND (L.), « L'évaluation du rôle de l'action en concurrence déloyale », *LPA*, 31 juillet 2015, p. 9.

LEMARCHAND (F.), « Vers une dictature de la transparence : secret et démocratie », Éthique publique, 2014, Vol. 16, n° 1.

LEPAGE (A.), « Internet - Obligation de réserve », *Communication Commerce électronique* n° 5, mai 2005, comm. 91.

LEROUX (A.), « La communication fiscale des grands groupes », *Dr. fisc.* 2015, n° 50, étude 726.

LEROY (M.), « L'organisation du contrôle fiscal : une forme originale de bureaucratie », *RFSP*, Vol. 44, n° 5, octobre 1994, pp. 811-835.

LIÉBERT-CHAMPAGNE (M.), « Commission des infractions fiscales - Le rôle de la Commission des infractions fiscales », *Dr. fisc.* 2016, n° 38, étude 497.

LOCHAK (D.), « L'alerte éthique : entre dénonciation et désobéissance », *AJDA* 2014, pp. 2236-2248.

LOMBARD (L.), « La liberté d'expression des agents publics et l'utilisation des réseaux sociaux », *AJFP* 2018, p. 259.

LOOTEN (J.-P.), « Le fisc est-il soumis au secret professionnel ? », *Lamy fiscal* 2000, 10 août 1998, § 6851.

LOOTEN (J.-P.), « Opposabilité du secret professionnel au fisc : chronique d'une mort reportée », *Nouvelles Fiscales*, 15 mars 2000, n° 822.

LOOTEN (J.-P.), « Le secret fiscal : un objectif légitime qu'il faut bien se garder d'atteindre », *Nouvelles Fiscales*, 15 juin 2016, n° 1180, pp. 24–32.

LOPEZ (C.), « Secret professionnel de l'avocat et pouvoirs du fisc : une discussion à voix basse », *LPA*, 28 mars 1997, n° 38, p. 4.

LORD (G.) et SHERMAN (H. A.), « *Advanced Rulings. Canada National Report* », *IFA. Cahiers de droit fiscal international*, Vol. 84, n° 2, 1999, p. 281.

LOUVARIS (A.) et SCHIELE (P.), « Secret des affaires et droit fiscal. Quelques notations sur un duo ambivalent », *JCP E* 2016, n° 35, étude 1459.

LUBIN (J.-J.), « Contribuables, vous serez tous profilés ! », *RFP* 2015, n° 11, repère 10.

LUBOCHINSKY (C.), « La crise financière 2007-2008 : d'un effet de levier excessif à une régulation inadaptée », *Revue Droit et Affaires* n° 7, décembre 2009, p. 1.

LUCAS-PUGET (A.-S.), « L'opportunité des clauses de confidentialité aujourd'hui, et demain ? », *LPA*, 14 novembre 2016, n° 226-227, p. 50.

LUKASZEWICZ (J.-P.), « La participation des contribuables à l'administration fiscale », *RSF*, 1975, Vol. 67., pp. 315-341.

MADIÈS (T.), PATY (S.), et ROCABOY (Y.), « Externalités fiscales horizontales et verticales. Où en est la théorie du fédéralisme financier ? », *Revue d'économie politique*, Vol. 115, n° 1, 2005, pp. 17-63.

MAGNIN (É.), « Concurrence fiscale et modèle social dans l'Europe élargie : Convergence ou désunion européenne ? », *Revue d'études comparatives Est-Ouest*, Vol. 40, n° 2, 2009, pp. 55-86.

MAITROT DE LA MOTTE (A.), « La prohibition des aides d'État sous forme fiscale, le Code de conduite et la prohibition des entraves : quelle cohérence ? Les aides d'État sous forme fiscale », *Dr. fisc.* 2008, n° 48, étude 595.

MAITROT DE LA MOTTE (A.), « La Commission européenne publie un « paquet sur la lutte contre l'évasion fiscale », *Dr. fisc.* 2016, n° 5, étude 137.

MALHERBE (N.), « L'abus de droit comme outil de distinction entre l'optimisation fiscale et la fraude fiscale », *LPA*, 20 juin 2014, n° 123, p. 9.

MARCHAND (J.), « Réflexions sur le principe de transparence », *RDP*, 1er mai 2014, n° 3, p. 677.

MARCHAND (J.), « L'*open data*, la réutilisation des données publiques entre exigence démocratique et potentiel économique », *JCP A* 2014, n° 7, étude 2038.

MARCHAND (J.), « Le droit d'alerter : entre transparence et secret » *in* Dossier thématique n° 1 : Les lanceurs d'alerte et les droits de l'Homme, Fondements théoriques de l'alerte éthique, *La Revue des droits de l'homme* : Revue du Centre de recherches et d'études sur les droits fondamentaux, 27 juin 2016.

MARCUS (E.), « Le projet de l'OCDE de lutte contre l'optimisation fiscale des multinationales – BEPS », *RFFP*, 1er novembre 2015, n° 132, p. 233.

MARGUERITE (É.) et DEBAT (O.), « *Trust* - Inconstitutionnalité du caractère public du registre des *trusts* », *RFP* 2017, n° 1, comm. 1, pp. 28-31.

MARIE (R.), « Secret fiscal et liberté de la presse », *LPA*, 4 août 1999, n° 154, p. 11.

MARINO (L.), « L'*open data*, une mine d'or pour les juristes », *JCP G* 2014, prat. 438.

MARTIN (D.), « Le secret d'affaires, notion en devenir », *LPA*, 31 juillet 2015, n° 152, p. 4.

MARTIN (L.), « Le secret de la vie privée », *RTD civ.* 1959, p. 227.

MASSIS (T.), « La transparence et le secret. Champ social, débat de conscience », *Études* 6/2001, juin 2001, T. 394, pp. 751-761.

MATHEY (N.), « La nature juridique des monnaies alternatives à l'épreuve du paiement », *RD bancaire et fin.* 2016, dossier 41, n° 16 et s.

MATSOPOULOU (H.), « Le secret de l'enquête et de l'instruction », *JCP G,* 19 novembre 2012, n° 47, n° hors-série.

MATTOS (O. de), « Les contours de la future taxe GAFA », *Communication Commerce électronique* n° 4, avril 2019, alerte 38.

MAYAUD (Y.), « La condamnation de l'évêque de Bayeux pour non-dénonciation, ou le tribut payé à César... », *D.* 2001, p. 3454, note 125.

MAZEAUD (D.), « Rapport de synthèse du colloque : Le secret et le droit », *LPA*, 14 novembre 2016, n° 226-227, p. 85.

MEIER (E.), PERROT (T.), « Les aides d'État comme instrument de lutte contre la concurrence fiscale dommageable : la pierre philosophale ? », *Dr. fisc.* 2002, n° 3, pp. 136-149.

MEKKI (M.), « Les mystères de la *blockchain* », *D.* 2017, p. 2160, n° 10.

MELLERAY (F.), « L'impossible codification de l'obligation de réserve des fonctionnaires ? », *AJDA* 2013, p. 1593.

MELLO (X. de), « Loyauté ou liberté de la concurrence *? »*, *LPA,* 13 juillet 1994, n° 83, p. 37.

MENDES (J.), « La bonne administration en droit communautaire et le Code européen de bonne conduite administrative », *RFAP*, Vol. 131, 6 janvier 2010, pp. 555–571.

MESA (R.), « Le renforcement relatif des droits procéduraux du suspect pendant la phase d'enquête », *LGP*, 20 septembre 2014, n° 192, p. 17.

MESA (R.), « Retour sur le droit de se taire », *LGP*, 8 novembre 2016, n° 39, p. 17.

MÉVEL (F.), JEANJEAN-LEMOINE (J.), « La transparence : vertu démocratique ou vie privée en péril », *La Revue des juristes de Sciences Po*, n° 9, 31 mai 2014, pp. 150-157.

MEYER (N. M.), « Le droit d'alerte en perspective : 50 années de débats dans le monde », *AJDA*, Vol. 39, 2014, pp. 2242-2248.

MICHAUD (P.), « Tracfin, blanchiment et fraude fiscale : les déclarations de soupçon », *Dr. fisc.* 2009, n° 40, étude 485.

MICHEL (J.), « Le contrôle de l'action de l'administration fiscale par le juge administratif : entre nécessité de l'impôt et garanties du contribuable », *Actes de la faculté de droit de Split (Croatie),* Vol. 53, 1/2016, pp. 55-66.

MIGNON (E.), « Y a-t-il encore un secret fiscal ? », *RJF* 3/99, p. 178.

MIGNON-COLOMBET (A.) et BUTHIAU (F.), « Le *defered prosecution agreement* américain, une forme inédite de justice négociée. – Punir, surveiller, prévenir ? », *JCP G* 2013, n° 13, doctr. 359.

MILHAC (E.) et PASQUIER (C.), « États-Unis : chronique de l'année 2015 », *Dr. fisc.* 2016, n° 9, étude 197.

MODERNE (F.), « Principes fondamentaux, principes généraux. Actualité des principes généraux du droit » : *RFDA* 1998, p. 495.

MONTI (M.), « Il faut mettre fin à la concurrence fiscale déloyale », *LPA*, 23 décembre 1998, n° 153, p. 4.

MORANGE (G.), « Le secret en droit public français », *D.* 1978, chron., p. 1.

MOREL-MAROGER (J.), « *HSBC Private Bank Suisse SA,* première signataire d'une convention judiciaire d'intérêt public », *LGP*, 27 février 2018, n° 08, p. 71.

MORTEROL (A.), « Régime des ETNC et clause de sauvegarde de l'article 145, 6, d du CGI - Des commentaires administratifs discutables, mais une possible clause de « grand-père » ? », *Dr. fisc.* 2016, n° 36, act. 490.

MOUNEYRAT (M.-H.), « Éthique du secret et secret médical », *Pouvoirs*, n° 97 (Transparence et secret), 2001, pp. 47-61.

MURAT (P.), « L'accouchement sous X n'est pas contraire à la Convention européenne des droits de l'homme », *Dr. fam.*, n° 5, mai 2003, comm. 58.

NEAU-LEDUC (P.), « Secret bancaire et frontière », *RD banc. fin.*, n° 1, janvier 2010, dossier n° 2.

NEAU-LEDUC (P.), « Blanchiment, procédure fiscale et secret bancaire », *RD banc. fin.* 2015, p. 38.

NOEL (G.), « La Charte du contribuable ou l'administration fiscale de service : véritable "révolution" ou simple "miroir aux alouettes" ? », *Dr. fisc.* 2005, n° 47, étude 41.

NOEL (G.), « Relations entre l'administration fiscale et les contribuables – Caractéristiques », *JCl. Procédures fiscales*, Fasc. n° 215, septembre 2011.

NOWAK (T.), "*The Obligation of Publishing Issued Tax Interpretation (Tax Ruling) Under Polish Law*", *Revue Internationale de droit des données et du numérique*, août 2017, Vol. 3, pp. 95-106.

OBERDORFF (H.), « La République numérique : un nouvel espace pour de nouveaux droits ? », *RDP*, 1er mai 2018, n° 3, p. 665.

ORSINI (G.), « Contrôle fiscal et PME », *RFFP*, 1er mai 2017, n° 138, p. 37.

PACLOT (Y.), « Les diverses facettes du secret des affaires », *Dr. et patr.* 2002, p. 70.

PANDO (A.), « Coopération fiscale internationale : tour d'horizon des évolutions à venir », *LPA*, 2 avril 2014, n° 66, p. 4.

PANDO (A.), « Le chantier du prélèvement à la source est lancé », *LPA*, 6 juillet 2015, n° 133, p. 3.

PANDO (A.), « Prélèvement à la source : deuxième point d'étape », *LPA*, 14 septembre 2016, n° 183-184, p. 4.

PANDO (A.), « Le défi de la taxation des GAFA », *LPA*, 9 avril 2019, n° 71, p. 7.

PANNETIER (S.), KHAYAT (M.), « Censure du registre public des *trusts* : vie et mort d'un OVNI juridique », *Dr. fisc.* 2016, n° 48, comm. 620.

PEISSE (H.), « Organisation du patrimoine au travers d'un *trust* américain », *Defrénois,* 15 décembre 2015, n° 23, p. 1243.

PELLAS (J.-R.), « Les garanties de procédure en droit fiscal français », *RFFP*, 1er novembre 2015, n° 132, p. 73.

PELLAS (J.-R.), « La transparence fiscale du contribuable : l'éloge d'une norme éthique », *RFFP*, 1er novembre 2017, n° 140, p. 75.

PELLEGRIN (G.) et RUTSCHMANN (Y.), « Poursuite et sanction de la fraude fiscale : l'évolution du risque pénal à l'aune de la loi de lutte contre la fraude du 23 octobre 2018 », *Dr. fisc.* 2019, n° 11, étude 197.

PELLETIER (M.), « De quelques conséquences (inattendues) des décisions Alec W. et Jérôme C », *Dr. fisc.* 2016, n° 30-35, act. 466.

PELLETIER (M.), « Chronique de Droit constitutionnel fiscal 2018 », *Dr. fisc.* 2019, n° 13, étude 213.

PELLISSIER (G.), « Communication de documents administratifs, documents couverts par le secret », *Le Quotidien juridique*, 4 décembre 1997, n° 97, p. 8.

PEREIRA (B.), « Blanchiment, soupçon et sécurité financière », *RIDE*, T. XXV, n° 1, 2011, pp. 43-73.

PERROTIN (F.), « Police fiscale : les précisions du Conseil constitutionnel », *LPA*, 28 juin 2012, n° 129, p. 4.

PERROTIN (F.), « Les limites de la solidarité fiscale entre époux », *LPA*, 22 août 2012, n° 168, p. 3.

PERROTIN (F.), « Fraude fiscale : Focus sur la CIF », *LPA*, 13 août 2014, n° 161, p. 3.

PERROTIN (F.), « Le système des *rulings* en question », *LPA*, 12 décembre 2014, n° 248, p. 4.

PERROTIN (F.), « Dette fiscale, caution et avis de mise en recouvrement », *LPA*, 3 avril 2015, n° 67, p. 3.

PERROTIN (F.), « La Commission européenne publie sa liste noire des paradis fiscaux », *LPA*, 9 juillet 2015, n° 136, p. 3.

PERROTIN (F.), « Transparence fiscale : un accord sur les *rulings* », *LPA*, 3 novembre 2015, n° 219, p. 4.

PERROTIN (F.), « Quel bilan pour la lutte contre la fraude à la TVA ? », *LPA*, 18 février 2016, n° 35, p. 4.

PERROTIN (F.), « Les expatriés face au prélèvement de l'impôt à la source », *LPA*, 18 mars 2016, n° 56, p. 4.

PERROTIN (F.), « L'obligation d'information de l'Administration ne s'étend pas aux renseignements connus du contribuable », *LPA*, 30 juin 2016, n° 130, p. 4.

PERROTIN (F.), « Coopération internationale : le bilan », *LPA*, 27 mars 2017, n° 061, p. 4.

PERROTIN (F.), « Zoom sur la Commission des infractions fiscales », *LPA*, 5 avril 2017, n° 068, p. 4.

PERROTIN (F.), « Quel avenir pour le verrou de Bercy », *LPA*, 1er mars 2018, n° 044, p. 4.

PERROTIN (F.), « Le verrou de Bercy, suite et fin », *LPA*, 14 janvier 2019, n° 010, p. 3.

PERROTIN (F.), « Les résultats du contrôle fiscal », *LPA*, 21 janvier 2019, n° 015, p. 5.

PERROTIN (F.), « Paradis fiscaux : la liste noire s'allonge », *LPA*, 7 juin 2019, n° 114, p. 4.

PETIT (J.), « L'administration face au silence », *RDP*, 1er juillet 2012, n° 4, p. 1104.

PEYEN (L.), « Le registre public des *trusts* et la vie privée des contribuables », *in Procédures fiscales - Aperçu rapide, Dr. fisc.* 2016, n° 48, act. 662.

PFEIFER (M.), « La protection des secrets techniques », *LPA*, 14 novembre 2016, n° 226-227, p. 55.

PFERSMANN (O.), « Norme de secret, normes secrètes et État moderne », *Cités*, Vol. 26, n° 2, 2006, pp. 115-126.

PHILIP (L.), « L'évolution de la jurisprudence fiscale constitutionnelle », *Dr. fisc.* 2015, n° 13, p. 229.

PICHOUSTRE (D.), « La simplification de l'accès aux documents administratifs par l'ordonnance du 6 juin 2005 », *LPA*, 14 novembre 2005, n° 226, p. 3.

PIMONT (Y.), « Le fisc, le contribuable et les tiers », *Études de finances publiques : Mélanges en l'honneur de M. le Professeur Paul-Marie Gaudemet*, Paris, Économica, 1984, 1046 p., p. 637.

PIRY (S.), « Du conseiller fiscal à l'avocat fiscaliste : la place de la déontologie de l'avocat », *Village Justice*, 17 novembre 2015.

PISSALOUX (J.-L.), « Relations des citoyens avec les administrations : le changement dans la continuité », *LPA*, 2001, n° 32, p. 4.

PIWNICA (E.), « Justice et secret », *LPA*, 14 décembre 2005, n° 248, p. 3.

PLESSIX (B.), « Sécurité juridique et confiance légitime », *RDP*, 1er mai 2016, n° 3, p. 799.

PONTIER (J.-M.), « L'intérêt général existe-t-il encore ? », *D.* 1998, chron., pp. 327-333.

PORTMANN (A.), « L'avocat peut opposer le secret à son contrôleur fiscal », *D. actu.*, 14 juin 2013.

PORTMANN (A.), « Le secret professionnel de l'avocat n'est pas soluble dans la vérification fiscale », *D. actu.*, 13 janvier 2015.

PRINGAULT (S.), « L'obligation de réserve des agents publics face au devoir de dénonciation d'infractions pénales - Une inadaptation du droit français à la problématique du whistleblowing », *Dr. adm.* n° 4, avril 2012, étude 8.

RABAULT (H.), « La transaction en droit fiscal : quelques doutes sur la constitutionnalité de l'article L. 251 du Livre des procédures fiscales », *LPA*, 28 avril 2014, n° 84, p. 7.

RABAULT (H.), « La fraude fiscale aggravée : Vers une criminalisation de l'évitement de l'impôt ? », *LPA,* 13 août 2014, n° 161, p. 5.

RAGIMBEAU (L.), « La liberté d'expression des agents publics : l'exemple du lanceur d'alerte », *RFDA*, 2015, p. 975.

RAINGEARD DE LA BLÉTIÈRE (E.), « Échange de rescrits et des accords préalables en matière de prix de transfert : bientôt une réalité dans l'Union européenne ? », *Dr. fisc.* 2015, n° 22, act. 326.

RAMBOUR (M.), « "Qui ne dit mot consent" : Quand le silence de l'administration vaut accord », *LPA*, 20 novembre 2014, n° 232, p. 3.

RAPPO (A.), KIEFFER (B.), LASSERRE CAPDEVILLE (J.), « Le secret bancaire : approches française, suisse et luxembourgeoise », *RD banc. fin.*, janvier 2014, n° 1, Table ronde, pp. 99-104.

RAYNAUD (J.-L.), « La psychologie du contribuable devant l'impôt », *Revue de science et de législation financières*, 1947, Vol. 39, pp. 409-410.

REBUT (D.), « Le secret de l'enquête et de l'instruction, garantie du bon déroulement du procès pénal ? », *Legicom*, Vol. 50, n° 2, 2013, pp. 87-90.

RENAUD (S.), « La clause de respect de clientèle, succédané de la clause de non-concurrence », dossier « - Chronique des clauses sensibles du contrat de travail - » des *Cahiers sociaux du barreau de Paris*, juillet 2014, n° 265, p. 459.

RENOUX (V.) et BERNARD (S.), « Quelle imposition pour les revenus de l'économie numérique ? », *Dr. fisc.* 2017, n° 39, étude 477.

RENOUX (V.) BERNARD (S.), « Crypto-monnaies et *Initial Coin Offerings* : voyage en terre inconnue », *Dr. fisc.* 2018, n° 5, étude 150.

RENOUX (V.), BERNARD (S.), « Création de valeur dans une économie multipolaire, ou la face cachée des prix de transfert », *Dr. fisc.* 2018, n° 24, étude 296.

REUTER (P.), « Le droit au secret et les institutions internationales », *Annuaire français de droit international*, Vol. 2, 1956, pp. 46-65.

REYNAUD (J.-L.), « La psychologie du contribuable devant l'impôt », *RSLF*, 1947, Vol. 39, pp. 409-410.

RIBES (D.), « Le nouveau principe « *silence de l'Administration vaut acceptation* » », *AJDA* 2014, p. 389.

RICHARD (J.), « Le numérique et les données personnelles : quels risques, quelles potentialités ? », *RDP*, 1er janvier 2016, n° 1, p. 87.

RIGAUDEAU (P.-O.), « Rescrit fiscal - Une voie de recours en construction : le contentieux des rescrits fiscaux », *Dr. adm.*, n° 3, mars 2017, comm. 11.

RIVERO (J.), « Sur l'obligation de réserve », *AJDA* 1977, p. 580.

RIVERO (J.), « Rapport de synthèse : La transparence administrative en Europe », *Annuaire eur. adm. publ.*, 1990, p. 307.

RODRIGUEZ (A.), « La preuve en procédure pénale portugaise », *in La preuve en procédure pénale comparée*, *RIDP*, 63ème année / Vol. 63, 1992, ERES Toulouse 1992, pp. 289-319.

ROETS (D.), « Le droit de ne pas contribuer à sa propre incrimination dans la jurisprudence de la Cour européenne des droits de l'homme », *AJ Pénal* 2008, p. 119 et s.

ROSA (A.), « Les différents projets Caillaux », *RFFP*, 1er novembre 2017, n° 140, p. 197.

ROUBIER (P.), « Théorie générale de l'action en concurrence déloyale », *RTD com.* 1948, p. 541.

ROUILLON (F.), « Le rescrit fiscal : source de stabilité ou d'instabilité juridique », *Revue Juris Associations*, 15 septembre 2009, n° 404, p. 37.

ROUSSEAU (A.), « Fraude fiscale et CJIP : Comment est déterminé le montant de l'amende lorsque le contribuable décide de conclure une convention judiciaire d'intérêt public pour mettre fin aux poursuites pénales ? », *JCP E* 2019, n° 52, étude 485, n° 1595.

ROUSSIEAU (C.), « L'échange automatique d'informations en matière fiscale dans le contexte international », *RIDE*, Vol. T. XXX, n° 3, 2016, pp. 363-385.

ROUSSILLE (M.), « Le *Bitcoin* : objet juridique non identifié », *Banque et droit* 2015, n° 159, p. 27.

SABOURIN (P.), « Réflexions sur les rapports des citoyens et de l'administration », *AJDA* 1974, p. 396.

SAFI (F.), « L'opposabilité du secret professionnel de l'avocat : un pas en avant, deux pas en arrière… », *Dr. pénal* 2022, n°1, étude 2.

SAINT-AMANS (P.), « La transparence et l'échange d'information en matière fiscale : la longue marche de l'OCDE », *Dr. fisc.* 2010, n° 14, comm. 257.

SAINT-AMANS (P.), ROBERT (E.), « Le projet BEPS et la longue marche en direction d'une fiscalité globale pour l'économie du XXIe siècle », *Dr. fisc.* 2015, n° 49, étude 709.

SALIN (P.) et MAINE (M.), « Le mythe de la transparence imposée », *JCP E* 2003, n° 45, étude 1586.

SALOMON (R.), « La coexistence nécessaire d'infractions pénales et de manquements administratifs en matière d'abus de marché », *BJB* mars 2017, n° 02, p. 132.

SARGOS (P.), « Les enseignements des secrets trahis de Jules Bastien-Lepage et François Mitterrand », *D.* 2009, n° 39, pp. 2625-2628.

SAUVÉ (J.-M.), « La prévention des conflits d'intérêts et l'alerte éthique », *AJDA*, Vol. 39, 2014, pp. 2249-2255.

SCHMITT (M.), « La protection de la vie privée et la famille », *AJ Famille* 2008, p. 191.

SENARCLENS (P. de), « Les organisations internationales face aux défis de la mondialisation », *RISS*, Vol. 170, n° 4, 2001, pp. 559-572.

SHIRATORI (Y.), « La preuve en procédure pénale japonaise », *in La preuve en procédure pénale comparée*, *RIDP*, 63ème année / Vol. 63, 1992, ERES Toulouse 1992, pp. 237-249.

SHULGA-MORSKAYA (T.), « Le numérique saisi par le juge, l'exemple du Conseil constitutionnel », *Cahiers cons. const.,* Vol. 57, n° 4, 2017, pp. 93-105.

SIERACZEK-ABITAN (M.), « La Commission des infractions fiscales : une garantie illusoire accordée aux contribuables », *LGP*, 8 août 2000, n° 221, p. 2.

SIVIEUDE (O.), « Les enjeux du contrôle fiscal pour l'administration », *RFFP*, 1er mai 2017, n° 138, p. 43.

SLAMA (S.), « Le lanceur d'alerte, une nouvelle figure du droit public ? », *AJDA*, Vol. 39, 2014, p. 2229.

SOFFER (R.), NIORÉ (V.), « La restriction du libre choix de l'avocat en matière de terrorisme jugée inconstitutionnelle », *LGP*, 27 mars 2012, n° 87, p. 14.

SOLEDAD ALVAREZ (V.), « Transparence et crise de légitimité de l'administration fiscale française : la publicité des rescrits », *Éthique publique*, *Revue internationale d'éthique sociétale et gouvernementale*, Vol. 9, n° 2, 2007, p. 2.

SORBARA (J.-G.), « Le silence de l'administration », *RDP*, 1er juillet 2012, n° 4, p. 1078.

STIFANI (F.), BERTHET (K.), LÉTIENNE (P.), « L'imbroglio des listes d'ETNC », *LPA*, 11 juillet 2016, n° 137, p. 10.

STOLTZ-VALETTE (A.), « L'Administration n'est pas tenue de communiquer d'office les pièces de la procédure de contrôle fiscal suivie à l'encontre du redevable principal au débiteur reconnu solidaire du paiement de l'impôt sur le fondement de l'article L. 267 du LPF », *Dr. fisc.* 2013, n° 42, comm. 488.

SUSINI (J.), « Un chapitre de la psychologie policière : la dénonciation », *RSC* 1964, p. 887.

TAIEB (D.), « Echanges de renseignements : tour d'horizon », *LNF,* 1er septembre 2002, n° 875, p. 29.

TERNEYRE (Ph.), GOURDOU (J.), « L'originalité du processus d'élaboration du code : le point de vue d'universitaires membres du "cercle des experts" et de la Commission supérieure de la codification », *RFDA*, n° 1/2016, janvier 2016, pp. 9-11.

TORDEURS (A.), « Une approche pédagogique de la *blockchain* », *RISF* 4/2017, p. 8., note n° 15.

TRAVARD (J.), « L'article L. 16 B du Livre des procédures fiscales. Nouvelles interrogations sur la conventionnalité des perquisitions fiscales », *Revue juridique de l'Ouest*, 2011, pp. 307-324.

TREMEUR (M.), « La Commission des infractions fiscales », *LPA*, 22 décembre 1995, n° 153, pp. 20-27.

URY (D.), « La bonne foi en droit fiscal est une notion opérationnelle », *RFFP*, 1er mai 2016, n° 134, p. 177.

URY (D.), « Le droit fiscal saisi par la CEDH », *Les nouvelles fiscales*, 1er juillet 2016, n° 1181, pp. 24-29.

VABRES (R.), « Le statut fiscal de la monnaie virtuelle en droit français », *RISF* 4/2014, p. 44.

VAN MEERBEECK, (J.) « Relation et confiance légitime ou la face cachée du contrat », *Revue interdisciplinaire d'études juridiques*, Vol. 76, n° 1, 2016, pp. 97-118.

VARAUT (J.-M.) et RUET (L.), « Secret professionnel et confidentialité dans les professions juridiques et judiciaires », *LGP*, 10-12 août 1997, p. 1054.

VARAUT (J.-M.), « Secret et transparence », *LGP*, 14 septembre 2002, n° 257, p. 2.

VAUPLANE (H. de), « *Bitcoin* : monnaie de singe ou monnaie légale ? L'analyse juridique », *Banque* juillet-août 2013, p. 79.

VERCLYTTE (S.), « Opposabilité du secret médical aux services fiscaux : évolutions législatives, confirmation jurisprudentielle », *RJF* 7/98, p. 535.

VERGNET (N.), « Articulation des procédures pénale et fiscale : une symphonie inachevée », *Dr. fisc.* 2019, n° 11, étude 200.

VERGNET (N.), « La directive DAC 6 et les deux visages du secret professionnel », *Dr. fisc.* 2021, n° 51-52, comm. 466.

VERNY (E.), « La notion de secret professionnel », *Revue du droit sanitaire et social*, 2015, pp. 395-406.

VIDAL (J.-P.), « La transparence fiscale du contribuable dans un contexte international : faut-il prévoir la fin de l'évasion fiscale internationale ? », *RFFP*, 1er novembre 2017, n° 140, p. 89.

VINCENT (J.-Y.), « L'obligation de réserve des agents publics », *Dr. adm.*, 1973, p. 142.

WARUFSEL (B.), « Les secrets protégés par la loi, limite au principe de transparence », *Revue générale nucléaire*, 2003, n° 1, janvier-février, pp. 62-66.

WEINBAUM (N.), « La preuve du consentement à l'ère du RGPD et de la *blockchain* », *JCP E* 2018, n° 10, étude 1110.

YONAN-MERCADIER (N.), « L'impôt sur les sociétés et l'économie numérique », *RFFP*, 1er mai 2016, n° 134, p. 25.

ZARKA (J.-C.), « Que retenir du projet de loi pour un État au service d'une société de confiance ? », *LPA*, 8 août 2018, n° 158, p. 6.

ZARKA (J.-C.), « La loi relative à la lutte contre la fraude », *LPA*, 16 novembre 2018, n° 230, p. 7.

ZILLER (J.), « Le principe de proportionnalité », *AJDA* 1996 (numéro spécial), p. 185.

B. Articles non juridiques et articles de presse

ANTOINE (M.), « Genèse de l'institution des intendants », *in Journal des savants*, 1982, Vol. 3, n° 3-4. pp. 283-317.

BACKAUS (J.), « Fiscal Sociology : What for ? », *The American Journal of Economics and Sociology*, 2002, Vol. 61, Issue 1, pp. 55-77.

BARBET (D.) et HONORÉ (J.-P.), « Ce que se taire veut dire. Expressions et usages politiques du silence », *Mots. Les langages du politique*, Vol. 103, n° 3, 2013, pp. 7-21.

BARROSO (H.), « Dire le secret », *Revue transdisciplinaire franco-portugaise sur le secret,* n° 1, 1998, 155 p., pp. 11-12.

BÉLY (L.), « Secret et espionnage militaire au temps de Louis XIV », *Revue historique des armées*, 263, 2011, p. 28.

BÉNÉTEAU (M.), « Le secret professionnel, un rempart pour l'intime ou un secret de Polichinelle ? » *Empan*, Vol. 77, n° 1, 2010, pp. 31-34.

BODINEAU (P.) « Aux origines des relations entre démocratie et techniques », *Le Genre humain*, Vol. 51, n° 2, 2011, pp. 27-40.

BOISSIER ((G.), « Études de Mœurs romaines sous l'empire », *in* Les Délateurs, *Revue des Deux Mondes*, 2e période, T. 72, 1867, p. 305.

BOUVIER (M.), « Pour une mobilisation générale contre le désarroi fiscal », *Les Echos*, 19 septembre 2013.

BUCHSTEIN (H.), SCHORDERET (P.-A.), « Démocratie et secret du vote. La controverse entre scrutin public et vote secret dans les luttes électorales en Prusse » *in* Politix, *Analyses politiques allemandes*, Vol. 14, n° 55, 2001, pp. 61-84.

BUR (C.), « Normes et autorité, une introduction », *Hypothèses*, Vol. 15, n° 1, 2012, pp. 165-177.

CASSEL (B.), PELLOLI (M.), « Airbnb n'a payé que 92 944 euros d'impôts en France en 2016 », *Le Parisien*, 7 août 2017.

CASTORIADIS-AULAGNIER (P.), « Le droit au secret : condition pour pouvoir penser », *Nouvelle revue de psychanalyse*, n° 14, 1976, pp. 141–157.

CATRY (C.) et MARCELLI (D.), « L'intime et le secret dans la consultation pédopsychiatrique », *Enfances & Psy*, Vol. 39, n° 2, 2008, pp. 23-30.

CHAVAGNEUX (C.), « Secret bancaire : une légende helvétique », *Alternatives économiques*, n° 1, janvier, 2001.

COHEN (G.), « La justice dans l'impôt », *Revue politique et parlementaire*, 10 juillet 1902, pp. 65-70.

COLLIARD (J.-É.), MONTIALOUX (C.), « Une brève histoire de l'impôt », *Regards croisés sur l'économie*, Vol. 1, n° 1, 2007, pp. 56-65.

COLSON (A.), « La négociation diplomatique au risque de la transparence : rôles et figures du secret envers des tiers », *Négociations*, Vol. 11, n° 1, 2009, pp. 31-41.

CORBIER (M.), *Cité, territoire et fiscalité, Actes de colloque de Rome (27-28 mai 1988)*, Publications de l'École française de Rome, Année 1991, Vol. 143, n° 1, pp. 629-665.

CROOK (M.) et CROOK (T.), « L'isoloir universel ? La globalisation du scrutin secret au XIXe siècle », *Revue d'histoire du XIXe siècle*, 43, 2011, pp. 41-45.

DELALANDE (N.), « Jaurès, les socialistes et l'impôt : les incertitudes du discours républicain. Conférence Jaurès 2010 », *Cahiers Jaurès* 2010/3, n° 197, pp. 3-26.

DELERUE (H.) et BÉRARD (C.), « Les dynamiques de la confiance dans les relations interorganisationnelles », *Revue française de gestion*, Vol. 175, n° 6, 2007, pp. 125-138.

DROUIN (P.), « Pour un impôt de masse plus transparent », *Le Monde*, 26 mars 1969.

DUVAL (J.-B.), « Procès UBS : Bradley Birkenfeld, le lanceur d'alerte devenu millionnaire », *Huffington Post*, 8 octobre 2018.

FEUERSTEIN (I.-F.), « Ce que signifient les listes de paradis fiscaux », Les Echos.fr, 25 avril 2016.

HUG (P.), « Les vraies origines du secret bancaire, démontage d'un mythe », *Le Temps*, 27 avril 2000, pp. 12.

LAFFER (A.), « Les hauts taux tuent les totaux », *Journal des économistes et des études humaines,* T. VII, n° 1, mars 1996, pp. 103-111.

LAVAL (C.), « Surveiller et prévenir. La nouvelle société panoptique », *Revue du Mouvement anti-utilitariste dans les sciences sociales*, La Découverte, Vol. 40, n° 2, 2012, pp. 47-72.

LÉVY (A.), « Évaluation étymologique et sémantique du mot "secret" », *Nouvelle revue de psychanalyse*, n° 14, 1976, pp. 117–129.

MACKE (G.), « Le fisc passe à l'intelligence artificielle pour traquer les fraudeurs », *Challenges*, 10 février 2019.

NICOLET (C.), « Les classes dirigeantes romaines sous la République : ordre sénatorial et ordre équestre », *Annales. Économies, Sociétés, Civilisations*, 32e année, n° 4, 1977, pp. 726-755.

PUYBAREAU (B.), « Le secret, cet outil indispensable à la diplomatie », *The Conversation,* 30 septembre 2019.

ROUX (D.), « Contre la publicité des impôts », *Le Figaro*, 4-5 décembre 1971.

SAUVAGET (D.) et SKRZYPEK (C.), « Secret partagé et préservation de l'intime », *Empan*, Vol. 77, n° 1, 2010, pp. 58-61.

SCHINDLER (M.), « Secret bancaire : la fin d'un tabou suisse », *Le Monde*, 21 février 2010.

SIMON (É.) « La confiance dans tous ses états », *Revue française de gestion*, Vol. 175, n° 6, 2007, pp. 83-94.

VERDIER (P.) « Secret professionnel et partage des informations », *Journal du droit des jeunes*, Vol. 269, n° 9, 2007, pp. 8-21.

VERSPIEREN (P.), « Le secret médical et ses fondements », *Laennec*, Vol. 55, n° 1, 2007, pp. 6-11.

IV. Institutions

Assemblée nationale, *Compte rendu intégral des débats sur le projet de loi portant droits et obligations des fonctionnaires*, 2e séance ordinaire de 1982-1983 (35ème séance), 1ère du mardi 3 mai 1983, n° 20, pp. 770-783, p. 775.

Assemblée nationale, *Rapport d'information sur la transparence de la gouvernance des grandes entreprises*, 20 février 2013, n° 737, 161 p.

Assemblée nationale, *Rapport d'information déposé par la Commission des affaires européennes (1) sur le paquet anti-évitement fiscal de la Commission européenne* (COM(2016) 23 final), (COM(2016) 24 final), (COM(2016) 25 final), (COM(2016) 26 final), (COM(2016) 198 final), 17 mai 2016 https://www.assemblee-nationale.fr/14/pdf/europe/rap-info/i3751.pdf

Assemblée nationale, *Rapport d'information parlementaire sur l'évaluation de la loi n° 2013-1117 du 6 décembre 2013, relative à la lutte contre la fraude fiscale et la grande délinquance économique et financière et de la loi organique n° 2013-1115 du 6 décembre 2013 relative au procureur de la République financier*, présenté par Mazetier (S.) et Warsmann (J.-L.), 8 février 2017, n° 4457, 110 p.

CNIL, *La CNIL et les grands principes de la loi du 6 janvier 1978,* 19e rapport d'activité 1998, Paris, La Documentation française, 1999, 459 p.

Comité du contentieux fiscal, douanier et des changes, *Rapport annuel 2017 à l'attention du gouvernement et du Parlement*, *JORF*, édition des documents administratifs, 26 juin 2017, 123 p.

Commission des infractions fiscales, *Rapport annuel de la commission des infractions fiscales 2017*, 44 p.

Commission des infractions fiscales, *Rapport annuel de la commission des infractions fiscales 2018*, 49 p.

Commission des infractions fiscales, *Rapport annuel de la commission des infractions fiscales 2019*, 47 p.

Conseil d'État, *Rapport public 1999 : Réflexions sur l'intérêt général*, (contributions de Truchet (D.), Schoetti (J.-E.), Honorat (E.), Thiry (B.), Schaub (A.), Laffont (J.-J.), Barthélémy (J.)), La Documentation française, coll. Études et documents du Conseil d'État, n° 50, 1999, 449 p.

Conseil d'État, *Rapport public 2001 : jurisprudence et avis de 2000. Les autorités administratives indépendantes*, La Documentation française, mars 2001, 471 p.

Conseil d'État, *Le numérique et les droits fondamentaux*, Étude annuelle 2014, La Documentation française, 2014, 446 p.

Conseil d'État, *Le rescrit : sécuriser les initiatives et les projets*, La Documentation française, Les Études du Conseil d'État, 2014, 202 p.

Conseil d'État, « Le juge administratif et les sanctions administrative », *Les dossiers thématiques du Conseil d'État*, 9 janvier 2017, 26 p.

Conseil des prélèvements obligatoires, « La fiscalité affectée, constats, enjeux et réformes », *in Rapport particulier n° 3 : Analyse économique de la fiscalité affectée et examen de son impact sur les assujettis*, 2013, 76 p.

Conseil national du numérique, *avis n° 8 relatif aux pistes de réflexion en matière de fiscalité du numérique*, 14 février 2012, 10 p.

Cour de cassation, *Le droit de savoir*, Rapport annuel de la Cour de cassation, 2010, 610 p.

Cour des comptes, « Le pilotage national du contrôle fiscal », *Rapport public annuel*, février 2012, 37 p.

Cour des comptes, *Rapport public annuel 2018*, (Tome I - Les remises et transactions en matière fiscale), La Documentation française, 7 février 2018, 1296 p.

Direction générale des Finances publiques, *Guide de déontologie des agents de la Direction générale des Finances publiques*, mai 2012, 66 p.

Direction générale des Finances publiques, *Rapport sur l'activité en matière de rescrits Année 2016*, 2016, 15 p.

Group of States against Corruption (GRECO), *Deuxième rapport de conformité intérimaire sur la France : transparence du financement des partis politiques*, 12 mars 2015, 22 p., p. 21.

Ministère de l'Action et des Comptes publics et la DGFiP, *Circulaire relative à la réforme de la procédure de poursuite pénale de la fraude fiscale et au renforcement de la coopération entre l'administration fiscale et la Justice en matière de lutte contre la fraude fiscale*, 7 mars 2019, 17 p.

Observatoire-forum des chaînes de blocs, *Rapport sur l'innovation blockchain en Europe*, 27 juillet 2018, 25 p.

OCDE, *Rapport La concurrence fiscale dommageable : un problème mondial,* 9 avril 1998, 90 p.

OCDE, *Rapport annuel de l'OCDE 2000*, éd. OCDE, Paris, 2000, 149 p.

OCDE, *Les approches volontaires dans les politiques de l'environnement : efficacité et combinaison avec d'autres instruments d'intervention*, Paris, OCDE, 2003, 161 p.

OCDE, *Examen de la législation et de la pratique des prix de transfert au Mexique par ses pairs*, éd. OCDE, 2004, 78 p.

OCDE, *Garantir la confidentialité – Le Guide de l'OCDE sur la protection des échanges de renseignements à des fins fiscales,* éd. OCDE, 2012, 40 p.

OCDE, *Instructions relatives à la documentation des prix de transfert et aux déclarations pays par pays, Projet OCDE/G20 sur l'érosion de la base d'imposition et le transfert de bénéfices*, Éditions OCDE, 2014, 52 p.

OCDE, *Projet pour commentaires portant sur l'action 7 (Empêcher les mesures visant à éviter artificiellement le statut d'établissement stable) du Plan d'action BEPS (en anglais)*, 2015, 26 p.

OCDE, FMI, *Plateforme de collaboration sur les questions fiscales, Manuel pratique de résolution des difficultés d'accès à des données comparables pour les analyses de prix de transfert*, 2017, 138 p.

OCDE, *Principes applicables en matière de prix de transfert à l'intention des entreprises multinationales et des administrations fiscales*, éd. OCDE, Paris, juillet 2017, 672 p.

OCDE, « Forum mondial sur la transparence et l'échange de renseignements à des fins fiscales : France 2018 (Deuxième cycle) », *Rapport d'examen par les pairs sur la demande d'échange de renseignements,* éd. OCDE, Paris, avril 2018, 128 p.

OECD, "*Committing to Effective Whistleblower Protection*", March 16th, 2016, 216 p.

Transparency International France, *Guide des principes directeurs pour une législation de l'alerte*, 2009, 20 p.

V. Conclusions du rapporteur public et notes d'arrêts

A. Conclusions

ALADJIDI (F.), Concl. sous Conseil d'État, 28 novembre 2012, n° 338682, *Société BNP Paribas* et n° 341128, *Ministre c/ Société BNP Paribas*, *Dr. fisc.* 2013, n° 7-8, comm. 158.

ARRIGHI DE CASANOVA (J.), Concl. sous Conseil d'État, 3 décembre 1990, n° 103101, *Société Antipolia*, *Dr. fisc.* 1991, n° 7, comm. 259.

ARRIGHI DE CASANOVA (J.), Concl. sous Conseil d'État, 31 mars 1995, n° 164008, *SARL Auto-Industrie Méric*, *RJF* 3/95, n° 623.

ARRIGHI DE CASANOVA (J.), Concl. sous Conseil d'État, 10 décembre 1999, n° 192453, *Cohen et Ferrey*, *RJF* 2/00, n° 258.

BACHELIER (G.), Concl. sous Conseil d'État, 30 septembre 1996, n° 139846, *Lebœuf*, *RJF* 11/96, n° 1325..

BISSARA (Ph.), Concl. sous Conseil d'État, 22 mars 1985, n° 41277, *M. d'Yerville* et n° 41278, *M. Douarinou*, *Dr. fisc.* 1985, n° 41, comm. 1668.

BOHNERT (B.), Concl. sous Conseil d'État, 15 février 2016, n° 375667, *Dr. fisc.* 2016, n° 21, comm. 343.

BOKDAM-TOGNETTI (É.), Concl. sous Conseil d'État, 13 décembre 2015, n° 372522, *Ministre c/ Société BNP Paribas International*, *Dr. fisc.* 2016, n° 21, comm. 342.

BOKDAM-TOGNETTI (E.), Concl. sous Conseil d'État, 18 janvier 2017, n° 386434, *Société MRB*, *Dr. fisc.* 2017, n° 13, comm. 228.

BOKDAM-TOGNETTI (É.), Concl. sous Conseil d'État, 30 mai 2018, n° 402177, *Ministre c/ B*, *Dr. fisc.* 2018, n° 23, act. 250.

BOUCHER (J.), Concl. sous Conseil d'État, 26 mai 2010, n° 296808, *Beckman*, *Dr. fisc.* 2010, n° 37, comm. 483.

BRETONNEAU (A.), Concl. sous Conseil d'État, 4 mai 2016, n° 387466, *Société Blévennec et associés*, *Dr. fisc.* 2016, n° 25, comm. 385.

BURGUBURU (J.), Concl. sous Conseil d'État, 31 mars 2010, n° 297305, *Petit, RJF* 6/10, n° 618.

CHAHID-NOURAÏ (N.), Concl. sous Conseil d'État, 12 octobre 1990, n° 100036, *Ministre du Budget c/ Durand*, *Rec.* p. 781 ; *Dr. fisc.* 1990, n° 45, comm. 2090.

CHARDEAU (J.), Concl. sous Conseil d'État, 6 mars 1953, n° 14088, *Delle Faucheux*, *Rec.* p. 123.

COLLIN (P.), Concl. sous Conseil d'État, 21 décembre 2006, n° 293749, *Mme Duguay*, *Dr. fisc.* 2007, n° 40, comm. 895.

COLLIN (P.), Concl. sous Conseil d'État, 5 mai 2010, n° 308430, *SCI Agora Location*, *BDCF,* 7/2010, n° 81.

COURTIAL (J.), Concl. sous Conseil d'État, 5 juin 2002, n° 219840, *Simoens*, *Dr. fisc.* 2002, n° 41, comm. 810.

DAUMAS (V.), Concl. sous Conseil d'État, 2 février 2015, n° 371929, *Levy-Cerf*, *BDCF,* 4/15, n° 23.

ESCAUT (N.), Concl. sous Conseil d'État, 26 janvier 2011, n° 311808, *M. Weissenburger*, *Dr. fisc.* 2011, n° 18, comm. 343.

ESCAUT (N.), Concl. sous Conseil d'État, 14 octobre 2015, n° 391872, *Chognon*, *Dr. fisc.* 2015, n° 45, comm. 667.

FOUQUET (O.), Concl. sous Conseil d'État, 14 mars 1990, n° 65110, *RJF* 5/90, n° 574.

GEFFRAY (E.), Concl. sous Conseil d'État, 27 octobre 2010, n° 342925, *BDCF*, 2011, n° 2, p. 59.

GOULARD (G.), Concl. Sous Conseil d'État, avis, 8 avril 1998, n° 192539, *Société de Distribution de chaleur de Meudon*, *RJF* 5/98, n° 593.

GOULARD (G.), Concl. sous Conseil d'État, 17 juin 1998, n° 156531 et 156532, *M. Chung*, *Dr. fisc.* 1998, n° 44, comm. 976.

GOULARD (G.), Concl. sous Conseil d'État, 10 novembre 2000, n° 204805, *Milhau*, *Dr. fisc.* 2001, n° 18, comm. 436.

HENRARD (O.), Concl. sous Conseil d'État, Ass., 13 juillet 2016, *M. Czabaj*, n° 387763, *Rec.* p. 340.

LATOURNERIE (M.-A.), Concl. sous Conseil d'État, 3 juillet 1985, n° 52011, *Dega, Dr. fisc.* 1985, n° 49, comm. 2160.

LEGRAS (C.), Concl. sous Conseil d'État, 21 mars 2011, n° 306225, *Krupa*, *Rec.* p. 101 ; *RFDA,* 2011, p. 340.

MARTIN-LAPRADE (B.), Concl. sous Conseil d'État, 10 février 1988, n° 67016 et 67017 ; *Dr. fisc.* 1989, n° 1, comm. 46.

MIGNON (E.), Concl. sous Conseil d'État, 29 décembre 2000, n° 209523, *Rouch*, *Dr. fisc.* 2002, n° 6, comm. 110.

MITJAVILLE (M.-H.), Concl. sous Conseil d'État, Ass., 27 mai 2005, n° 268564, *Département de l'Essonne*, *JCP A* 2005, n° 1246.

MONNET (Y.), Concl. sous Cass., Ass. Plén., 14 juin 1996, n° 93-21710, *M. Kloeckner*, *Dr. fisc.* 1996, n° 30, comm. 986.

OLLEON (L.), Concl. sous Conseil d'État, 27 février 2006, n° 257964, *Krempff*, *Dr. fisc.* 2006, n° 29, comm. 513.

PIVETEAU (D.), Concl. sous Conseil d'État, 29 avril 2002, n° 228830, *Gabriel Ullmann*, *RFDA,* 2003, p. 135.

RACINE (P.-F.), Concl. sous Conseil d'État, 14 mai 1986 n° 59590, *Petitdemange*, *RJF* 7/86, n° 719.

RIVIÈRE (P.), Concl. sous Conseil d'État, 29 juillet 1983, n° 34578, *Dr. fisc.* 1984, n° 1, comm. 31.

SAINT-PULGENT (M.), Concl. sous Conseil d'État, 27 avril 1987, n° 63634, *Dr. fisc.* 1987, n° 43, comm. 1948.

SCHMELTZ (G.), Concl. sous Conseil d'État, Ass., 21 juillet 1972, n° 72508, *Dr. fisc.* 1973, n° 18-19, comm. 726.

SCHRICKE (C.), Concl. sous Conseil d'État, 22 décembre 1982, n° 21475, *Dr. fisc.* 1983, n° 41, comm. 1888.

SEBAN (A.), Concl. sous Conseil d'État, Ass., 3 décembre 1999, n° 207434, *Didier*, *Rec.* p. 399, *RFDA,* 2000, p. 584.

SÉNERS (F.), Concl. sous Conseil d'État, 7 juillet 2004, n° 253711, *RJF* 10/04, n° 1023.

SENERS (F.), Concl. sous Conseil d'État, Ass., 26 octobre 2001, *Ternon*, n° 197018, *Rec.* p. 497.

VERNY (J.-F.), Concl. sous Conseil d'État, Ass., 12 mars 1982, *Conseil national de l'Ordre des médecins*, *Rec.* p. 109.

B. Notes d'arrêts

BÉNABENT (A.), Note sous Conseil d'État, Ass., 12 octobre 1979, n° 01875, *Rassemblement des nouveaux avocats de France*, *D.* 1979, p. 606.

BENABOU (V.-L)., ROCHFELD (J.) et MARTIAL-BRAZ (N.), Note sous CJUE, 13 mai 2014, Affaire C -131/12, *Google Spain c/ AEPD et Mario Costeja Gonzalez*, *D.* 2014, p. 1476.

BIOY (X.), Note sous Conseil constitutionnel, 26 novembre 2010, n° 2010-71 QPC, *Mme Danièle S*, *AJDA* 2011, p. 174.

BONNEAU (T.), Note sous Conseil constitutionnel, 18 mars 2015, n° 2014-453/454 QPC et n° 2015-462 QPC, *BJB,* mai 2015, n° 1123, p. 204.

BUY (F.) et RODA (J.-C.), Note sous Com., 19 janvier 2016, n° 14-21.670, *D.* 2016, p. 973.

CAPRIOLI (É.), Note sous Soc., 30 mai 2007, n° 05-43.102, *F-D, Société The Phone house services telecom CMC c/ B.*, *RD bancaire et fin.*, 2007, n° 6, comm. 233.

DEFFERRARD (F.), Note sous CEDH, 6 décembre 2012, n° 12323/11, *Patrick Michaud contre France, D.* 2013, p. 284.

DRAGO (R.) et DECOCQ (A.). Note sous Conseil constitutionnel, 29 décembre 1983, n° 83-164 DC, *Rec.* p. 67 ; *JCP G* 1984, II, 20160.

DUCHANGE (G.), Note sous Soc., 30 juin 2016, n° 15-10.557, *JCP S,* 2016, p. 1381.

FROMMEL (S.), Note sous CEDH, 24 février 1994, n° 12547/86, *Bendenoun c/ France*, *JCP* 1995, II, 22372.

GALLOIS (A.), Note sous Conseil constitutionnel, 4 novembre 2016, n° 2016-594 QPC, *D.* 2017, p. 395.

GENEVOIS (B)., « Le contrôle a priori de constitutionnalité au service du contrôle a posteriori. À propos de la décision n° 2009-595 DC du 3 décembre 2009 », Note sous Conseil constitutionnel, 3 décembre 2009, n° 2009-595 DC, *RFDA*, 2010, p. 1.

GENICON (T.), « Acceptation tacite dans une relation d'affaires habituelle : un silence circonstancié qui ne dit pas son nom », Note sous Com., 15 mars 2011, n° 10-16.422, *Revue des contrats*, Lextenso, 2011, p. 795.

GICQUEL (J.-E.), Note sous Conseil constitutionnel, 9 octobre 2013, n° 2013-675 DC et n° 2013-676 DC, *Loi organique relative à la transparence de la vie publique et Loi relative à la transparence de la vie publique*, *JCP G,* 28 octobre 2013, 2020.

GRIDEL (J.-P.), Note sous Civ. 1ère, 20 décembre 2000, n° 06-13.008, *D.* 2001, p. 872.

GULPHE (P.), Note sous Crim., 11 mai 1844, *D.* 1844, 1, p. 228 ; Crim., 8 mai 1947, *Decraene*, *D.* 1948, p. 109.

KOUBI (G.), Note sous Conseil d'État, Avis, 3 mai 2000, n° 217017, *Mlle Marteaux*, *D.* 2000, p. 747.

LAMBERT (P.), Note sous CEDH, 21 janvier 1999, n° 00029183/95, *Fressoz et Roire c/ France, LGP,* 25-27 juillet 1999, p. 18.

LEGAL (A.), Note sous Crim., 8 mai 1947, *Degraene*, *JCP G* 1948, II, 4141.

LESTANG (M.), Note sous Tribunal correctionnel de Paris, 9 novembre 1966, *JCP* 1968, II, 15368.

MALAURIE (Ph.), Note sous CEDH, 13 février 2003, n° 42326/98, *Odièvre c/ France*, *JCP G* 2003, I, 120.

MAUBLANC (J.-P.), Note sous Com., 18 janvier 2011, n° 10-11962, *Duburq*, *Dr. fisc.* 2011, n° 27, comm. 418.

MONÈS (S.), MANDELBAUM (J.-F.) et ROCH (P.-M.), Note sous Conseil Constitutionnel, 15 décembre 2017, n° 2017-679 QPC, *Dr. fisc.* 2018, n° 10, comm. 212.

RENOUX (V.) et DAMAS (A.), Note sous Conseil d'État, 6 juin 2018, n° 409645, *CS General Electric Systems*, *Dr. fisc.* 2018, n° 39, comm. 407.

ROBERT (J.-H.) et TIXIER (G.), Note sous Crim., 3 juillet 1974, *Bull. crim.*, n° 245 ; *D.* 1975, 211.

SCHOETTL (J.-E.), Note sous Conseil constitutionnel, 29 décembre 1999, n° 99-424 DC, *Loi de finances pour 2000*, *AJDA* 2000, p. 37.

STOFFEL-MUNCK (Ph.), Note sous CA Lyon, 12 juillet 2005, *JCP E* 2006, p. 726.

TOUZEIL-DIVINA (M.), Note sous Conseil d'État, 22 septembre 2017, n° 404921, *JCP A* 2017, act. 426.

VALLÉE (L.), Note sous Conseil Constitutionnel, 29 décembre 2009, n° 2009-599 DC, (relative à la contribution carbone), *Dr. fisc.* 2010, n° 4, comm. 98.

WAHL (A.), Note sous Civ., 13 mars 1895, *Dreyfus Frères et Cie*, Sirey 1895, I, p. 465.

Index alphabétique

Les nombres renvoient aux numéros de page :

A

B

C

D

E

F

G

I

J

L

M

N

O

P

R

S

T

V

Table des matières

Structures éditoriales du groupe L'Harmattan

L'Harmattan Italie
Via degli Artisti, 15
10124 Torino
harmattan.italia@gmail.com

L'Harmattan Hongrie
Kossuth l. u. 14-16.
1053 Budapest
harmattan@harmattan.hu

L'Harmattan Sénégal
10 VDN en face Mermoz
BP 45034 Dakar-Fann
senharmattan@gmail.com

L'Harmattan Cameroun
TSINGA/FECAFOOT
BP 11486 Yaoundé
inkoukam@gmail.com

L'Harmattan Burkina Faso
Achille Somé – tengnule@hotmail.fr

L'Harmattan Guinée
Almamya, rue KA 028 OKB Agency
BP 3470 Conakry
harmattanguinee@yahoo.fr

L'Harmattan RDC
185, avenue Nyangwe
Commune de Lingwala – Kinshasa
matangilamusadila@yahoo.fr

L'Harmattan Congo
67, boulevard Denis-Sassou-N'Guesso
BP 2874 Brazzaville
harmattan.congo@yahoo.fr

L'Harmattan Mali
ACI 2000 - Immeuble Mgr Jean Marie Cisse
Bureau 10
BP 145 Bamako-Mali
mali@harmattan.fr

L'Harmattan Togo
Djidjole – Lomé
Maison Amela
face EPP BATOME
ddamela@aol.com

L'Harmattan Côte d'Ivoire
Résidence Karl – Cité des Arts
Abidjan-Cocody
03 BP 1588 Abidjan
espace_harmattan.ci@hotmail.fr

Nos librairies en France

Librairie internationale
16, rue des Écoles
75005 Paris
librairie.internationale@harmattan.fr
01 40 46 79 11
www.librairieharmattan.com

Librairie des savoirs
21, rue des Écoles
75005 Paris
librairie.sh@harmattan.fr
01 46 34 13 71
www.librairieharmattansh.com

Librairie Le Lucernaire
53, rue Notre-Dame-des-Champs
75006 Paris
librairie@lucernaire.fr
01 42 22 67 13

www.ingramcontent.com/pod-product-compliance
Lightning Source LLC
LaVergne TN
LVHW011219061026
849535LV00001BA/97
* 9 7 8 2 1 4 0 2 6 4 4 2 9 *